HISTOIRE
DE
L'ABBAYE DE LANNOY

(ORDRE DE CITEAUX)

PAR

L.-E. DELADREUE

Curé de Saint-Paul,

Correspondant du Ministère de l'Instruction publique pour les travaux historiques,
Membre de la Société des Antiquaires de Picardie,
de la Société Académique de l'Oise, etc.

BEAUVAIS

Imprimerie D. PÈRE, rue Saint-Jean

1884.

HISTOIRE

DE

L'ABBAYE DE LANNOY.

HISTOIRE

DE

L'ABBAYE DE LANNOY

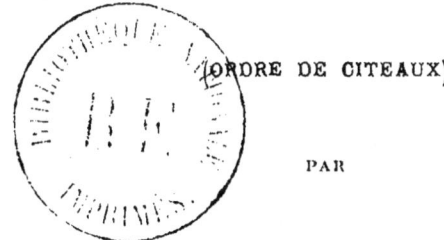

(ORDRE DE CITEAUX)

PAR

L.-E. DELADREUE

Curé de Saint-Paul,

Correspondant du Ministère de l'Instruction publique pour les travaux historiques,
Membre de la Société des Antiquaires de Picardie,
de la Société Académique de l'Oise, etc.

BEAUVAIS

Imprimerie D. PERE, rue Saint-Jean.

1881.

HISTOIRE

DE

L'ABBAYE DE LANNOY

(ORDRE DE CITEAUX).

Sur les bords du Petit-Thérain, à trois kilomètres au nord-ouest de Marseille, dans la dépendance de la commune de Roy-Boissy, se trouve égaré, pour ainsi dire, dans un délicieux vallon, le charmant petit village de Lannoy. Il n'est pas grand ; six maisons le composent ; mais comme ces maisons ont un air monumental, comme on y sent une origine peu ordinaire. Ce sont, en effet, les restes d'une antique et opulente abbaye de l'ordre de Citeaux. On croirait que ses vieux moines y gardent encore le grand silence cistercien, tant tout y est calme et paisible.

Sur la hauteur qui domine le hameau et presque à pic, se dresse fièrement la demeure des abbés, l'hôtel abbatial. L'intelligent propriétaire qui l'habite, M. Martin, en a fait une jolie résidence, tout en lui conservant son aspect monastique. Il aime sa propriété, et au jour de la fête patronale, sans doute pour rappeler les splendeurs des abbés d'autrefois, cet ingénieux chimiste jette sur le vallon, du haut d'un gracieux belvédère, les rayons fulgurants de la lumière électrique.

Au pied du monticule, s'étendent moins altiers les restes des constructions régulières où priaient jadis les humbles disciples de saint Bernard. L'église a disparu, mais une partie des bâtiments est conservée et forme quatre habitations. La plus rapprochée de l'hôtel abbatial est la plus importante. M. Ambroise Renet, par des restaurations bien comprises, l'a transformée en une agréable villa, et il l'a fait avec une affection filiale, on peut le dire. Chez lui, c'est un culte. Il recherche et conserve tout ce qui a pu appartenir à ces bons moines, dont son père a partagé la table et l'amitié. Aussi, que de débris trouve t-on chez lui de l'ancien monastère! Ici, au fronton de la maison, vers les jardins, c'est un *Sauveur du monde* aux bras étendus, belle sculpture en bois du XVIIe siècle; là ce sont des morceaux de pierres tombales; plus loin une tête en pierre, enchâssée dans un mur, semble vous regarder. C'est la tête d'un preux chevalier, arrachée par la Révolution d'un mausolée de l'église. Les salles du logis ont encore cet aspect austère et grandiose d'autrefois. Mais aussi comme le maître de céans, aujourd'hui vieillard respectable, sait vous en faire les honneurs avec une amabilité charmante! Comme il aime, ce bon *Marquis*, car c'est sous ce nom que M. Renet est connu, nom que ses amis et les populations lui ont donné, comme il aime, dis-je, à vous faire visiter son ancien monastère, à vous promener à travers les méandres ombreux qu'il a créés sur l'emplacement des édifices détruits; comme il se plaît à vous reconstituer la topographie des monuments et à vous raconter l'histoire de cette grande institution monastique que le souffle révolutionnaire a fait disparaître!

Deux autres habitations sont formées d'une autre partie des constructions régulières. Une troisième occupe l'ancienne maison de justice de l'abbaye. Le moulin est toujours là faisant farine sur son paisible cours d'eau; la ferme de la basse cour, en partie démolie, n'est plus habitée.

J'ai vu et revu bien des fois ces lieux où, enfant, j'avais contemplé des ruines. Un attrait mystérieux m'y ramenait souvent. J'aimais à entendre raconter les faits et gestes des moines silencieux qui habitaient Lannoy. Aujourd'hui je vais essayer d'esquisser leur histoire, ou du moins tenter de sauver de l'oubli les documents qui concernent leur monastère. Puissè-je réussir!

PREMIÈRE PARTIE.

ANNALES DU MONASTÈRE DE LANNOY.

sous l'administration de ses abbés.

On était en l'an du Christ 1135.

Le diocèse de Beauvais ressentait les effets de cet enthousiasme religieux qui caractérisa le commencement du XIIe siècle. Sous l'énergique impulsion de son évêque, de cet illustre Odon que l'Eglise de Beauvais avait été chercher dans une cellule de l'abbaye de Saint-Germer, ce diocèse prenait part au mouvement général et se portait vers les fondations monastiques. Wariville venait de voir des religieuses de Fontevrault s'établir sur son sol (1130), Froidmont et Beaupré recevaient des colonies cisterciennes (1134) et les riches seigneurs se faisaient une gloire de les doter.

Un nouvel établissement allait surgir et l'on pourrait presque dire concurremment avec ceux-ci. Pendant que des Cisterciens s'établissaient à Beaupré, à quelques pas au sud de Marseille, des Bénédictins s'installaient à très-peu de distance au nord, à Briostel. L'abbaye de Beaubec (1), que Hugues de Gournay venait de fonder (1128) en y appelant des moines bénédictins du monastère de Savigny (2), brûlait du désir de répandre sous d'autres cieux l'exubérance de sa vie religieuse. Les sujets affluaient dans

---

(1) Beaubec, abbaye bénédictine devenue cistercienne, en 1148, en même temps que Savigny, située au diocèse de Rouen, aujourd'hui hameau de la commune de Beaubec-la-Rosière, canton de Forges (Seine-Inférieure.)

(2) Savigny, abbaye bénédictine devenue cistercienne en 1148, située dans l'ancien diocèse d'Avranches, aujourd'hui de Coutances (Manche).

son sein et l'on éprouvait le besoin de s'étendre. Osmond, son abbé, tournait déjà les regards vers les vallons boisés du Beauvaisis, où l'appelaient les vœux de l'évêque Odon, son illustre ami, quand deux nobles chevaliers normands s'offrirent pour seconder ce projet et fournirent le moyen de le mettre à exécution. L'un était Lambert de Bretizel (1) et l'autre Guillaume Bisette.

Lambert de Bretizel possédait en Beauvaisis, dans un lieu nommé Briostel, une terre dite du Bois Morand (*Buscum Morandi et omnem terram ad eumdem buscum pertinentem*) et une petite métairie à côté, sur le territoire de Thieuloy (2) (*et mansuram in terra Toleti*) (3). De concert avec Rainold et Roger, ses fils, il en fit don à l'abbé de Beaubec pour y fonder un monastère et demanda l'assentiment de Guillaume Bisette, son seigneur suzerain. Ce chevalier était un des plus puissants seigneurs de ces parages et avait en sa main et à son service un grand nombre de tenanciers nobles, qui avaient reçu de lui des terres en fiefs, et Lambert de Brétizel était de ce nombre. Sa haute position sociale, ses occupations militaires ne lui donnaient pas souvent le temps de penser aux fondations religieuses ; mais sollicité par un de ses hommes de fief de s'associer à cette bonne œuvre, il s'y prêta de très-grand cœur et s'en montra un des plus généreux protecteurs. « *Licet diurnis actionibus et occupationibus impediti*, nous dit-il dans une de ses chartes (4) *nec non curis hujus seculi et vanitatibus occupati, minus spiritualibus inherere valeamus, tamen aliquotiens has curas et vanitates respuere et Dei servitio nosmetipsos mancipandos exhibere perobtamus, interim vero his, quos Deo servituros dinoscimur, prediorum nostrorum quasdam*

---

(1) Les auteurs du *Gallia Christiana*, t. IX, le nomment Lambert de Breteuil (*de Britulio*), c'est une erreur que réfute la charte d'Odon confirmant cette donation. La charte originale, qui est encore conservée aux Archives de l'Oise, porte *de Bretesel*, de Brétizel. Tout le monde sait que cette localité n'est pas loin de Beaubec, et Lambert de Bretizel, dans ses rapports de voisinage avec l'abbaye, aura connu facilement le projet de son abbé.

(2) Thieuloy Saint-Antoine, village du canton de Grandvilliers (Oise). La paroisse de Saint-Maur n'existait pas alors.

(3) Arch. de l'Oise : *Abbaye de Lannoy*. Cartulaire I. — (4) *Ib*. Cart II.

portiunculas erogare satagimus. » Il commença par confirmer solennellement, par un acte scellé en la ville d'Aumale, la donation de Lambert de Bretizel, en présence d'Ansold Bisette, son fils, de Raoul de Retonval *(de Restoldi valle)*, de Girold d'Auchy *(de Alchio)* et de plusieurs autres nobles personnages, et il assura que l'on pourrait compter sur son concours le plus efficace pour mener à bonne fin cette fondation. Nous dirons tout à l'heure comment il sut montrer sa générosité.

L'abbé de Beaubec pouvait donc se mettre à l'œuvre. L'emplacement de Briostel n'était pas des plus favorables. Situé dans cet étroit vallon qui longe, à l'orient, le village actuel de Saint-Maur (1), et que l'on nomme aujourd'hui *Ecorchevache*, dans cette aride anfractuosité que l'eau n'humecte que bien rarement, il était loin de répondre aux conditions topographiques que recherchaient les fondateurs de monastères. Une solitude profonde au sein de coteaux boisés s'y trouvait, mais l'eau vive y manquait trop souvent. L'intermittence des sources qui jaillissaient lors des grandes pluies ne pouvaient suffire aux besoins d'une communauté régulière. Faute de mieux il fallut pourtant s'en contenter; l'essentiel était de s'établir, la Providence saurait bien pourvoir à tout ce qui pourrait faire défaut. C'était la conviction de l'abbé de Beaubec; aussi se hâta-t-il d'accepter avec reconnaissance l'offre qui lui était faite.

A son appel, douze de ses religieux se présentèrent pour recevoir sa bénédiction, et la petite colonie bénédictine partit sous la conduite du frère Osmond, dans les derniers jours de novembre de l'an 1134 ou 1135, la date n'est pas tout-à-fait précise. Ils franchirent les limites de la Normandie et s'acheminèrent vers la terre de Lambert de Brétizel. Ils y arrivèrent le 1er décembre et en prirent possession au nom de la glorieuse Vierge-Marie et de saint Benoît, leurs patrons. Puis ils se mirent à approprier les quelques bâtiments qu'ils y trouvèrent; une chapelle fut improvisée, des cellules furent édifiées et la vie monastique put être reprise dans toute sa régularité.

Un nouveau monastère était fondé, et empruntant son nom à la localité qui le voyait s'élever, il fut appelé *Notre-Dame de Briostel*. Plus tard nous lui verrons changer ce nom en celui de *Lannoy*.

---

(1) Saint-Maur, village du canton de Grandvilliers (Oise).

I. — Osmond (1135-1139).

Le premier abbé qui gouverna cette communauté naissante nous paraît devoir être le moine Osmond. Louvet, dans sa *Nomenclatura et chronologia rerum ecclesiasticarum diœcesis Bellovacensis*, veut que ce soit Hugues, et place l'administration d'Osmond ensuite. Les auteurs du *Gallia Christiana* donnent aussi Hugues pour premier abbé à Briostel sans faire mention d'Osmond. Nous pensons que c'est à tort et nous préférons suivre l'opinion du R. P. procureur de cette abbaye qui, dans le *Mémoire historique* par lui composé en 1775 (1), place Osmond au premier rang. Cette opinion s'appuie en effet sur des documents écrits d'une authenticité incontestable et dont la teneur nous paraît péremptoire dans la question présente. Nous sommes même étonnés que leur importance ait échappé à la sagacité de Louvet et surtout à celle des savants Bénédictins auteurs du *Gallia Christiana*.

Le premier de ces documents est la charte par laquelle Guillaume Bisette et son fils donnent à l'abbaye de Briostel et aux religieux qui l'habitent la moité du territoire de Briostel et le quart de la dîme et du cimetière de Marseille (2). *Noverint igitur*, y est-il dit, *tam presentes quam futuri nos dedisse et presentis scripti privilegio confirmasse Deo et ecclesie beate Dei Genitricis semperque Virginis Marie et abbati de Briostel, fratribusque ibi Deo servientibus, quicquid habebamus in territorio de Briostel, scilicet medietatem ejusdem territorii tam in plano quam in bosco cum appendiciis suis, in elemosinam perpetuam, pro remedio animarum nostrarum et parentum nostrorum, nihil ex omnibus nobis in posterum reservantes. Preterea concedimus eidem ecclesie quartam partem decime et cemiterii de Marselliis....... Testes Osmundus abbas, Hugo Borel, Werno de Peiz, Hugo de Gornaio,*

---

(1) Ce *Mémoire historique sur l'abbaye de Lannoy*, composé en 1755 par le procureur de ladite abbaye, nous a été obligeamment communiqué par M. Le Caron de Troussures, qui l'a en sa possession.

(2) Arch. de l'Oise : *Fonds de l'abbaye de Lannoy*, n° 156. Cartulaire II.

Willelmo de Hosdenc. Or, au nombre des témoins, nous voyons cité Osmond avec sa qualification d'abbé. Il est vrai que la charte ne mentionne pas de quel endroit il est abbé, mais comme la charte était faite uniquement pour le monastère de Briostel, on comprend que son rédacteur, en citant le nom de l'abbé, ne l'écrive qu'avec son titre d'abbé. S'il s'était agi de l'abbé d'une autre abbaye, il n'eût pas manqué de dire de quel endroit il était abbé, comme cela se pratiquait dans tous les diplômes de cette époque.

Le second document, où il est fait mention de cet abbé, est la charte de confirmation par Hélye et Pierre, vidames de Gerberoy, de la donation de la terre de Thieuloy. Il y est pris comme témoin avec Bérenger et Robert de Briostel. « *Testes Osmundus abbas, Berengerius presbiter de Briostel, Robertus de Briostel*. »

Ces textes nous paraissent suffisants pour établir sa présence à la tête du nouveau monastère, lors de ces donations ; et comme elles ont été faites aussitôt après la fondation, nous pensons qu'Osmond dût en être le premier abbé.

Briostel était à peine fondé que les seigneurs du voisinage s'empressaient de subvenir à sa subsistance par de larges générosités, ne demandant ordinairement pour toute récompense qu'un souvenir dans les prières des religieux. Ainsi Guillaume et Ansold Bisette donnaient la moitié du territoire de Briostel, avec le quart de la dîme et du cimetière de Marseille, tandis que Bernier de Clermont (1), Ansoud de Ronquerolles et Hugues, leur

---

(1) Cette illustre famille des Clermont-Ronquerolles, branche issue de la grande maison des comtes de Clermont, se montrait très-généreuse à l'égard des communautés religieuses, et l'on pourrait dire que l'abbaye de Lannoy fut une de celles qu'elle affectionnait le plus, tant sont nombreuses les donations et les marques de bienveillance inscrites dans son chartrier. Ainsi les trois frères : Bernier de Clermont, Ansoud et Hugues de Ronquerolles, donnent, en 1136, la moitié du territoire de Briostel, du consentement d'Oda et de Frevinde, leurs femmes ; les fils d'Ansoud, Odon et Lancelin de Ronquerolles confirment ces libéralités en 1164 ; Ansoud de Ronquerolles avec Hélisende, sa femme, Odon, Philippe, Jean, Marie et Mathilde, ses enfants, de l'assentiment de Jean de Ronqueroles et d'Odon de Silly, ses frères, donne, en 1190, quatre muids de vin de rente, et en 1209 la dîme de Trois-Etots ; Jean de Ronquerolles,

frère, aumôniaient l'autre moitié du territoire de Briostel. En même temps Simon de Bertelincourt et Nanteuil de Gaudechart (*de Golecholis*) (1) en faisaient autant du territoire de Thieuloy et d'une partie du village de Saint-Maur que l'on appelait alors La Haute-Voie ou La Haute Chaussée (*Alta Via*), à cause de sa situation sur les bords de la chaussée romaine de Beauvais à Saint-Valery (2).

Ces largesses devaient assurément donner une certaine aisance à la jeune communauté, mais cela ne rendait pas la situation plus convenable. On étouffait dans cette gorge étroite et le manque d'eaux vives se faisait toujours sentir. Quoique les religieux fussent encore dans toute leur ferveur primitive, cela ne les empêchait pas d'éprouver un certain malaise, et ils espéraient que la Providence viendrait à leur aide. Elle ne tarda pas, en effet, à leur procurer le moyen de sortir de cet état, en leur faisant trouver un endroit beaucoup plus en rapport avec leurs besoins et les nécessités de la vie monastique. Ce fut un riche chevalier des environs qui le leur donna.

Mathieu, sire du Ply (3), avait un jour nombreuse société en son château et l'on y devisait gaiement, quand l'abbé Osmond vint heurter à la porte du manoir. On le fit aussitôt introduire, et, après qu'il eût exposé l'objet de sa visite, l'assistance lui demanda des nouvelles de sa communauté. L'abbé ne put s'empê-

---

son frère, donne, en 1209, deux muids de vin de rente avant de partir pour la croisade et choisit l'église de l'abbaye pour le lieu de sa sépulture. Son tombeau fut placé dans le transept sud. Odon de Silly (Ronquerolles) et ses autres frères, Bernier de Ronquerolles, archidiacre de Beauvais, et Nivelon de Ronquerolles, font pareillement des donations en 1209, 1219 et 1220. Les fils de Jean, Ansoud, Nivelon et Gautier de Ronquerolles font de même en 1261, 1262, 1284.

(1) Cette donation fut ratifiée, en 1145, par Gila de Gaudechart, fille de Nanteuil, et par Godefroy d'Orval *(de Aurivalle)*, son mari. (Bibliot. Nat. Collect. Moreau, t. 62, f. 1.) Cartulaire X.

(2) Cart. V et X.

(3) Le Ply, hameau de la commune de Thérines, canton de Songeons. Le vieux manoir, plusieurs fois détruit, a été dernièrement reconstruit par le comte Des Courtils, propriétaire actuel.

cher de se plaindree de la situation défavorable de son monastère. Alors, et sans qu'on s'y attendit, le noble amphytrion, poussé par une idée généreuse, lui offrit de lui donner un emplacement plus convenable. Il possédait sur les bords du Petit-Thérain, entre Thérines et Roy-Boissy ou, comme il le dit lui-même dans sa charte de donation, entre Roy et Le Hamel d'Odon de Gannes (1), entre Le Mesnil (2) et Mont-Aubert (3) (*inter Reei et le Hamel Odonis de Galnis, et inter le Maisnil et Montem Otberti*), une terre dite du Vieux-Moulin (*Veteris Molendini*). Cette terre était assise dans un agréable vallon, une petite rivière l'arrosait de son eau calme et limpide. Un moulin y fonctionnait déjà prêt à moudre le pain du couvent. Mathieu du Ply l'offrit généreusement à l'abbé Osmond et sans en rien retenir; il donna tout ce qu'il avait en ce lieu (4), *quidquid habebat in territorio Veteris Molendini, tam in plano quam in bosco, aqua et prato, scilicet omnem terram quam habebat inter Reei et le Hamel Odonis de Galnis et inter le Maisnil et Montem Otberti* (5). Fressende, sa femme, Girard et Arnoult, ses fils, sa fille, ses neveux, Rainard de Saint-Omer et Elinand, son fils, approuvèrent fortement cette libéralité et la confirmèrent en renonçant à tous les droits qu'ils pouvaient avoir sur cette terre. Le sire de Fontaine, Gautier dit Wagan, abandonna lui aussi le droit de voirie (*viatoriam*) qu'il avait en ce lieu. Hugues de Fresneaux et Hugues Merlet confirmèrent le tout en leur qualité de hauts seigneurs, de qui ces terres étaient tenues.

Osmond accepta avec la plus vive reconnaissance et s'occupa

---

(1) Le Hamel d'Odon de Gannes, aujourd'hui détruit, était situé au sud-est du Ply et on en retrouve encore des restes dans le bois de Maroye.

(2) Le Mesnil-Valeran, hameau de la commune de Roy-Boissy.

(3) Mont-Aubert, hameau de la commune de Thérines

(4) Cart. IV et XV.

(5) La charte de confirmation des vidames Hélye et Pierre porte : *Ego Matheus dimidium territorii Veteris Molendini cum sede ipsius, stagnum cum nemore, molendinum cum sede abbatie, et quicquid ad me pertinet in supradicto territorio, totum confero ecclesie beate Marie, nihil inde reservans in posterum.* (Loisel : *Beauvais* ou *Mém. sur le Beauvaisis*, p. 268.)

aussitôt avec ses religieux de la translation de la communauté. Sur la rive gauche du Petit-Thérain et à côté du moulin, aux pieds d'une abrupte colline couverte de bois épais pouvant servir d'abri contre la froide haleine des vents du nord, s'étendait un vaste terrain planté d'aunes (*alnetum*). Ce terrain, débarrassé de ses arbres et de ses broussailles, paraissait convenable pour l'établissement du monastère. Osmond y vint avec ses moines ; tous se mirent résolument à l'œuvre, et au bout de quelques jours, l'aunaie défrichée voyait sortir de terre les fondations des constructions régulières qui allaient recevoir ces disciples de saint Benoît. Les travaux, activement poussés, permirent aux religieux de venir s'y établir avant la fin de l'année. Briostel fut abandonné, et la communauté, fixée dans son nouveau local, donna à son monastère le nom de Notre-Dame de L'Aunoie, puis de Lannoy (*de Alneto*), empruntant son appellation à la nature primitive du sol qu'elle occupait. Elle conserva néanmoins encore pendant longtemps, dans les actes publics, le nom de Briostel. Le nom de L'Aunoie, Lannoy, n'était considéré que comme une dénomination vulgaire à l'usage du peuple. C'est ce dernier pourtant qui a prévalu.

Lannoy vit ses premiers religieux en 1137, Briostel avait servi d'asile à peine deux ans. Quoique privé de ses habitants, il resta encore pendant bien des années en la possession de l'abbaye ; les moines aimaient à s'y reposer quand ils allaient cultiver les terres qui l'environnaient. Ils lui donnèrent le nom de Vieux-Briostel (*Vetus Briostel*) pour le distinguer de Lannoy, qui portait aussi indistinctement, ainsi que nous venons de le faire remarquer, le nom de Briostel. Il ne fut aliéné que plus tard, quand on l'échangea avec l'abbaye de Saint-Lucien contre les dîmes du Mesnil.

Osmond pouvait maintenant jouir d'un peu de repos ; il avait la consolation de voir ses enfants établis comme il le désirait. Il manquait bien encore certaines choses à son monastère, mais l'essentiel, mais la situation était convenable ; la Providence ferait le reste. Les soucis et les fatigues avaient usé sa santé et il s'endormit peu après dans le Seigneur plein de jours et de bonnes œuvres. Il mourut vers l'an 1139.

II. — Hugues (1139-1146).

Hugues fut choisi par ses frères pour succéder à Osmond dans la première charge du monastère. Dans ces communautés naissantes, la plupart des religieux n'avaient pas reçu le caractère sacerdotal; c'étaient de pieux laïques qui avaient quitté le monde pour mener une vie plus parfaite dans la solitude, sous la direction d'un homme qui avait, comme eux, tout abandonné pour embrasser la vie monastique. Ces humbles religieux, avec cet esprit de foi qui les animait, considéraient les saints ordres et le sacerdoce surtout comme une dignité si sublime qu'ils osaient à peine y aspirer; aussi restaient-ils la plupart du temps dans les ordres inférieurs, et même ne recevaient-ils que la tonsure qui les séparait du monde. Hugues n'était pas prêtre quand ses frères le choisirent pour supérieur, mais son élévation lui faisait un devoir de recevoir ce caractère pour la bonne direction de sa communauté. Il s'en vint trouver l'évêque de Beauvais, et Odon, suivant les règles de l'Eglise, l'ordonna prêtre. Hugues promit obéissance et soumission à son évêque comme à son supérieur légitime et revint prendre la direction effective de son petit troupeau.

Odon l'avait en singulière estime et plus d'une fois il vint à Lannoy pour le lui témoigner. Il s'occupait avec lui des affaires de son monastère; il portait intérêt à toutes les transactions passées à son avantage et veillait avec un soin scrupuleux à en faire dresser des actes authentiques qu'il confirmait de son autorité et scellait de son sceau. Hugues, de son côté, ne négligeait rien pour conserver son amitié, en même temps qu'il travaillait à faire fleurir sa communauté et à défendre ses intérêts.

Un certain Arnoult de Briot inquiétait depuis quelque temps son abbaye au sujet de la possession d'une partie du territoire de Thieuloy, et revendiquait avec persistance des droits qu'il prétendait avoir (*querelam quam de monachis, qui Alneti in Domino habitant, circumquaque ventilabat et omnium fere auribus infundebat*). Hugues voulait la paix, mais sans compromettre pourtant les intérêts de sa maison. Il invoqua l'arbitrage de Serlon, abbé de Saint-Lucien, et se rendit auprès de lui. Arnoult s'y présenta de son côté avec Widric, sa femme, Bérenger et Ursus, ses enfants. Les considérations de l'abbé Serlon firent probablement une très-vive impression sur ce trop ardent compétiteur, car incontinent nous le voyons non seulement renoncer à ses prétentions, mais donner en perpétuelle aumône à l'abbaye de Lannoy son fief et tout ce qu'il possédait au territoire de Thieuloy *(feodum quod in terra Teuleti se habere dicebat et totum quicquid illud erat)*. Les parties se rendirent ensuite pardevant l'évêque de Beauvais pour lui demander de sanctionner l'accord par une charte scélée de son sceau, ce qu'il fit en leur présence et en celle de Serlon, abbé de Saint-Lucien, de Renold, abbé de Saint Quentin, Ouen, religieux de Lannoy, Guillaume, économe *(bajulus)* de l'évêque, Payen, fils de Sibille, Odon fils d'Engiel, et Adelelme d'Armantières *(de Ermentariis)* (1). C'était en 1139.

En même temps que cet accord rendait le domaine de Thieuloy plus important, d'autres donations venaient l'accroître et augmentaient par ailleurs les possessions du monastère. La charte que donna l'évêque Odon, en 1140, pour les confirmer, va nous en énumérer quelques-unes. Evrard, seigneur de Breteuil, avec Waleran, Evrard et Hugues, ses enfants, donna tout ce qu'il possédait dans le village de Thieuloy et sur son territoire, avec l'avouerie et le droit de vicomté *(quicquid habebant in villa et in terra Teoleti, videlicet avocaturam et vice comitatum et quicquid habebant ibi aliud)*.

Osmond de Conti et Girold, son frère, abandonnèrent aussi la part qu'ils avaient dans l'avouerie de Thieuloy et tous les droits dont leurs prédécesseurs avaient joui en ce lieu.

Ilbert de Cempuis, moyennant un muid de froment de rente que les religieux promirent de lui payer annuellement, leur abandonna tout ce qu'il possédait à Thieuloy et à Saint-Maur, le majorat de Halloy et la moitié de la terre appelée le Moncel-d'Ilbert *(quicquid habebat infra terminos Teuleti et Altavie et prefecturam sive majoratum Haleti, quem ex parte burgali habebat... et medietatem illius terre que dicitur Moncellus Hylberti.*

Drogon de Cempuis, Richelde, sa femme, Gautier et Alard,

---

(1) Arch. de l'Oise : *Fonds de Lannoy*, n° 567. — Cartulaire VI.

ses enfants, donnèrent en héritage une masure, le droit de mairie et quelques autres droits à Thieuloy (*curticulum unum et mansuram et majoratum et alias quasdam consuetudines Teuleti*).

Robert, fils de Gunferus, donna la moitié de la dîme du même lieu (*medietatem decime Teoleti*) (1).

Une autre charte de confirmation, donnée par le même évêque en 1143, nous fait connaître diverses autres donations faites pour augmenter l'enclos sur lequel était située l'abbaye, à Lannoy même. Ainsi, Benzon de Roy, Robert de L'Héraule (*de Arabla*) et Garnier, son fils, Philippe de Marseille et son frère, et Hugues d'Avelon donnèrent la terre avoisinant le monastère. Les moines s'empressèrent d'en planter une portion en vignes pour y récolter leur boisson, le reste fut compris dans l'enclos ou entrepris pour l'établissement des fossés de clôture. Robert de L'Héraule y ajouta un champ de l'autre côté de la rivière; on l'appelait le Champ Cainfort (*campum unum ultra aquam, qui dicitur Cainfort*).

Garnier de Boissy (*de Buxeio*) et Ursus, son fils, donnèrent un petit champ près de la Haie-Vitale, contigu aux fossés du monastère (*campum parvnm juxta fossatum monachorum, contiguum terre illorum, que dicitur Haia Vitalis*), et la terre du Val Lancelin (*et terram que dicitur Vallis Lancelini*), avec l'assentiment de Benzon de Roy, son seigneur (2).

Hugues du Ply fit un échange. Il céda un herbage auprès de l'étang du monastère et l'abbé lui abandonna un herbage de même contenance, sis à Morvillers. Ce dernier provenant d'une donation faite par la femme de Viard d'Oudeuil.

Oursin de Thoix (*de Teiz*) et Bérenger, son vassal, Hugues Porc et Guillaume, son fils, renoncèrent bénévolement à toutes les dîmes qu'ils avaient droit de prendre sur les terres sises à l'intérieur des fossés du monastère.

Chacun tenait à se montrer bienveillant envers cet établissement monastique, et jusqu'au meunier de Milly, Gérard, qui renonça aussi, en faveur de ces moines, à tous les droits qu'il pouvait avoir sur leur moulin.

---

(1) Arch. de l'Oise : *Fonds de Lannoy*, n° 569. Cartulaire VII. — (2) *Ib.*, n° 160. Cart. VIII.

L'évêque Odon était à Lannoy quand il confirma solennellement ces transactions. Une nombreuse et brillante assistance l'environnait. Indépendamment d'Elinand, son secrétaire et chapelain, on remarquait Gautier, curé de Thérines, Garnier, curé de Roy, Pierre, chevalier, seigneur de Milly, Girard de Saint-Omer, Barthélemy de Thérines, le clerc Rogon, Odon de Gannes et bien d'autres (1).

L'abbé Hugues voyait fleurir son monastère, les religieux y affluaient et les donations en leur faveur y abondaient. Il écrivit au pape pour qu'il daignât le bénir lui et son troupeau et donner une sanction auguste à son établissement. Lucius II, accueillant sa supplique avec bienveillance, lui répondit par une bulle datée de l'an 1144, par laquelle il confirmait son abbaye sous la règle de saint Benoît et tous les biens qui étaient en sa possession, faisant défense de la troubler dans sa jouissance sous peine d'excommunication.

Avant de mourir, Hugues vit encore augmenter le domaine de son monastère par une importante donation. La terre de Halloy, qui confinait à celle de Thieuloy, lui fut donnée, vers 1146, par Robert de Hétomesnil, du consentement de Gautier, son fils, de Jean et Oger, ses frères, et de Pierre d'Avelaine, son seigneur, et par Borgard de Poix. Cette donation fut confirmée, en 1146, par Théodoric, évêque d'Amiens, en présence de Serlon, abbé de Saint-Lucien, de Foulques, abbé de Saint-Jean d'Amiens, et de Raoul, doyen d'Amiens, et en 1163 par Jean de Conti (2).

Le dernier acte où il soit fait mention de l'abbé Hugues est une convention sans date, mais qui paraît être de cette même année 1146, passée entre lui et le chapitre de Gerberoy au sujet de la dîme de Thieuloy. Ces chanoines percevaient la moitié de la dîme de ce lieu concurremment avec l'abbaye de Lannoy; mus par un sentiment de pieuse déférence à l'égard des religieux et dans la crainte de les gêner *(ne fratres, qui rigori discipline celestis subjacent, canonicorum incursu, seu redditus sui importuna exactione aliquomodo turbentur)*, ils abandonnèrent leur part de

---

(1) Arch. de l'Oise : *Abb. de Lannoy*, n° 160. Cart. VIII. — (2) *Ib*,. n° 138. Cart. XI.

dime moyennant une redevance annuelle de sept muids de grains que les religieux promirent de leur payer (1).

Hugues mourut dans le courant de cette année 1146.

III. — Guillaume Ier (1147-1166).

Le moine Guillaume avait à peine remplacé Hugues à la tête de son monastère, qu'il eût à s'occuper d'une modification importante dans la vie de sa communauté. Depuis leur premier établissement en cet endroit les religieux de Lannoy suivaient la règle de saint Benoît, comme on la suivait à leur maison-mère, à Beaubec, comme on la suivait à Cluny. Une révolution cependant avait eu lieu dans l'ordre. A la vie uniquement contemplative des constitutions bénédictines, un abbé de Molesme, nommé Robert, avait ajouté la vie d'action ou le travail manuel. Il avait fondé, en 1098, sa grande institution religieuse et agricole de Citeaux. Un de ses moines, saint Bernard, fit prendre à l'institution un développement colossal en lui donnant un nouveau centre à Clairvaux. Il ajouta dans sa règle la culture des lettres à celle de la terre et il imprima à son monastère une marche ascensionnelle si rapide que, sous sa direction, il devint bientôt l'établissement agricole le plus parfait et la première école intellectuelle du monde.

Ce nouvel ordre s'attira les sympathies de tous. Le peuple le voyait avec plaisir parce que ses religieux se livraient comme lui aux pénibles travaux de l'agriculture et supportaient avec lui les intempéries des saisons et le poids du jour et de la chaleur. D'un autre côté, il répondait à un des besoins de cette société à demi barbare au milieu de laquelle il s'implantait. Il y avait dans cette société féodale une foule d'hommes énergiques et mécontents qui cherchaient en vain dans son sein une place au soleil. Faute d'occupations qui leur convinssent, ils vivaient errants et misérables aux dépens de cette société où ils n'avaient pu se caser. Ce n'était pas une vie contemplative qu'il fallait à ces rudes natures, elles n'auraient pu la supporter ; il leur fallait

---

(1) Pillet : *Hist. de Gerberoy*, p. 335.

une vie toute d'action qui leur permit de faire tourner à l'avantage de tous l'activité qui les dévorait. Robert de Molesme et saint Bernard comprirent ce besoin et y répondirent en fondant l'ordre de Citeaux. Ses maisons se multiplièrent rapidement, et un grand nombre de monastères bénédictins demandèrent à y être affiliés et à suivre sa réforme. L'abbaye de Savigny, au diocèse d'Avranches, fut de ce nombre. Serlon, son abbé, accompagné de celui de Beaubec, se rendit au chapitre général, à Citeaux, pour solliciter son incorporation avec les trente trois monastères qui, sortis de Savigny, dépendaient de lui. Sa demande fut favorablement accueillie, les vénérables abbés cisterciens l'admirent dans leur sein, en lui laissant la juridiction sur les monastères qu'il avait alors en sa dépendance, et le pape Eugène III sanctionna ce changement de règle par une bulle de l'an 1147.

Lannoy, qui dépendait de Beaubec et partant de Savigny, dut alors adopter la règle cistercienne. Guillaume, son abbé, et toute la communauté consultés, avaient répondu qu'ils acquiesçaient de grand cœur à cette modification. Cette règle, du reste, n'était pas nouvelle pour eux; ils la voyaient pratiquer à une lieue d'eux et pour ainsi dire à leur côté par les religieux de Beaupré. Ils l'embrassèrent avec ardeur et se livrèrent aux travaux des champs pour cultiver ou défricher les nombreuses propriétés qui leur avaient été données.

Lannoy fut dès lors de l'ordre de Citeaux.

Le pape Eugène III les confirma dans ce généreux dessein, en même temps qu'il leur accorda une bulle confirmative de toutes leurs propriétés, en 1147.

En 1152, l'abbé Guillaume obtint de Fulbert, abbé de Saint-Germer, la cession d'un petit courtil, à Thieuloy, moyennant 20 sols qu'il lui donna (1).

Sur ces entrefaites, Hugues de Saint-Deniscourt, Hescie, sa femme, et Pierre, son fils, avaient donné à l'abbaye la moitié du territoire d'Héroumesnil (*Heroldi maisnil*) (2), et pour donner plus de solennité à la chose, la délimitation fut faite et le bornage opéré en présence de l'abbé Guillaume, de plusieurs de ses

---

(1) Arch. de l'Oise : *Abb. de Lannoy*, n° 570. Cartulaire XVI.
(2) Ce territoire était situé auprès du village de Hautbos.

moines, notamment d'Ouen, Guillaume, Fulcoin, Godefroy, alors cellerier, des frères convers Richard, Guillaume, Hainfrède, de Pierre, abbé de Beaupré, de Bernard, son prieur, de Sagalon, son cellerier, de Garnier, curé de Roy-Boissy, Thomas, curé de Marseille, Haimeric, curé de Thérines, et d'un grand nombre d'autres personnages.

Cette propriété était belle et peu éloignée de l'abbaye, néanmoins Guillaume tenta de l'échanger contre une autre plus rapprochée de son monastère et qu'il convoitait depuis quelque temps. L'abbaye de Beaupré possédait une partie du territoire de Saint-Maur (*Alta via*). Il offrit à Pierre, son abbé, de lui céder toute sa terre d'Héroumesnil s'il voulait lui donner la moitié de ce qui lui appartenait à la Haute-Chaussée de Saint-Maur avec la dîme. Pierre, dont le monastère possédait déjà une grande partie du territoire de Hautbos et de Brombos, trouva l'offre avantageuse et y acquiesça aussitôt avec tout son couvent. De la sorte, Lannoy eut la portion de ce territoire qui s'étendait de son côté; Beaupré conserva la partie qui était vers Ecatelet et Briot-la-Grange.

L'évêque de Beauvais, Henri de France, étant venu à Lannoy, confirma cet accord par une charte donnée, en 1153, en l'abbaye et scellée en présence d'une nombreuse assistance d'ecclésiastiques et de nobles personnages qui avaient tenu à honneur de l'accompagner. On y remarquait Eustache, doyen de Beauvais, Hibert, trésorier du chapitre de Beauvais, Hugues, chapelain d'Hélie, vidame de Gerberoy, Beaudoin et Ursion de Songeons, Jean de Saint-Paul, Pierre d'Hodenc, Girard de Caigny, Alelme d'Armentières, Hugues de Ferrières (1).

Cette année et les années suivantes furent marquées par d'autres donations importantes à Monceaux (2) et aux environs.

Guillaume de Coquerel donna la seigneurie de la moitié du territoire de Belval, sis entre Saint-Arnoult et Monceaux, avec un herbage, la terre dite la culture d'Hildeman, une charruée de terre à Saint-Arnoult et le droit d'usage pour les animaux du

---

(1) Arch. de l'Oise : *Abb. de Lannoy*, n° 542. Cartulaire XVII.

(2) Monceaux-l'Abbaye, canton de Formerie.

monastère sur toutes ses terres de Saint-Arnoult, de Moliens et d'Haleines (1).

Trois de ses vassaux et tous trois frères, Barthélemy, Arnoult et Pierre de Thérines, donnèrent le quart de ce même territoire de Belval, qu'ils tenaient de lui en fief.

Wicard d'Escles et Hugues de Longpérier donnèrent l'autre quart du consentement d'Harierius de Conti, leur seigneur (2).

Bernard d'Hallovilers et Sagalon d'Hermercourt firent cause commune avec Guillaume de Coquerel pour donner une charruée de terre à Saint-Arnoult (*juxta Bellam Vallem*).

Odon de Saint-Arnoult abandonna les droits de dîme lui appartenant sur un quart de ce territoire de Belval.

Alelme de Broquier donna une terre à Broquier, appelée l'Echelle (*Scala*).

La terre de Monceaux, avec ses dépendances du Mesnil et de Vacherie, désignées dans les chartes sous le nom de *Maisnilii* et *Vaccariæ*, fut alors donnée par Ansoud et Henri Bisete (3) et par Guillaume d'Hémécourt, Thibault de Bouvresse, Raoul de Monceaux, Girold de Conti, Godefroy de Beaussault, Vermond de Poix, Enguerrand, vicomte d'Aumale, et Etienne, son fils, Raymond de Sarcus et Hibert, son frère, ses vassaux, et par Hélie, vidame de Gerberoy. Les religieux du Bec renoncèrent, de

---

(1) *Dominatum predicte terre* (de Bella Valle), *tam in plano quam in bosco, et curticulum furni, quod habebant proprium in ipso territorio, et culturam Heldeman, que erat in dominio suo, et aisiamenta ad opus animalium monachorum in tota terra sua, que huic est vicina, scilicet in territorio Sancti Arnulfi, in territorio de Meilens, in territorio de Halenis et in aliis territoriis suis, si que habent in illa vicinia.* (Arch. de l'Oise : *Abb. de Lannoy*, n° 41. Cart. XVIII. — Confirm. de Pierre, vidame de Gerberoy.)

(2) Arch. de l'Oise : *Abb. de Lannoy*, n° 38. Cart. XIX.

(3) Henri Bisete, comme Ansoud, son père, et Guillaume, son aïeul, était un des seigneurs les plus puissants de ces parages. C'était un des premiers grands vassaux du vidamé de Gerberoy, et l'on voit dans plusieurs circonstances que les vidames Hélie et Pierre l'avaient en singulière estime et le traitaient avec beaucoup d'égard. Il avait lui-même de nombreux vassaux et des plus qualifiés, cette donation en fait foi.

leur côté, à tous les droits qu'ils pouvaient avoir sur les dîmes de ce lieu.

L'évêque de Beauvais, Henri de France, confirma toutes ces donations et toutes celles qui avaient été faites antérieurement par une charte de l'an 1158 (1).

Les titres de ces diverses donations nous découvrent une partie assez intéressante des us et coutumes de la société féodale et surtout de ceux qui régissaient alors la propriété foncière. Ils font sans cesse remarquer qu'elles sont faites moyennant une redevance annuelle payable à leurs auteurs et destinée à servir de garantie au seigneur de qui ces terres données étaient tenues. A cette époque, où l'organisation féodale était dans toute sa vigueur, les hauts et puissants seigneurs, divisant leurs propriétés, les donnaient à fiefs à des vassaux, qui presque toujours devaient être nobles et qui étaient tenus à certains devoirs à leur égard à raison de ces inféodations. La terre répondait de l'accomplissement de ces devoirs, et, en cas de non observation, elle était saisie. Si le vassal la vendait, l'échangeait ou la donnait, il fallait au préalable le consentement ou la concession du seigneur pour que le contrat ressortît tout son effet, et le nouveau possesseur était substitué à son devancier pour l'accomplissement des devoirs, pour le service *(servitium)* comme on l'appelait alors. Quand la donation était faite à une corporation religieuse, souvent le seigneur la concédait libre de tout service *(liberam penitus et quietam)*, c'est-à-dire que l'établissement donataire n'était plus obligé au service à raison de cette terre. Mais souvent aussi le seigneur ne voulait pas perdre tous ses droits sur son vassal laïque, qui ne l'était qu'à cause de cette terre; alors il exigeait que le donataire payât annuellement au donateur une redevance en nature qui tint lieu du fief cédé, le représentât et pût être saisi comme lui en cas de refus de service par le vassal. C'est la clause que nous rencontrons à chaque instant dans les chartes de donations aux établissements religieux de cette époque. *Si autem homines nostri a nostro se subtraxerint debito servitio, terram illam predictam monachis nec auferemus, nec aliquid molestie inferemus, sed censum tantummodo, quem*

---

(1) Arch. de l'Oise : *Abb. de Lannoy*, n° 160 Cart. XXIII.

illis monachi reddere debent, nos accipiemus donec debitum nobis servitium solvant. Interim vero monachis nullam omnino debent (homines nostri) *inferre molestiam, nec censum quem saisivimus, vel quicquam aliud exigere, sed hoc potius agant ut nostrum nobis servitium solvant, et sic quod sibi debetur recipiant* (1).

Vers 1160, Benzon de Roy, avec Gervais, son fils, Pierre de Crèvecœur et Gautier, son fils, Hélinand et son fils Robert, Hugues du Ply et Girard, son fils, donnèrent à l'abbaye de Lannoy toute la terre d'Orsimont avec la seigneurie.

Raoul de Goulencourt donna aussi une partie de sa terre de Goulencourt, et les vidames de Gerberoy, Guillaume et Pierre, confirmèrent ces donations, en 1160. Parmi les témoins qui furent présents à cette confirmation et qui la souscrivirent, on remarquait Garnier, curé de Roy, Raoul, curé d'Omécourt, Hélie, frère du vidame Guillaume, Girard, frère du vidame Pierre, Gautier Wagan, Jean d'Hodenc, Barthélemy de Saint-Deniscourt, Hugues de Troussures, Raoul, fils de Valeran, Gautier de Songeons, Girard de Caigny et Hugues, son fils, Hilon de Morvillers et Guillaume de Beausault.

A deux années de là, en 1162, l'abbé Guillaume sollicita du roi de France et du pape des lettres de confirmation, pour mettre son monastère à l'abri des vexations qui pouvaient lui être suscitées. Louis VII se hâta de répondre à sa sollicitation, en déclarant par lettres-patentes qu'il prenait l'abbaye de Lannoy (*monasterium de Alneto de Briostel*) sous sa protection, l'exemptait de toute juridiction séculière (*ab omni potestate seculari deinceps emancipatum*) et la confirmait dans la possession du lieu sur lequel étaient construits ses bâtiments et des terres adjacentes, de sa grange ou établissement agricole de Briostel avec ses dépendances, de sa grange de Thieuloy avec ses dépendances, de Halloy et de la Haute-Chaussée (Saint-Maur), de sa grange de Belval (Monceaux-l'Abbaye) avec une charrue de terre à Saint-Arnoult, de ses terres de Monceaux, du Mesnil et de Vacherèches,

---

(1) Charte de confirmation par Guillaume et Pierre, vidames de Gerberoy, de la donation à l'abbaye de Lannoy de la terre d'Orsimont par Ursion de Roy, Pierre de Crèvecœur, Hélinand et Hugues du Ply. (Arch. de l'Oise : *Abb. de Lannoy*, n° 422. Cart. XXIV.

de sa grange d'Orsimont et de ses terres d'Aboutmaisnil et de Goulencourt (1).

Le pape Alexandre III lui accorda aussi, l'année suivante, des lettres de confirmation. De la sorte, toutes les propriétés du monastère se trouvèrent garanties par les deux autorités les plus hautes et les plus respectées alors.

En 1164, le même roi Louis VII, voulant donner à Lannoy une nouvelle marque de sa bienveillance, l'exempta de tout droit de travers et de péage pour le transport, par son domaine royal, des choses nécessaires à la subsistance et à l'entretien de ses religieux (*donavimus in elemosinam ne per propriam terram nostram de eis, que portaverint ad usum domus, ad victum et vestitum fratrum, sive mercatura, donent aliquam consuetudinem, sed absolute et libere eant eorum vecture*). Cette exemption, qui paraîtrait peut-être aujourd'hui bien mesquine, était alors d'une très-haute importance à cause des nombreux droits indirects qu'il fallait payer pour le transport des marchandises à travers les propriétés domaniales (2).

Deux ans plus tard, en 1166, Mathieu, comte de Beaumont, lui accordait une semblable exemption à travers toutes ses terres (3).

Baudoin du Quesnel, Alexandre de Breteuil, Girard de Saint-Omer et Ursion de Boissy abandonnèrent, en 1164, tous les droits qu'ils pouvaient avoir sur la dîme de Briostel, les uns comme décimateurs, et c'étaient Girard de Saint-Omer et Ursion de Boissy, les autres comme possédant la seigneurie de cette dîme (4).

La même année (1164), Odon et Lancelin de Ronqueroles, deux nobles chevaliers des environs de Clermont, se rendirent en cette abbaye, qu'Ansold, leur père, et Bernier de Clermont, leur oncle, avaient dotée de la moitié du territoire de Briostel. Pour quel motif y vinrent-ils? L'histoire ne nous apprend rien à ce sujet, mais ce que les chartes nous disent, c'est qu'ils s'y trouvèrent avec une noble et nombreuse assistance de gentilshommes. Ursus et Gautier de Songeons y étaient, Pierre du Tronquoi (*de Truncheio*), Thomas du Quesnel (*de Caisnel*) et Baudoin, son frère, Jean de Fontaine dit Wagan et Gautier, son frère, Girard du Ply,

---

(1) Arch. de l'Oise : *Abb. de Lannoy*, n° 164. Cart. XXVI. — (2) *Ib.*, n° 166. Cart. XXVII. — (3) *Ib.*, n° 167. Cart. XXX. — (4) *Ib.*, n° 165. Cart. XXVIII.

Girard de Saint-Omer, Ursus de Boissy (*de Buxeio*), Hugues du Ply, Payen de Fourneuil (*de Furneio*) et Hugues de Torcy (*de Torchio*) les accompagnaient. Nos deux preux du Clermontois, tenant à donner aux religieux une preuve évidente de leurs bons sentiments à leur égard, confirmèrent solennellement en la salle du chapitre toutes les donations faites par leurs ancêtres, et en firent dresser acte en présence des nobles assistants qui tinrent à honneur d'y souscrire (1).

Vers la même époque, et peut être la même année, trois sœurs : Eremburge, femme de Guillaume de Pecquigny, Emeline, femme de Lambert Cornuel de Gerberoy, et Héloïse de Fretencourt, renoncèrent à toutes les prétentions qu'elles avaient élevées sur les terres de Monceaux pour troubler l'abbaye dans sa jouissance (2).

La solennité avec laquelle se faisaient toutes ces donations, toutes ces confirmations et concessions attirait à chaque instant dans les monastères la noblesse de leur voisinage et lui faisait voir de près cette rude vie du cloître. Le contact continuel avec ces institutions fit naître, chez plus d'un, le désir de quitter la cuirasse et les riches costumes, pour venir couler en paix leurs derniers jours sous la bure du religieux ou d'y demander un asile pour leurs cendres après leur mort. Aussi voyait-on souvent de nobles existences s'éteindre sous les voûtes de leurs cellules, et les inscriptions tumulaires qui émaillaient leurs églises rappelaient aux siècles futurs que là gisaient de preux chevaliers. Nous dirons un mot, plus tard, des illustres personnages qui furent inhumés dans l'abbaye de Lannoy.

L'abbé Guillaume, après avoir sagement administré son monastère, mourut le 4 février 1166. D'un caractère agréable et gai, il alliait à une grande prudence une bonté toute paternelle, qui le faisait aimer de tous ses religieux et de tous ceux qui avaient des rapports avec lui. Le *Gallia Christiana* (3) cite, d'après un très ancien manuscrit, l'épitaphe suivante qui fut gravée sur sa tombe :

---

(1) Arch. de l'Oise : *Abb. de Lannoy*, n° 161. Cartulaire XXIX. — (2) *Ib*. Cart. XXXI.

(3) *Gallia Christiana*, t. IX, p. 839.

Ecce Deo gratus jacet hic Willelmus humatus
  Abbas, abbatum gloria, gemma, decus.
Ecce domus hujus thesaurus ponitur istic.
  Thesaurum magnum continet urna brevis.
Vir bonus et lœtus, prudens, pius atque facetus,
  Moribus egregiis glorificandus homo.
Iste die quarto februi de fine quiescens,
  In cœlos abiit, corpore conditus hic.
Undecies centum sex undeciesque peractis
  Annis Messiœ, migrat ad Empyrion.

IV. — Raoul (1166-1180).

Raoul avait à peine pris en main le gouvernement de Lannoy qu'il eut à recevoir la donation d'une partie du territoire du Moncel-Ybert et de la dîme, faite par Béranger le Marchant et Ascon et Adam de Cempuis, ses cousins, du consentement d'Oursel de Thoix, son seigneur (1).

En 1169, Adam de Fontaine lui donna sept muids de terre au territoire de Gaudechart (*de Goholt esart*), vers Briostel, avec tous les droits de justice et de seigneurie qui y étaient attachés. Aveline, sa femme, à qui cette terre appartenait, ratifia la donation avec Gervais, Robert, Hugues, Richelde, Mabilie, Odéline, Marie et Ennaïs, ses enfants (2).

En 1170, Etienne et Gautier de Marseille lui accensèrent toute la partie du territoire de Roy, qu'ils tenaient en fief de Girard d'Hanvoile, moyennant 15 livres beauvaisines et deux muids de grains de redevance annuelle, et Osmond, leur oncle et tuteur, donna toute sa dîme de Roy en garantie (3).

La même année, Guy d'Avelon, de l'assentiment de Jean, Hugues, Guernon et Adélina, ses enfants, et de Goscion, son frère, lui aumôna tout ce qui lui appartenait au territoire de Roy, dans le fief d'Herbert d'Omécourt, en terre, bois, hôtes et seigneurie (4).

---

(1) Arch. de l'Oise : *Abb. de Lannoy*, n° 330. Cartulaire XXXVI. — (2) *Ib.*, n° 118. Cart. XLI. — (3) *Ib.*, n° 482. Cart. XLII.

(4) *Quicquid habebat in territorio de Rei de feodo Herberti de Omercort,*

Pierre, vidame de Gerberoy, et le noble chevalier Arnoult de Thérines donnèrent en même temps le droit de pâturage sur leur terre d'Haleine, avec le droit de passage à travers cette terre et celle de Moliens pour conduire les animaux de la grange de Monceaux à ces pâturages (1).

Hugues de Saint-Samson donne trois muids de terre à Orsimont et deux courtils à Villers-sur-Auchy.

Hugues Burnel donne aussi tout ce qu'il possédait à Orsimont et à Aubomesnil (2).

Toutes ces donations enrichissaient le monastère et lui donnaient une certaine importance territoriale. Le travail continu des moines et des convers, habilement dirigé, faisait des granges des établissements agricoles modèles que les seigneurs voisins souvent enviaient et quelquefois même tracassaient par dépit. Aussi de leur richesse naquirent bien des querelles, qui parfois dégénérèrent en voies de fait, mais les moines savaient se faire respecter, témoin le fait suivant.

Vers 1171, le sire de Fontaine, Jean dit Wagan, chevalier passablement belliqueux et aimant les expéditions à mains armées, comme l'indique son surnom, chercha noise à l'abbaye de Lannoy. L'histoire ne nous dit pas pour quel motif, mais toujours est-il qu'un jour ses hommes poursuivirent les religieux jusque dans leur abbaye et en maltraitèrent un assez gravement. Cette attaque émut l'abbé Raoul plus que tous les autres mauvais procédés (*multa mala fecerant*) auxquels il avait été en but jusqu'à ce jour. Il cita Jean de Fontaine pardevant l'évêque de Beauvais comme ayant porté une main violente sur l'un de ses religieux, au mépris de toute justice et des privilèges accordés par les papes et les rois à son monastère. L'accusation était grave et Jean de Fontaine, ne se le dissimulant pas, abandonna ses hommes et soutint qu'ils n'avaient pas agi par ses ordres. Lui se

---

in plano, in bosco, in aqua, in hospitibus et in dominio ex utraque parte aque. (Arch. de l'Oise : *Abb. de Lannoy*, n° 483. Cart. XLIII.)

(1) *Herbagium et pasturam ad opus animalium monachorum per totam terram meam de Halenis et vie transitum per eandem terram et per terram de Meilenis ad ducenda animalia ad pastum et reducenda.* (*Ib.*, n° 136. Cart. XLIV.) — (2) *Ib.*, n° 423. Cart. XLVI.

tira personnellement assez bien d'affaire et ne fut condamné qu'à jurer devant tous ses vassaux réunis et devant tous les habitants de Marseille qu'il ne causerait plus aucun dommage à l'abbaye et qu'il empêcherait ses hommes de lui en faire. Quant aux coupables, ce fut bien autre chose. Celui qui avait blessé le religieux fut condamné à aller chercher à Rome l'absolution de son crime. (*Qui fratrem in abbatia vulneravit, ad pedes Domini Pape mitti debere*). Ses complices, moins sévèrement punis, durent cependant se rendre aux abbayes de Beaupré, de Froidmont et de Saint-Lucien, avec ordre d'aller pieds nus de la porte de chacun de ces monastères jusqu'en la salle du chapitre, pour y recevoir la discipline de la main des religieux. Il leur fut en outre enjoint de se rendre, également pied nus et couverts d'habits de laine, du village de Fontaine jusqu'à la porte du monastère de Lannoy; là ils quitteraient leurs habits, iraient, les épaules nues et tenant des verges à la main, jusqu'au chœur de l'église de l'abbaye, et se prosterneraient aux pieds des religieux pour en recevoir la discipline. Ensuite ils jureraient de ne plus jamais causer de tort au monastère. La sentence, malgré sa sévérité, fut exécutée; c'était les mœurs du temps. *Consentaneos vero huic sceleri,* dit la sentence de Barthélemy de Montcornet, *in tribus abbatiis Prato videlicet et Fremont necnon et sancto Luciano, a porta monasterii usque in capitulum discalceatos progredi, ibique sufficienter disciplinari. Decretum est etiam eosdem postmodum a villa sua scilicet a Fontanis usque ad portam monasterii de Briostel laneis indutos et discalceatos, et inde usque in capitulum nudos virgasque gestantes ire debere, seque vestigiis fratrum humiliter verberandos offerre, ac deinceps se prefate ecclesie in nullo nocituros sub juramento firmare* (1). Des punitions aussi sévères devaient faire respecter les monastères, leurs biens et leur personnel. Il faut dire qu'à cette époque, au milieu de cette société à demi-barbare, aux mœurs grossières et rudes, il n'en fallait pas moins pour faire quelqu'impression sur les délinquants. Ce serait étrangement se tromper que de juger des faits et gestes de ces temps, d'après les idées et les mœurs de notre XIXe siècle.

En cette même année 1171, Raoul Waleran, qui demeurait près

---

(1) *Gallia Christiana*, t. x. Instrum., col. 264. Cart. XLIX.

de l'abbaye, au Mesnil (1), donna, du consentement d'Elisa, sa femme, et de Bernard, Raoul et Julienne, ses enfants, tout ce qui lui appartenait en terre, prés, bois et seigneurie aux territoires d'Orsimont et d'Aubomesnil. Guillaume, l'un des vidames de Gerberoy, confirma cette donation, et lui même, pour témoigner au monastère sa bienveillance, lui abandonna (*pro salute anime mee et parentum meorum*) tout ce qui lui appartenait en terre, seigneurie et fief dans l'étendue de ces territoires, ainsi que dans ceux de Roy, de Lannoy, de Saint-Maur, de Gaudechart et de Monceaux l'Abbaye. Il scella solennellement sa charte en l'abbaye, un jour que Guy, abbé d'Ourscamp, Manassès, abbé de Froidmont, Odon, abbé de Beaupré, s'y trouvaient et les prit pour témoins (2).

Raoul, Enguerrand et Adeline, enfants de Hugues, dit Le Roux d'Avelon (*de Avelona*), donnèrent aussi tout ce qui leur appartenait en terre, bois, hôtes et jardins au territoire de Roy. Il paraît que ces donateurs n'étaient pas bien riches, car, indépendamment des quinze mines de blé de redevance annuelle qu'ils retinrent, l'abbé donna 4 livres beauvaisines à Adéline pour l'aider à se marier (*ad maritandam Adelinam*) et 7 sols à ses deux frères pour acheter des habits (*ad tunicas emendas*). Tesceline, leur mère, reçut aussi 10 sols, et Hunold, leur oncle, 5 sols (3).

Ces donations n'étaient, à proprement parler, que des ventes dissimulées ou des accensements. Le cens que l'on retenait, joint aux dons que le monastère faisait, pouvait bien être regardé comme l'équivalent de la terre, objet de la donation. Les constitutions de l'ordre de Citeaux s'opposaient formellement à toute acquisition de biens à titre onéreux, et les monastères, pour éluder ces défenses qu'une peine grave sanctionnait, avaient recours à des donations simulées. Ce désordre n'échappait pas toujours aux visiteurs de l'ordre, et plus d'une fois les chapitres généraux s'élevèrent contre cet abus; mais après bien des inter-

---

(1) Le Mesnil-Valeran (*Mansionile Waleranni*), hameau de la commune de Roy-Boissy, qui doit son nom à Raoul Valeran, l'un de ses seigneurs.

(2) Arch. de l'Oise : *Abb. de Lannoy*, n°ˢ 424 et 484. Cartul. L et LI. —
(3) *Ib.*, n° 485. Cart. LII.

dictions la rareté des donations fit modifier et même abroger la défense. Le relâchement s'introduisait, la décadence commença.

Nous ne prétendons cependant pas accuser les religieux de Lannoy d'être entrés déjà dans cette voie de relâchement. Peut-être ces dons qu'ils faisaient étaient-ils inspirés par leur reconnaissance, et peut-être aussi n'avaient ils aucune intention de violer leurs constitutions, et n'agissaient-ils ainsi que pour ne pas froisser les désirs des donateurs qui trouvaient par là le moyen de se créer des revenus et de se procurer l'argent, fort rare du reste, mais nécessaire à la vie de chaque jour.

Les monastères, grâce à leur intelligente organisation, à l'activité toujours obéissante de leurs membres et à la multiplicité des bras qu'une règle souveraine savait mettre en œuvre, obtenaient dans leurs cultures des résultats bien supérieurs à ceux des propriétaires fonciers qui les avoisinaient. Il n'y a donc rien d'étonnant à ce que ces derniers, ne pouvant obtenir les mêmes résultats, leur aient cédé plusieurs parties de leurs biens moyennant un cens annuel. Par là ils se créaient des ressources certaines et à l'abri de toute variation. Voilà pourquoi, sans doute, indépendamment du motif que nous avons donné ci-dessus, puisé dans la garantie du service dû au seigneur, tant de donations étaient faites moyennant un cens annuel et une gratification immédiate. Nous remarquerons ce fait à chaque instant dans les titres qui nous restent à mentionner.

En 1171 encore, Godard de Gréméviller donna tout ce qu'il possédait au territoire de Roy, dans le fief de Gerberoy (*quicquid habebat in territorio de Rei, de feudo Gerborredi, tam in plano, quam in bosco et hospitibus ex utraque parte aque*), moyennant huit mines de blé de cens annuel. Il reçut en outre (*de karitate ecclesie*) 50 sols beauvaisins de gratification ; sa femme, Richelde de Marivaux (*de Marival*), à qui cette terre appartenait par contrat de mariage, eut une vache, et Mathilde, leur fille, 3 sols. Et comme Robert de Marivaux, le beau-père, et Raoul, son fils, avaient ratifié cette donation ; ils reçurent aussi 10 sols de monnaie beauvaisine (1).

Odéline, fille de Girard le Cocq (*Cocus*), du consentement

---

(1) Arch. de l'Oise : *Abb. de Lannoy*, n° 486. Cart. LIII.

d'Helvis, sa mère, de Pierre et Philippe le Charpentier (*Carpentarius*), ses oncles, donna trois arpents et trois quartiers de vigne sis auprès de la route de Milly, à Saint-Lucien, et reçut 36 livres beauvaisines en récompense (1).

L'abbaye de Lannoy, comme tous les monastères cisterciens, entretenait dans ses Granges un nombreux bétail. Elle savait que c'était là une condition nécessaire de la prospérité de ses cultures. Elle tenait partant beaucoup aux droits de pâturage que de généreux bienfaiteurs lui donnaient, et en usait toujours le plus qu'elle pouvait pour améliorer ses troupeaux. Nous avons dit plus haut comment le vidame Pierre lui avait octroyé ce droit sur ses terres d'Haleine et de Moliens.; Enguerrand, Francon et Etienne d'Aumale en firent autant pour leurs fiefs des environs de Monceaux. Guillaume de Beausault et Girold de Conty les imitèrent. Les troupeaux de la grange de Monceaux ou Belval pouvaient donc circuler en paix dans de vastes pâturages. Pourtant un noble personnage chercha à les inquiéter. Raoul, comte de Clermont, prétendit leur contester ce droit sur les fiefs des sires de Beausault et de Conty, ses vasseaux, situés dans ces parages, dans la montagne (*in montania*), comme on disait alors (2). Après bien des vexations, le comte comprit que sa conduite était injustifiable, et, l'évêque de Beauvais intervenant, il se désista de ses prétentions le cœur bien marri (*compunctus corde*). Il allait alors partir pour l'Angleterre et il ne voulait pas s'éloigner sans avoir mis fin à cette contestation. Le roi de France, Louis VII, venait de conclure la paix d'Amboise (1174) avec Henri II d'Angleterre, après une guerre de deux ans, et Raoul de Clermont, en sa qualité de grand officier de la couronne, devait accompa-

---

(1) Arch. de l'Oise : *Abb. de Lannoy*, n° 322. Cart. LIV.

(2) On appelait la Montagne *(Montania)* toute la partie du Beauvaisis située au nord de Beauvais, entre la vallée du Thérain et celle de la Brêche, et qui va toujours en s'élevant jusqu'à ce qu'elle atteigne le point culminant qui fait le partage des eaux entre les affluents de l'Oise et ceux de la Somme, vers Formerie, Grandvilliers et Crèvecœur. Elle doit sa dénomination à son altitude relativement la plus élevée du Beauvaisis. Elle comprenait tout le doyenné de Montagne de l'ancien diocèse de Beauvais.

gner en Angleterre la jeune princesse Alix, qui venait d'être fiancée à Richard, fils du roi Henri, pour cimenter la paix. Le comte de Clermont partait content, sous la protection du ciel, que les prières des religieux lui obtiendraient, espérait-il. En effet, l'abbé de Lannoy, par reconnaissance, lui avait promis d'avoir toujours, dans la communauté, un prêtre chargé d'offrir chaque jour le saint sacrifice de la messe pour le comte et pour la comtesse Alix de Breteuil, sa femme. En outre, il s'était engagé à faire célébrer, aussitôt après leur décès, un service solennel à leur intention avec tout le cérémonial usité dans les funérailles de l'un des moines de la maison. Ce procédé avait tellement plu au comte que, non content d'avoir renoncé à ses prétentions, il promit aux religieux de les protéger en cas de guerre et de leur faire trouver partout sur ses terres asile et sécurité, toutes les fois qu'ils s'y réfugieraient, tant eux-mêmes que leurs troupeaux. En ces temps si troublés, l'offre n'était pas à dédaigner. C'était en 1174, et l'évêque de Beauvais, Barthélemy de Montcornet, assistait à l'accord et le scella de son sceau (1).

Un autre noble personnage, Robert, vicomte de Poix, après avoir aussi essayé de troubler ces religieux dans la jouissance du même droit de pâturage (*herbergagii*) sur le territoire de Halloy, renonça semblablement à ses prétentions pardevant l'évêque d'Amiens, Thibault d'Heilly (2).

Drogon et Pierre, fils de Sagalon de Monceaux ou de Milly, abandonnèrent aussi toutes les réclamations qu'ils élevaient au sujet de la terre de Thieuloy, en 1175, en présence de Barthélemy de Montcornet. En même temps, Osmond de Thoix donnait la moitié de la dîme de Roy, sa terre sise entre Grémévillers et le Mesnil et celle qu'il tenait de Robert Phaget, et Ibert de Marseille et les filles d'Anthelme tout ce qu'ils possédaient au même territoire (3).

La même année, Barthélemy de Hécourt, Pierre, Guy, Ada et Mabilie, ses enfants, donnèrent les Courtils Giroux, et Eméline, femme de Pierre de Crèvecœur, une autre terre au même terroir de Roy (4).

---

(1) Arch. de l'Oise : *Abb. de Lannoy*, n° 374. Cart. LVII et LVIII. — (2) *Ib.*. n° 139. Cart. LIX. — (3) *Ib.*, n° 574. Cart. LXIV. — (4) *Ib.*, n° 488 Cart. LXVIII.

Un nommé Pierre, de Beauvais, donnait aussi une maison sise à Beauvais, rue du Déloir, et Foulques, son père, une vigne à Villers-Saint-Lucien et une autre vigne à Montreuil-sur-Thérain (1).

En 1175, Godard de Grémévillers donne un pré à Auchy-en-Bray, du consentement de Raoul de Marivaux et de Sagalon de Moimont (*de Medio Monte*), ses seigneurs suzerains (2).

En 1176, Simon de Bois-Aubert (*de Bosco Alberti*), Jean, Pierre et Hugues, ses enfants, aumônèrent tout ce qu'ils possédaient à Cailly *in territorio Challeii*), et Jean d'Hannaches sa terre d'Orsimont avec le bois et les prés y attenant (3).

Un clerc, nommé Sagalon, donna le quart de la dîme de Roy, dont il jouissait (*quam in manu sua tenebat*), moyennant deux muids de blé de cens annuel (4).

En 1177, l'abbé Raoul, dont la réputation de sagesse et d'équité était bien connue, fut pris pour arbitre par les abbayes de Saint-Lucien et de Froidmont pour juger le différend survenu entre eux au sujet des dîmes de Montataire et de Saint-Félix. Il mit tant d'impartialité et de justice dans l'examen de cette affaire, que son jugement satisfit pleinement les deux parties (5).

Lui-même, de retour en son monastère, eut à s'occuper d'une affaire à peu près semblable; il s'agissait de savoir à qui appartiendrait la dîme d'Orsimont, d'Aubomesnil et de la terre de Gautier fils de Nivelon. Wibert d'Hannaches avait donné, en 1174, à l'abbaye tout ce qui lui appartenait dans cette dîme, et Bernard, curé de Villers-sur-Auchy, en revendiquait une partie; de là le désaccord. La difficulté pourtant s'arrangea facilement, le curé de Villers renonça à tous ses droits et l'abbé promit de lui servir annuellement une rente de douze mines de blé et douze mines d'avoine. Pierre, vidame de Gerberoy, confirma l'accord et la paix fut faite (6).

Cette année, Guillaume de Mello, beau-père du vidame Guillaume et son tuteur (*cum Willelmus vicedominus Gerboredi gener*

---

(1) Arch. de l'Oise : *Abb. de Lannoy*, n° 18. Cart. LXIX. — (2) *Ib.*, n° 2. Cart. LXX. — (3) *Ib.*, n° 128. Cart. LXXII. — (4) *Ib.*, n° 490. Cart. LXXIII.

(5) *Gallia Christiana*, t. IX, col. 839.

(6) Arch. de l'Oise : *Abb. de Lannoy*, n° 429. Cart. LXXIV.

meus, esset in tutela mea et ego pro eo provisor essem et procurator) confirma toutes les donations qu'Etienne de Marseille, Ilbert du Hamel, Garnier d'Herculez, Gervais de Roy, Osmond de Thoix et Barthélemy de Hecourt avaient faites de terres sises à Roy, et celles faites par Ursion de Bois-Aubert et Hugues de Saint-Samson, de terres sises à Cailly et Orsimont (1).

Les dernières années de l'administration de Raoul furent marquées par la donation d'une vigne et d'un pressoir, à Montreuil-sur-Thérain, par un bourgeois de Beauvais nommé Déodat, en 1178, et par la confirmation des possessions du monastère, sises à Monceaux-l'Abbaye, par Wermond, vidame de Picquigny. Il s'endormit ensuite dans le Seigneur, vers 1180.

V. — Roger Ier (1180-1184).

Les généreuses dispositions des seigneurs du voisinage continuèrent à se manifester envers l'abbaye sous l'administration du nouvel abbé nommé Roger. En 1180, Adam d'Equesne lui donne tout ce qu'il possède au Moncel-Hilbert, sous la réserve de onze mines de blé de cens (2); — Robert de Fontaine lui fait remise d'un muid de blé de rente, qu'elle lui payait annuellement pour la tenue d'une pièce de terre à Monceaux, lieudit Belval (3); — Jean d'Hodenc lui donne, au même lieu, le fief que tenait auparavant Hugues de Longperrier (4); — le seigneur d'Omecourt, Osbert dit Malnouri, lui confirme les donations que lui avaient faites Guy d'Avelon et ses fils Jean et Raoul d'Avelon, ses vassaux. Ces donations consistaient en une partie du territoire de Roy et en remise de rentes en grains (5).

Vers la même époque, Jean, comte d'Eu, exempte les religieux de ce monastère de tout droit de péage pour les marchandises et effets qu'ils feront passer sur ses terres, leur accorde le droit d'herbage et d'usage dans ses bois, le refuge sur ses domaines en cas de guerre, et leur donne 50 sols de cens sur ses censives

---

(1) Arch. de l'Oise : *Abb. de Lannoy*, n° 491. Cart. LXXV. — (2) *Ib.*, n° 335. Cart. LXXXIII. — (3) *Ib.*, n° 44. Cart. LXXXIV. — (4) *Ib.*, n° 45. Cart. LXXXV. — (5) *Ib.*, n°° 174 et 481. Cart. LXXXVI et LXXXVII.

de Guerville pour acheter du poisson, *ad emenda allectia fratribus* (1).

En 1182, Baudouin de Coquerel tient à honneur de prouver sa bienveillance à l'abbaye en lui confirmant la possession de toutes ses terres de Belval (Monceaux-l'Abbaye), provenant tant des donations de ses ancêtres qu'autrement (2).

En 1183, Etienne de Marseille, du consentement de Gautier, son frère aîné, donne tout ce qu'il possède au terroir de Roy, dans le fief de Girard d'Hanvoiles, en retenant une rente annuelle de deux muids de grains. La donation est faite solennellement en présence de Philippe de Dreux, évêque de Beauvais, qui en fait dresser l'acte, et devant Hugues, curé de Péronne, Mᵉ Anfrede, Pierre de Chambly, Gautier, curé de Montataire, Eudes, chatelain de Beauvais, Jean d'Airion, Arnoult de Thérines, Jean d'Hodenc, Girard de Merval, portés comme témoins (3).

Cette même année, une dame de Montreuil-sur-Thérain, nommée Alix, offrait son fils Garnier à l'abbaye, *obtulit filium suum Garnerium*, pour y être élevé, et donnait en même temps une maison et diverses pièces de terre. Philippe, curé de Montreuil, Jean Le Maire, Adam et Foulques de Mainalnay, Albéric de Carroy et d'autres assistaient à cette donation, que confirma le seigneur du lieu, Gautier de Mouy (4).

En 1184, ce même seigneur confirmait au monastère plusieurs autres donations de terres, vignes, prés et bois, au même lieu de Montreuil, faites par Adam de Montreuil, Havise, sa femme, Jean, Aubert, Pierre et Richelde, ses enfants; — par Raoul le Diable, Hersende, sa femme, Guillaume et Jean, ses enfants; — par Guiard Le Boulanger, Raudevis, sa femme, Robert et Bernard, ses enfants; — par Garin de Roye, Wauburge, sa femme, Dreux, Aubert, Hersende, Popeline, Aleburge, ses enfants, et Roger de Cournay, fils d'Aleburge. Les témoins portés en l'acte furent Gautier de Mouy, moine et père du seigneur confirmant, Garnier de Hermes, Raoul Morel, Herfrède de l'Isle, Raoul de Buri, Raoul de Houssoy, Robert et Pierre, ses frères, Jean, maire de Montreuil, Bernier, Hasart et Haimard de Sainte-Geneviève (5).

---

(1) Arch. de l'Oise : *Abb. de Lannoy*, n° 155. Cart. LXXXVII. — (2) *Ib.*, n° 170. Cart. LXXXIX. — (3) *Ib.*, n° 403. Cart. XC. — (4) *Ib.*, n° 379. Cart. XCI. — (5) *Ib.*, n° 380. Cart. XCIII.

En 1183, Mathieu de Breteuil, Hudeburge, sa femme, Mathieu et Richer, ses enfants, avaient autorisé Lannoy à acquérir le quart de la dîme de Roy de Guillaume Porc, sous la réserve de dix-huit mines de blé et deux muids d'avoine de rente (1). Et l'année suivante, ce même Guillaume Porc, seigneur en partie de Roy-Boissy, avec Jean Porc, son fils, et Gautier, fils de Philippe de Marseille, confirmait la donation faite par Politius de Roy, Anthelme et Hermenfrède, neveux de Politius, de dix-huit mines de terre sises à Roy, lieudit le Val-Hunain (2).

La mort de Roger Ier arriva sur ces entrefaites; nous ne saurions en préciser la date.

VI. — Odon ou Eudes (1185-1190?).

Aussitôt après la mort de Roger, les religieux de Lannoy lui choisirent un successeur. Le nouvel élu s'appelait Odon ou Eudes et apparaît pour la première fois en qualité d'abbé, en 1185, dans une charte de l'abbaye de Beaupré.

Les donations continuent d'affluer; quelques-unes sont encore tout à fait désintéressées et faites uniquement pour obtenir le secours des prières des religieux, mais la plupart sont faites moyennant une somme d'argent que l'abbaye semble donner par reconnaissance. Ce ne sont plus pour ainsi dire que des ventes simulées.

En 1188, Gautier de Mouy donne 12 sols de rente à prendre sur ses censives de Montreuil-sur-Thérain pour l'entretien d'une lampe ardente devant l'autel de la Vierge Marie, dans l'église de Lannoy, *una lampas jugiter ardens administrabitur in perpetuum ante altare sancte Marie in monasterio de Briostel* (3).

Ce seigneur partit pour la troisième croisade, en juillet 1190, avec Philippe-Auguste et Richard Cœur de Lion. Aussi voyons-nous Edève, sa femme, confirmer à son défaut, en 1190, la donation faite à l'abbaye par Hugues du Fayel lorsqu'il y prit l'habit religieux, d'un demi-muid de blé de rente à percevoir sur Robert

---

(1) Arch. de l'Oise : *Abb. de Lannoy*, n° 492. Cart. XCII — (2) *Ib.*, n° 589. Cart. XCIV. — (3) *Ib.*, n° 381. Cart. XCV.

du Fayel, son fils, à Mouchy (1), et l'échange d'un courtil à Montreuil contre un quartier de vignes, avec la promesse de faire ratifier ces actes par son mari, à son retour, *si de Jerosolima redierit* (2).

En 1190, Gautier de Bracheux, du consentement de sa femme Euphémie et de Guillaume, Hugues, Jean, Agnès, Ade et Béatrix, ses enfants, donne un muid de terre à Orsimont, et Gautier, abbé de Saint-Lucien, de qui cette terre relève, en investit le monastère de Lannoy (3).

Deux frères, Hugues et Vermond de Goulencourt (*de Joislaincurt*), confirment toutes les donations que Raoul, leur père, avait faites (4).

Foulques de Montreuil donne une vigne à Montreuil-sur-Thérain pour indemniser l'abbaye des soins qu'elle donnait à son fils atteint de la lèpre, *pro filio leproso* (5).

Le seigneur de Formerie, Godefroy de Beausault, et Simon, son frère, de l'assentiment de Hugues de Gournay, leur seigneur suzerain, donnent une partie du bois de Blargies pour l'exploitation d'une charrue de faire valoir, sous la réserve de deux muids de blé et deux muids d'avoine de rente annuelle; le droit de pâturage sur toutes leurs terres sises sur la montagne, *de montana*, excepté sur celles de Formerie; renoncent à toutes actions litigieuses entreprises et lui confirment la libre possession de toutes les propriétés qui lui ont été données par leurs prédécesseurs ou leurs vassaux, sises dans l'étendue de leur fief, et aussi bien la donation de deux muids de blé de rente que lui fit Guillaume d'Hémécourt lorsqu'il y prit l'habit religieux. L'acte en est dressé en présence de Richard, abbé de Beaubec, de Baudoin, son prieur, de Hugues de Saint-Samson, de Godefroy, curé de Driencourt, Hugues de Gournay, Jean d'Hodenc, Gautier et Hugues de Beausault, Pierre de Compainville, Guillaume de Hécourt, Guillaume de Boële, Robert de Ricarville, etc. (6).

Jean de Monsures lui donne vingt acres de terre dans le bois

---

(1) Arch. de l'Oise: *Abb. de Lannoy*, n° 154. Cart. XCVII. — (2) *Ib.*, n° 382. Cart. XCVIII. — (3) *Ib.*, n° 419. Cart. C. — (4) *Ib.*, n° 129. Cart. CI. — (5) *Ib.*, n° 376. Cart. XCIX. — (6) *Ib.*, n° 47. Cart. CII.

de Blargies, sous la réserve de seize mines de grains, moitié blé et moitié avoine de rente (1)

Ansoud de Ronqueroles leur aumône quatre muids de vin de rente annuelle à prendre dans son clos de Quienpature, près Clermont (2), et Jean, son frère, deux muids à prendre dans ses vignes de Mogneville, avec la faculté de les retenir s'il revient de la croisade (3).

Un tonloyer de Beauvais, nommé Drogon, lui en donne un muid pour célébrer des messes pour lui et pour Béatrix, sa femme (4). Son fils Guillaume, aussi tonloyer de Beauvais, confirma cette donation en 1206 (5).

Gervais de Saint-Arnoult et Reinold Folie donnent un muid de terre, sis en la lande de Saint-Arnoult, et que possédait jadis Gautier de Longuavesne, mais avec la mention spéciale que si le fils de Gautier, Raoul de Longuavesne, revient de la croisade, *de Jérosolima venerit*, il n'en pourra rien réclamer. Pour cette donation, Gervais de Saint-Arnoult reçut de la générosité du monastère 4 livres beauvaisines et Reinold 10 sols (6). La femme de Gervais de Saint-Arnoult, Béatrix, et leurs enfants, Bernard, Jean, Guy, Beaudoin, Thomas, Marguerite et Nicolaie, donnèrent leur assentiment à l'acte de donation dressé devant Robert, curé de Saint-Arnoult, Baudoin et Gautier Coquerel et Foulques, prévôt de Feuquières.

VII. — Philippe (1190 1196).

L'administration de cet abbé ne nous est guère plus connue que celle de ses prédécesseurs; tout ce que l'on en sait, c'est qu'il succéda à Odon, qu'il reçut plusieurs donations des seigneurs du voisinage et qu'en 1196 il quitta l'abbaye de Lannoy pour aller prendre la direction du monastère de Belleland, en Angleterre (7).

---

(1) Arch. de l'Oise : *Abb. de Lannoy*, n° 326. Cart. CIII. — (2) *Ib.*, n° 73. Cart. CIV. — (3) *Ib.*, n° 323. Cart. CV. — (4) *Ib.*, n° 171. Cart. CVI. — (5) *Ib.*, n° 179. Cart. CVII. — (6) *Ib*, n° 526. Cart. CVIII.

(7) *Gallia Christiana*, t. IX, col. 839. — *Monas. anglic.*, t. IV, p. 1034

Parmi les donations qui lui furent faites, nous pouvons citer celle par Jean Porc, de Molencourt, Pétronille, sa femme, Marie, sa mère, et Raoul, son frère, de tout ce qu'ils possédaient au bois de Cailly, près d'Orsimont (1); — celle de vingt mines de terre, à Corbeauval, par Robert Porc de Saint-Saire, seigneur de Corbeauval, Eremburge, sa femme, Godefroy, Alix et Mathilde, ses enfants (2); — la concession par le même comme seigneur de Corbeauval, de donations de terres au même lieu par Guillaume Porc, son frère, Jean de Corbeauval, Alerme, maire de Corbeauval, Bernard, frère dudit Alerme, Richard, Bertin, Arnoult, Odon Malchuin et Garin, son frère, Raoul Guduin et Raoul de Béloy, ses vassaux, la donation par Garnier de Saint-Aubin d'une maison sise à Beauvais (4).

VIII. — Renaud (1196-1203).

Nous ne pouvons signaler à l'acquit de cet abbé que des donations. Pour lui, comme pour un grand nombre de ses successeurs, nous ne trouvons aucune trace de son administration intérieure, ni de la part qu'il prit aux évènements religieux, civils et politiques du temps.

La troisième croisade s'était terminée en 1192 par une trève de trois ans et une quatrième était prêchée par Foulques de Neuilly, tandis que les troupes anglaises ravageaient le Beauvaisis, par suite des démêlés survenus entre Philippe-Auguste et Richard Cœur de Lion. Milly et Gerberoy sont pris d'assaut, l'évêque de Beauvais, Philippe de Dreux, est fait prisonnier, et les campagnes environnantes sont saccagées par les soldats victorieux. L'abbaye de Lannoy, comme les autres, eut plusieurs de ses granges dévastées; l'histoire ne dit pas qu'elle fut elle-même pillée, mais son voisinage de Gerberoy a dû bien l'exposer. Les temps étaient mauvais, et les personnes en état de faire du bien à ce monastère avaient été fortement éprouvées dans leurs pro-

---

(1) Arch. de l'Oise : *Abb. de Lannoy*, n° 430. Cart. CIX. — (2) *Ib.*, n° 77 Cart. CXI. — (3) *Ib.*, n°˚ 77 et 78. Cart. CXII et CXIII. — (4) *Ib.*, n° 537 Cart. CXIV.

priétés. Il ne fallait plus s'attendre à de grandes largesses, et cependant nous en voyons encore se faire avec une certaine générosité. Alerme de Fromericourt donne tout son tènement d'Hannaches, et Jean d'Hannaches, son seigneur, ratifie la donation avec ses enfants, Hugues, Odon, Mathilde, Pétronille et Béatrix, et Ursion, son frère, et promet de la faire garantir par Girard, son fils ainé, qui est en captivité, *tunc temporis in captione detenti*. Jean d'Hannaches confirme en même temps la donation de neuf mines de terre faite par Oelard d'Hannaches et Lambert, son fils, qui ont élu leur sépulture dans l'église de l'abbaye, *qui in eodem loco defuncti jacent*. Il reçut de l'abbaye, pour cet acte de bon vouloir, 60 sols beauvaisins (1).

Garnier d'Hannaches et son fils André, Asceline et ses enfants, Adam Morel et Gautier, son fils, Albrède, Enguburgis, Hersende, et ses frères Guibert, Gautier et Robert, renoncent, en faveur de l'abbaye, à tous les droits qu'ils pouvaient avoir dans les prés d'Aubomesnil, près d'Orsimont, qu'ils tenaient d'elle à cens (2).

Gautier de Crèvecœur, du consentement de Philippe, son frère, et d'Emeline de Roy, lui fait remise de deux muids de rente à lui dus pour les terres que les religieux tenaient de lui à Orsimont (3).

Edève de Monchy lui confirme, en 1197, la possession des terres données par Jean Le Boulenger de Montreuil lorsqu'il entra en religion, *quando accepit habitum religionis*. Le monastère, pour témoigner sa reconnaissance aux filles du donateur, Alix, Odéline, Marie et Osanna, qui ratifient la donation de leur père devant toute la paroisse de Montreuil-sur-Thérain, *coram omni parrochia de Mosterol*, ainsi que celle d'un bois par Guillaume de Mello, leur donne 4 livres beauvaisines (4).

En 1198, Robert de Chatillon, trésorier du chapitre de Beauvais et fondé de pouvoir de l'évêque de Beauvais, alors prisonnier des Anglais, *vices agens domini Belvacensis eo tempore in captione detenti*, confirme l'accord par lequel Pierre La Garde renonce à ses prétentions sur la terre que l'abbaye tenait, à Monceaux, en mouvance du fief d'Enguerrand, vicomte d'Aumale. Et Pierre

---

(1) Arch. de l'Oise : *Abb. de Lannoy*, n° 115. Cart. CXVI. — (2) *Ib.*, n° 1. Cart. CXVII. — (3) *Ib*, n° 431. Cart. CXVIII. — (4) *Ib.*, n° 383. Cart. CXIX.

La Garde jure sur les reliques de saint Barthélemy, de Beauvais, qu'il n'inquiétera plus à ce sujet les religieux de Lannoy, et cela en présence dudit trésorier et de Galeran, clerc du diocèse d'Orléans, d'Odon, chatelain de Beauvais, d'Henri de Bracheux, de Girard des Patis, de Godefroy du Ply et d'autres (1).

En 1200, Warnier de Goulancourt et Helvide, sa sœur, confirment la donation d'une terre à Goulancourt par Guillaume et Hugues, leurs frères (2).

Gervais de Saint-Arnoult donne plusieurs pièces de terre dans la vallée de Monceaux et confirme les donations de plusieurs pièces de terre au même lieu faites par Jean Malherbe (*Mala Herba*), Reinold Folie, Bérenger de Saint-Arnoult et Gautier l'Anglais (3).

Hugues de Saint-Arnoult, chevalier, renonce à six muids de blé de rente qu'il avait droit de prendre dans la grange de Monceaux. Eméline, sa femme, et Jean et Béatrix, ses enfants, ratifièrent cette donation devant la porte de l'abbaye, *ad portam ejusdem ecclesie*, en présence de l'abbé Renaud, de Galeran, doyen de Beauvais, et de beaucoup d'autres (4).

Hauvilde d'Avelon renonce aussi à un muid de blé de rente (5).

Jean de L'Atre (*de Atrio*) donne un arpent et demi de vignes à Beaumont-sur-Oise et Hugues, vicomte de Beaumont, le confirme. En récompense, Jean de L'Atre reçoit de l'abbaye 16 livres 10 sols parisis (6).

En 1201, Pierre de Bracheux renonce à tous les droits qu'il pouvait avoir dans les vignes de Montreuil, données à l'abbaye par Jean, maire de Montreuil, et Hugues le Moafle (7).

Au mois de mars de la même année, Thibault d'Heilli, évêque d'Amiens, confirme la donation faite par Raoul de Bouillancourt d'un muid de blé de rente à prendre dans sa grange de Bouillancourt, pour qu'il y ait toujours une lumière devant le maître autel de l'église de l'abbaye : *de quo coram majori altari ejusdem ecclesie providebitur luminare in perpetuum* (8).

---

(1) Arch. de l'Oise : *Abb. de Lannoy*, n° 338. Cart. CXX. — (2) *Ib.*, n° 130. Cart. CXXI. — (3) *Ib.*, n° 336. Cart. CXXII. — (4) *Ib.*, n° 339. Cart. CXXIII. — (5) *Ib.*, n° 176. Cart. CXXIV. — (6) *Ib.*, n° 175. Cart. CXXV. — (7) *Ib.*, n° 386. Cart. CXXVIII. — (8) *Ib.*, n° 57. Cart. CXXIX.

En 1202, Raoul Dauphin donne le tiers de la dîme de Godenvillers, qu'il avait acheté de Raoul de Ferrières, et Jean du Cardonnoy ratifie la donation comme seigneur suzerain (1).

Richelde la Karétère donne une maison à Beauvais, située près de la porte neuve (2).

En 1203, Richard de Longpérier, du consentement de Gilon d'Hodenc, renonce à un muid de blé de rente que l'abbaye lui payait, et reçoit en récompense *de karitate ecclesie* 10 livres 10 sols parisis pour racheter son fils prisonnier des Anglais, *ad redemptionem Hugonis filii* (3).

Gautier Coquerel et Agnès, sa femme, donnent huit mines de terre à Hez, lieudit Caalon, la portion leur appartenant dans la terre d'Osbert de Brokeel, à Saint-Arnoult, et ce qu'ils possédaient à la mare de la Folie, et confirmèrent les donations de Hugues de Méhécourt (*de Maiencurt*) et de Malgerius, fils d'Alerme (4).

Pierre Havot, chevalier, donne cinq muids sept mines de terre à Roy-Boissy (5), et Simon de Beausault une terre et un bois à Monceaux, avec la remise d'un muid de grains de rente. En récompense de cette donation, Simon de Beausault reçut de l'abbaye un cheval qui avait appartenu à Simon de Beausault, son oncle, et un palefroi, *equum unum, qui fuerat Symonis avunculi mei et palefridum unum*, et Clémence, sa femme, qui ratifia la donation, reçut une vache, *vaccam unam pro concessione* (6).

Toutes ces donations avaient pour mobile sans doute la demande de participation aux prières des religieux soit pour les vivants, soit pour les morts de la famille, *pro anima mea et pro anima uxoris, filiorum, antecessorum*; mais cela n'empêchait pas d'autres mobiles intéressés. On savait à l'avance que ces bons religieux témoigneraient leur reconnaissance par un don d'argent ou d'un autre objet dont on avait besoin, quelquefois même c'était stipulé par une convention secrète, et alors on n'hésitait pas à donner des propriétés qui souvent étaient de peu de valeur pour les donateurs. Les seigneurs de cette époque, étant à peu

---

(1) Arch. de l'Oise : *Abb. de Lannoy*, n° 123. Cart. CXXX. — (2) *Ib.*, n° 19. Cart. CXXXI. — (3) *Ib.*, n° 178. Cart. CXXXII. — (4) *Ib.*, n° 177. Cart. CXXXIII. — (5) *Ib*, n° 495. Cart. CXXXIV. — (6) *Ib.*, n° 172. Cart. CXXXV.

près les seuls propriétaires fonciers, possédaient des terres de trop vaste étendue pour être bien cultivées. La plupart du temps ces terres étaient en bois ou en friches. Les parties cultivées l'étaient par des tenanciers, des serfs ou des hôtes qui en rendaient au seigneur des cens, rentes ou champarts proportionnés à la récolte. Ces hommes cultivaient mal, quelquefois par défaut d'intelligence, et plus souvent par manque de moyens et d'outillage et découragés par la pensée qu'il faudrait donner au seigneur une partie de leurs revenus ou de leurs récoltes. Ajoutons à cela les déprédations causées par les guerres ou par les bandes indisciplinées d'hommes armés qui cherchaient à se mettre au service des grands seigneurs féodaux ou qui avaient été licenciés par eux, et l'on trouvera le motif pour lequel les terres seigneuriales civiles ou laïques étaient de si peu de rapport. Alors on comprend pourquoi tenanciers ou seigneurs donnaient si facilement et si largement leurs terres aux corporations religieuses, et surtout à ces corporations cisterciennes dont le travail des mains était l'une des premières obligations. On savait et l'on voyait que c'étaient des agriculteurs émérites, et que, grâce à leur puissante et intelligente organisation, ils faisaient rendre à la terre tout ce qu'elle pouvait produire. Et on leur donnait, avec retenue de cens ou de rente, des biens dont on ne tirait que peu parti, et qu'eux savaient mettre en valeur. On pouvait, à ces conditions, se montrer généreux ; la terre donnée rapportait plus au donateur, en redevance ou en don, que s'il l'avait conservée.

IX. — Jean Ier (1203-1205).

Sous l'administration de cet abbé, Richard, fils d'Adam, et Ermenfride du Jardin (*de Gardino*), tenanciers de Hugues de Goulencourt, donnent à l'abbaye leur tènement de Corbeauval sous la réserve d'un muid de grains de redevance annuelle et de 2 deniers de cens à payer audit Hugues (1).

Enguerrand de Crèvecœur, Pierre et Gautier, ses neveux, donnent chacun diverses redevances en blé en 1204.

---

(1) Arch. de l'Oise : *Abb. de Lannoy*, n° 76. Cart. CXXXVI.

X. — Robert (1205-1208).

Robert était, en 1205, à la tête du monastère de Lannoy quand Robert Porc, seigneur de Corbeauval, *dominus de Corbelval*, du consentement d'Eremburge, sa femme, de Godefroy, Richard, Alix et Mathilde, ses enfants, et d'Agnès, dame de Cressonsacq, lui accensa son champart de Corbeauval, moyennant cinq muids de grains de redevance annuelle, et confirma les donations faites par Guillaume et Ililson de dix-huit mines et demie de terre audit Corbeauval (1). La dame de Cressonsacq, Agnès de Mauvoisin, dont le mari, Dreux de Cressonsacq, était alors à la croisade, confirma cet accensement, avec la stipulation ordinaire que si Robert Porc venait à se soustraire au service qu'il lui devait, elle saisirait cette redevance et tout le fief qu'il tenait d'elle jusqu'à ce qu'il eut accompli son service, *si Robertus Porcus a debito mihi servicio se subtraxerit, modiationem suam et omnem feodum, quem de me tenet, in manu mea saisiam, et tenebo quamdiu a meo defecerit servicio* (2).

La même année, Gervais de Saint-Arnoult donne un muid de blé de rente à prendre, à la Saint-Remi, dans sa grange de Saint-Arnoult pour le repos de l'âme de son fils Bernard, quatorze mines de terre audit lieu pour le repos de l'âme de son frère Erard et pour la conversion de Jean, son fils, et un chemin à travers sa terre pour aller de Saint-Arnoult à la grange de Monceaux (3).

En 1206, Baudoin de Coquerel donne trois mines de blé de rente qu'il avait achetées du chevalier Hugues de Saint-Arnoult, et que celui-ci prenait dans la grange de Monceaux (4), et confirme la donation de quatre autres mines faite par Gautier de Coquerel, son frère 5); — Eustache, abbé de Saint-Germer, cède à l'abbé Robert, à bail à moitié, une vigne à Montreuil-sur-Thérain, en présence de Robert, prieur de Saint-Germer, d'Ansoud Le Pauvre, de Vincent, prieur de Villers-Saint-Sépulcre, de Lam-

---

(1) Arch. de l'Oise : *Abb. de Lannoy*, n° 80. Cart. CXXXVII. — (2) *Ib.*, n° 81. Cart. CXXXVIII. — (3) *Ib.*, n° 527. Cart. CXXXIX. — (4) *Ib.*, n° 340. Cart. CXL. — (5) *Ib.*, n° 341. Cart. CXLI.

bert, prieur de Lannoy, et des moines de Lannoy, Jean de Motteville, Joscelin, maître des convers, et Arnoult, le marchand (1) ; — Guillaume, tonloyer de Beauvais, confirme la donation faite jadis par Drogon, son père, aussi tonloyer, d'un muid de vin doux (*de pede calido*) de rente à prendre à Beauvais dans son pressoir du Mont du peuple (*in monte populi*), et exempte l'abbaye de tout droit de roage et de tonlieu dans l'étendue de son fief (2) ; — Gérard des Patis (*de Pascuis*) et Baudoin de Coquerel, tous deux chevaliers, confirment la renonciation faite en leur présence, en l'église de Sarnoy, par Roger Vilain, aux prétentions qu'il élevait sur les terres de Thieuloy et de la Chaussée-Saint-Maur (*Teuleti et Altavie*), données à l'abbaye par Simon de Berteaumecourt (3).

En 1207, Raoul de Clermont, seigneur d'Ailly, confirme la donation faite par Mathilde d'Ailly, sa mère, de deux muids de blé et d'un muid d'avoine de rente, à prendre sur la dîme de Béleuse pour augmenter l'ordinaire des religieux au jour de son anniversaire (4). Cette donation fut encore confirmée, la même année, par Richard de Gerberoy, évêque d'Amiens (5).

Jean Porc de Molencourt donne vingt-cinq mines et demie de terre à Monpertuis, sous la réserve de 2 sols de cens (6), et quarante-huit mines de terre à la fosse d'Aubomesnil, près d'Orsimont, libres de tout service et coutume, sauf le champart qu'il retient (7).

Un autre bienfaiteur que nous avons déjà cité, Gervais de Saint-Arnoult, abandonne neuf mines de blé de rente des quarante-cinq qu'il avait droit de prendre dans la grange de l'abbaye, à Monceaux, et le champart qu'il s'était retenu sur des terres données aux religieux à la mare Henguessent et à la lande de Saint-Arnoult (8).

L'abbé Robert mourut en 1208.

---

(1) Arch. de l'Oise : *Abb. de Lannoy*, n° 387. Cart. CXLII. — (2) *Ib*, n° 179. Cart CXLIII. — (3) *Ib.*, n° 576. Cart. CLXIV.

(4) Bibl. Nat. : coll. Moreau, t. 110, f. 25. Cart. CXLV.

(5) Arch. de l'Oise : *Abb. de Lannoy*, n° 180. Cart. CXLVI. — (6) *Ib.*, n° 289. Cart. CXLVII. — (7) *Ib.*, n°s 496 et 290. Cart. CXLVIII et CXLIX. — (8) *Ib.*, n° 312. Cart. CL.

XI. — Roger II (1208-1211).

Quand Roger II fut élu par les religieux de Lannoy pour succéder à Robert dans le gouvernement de leur monastère, la communauté était encore dans toute sa ferveur primitive. Ses membres étaient nombreux, et leur activité constante au travail leur avait fait créer plusieurs *granges* ou exploitations agricoles dans les localités où ils possédaient des biens d'une étendue suffisante. Ainsi en établirent-ils à Montreuil-sur-Thérain, à Orsimont, à Monceaux dit l'Abbaye, à cause de leur grange, à Monpertuis, à Halloy et à Thieuloy. Ces granges étaient cultivées par les religieux eux-mêmes, qui y entretenaient de nombreuses têtes de bétail. De terres en non valeur ou d'un médiocre rapport, ils en faisaient de riches exploitations. Quand les bras des religieux ne pouvaient plus suffire, l'abbé ordonnait aux maîtres des granges de prendre des serviteurs pour que la culture ne souffrît pas; mais ce n'était qu'à la dernière extrémité que l'on en venait à ces moyens. La règle distribuait rigoureusement le temps et prescrivait strictement le travail manuel à faire en silence à tous les membres de la communauté, religieux ou frères convers, et ordinairement rien n'était en souffrance, tous se faisant les esclaves de la règle. Les religieux, tenus à tous les exercices du cloître, cultivaient les champs voisins de la maison, et les convers allaient aux granges sous la direction du maître de la grange. Ces établissements cisterciens, dont les trappistes d'aujourd'hui sont les fils et les successeurs, faisaient l'admiration de leurs contemporains. On aimait à voir ces humbles fils de saint Bernard, revêtus d'une tunique et d'une cappe grises, la tête couverte d'une capuce, les pieds chaussés de gros souliers, sortant de leur monastère en silence et se rendant à leurs cultures respectives pour y travailler sans mot dire. Tous les jours ouvrables on partait, en hiver après le chapitre qui suivait Tierce, et en été avant Prime; l'office se récitait alors sur le lieu du travail. Avec une organisation comme celle-ci, où tous les membres obéissaient et travaillaient par esprit de foi et par vœu et sous une même inspiration, on comprend que leurs cultures devaient être des exploitations agricoles modèles. Que l'impiété fainéante jette, tant qu'elle voudra, l'insulte à ces bons et vieux moines du temps passé, cela ne les empêchera pas d'avoir été les grands défricheurs de notre France et les fondateurs de notre agriculture nationale.

Mais passons et continuons l'exposé des largesses faites à notre monastère de Lannoy.

En 1208, Gautier de Songeons, du consentement d'Agnès, sa femme, de Pétronille, sa fille, et de Jean, Pierre et Isabelle, ses frères et sœur, donne tout son bois appelé le Fay de Riffin (*de Riefein*), quatre muids de terre labourable et quelques pièces à avoine (*quasdam avesnas*) sis près du bois du Fay. Comme ces terres cultivées étaient exploitées par des tenanciers, par Roger Baillet, Gautier de l'Angle (*de Angulo*), Gautier d'Ecames, Thomas de l'Angle, Werric, Jean l'Anglais, Alix, Hugues Chauvin, Drogon et Jean Le Fournier, le donateur leur en assigne d'autres à leur choix (*excambiavi eis alio loco terram alteram ad placitum et voluntatem eorum*). Il transfère aussi l'action dotale de sa femme du bois du Fay, sur la moitié du moulin de Songeons, sur la moitié de la terre d'Amuger (*Anguli Amuger*) et sur le bois Saint-Pierre. Odon de Lihus, seigneur suzerain de ce fief, confirme le tout, ainsi que l'évêque de Beauvais et Déodat, son official (1).

Hugues Burnel, de l'assentiment de Pierre Havot, son seigneur, donne tout son fief du Mesnil, sous la réserve d'un muid de grains de rente, et l'abbaye lui cède deux muids de terre au lieudit Cans (2).

En 1209, le chevalier Pierre Havot, manifeste sa bienveillance en donnant soixante-sept mines de terre sises auprès de l'abbaye, aux lieux dits la croix Gautier, la longue Roye et la Béeloie (3), et confirme les ventes faites à l'abbaye, en son fief du Mesnil, par Guillaume de Limermont, par un nommé Pierre et Albrède, sa femme, par Ada, Helvide, Liégart, Isabelle et Ermengarde, ses tenanciers (4).

Odon Maladru donne trois pièces de terre auprès de la grange de Monpertuis (5), — et Baudoin de Coquerel confirme la re-

---

(1) Arch. de l'Oise : *Abb. de Lannoy*, n° 97. Cart. CLI. — (2) *Ib.*, n° 259. Cart. CLII. — (3) *Ib.*, n° 181. Cart. CLIII. — (4) *Ib.*, n° 261. Cart. CLIV. — (5) *Ib.*, n° 291. Cart. CLV.

mise faite à l'abbaye par Meissent de Libus et Noël, son fils, de vingt-huit mines de blé de rente (1).

En 1209 encore, Ansoud de Ronquerolles, du consentement d'Hilesende, sa femme, et de ses fils Odon, Philippe et Jean donne la dîme de Trois-Etots (*de Tribus Stipitibus*), jusqu'à concurrence de quinze muids de grains, et transfère sur sa terre de Reuil (*de Rooil*) la reprise dotale de sa femme (2).

Hugues de Monsures, de l'assentiment d'Eremburge, sa femme, et de ses frères et sœurs Jean, Pierre, Guy, Alix, Marguerite, Aceline et Ade, aumône une charruée de terre que Jean de Monsures, son père, avait jadis donnée à ces religieux pour qu'ils la cultivassent. Cette terre était située entre la grange de Monceaux et Blargies, et le donateur se réservait sur elle trois muids de blé et trois muids d'avoine de rente annuelle (3). Il confirme la remise faite par ses prédécesseurs de trois muids de blé de rente sur la grange de Monceaux, affectant ce blé à la confection des hosties pour le saint sacrifice de la messe (*ad hostias faciendas*) (4).

Un noble personnage que nous retrouvons souvent parmi les bienfaiteurs de ce monastère, le chevalier Gervais de Saint-Arnoult, fort du consentement de Béatrix, sa femme, et de ses enfants Guy, Thomas et Simon, remet aux religieux, en présence et par les mains de l'évêque de Beauvais, Philippe de Dreux, tout ce qu'ils lui devaient en cens et rente à l'occasion de leurs terres de la Lande de Saint-Arnoult, confirme toutes les donations faites par Bernard de Saint-Arnoult, son père, et par ses tenanciers (5), et spécialement par Gilbert d'Avesne et Roger le Normand (6).

En 1210, Jean de Songeons, chevalier, donne quatre muids de terre sis entre Grocourt (*Geroucort*) et la grange de Monpertuis (*Malpertuis*). Cette donation fut consentie et garantie par Gautier (*ad cujus feodum pertinebat predicta terra cum nemore*), Pierre et Elisabeth de Songeons, frères et sœur du donateur (7).

---

(1) Arch. de l'Oise : *Abb. de Lannoy*, n° 182. Cart. CLVI.

(2) Bibl. Nat. : collec. Moreau, t. 113, f. 70. Cart. CLVII.

(3) Arch. de l'Oise : *Abb. de Lannoy*, n° 343. Cart. CLVIII. — (4) *Ib.*, n° 344. Cart. CLX. — (5) *Ib.*, n° 528. Cart. CLXI. — (6) *Ib.*, n° 315. Cart. CLXII. — (7) *Ib.*, n°s 133 et 293. Cart. CLXV et CLXVI.

Gervais de Gaudechart (*Gehoutessart*), chevalier, et Agnès, sa sœur, donnent plusieurs pièces de terre à Gaudechart, voisines de celles que possédait déjà l'abbaye, avec le champart qui leur est dû, en présence de Robert, curé de Fontaine (1).

Gérard d'Epatis, chevalier, fait remise d'un muid de blé de rente sur les deux que lui devait l'abbaye, et Philippe de Saint-Deniscourt (*ad cujus feodum pertinebant duo modii*) l'approuve (2).

En 1211, Ansoud, chevalier, seigneur de Ronqueroles, confirme la donation faite par Odon de Ronqueroles, son frère, de deux muids de blé de rente à prendre dans le moulin de Taussac, à Silly, et dans celui du Vivier (*in molendino de Vivario*), et d'un arpent et demi de vignes à Hodenc-l'Evêque (3).

L'évêque de Beauvais, Philippe de Dreux, affectionnait tout particulièrement les religieux de Lannoy, à cause surtout des grands services qu'il en avait reçus (*multa bona nobis contulerunt et multa in nobis servitia impenderunt*), dit-il dans une charte (4). Quels ont été ces services? L'histoire n'en dit rien ; mais ils furent, paraît-il, assez importants pour qu'il tint à les rémunérer par la donation de toutes les terres qu'il avait achetées à Boisaubert (Senantes) de Guy de Boisaubert (*in recompensationem tantorum beneficiorum dedimus... quicquid possidebamus in territorio de Bosco Auberti, videlicet quicquid emeramus a Guidone, filio Ursionis, tam in plano, quam in bosco et in redditibus*). En même temps il confirma la donation de huit mines de terre faite par Gautier le Balbe, de Corbeauval (*de Corbelval*), et peu après celle de Gautier de Crèvecœur, de tout ce qu'il possédait au territoire de Coupemont, près Gerberoy, sous la réserve d'une rente de dix huit mines de blé et autant d'avoine, à prendre dans la grange de Monpertuis (5), — et celle de Baudoin de Roy, de tout ce qu'il possédait au même lieu de Coupemont, sous la réserve aussi d'une rente de quatre muids de blé sur la grange de Lannoy (6).

En 1211 également, le chevalier Pierre Havot confirmait la donation faite par Gérard d'Epatis (*de Pascuis*) de quatre muids de

---

(1) Arch. de l'Oise : **Abb de Lannoy**, n° 114. Cart. CLXVIII. — (2) *Ib.*, n° 173. Cart. CLXIX. — (3) *Ib.*, n° 148. Cart. CLXXI. — (4) *Ib.*, n° 50. Cart. CLXXII. — (5) *Ib.*, n° 82. **Cart**. CLXXIII — (6) *Ib.*, n° 83. Cart. CLXXIV.

terre au territoire de Coupemont, et l'échange par lequel il cédait trente-deux mines de terre au même lieu contre douze mines à Omécourt et vingt mines à Feuquières (1).

Robert, chevalier, vicomte de Poix et seigneur de Dameraucourt (*Damelescort*), avec ses frères Renaud, Florent et Milon, approuve la donation faite par Gila, sa mère, d'un muid de blé de rente à prendre dans sa grange de Ville-en-Bray (2).

L'abbé Roger mourut sur ces entrefaites. On était alors en 1211.

XII. — Guillaume II de Châtillon
(1211-1223).

La vacance du siège abbatial fut de courte durée et les religieux de Lannoy se hâtèrent de donner un successeur à Roger dans la personne du moine Guillaume, issu de la famille de Châtillon. Nous le trouvons dès la même année 1211, transigeant avec Eustache, abbé de Saint-Germer, au sujet de la grange de Monpertuis (3), et acceptant de Gautier Pegins la donation de huit mines de terre à Gaudechart (4).

Les aumônes pieuses faites à son monastère continuent à affluer sous son administration. En 1211, Aubert Resgier donne deux arpents de bois à Montreuil sur-Thérain, et Hugues de Merlemont, gardien du fief (*custos feodi*) de son frère Pierre, confirme la donation (5). Wibert d'Omécourt, fils de Jean, du consentement de Julienne, sa mère, et de Widrie, sa sœur, donne la moitié du bois des Magneux (Feuquières), et Pierre Havot, son seigneur suzerain, l'approuve en présence des chevaliers Gérard d'Epatis, Gérard de Grémévillers, Gérard de Limermont et Garnier Coispel (6).

En 1212, Garin de Loueuses donne quatre mines de terre sises au même lieu des Magneux (7) ; — Jean de Songeons, chevalier,

---

(1) Arch. de l'Oise : *Abb. de Lannoy*, n° 151. Cart. CLXXV. — (2) *Ib.*, n° 592. Cart. CLXXVI.

(3) *Gallia Christiana*, t. IX.

(4) Arch. de l'Oise : *Abb. de l'Oise*, n° 115. Cart. CLXXVII. — (5) *Ib.*, n° 388. Car CLXXVIII. — (6) *Ib.*, n° 262. Car. CLXXIX. — (7) *Ib.*, n° 263. Car. CLXXX.

du consentement de Gautier, Pierre et Isabelle, ses frères et sœur, en donne dix mines à Monpertuis (1); — l'évêque de Beauvais, Philippe de Dreux, faisant échange, cède à l'abbaye une terre à Monpertuis contre la terre de Bugnescans, sise auprès de Goulancourt (2); — Baudoin de Roy donne tout ce qu'il possède, tant en terres qu'en bois et redevances, au territoire de Coupemont, et confirme, comme seigneur suzerain, la donation de terres en ce lieu faite précédemment par Gautier de Crèvecœur, et celle de deux muids de terre faite par Pierre, seigneur d'Omécourt (3).

Si l'on faisait des générosités à l'abbaye de Lannoy, ses moines n'en étaient pas toujours paisibles possesseurs, et l'on vit plus d'une fois les héritiers des donateurs tenter de reprendre ce qu'avaient donné leurs ancêtres. Ainsi, un maire fieffé de Hez, nommé Reinold, dégoûté du monde, avait pris l'habit religieux à Lannoy et avait donné, lors de son entrée en religion, une vigne et un bois à Hez. Les moines en jouirent paisiblement pendant un temps, mais un jour vint où la fille du donateur religieux, excitée par Sagalon, son mari, voulut reprendre le tout. Les bons moines, désirant la paix à tout prix (*magis paci quam rigori justicie studentes vineam quittaverunt*), abandonnèrent la vigne, et les héritiers querelleurs, sur le conseil pressant de Simon le Pauvre, seigneur du lieu, renoncèrent à revendiquer le bois (4).

Une autre contestation était survenue sur ces entrefaites avec l'abbaye de Saint-Lucien. Celle-ci voulait forcer les religieux de Lannoy à se défaire (*distrahere*) de dix arpents de vignes qu'ils possédaient à Brûlet (*Bruilet*) (5). C'était peu charitable de la part des moines de Saint-Lucien. Ils le comprirent, et leur abbé, Erard (*propter pacis caritatisque custodiam*), promit à Lannoy de ne plus l'inquiéter. Bien plus, il l'autorisa à augmenter son clos de vignes de cinq nouveaux arpents; mais le bon apôtre eut soin de spécifier qu'il se réservait le pressoirage, la dîme et la justice

---

(1) Arch. de l'Oise : *Abb. de Lannoy*, n° 295. Cart. CLXXXI. — (2) *Ib.*, n° 294. Cart. CLXXXIII. — (3) *Ib.*, n° 434. Cart. CLXXXV. — (4) *Ib.*, n° 184 Cart CLXXXVI.

(5) Lieu dit, commune de Notre-Dame-du-Thil.

du clos avec 15 sols beauvaisins de cens pour les dix arpents, et 6 deniers en sus du cens régulier par chacun des cinq arpents nouvellement acquis. Les conditions étaient un peu léonines, il faut en convenir : les religieux de Lannoy les acceptèrent sans rien dire (1).

L'année 1212 fut encore marquée par les donations de Robert et Laurent Du Bois (2), Arnoult de Morvillers (3), Drogon de Corbeauval (4), de terres à Auteigny (5), près Riffin, relevant du fief de Philippe de Saint-Deniscourt.

En 1213, l'abbé Guillaume transige avec Agnès, abbesse de Saint-Paul, au sujet de la dîme de Monpertuis (6).

En 1214, Drogon d'Auteigny et Roger de Goulencourt donnent chacun trois mines de terre à Auteigny (7), — et Gérard d'Epatis cinquante-six mines de terre à Gerberoy, lieudit la Bucaille (*la Buschalle*) (8); — Jean Hubert vend cinq arpents de vignes et une maison à Brulet, moyennant 106 livres parisis (9); — Gilon d'Hodenc confirme les donations de terres à Montreuil-sur Thérain faites par Odon de Therdonne, Guillaume de Cauvigny, Simon de Therdonne (10) et Jean Le Vavasseur (11); — Simon le Pauvre, seigneur de Hez, donne le champ Lancelin à Hez (12).

En 1216, Jean de Songeons, chevalier, donne trois mines de terre à Grocourt (13) et confirme plusieurs donations de terres et bois sis à Monpertuis, faites par lui précédemment (14); —Wiard de Haucourt lègue six mines de blé de rente (15); — le sire de Formerie, Simon de Beausault, donne une charruée de terre à Monceaux (16); — plusieurs nobles dames, Emeline, femme de Roger Ballet, Eremburge, femme de Gautier de l'Angle (*de Angulo*),

---

(1) Arch. de l'Oise : *Abb. de Lannoy*, n° 541. Cart. CLXXXVII. — (2) *Ib.*, n° 5. Cart. CLXXXVIII. — (3) *Ib.*, n° 6. Cart. CLXXXIX. — (4) *Ib.*, n° 11. Cart. CXC.

(5) Auteigny, localité, aujourd'hui détruite, sise entre Riffin, commune de Songeons et Beaulieu.

(6) Arch. de l'Oise : *Abb. de Lannoy*, n° 296. Cart. CXCI. — (7) *Ib.*, n° 12. Cart. CXCII. — (8) *Ib.*, n° 316. Cart. CXCIII. — (9) *Ib.*, n° 66. Cart. CXCIV. — (10) *Ib.*, n° 389. Cart. CXCVI. — (11) *Ib.*, n° 385 Cart. CXCVII. — (12) *Ib.*, n° 185. Cart. CXCVIII. — (13) *Ib.*, n° 118. Cart. CCII. — (14) *Ib.*, n° 298. Cart. CCIII. — (15) *Ib.*, n° 186. Cart. CCIV. — (16) *Ib.*, n° 347. Cart. CCV

Eremburge, femme de Thomas de l'Angle, Mathilde, femme de Gautier d'Escames, Marie, femme de Jean l'Anglais, et les veuves Alix et Albrède ratifient toutes les donations de terres à Riffin faites par leurs maris et par Gautier de Songeons, et la ratification est faite entre les mains d'Iolde, curé de Fontaine-la-Vaganne et doyen de Montagne, et de Barthélemy, curé de Songeons (1).

L'année 1217 est marquée par la confirmation apportée par Michel, chevalier, seigneur de Conteville, à la donation par Baudoin Mileth, de Senentes, d'un muid de terre à Monpertuis (2) ; — la donation du chevalier Guillaume de Monceaux de trente-huit mines de terre sises entre Lanlu et Monpertuis (3) ; — la donation de Galeran du Mesnil de treize mines et demie de terre entre Roy et le Mesnil (4).

En 1218, Guillaume, fils du clerc Reinold de Songeons, donne tous les droits de champart ou autres lui appartenant sur trois muids de terre à Auteigny (5) ; — Jean Le Roux de Godenvillers renonce aux réclamations qu'il avait élevées contre la donation par lui faite précédemment d'une masure et d'une rente de six mines de blé (6) ; — l'évêque élu de Beauvais, Milon de Nanteuil, confirme à l'abbaye la possession d'une maison sise au faubourg Saint-André de Beauvais (7) ; — un bourgeois de Beauvais, Evrard Morat, donne la moitié de ses vignes de Goincourt (8) ; — les enfants de Pierre de Hez : Jean, Bernard, Pierre, Jean, Hugues et Ade, vendent un bois, sis à Hez, moyennant 36 livres 10 sols parisis (9).

Un noble personnage, que nous avons déjà cité plusieurs fois parmi les bienfaiteurs du monastère, Gérard d'Epatis, avait rendu, parait-il, d'importants services à ses religieux, et ceux-ci, pour le récompenser, lui avaient abandonné tout le vin provenant de leurs vignes sises autour de l'abbaye et à Thury et la moitié de celui venant de celles de Beauvais et de Montreuil sur-Thérain.

---

(1) Arch. de l'Oise : *Abbaye de Lannoy*, n° 474. Cart. CCVI. — (2) *Ib.*, n° 299. Cart. CCVIII. — (3) *Ib.*, n° 300. Cart. CCIX. — (4) *Ib.*, n° 497. Cart. CCXI. — (5) *Ib.*, n° 13. Cart. CCXIII. — (6) *Ib.*, n° 188. Cart. CCXV. — (7) *Ib.*, n° 20. Cart. CCXVI. — (8) *Ib.*, n° 125. Cart. CCXVII. — (9) *Ib.*, n° 147. Cart. CCXIX.

Mais ce généreux ami de la maison, se trouvant sur la fin de ses jours, rendit le tout au monastère à condition que ce vin serait employé à la boisson des moines et ne pourrait être ni vendu, ni donné à aucune autre personne qu'au personnel de l'abbaye (*prefatam vini portionem non dabunt alicui, non vendent, non mutabunt, non minuent, nec in alios usus transferent, sed in potum conventus et personnarum ordinis tantummodo integre et fideliter expendent*) (1). Il tenait à faire du bien à ces moines et à soutenir leurs forces au milieu de leur pénible labeur et de leurs rudes travaux des champs.

En 1218, au mois de novembre, l'abbé Guillaume transigeait avec André de Coléors, commandeur de la province de France, templier, au sujet d'une rente d'un muid de grains et de 2 sols parisis, que Raoul de Bois-Aubert avait donnée aux templiers de Sommereux (2).

Quelques mois plus tard, en février 1219 (1218 v. st.), il traitait avec les frères et sœurs de l'Hôtel-Dieu de Beauvais et obtenait d'eux l'abandon de leur moulin de Roy-Boissy, contre une rente de dix muids de blé. Ce moulin avait été donné à l'Hôtel-Dieu quelques années auparavant par l'un des parents de l'abbé, par Robert de Châtillon, qui fut évêque de Laon de 1210 à 1215. Il avait été la cause de vives discussions entre les parties, et si bien que les arbitres nommés pour juger le différend finirent par conseiller aux administrateurs de l'Hôtel-Dieu de le céder à l'abbaye plaignante contre une indemnité suffisamment rémunératrice. L'accord se conclut sur ces bases et la cession et la remise du moulin fut faite en présence de l'évêque de Beauvais, Milon de Nanteuil, de Joscelin, abbé de Beaupré, et de plusieurs chanoines de la cathédrale (3).

En 1219, Eufémie de Beausault donne une terre à Monceaux-l'Abbaye, dite le champ d'Ibert le Borgne (4), Henri Charetée un arpent de terre à Montreuil (5).

Gilon d'Hodenc, seigneur de Montreuil, pour empêcher ses vassaux de continuer à molester l'abbaye au sujet de la garde

---

(1) Arch. de l'Oise : *Abb. de Lannoy*, n° 187. Cart. CCXX. — (2) *Ib.*, n° 189. Cart. CCXXI. — (3) *Ib.*, n° 498. Cart. CCXXII. — (4) *Ib.*, n° 191. Cart. CCXXVI. — (5) *Ib.*, n° 391. Cart. CCXXVII.

des vignes de Montreuil, traite avec elle et convient que, moyennant 3 sols payés chaque année, les gens de Montreuil seront tenus de garder ses vignes (1). Il confirme à l'abbaye la libre possession de toutes ses terres de Montreuil, ainsi que la donation de 4 sols de rente faite par Gautier de Mouy (2).

En 1219 encore, Evrard, évêque d'Amiens, confirme la donation faite au monastère par Jean de Monsures d'une rente de quatre muids de grains, moitié blé et moitié avoine, qu'il avait droit de prendre dans la grange de Monceaux (3). — Les religieux rachètent de Robert du Mesnil une rente d'un muid de grains, moitié blé et moitié avoine, moyennant 14 livres 5 sols parisis. Isabelle, la sœur de Robert, Richelde, sa femme, leurs enfants Jean et Gérard, et Philippe de Gaudechart, son seigneur suzerain, ratifient cette cession en présence de Godefroy et de Milon, officiaux et vicaires généraux de l'évêque Milon de Nanteuil, alors en terre sainte à la croisade (*absente ob causam peregrinationis in terram sanctam*). L'acte est daté du mois de mars 1219 (4). Garnier de Limermont, clerc, du consentement du chevalier Robert de Limermont, son frère, donne quatre muids de terre à Auteigny (5).

En 1220 (1219 v. st.), au mois de février, Robert, vicomte de Poix, donne une masure sise en sa terre de Dameraucourt (*in villa mea de Damenoiscort*) pour que les religieux de Lannoy puissent y retirer le produit de leur dîme du lieu (6). — La même année, Barthélemy de La Neuville-en-Hez vend une vigne à Rotheleu (7), et le seigneur de Montataire, le chevalier Robert de la Tournelle (*de Turricula*), confirme la vente (8). — Nivelon de Ronquerolles donne dix muids de vin de redevance annuelle à prendre dans son pressoir de Boran, pour être employés exclusivement à la boisson du couvent, et il stipule bien explicitement que, si l'abbé ou tout autre se permet d'en distraire une partie pour un usage différent, ces dix muids de vin lui feront

---

(1) Arch. de l'Oise : *Abb. de Lannoy*, n° 392. Cart. CCXXVIII. — (2) *Ib.*, n° 393. Cart. CCXXIX. — (3) *Ib.*, n° 318 Cart. CCXXX. — (4) *Ib.*, n° 192. Cart. CCXXXI. — (5) *Ib*, n° 8. Cart. CCXXXII. — (6) *Ib*, n° 85. Cart. CCXXXIX.

(7) Rotheleu, hameau de la commune de Breuil-le-Vert.

(8) Arch. de l Oise : *Abb. de Lannoy*, n° 180 Cart. CCXL.

retour jusqu'à ce que lui ou ses héritiers aient la certitude qu'ils seront intégralement distribués conformément à son intention. (*Si abbas vel quicumque alius supradictos decem vini modios supradicti conventus potui subtraxerit, supradicti decem modii in manum meam et saisinam, vel heredis mei, si me deesse contigerit, procul dubio revertentur, quoadusque ego vel heres meus certi fuerimus quod conventui, sicut preassignatum est, supradicti decem modii vini plene distribuentur*) (1). — Gervais de Saint Arnoult donne quatre muids de terre à Saint-Arnoult, et Béatrix, sa femme, ratifie la donation avec Guy, Thomas et Simon, ses enfants, en présence du doyen de Montagne, Gautier, curé d'Oudeuil (2).

En 1221, Ansoud de Doudeauville vend à l'abbaye dix-huit mines de terre à Bois-Aubert pour 6 livres parisis (3), — et Raoul de Longavesne, avec Jean et Marguerite, ses neveu et nièce, en vend cinq mines entre les deux bois du Fay (4) pour 4 livres 15 sols parisis (5). — Le chevalier Baudoin de Roy, seigneur d'Omécourt (*dominus de Homercourt*), confirme la vente d'un muid d'avoine de rente à prendre dans la grange de Monpertuis, que Guy et Girard de Crèvecœur avaient reçu en partage de Pierre, leur frère aîné, et qu'ils cèdent moyennant 10 livres parisis (6), — et la donation par Roger de Roy, son oncle, d'un muid de blé de rente à prendre dans les quatre que l'abbaye lui doit (7).

En 1222, le chevalier Pierre Havot donne pour le repos de l'âme de sa femme Isabelle, qui a reçu la sépulture, selon son désir, en l'abbaye de Lannoy, une mine de froment et deux chapons de rente, le tiers des bruyères du Val du Mesnil, près du chemin de Songeons à Loueuse, et vend pour 100 sols sept mines et demie de bruyères à Beaulieu (*bruchiam de la Bieloie*) (8).

Jusque vers cette époque, les biens du monastère s'accroissaient par suite de donations et peu par vente ou par acquisition.

---

(1) Arch. de l'Oise : *Abb. de Lannoy*, n° 56. Cart. CCXLI. — (2) *Ib.*, n° 529. Cart. CCXLII. — (3) *Ib.*, n° 51. Cart. CCXLV.

(4) Localité sise entre Riffin et Beaulieu, commune de Loueuse.

(5) Arch. de l'Oise : *Abb. de Lannoy*, n° 98. Cart. CCXLVII. — (6) *Ib.*, n° 302. Cart. CCXLIV. — (7) *Ib.*, n° 502. Cart. CCXLVIII. — (8) *Ib.*, n° 14. Cart. CCLXII.

C'est que la charte de Charité, qui réglait toute la grande famille cistercienne, défendait toute acquisition de propriété à titre onéreux. Petit à petit, des motifs intéressés, ainsi que nous l'avons déjà fait remarquer, inspirant les donateurs, on déguisa les ventes réelles sous des formules de donations. Les religieux y prêtaient la main, malgré les défenses renouvelées par les chapitres généraux de l'ordre. Les chapitres de 1191 et de 1215 s'élevèrent avec force contre cet abus. Les difficultés des temps poussèrent un grand nombre de communautés à faire entendre des réclamations, et le chapitre général de 1216 se vit forcé de lever l'interdiction et de permettre les acquisitions d'immeubles à titre onéreux. Il fit toutefois certaines réserves pour l'avenir.

L'abbé Guillaume de Chatillon gouverna l'abbaye jusque vers 1223.

XIII. — Simon (1223-1226?)

Cet abbé reçoit, en janvier 1225, une rente de 10 sols parisis sur Luc de Blangy, que lui donne Eremburge d'Aumale, fille du vicomte Enguerrand, afin d'avoir les prières du couvent pour l'âme de sa mère (1). — En février, il rachète de Jean de Grosserve (*de Grandi Silva*) trois muids de grains de rente sur la grange de Thieuloy (2). — Au mois de mars de la même année, il transige avec Dreux, seigneur de Fontaine, au sujet du moulin de Roy-Boissy, en présence de Guillaume, abbé de Beaubec, et de Joscelin, abbé de Beaupré (3); — et en mai avec Gérard d'Eragny, abbé de Saint-Germer, au sujet d'une vigne sise à Hodenc (4).

En 1225, il cède à Henri, abbé du Tréport, tout ce que son monastère possédait à Eu, contre quatre muids de sel de rente (5).

En 1226, Florent, chanoine de Saint-Michel de Beauvais, lui donne un muid de grains de rente à prendre dans sa grange de

---

(1) Arch. de l'Oise : *Abb. de Lannoy*, n° 46. Cart. CCLXVIII. — (2) *Ib.*, n° 577. Cart. CCLXIX. — (3) *Ib.*, n° 506. Cart. CCLXX.

(4) *Gallia Christiana*, t. IX, col. 840.

(5) *Ib.*

Sauvillers (1); — Gilon d'Hodenc lui vend, pour 18 livres parisis un muid de blé de rente sur la grange de Monceaux (2); — et Louis d'Hodenc, un muid de blé et seize mines d'avoine sur la grange d'Orsimont, pour 38 livres parisis, avec l'assentiment d'Eustache de Milly, de qui il tenait en fief cette redevance (3).

Un différend existant entre l'abbé Simon et Odon d'Epatis (*de Pascuis*), au sujet d'un pré sis dans les murs du monastère, se termine au mois de juillet de la même année, grâce à l'arbitrage du chevalier Godefroy du Ply et d'Osmond de Marseille, par la démolition de la partie de mur qui empêchait l'accès d'Odon, *muro monachorum in illa parte destructo et metis diligenter appositis*, et le trésorier du chapitre de Beauvais, Henri de Dreux, de qui ce pré relevait à cause de sa seigneurie de Thérines et Epatis, confirme la transaction (4).

Quand et comment Simon cessa-t-il de diriger l'abbaye de Lannoy? nous ne saurions le préciser.

XIV. — Joscelin (1227-1228).

A Simon succède Joscelin, qui n'est pas plus connu que lui. Tout ce que l'on en peut dire, c'est qu'il gouvernait Lannoy quand Milon de Nanteuil, évêque de Beauvais, confirma, en février 1227 (1228), la donation faite par Philippe de Dreux, son prédécesseur, de la grange de Monpertuis (5), d'une terre adjacente à cette grange et des pâturages environnants (6). En mai 1228, Dreux de Fontaine accensait la moitié de son moulin de Roy, moyennant neuf muids de blé de rente et la mouture gratuite de la moitié du blé employé pour l'usage de son château de Fontaine (7). En homme prévoyant, le sire de Fontaine eut soin de spécifier, tout en déclarant que les habitants de sa sei-

---

(1) Arch. de l'Oise: *Abb. de Lannoy*, n° 107. Cart. CCLXXIV. — (2) *Ib.*, n° 351. Cart. CCLXXV. — (3) *Ib.*, n° 435. Cart. CCLXXVI. — (4) *Ib.*, n° 195. Cart. CCLXXIX.

(5) Monperthuis, hameau de la commune de Senantes.

(6) Arch. de l'Oise: *Abb. de Lannoy*, n° 303. Cart. CCLXXX. — (7) *Ib.*, n° 509. Cart. CCLXXXI.

gneurie restaient banniers de ce moulin, que si l'abbaye venait à posséder le moulin tout entier, elle devrait lui moudre gratuitement tout le blé de sa maison et moudre celui du curé de Fontaine et celui de ses vassaux, seulement à un boisseau les trois mines et sans les faire attendre, leur donnant la préférence sur tous les autres banniers. Quant aux vilains et aux roturiers, ils continueraient de moudre en donnant un boisseau pour deux mines, et sans pouvoir aller moudre ailleurs sous peine de confiscation et d'amende.

XV. — Pierre Ier (1229-1251).

Le successeur de Joscelin, Pierre Ier, n'était pas sans mérite et jouissait d'une grande considération. L'année même de son élévation à l'abbatiat, en 1229, il fut choisi pour arbitre avec Joscelin, abbé de Beaupré, par les abbés d'Aumale et de Foucarmont pour terminer un différend existant entre leurs abbayes, et sa médiation expérimentée rétablit la paix et la concorde entre les deux communautés.

La même année il recevait en don gracieux, d'un clerc de Saint-Germer nommé Sennold, une pièce de terre à Boisville (1), *in territorio de Boiauvile*, et un pré dit le pré de Tronchei, le tout en la mouvance du sire Jean de Dargies (2) ; — du chevalier Jean de Boullincourt et de Raoul, son fils, trois mines de terre à Monpertuis (3) ; — de Guy de Saint Arnoult *miles*, trois mines de blé de rente sur la grange de Monceaux, avec la permission d'établir un chemin à travers sa terre de la vallée Colette (4).

Un accord conclu entre Pierre et l'abbé de Beaupré, au mois de juin 1229, nous fait connaître les procédés de bonne amitié que les monastères savaient prendre pour ne pas se gêner l'un l'autre dans l'établissement de leurs grandes exploitations agricoles ou granges. La règle générale de l'ordre donnait d'ailleurs des prescriptions très-explicites à ce sujet. Comme l'abbaye de

---

(1) Boisville, hameau de la commune de Saint-Germer.
(2) Arch. de l'Oise : *Abb. de Lannoy*, n° 55. Cart. CCLXXXV. — (3) *Ib.*, n° 304. Cart. CCLXXXVI. — (4) *Ib.*, n° 352. Cart. CCLXXXVII.

Lannoy avait établi une grange à Beaulieu (1), *Pulcher Locus del Fai,* et que Beaupré en possédait une à Longavesne (2) ; pour ne pas se porter préjudice, les deux abbés convinrent de s'interdire toute acquisition de terres au-delà du chemin qui va de Loueuse à Songeons par Riflin, au delà bien entendu par rapport à la situation respective de leur grange, sous peine d'avoir à partager par moitié et sans indemnité. Quant aux donations qui pourraient leur être faites, comme elles ne dépendaient pas de leur volonté, on convint de conserver chacun ce qui serait donné afin de ne pas contrevenir aux intentions motivées des donateurs (3).

En 1230, Regnault, tonloyer de Beauvais, renonce en perpétuelle aumône à deux muids de grains sur quatre qu'il avait droit de prendre *ex antiquo* dans la grange de Monceaux, et cela pour augmenter l'ordinaire des religieux, *ad pitanciam faciendam dictis fratribus,* et pour obtenir le secours de leurs prières pour lui et pour Ermengarde, sa femme (4).

Gautier, médecin à Marseille, vend, pour 7 livres parisis, sa grange de Marseille avec la terre adjacente, du consentement de Dreux, sire de Fontaine, son seigneur (5).

En 1231, l'abbé Pierre vend au roi Louis IX, pour la somme de 220 livres parisis, toutes les propriétés que possédait son monastère à Nointel, près Royaumont (6), et emploie son argent à l'acquisition de Baudoin, clerc, de Roy (7), de dame Adeline, de sept mines de terre au terroir de Roy, lieudit Lesclatel (8) ; — d'Hélène, fille du foulonnier Béranger, de quatre mines de terre au terroir de Roy, lieudit le Champ de la croix, vers le Mesnil (9); — des frères Gautier, Robert et Regnault, de quatre journaux de terre au terroir de Moliens, lieudit Belvalet (10); — et de Garnier d'Ernemont un muid de terre à Monpertuis, du consentement d'Henri Havoth, seigneur de la terre (11). Pendant ce temps, Pierre

---

(1) Beaulieu, écart de la commune de Loueuse.

(2) Longavesne, hameau de la commune d'Escames.

(3) Arch. de l'Oise : *Abb. de Lannoy,* n° 557. Cart. CCLXXXIII. — (4) *Ib.,* n° 353. Cart. CCLXXXIX. — (5) *Ib.,* n° 285. Cart. CCXC. — (6) *Ib.,* n° 418. Cart. CCXCII. — (7) *Ib.,* n° 90. Cart. CCXCIII. — (8) *Ib.,* n° 103. Cart. CCXCIV. — (9) *Ib.,* n° 510. Cart. CCXCV. — (10) *Ib.,* n° 42. Cart. CCXCVI. — (11) *Ib.,* n° 305. Cart. CCXCVII.

de Crèvecœur lui faisait remise de neuf mines de blé et trois mines d'avoine de rente que lui payait la grange de Monpertuis, avec l'assentiment de Baudoin de Roy, son seigneur (1) ; — Guillaume d'Aigle lui donnait trois mines de terre au Hamel, en la mouvance de Thibault, chevalier, seigneur de Tilloy (2) ; — et Odon de Morvillers lui rétrocédait, moyennant 7 livres parisis, six mines de grains de rente sur la grange de Monceaux (3).

En 1232, Risende, veuve de Davoud de Marseille, renonce à ses prétentions sur un muid de blé de rente sur le moulin de Roy, et qui lui provenait, disait-elle, de la générosité de Robert de Châtillon, évêque de Laon (4) ; — Jean, sire de Ferrières, confirme la donation faite par Raoul de Ferrières, son père, de deux muids de blé de rente sur ces cens de Ferrières (5) ; — Jean de Saint-Arnoult, fils de Gautier de Coquerel, vend à l'abbaye trois mines de bois à Monceaux pour 100 sols parisis (6), et Guillaume de Coquerel, seigneur du fief, confirme la vente (7).

L'année 1233 est marquée par les donations de dame Hilarie de Moliens, de trois mines de terre lieudit Belvalet, *juxta viam que ducit ad puteum de Belvalet* (8), — et d'Etienne d'Offoy (d'*Aufay*) d'un muid de grain sur la terre de Cempuis (9) ; — par le rachat sur Dreux, sire de Fontaine, de neuf mines de blé de rente sur le moulin de Roy (10) ; — sur Guillaume de Chanchi, *miles*, de six mines de blé de rente sur la grange de Monceaux (11), — et par l'acquisition de cinq mines de terre à Roy, lieudit Poinlièvre, de Gervais de Roy, maire du sire Jean d'Herculez (*de Recule*) (12).

En 1234, Thomas de Saint-Arnoult, chevalier, donne à l'abbaye sa part du champart de la lande de Saint-Arnoult, avec l'assentiment du chevalier Guy de Saint-Arnoult, son frère aîné, et en présence de Barthélemy, curé du lieu (13). — Le chevalier Guillaume de Chanchi donne aussi six mines d'avoine de rente

---

(1) Arch. de l'Oise : *Abb. de Lannoy*, n° 288. Cart. CCXCVIII. — (2) *Ib.*, n° 256. Cart. CCXCIX. — (3) *Ib.*, n° 354. Cart. CCC. — (4) *Ib.*, n° 511. Cart. CCCI. — (5) *Ib.*, n° 196. Cart. CCCII. — (6) *Ib.*, n° 355. Cart. CCCIV. — (7) *Ib.*, n° 355. Cart. CCCV. — (8) *Ib.*, n° 43. Cart. CCCVII. — (9) *Ib.*, n° 197. Cart. CCCVIII. — (10) *Ib.*, n° 512. Cart. CCCIX. — (11) *Ib.*, n° 112. Cart. CCCXI. — (12) *Ib.*, n° 198. Cart. CCCXIV. — (13) *Ib.*, n° 530. Cart. CCCXV.

à prendre sur ses champarts de Formerie (1) ; — Regnault, tonloyer de Beauvais, trois quartiers de blé de rente sur la grange de Monceaux pour faire des hosties (2), — et Evrard Morard, bourgeois de Beauvais, deux arpents de terre et vignes, sis au terroir de Saint-Just-des-Marais, lieudit la Trupinière (3).

La même année, Bernier et Eméline, enfants d'Adam Tanekien, bourgeois de Beauvais, vendent pour 40 livres parisis leur tènement de Beauvais sis en la paroisse de la Madeleine, entre la maison de Jean Bequet et celle de l'abbaye (4), — et Pierre de Bracheux, chevalier, seigneur de Merlemont, son vignoble de Montreuil-sur-Thérain, dit le Clos des Plants, moyennant 30 livres parisis (5). En même temps, ce sire de Merlemont, pour témoigner sa bienveillance aux religieux de Lannoy, leur confirme solennellement et leur garantit la paisible possession de toutes les terres par eux acquises dans l'étendue de sa seigneurie.

En 1236, l'abbé Pierre, par une transaction arbitrale passée entre lui et Jourdain, abbé de Charroux, libère ses terres et bois de Monceaux du droit d'usage que cet abbé réclamait pour sa maison et ses hôtes de Bouveresse (*de Bovereciis*) (6).

La même année, Hugues de Sanques et Guillaume de la Fromenterie lui donnent huit arpents de vignes en deux pièces sises à la Trupinière, avec le pressoir construit sur l'une d'elle, *sita supra castrum Marisci* (7), — et Pierre et Richer de Reuil lui vendent une vigne à Merlemont (8).

Une donation d'un muid de blé de rente sur la grange de Brombos, appartenant à l'abbaye de Beaupré, faite par Girard et Pierre du Ply, marque l'année 1237 (9).

En 1238, Jean de Monsures quitte à l'abbaye deux muids de grains qu'il prenait dans sa grange de Monceaux (10); — Jean de Songeons lui vend un muid d'avoine de redevance à prendre sur ses vassaux de Grocourt, *in villa de Gerolcort*, et trois mines de

---

(1) Arch. de l'Oise : *Abb. de Lannoy*, n° 112. Cart. CCCXVI. — (2) *Ib.*, n° 353. Cart. CCCXVII. — (3) *Ib.*, n° 249. Cart. CCCXVIII. — (4) *Ib.*, n° 21 Cart. CCCXIX. — (5) *Ib.*, n° 394. Cart. CCCXX. — (6) *Ib.*, n° 324. Cart. CCCXXIV. — (7) *Ib.*, n° 250. Cart. CCCXXV. — (8) *Ib.*, n°˙ 314 et 315. Cart. CCCXXVI et CCCXXVII. — (9) *Ib.*, n°˙ 61 et 63. Cart. CCCXXVIII et CCCXXIX. — (10) *Ib.*, n° 358 Cart. CCCXXXIV.

pré au même lieu, à faner en corvée par les gens de Grocourt (1);
— Odeline de Bonnières lui donne une masure avec Courtil à
Torcy, et l'hôte qui les détenait, nommé Hugues de Torcy (2); —
Odon de Ronquerolles, seigneur de Saint-Deniscourt, lui donne
aussi vingt mines de terre à Auteigny (Riffin) (3).

L'année 1239, indépendamment de quelques donations faites
par Barthélemy le Linger de plusieurs pièces de terre à Montreuil-
sur-Thérain (4), — et par Dreux de Fontaine de tout ce que Pierre
Engelier tenait de lui à Marseille (5), — et de plusieurs petites
acquisitions de terre, fut marquée par un différend assez grave
survenu entre Simon de Beausault, seigneur de Formerie, les
habitants dudit lieu de Formerie et l'abbaye. Les habitants de
Formerie et leur seigneur prétendaient avoir droit de mener
paître leurs bestiaux dans les bois de Monceaux appartenant à
l'abbaye de Lannoy, et Simon de Beausault, allant plus loin, ne
se gênait pas pour s'emparer du bétail des religieux et pour
traiter leurs gardiens avec la dernière violence. Ses fils surtout,
Guillaume et Simon de Beausault, se faisaient remarquer par
leurs audacieuses entreprises à main armée. Les religieux de
Lannoy tentèrent, par des remontrances, de s'opposer aux empiètements de leurs turbulents voisins. Le sire de Formerie ne fit
que rire des observations faites par ces gueux encapuchonnés,
comme il disait, et redoubla ses vexations, mais mal lui en prit.
Les moines, injustement molestés, s'adressèrent au roi, en vertu
de leurs lettres de garde-gardienne, pour demander justice.
Louis IX gouvernait alors la France. Il députa Nicolas Arrode, le
gardien de ses droits régaliens en Beauvaisis, pour connaître du
différend et prononcer une sentence en l'espèce. Simon de Beausault, craignant pour sa personne et pour ses biens, demanda
aussitôt à transiger; mais l'arbitre royal ne voulut reconnaître,
ni pour lui, ni pour ses hommes de Formerie, le droit de mener
paître les bestiaux dans les bois des religieux, lui interdit de le
faire à l'avenir et le condamna à 200 livres parisis d'amende
pour ses violences (6).

---

(1) Arch. de l'Oise : *Abb. de Lannoy*, n° 135. Cart. CCCXXXV. — (2) *Ib.*,
n° 587. Cart. CCCXXXVI. — (3) *Ib.*, n° 16. Cart. CCCXXXVII. — (4) *Ib.*, n° 395.
Cartul. CCCXXXIX. — (5) *Ib.*, n° 286. Cartul CCCXL. — (6) *Ib.*, n° 359.
Cart. CCCXLII.

Le roi confirma lui-même la sentence par une charte scellée de son sceau (1).

L'abbé Pierre, tranquille de ce côté, avait à s'occuper d'une autre affaire. Le chœur et le clocher de l'église de Dameraucourt menaçaient ruine et il fallait de toute nécessité les reconstruire. L'abbaye de Lannoy, étant grosse décimatrice du lieu, était obligée de le faire à ses frais. C'était l'usage et le droit d'alors. La dépense était considérable et l'abbé demanda à transiger avec les habitants et le seigneur. On y mit de la bonne volonté de part et d'autre et un accord fut conclu à l'amiable. Le sire de Dameraucourt, Robert, vicomte de Poix, fit lui-même dresser l'acte et le scella de son sceau. Il y était dit que les religieux de Lannoy s'obligeaient à faire reconstruire le chœur en pierre sur 40 pieds de long, 20 pieds de large et 36 pieds de haut dans œuvre, et la tour du clocher en pierre et bois, au carré, sur 12 pieds de chaque face et 46 pieds de haut dans œuvre, et de couvrir le tout en tuiles. La construction devait être terminée dans le délai d'un an à compter du jour de la Saint-Remi de l'an 1239. L'abbaye reconnaissait en outre qu'elle serait tenue, à l'avenir, de réparer la toiture à moins que les dégâts ne fussent causés par cas fortuit ou de cause majeure, par tempête ou incendie, et de subvenir au luminaire de l'église en fournissant annuellement deux setiers d'huile et dix-huit livres de cire. De leur côté, le seigneur et les habitants de Dameraucourt s'engageaient à laisser à l'abbaye tous les matériaux de l'ancien chœur et tous ceux dont on s'était déjà précautionné pour faire la reconstruction au cas où l'abbaye s'y refuserait, et la jouissance, pendant vingt quatre ans, de tous les revenus, rentes, dîmes et terres, legs et sommes appartenants, arrivants ou dus à l'église de Dameraucourt. Et ainsi fut fait et exécuté (2).

---

(1) Bibl. Nat. : coll. Moreau, t. 156, f. 118. Cart. CCCXLII.

(2) Voici, du reste, la teneur de la convention qui fut dressée au mois de juillet de l'an 1239 :

« *Omnibus presentes visuris Robertus vicecomes Picensis et Milo filius ejus milites in Domino salutem. Noverint universi quod talis pactio firmata est inter nos et parrochianos de Damenescort ex una parte, et viros religiosos abbatem et conventum de Briostel ex altera : Ipsi tenentur*

En 1240, Henri de Thoix confirme la donation de la terre d'E-cornecat, que son frère, le chevalier Henri de Thoix, avait faite pour avoir sa sépulture dans l'église de l'abbaye, et en dépose solennellement la charte sur l'autel de cette église en présence de tout le couvent et d'un grand nombre de chevaliers, *et plurima turba militum diversique populi propriis manibus obtuli* (1).

L'évêque de Beauvais, Robert de Cressonsacq, voulut témoigner ses bonnes dispositions à ce monastère, lui confirma la possession de tous ses biens situés dans les fiefs et sous la dépendance de l'église de Beauvais, au mois d'avril de l'an 1241 (2).

Les années suivantes furent marquées par quelques donations, acquisitions de terre et rachats de rente à Hodenc l'Evêque (3), Montreuil-sur-Thérain (4), à la Trupinière (Saint-Just-des-Ma-

---

propriis sumptibus construere cancellum monasterii de Damenescort opere lapideo tantum xl pedum in longitudine intra opus, xx pedum latitudine intra opus, xxxvj pedum altitudine, turrisque campanarum ligno et lapide xiij pedum quadrature intra opus, xlvj pedum altitudine. Parietes quoque veteris cancelli destruere debent et tam cancellum quam turrem lata et tegula operire, et infra annum ab instanti festo sancti Remigii reddere consummatum totum opus ; post consummationem dicti operis tenentur reparare tegula, cum necesse fuerit, ipsius monasterii de Damenescort, et illud quod est in cimiterio, nisi forte per infortaneum ceciderint seu tempestate vel incendio perierint, vel et spcle destructa fuerint. Debent et ad luminare ecclesie duos sextarios olei et xviij libros cere de sua annuatim ministrare. Pro hiis autem omnibus nos et parrochiani dicte ville communi assensu concedimus eisdem abbati et conventui quecumque fuerint veteris cancelli et omnia que ad predictum opus sunt preparata absque diminutione et debita que dicte ecclesie de Damenescort debentur et omnes redditus et proventus qui ad ipsam pertinent et proveniunt quocumque modo in decimis, redditibus, legatis, terris, usque ad vigenti quatuor annos. Hanc autem conventionem sub fidei nostre sacramento tenemur fideliter et firmiter observare et contra omnes legitime garandire, et ad majorem securitatem presentes litteras sigillis nostris fecimus roborari. Datum anno Domini M° CC° xxx° nono. Mense julii. »   (Arch. de l'Oise : *Abb. de Lannoy*, n° 89.)

(1) Arch. de l'Oise: *Abb. de Lannoy*, n° 92. Cart. CCCXLV. — (2) *Ib.*, n° 25 Cart. CCCXLIX. — (3, *Ib.*, n° 149. Cart. CCCLIV. — (4) *Ib.*, n°ˢ 399, 398, 384, 397, 316, 400, 402, 406, 405, 403, 401, 317 et 407. Cart. CCCLIV et suiv.

rais) (1), à Agnetz (2), à Monceaux-l'Abbaye (3), à Saint-Arnoult (4), à Rotheleu (5), à Beauvais (6), à Goincourt (7).

En 1248, le chevalier Morel d'Hodenc-l'Evêque donne le bois Bordel (*Boscus Bordelli*) (8) ; — Wiard de Séronville et Alix de Fontaine, sa femme, leur maison de Séronville (*de Séranvilla*) et tous leurs biens présents et futurs, sis au terroir de Songeons (9) ; — Jean dit Porée, de Loueuse, tous ses biens sis à Loueuse (10). — En 1250, Adam l'Anglais un manoir à Songeons et dix-huit mines de terre au même lieu (11). — En 1251, Eustache de Gerberoy une maison à Gerberoy (12).

Pierre mourut peu de temps après.

XVI. — Gilbert (1251-1262).

Les suffrages des religieux de Lannoy s'étaient portés sur le moine Gilbert pour donner un successeur à Pierre. C'était l'un des membres les plus distingués de la communauté et par sa vertu et par sa science. Le choix s'imposait presque de lui-même. Cet abbé, fort instruit, a laissé une histoire de son temps et des sermons qui ne sont pas sans mérite.

Les Archives de l'Oise conservent un certain nombre d'actes passés de son temps. Ces actes concernent les biens du monastère et montrent le soin qu'il prenait de veiller aux intérêts matériels de sa communauté, et en même temps l'estime et la bienveillance qu'avaient pour lui les seigneurs du Beauvaisis. Gilbert aimait la paix, et, pour éviter les difficultés et les procès qui trop souvent surgissent à l'occasion des propriétés foncières, il tenait à assurer partout à son abbaye la paisible possession de ses biens. Il demandait aux seigneurs de vouloir bien lui confirmer cette possession par chartes authentiques, et ces nobles gen-

---

(1) Arch. de l'Oise : *Abb. de Lannoy*, n° 251. Cart. CCCLXI. — (2) *Ib.*, n° 202. Cart. CCCLXII. — (3) *Ib.*, n°s 360 et 361. Cart. CCCLXXIII et suiv. — (4) *Ib.*, n° 533. Cart. CCCLXXVI et suiv. — (5) *Ib*, n° 377. Cart. CCCXXIX. — (6) *Ib.*, n°s 27 et 28. Cartul. CCCLXXXI et suivants. — (7) *Ib.*, n° 127. Cart. CCCLXXXIX. — (8) *Ib.*, n° 150. Cart. CCCLXXXV. — (9) *Ib.*, n° 558. Cart. CCCLXXXVI. — (10) *Ib.*, n° 282, Cart. CCCLXXXVII. — (11) *Ib.*, n° 557. Cart. CCCLXCI. — (12) *Ib.*, n° 120. Cart. CCCXCIX.

tilshommes le faisaient avec une générosité toute chevaleresque, renonçant même souvent à tous leurs droits sur ces biens. Ainsi voyons-nous, dès le commencement de son abbatiat, Jean de Montet (1), Baudoin de Forsignies (2), Jean de Boulincourt (3) et Gasce de Poissy (4), confirmer toutes les acquisitions de biens faites par l'abbaye dans la mouvance de leurs fiefs de Merlemont ; — Barthélemy Coispel de Songeons confirmer (1252) la donation par Renaud de Grémévillers de deux mines de terre à Beaulieu (5) ; — Guillaume d'Omécourt (*de Omericuria*) confirmer les donations de terres et redevances à Roy, faites par Baudoin, son père, pour avoir sa sépulture dans l'abbaye, par Berthe Boucher, par Renaud de Grémévillers, par Jean d'Omécourt, son frère, par Thomas de l'Angle (6), et la vente par Raoul Le Cordier de six mines de terre à Roy (7) ; — Pierre de Monsures (8), Henri de Lihus (1254) (9), confirmer toutes les acquisitions de biens faites par l'abbaye dans l'étendue de leurs fiefs.

En 1255 et 1256, le sire de Saint-Arnoult, Simon dit de Gouvix témoignait sa bienveillance aux moines de Lannoy en les tenant quittes de diverses redevances en grains sur leur grange de Monceaux (10) ; — Foulques Du Val de Songeons se donnait lui et tous ses biens présents et à venir (11 .

En 1257, Robert dit Rabache, de Gerberoy, donnait aussi son manoir de Gerberoy et huit mines de terre sur son territoire (12).

En 1258, dame Marie de Cannettecourt, femme de Renaud de Roy, pour avoir sa sépulture dans l'abbaye, *ubi sepulturam suam elegit et accepit*, lègue 18 sols parisis de rente, et le chevalier Barthélemy de Cannettecourt, son frère et son héritier, confirme le legs (13).

En 1260, Robert d'Iquelonde, écuyer, pour le repos de l'âme d'Hilesende, sa femme, dont le corps repose dans l'église de Lannoy, donne deux mines et demie de terre à Monpertuis (14),

---

(1) Arch. de l'Oise : *Abb de Lannoy*, n° 318. Cart. CD. — (2) *Ib.*, n° 319. Cart. CDI. — (3) *Ib.*, n° 320. Cart. CDII. — (4) *Ib.*, n° 321. Cart. CDIII. — (5) *Ib.*, n° 559. Cart. CDVI. — (6) *Ib*, n° 515. Cart. CDVII. — (7) *Ib.*, n° 513. Cart. CDIX. — (8) *Ib.*, n° 362. Cart CDX. — (9) *Ib.*, n° 278. Cart. CDXI. — — (10) *Ib.*, n°ˢ 363 et 364. Cart. CDXII et suiv. — (11) *Ib.*, n° 205. Cart. CDXV. — (12) *Ib.* n° 121. Cart. CDXXIV. — (13) *Ib.*, n° 70. Cart. CDXXV. — (14) *Ib.*, n° 365. Cart. CDXXVIII.

— et Gautier de Songeons, écuyer, confirme la donation faite par Alix de Fontaine, veuve de Wiard de Seronville, de deux muids de terre, d'une cressonnière et d'un pré à Songeons (1).

En 1261, Gautier, clerc de Fontaine (*de Fontibus Lavagan*) et oncle du sire Dreux de Fontaine, donne quatorze mines de terre au Val Notre-Dame, *juxta Calceiam de Fontibus*, près de la chaussée romaine qui allait de Marseille à Saint-Omer, pour le revenu être employé aux émoluments du chantre de l'église de l'abbaye, à l'entretien de la bibliothèque, *in emendationem armarii librorum*, et à fournir deux cierges de cire dans l'église aux quatre principales fêtes de la Sainte-Vierge et aux deux de saint Jean l'évangéliste, pour brûler continuellement depuis les premières vêpres jusqu'à la fin des complies de chacune de ces fêtes (2) ; — Jean, sire de Ronquerolles, donne deux muids de blé de rente sur son moulin de Ronquerolles (3).

C'est en cette année 1261 que l'abbé Gilbert fut accompagner le saint roi Louis IX à la solennelle translation des reliques de saint Lucien et de ses compagnons martyrs dans l'abbaye de Saint-Lucien. L'abbé Jean de Thury les faisait alors enfermer dans les splendides reliquaires qui ont fait l'admiration des visiteurs jusqu'en 1791, et un grand nombre d'abbés et le roi lui-même avaient tenu à y assister (4).

L'abbé Gilbert mourut dans le courant de l'année 1262.

XVII. — Pierre II (1262-1274).

Le successeur de Gilbert, Pierre, second du nom, débuta dans son administration, par demander à l'évêque de Beauvais de vouloir bien confirmer son monastère dans la possession de tous ses biens sis dans la mouvance du vidamé de Gerberoy et dans Beauvais. Guillaume de Grès le fit très-volontiers et avec d'autant plus de bienveillance qu'il tenait à témoigner sa reconnaissance

---

(1) Arch. de l'Oise : *Abbaye de Lannoy*, n° 561. Cart. CDXXIX. — (2) *Ib.*, n° 107. Cart. CDXXXIII. — (3) *Ib.*, n° 478. Cart. CDXXXIV.

(4) Voir *Hist. de l'abbaye de Saint-Lucien*, par par l'abbé Deladreue et Mathon, p. 98.

aux moines de Lannoy pour les services nombreux qu'il avait reçus d'eux : *Multa bona nobis contulerunt et multa in nobis servitia impenderunt*, dit-il dans sa charte de confirmation (1), *timentes igitur ne a nobis in extremo examine omnia ista requirerentur, si irrecompensata relinqueremus, in recompensationem tantorum beneficiorum, predicte ecclesie de Briostel... concedimus et confirmamus....* Quels ont été ces services? L'histoire reste muette à ce sujet.

En 1264, Agnès d'Esquenne (*de Quercubus*), veuve de Pierre de Cempuis, donne deux muids de blé de rente sur sa grange de Ville-en Bray (2), — et Hugues Havoth, écuyer, renonce bénévolement, *pro timore et amore Dei*, aux vexations qu'il avait causées à l'abbaye en leur contestant la propriété et la seigneurie d'une pièce de huit mines de terre sise entre Gerberoy et le bois de Caumont (*boscum de Caumont*), et lui abandonne, pour l'indemniser de ses mauvais procédés, la redevance annuelle de six chapons qu'elle lui payait (3).

Toutes ces donations et acquisitions avaient constitué pour l'abbaye une source de revenus qui n'était pas à dédaigner, et quoique la plupart des propriétés et des granges fussent grevées de lourdes redevances au profit des donateurs et de leurs héritiers, il restait encore un bénéfice assez considérable. On pourrait croire peut être que les moines en abusèrent pour se livrer à la paresse et à la bonne chère. Ce serait se tromper. Malgré les revenus des biens, l'ordinaire du réfectoire était toujours le même, toujours aussi maigre et aussi peu luxueux. L'habillement ne pouvait varier; il était toujours aussi rude et aussi austère. Le travail des mains ne diminuait pas; il augmentait, au contraire, avec l'étendue des terres. Mais de l'excédant des revenus, qu'en faisait-on? On améliorait les fermes ou granges, on achetait de nouvelles propriétés, on embellissait l'église, et puis et surtout on faisait de larges aumônes aux pauvres. Les monastères entretenaient à leurs portes des hôtelleries où tous les malheureux et les voyageurs sans ressources trouvaient, en tout temps, le vivre et le coucher. Le frère portier du couvent

---

(1) Arch. de l'Oise : *Abb. de Lannoy*, n° 31. Cart. CDXXXVI. — (2) *Ib.*, n° 593. Cart. CDXXXVII. — (3) *Ib.*, n° 122. Cart. CDXXXIX.

en avait la direction et la surveillance. Nos modernes libéràtres ont bien crié après ces moines d'autrefois, mais qu'ont ils fait mieux qu'eux pour le pauvre monde? Ils ont aidé à chasser et à piller les moines et ils ont dit au pauvre : Travaille, si tu veux du pain ; si tu ne peux pas, crève de faim sur la route, et si tu oses te présenter aux portes de quelque couvent oublié, je te fais jeter en prison. Le portier du monastère ne tenait pas ce langage au malheureux qui se présentait à sa porte. Il l'accueillait en frère, lui faisait donner à manger, lui offrait un abri contre les intempéries de la saison et un lit au besoin pour passer la nuit, et cela simplement, sans même lui demander son nom. Le lendemain il lui remplissait sa petite escarcelle et lui souhaitait un bon jour à la grâce de Dieu. Philosophes orgueilleux et sans Dieu, vous n'avez pas amélioré le sort du pauvre !

Pour subvenir aux besoins de l'hôtellerie de la porte, les abbés ne se contentaient pas seulement de donner une partie de l'excédant du revenu de leur maison, mais ils affectaient même souvent des biens spéciaux qui n'étaient employés que pour le service de la porte. Ainsi, à Lannoy, l'abbé Gilbert avait fait acheter en 1255, par frère Robert Pylon, portier du monastère, huit mines de terre à Fontaine pour leurs fruits être consacrés aux pauvres, *ad proprios usus porte et pauperum*... (1). En 1264, l'abbé Pierre II achetait de Robert de Gremévillers (2) et de Dreux, sire de Fontaine (3), sept mines de terre à Fontaine, lieudit le Champ Notre-Dame, pour l'usage de l'infirmerie des pauvres, *ad usum infirmitorii pauperum*, — et six mines de Robert Le Tallières de Fontaine, en 1265, pour le même usage (4).

Non contents de nourrir les pauvres qui se présentaient, les moines de Lannoy avaient donc encore un hospice pour y soigner les pauvres qui tombaient malades. Ils aimaient vraiment bien leur prochain ces moines si dénigrés de nos jours, pour se faire ainsi gratuitement ses infirmiers. On comprend alors que les riches du siècle les comblaient de leurs largesses. Ils les faisaient leurs aumôniers, comme ils les prenaient pour leurs intercesseurs auprès de Dieu.

---

(1) Arch. de l'Oise : *Abb. de Lannoy*, n° 104. Cart. CDXVII. — (2) *Ib.*, n° 109. Cart. CDXL. — (3) *Ib.*, n° 110. Cart. CDXLI. — (4) *Ib.*, n° 111. Cart. CDXLVII.

En 1265, Agnès de Limermont, femme du noble sire Pierre de Monsures, donne six mines de bois à Auteigny, près de la grange de Beaulieu, pour avoir sa sépulture dans l'église de Lannoy (1); — le chevalier Ansoud de Ronquerolles confirme toutes les donations faites par ses ancêtres au monastère (2).

Quelques acquisitions de terres à Montreuil-sur-Thérain et à Monpertuis marquèrent les dernières années de l'abbatiat de Pierre II.

Il mourut en 1274.

XVIII. — Guillaume III (1274-1280).

Guillaume III, aussitôt après avoir pris la direction de l'abbaye de Lannoy, sollicita, selon l'usage, et obtint de Renaud de Nanteuil, évêque de Beauvais, la confirmation de tous ses biens et de tous ses privilèges. La charte est datée du mois d'août 1274 (3).

Il obtint également, au mois d'août 1277, des lettres d'amortissement du roi Philippe le Hardi. Ce prince y confirmait la propriété de diverses portions de terre, bois et vignes, situées à Montreuil-sur-Thérain et Merlemont, et provenant par acquisition ou donation de Richer du Vivier, Durand de Montreuil, Garin Grimete, Pierre Le Jeune, Jean, fils de Richer, maire de Montreuil, Roger de Frocourt, Pierre Gascogne, Eudes Boistel, Eremburge, mère de Pierre Gascogne, Barthélemy le Linger; — de terres à Etouy et Agnetz, provenant de Garnier Paillart et de Gautier Houlier; — de rentes à Ronquerolles et Mogneville, données par Jean et Nivelon de Ronquerolles; — de rentes à Clermont, données par Gautier, maire de Ronquerolles, et de divers autres bois, terres, vignes et redevances à Sailleville, Cannettecourt, Hodenc-l'Evêque, etc. (4).

A quelque temps de là, vers 1280, une discussion s'éleva entre les religieux de Lannoy et ceux de Saint-Lucien au sujet de la dîme et du champart de quatre-vingt-quatre mines de terre sises

---

(1) Arch. de l'Oise : *Abb. de Lannoy*, n° 279. Cart. CDXLII. — (2) *Ib.*, n° 477. Cart. CDXLV. — (3) *Ib.*, n.° 33. Cart. CDLXIII. — (4) *Ib.*, n° 208. Cart. CDLXIV.

entre le bois des Pleurs (*Pleus*) et Gaudechart, chacune des parties s'en prétendant propriétaire. Ces querelles d'abbaye à abbaye étaient peu édifiantes; les deux abbés, Guillaume, de Lannoy, et Odon, de Saint-Lucien, le comprirent. *Quum, sacra testante Scriptura, qui pacis ineunt consilia, fructus gaudii perfruuntur, idcirco nostre professionis attendentes edificium super basem pacis, que est caritas, veluti supra firmam petram, erigi et fundari, scintillam discordie inter nos, procurante pacis emulo, suscitatam extinguere, priusquam transiret ad incendium, satagentes, pacis inire consilia volumus*, disent-ils dans leur transaction. Ils prirent Pierre, abbé de Beaupré, pour arbitre et s'en remirent à sa décision. On transigea. L'abbé de Saint-Lucien abandonna à Lannoy la dîme et le champart sur les quatre-vingt-quatre mines en litige, et de plus la dîme et le champart sur deux muids de terre à côté des précédentes, sur un muid en courtil, sur quatre mines de terre au Champ Saint-Jean, sur neuf mines de terre en herbage, le tout sis à Ecorchevache (Escorchevake); sur trois mines et demie de terre au terroir de Thieuloy, près de la terre de Raoul de Riffin, et sur une pièce de terre à Gaudechart. De son côté, l'abbé de Lannoy s'engagea, au nom de son abbaye, à payer annuellement à Saint-Lucien quatorze muids trois mines de grains, moitié blé et moitié avoine, à la Saint-Martin d'hiver. L'accord fut signé le 1er juillet 1280 (1).

Ce fut le dernier acte public de Guillaume III.

XIX. — Jean II (1280-1309).

Le premier soin de l'abbé Jean, deuxième du nom, en prenant possession de sa charge fut de solliciter du pape la confirmation de tous les privilèges de son abbaye. Martin IV arrivait alors sur le siège de Pierre, et, par une bulle datée de la première année de son pontificat (1281), il confirma tous les privilèges, exemptions, droits, franchises, libertés, immunités de ce monastère, ainsi que tous les biens qu'il possédait ou pourrait acquérir dans la suite.

---

(1) Arch. de l'Oise : *Abb. de Lannoy*, n° 116, Cart. CDLXVI.

En même temps, Jacques de Saint Arnoult, pour témoigner de ses bonnes dispositions à l'égard du nouvel abbé, confirmait toutes les possessions de l'abbaye situées dans l'étendue de son fief (1); — Nivelon de Ronquerolles confirmait la propriété d'une masure à Trois Etots donnée par ses ancêtres (2); — Guillaume Tyrel, seigneur de Poix, en faisait autant en 1284, de vingt-huit journaux de terre à Thieuloy, provenant de Gautier de Fontaine (3).

En 1290, Jean II nous apparait faisant un échange d'hostise à Marseille avec Thomas, abbé de Beaupré (4).

En 1294, Julienne, veuve d'Odon d'Epatis, lui vend tous ses droits en une maison sise à Thérines (5), et Guillaume dit Longue Seson quatre mines de terre au Mesnil, en 1295 (6).

En 1295, le pape Boniface VIII lui accorde deux bulles de privilèges. Dans la première, il confirme tous les biens, privilèges, exemptions et franchises du monastère. Dans la seconde, il donne pouvoir à l'abbé d'absoudre ses religieux de l'irrégularité qu'ils auraient pu encourir en recevant les ordres après avoir commis quelque crime frappé d'excommunication ou d'autres censures ecclésiastiques, avec ordre de déclarer suspens pour deux ans ceux qui les auront ordonnés en cet état par mépris des censures.

En 1296, Beaudoin d'Omécourt donne toute sa terre du Mesnil (*de Mesnilio Galeranni*) (7).

En 1306, Jean II eut à soutenir en parlement un procès contre l'évêque de Beauvais au sujet de la resaisine d'une maison sise à Corbeauval. La cour, pour mettre les parties d'accord, adjugea au roi cette resaisine (8).

Une affaire plus importante occupait alors notre abbé. Ses prédécesseurs avaient jeté les fondements d'un village dans leur terre de Halloy, près de Grandvilliers, en y appelant des métayers pour leurs cultures et en leur accordant certains privilèges.

---

(1) Arch. de l'Oise : *Abb. de Lannoy*, n° 536. Cart. CDLXVII — (2) *Ib.*, n° 588. Cart. CDLXVIII. — (3) *Ib.*, n° 582. Cart. CDLXIX. — (4) *Ib.*, n° 287. Cart. CDLXXI. — (5) *Ib.*, n° 566. Cart. CDLXXIIIXX. — (6) *Ib.*, n° 265. Cart. CDLXXIV. — (7) *Ib.*, n° 266. Cart. CDLXXVI.

(8) Les *Olim* ou registres des arrêts rendus par la cour du roi Philippe IV. Edit. Beugnot, t. I, p. 164, xv.

La population de ce village s'accrut tellement que l'abbé Jean leur fit bâtir une église et demanda à l'évêque d'Amiens, dans le diocèse de qui était cette terre, de vouloir bien ériger cette église en cure afin que les habitants d'Halloy pussent y recevoir d'un curé tous les secours religieux. Il formait d'ailleurs une dotation pour le curé en lui assignant 10 livres parisis de rente annuelle à prendre sur les cens de l'abbaye, à Halloy, en lui abandonnant la propriété de deux journaux de terre à côté de l'église, sur lesquels il promettait de faire construire un presbytère convenable, et en lui laissant tous les droits casuels de l'église et les menues dîmes du lieu. L'évêque d'Amiens, qui était alors Guillaume de Macon, accéda de grand cœur à sa demande et érigea Halloy en cure par lettre du jeudi de Pâques de l'an 1307 (1).

---

(1) Lettre de fondation de la cure d'Halloy :

Universis presentes litteras inspecturis Guillelmus miseratione divina Ambianensis episcopus salutem in Domino sempiternam. In episcopali quanquam immeriti cathedra residentes, inter ceteras sollicitudines, quibus ex injuncto nobis officio pastorali premimur, illam nobis precipuam agnoscimus, ut supra gregem dominicum nobis creditum vigilantes ejus occurramus periculis animarum et salutem totis conatibus exquiramus. Sane viri religiosi abbas et conventus monasterii beate Marie de Alneto, cisterciensis ordinis, Belvacensis diocesis, conspicientes in villa sua de Haloy prope Granviler, nostre diocesis, quam de novo fundarunt, populum plurimum excrescere, ecclesiam de licentia nostra fecerunt construi in eadem et per nos quoddam cimiterium dedicari. Cupientes insuper perpetuum creari per nos inibi sacerdotem, qui incolarum loci curam animarum haberet, dederunt et assignaverunt curatis, qui in dicta ecclesia fuerint pro tempore decem libras Parisiensium bone et antique monete super censibus suis, quos habent in villa predicta, quas perpetuis temporibus in infrascriptis terminis videlicet in Nativitate beati Johannis Baptiste, centum solidos parisiensium et alios centum solidos in Nativitate Dominica annis singulis tenentur curatis persolvere supradictis. Dantes etiam curatis eisdem duo jornalia terre, juxta ecclesiam predictam sita, a curatis ipsis tenenda, et perpetuo libere possidenda; ita quod ipsi curati de fructibus qui in dictis duobus jornalibus excrescent, nullam grossam vel minutam decimam predictis abbati et conventui solvere tenebuntur. Voluerunt insuper dicti abbas et conventus quod curati qui fuerint pro tempore in dicta ecclesia omnes oblationes, sepulturas et alias obventiones ac minutas decimas parrochie percipiant integraliter,

En 1308, Robert de Raullaincourt, et Avisse, dame de Sommereux et de Merlemont, sa femme, confirment toutes les possessions de l'abbaye situées tant à Montreuil-sur-Thérain qu'à Merlemont (1).

En 1309, Jean II transige avec un sire Richard de Courchis, le vendredi après la Saint-Jean-Baptiste (2), et c'est le dernier acte à son acquit. Il mourut peu après.

XX. — Pierre III (1309-1317).

Les seuls actes passés sous son administration, qui nous soient parvenus, sont : en 1312, un échange de terre à Beaulieu avec Henri Du Four, de Riffin, de l'assentiment d'Alphonse de Rouveroy, seigneur du Quesnoy (3); — en 1314, un échange de terre à Hannaches avec le chevalier Guérard, seigneur d'Hannaches (4), — et en 1317, une acquisition de deux arpents de bois et d'une pièce de vignes à Montreuil-sur-Thérain, de Bernard dit Guillart de Caillouel, le tout mouvant de la veuve de Gervais de Milly (5).

---

lanis, agniculis et wardiis sibi retentis. Promittentes domum in dictis jornalibus sufficientem facere ad opus curatorum ecclesie supradicte prout hec in quibusdam litteris inde confectis, sigillo abbatis predicti sigillatis planius continentur. Nos itaque considerantes populum ipsius ville plurimum excrescentem ac ejusdem nisi rectorem habeat imminere periculum animabus ad supplicationem abbatis et conventus predictorum omnia et singula suprascripta auctoritate ordinaria confirmantes in dicta ecclesia de Haloy perpetuum constituimus sacerdotem, qui ibidem personaliter resideat et incolarum loci curam habeat animarum a nobis et nostris successoribus assumendam. Statuentes quod in singulis vacationibus curatorum instituendorum in ipsa spectet presentatio ad abbatem et conventum predictos et successores eorum, ad nos vero et successores nostros Ambionenses episcopos ipsorum institutio et destitutio pertineat pleno jure. Salvo in hiis et aliis jure nostro et quolibet alieno. In cujus rei testimonium presentes litteras confici fecimus et sigilli nostri appensione muniri. Datum anno Domini M° CCC° septimo, die Jovis post Pascha.
(Arch. de l'Oise : *Abb. de Lannoy*, n° 140.)

(1) Arch. de l'Oise : *Abb. de Lannoy*, n° 111. Cart. CDLXXIX.

(2) *Gallia Christiana*, t. IX, col. 840.

(3) Arch. de l'Oise : *Abb. de Lannoy*, n° 17. Cart. CDLXXX. — (4) *Ib.*, n° 138. Cart. CDLXXXI. — (5) *Ib.*, n° 412. Cart. CDLXXXII.

XXI. — Richard (1318-1335?)

Cet abbé, dont l'administration est tout à fait inconnue, nous apparait, le 27 mars 1318, au concile provincial de Senlis, convoqué par Robert de Courtenai, archevêque de Reims, et où l'on porta les censures ecclésiastiques les plus sévères contre les spoliateurs des églises et monastères. Pour expliquer cette mesure, il faut savoir qu'alors, par suite des troubles survenus à l'occasion de la succession à la couronne de France, les seigneurs et les tenanciers des églises et monastères ne se gênaient pas pour envahir les biens de ces églises ou refuser de payer ce qu'ils leur devaient, sûrs à peu près de l'impunité. Et cela ne devait pas finir de si tôt. La féodalité était à l'apogée de sa puissance et ne se privait pas d'abuser de son autorité toutes les fois qu'elle le pouvait. Pour elle, les propriétés ecclésiastiques et monastiques étaient une proie facile à prendre. Aussi voit-on cesser, à cette époque, les donations auparavant si fréquentes. Ce ne sont, au contraire, que procès en revendication de droits.

Richard apparait encore, en 1320, dans un acte sans importance, et l'on croit qu'il régit le monastère jusque vers 1335.

XXII. — Martin (1335-vers 1350).

Nous trouvons cet abbé transigeant, le 24 avril 1342, avec le prieur de Villers-Saint-Sépulcre au sujet de leur justice respective sur les terres de Montreuil-sur-Thérain (1). On pense qu'il était encore abbé de Lannoy en 1350, quand son monastère fit un accord avec les chevaliers de Saint-Jean de Jérusalem, représentés par Thomas Follebarbe, commandeur de Saint-Mauvis, et permit à leurs hôtes de Sarnoy de se servir du chemin établi par l'abbaye entre Monceaux et Boutavant (2), mais rien ne l'atteste.

Il se démit de sa charge quelque temps avant sa mort et se retira à l'abbaye de Beaulieu, où il mourut trois ou quatre ans après avoir quitté Lannoy.

---

(1) Arch. de l'Oise : *Abb. de Lannoy*, n° 413. — (2) *Ib.*, n° 366.

XXIII. — Guillaume IV (1350-1366).

Cet abbé, quoique peu connu, a cependant laissé quelques traces de son administration. Il était présent, en 1352, à l'accord arbitral intervenu entre son abbaye et Guiart de Milly, seigneur de Montreuil-sur-Thérain, pardevant Regnauld, sire de Crèvecœur, Jean Le Blont, sire de Troussencourt, et Guillaume d'Omécourt, arbitres nommés par le roi, au sujet de la justice de Montreuil, et il consentit à ce que la justice de cette localité fût laissée au sire de Milly (1).

En 1255, il recevait le corps du chevalier Regnault de Saint-Arnoult pour être inhumé dans son monastère, et l'extrait de son testament par lequel il laissait « au couvent de l'église de « Nostre Dame de Launoy pour pitanche chent souls.... *Item* je « laisse, ajoutait-il, pour Dieu en omosne à perpétuité aux reli- « gieux de Launoy deux muis de blé, au muy de Gerberoy, chas- « cun an annuellement et à tous jours par telle manière et con- « dition que li dit religieux diront chascun an en leur église de « Launoy des messes de *Requiem* pour les âmes de monsieur men « père, de me dame me mère, de moy et de mes deux compai- « gnes et espouses (2). »

En 1362 il demande à l'évêque de Beauvais l'érection de l'église de Saint-Maur en cure, afin que ses hôtes de cette localité pussent avoir un curé résidant pour leur donner tous les secours de la religion. Il assurait, du reste, un traitement et un logement au curé. Jean de Dormans fit droit à sa demande par lettres patentes du 30 mai 1362 (3), et la cure de Saint-Maur fut fondée.

---

(1) Arch. de l'Oise : *Abbaye de Lannoy*, n° 414. — (2) *Ib.*, n° 219.

(3) Lettres d'érection de la cure de Saint-Maur :

Universis presentes litteras inspecturis Johannes miseratione divina Belvacensis episcopus salutem in Domino sempiternam. In episcopali quocumque inventi cathedra insidentes, inter ceteras sollicitudines, quibus ex injuncto nobis officio pastorali premimur, illam nobis precipuam agnoscimus, ut supra gregem dominicum nobis traditum vigilantes, ejus occurramus periculis animarum et salutem totis conatibus exquiramus. Sane ad universorum noticiam volumus devenire quod viri religiosi abbas et conventus monasterii Beate Marie de Lanneyo, Cisterciensis ordinis,

En 1365, il transige encore avec le prieur de Villers-Saint-Sépulcre au sujet de terres à Montreuil.

Il mourut peu de temps après, laissant les propriétés de son monastère en désarroi et la plupart ravagées par les passages des troupes anglaises.

---

nostre dyocesis, cupientes quod in villa sua de Sancto Mauro in calceya, quicquid de dicta villa antea extiterit amodo sit parrochia, postulantes insuper in ecclesia, quam in dicta villa antecessores predictorum religiosorum fundaverunt, perpetuum creari per nos sacerdotem, qui incolarum ipsius loci curam haberet animarum; et oblationibus, obventionibus et elemosinis, quas in dicta ecclesia offerunt peregrini et fideles, qui ad eandem ecclesiam continue confluunt, auxilium Dei et Sanctissimi Mauri confessoris pie et devote implorantes dederunt et assignaverunt curatis, qui pro tempore et amodo in dicta ecclesia fuerint instituti, duos modios, unum videlicet bladi et alterum advene, ad mensuram Gerborredensem, quos perpetuis temporibus, singulis annis, in festo sancti Remigii, super census, quos dicti religiosi habent in dicta villa, ad terminum antedictum, curatis tenebuntur exsolvere supradictis. Ceterum idem religiosi dederunt et assignaverunt curatis antedictis in territorio dicte ville unam masuram quatuor jornalia terre conjunctim vel divisim continentem, quam masuram ipsi volunt et concedunt dictis curatis liberam absque aliquo censu aut exactione quacumque alia possideri : in omnibus autem aliis quibus cumque, de quibus in his mensio non habetur............ ...et aliis oblationibus, que juribus cedunt curatorum predictorum, prout hec in quibusdam litteris inde confectis, sigillis abbatis et conventus sigillatis plenius continetur. Nos igitur considerantes populum plurimum in dicta villa excrevisse et nisi rectorem habeant imminere periculum animabus, ad supplicationem abbatis et conventus predictorum, omnia et singula superscripta auctoritate ordinaria confirmantes, in dicta villa de Sancto Mauro perpetuum constituimus sacerdotem, qui ibidem personaliter resideat, et incolarum loci curam habeat animarum a nobis et nostris successoribus assumendam. Statuentes quod in singulis vaccationibus curatorum instituendorum in ipsa spectet presentatio ad abbatem et conventum predictos et successores eorum, ad nos vero et successores nostros Belvacenses episcopos ipsorum institutio et destitutio pertineat pleno jure, salvo in hiis et aliis jure nostro et quolibet alieno. In cujus rei testimonium presentes litteras confici fecimus et sigilli nostri appensione communiri. Datum anno Domini millesimo trecentesimo sexagesimo secundo, penultima die mensis maii.

(Arch. de l'Oise : *Abb. de Lannoy*, n° 543.)

XXIV. — Isambart (1366-1382).

Cet abbé n'est indiqué ni par les auteurs du *Gallia Christiana*, ni par le procureur du monastère, auteur du Manuscrit de 1756 du cabinet de M. de Troussures. Cependant son nom est porté dans un accord intervenu, le 1er mars 1369, entre l'abbaye et l'Hôtel-Dieu de Beauvais, et c'est pour cela que nous le restituons dans la liste des abbés de Lannoy.

Cet accord de 1369 concernait une redevance de dix muids de blé que l'abbaye devait payer annuellement aux maîtres frères et sœurs de l'Hôtel-Dieu de Beauvais sur le moulin de Roy. On la payait depuis 1218, mais il advint, dit l'accord, « que par suite « des guerres qui ont esté entre le roi de France et les Anglois, « et aussi pour les mortalités qui ont esté audit païs, dont le « païs a esté destrui et le peuple mort, » le moulin perdit plus de la moitié de sa valeur et devint « vague. » La redevance parut lourde aux moines, qui voyaient d'ailleurs de toutes parts et pour les mêmes causes leurs revenus diminuer. Isambart, leur abbé, demanda à transiger et l'Hôtel Dieu consentit à réduire cette redevance à quatre muids et demi, et à être payé en blé inférieur de 1 sol au plus cher, de sorte que si le meilleur blé valait 5 sols la mine au marché de Gerberoy, les moines de Lannoy ne seraient tenus de payer que sur le pied de 4 sols la mine. En reconnaissance, l'abbaye tint quitte l'Hôtel-Dieu de 5 sols 10 deniers de cens qu'il lui payait annuellement, savoir : 4 sols en la ville de Beauvais pour la maison qui fût à Jean Bouvier, et 22 deniers en la ville du Mesnil (1).

C'est tout ce que l'on sait de cet abbé.

XXV. — Simon II De la Haye (1382-1410).

Simon De la Haye, en prenant possession de sa charge, était bien résolu de mettre tout en œuvre pour défendre les intérêts de son monastère et améliorer ses propriétés dévastées, et il ne recula pas devant les difficultés. En 1384, il délègue frère Guil-

---

(1) Arch. de l'Oise : *Abb. de Lannoy*, n° 34

laume d'Envermeu, l'un de ses moines, pour aller s'opposer, pardevant le bailli de Senlis, aux empiètements du Chapitre de Beauvais qui avait fait emprisonner les vendangeurs envoyés par lui pour récolter les fruits de sa vigne du mont Remiemont, près de Beauvais, et le Chapitre fut débouté de ses prétentions (1). En 1387, il soutient un long procès contre Hugues de Montmorency, seigneur de Formerie, qui avait fait saisir les troupeaux de son fermier de Monceaux, le poursuit en parlement, le fait condamner à restituer les troupeaux et à ne plus inquiéter ses religieux ou ses fermiers à l'avenir, et fait maintenir son droit de pâturage sur les terres de Monceaux et de Boutavant par arrêt du parlement et par lettres-patentes du roi Charles VI (2). En 1398, il achète d'André d'Hanvoiles, écuyer, onze mines de terre au Mesnil (3). En 1403, il transige avec l'évêque de Beauvais au sujet du droit de chasse sur ses terres de la Trupinière (Saint-Just-des-Marais) (4).

Il fit reconstruire, vers cette époque, sa grande ferme d'Orsimont, ruinée par les guerres, et vendit, pour avoir de l'argent, la coupe de quarante-trois journaux de bois à Blargies, en 1404.

Il mourut le 7 août 1410, et son corps fut inhumé dans l'église de son monastère, en la chapelle de Saint-Eloi, au pied de l'escalier par lequel on monte au clocher. On fit graver sur sa tombe l'épitaphe suivante :

Hic jacet domnus Simon de Haya, qui per spatium viginti octo annorum nomen paternitatis in abbatem istius loci accepit, et in tempore suo grangiam nostram Ursimontis reedificari fecit, qui obiit anno Domini millesimo quadringentesimo decimo, septimo idus Augusti.

XXVI. — Pierre IV Du Fresne
(1410-vers 1420).

Cet abbé, fort peu connu, est signalé par les auteurs du *Gallia Christiana* comme cité par D. de Gaignières dans un acte du

---

(1) Arch. de l'Oise : *Abb. de Lannoy*, n° 35. — (2) *Ib.*, n° 50. — (3) *Ib.*, n° 267. — (4) *Ib.*, n° 252.

26 novembre 1413. Nous le comprenons dans notre liste, mais nous n'en savons rien de plus.

XXVII. — Henri (1420-1432).

Les seuls actes passés sous lui, que nous ayons trouvés, sont, en 1426, un bail à vie à Herlin Tinnaut de trois quartiers et demi de vignes à la Trupinière, « au mont de Marest l'Evêque (1), » — et, en 1428, une transaction avec le Chapitre de Gerberoy au sujet des arrérages d'une rente (2).

XXVIII. — Jean III (1432-1448).

Il ne nous est parvenu aucun acte de cette époque désolée. La continuation acharnée de la guerre avec l'Angleterre, le passage continuel de troupes avaient à peu près ruiné toutes les propriétés du monastère. Les populations étaient décimées; des villages entiers étaient sans habitants, et ceux qui restaient n'osaient ensemencer les terres, persuadés qu'ils ne pourraient récolter. L'abbé Jean n'eut qu'à gémir sur une situation qu'il ne pouvait modifier et à travailler avec ses moines pour se procurer le pain de chaque jour. Il mourut en 1448.

XXIX. — Pierre V Pipon (1448-1466).

Les temps continuaient à être si mauvais que personne, dans la communauté bien réduite de Lannoy, n'osait prendre la direction de la maison. On connaissait à Royaumont un homme énergique et entreprenant, c'était l'abbé de ce monastère, Gilles Cupe. Il avait su gagner les bonnes grâces du roi d'Angleterre et avait obtenu sa protection pour son abbaye de Royaumont. Les moines de Lannoy l'élirent pour leur abbé, espérant avoir en lui une sauvegarde contre les ravages des troupes anglaises. Gilles Cupe refusa cet honneur, ne voulant pas encore quitter Royaumont, et proposa aux suffrages des moines de Lannoy un

---

(1) Arch. de l'Oise : *Abb. de Lannoy*, n° 210. — (2) *Ib.*, n° 140.

homme bien capable de régir cette abbaye, Pierre Pipon, le procureur de son propre monastère, moine intelligent et habile administrateur. Les religieux de Lannoy l'élirent aussitôt et lui mirent en main toute la direction de leurs affaires. Ils n'eurent pas à s'en repentir. Pierre Pipon fit tout ce qu'il put pour réparer les ruines des granges et des propriétés, s'y prit avec sagesse pour faire rentrer les revenus et traiter avec les créanciers de la maison ; en un mot il usa de toute son énergie et de toute sa sagacité pour restaurer ses finances, en même temps qu'il rétablissait la discipline et l'ordre dans sa communauté. Il mourut en 1466.

XXX. — Antoine de Mets (1466-1480).

Le nouvel abbé, Antoine de Mets, comme Pierre Pipon, était étranger à Lannoy, c'était un moine de l'abbaye de Froidmont que les suffrages des religieux appelèrent à la première charge de leur monastère.

Le roi Louis XI occupait alors le trône de France et paraissait régner avec une certaine énergie et remettre l'ordre dans son royaume. Un jour qu'il était à Compiègne, c'était en septembre 1468, l'abbé de Lannoy s'en fut le trouver et lui demanda aide et protection pour son monastère et pour ses biens. Louis XI l'accueillit avec une bienveillance toute particulière et lui accorda gracieusement l'objet de sa demande par lettres-patentes ainsi conçues :

« Loys, par la grâce de Dieu, roy de France, à tous nos cap-
« pitaines de gens d'armes et de trait, tant de notre ordonnance
« que de notre ban et arrière ban et de nos francs archers, salut.
« Savoir vous faisons que nous inclinant à la requeste des reli-
« gieulx, abbé et couvent de Notre-Dame de Lannoy, près Beau-
« vais, et pour la grande et singulière dévotion que nous avons
« à la dite église, voulant à ceste cause les préserver de moles-
« tacions indeues avec leur famille, maisons, manoirs, terres,
« granges, possessions et biens quelconques, avons prins et
« mis, prenons et mettons par ces présentes en et soubs nostre
« protection et sauve garde especialement, sy vous deffendons
« tres expressement, par ces présentes signées de notre main,

« que vous ne logiez, ni souffriez loger aucuns de vos gens, en
« la dite abbaye, ne es maisons, granges et mestairies apparte-
« nant à icelle, ne y prendre au fourragement aucuns blés, vins,
« foings, avoines, poulailles, moutons, ne aultres biens ou
« vivres quelconques, sans le gré et consentement des dits reli-
« gieux et en paiant iceulx vivres raisonnablement. Sachent tous
« ceulx qui seront trouvés faisans ou avoir fait le contraire que
« nous les ferons tellement pugnir que ce sera exemple à tous
« autres. Donné à Compiengne, le xxvi° jour de septembre, l'an
« de grace mil IIII° soixante-huit de notre règne le huitiesme.

« Loys (1). »

Les donations n'étaient plus communes à cette époque; les guerres avaient appauvri les paysans et les seigneurs eux-mêmes, et chacun pensait plutôt à sauvegarder ce qu'il possédait, qu'à se laisser aller à des largesses. Les campagnes étaient sans cesse ravagées par les troupes.

En 1472, l'armée bourguignonne, après avoir vainement assiégé Beauvais, en opérant sa retraite sur la Normandie, avait saccagé et incendié Hanvoile, Songeons, Gerberoy. Lannoy était bien près du passage de l'ennemi, et ses moines durent trembler pour eux et pour leur monastère; il ne paraît pas pourtant qu'ils eurent à en souffrir gravement.

Malgré ces troubles, Caucherotte de Blargies, conjointement avec Jean de Han, son mari, leur donna, en 1472, la moitié indivise de toute la terre, fief, seigneurie, cens et rentes qu'elle possédait de son chef à Gaudechart-le-Grand et à Gaudechart-le-Petit, et tenait en mouvance du vidame de Gerberoy et du seigneur de Fontaine-Lavaganne (2).

En 1478, Antoine de Mets, trouvant difficilement à faire cultiver ses vignes et ses terres de la Trupinière (Saint-Just-des-Marais), les accensa à perpétuité avec la maison et le pressoir qu'il avait en ce lieu, à Jean de Caigneux, grenetier du sel à Beauvais, moyennant 40 sols de rente annuelle.

Cet abbé mourut en 1480.

---

(1) Archives de l'Oise : *Abbaye de Lannoy*. n° 211 — (2) *Ib.*, n° 117.

XXXI. — Jean IV Asseline (1480-1512).

Jean Asseline était originaire de Roy-Boissy et occupait une des premières charges de son monastère quand ses frères le portèrent à l'abbatiat. Il connaissait les affaires de son abbaye et il la trouvait bien appauvrie auprès de ce qu'elle avait été autrefois. En acceptant sa charge, il savait qu'il aurait beaucoup à faire s'il voulait rétablir l'ordre dans son administration et dans ses finances. Plusieurs de ses prédécesseurs, les uns par négligence, les autres par incapacité, en avaient tellement dilapidé les revenus et les propriétés, soit en ne faisant pas renouveler les titres de rente, soit en aliénant inconsidérément des biens, que le chapitre général de l'ordre, tenu à Citeaux le 14 septembre 1481, crut devoir s'en occuper et prendre des moyens pour y remédier. *Ad audientiam presentis capituli generalis,* dit l'acte capitulaire, *fide dignorum relatio dolenter pervenit quod in plurimis monasteriis ordinis et signanter in monasterio de Lanneyo, Belvacensis diocesis, per abbates et quosdam religiosos dicti monasterii a triginta annis et citra quidam tractatus illiciti et indebiti in quibusdam grangiis dicti monasterii, terris seu membris majoribus et melioribus, contra papalia et ordinis statuta, incepti, facti et passati sunt et fuerunt, ac usque hodie permanent in pergrande prejudicium et gravamen predicti monasterii.* Le Chapitre général délégua les abbés de Royaumont (Jean Collé) et de Chaalis (Jean Le Fel) pour informer et pour remédier à la situation faite (1). L'histoire ne dit pas quel fut le résultat obtenu. Seulement l'on sait qu'à la suite de la venue des délégués un grand nombre de titres de redevances furent renouvelés.

En 1483, l'abbé de Chaalis, Jean Le Fel, revint encore à Lannoy pour terminer un différend survenu entre ce monastère et celui de Beaupré.

En 1486, au mois de mars, l'abbé de Lannoy, transigeant avec Jean de Villers-Saint-Paul, abbé de Saint-Lucien, libérait sa grange d'Ecorchevache de treize muids sept mines de grains de

---

(1) Arch. de l'Oise : *Abb. de Lannoy,* n° 212.

redevance annuelle et cédait en échange à Saint-Lucien les grosses dîmes de Roy-Boissy et du Mesnil, dix mines de pré à Miauroy et une masure et lieu nommés l'hôtel de Lannoy, sis près du bois de Brûlet, en la paroisse de Notre-Dame-du-Thil, avec toutes les terres, vignes, bois et jardins sis au même lieu (1).

En 1493, il fit passer titre nouvel à plusieurs débiteurs rentiers des redevances qu'ils étaient tenus de payer à son monastère, et parmi eux nous remarquons Péronne de Villers, dame de Lannoy et de Haudicourt, pour une rente de six mines de blé sur la terre de Haudicourt, donnée jadis par Jean de Candoire, seigneur dudit lieu (2).

L'abbé de Lannoy fut député par le clergé avec l'abbé de Royaumont (Jean de Merré) pour aller prendre part à l'assemblée générale du Clergé, tenue à Paris en 1493. Cette assemblée avait à statuer sur les subsides ou subventions pécuniaires demandées au clergé par le roi. Jean Asseline sut défendre les intérêts de ses commettants, tout en accordant au roi des subventions assez fortes, en considération de la pénurie et du désarroi des finances du royaume. C'était un homme expérimenté en affaires, et ses sages conseils furent justement appréciés par l'assemblée.

En 1495, il accensa à Collard Le Boucher dit l'Agace, marchand à Formerie, une pièce de terre à Monceaux-l'Abbaye, lieudit la Vaquerèche, pour y édifier un moulin à faire farine (3).

Cet abbé, après avoir gouverné Lannoy pendant trente-trois ans et se trouvant chargé d'années, se démit de ses fonctions en 1512, en priant ses frères de vouloir bien porter leurs suffrages sur Christophe de Bonnières, son neveu. Il se retira quelque temps après à Beauvais, où il mourut en 1516. Son corps, rapporté à Lannoy, fut inhumé dans l'église, au bas des marches du grand autel.

XXXII. — Christophe de Bonnières (1512-1528).

Après la démission de Jean Asseline, les religieux de Lannoy,

---

(1) Arch. de l'Oise : *Abb. de Lannoy*, n° 519. — (2) *Ib.*, n° 146. — (3) *Ib.*, n° 307.

pour obéir au désir de celui qui les avait dirigés si sagement et pendant de si longues années, lui donnèrent son neveu, Christophe de Bonnières, pour successeur. Le nouvel abbé était issu d'une famille bourgeoise de Beauvais, originaire du village de Bonnières, et avait reçu une solide éducation tant à Beauvais qu'à l'Université de Paris. En prenant la direction de Lannoy, il s'attacha à suivre les exemples et la manière de faire de son oncle, et l'abbaye n'eut qu'à se réjouir de son administration toujours sage et toujours régulière. Il mourut à Beauvais, en l'hôtel de Lannoy, où il se retirait souvent, le 27 août 1528. Son corps fut rapporté dans son monastère et inhumé à côté de celui de son oncle. Les religieux reconnaissants des bons services de ces deux abbés firent placer sur leurs tombes une grande pierre tumulaire, sur laquelle étaient représentées, au trait, leurs effigies revêtues de la coule et la crosse à la main. Autour était l'inscription suivante : *Hic jacent reverendi abbates Johannes Asseline et Christophorus nepos ejus, sacra in theologia baccalaureus, quorum primus per 33 annos, secundus vero per 16 abbatisaverunt. Finis eorum dominationis 1528, 27 augusti. Requiescant in pace. Amen.*

XXXIII. — François Ier Du Fresne
(1528-1536).

Après la mort de Christophe de Bonnières, ses religieux pensaient à lui donner un successeur sage et ami de l'ordre, quand un émissaire du gouverneur de Hesdin, de Jean, sire de Sarcus, vint leur enjoindre d'avoir à élire pour leur abbé Jean de Sarcus, fils de son maître.

Cette nouvelle manière de nommer un abbé n'était pas du goût des religieux; aussi se récrièrent-ils bien fort, et finalement refusèrent de nommer ce jeune homme, qui n'avait du reste aucune des conditions ni des qualités requises pour diriger un monastère cistercien. C'était bien le moindre des soucis du sire de Sarcus. Comme Jean, l'un de ses fils, s'était fait d'église et qu'il n'espérait pas le voir de si tôt pourvu d'un évêché, il le voulait au moins en possession d'une abbaye aux revenus abondants, et pour y parvenir peu lui importait les moyens. Il comptait donc sur la complaisance des religieux de Lannoy pour avoir cette satisfaction; mais les religieux de Lannoy n'avaient pas encore assez oublié les règles de leur saint état pour se prêter à cette manœuvre, et résistèrent. Le sire de Sarcus les menaça de la colère du roi, dont il avait les bonnes grâces, s'ils persistaient dans leur opposition; les religieux résistèrent encore. Jean de Sarcus, exaspéré, jura de vaincre leur résistance et sollicita le concours d'Antoine de Pisseleu, seigneur de Marseille, son cousin. Ce belliqueux seigneur ne demandait pas mieux; il marcha sur l'abbaye avec une forte escouade de soldats, s'en empara par la force, et, tenant les religieux sous bonne garde, il les somma d'avoir à procéder incontinent à l'élection de Jean de Sarcus, son protégé. Les religieux, que la violence n'intimidait pas, résistèrent encore. Alors le sire de Marseille leur fit savoir qu'il allait tenir garnison dans leur abbaye et les garder prisonniers, sans leur permettre de sortir, jusqu'à ce qu'ils se fussent décidés à faire l'élection demandée. Ceci se passait le 28 et le 29 août 1528, le lendemain et le surlendemain de la mort de Christophe de Bonnières, et l'on avait dû l'inhumer à la hâte. Le sire de Marseille faisait donc bonne garde avec ses sbires, bien résolu d'avoir raison de ces moines, mais il comptait sans ses hommes. Dans la nuit du 29 août, après avoir sonné les matines comme d'habitude et être entrés à l'église pour commencer les matines, les religieux, laissant les deux plus anciens d'entre eux, D. Louis Gorin et D. Nicolas de Bonnai, continuer l'office, sortirent par la petite porte donnant sur les jardins, et, trompant la surveillance de leurs gardiens, prirent la fuite et s'en furent à Beauvais par des chemins détournés. Le lendemain matin, Antoine de Pisseleu ne trouva plus au couvent que deux vieux moines qui lui déclarèrent ne pouvoir rien faire, attendu qu'ils avaient donné leur procuration aux autres, pour procéder à l'élection d'un abbé en dehors du monastère.

Antoine de Pisseleu et Jean de Sarcus étaient furieux de s'être ainsi laissés jouer; mais que faire? Poursuivre les fugitifs? A quoi cela aboutirait-il? Ils devaient assurément être à Beauvais sous la sauvegarde de l'évêque-comte, et on ne pouvait rien espérer de ce côté; le mieux était de renoncer au projet conçu.

Les religieux s'étaient retirés à Beauvais dans leur hôtel de Lannoy, et là ils procédèrent librement à l'élection de leur abbé. Pour en assurer la régularité et éviter tout soupçon de fraude, ils invitèrent Jean de Mauret, abbé de Beaubec, et Jean Le Bègue, abbé de Beaupré, à les présider pendant cette opération, et ils élirent François Du Fresne, abbé de Lieu-Dieu, au diocèse d'Amiens. Ils firent ensuite confirmer leur élection par un arrêt du Parlement, le 18 novembre 1528.

Jean de Sarcus, n'ayant pas été heureux de ce côté, se rabattit sur l'abbaye de Lieu-Dieu, que François Du Fresne allait rendre vacante puisqu'il acceptait Lannoy, et cette fois il réussit à y placer son fils. La fortune lui souriait enfin.

François Du Fresne était un homme fort instruit et un religieux rempli de l'esprit de son état. Il avait introduit la réforme dans son monastère de Lieu-Dieu, et, à Lannoy, il rétablit l'ordre le plus parfait dans la communauté en ramenant ses religieux, par la douceur, à une exacte observance des règles cisterciennes. La vie redevint édifiante à Lannoy, et il pouvait se réjouir du bien qu'il y avait fait, quand la mort l'enleva vers la fin de l'an 1536. Son corps fut inhumé dans l'ancienne chapelle de la Sainte-Vierge. Son épitaphe était ainsi conçue : *In hoc divæ Mariæ sacello jacet reverendæ memoriæ domnus Franciscus Du Fresne, hujus domus abbas, quam circiter novem annos strenue regens..... decoravit bonis. Unde præpeditus morbo, vitæ occasum sumpsit, anno redempti orbis millesimo quingentesimo tricesimo sexto. Orate pro eo.*

François Du Fresne fut le dernier abbé régulier qui gouverna Lannoy.

ABBÉS COMMENDATAIRES.

I. — Jean de Sarcus (1) (1536-1556).

Après la mort de François Du Fresne commença, pour Lannoy, la triste postérité des abbés commendataires. On sait ce que valurent généralement ces abbés pour les monastères et pour leurs communautés. Ce n'étaient plus des religieux connaissant et pra-

---

(1) Les armes de Jean de Sarcus étaient : *De gueules, au sautoir d'argent, accompagné de 4 merlettes de même.*

tiquant les règles de l'institut comme autrefois, et ils n'étaient plus élus par ceux qu'ils devaient régir. C'étaient des cadets de famille qui s'étaient faits ecclésiastiques non par vocation, mais pour se gorger des dignités et des revenus de l'Eglise, sans se soucier des devoirs qu'ils auraient à remplir. Le roi, à qui le concordat de 1516 avait accordé la nomination aux bénéfices ecclésiastiques et monastiques, leur donnait alors un évêché ou la commende d'une abbaye comme il aurait fait d'une pension. Aussi en vit-on quelques-uns posséder en même temps plusieurs évêchés et jusqu'à douze ou quinze abbayes. Ces abbés ne pensaient qu'à une chose : percevoir à leur profit le plus de revenus de leurs abbayes qu'il leur était possible ; quant aux communautés et à leur régularité, peu leur importait. Il s'en trouvait pourtant quelquefois qui prenaient à cœur leur dignité et qui s'occupaient sérieusement de leurs monastères, mais ils étaient bien rares.

Le premier abbé commendataire de Lannoy fut Jean de Sarcus. Son père n'avait pu le faire élire abbé en 1528 et il en avait gardé du ressentiment. Aussi, quand il apprit la mort de François Du Fresne, résolut-il d'imposer son fils à Lannoy, non plus cette fois par la violence brutale, mais par la violence légale. Comme le concordat de 1516 accordait au roi la nomination des titulaires des abbayes, le sire de Sarcus demanda au roi l'abbaye de Lannoy pour son fils. François Ier n'y vit pas d'inconvénient et le lui accorda. Jean de Sarcus, triomphant, vint aussitôt signifier aux religieux de Lannoy le brevet royal qui nommait son fils leur abbé. Les religieux s'inclinèrent devant la volonté du roi, mais l'histoire ne dit pas s'ils le firent de bon cœur.

Jean de Sarcus était le troisième fils de Jean de Sarcus, chevalier, seigneur de Sarcus, Feuquières, Songeons, etc., gouverneur d'Hesdin, et de Marguerite de Chabannes. Tandis qu'Adrien de Sarcus, son frère aîné, poursuivait la carrière des armes, lui s'était fait d'Eglise avec son second frère François. Nous avons dit comment son père avait usé de son autorité et de son crédit à la cour pour le pourvoir d'une abbaye bien rentée. Son frère François de Sarcus ne fut pas moins heureux ; il obtint l'évêché du Puy en 1537. Grâce aux fâcheuses concessions du concordat de 1516, les seigneurs abusaient ainsi de la faiblesse du roi ou surprenaient sa bonne foi pour pour placer richement leurs enfants.

L'histoire ne dit pas cependant que Jean de Sarcus fut un mauvais abbé pour Lannoy ; au contraire, il fit tout ce qu'il put pour bien administrer son abbaye et pour gagner la confiance de ses moines. Il laissa, du reste, la direction spirituelle de la communauté à un prieur claustral que les religieux élirent eux-mêmes.

Le seul acte que nous ayons trouvé de lui est un bail à cens, fait en 1538, à Lucien Dupré, de douze mines de terre sises à Lannoy, près du clos de vignes de l'abbaye, moyennant 16 deniers tournois de la mine et trois chapons de rente annuelle (1).

Il mourut en 1556.

II. — Charles de Montmorency (2)
(1556-1592).

Après la mort de Jean de Sarcus, le roi donna la commende de l'abbaye de Lannoy à Charles de Montmorency, son aumônier. Cet abbé était le troisième fils de Claude de Montmorency, seigneur de Fosseux, Autreville, Lenval, Baillet-sur-Esche, Courcelles, etc., conseiller, maître d'hôtel ordinaire du roi François Ier et lieutenant-général de la marine, et d'Anne d'Aumont, dame d'Aumont, Méru, Thury, etc. C'était un abbé de cour, qui ne s'occupait guère autrement de son abbaye que pour en percevoir les revenus. Comme il venait de temps à autre à Lannoy et ne tenait pas à loger avec les moines, il se fit construire, sur une éminence escarpée faisant face au monastère et le dominant, une jolie résidence abbatiale où il vivait avec ses domestiques. C'était plus seigneurial. Cette dépense nouvelle, ajoutée à bien d'autres, n'améliorait pas la situation financière de l'abbaye. Aussi, se trouvait-elle bien embarrassée pour payer la subvention qui lui fut demandée par l'édit royal du mois de mai 1563. Cet édit, répondant à un vœu émis par l'assemblée générale du clergé, avait pour but de fournir le moyen de racheter les biens et revenus du clergé de l'Eglise de France, jadis vendus pour subvenir aux

---

(1) Arch. de l'Oise : *Abbaye de Lannoy*, n° 214.

(2) Les armes de la maison de Montmorency étaient : *D'or, à la croix de gueules, cantonnée de seize alérions d'azur*.

charges nécessitées par les guerres. La somme demandée par l'édit était de 2,200,000 livres tournois à répartir entre tous les diocèses de France. La part afférente au diocèse de Beauvais était de 99,037 livres 10 sols tournois, et celle de l'abbaye de Lannoy de 1,421 livres 6 sols 6 deniers tournois. La somme était considérable alors, et les religieux de Lannoy et leur abbé se trouvèrent dans l'impossibilité de la prendre sur les revenus ordinaires de l'établissement, « tant, disent les annales de l'abbaye, « le revenu est petit et exigu, et le monastère subit et supporte « plusieurs grands frais tant pour la nourriture dudict seigneur « abbé et du couvent et payement de la décime royale que aul- « trement. » Pour parvenir à se procurer cette somme, l'abbé s'entendit avec les religieux et l'on convint de louer, par bail emphytéotique de 99 ans, le bel et vaste hôtel de Lannoy, que l'abbaye possédait à Beauvais. Cet hôtel formait l'encoignure de la rue des Jacobins et de la rue de Lannoy, aujourd'hui du Grenier-à-Sel, et s'étendait assez loin dans cette rue. Il fut donné à bail, en 1665, à Martin Boileau, grènetier à sel de Beauvais, pour y faire le dépôt de son grenier à sel, sous la réserve de deux grandes chambres garnies pour l'usage de l'abbé et des religieux, quand ils viendraient à la ville, moyennant la somme de 860 livres tournois, payable une fois seulement, et 40 sols tournois de rente annuelle, et de plus, à la charge pour le preneur, de réparer convenablement ledit hôtel, qui était alors « en ruine et décadence, » jusqu'à concurrence de 600 livres (1).

L'abbaye put ainsi fournir, avec les quelques sommes d'argent qu'elle se procura d'ailleurs, à Mᵉ Antoine Blicot, chanoine de Beauvais, commis à la recette des deniers imposés, les 1,421 livres 6 sols 6 deniers demandés.

Les religieux qui comparurent alors (1565) étaient : F. Le Moyne, prieur claustral ; Jacques Le Pot, sous-prieur ; Nicole Heu, Jean Vittu, De Courcelles, Houqueux, Jean Carré, Louis Le Febvre, François Boicervoise.

Ce ne fut pas la seule fois que les religieux de Lannoy, comme toutes les autres communautés, eurent à faire de grosses retenues sur leurs revenus, pour faire face aux demandes réitérées

---

(1) Arch. de l'Oise : *Abbaye de Lannoy*, n° 215.

d'argent de la part du roi. Les édits de subvention se succédaient coup sur coup. Les finances royales étaient sans cesse épuisées ; en vain le clergé fournissait annuellement 300,000 écus au trésor, le roi se trouvait toujours sans argent et demandait continuellement de nouveaux subsides. Le clergé, dont la plupart des biens étaient ravagés par les calvinistes, était épuisé et il finançait néanmoins ; mais à quel prix ! Il lui fallait aliéner ses plus belles propriétés. L'abbaye de Lannoy ne fut pas plus heureuse que les autres. Elle aussi fut forcée d'aliéner des biens, d'en accenser à perpétuité, d'en donner à bail à long terme, à bail emphytéotique. En 1587, elle aliéna la plus grande partie de ses terres de Monperthuis et de Boisaubert, au profit de Guy de Monceaux, seigneur d'Hodenc-en-Bray, pour fournir l'argent que lui avaient imposé les ligueurs de Beauvais. Le fils de ce seigneur, François de Monceaux, plus connu sous le nom de Villers-Hodenc (1), était un des plus fameux chefs de la ligue de Beauvais ; c'était un capitaine hardi et expérimenté. Sa protection fut plus d'une fois utile à l'abbaye de Lannoy. Il s'était emparé de Gerberoy et y tenait garnison avec une troupe de soldats indisciplinés. De son repaire, solidement fortifié, il allait piller et incendier les châteaux des seigneurs qui ne servaient pas la Ligue. Il brûla ainsi les châteaux de Thérines et de Grosserve, près de Grandvilliers. Lannoy tremblait pour ses jours, sachant trop, malheureusement, que les ligueurs pillaient aussi bien leurs amis que leurs ennemis.

En 1591, Villers-Hodenc fut chassé de Gerberoy par les troupes d'Henri IV, commandées par le maréchal de Biron. La situation devenait encore moins rassurante pour Lannoy : l'abbaye n'avait rien de bon à attendre de cette armée calviniste, trop voisine d'elle. Et en effet, le 21 mai 1592, les troupes huguenotes la vinrent s'accager, tuèrent plusieurs de ses moines et y mirent le feu. Peu s'en fallut qu'elle ne fut complètement réduite en cendres ; l'église seule resta debout, mais dans quel état ? A moitié ruinée (2).

---

(1) Il était seigneur d'Hodenc-en-Bray et de Villers-Saint-Barthélemy, d'où lui est venu le nom de Villers-Hodenc.

(2) Archives de M. le comte de Merlemont : Mss. de Riquier.

Les moines prirent la fuite et se réfugièrent à Beauvais. Ils ne revinrent que l'année suivante pour réparer les désastres.

L'abbé Charles de Montmorency fut attristé de voir son monastère ainsi ruiné de fond en comble; effrayé des soucis et de l'argent que sa reconstruction allait lui coûter, il donna sa démission au roi, le 1er novembre 1592, en le priant d'en confier le gouvernement à un plus jeune que lui. Il avait été abbé de Lannoy pendant trente-six ans. Il mourut l'année suivante.

III. — François de Montmorency
(1592-1623).

Henri IV lui donna aussitôt pour successeur, par brevet du 22 novembre 1592, son neveu, François de Montmorency, baron de Fosseux. Le nouvel abbé de Lannoy était le cinquième fils de Pierre de Montmorency, baron de Fosseux, et de Jacqueline d'Avaugour. Il n'était même pas d'église; il était capitaine d'hommes d'armes, et parce qu'il avait rendu de grands services à la cause du roi, et combattait encore dans ses armées, Henri IV lui avait donné l'abbaye de Lannoy pour le récompenser. Ce devait être un abbé peu édifiant; le roi, tout calviniste qu'il était, le comprit, et nomma un prêtre, Jean Giroult (11 janvier 1593), pour régir l'abbaye, tant au spirituel qu'au temporel, en économat. Un arrêt du Grand Conseil du roi approuva cette mesure le 19 janvier suivant. Cet économe fut remplacé, en 1594, par Lucas de Wault, qui régit Lannoy jusqu'au 17 août 1594 et devint ensuite curé de Méru.

François de Montmorency jouissait ainsi indirectement du revenu de sa commende, mais sans pouvoir faire aucun acte d'administration. Cette jouissance était aussi bien précaire, car il n'était pas définitivement titulaire de l'abbaye. Le roi lui avait donné, il est vrai, cette commende par brevet, et il avait pu prendre possession de son abbaye le 17 août 1594, en vertu d'un arrêt du Grand-Conseil; mais c'était du provisoire, c'était sauf l'approbation du pape, ainsi que l'édictait le concordat; et précisément le pape refusait de l'approuver. François de Montmorency et sa famille faisaient toutes sortes d'instance en cour de Rome pour obtenir les bulles d'institution si désirées, et Clément VIII refusait toujours de les accorder. On espérait enfin les tenir, quand un des premiers magistrats du conseil du roi eut l'idée de tirer parti de la situation ambiguë de François de Montmorency, pour lui enlever la commende de son abbaye et la faire donner à son propre frère. C'était Charles Boucher, seigneur d'Orsay et président du Grand-Conseil. Profitant de la reddition et de la soumission de la ville de Paris au roi, il invoqua les services qu'il avait rendus à la cause royale en cette circonstance et demanda au roi la commende de l'abbaye de Lannoy pour Arnoult Boucher, son frère, conseiller au Parlement. Il lui faisait entendre d'ailleurs que jamais François de Montmorency ne parviendrait à obtenir ses bulles d'institution de Clément VIII. Quant à lui, il se portait garant de l'obtention rapide de celle de son frère. Henri IV était bon prince et se laissa gagner par les dires du sire d'Orsay. Le 29 mars 1594 il accordait donc à Arnoult Boucher des lettres de provision de l'abbaye de Lannoy, révoquant toutes autres lettres de provision de ladite abbaye faites pour quelque personne que ce fût. En apprenant cette nomination, François de Montmorency s'indigna et protesta. Mais le cauteleux président du Conseil circonvint si bien le roi qu'il obtint, le 21 octobre 1594, un nouveau brevet confirmant celui du 29 mars, et révoquant expressément et nommément celui qui avait été accordé à François de Montmorency. Le coup était violent, le baron de Fosseux le sentit et ne se laissa pas abattre cependant. « M° Boucher veut la guerre, dit-il; il l'aura. » Il intenta aussitôt un procès en Parlement en revendication de ses droits. Le procès fut long et dispendieux; on produisit mémoires sur mémoires, on entassa procédures sur procédures, François de Montmorency y mit tant d'acharnement qu'il finit par avoir gain de cause. Le roi lui-même, par crainte d'éloigner de lui la puissante famille des Montmorency, revint sur ses actes, et, par lettres-patentes données à Folembray, en 1596, il révoqua le brevet accordé à Arnoult Boucher et déclara donner définitivement la commende de Lannoy à son féal chevalier François de Montmorency. La cour de Rome cessa aussi de lui être hostile et lui envoya ses bulles d'institution. Le baron de Fosseux triomphait.

Malgré les difficultés qui lui furent suscitées, François de Montmorency s'était entendu avec les religieux de Lannoy et avait fait un concordat, le 15 septembre 1594, par lequel les religieux lui abandonnaient tous les revenus de leur monastère, et lui s'engageait à leur fournir tout ce qui était nécessaire à leur subsistance et à leurs besoins, et à entretenir tous les édifices de l'abbaye et de ses fermes. Ce *modus vivendi* une fois réglé, l'abbé afferma en bloc tous les revenus du monastère et chargea son fermier de remplir toutes les charges dont il était tenu. Il se trouvait ainsi affranchi de toute charge et de toute préoccupation et n'avait plus qu'à percevoir, sans embarras, les revenus restants de son bénéfice. C'était bien là le type de l'abbé commendataire, du pasteur mercenaire, triste produit de l'ambition avide de posséder, secondée par la faveur des grands. Le fermier qui prit à bail de François de Montmorency, le 17 septembre 1594, tous les revenus de l'abbaye de Lannoy, était Claude Boileau, grènetier du magasin à sel de Beauvais. D'après son bail, il était tenu de nourrir et vêtir les prêtres, religieux, novices et autres personnes servant à l'abbaye, selon que le bailleur y était tenu par l'accord et concordat du 15 septembre 1594, d'entretenir ledit concordat comme le bailleur y était tenu, de payer à son acquit toutes les charges foncières et redevances dont le monastère était grevé, les censives, les décimes ordinaires et extraordinaires, les gages des officiers, et en outre de payer, tous les ans, à l'abbé, en deux termes, 600 écus d'or sol, à 60 sols pièce. Le jour de la signature du bail le fermier versa, en outre, dans les mains de l'abbé, 140 écus d'or pour le vin du marché (1).

En 1597, François de Montmorency afferma pour 99 ans, au même Claude Boileau, l'hôtel seigneurial d'Orsimont, avec l'herbage du bois de Cailly et un autre herbage au même lieu (2).

Le bail général fait par le même abbé, en 1612, à Pierre Pommart, bourgeois de Beauvais, porte que les religieux de l'abbaye recevront chaque année, pour leur entretien et leur nourriture, 2,000 livres en argent, 26 muids de blé et 50 chapons; pour leur basse-cour, 2 muids d'orge, 2 muids d'avoine, 300 bottes de foin et 200 gerbées; le bois suffisant pour leur chauffage et 100 livres pour les réparations à faire à l'église et à l'abbaye (3).

---

(1) Arch. de l'Oise : *Abbaye de Lannoy*, n° 207. — (2) *Ib.*, n°ˢ 150-152. — (3) *Ib.*, n° 217.

L'abbé François de Montmorency avait cessé de régir Lannoy en 1623.

IV. — Philippe de Montmorency
(1623-1647).

François de Montmorency eut pour successeur à Lannoy, son neveu Philippe de Montmorency, le troisième fils de Pierre de Montmorency, seigneur de Lauresse et de Ver, son frère, et de Suzanne de Rieux. Le nouvel abbé était aumônier du roi et ne vint guère résider en son abbaye. Sur la fin de ses jours, il aimait assez à faire sa demeure à Monceaux-l'Abbaye, au manoir seigneurial qu'y possédait son monastère. Il y était en 1644, quand il affermait à Jean de Saulchoy tous les revenus et terres de son bénéfice, et spécifiait, dans le bail, que le preneur serait tenu « d'entretenir le jardin du chasteau dudict Monchaux, le faire fermer et cultiver à l'ordinaire, y faire semer et planter ce qui sera nécessaire pour la cuisine dudict seigneur abbé (1). »

Il mourut en 1647, à Gournay-en-Bray, et son corps, rapporté dans son monastère de Lannoy, fut inhumé dans l'église, sous la lampe du sanctuaire.

V. — Claude de Bourdeille (2) (1647-1663).

La commende de Lannoy fut alors donnée à Claude de Bourdeille, comte de Montrésor, deuxième fils d'Henri de Bourdeille, baron de Bourdeille, marquis d'Archiac, conseiller d'Etat et gouverneur du Périgord, et de Madeleine de la Châtre. Il était le petit neveu du fameux Pierre de Bourdeille, plus connu sous le nom de Brantôme; comme lui, il fut abbé de Brantôme et se rendit célèbre par ses écrits. Cet abbé ne fut jamais d'église et eut une vie fort accidentée et très-orageuse.

---

(1) Arch. de l'Oise : *Abbaye de Lannoy*, n° 217.

(2) Les armes de Claude de Bourdeille étaient : *D'or, à deux pattes de griffon de gueules, onglées d'azur, et posées en contrebande l'une sur l'autre.*

Claude de Bourdeille était né vers 1608, et avait reçu une brillante éducation. Son grand-oncle, l'abbé de Brantôme, le trouvant *si bien élevé et si joli*, lui légua son château de Richemont. Il s'attacha, dès sa première jeunesse, à Gaston, duc d'Orléans, frère de Louis XIII, et prit un tel ascendant sur lui que le prince n'osa plus rien entreprendre sans ses conseils. Bourdeille, alors connu sous le nom de comte de Montrésor, l'engagea à se mettre en rapport avec le comte de Soissons et leur communiqua un plan pour se débarrasser du premier ministre du roi, de Richelieu, qui les gênait. Il fut chargé par eux, avec Henri Des Cars, son cousin, de conduire l'affaire; mais le coup ayant manqué par la timidité de ces princes, le complot fut découvert et Gaston d'Orléans se hâta de faire la paix avec le terrible ministre. Il n'osa rien stipuler pour son favori; Montrésor s'enfuit alors dans sa terre et y passa cinq à six ans, n'y recevant personne pour éloigner tout soupçon d'intrigue. Il continua pourtant d'y voir secrètement le duc d'Orléans, et il entra, à son instigation, dans la conspiration de Cinq-Mars. Quand le complot eut échoué, le comte de Montrésor fut encore abandonné par Gaston, qui désavoua tout ce qu'il avait fait par ses ordres, et eut la faiblesse de déclarer que c'était ce favori qui l'entretenait dans l'esprit de faction. Montrésor n'échappa à la vengeance de Richelieu qu'en fuyant en Angleterre (1642). Ses biens furent saisis et l'ordre de l'arrêter fut proclamé partout à son de trompe. Il ne revint en France qu'après la mort de Richelieu (1643).

A son retour, il quitta son service auprès du duc d'Orléans et se lia avec le duc de Beaufort. Compromis avec lui dans le complot ourdi contre la vie du cardinal Mazarin, il fut exilé de Paris le 3 septembre 1643, et n'obtint son rappel et la liberté de revenir à la cour qu'au mois d'avril 1644. Dégoûté des intrigues politiques, il se retira dans sa terre de Richemont qui lui avait été rendue, et ne put s'empêcher de se lier encore avec la duchesse de Chevreuse, Marie de Rohan, l'une des coryphées du parti opposé à Mazarin, et alors reléguée à Tours. Puis, ennuyé de se voir sans emploi, il vendit une partie de ses biens et passa en Hollande, avec l'intention de s'y fixer. Il était revenu à Paris, en 1645, pour s'occuper des affaires des enfants du comte de la Châtre, son parent, et il allait retourner en Hollande (1646), quand il reçut deux lettres de la duchesse de Chevreuse, depuis peu retirée en Angleterre, le priant de lui envoyer secrètement les diamants qu'elle avait laissés en son château. Le cardinal Mazarin eut vent de cette correspondance, et le fit arrêter, conduire à la Bastille, puis enfermer au château de Vincennes, où il fut traité avec la plus grande rigueur pendant quatorze mois. Le crédit des de Guise et surtout les sollicitations de la grande Mademoiselle de Guise, Marie de Lorraine, obtinrent son élargissement en 1647. Quelques jours après sa sortie de Vincennes, le comte de Montrésor fut à Amiens pour faire visite à la reine et au cardinal Mazarin et les remercier de sa grâce. Le cardinal le reçut fort bien et, pour lui témoigner sa bienveillance, lui donna la commende de l'abbaye de Lannoy. C'est ainsi que le comte de Montrésor devint abbé de Lannoy.

Cet abbé, comme on le pense bien, ne s'occupa guère autrement de son abbaye que pour en percevoir les revenus. Qu'entendait-il d'ailleurs à la vie religieuse? Les affaires de couvent n'étaient ni dans ses aptitudes, ni dans ses goûts, et la vie cistercienne encore moins que toutes les autres. Claude de Bourdeille continua, comme par le passé, sa vie mondaine et sa vie d'intrigues. Il ne s'attacha jamais néanmoins à Mazarin; au contraire, des rapports de principes et de caractère le lièrent bientôt avec son ennemi le plus dangereux, avec Paul de Gondi, coadjuteur de Paris, puis cardinal de Retz, et il joua un rôle très-actif dans les troubles de la Fronde. Il encourut de nouveau la disgrâce de la cour et ses bénéfices furent confisqués; il se réconcilia avec elle, en 1653, et ses bénéfices lui furent rendus. Il ne cessa pas cependant ses relations avec le cardinal de Retz et il continua de lui adresser, dans son exil, des conseils fort utiles.

L'abbé de Lannoy, comte de Montrésor, passa les dernières années de sa vie étranger aux intrigues, et mourut à Paris, le 1er juillet 1663, d'une maladie de langueur. Son attachement pour Mademoiselle de Guise a fait penser qu'il était marié secrètement avec elle et qu'il en avait eu plusieurs enfants; mais on n'en a jamais pu trouver la preuve. L'histoire sera sévère pour lui, comme homme politique; il fut ambitieux et se jeta corps et âme dans toutes les intrigues de l'opposition contre les ministres du gouvernement, mais on ne saurait lui refuser la générosité chevaleresque, la sincérité et le dévouement dans ses amitiés.

Le comte de Montrésor a laissé plusieurs écrits, et entre autres des *Mémoires* fort intéressants concernant l'histoire de ce temps-là. Ils ont été insérés dans le *Recueil de plusieurs pièces servant à l'Histoire moderne;* Leyde (Elzévirs), 1665, deux volumes in-12 (1).

Comme abbé de Lannoy, le comte de Montrésor ne fut pas plus mauvais qu'un autre. Sans doute, tant qu'il fut lancé dans ses intrigues politiques, il n'eut guère le temps de s'occuper de ses abbayes, mais il y fut bien contraint parfois. Ainsi nous le voyons intervenir, en 1658, quand il s'est agi de la reconstruction de la nef de l'église de Lannoy.

Depuis l'incendie de l'abbaye par les reîtres de Biron, en 1592, cette église menaçait ruine, et n'avait pu rester debout que grâce à de nombreux travaux de consolidation. Le jeudi 10 janvier 1658, vers les trois heures de l'après-midi, comme les religieux sortaient des vêpres, les voûtes et les combles de la nef s'écroulèrent avec fracas, entraînant avec elles le mur et le bas côté gauche. Tout ce qui était dans l'intérieur fut broyé, les stalles du chœur et le grand crucifix brisés. Le clocher resta seul avec le chœur, mais fortement ébranlés. L'édifice ne présentait plus qu'un amas de ruines quand, le lendemain, Louis de Roncherolles, abbé de Beaubec, vint visiter le désastre (2).

Le prieur claustral, Jean Marié, en donna aussitôt avis au comte de Montrésor, car il était urgent de réparer bien vite les ruines faites, si l'on voulait en éviter de plus grandes. L'abbé-comte de Montrésor fit d'abord quelques observations et des difficultés : la somme à dépenser, évaluée de 30 à 35,000 livres, l'effrayait. Pourtant, sur l'avis de Jean Boileau, son homme d'affaires à Beauvais, il se résigna à faire exécuter la restauration demandée. Il envoya à Lannoy l'architecte parisien De L'Espine et le chargea de dresser les plans et devis des travaux avec toute la modération possible. Cet architecte savait être économe. Pour rendre la dépense moins considérable, il fut d'avis, d'accord

---

(1) Consulter pour la biographie de cet abbé : **Moréri** : *Dict. histor.*, éd. 1752, t. II, art. *Montrésor.* — La Chenaye-Desbois : *Dict. de la Nobl.*, t. III. — **Michaud** : *Biogr. univ.*, art. *Montrésor.* — Feller — Bouillet. — Lud. Lalanne, etc.

(2) Arch. de l'Oise : *Abbaye de Lannoy*, n° 224.

avec les religieux, de ne plus donner à la nef son ancienne longueur de 37 mètres. Il projeta d'en supprimer la plus grande partie et de ne lui conserver qu'une seule travée en avant du transept. L'édifice, dans ces proportions, lui paraissait suffisant pour les dix ou douze religieux et les quelques serviteurs qui habitaient le monastère. L'abbé approuva bien volontiers ce projet, et l'abbé de Beaubec, Louis de Roncherolles, père immédiat de l'abbaye de Lannoy, ne s'y opposa point. La restauration fut donc résolue sur ce plan. On démolit ce qui restait de l'ancienne nef, on la réduisit à une seule travée de 3 toises 4 pieds (7 m. 33) de long, on la ferma par un grand mur tout uni dans lequel on ménagea une grande porte de style grec, et tout fut dit. La place de la nef fut convertie en préau. L'église perdait ainsi ses plus belles proportions; on ne s'en inquiéta guère. Pour couvrir les frais de la reconstruction, on vendit tous les plombs provenant des toits de l'ancienne nef et de ceux du transept et du chœur, et l'édifice fut recouvert en tuiles. On fit aussi refaire de nouvelles stalles dans le chœur pour remplacer celles qui avaient été brisées.

Le comte de Montrésor avait été satisfait de la manière d'agir des religieux dans toute cette affaire; aussi, « pour leur témoigner l'affection singulière qu'il avait pour eux, » leur accorda t-il une augmentation annuelle de 500 livres tournois en sus de la dotation de 2,000 livres qui leur était faite en vertu du concordat passé entre eux et l'abbé Philippe de Montmorency, le 9 juillet 1647.

Après la tourmente qui avait bouleversé la France et contribué à l'extension du relâchement dans les communautés religieuses, une réforme était jugée nécessaire. La petite colonie de Lannoy avait subi, comme les autres, les influences pernicieuses des évènements politiques et avait aussi besoin de cette réforme. A défaut de l'abbé Claude de Bourdeille, qui n'avait guère le temps de s'en occuper, D. Gautier, abbé général de Citeaux, profitant des sages instructions données par les papes Grégoire XV et Urbain VIII, s'aboucha avec le cardinal de La Rochefoucauld, évêque de Senlis, commissaire délégué par le Saint-Siège, afin de s'entendre sur les mesures à prendre pour introduire la réforme à Lannoy, et chargea le vicaire-général de la réforme de l'ordre de Citeaux, ou de l'*Etroite observance*, de proposer les règlements nécessaires à la communauté de Lannoy. Elle ne se composait que de cinq religieux, mais leur opposition à toute idée de réforme et leur résistance furent telles que la réformation eut échoué sans l'énergie de l'abbé. En face de leur mauvais vouloir, D. Gautier transigea et leur proposa un concordat par lequel, respectant leur liberté, il leur accordait qu'on ne pourrait les contraindre à embrasser la réforme, qu'il leur serait loisible de rester dans l'abbaye et d'y suivre leurs anciens règlements; et qu'eux, de leur côté, ne s'opposeraient pas à l'introduction dans leur maison de douze nouveaux religieux, qui y suivraient les règles de l'étroite observance. Ce concordat fut accepté.

Les religieux de Lannoy revinrent ensuite sur leurs promesses, et firent tant de difficultés que l'abbé de Citeaux dût porter l'affaire pardevant le Parlement. Là les religieux furent déclarés inadmissibles dans leur opposition, et une ordonnance royale, du 25 janvier 1662, prescrivit l'introduction dans leur abbaye de religieux de l'étroite observance pour y exercer les charges et offices claustraux, nonobstant toute opposition ou appellation des anciens religieux, et requérant même le bras séculier, si besoin était. Il n'y avait plus rien à dire devant cette injonction du grand roi; les opposants se turent et les réformés purent prendre possession de l'abbaye le 21 mars 1662. Les deux communautés ne tardèrent pas à vivre en très-bonne intelligence, et les anciens religieux finirent par embrasser la réforme pour ne plus faire qu'une seule société.

VI. — Claude Séguin (1663-1681).

Le successeur du comte de Montrésor, dans la commende de Lannoy, fut Claude Séguin, docteur en médecine, neveu du célèbre Pierre Séguin, médecin du roi Louis XIII. Il avait été nommé professeur à l'école de médecine de Paris, dès 1630, par le crédit de son oncle, et fut avec lui médecin de la reine Anne d'Autriche. Devenu premier médecin de la reine, en 1644, par suite de la retraite de Pierre Séguin, il contracta un brillant mariage et fut successivement conseiller des rois Louis XIII et Louis XIV. Il avait l'estime et la confiance du grand roi et pouvait aspirer aux plus grands honneurs, quand la mort inopinée de sa femme vint détruire tout son bonheur. Inconsolable dans sa douleur, il quitta le monde pour entrer dans les ordres. Le roi tint à lui témoigner sa bienveillance et lui donna la commende d'une illustre et riche abbaye ; mais Claude Séguin s'en démit aussitôt et demanda comme une faveur d'aller ensevelir sa peine dans un petit monastère, au fond d'une province. Là, espérait-il, les bruits de la cour et du siècle ne pourraient plus venir le troubler. Louis XIV le nomma alors abbé de Lannoy, au diocèse de Beauvais. L'illustre médecin devenu d'Eglise se rendit bien vite auprès de ses moines et demeura avec eux, se livrant à tous les exercices de la vie cistercienne.

Il transforma son hôtel abbatial en une véritable cellule de religieux, n'ayant dans ses appartements que le strict nécessaire. Son train de maison était réduit aux plus justes convenances. Il y avait longtemps que Lannoy n'avait été gouverné par un abbé si rempli de l'esprit de sa charge ! Comme il possédait une grande fortune, son bonheur était de l'employer à subvenir aux besoins de son monastère et à secourir toutes les misères qu'il découvrait ou rencontrait. Il savait se montrer généreux et bienfaisant à l'excès, chose que la plupart des abbés commendataires d'alors ne connaissaient guère.

Il contribua de tout son pouvoir à l'entretien des heureux fruits d'ordre et de régularité apportés par la réforme.

La régie des biens resta, comme par le passé, affermée à un fermier ou receveur général, et Balthasard du Saulchoy et Louis Paumart en prirent successivement la ferme. Pour la répartition des fonds, un concordat avait été conclu, le 10 septembre 1664, entre Claude Séguin et les religieux, et ces derniers avaient été largement traités par leur abbé. Aussi, profitèrent-ils de l'avantage qui leur était fait pour achever de restaurer et d'embellir leur église, pour reconstruire le réfectoire, la salle du chapitre, les dortoirs et les cloîtres, et clore de murs l'enceinte de leur monastère. L'abbé, de son côté, fit réparer et presque remettre à neuf son hôtel abbatial.

Claude Séguin mourut le 28 avril 1681, laissant une réputation de haute piété et d'intarissable charité. A sa mort, il légua, par son testament, aux religieux de Lannoy et aux pauvres, tout ce qui pouvait lui rester dû, après les charges acquittées, par les fermiers ou receveurs généraux de l'abbaye (1).

---

(1) **Mémoire du cabinet de M. de Troussures.**

VII. — Charles-Marie de Choiseul-Beaupré (1)
(1681-1699).

Après la mort de Claude Séguin, le roi fit régir en économat le temporel de l'abbaye par Nicolas Fromont, avocat en Parlement, et nomma abbé commendataire, par brevet du mois de juin 1681, Charles-Marie de Choiseul-Beaupré. Ce nouvel abbé était le troisième fils de Jacques-François de Choiseul, dit le marquis de Beaupré, seigneur de Daillecourt, Bourdon et Jonchery, lieutenant-général pour le roi au gouvernement de Champagne, et d'Anne-Marie du Châtelet de Fresnières. Il était né le 6 février 1662 et n'avait que dix-neuf ans quand il obtint ce bénéfice. C'était bien jeune pour régir ce monastère et c'était ce dont on s'inquiétait le moins. Il fallait s'attendre à voir de ces choses sous le régime des commendes. Ses bulles d'institution canonique ne lui arrivèrent qu'au mois de novembre, et il prit possession par procureur le 7 novembre 1681.

Il donna aussitôt à bail la recette générale de tous les revenus de son abbaye à François-Philbert Lévesque, sieur de La Roque, pour n'avoir pas à s'en occuper; il souscrivit à toutes les conditions du concordat fait par ses prédécesseurs pour régler les rapports de l'abbé avec ses moines et la répartition des revenus. Quant à lui, il continua ses études en l'Université de Paris, sûr désormais d'avoir des rentes sans qu'il eut à s'en tourmenter.

La communauté était gouvernée par D. Jean Pitrou, prieur claustral, religieux exemplaire et rempli de zèle pour la régularité monastique. Il sut maintenir ses religieux dans l'esprit de la réforme introduite quelques années auparavant. Ce zèle, pour l'œuvre de Dieu dans les âmes, ne se bornait pas à son abbaye, il l'étendait aussi bien à ceux qui vivaient en dehors. Ainsi, en 1682, d'accord avec le sire de La Roque, fermier général et homme d'affaires de l'abbé, il fit reconstruire la chapelle particulière qui était dans la ferme d'Orsimont, et obtint de l'évêque

---

(1) Il portait pour armoiries : *D'azur, à la croix d'or cantonnée de 18 billettes de même, savoir : 5 à chaque canton du chef posées en sautoir, et 4 à chaque canton du bas de l'écu, posées une à chaque angle.*

de Beauvais la permission de la faire servir aux exercices religieux des habitants du hameau d'Orsimont (1).

Son successeur, D. Adrien Lasnier, continua ses traditions et se démit de sa charge, en 1697, pour reprendre humblement celle de sous-prieur. Il était présent en la salle de justice de l'abbaye, le 19 février 1696, quand messire René Choppin, chevalier, seigneur d'Arnouville, Saint-Remi, Gouzangré, etc., fit les foi et hommage, genou en terre, sans épée ni éperon, pour le fief de Lannoy sis à Boisaubert (Senantes), qui lui était advenu par le décès de Charles Foy, président en l'élection de Beauvais, son beau-père, et promit d'en payer les droits de relief et de chambellage (2).

D. Lasnier fut remplacé dans ses fonctions de supérieur de la communauté par D. Jean-Baptiste Bechet, qui exerça jusqu'en 1712.

Quoique l'abbé de Choiseul-Beaupré eut peu à s'occuper de son bénéfice de Lannoy, différentes affaires assez importantes appelèrent son attention et l'obligèrent à intervenir. La contestation avec les habitants de Boutavent la-Grange, au sujet de leur église et du traitement du prêtre qui la desservait, fut une des plus grosses.

Ce hameau de Boutavent, formé autour d'une ancienne exploitation agricole ou *grange* fondée par l'abbaye de Lannoy pour cultiver les terres désignées dans les chartes du XIIe siècle sous les noms de *terræ Mesniliorum et Vaccariarum*, ayant pris un certain développement, ses habitants firent construire une chapelle vers le XIVe siècle, et l'abbaye la faisait desservir par un religieux-prêtre de la grange. Plus tard, quand les religieux, devenus moins nombreux, ne purent plus exploiter leurs granges par eux-mêmes et durent les affermer à des laïques ou les accenser à toujours pour en recevoir le revenu, ils cessèrent de desservir la chapelle, et les habitants, qui tenaient à y avoir la messe, tâchèrent de trouver un prêtre qui voulut bien leur rendre ce service. Ils fournissaient tout naturellement un logement et un traitement ou, comme on disait alors, une portion congruë à cet ecclésiastique. La chapelle n'avait aucun titre bénéficiaire.

---

(1) Arch. de l'Oise : *Abbaye de Lannoy*, n° 466. — (2) *Ib.* n° 53.

Les choses marchaient ainsi depuis longtemps, quand, en 1686, Adrien Leroux, le prêtre qui desservait la chapelle, ne se trouvant probablement pas assez bien rétribué par ses administrés, intenta un procès à l'abbaye de Lannoy, grosse décimatrice et seigneur du lieu, pour qu'elle eut à lui donner un traitement. Ses arguments n'étaient guère probants, paraît-il, car un arrêt, du 13 août 1688, le débouta des fins de sa demande. Les habitants de Boutavent reprirent l'instance et assignèrent l'abbé de Lannoy, en 1691, à fournir la subsistance nécessaire à un prêtre pour faire les fonctions curiales dans leur église. Ils allaient plus loin que l'abbé Leroux : ils prétendaient faire passer leur église pour une cure véritable; ils l'affirmaient dans les raisons et moyens qu'ils apportaient en leur faveur, et ils se basaient là-dessus pour faire une obligation à l'abbé de Lannoy d'entretenir un curé à Boutavent, avec portion congruë à la charge de son monastère. Ils mirent tant d'insistance dans leur demande, que l'affaire dût être déférée au Parlement. La cour, pour s'édifier sur la question, consulta l'évêché d'Amiens, dans les limites duquel était alors Boutavent, sur l'existence du titre de cure donné par les demandeurs à leur église. Les vicaires-généraux capitulaires répondirent que cette église n'était point cure, et même qu'elle ne jouissait d'aucun titre bénéficiaire. C'était tout ce qu'il fallait savoir, et la cour, après de longs plaidoyers, des sentences provisoires, des appels et des réappels, finit, en 1695, par débouter les habitants de Boutavent de leur demande, et les renvoya par-devant l'évêque d'Amiens pour se pourvoir d'un titre bénéficiaire. Ils y allèrent, et l'évêque d'Amiens, Henri Feydeau de Brou, après informations, ne leur accorda que le titre de chapelle de secours et les réunit à la paroisse de Bouvresse, par ordonnance du 21 février 1696 (1).

---

(1) L'ordonnance épiscopale, réunissant le hameau de Boutavent à la paroisse de Bouvresse, était ainsi conçue :

« Henry Feydeau de Brou, par la grâce de Dieu évêque d'Amiens, à tous ceux, qui ces présentes lettres verront, salut. Sçavoir faisons que veu la remontrance de nostre promoteur, du 22ᵉ de décembre dernier, disant que, depuis un temps immémorial, le hameau de Boutavent n'a point esté attaché à aucune paroisse, aiant eu néantmoins un vicaire

Cette solution ne satisfaisait point les habitants de Boutavent; ils se récrièrent contre le jugement du Parlement et contre l'ordonnance de l'évêque d'Amiens et se refusèrent à dépendre du curé de Bouvresse. Ils lui suscitèrent tant de difficultés qu'à la fin l'évêque d'Amiens les laissa libres d'avoir recours au prieur-curé de Monceaux, en attendant qu'ils eussent trouvé un vicaire pour résider chez eux et desservir leur église. La mésintelligence ne se termina guère qu'en 1717. L'évêque d'Amiens, Pierre de Sabathier, successeur de Mgr Feydeau de Brou, en rendait ainsi compte à Charles Le Bourg de Montmorel, abbé de Lannoy après Charles-Marie de Choiseul-Beaupré, par une lettre datée de Poix, le 31 mai 1717 :

Je crois, Monsieur, que vous aurez déjà appris par Dom prieur de Lannoy (1) que l'affaire de Boutavent-la-Grange est finie. Il m'a fait l'honneur de me venir voir à Blergies (2) avec le prieur de Monceaux, le curé de Bouveresse y estoit; les habitans de Boutavent s'y sont aussi trouvés et je leur ai fait entendre que puisque vous aviez la bonté de contribuer d'une part pour la subsistence d'un prestre qui fut uniquement attaché pour administrer les sacrements aux habitans dudit lieu, se trouvoit présentement ledit hameau sans prestre et sans instruction, les habitans du dit lieu ne sçachant à quel curé ils peuvent recourir pour recevoir les sacrements et s'acquitter des devoirs de chrétiens, sur ce requéroit que ledit hameau fut par nous attaché à la paroisse la plus proche : nostre décret au bas de ladite remontrance qui commet le sieur doyen de Grandviler pour informer de la proximité et commodité des paroisses voisines, desdits jour et an : l'information faite en conséquence par Me François Perdu, doyen dudit Grandvilers, du premier des présents mois et an : nostre décret pour le tout estre communiqué à nostre dit promoteur : les conclusions d'icelui : Nous ordonnons que le dit hameau de Boutavent soit uni et attaché à la paroisse de Bouvresse ; qu'en conséquence de la dite union, le sieur curé de Bouvresse y administrera les sacrements aux habitans dudit Boutavent, et eux tenu de le reconnoistre pour leur pasteur et de s'acquiter du devoir pascal et autres dont ils sont tenus, dans la ditte église de Bouvresse. Donné à Amiens le vingt et uniesme de febvrier 1696. »   (Arch. de l'Oise : *Abbaye de Lannoy*, n° 60).

(1) Ce prieur claustral était D. Adrien Lasnier, que ses frères avaient de nouveau porté à la supériorité du couvent.

(2) Blargies, commune du canton de Formerie.

au service de leur église, ils devoient estre bien sensibles à la charité que vous avez pour eux. Le curé de Bouveresse leur a déclaré qu'il ne prétendoit point qu'ils fussent dépendans de sa parroisse, où ils n'ont pas toujours esté attachés. Je leur ay aussi témoigné que je n'avois point d'intérêt à ce qu'ils fussent d'une parroisse plustost que d'une autre, dès le moment qu'ils estoient dans mon diocèse. J'ay laissé à Dom prieur le soin de faire servir cette église par ses religieux, dont vous connoissez la régularité. En attendant qu'on trouve un prestre pour y résider, le curé de Monceaux pourra les servir, quand il en aura la commodité, au deffaut des religieux, et le curé de Bouveresse, malgré les mauvaises manières que ces habitans ont eu avec luy, veut bien dans le besoin, à cause de la grande proximité, leur rendre ses services. De sorte que tout s'est passé fort paisiblement et tout est réglé selon vos désirs. Le mien sera toujours de seconder, autant qu'il me sera possible, vos pieuses intentions et de vous marquer le respect avec lequel j'ay l'honneur d'estre, Monsieur, votre très humble et très obéissant serviteur.

PIERRE, *Ev. d'Amiens* (1).

Les habitants de Boutavent firent tout alors pour avoir un vicaire, s'engageant à lui payer 150 livres tous les ans. Un prêtre nommé Henri Fiquet vint leur donner cette satisfaction. Fiers d'avoir un prêtre pour eux seuls, ils firent reconstruire le chœur de leur église, en 1718, par Jacques Warnault, maître maçon à Fontaine-Lavaganne. L'abbaye de Lannoy consentit à leur fournir tout le bois nécessaire pour la charpente. L'église, ainsi restaurée, fut bénite le 22 décembre 1718 par Me Jean-Baptiste Roussel, curé et doyen de Grandvilliers (2).

Charles-Marie de Choiseul-Beaupré n'avait pas vu la fin de cette affaire; il était mort à Paris le 24 janvier 1699 et il fut inhumé dans l'église de Notre-Dame, dont il était chanoine depuis six mois seulement.

VIII. — Charles Le Bourg de Montmorel
(1699-1749).

L'aumônier de la grande dauphine, duchesse de Bourgogne, Charles Le Bourg de Montmorel, recueillit la succession de M. de

---

(1) Arch. de l'Oise : *Abbaye de Lannoy*, n° 60. — (2) *Ibidem*.

Choiseul et fut nommé abbé de Lannoy par brevet royal du 19 avril 1699. Il était natif de Pont-Audemer, en Normandie. Les faits et actes passés de son temps ne sont pas bien nombreux.

La communauté des moines était dirigée par D. Jean-Baptiste Bechet, prieur claustral.

Le 30 décembre 1705, un violent ouragan s'abattit sur le Beauvaisis et causa partout des dégâts considérables. L'abbaye eut fort à en souffrir. Le clocher de son église, presque complètement découvert, fut ébranlé jusqu'à sa base, la nef et le rondpoint du chœur eurent leur toiture enlevée, les vitraux furent brisés. Les constructions regulières et les bâtiments d'exploitation ne furent pas plus épargnées. L'hôtel abbatial, plus élevé que le monastère, fut à moitié démoli. L'architecte François Romain, commis par le roi pour évaluer ces dégâts, les estimait à 26,648 livres. L'abbé et les moines s'imposèrent des sacrifices, on fit des ventes extraordinaires dans les bois, et tout put être réparé.

Charles Le Bourg de Montmorel mourut à Paris le 30 octobre 1719, et son corps y fut inhumé, dans l'église de Sainte-Geneviève.

Après sa mort, la première dignité de l'abbaye resta vacante pendant quelque temps et ses revenus furent administrés par un économe désigné par le roi.

IX. — Pierre Bernay de Favancourt
(1721-1743).

Le roi interrompit la vacance en donnant la commende de Lannoy, par brevet du 8 janvier 1721, à Pierre Bernay de Favancourt, chanoine de Metz. Le nouvel abbé prit possession le 23 avril suivant. Son passage à la tête du monastère n'a pas laissé plus de traces que celui de son prédécesseur. Il vint rarement habiter Lannoy et ne s'occupa guère plus de son administration. Son homme d'affaires réglait tous les intérêts matériels, et la communauté des religieux continuait de marcher assez régulièrement sous la direction de ses prieurs claustraux. Voici les noms de quelques-uns de ces prieurs, avec les dates où nous les trouvons mentionnés dans les actes du chartrier : D. Adrien

Lasnier (1719, 1720); — D. François Forestier (1728-1731); — D. Isaac-Jacques d'Hérouville (1735); — D. Claude Louis Collignon (1739). La plupart des prieurs étaient des hommes éminents et fort instruits ; presque tous étaient docteurs de Sorbonne.

L'abbé de Favancourt mourut le 15 février 1743.

X. — Jean-Baptiste de La Rue de Lannoy (1743-1781).

La commende de Lannoy resta encore dix mois vacante, et le roi y nomma, le 6 décembre 1743, Jean-Baptiste de La Rue de Lannoy, vicaire-général de Laon.

Quelques procédures contre les fermiers de François Du Mesnil, seigneur de Bailleul et de Montreuil-sur-Thérain, pour tort causé dans les bois de l'abbaye, sis à Montreuil, et contre le fermier des dîmes du curé de Warluis, pour dîmes indûment perçues (1); — un procès contre un sieur Colliaux pour avoir construit un moulin à vent, en 1754, sans demander d'autorisation, sur un terrain relevant de la seigneurie de Monceaux-l'Abbaye, appartenant aux religieux, et le contraindre à le démolir (2); — un procès contre Madeleine-Denise d'Anglos d'Héronval, dame du Ply et d'Epaty, pour le curage de la rivière et l'arrosement des prés d'Epaty; — des baux, sont tout le bilan des affaires de l'abbaye sous cet abbé.

La situation de l'abbaye au fond d'une vallée et sur le bord d'un cours d'eau l'exposa souvent à des inondations qui lui causèrent de grands dégâts. En 1746, le 1er juin, un violent orage, accompagné d'une pluie torrentielle, fit tellement grossir la rivière du Petit-Thérain, que l'eau, dit un procès-verbal d'expertise, « monta dans les appartements des moines jusqu'à la hauteur de quatre pieds trois pouces, enleva tous les pavés, gâta les meubles et les lambris, entraîna et brisa tous les ustensiles des salles, réfectoire, cuisine et office, s'éleva dans l'église jusqu'à trois pieds deux pouces, enlevant les carreaux, y creusant des fosses, détruisant et gâtant les livres, les stalles et tous les

---

(1) Arch. de l'Oise : *Abbaye de Lannoy*, n° 415. — (2) *Ib.*, n° 372.

linges et ornements de la sacristie, et laissant partout après elle plus d'un pied d'épais d'une vase infecte et gluante (1). »

Le désastre était à peine réparé, qu'une nouvelle inondation, du 29 mai 1749, causa des dommages encore plus considérables, renouvelant ceux de l'année 1746, elle détruisit en outre le pont de pierre devant le moulin, renversa 286 mètres des murs de clôture et démolit presque entièrement le moulin de Roy-Boissy (2).

Les dégâts étaient grands et l'abbaye dût épuiser toutes ses finances pour les faire disparaître.

Par suite d'un traité passé entre l'abbé et les religieux, toutes les propriétés et revenus du monastère avaient été divisés en deux parts ou manses, l'une était dévolue à l'abbé, c'était la manse abbatiale, et l'autre aux religieux, c'était la manse conventuelle. Chacune avait donc ses revenus distincts et ses propriétés particulières, et elle était obligée aux travaux d'entretien et de réparation des constructions de son lot.

En 1767, la manse conventuelle eut à faire renouveler la couverture de l'église, à construire un grand escalier en pierre dans le logis des hôtes et à exécuter diverses réparations à la ferme du Bois de Cailly. Brunet, architecte à Paris, dressa le devis des travaux, par ordre de Judde, grand maître des eaux et forêts de France.

L'abbé et les religieux n'avaient plus le droit de faire travailler à leurs édifices, comme bon leur semblait; ce soin appartenait, par ordonnance royale, au grand-maître des eaux et forêts de la région. Ils n'avaient pas davantage l'aménagement, ni la libre disposition de leurs bois. Ceci regardait encore le grand-maître des eaux et forêts. Etait-ce un bien ? Nous sommes disposés à le croire : l'administration des revenus du monastère devait y gagner et les dépenses folles devenaient impossibles, comme aussi les bois devaient être exploités dans de meilleures conditions. D'un autre côté, les édifices étaient préservés de la ruine par les visites annuelles ordonnées par le grand-maître, chargé de ce soin; et l'abbé et les religieux ne pouvaient se soustraire aux réparations exigées. Le monastère ne pouvait ainsi souffrir ni de

---

(1 Arch. de l'Oise : *Abbaye de Lannoy*, n° 239. (2) *Ib.*, 240.

la prodigalité, ni de la ladrerie, ni de la négligence, ni du mauvais vouloir des abbés et des religieux. Il était protégé par cette tutelle légale; rien de mieux assurément. Seulement, en remettant ainsi en des mains étrangères le maniement des affaires des abbayes, ne s'acheminait-on pas vers leur sécularisation ? Les temps suivants l'ont montré.

En 1770, de nouveaux travaux sont ordonnés par le grand-maître des eaux et forêts de Picardie. L'abbaye n'avait pas eu jusque-là d'auditoire spécial pour rendre la justice à ses vassaux, et les audiences avaient lieu dans l'une des salles de la communauté. Ce n'était, dit le rapport d'expert, ni décent, ni convenable. On fit donc construire un auditoire ou maison de justice dans un lieu vague sis entre la rivière et les bâtiments claustraux. L'édifice, divisé en deux pièces, se composait d'une salle d'audience et d'une salle de conseil. A l'hôtel abbatial, on fit construire une remise, un colombier, une étable à vaches et une laiterie. Différentes réparations furent aussi exécutées aux bâtiments claustraux, au moulin à vent de Halloy, à la ferme de Monceaux et aux églises de Halloy et de Gaudechart. Le tout s'élevant à la somme de 18,760 livres.

Pendant l'abbatiat de M⁰ de La Rue de Lannoy, la communauté des religieux fut successivement régie par les prieurs claustraux D. Claude-Louis Collignon (1743-1750); — D. François Lancial (1750-1761); — D. Jacques Châtelain (1761-1767); — D. Pierre-François Pansin (1767-1781).

Les religieux composant la communauté étaient, en 1781, D. Pierre-François Pansin, prieur; D. Joseph-Ambroise Reux, sous-prieur; D. Jean de Gouy, D. François Dubois, D. Philippe Prévost, D. Jean-Baptiste Neveux, D. Joseph Pillet.

L'abbé Jean-Baptiste de La Rue de Lannoy mourut à Paris en avril 1781.

XI. — Louis-Paul de Mauléon
(1781-1792).

Après la mort de l'abbé de La Rue de Lannoy, le roi nomma pour lui succéder, en mai 1781, Louis-Paul de Mauléon, son aumônier et vicaire-général d'Évreux. Le nouvel abbé vint prendre possession de son bénéfice aussitôt ses bulles d'institution reçues, et s'en retourna à Evreux pour ne plus guère revenir à Lannoy. La petite communauté, du reste, vivait bien sans lui, sous la direction de D. Pansin, son prieur. Elle était régulière, observait ses constitutions et ne donnait lieu à aucun scandale. Quoique ses membres ne vécussent plus avec cette austérité des anciens jours, ils étaient néanmoins restés pieux et édifiants. Le seul reproche à leur faire était leur amour un peu trop grand pour la chasse ; ils se laissaient peut-être entraîner trop facilement à ce plaisir par leurs nobles voisins.

Et pendant qu'ils s'endormaient tranquilles dans cette vie calme et paisible, on commençait à voir poindre à l'horizon, avec un éclat fulgurant, les signes précurseurs de la révolution. Le philosophisme impie du xviiie siècle avait excité toutes les mauvaises passions contre les congrégations religieuses. Le mensonge et le sarcasme étaient déversés sur elles. Et ces moines bien inoffensifs, s'ils avaient écouté, pouvaient entendre raisonner autour d'eux des paroles de haine et d'envie. La calomnie marchait sur leurs traces, et les imputations les plus malveillantes étaient répandues de toutes parts. Cette guerre sourde d'abord, plus agressive ensuite, allait avoir un dénouement tragique. La convocation des Etats-Généraux en fut l'occasion.

Le 24 janvier 1789, Louis XVI avait convoqué les trois ordres, le clergé, la noblesse et le tiers-état au chef-lieu de leur bailliage, pour y rédiger des cahiers de vœux et de doléances et pour nommer des députés aux Etats-Généraux. Lannoy étant dans le ressort du bailliage de Beauvais, l'abbé de Mauléon devait se présenter en cette ville. Ne pouvant le faire, il donna procuration à M. de Maussac, vicaire-général de l'évêque de Beauvais, pour le représenter ; les religieux y députèrent leur prieur, D. Prévost. Quelle part prirent-ils, l'un et l'autre, dans la rédaction du cahier du clergé et dans l'élection de David, curé de Lormaison, comme député aux Etats Généraux ; nous ne le saurions dire, faute de documents précis.

Les Etats-Généraux s'ouvrirent à Versailles le 5 mai 1789, et les députés les transformèrent, le 17 juin, en Assemblée nationale ou Constituante. Quelques jours plus tard, cette Assemblée frappait coups sur coups les institutions monastiques et allait vite en besogne. Le 4 août 1789, elle les privait d'abord d'une partie de leurs revenus en abolissant les dîmes et les droits féodaux ; dans les séances des 23, 24, 30, 31 octobre et 2 novembre, elle mettait tous leurs biens à la disposition de la nation, et le 19 décembre elle décrétait la vente pour 400 millions de ces biens, afin, disait-elle, d'équilibrer le budget de l'Etat. Et la vente eut lieu, et tous les objets d'or, d'argent, de cuivre et même de fer furent enlevés des monastères au profit du trésor, et, quand tout fut vendu et payé, le budget fut encore plus en déficit. Etranges opérations financières que celles faites en temps de révolution! Dans ses séances des 10, 11, 13, 16, 18 et 19 février 1790, l'Assemblée constituante décréta la sécularisation de toutes les maisons religieuses, l'interdiction des vœux monastiques et déclara supprimés tous les ordres religieux existant en France. Le moyen était plus radical.

Un décret du 26 mars 1790, pour compléter les mesures édictées, ordonna aux officiers municipaux des localités où se trouvaient des établissements monastiques de se présenter, dans le plus bref délai, dans toutes ces maisons, de s'y faire présenter les comptes de régie, de les arrêter, de former un état des revenus avec l'époque des échéances, et de dresser un inventaire des titres et de tout le mobilier de l'église et du couvent. Pour obéir à ce décret, les officiers municipaux de Saint-Maur, dans la paroisse desquels était alors Lannoy, se rendirent à l'abbaye le 4 mai 1790 et commencèrent par se faire rendre compte des revenus du monastère. Après avoir arrêté l'état qui en fut dressé, ils procédèrent à l'inventaire du mobilier. Nous le citons :

Dans la sacristie : Quatre calices en argent, dont un à coupe en vermeil, avec leurs patènes ; une petite custode aux saintes huiles, en argent; un soleil en argent; un petit ciboire en argent; une croix en argent, avec son bâton recouvert de feuilles d'argent; deux burettes avec un bassin en argent; un encensoir avec la navette en argent; un petit miroir à cadre doré; un ornement pour les grandes fêtes majeures, consistant en une chasuble, deux tuniques, étoles, manipules et trois chapes, le tout brodé en or et en argent; un autre ornement pour les fêtes mineures, consistant en une chasuble, deux tuniques, étoles, manipules et trois chapes, le tout brodé or et argent ; 21 chasubles communes de toutes couleurs ; deux tuniques ; cinq chapes ; un dais en drap d'or ; une niche pour le Saint-Sacrement ; deux voiles huméraux brodés or et argent; une douzaine de bourses ; 35 aubes et 4 surplis pour les choristes, 28 corporaux ; 68 purificatoires ; 95 essuie-mains ; 30 lavabos ; 24 nappes d'autel ; 26 amicts. **La boiserie de la sacristie avec la table et l'armoire.**

Dans la piscine de la sacristie, une fontaine en cuivre rouge et trois paires de burettes d'étain.

Dans l'Eglise : Un autel en marbre (1), deux credences à tables de marbre, palier, marches et pavé du sanctuaire aussi en marbre. Une lampe de cuivre argenté. Un bénitier avec son goupillon, le tout argenté. Six gros chandeliers avec la croix et six petits chandeliers, le tout en cuivre. Trois fauteuils. Les livres d'église servant à l'usage de l'ordre de Citeaux. La boiserie du chœur, avec stalles sculptées. Un pupitre en bois avec ses banquettes. Un confessionnal. Un petit orgue. Huit grilles en fer, comprise celle de la sacristie. Deux petits autels en bois de chêne. Deux prie-Dieu. Quatre petits chandeliers pour les petits autels. Un cierge pascal et son pied.

Au grand clocher, quatre cloches (2).

Au petit clocher du dortoir, une cloche (3).

Une horloge avec carillon composé de 12 timbres (4).

Dans la salle du Chapitre : Un pupitre en bois de chêne et un lambris formant banc aussi en bois de chêne.

Dans la Ménuiserie : Un établi, un foyer garni d'une paire de chenets, un lit pour domestique garni de matelas, paillasse et traversin.

Dans le Réfectoire : Une boiserie de chêne sculptée et six tables aussi de chêne.

Dans la salle à manger des hôtes : Une boiserie peinte; un foyer garni de chenets, pelle, pincette, avec chambranle en marbre; une table en marbre et une autre en bois blanc; douze chaises en paille. Douze couverts en argent, propriété particulière des religieux, les ayant apportés de leur famille. Deux chandeliers argentés avec leurs girandoles doubles; un plateau à bordure argentée; deux moutardiers argentés, une paire de mouchettes avec support, le tout argenté; six salières en émail doré; quatre salières doubles en cristal; sept cuillères à ragoût en étain; quatre soupières en faïence et douze douzaines d'assiettes en faïence.

Dans le petit sallon d'entrée : Une boiserie à hauteur d'appui; une table en bois blanc; un foyer garni d'une paire de chenets simples; deux

---

(1) Cet autel a été plus tard acheté par la fabrique de l'église de Saint-Maur, et on l'y voit encore aujourd'hui servant de maître-autel.

(2) Ces quatre cloches pesaient : la première, 840 livres; la deuxième, 600; la troisième, 430; la quatrième, 300.

(3) Elle pesait 160 livres.

(4) Ces timbres pesaient : 340, 100, 80, 70, 60, 50, 36, 30, 25, 20, 15, 12 livres.

armoires d'enfoncement contre la cheminée ; six douzaines d'assiettes ; une petite armoire d'enfoncement dans l'embrasure de la fenêtre.

Dans le sallon de compagnie : Une boiserie sculptée, peinte et vernie, avec un chambranle, glace et tableau au-dessus. Un foyer garni de chenets à double branche, avec pelle et pincettes. Deux tables sculptées avec dessus en marbre. Quatre tableaux de dessus de porte ; sept autres tableaux vitrés représentant la famile royale. Quatre fauteuils en velours d'Utrecht.

Dans la salle à manger d'hiver : Deux petites tables et une table ronde ; deux douzaines de chaises en paille.

Dans la cuisine : Un foyer garni d'un brancard avec deux petites crémaillères ; une grande pelle à feu, deux paires de pincettes, une paire de chenets en fonte, deux grils, un tourne-broche avec sa broche. Quatorze casseroles en cuivre rouge, quatre marmites en cuivre rouge et une en fer ; deux poissonnières en cuivre rouge ; un bassin et une braisière en cuivre rouge ; quatre poêles à frire ; trois cuillères à pot et trois écumoires ; une lampe en cuivre jaune ; deux chaudrons en cuivre jaune ; une armoire et un buffet ; une table de cuisine, avec un bloc et deux bancs ; dans le garde-manger, une lèche-frite ; un mortier en marbre.

Dans le Logis des hôtes, première chambre : Un lit garni de deux matelas, sommière en foin, courtepointe, couverture, surtout brodé en soie, avec ciel-de-lit pareil et rideaux en serge rouge. Cette chambre est tapissée en tapisserie d'Aubusson. Une cheminée en pierre de Senlis, peinte en marbre, avec glace et tableau au-dessus, et garnie de chenets doubles, pelle, pincettes et soufflet. Une table de nuit, un fauteuil avec quatre chaises en canne, trois autres chaises revêtues de panne bleue et deux chaises en paille. Une table couverte d'un tapis, avec cuvette et pot en faïence.

Deuxième chambre : Une cheminée avec chambranle en pierre de Senlis, peinte en marbre, garnie de chenets, pincettes et pelle à feu. Un lit composé de deux matelas, paillasse, traversin, couvertures, avec ciel-de-lit et rideaux en damas de Caux. La chambre est tapissée en damas de Caux. Une table couverte d'un tapis, avec cuvette et pot en faïence. Trois chaises de canne, deux chaises rembourées revêtues de panne bleue. Un lambris à hauteur d'appui.

Troisième chambre : Une cheminée avec chambranle en pierre de Senlis, peinte en marbre, garnie de chenets simples et d'une pelle à feu. Un lit composé de deux matelas, paillasse, couverture en laine, surtout en étoffe bleue, avec rideaux et ciel-de-lit pareils. Cette chambre est tapissée en entier en étoffe bleue, avec lambris à hauteur d'appui. Une table avec son tapis, garnie d'une cuvette et pot en faïence. Un fauteuil, deux chaises tapissées et quatre chaises en paille.

Dans la première chambre du côté du jardin : Une cheminée avec chambranle en pierre de Senlis, peinte en marbre, trumeau, glace et tableau au dessus, garnie de chenets, pelle et pincettes Un lit composé de deux matelas, paillasse, couverture en laine, couverture en coton, surtout en soie violette, brodé, avec ciel-de-lit pareil et rideaux en aumale violette. Cette chambre est tapissée en entier d'une tapisserie d'Aubusson, avec lambris à hauteur d'appui. Une table couverte d'un tapis, avec cuvette et pot en faïence. Quatre fauteuils tapissés, quatre chaises en paille et deux en canne.

Un cabinet de domestique étranger tient à cette chambre et est garni d'un lit composé d'une paillasse, un matelas, traversin et couverture.

Dans la deuxième chambre : Une cheminée avec chambranle en pierre de Senlis, peinte en marbre, garnie de chenets simples, pelle et pincettes. Un lit composé de deux matelas, paillasse, traversin, couvertures, et surtout avec rideaux et ciel-de-lit en étoffe de coton. Cette chambre est tapissée en entier en toile de coton, avec lambris à hauteur d'appui. Une table avec son tapis, garnie de cuvette et pot en faïence. Une chaise tapissée, trois chaises en canne, un fauteuil et quatre chaises en paille.

Dans la troisième chambre : Une cheminée avec chambranle en pierre de Senlis, peinte en marbre, garnie de chenets simples, pelle et pincettes. Un lit composé de deux matelas, paillasse, traversin, couvertures, surtout en damas de Caux, avec rideaux et ciel-de-lit pareil. Cette chambre est tapissée en entier en damas de Caux avec lambris à hauteur d'appui. Une table avec son tapis, garnie de cuvette et pot en faïence. Une chaise rembourrée, trois chaises en canne et trois en paille.

L'escalier dudit logis des hôtes avec sa rampe en fer.

Dans le Dortoir. Visite faite des chambres des religieux au dortoir, nous n'avons rien trouvé que leur mobilier personnel et les effets leur appartenant. Dans ce dortoir, une horloge à poids. Sept chambres de religieux, non habitées, en partie lambrissées. Une autre chambre où sont les archives et deux autres servant de bibliothèque. Il se trouve ainsi audit dortoir dix-sept chambres habitables, dont neuf sont à foyer.

Dans la Lingerie. Dans différentes armoires, trente-cinq paires de draps, seize douzaines de serviettes, cinquante nappes et deux douzaines de tabliers et torchons de cuisine.

Dans la chambre de Recette ou Procure : Une grande armoire à deux battans, fermant à clef; une petite table, un bureau. Une cheminée en pierre de Senlis, peinte en marbre, garnie de chenets, pelle et pincettes. Quatre chaises en paille.

Dans la Bibliothèque : 117 volumes de l'Encyclopédie, 36 volumes de l'Histoire ecclésiastique, 52 livres manuscrits, dont 7 d'une certaine valeur (1) ; 1,152 volumes d'ouvrages divers.

---

(1) Parmi eux on remarquait les sept livres de la *Vie de saint Thomas*

Quelques mois plus tard, l'Assemblée constituante, continuant ses mesures hostiles contre les communautés religieuses, et voulant leur destruction, enjoignit à leurs membres, par ses décrets des 8, 9, 14, 15, 16, 18, 22, 23, 25 septembre, 4, 5 et 8 octobre 1790, d'avoir à opter entre leur retour dans le monde ou leur retraite dans un lieu qui leur serait désigné, et en tout cas d'avoir à sortir de leurs monastères. On leur promettait, d'ailleurs, une pension, s'ils se soumettaient à la loi. Les officiers municipaux de Saint-Maur revinrent donc à Lannoy, et demandèrent à D. Prévost, le prieur, de leur donner l'état de son personnel, d'indiquer les noms et âges de ses religieux, et de leur faire connaître leur détermination à l'égard de la vie monastique. D. Prévost fit appeler aussitôt les sept religieux composant, avec lui, la communauté, et chacun dut faire personnellement sa déclaration.

1° Le prieur, comparaissant le premier, déclare se nommer PHILIPPE PRÉVOST, être né le 24 août 1750, avoir fait profession le 21 décembre 1763, désirer rester dans la vie monastique, qu'il a embrassée de grand cœur, et, s'il est forcé de quitter son monastère, avoir l'intention de se retirer à Monceaux-l'Abbaye ou à Epaux.

2° PIERRE-FRANÇOIS PANSIN déclare être âgé de 74 ans, désirer rester à Lannoy, et, s'il est forcé de s'en aller, opter pour Epernay, lieu de sa naissance.

3° FRÉDÉRIC CARPENTIER déclare être né le 15 mars 1752, avoir fait profession le 29 décembre 1773, vouloir rester à Lannoy ou se retirer à Fontaine-Lavaganne.

4° AMBROISE-JOSEPH REUX déclare être né le 14 mars 1747, avoir fait profession le 14 septembre 1768, vouloir rester religieux à Lannoy ou se retirer à Béthune (Pas-de-Calais).

5° AMBROISE PILLET déclare être né le 7 décembre 1752, avoir fait profession le 29 décembre 1773, vouloir rester à Lannoy ou se retirer à Morvillers.

---

de Cantorbéry, par Herbert de Boschan, dédiée à l'archevêque Beaudoin ; Raoul de Saint-Germer sur le *Lévitique ;* Haimon sur les *Epîtres de saint Paul ;* les *Sermons* de l'abbé Serlon, des *Paraboles* sous le nom de saint Anselme, et une *Confession de saint Patrice*.

6° Jean-Baptiste Neveux déclare être né le 5 novembre 1731, avoir fait profession le 29 décembre 1773, vouloir rester à Lannoy ou se retirer à Escames.

7° François-Jean-Joseph Dubois déclare être né le 23 février 1738, avoir fait profession le 7 novembre 1760, vouloir rester à Lannoy ou se retirer à Feuquières.

8° François-Joseph Scipion Blondeau déclare être âgé de 34 ans, vouloir rester à Lannoy et n'être pas encore fixé sur le lieu où il se retirera s'il est forcé de quitter son monastère.

Au mois de janvier 1791, les administrateurs du district de Grandvilliers vinrent à Lannoy opérer le récollement de l'inventaire dressé par les municipaux de Saint-Maur et faire celui des papiers et titres des archives. L'opération terminée, ils remirent aux religieux les objets nécessaires à leur usage personnel et apposèrent les scellés sur tous les autres, les déclarant confisqués au nom de la nation.

Les religieux restèrent encore quelque temps à Lannoy et eurent la douleur de voir mettre à l'encan et vendre toutes les propriétés de leur monastère. Après leur avoir tout pris, l'Etat eut pourtant la pudeur de leur offrir une pension. Le 30 mars 1791, les administrateurs du directoire du département de l'Oise statuèrent sur la quotité de cette pension. Ils mandèrent ensuite au receveur du district de Grandvilliers d'avoir à leur payer, par quartier, des pensions ainsi réparties pour l'année 1791 : à Philippe Prévost, 900 livres ; à Pierre François Pansin, 1,200 livres ; à Frédéric Carpentier, 900 livres ; à Ambroise Reux, 900 livres ; à Ambroise Pillet, 900 livres ; à Jean-Baptiste Neveux, 900 livres ; à François Dubois, 1,000 livres ; à François Blondeau, 900 livres. On leur en paya quelques quartiers, mais en 1792 on ne leur donna plus rien. Ils avaient dû d'ailleurs, avant cette époque, quitter leur monastère. Ils avaient eu de la peine à croire à une pareille éventualité, et ils avaient toujours espéré que l'on n'en viendrait pas là. Et un jour ils virent les agents du district venir enlever tous les objets d'or, d'argent, de cuivre et même de fer existant dans leur maison, emporter tous les ornements et vases sacrés de leur église et leur signifier d'avoir à sortir de leur couvent. Ramassant les quelques hardes qu'on leur permettait d'emporter, ils sortirent, bien tristes, de ces lieux où ils avaient passé des jours si heureux et ils allèrent chercher un refuge à la grâce de Dieu. Chacun s'en fut de son côté vers l'endroit où il espérait trouver des visages amis. La communauté cistercienne de Lannoy était dissoute. Cette grande institution, fondée et dotée par la munificence des nobles seigneurs du voisinage, après avoir jeté un certain éclat et rendu d'éminents services à l'agriculture et aux populations, s'éteignait ainsi, dispersée par le souffle de la révolution. Elle avait vécu six cent cinquante-huit ans.

L'abbaye, cependant, restait encore debout avec ses nombreuses et monumentales constructions, mais privée de son personnel monastique ; ce n'était plus qu'un grand corps sans âme ; ce n'était plus qu'un cadavre sur lequel allaient s'abattre des oiseaux de proie pour le dépecer et le mettre en lambeaux. Le 28 janvier 1791, les administrateurs du district de Grandvilliers (1) la mettaient aux enchères, et le 12 février suivant la maison conventuelle était adjugée, pour 20,300 livres, à Jean-Pierre Renet, maire de Saint-Maur (2); l'hôtel abbatial au sieur Jeanmart, receveur des aides, pour 8,125 livres ; la ferme de la Basse Court à Remi Renet, pour 6,800 livres, et le moulin à Antoine Renet, pour 15,400 livres.

---

(1) Ces administrateurs étaient : Jean Vasseur, président ; Jean-François Dequen, Pierre-François Couverchel, Jean-Baptiste-Nicolas Leroux et Gabriel Bazin.

(2) Jean-Pierre Renet partagea cette propriété entre ses sept enfants ; après l'avoir grandement modifiée, Euphrasie Renet, femme Bouteiller, l'une d'entre eux, par suite d'arrangements avec ses cohéritiers, devint propriétaire de la plus grande partie, et vendit sa part, en 1816, à M. Ambroise Renet, propriétaire actuel. Cyr Renet, autre héritier, a laissé sa part à Joseph Renet, son fils, encore existant, et Boniface Renet, autre enfant, a vendu sa part à Lenglier, possesseur actuel.

DEUXIÈME PARTIE.

TOPOGRAPHIE ET REVENU TEMPOREL.

I. — L'ABBAYE.

L'abbaye, avec ses dépendances, occupait tout le fond du vallon de Lannoy, et les restes de ses édifices composent encore aujourd'hui un village. Un mur d'enceinte, construit en 1666, en pierres, briques et cailloux, entourait toute la partie de la propriété affectée au service exclusif des religieux. La principale porte s'ouvrait, au couchant, sur une grande esplanade formant séparation entre les bâtiments réguliers et le moulin, la ferme et le logis abbatial. Cette porte comprenait le logement du frère portier, et autrefois l'hôtellerie et l'infirmerie des pauvres y tenaient. Une autre porte donnait accès des jardins dans les prairies situées vers Roy-Boissy.

En entrant par la grande porte on arrivait dans une première cour fermée au nord, autrefois, par une partie de la nef de l'église, et, depuis la démolition de cette partie, en 1658, par un mur et des petits bâtiments de service; au levant par le grand corps de logis de l'abbaye proprement dite, et au sud par d'autres petits bâtiments de service. Le grand corps de logis, édifié à double étage, était divisé, au rez-de-chaussée, en procure, salon de compagnie, pallier d'entrée et corridor avec escalier, petit salon d'entrée, salle à manger et cuisine à l'extrémité, vers le midi. Un second corps de logis, semblable au premier, formait retour d'équerre, au midi, et comprenait la petite salle à manger d'hiver et le grand réfectoire des religieux. Un autre bâtiment, encore semblable et formant retour d'équerre sur celui-ci pour aller aboutir au transept sud de l'église, contenait la salle du chapitre. Au-dessus était le dortoir des religieux, divisé en dix-sept cellules ou chambres. Le premier étage du bâtiment du midi était affecté au logement des hôtes. A l'extrémité est de cette construction et donnant, comme elle sur les jardins, était la menuiserie. A l'intérieur du quadrilatère formé par ces trois grands corps de bâtiments et par l'église au nord, était une cour intérieure entourée des quatre côtés par les galeries du cloître, appuyées contre les grands édifices et prenant jour sur la cour intérieure par de vastes arcades. Toutes ces constructions avaient été refaites à peu près en entier après l'incendie de 1592, et modifiées et restaurées plusieurs fois depuis, et notamment en 1658, 1670 et 1710. Elles étaient bâties en pierres et cailloux avec chaînes en briques, et présentaient cet élégant aspect des édifices civils du XVIIe siècle.

L'église était un bel édifice de la seconde moitié du XIIe siècle. Le remaniement et les restaurations opérées à travers les siècles lui avaient toutefois ôté quelque peu de sa première splendeur. La mutilation subie en 1658, en lui enlevant son grand portail et une partie considérable de sa nef lui fit perdre le reste et la réduisit presque à n'être plus qu'une simple chapelle de couvent. Dans le plan primitif, l'église avait la forme d'une croix latine, avec bas-côté tout au pourtour. Le chœur avait comme dimension 21 mètres de long, du maître-autel jusqu'au transept, et 9 mètres 33 cent. de large. Le transept ou croisée mesurait 30 mètres 66 cent. d'une extrémité à l'autre. La nef portait 37 mètres en longueur et 8 mètres en largeur, sans compter les bas-côtés, dont elle était séparée par des colonnes. La hauteur pour tout l'édifice était de 18 mètres 33 cent., du pavé à l'entablement (1). Les bas-côtés étaient éclairés par de rares et petites croisées, et le chœur et la nef par une série de croisées ogivales, simples, sans ornements et d'assez petites dimensions. Le clocher était central. Le style ogival dominait dans toutes les parties de l'édifice.

Dans les bas-côtés du pourtour du chœur s'ouvraient cinq chapelles construites en hors-d'œuvre. Celle du milieu était dédiée à la Sainte-Trinité; des deux de droite, l'une l'était aux saints martyrs et l'autre à saint Éloi. Nous ne connaissons pas le vocable des deux de gauche. La chapelle de la Sainte-Vierge était dans l'un des bras du transept.

---

(1) Procès-verbal de visite, du 8 mars 1658. (Arch. de l'Oise : *Fonds de l'abbaye de Lannoy.*)

Les tombeaux étaient très nombreux dans cette église. La plupart des abbés réguliers, et Philippe de Montmorency, abbé commendataire, y avaient leur sépulture marquée par des inscriptions, et nous en avons donné quelques-unes dans le cours de cette histoire. Plusieurs nobles personnages avaient aussi choisi ce pieux asile pour le lieu de leur dernier repos.

Au milieu du sanctuaire, au-dessous de la tombe des deux abbés Jean Asseline et Christophe de Bonnières, était celle du chevalier Raoul de Préaux. Autour d'une pierre portant gravée en creux, l'effigie d'un chevalier, on lisait l'inscription : *Cy gist messire Raoul de Praiaus, chevalier, et sire de Rayneval, qui trespassa au revenir d'Arragonne, en l'an de grâce de Notre Seigneur* M CC LXXXV, *au mois de décembre.*

Dans le sanctuaire encore, du côté de l'Evangile, entre les deux colonnes immédiatement en avant de l'autel, était un magnifique mausolée, entouré de grilles de fer d'un beau travail. Un chevalier et sa femme y étaient représentés à genoux, en statues de grandeur naturelle. Aucune inscription ne s'y lisait, leurs écussons seuls s'y voyaient. Le mari portait : *Vairé d'or et d'azur*, et la femme : *D'or à la croix de gueules, cantonnée de seize alérions d'azur.* Les religieux du xviiie siècle n'étaient pas fixés sur les personnages qu'ils figuraient (1). Une ancienne tradition en faisait le tombeau d'un Raoul, comte de Clermont, et de sa femme. Mais les Clermont n'ont jamais porté pour armes *vairé d'or et d'azur.* Il est plus probable que cette tombe était celle d'Ansoud de Ronquerolles et d'Hélisende, sa femme; c'est l'opinion du P. procureur de l'abbaye, auteur d'un Mémoire historique sur Lannoy, de 1755. Ansoud de Ronquerolles, vivant en 1209, portait *vairé d'or et d'azur*, fut l'un des principaux bienfaiteurs du monastère, et demanda à recevoir la sépulture dans l'église de Lannoy. Tout ceci milite en sa faveur.

Derrière le chœur, dans la chapelle de la Trinité, se voyaient deux tombeaux, sous des arcades voûtées et ornées, creusées dans la muraille. Celui du côté droit représentait un chevalier armé, avec son écusson, portant une croix chargée de cinq

---

(1) Mémoires du P. procureur de l'abbaye, de 1755. (Cabinet de M. de Troussures.)

coquilles; celui du côté gauche, une dame qui sans doute était la femme de celui-ci. Aucune inscription n'indiquait leur personnalité.

En avant de cette chapelle était la tombe de Jean de Préaux, père de Raoul, avec cette inscription : *Ci gist noble homme Jehan de Praiaux, chevalier, jadis sire de Rayneval.*

Immédiatement après cette tombe on en voyait une autre, où étaient représentés, gravés en creux, un chevalier et sa femme. Aucune inscription ne les accompagnait, seulement ils portaient pour armoiries sur leurs écussons, le mari : *D'argent, à la croix de gueules recroisettée de petits sautoirs ou croix;* et la femme : *Trois pals vairés et un chef.* On croit que c'était un vicomte de Poix.

La chapelle des Martyrs était pour ainsi dire le lieu de sépulture de cette noble et puissante famille de Poix. La plus ancienne pierre tombale portait les effigies, gravées en creux, d'un chevalier et de sa femme, avec têtes et mains en albâtre enclavés dans la pierre, et l'inscription : *Ci gist noble homme messire Pierre, vicomte de Poix, seigneur des Caisnes* (Esquennes), *qui trespassa l'an* M CC IIII^{xx} *et* I. — *Cy gist Madame Jeanne d'Oiry, jadis femme Monsieur Pierre, vicomte de Poix, seigneur des Caisnes, qui trespassa l'an de grace* M CC IIII^{xx} *et* III.

A côté se trouvait une autre tombe avec l'inscription : *Cy gist messire Robert, vicomte de Poix, chevalier, sire des Caisnes, fils du vicomte Pierre, qui trespassa en Flandre, en la bataille à Mons-en-Puelle, l'an* M CCC (1). — Et à côté, sur une autre pierre : *Ci gist Madame Marguerite, fille messire Pierre de La Tournelle, vicomtesse de Poix, dame des Caisnes, femme du vicomte Robert, qui trespassa l'an* M CC IIII^{xx} *et* XVIII, *au mois de mars.*

Plus bas, à l'entrée de la chapelle de saint Eloi, près de la muraille, une tombe portait l'inscription : *Cy gist Marguerite des Quesnes, fille jadis messire Huon des Quesnes, qui trespassa l'an* M CCCC LVII, *au mois de décembre.*

Devant cette même chapelle, dans le côté nord du transept, était une autre tombe, avec l'inscription : *Cy gist noble dame*

---

(1) J'ai vu, en 1878, cette pierre tombale abandonnée contre un mur, dans le hameau de Boissy.

Madame Péronne de Villers, en son vivant dame de Lannoy et de Frétencourt, laquelle trespassa en l'an de grace M CCC IIII^{xx} *et* XVIII, *le* XIIe *jour de novembre.*

Dans la chapelle du côté sud du transept se voyait une tombe élevée, sur laquelle était gravée l'effigie du chevalier Jean de Ronquerolles, vêtu de la cuirasse, le casque en tête à la visière grillée, avec l'inscription autour de la tête : *Hic jacet nobilis Dns Johannes, miles, quondam Dns de Ronquerolles.* Et autour de la tombe :

Militie florem tegit hic lapis, unde dolorem
Mundus agit magnum, fundens fletum quasi stagnum.
Bellorum rector fuit hic animosus ut Hector,
Mansuetus, humilis, reprobis trux atque virilis,
Fundator noster (1) *fuit iste Johannes, amator*
Justitie, Christe tecum sit, quesumus, iste
Qui se devote nobis dedit et sua pro te.

Les premiers bienfaiteurs du monastère eurent leur sépulture dans le cloître, près de l'entrée de l'église, et on y voyait encore, en 1789, une arcade où furent les tombeaux des Bisette. On avait levé du cloître, vers 1750, devant l'ancienne salle du chapitre, une pierre tombale autour de laquelle on lisait : *Cy gist Marie de la Haie, femme de Simon de Rochois, lesques eurent un fils nommé Jehan, qui fut moine de Saint-Germer, puis aulmonier de Fécamp, et après abbé de St Wandrille, et tante de Simon de la Haie, abbé de cette église, laquelle trespassa an l'an de grâce* M CC IIII^{xx} *et* XII, *le* XIII *aoust.*

En outre de ceux dont on avait conservé les tombeaux jusqu'en 1789, un grand nombre d'autres nobles personnages avaient eu leur sépulture dans l'église de Lannoy, ainsi que l'attestent les chartes. Plusieurs seigneurs d'Omécourt y furent inhumés, et notamment Beaudoin d'Omécourt et sa femme. Il en fut de même de Drogon et de Raoul de Fontaine, de Jean de Thoix, de Lancelin de Grémévillers et d'Isabelle, sa mère; de Guillaume de Grémévillers, d'Agnès de Grémévillers, femme de Pierre de Monsures; de Marie de Cannettecourt, femme de Renaud de Roye;

---

(1) Ce Jean de Ronquerolles, qui fut à la croisade en 1190, est qualifié fondateur parce qu'il descendait du Ronquerolles, fondateur de l'abbaye avec Lambert de Brétizel et les Bisette.

d'Henri Havoth et d'Isabelle, sa mère ; de Raoul Le Porc de Molencourt, de Jeanne de Bretjzel, d'Odon et Gérard d'Epatis, de Mathieu du Ply, de Renaud de La Tournelle, seigneur de Montataire ; d'Oelard d'Hannaches et de Lambert, son fils ; d'Hilesende, femme de Robert d'Iquelonde, et de bien d'autres.

L'église de Lannoy fut vendue à démolir, vers 1810, à un nommé Chrétien, de Roy-Boissy. Ce nouvel acquéreur en eut bientôt fait un amas de décombres. Sans respect pour ce que ses pères avaient vénéré, il vendit les pierres tombales pour faire des marches d'habitation ; le maître-autel en marbre fut acquis par l'église de Saint-Maur, et les pierres de l'édifice, achetées à la toise, furent disséminées dans les villages des environs pour être employées dans les constructions.

Entre l'abbaye proprement dite et la rivière s'élevaient les bâtiments de la maison de justice avec la brasserie et ses dépendances. En face et sur le cours d'eau tournait le moulin tel qu'il se voit encore aujourd'hui. Vis-à-vis la grande porte de l'abbaye était la ferme dite de la Basse Cour, et au-dessus, dominant tout le paysage, l'hôtel de l'abbé ou abbatiale, jolie résidence construite au XVIᵉ siècle, avec jardin et bâtiments de service.

II. — REVENU TEMPOREL.

La fortune territoriale de l'abbaye de Lannoy était assez considérable, et ses revenus l'étaient encore davantage par suite de la multiplicité de leurs sources. La propriété foncière, cultivée jadis par les religieux eux-mêmes, et plus tard, quand le nombre des religieux diminuant ne fut plus suffisant, exploitée par des fermiers, rapportait de l'argent, du grain et des fruits. A ce produit, il fallait ajouter les redevances et droits divers imposés tant sur les personnes que sur les choses relevant de l'abbaye à différents titres, selon le droit coutumier d'alors. Tout cela donnait un revenant-bon assez mignon. Mais le chapitre des redevances, taxes royales et charges en prenait une assez notable partie. Tout n'était pas pour l'abbé et pour ses moines, loin de là ; aussi, quand on connaît comment se passaient les choses, n'est-on pas étonné de voir inscrit dans les comptes du receveur de Lannoy, que, toutes charges payées, il ne restait que 4,000 livres à l'abbé et 3,000 livres aux religieux, et cela en plein XVIIIᵉ siècle.

La fortune du monastère, il faut bien le reconnaître, a été sujette à de grandes fluctuations. Le XIIIe et le XIVe siècles virent ses jours les plus florissants. Les désordres de la Jacquerie, les guerres avec les Anglais, les troubles de la réforme, les dissensions civiles, les lourds impôts frappés par les édits royaux de subventions et les nécessités privées portèrent, dans la suite, de rudes coups à cette fortune. L'abbaye de Lannoy, comme les autres, fut obligée d'aliéner une grande partie de ses terres pour se procurer l'argent nécessaire à ses besoins et aux subventions exigées. Et quand les guerres et les malheurs des temps la privèrent de bras pour cultiver ses biens, et que le nombre de ceux dont elle disposait dans son sein ne put plus répondre à l'étendue du travail, elle accensa ses terres les plus éloignées, les abandonna à perpétuité à de petits métayers, pour leur appartenir à toujours, sous la réserve d'un cens convenu. La propriété foncière de l'abbaye de Lannoy, si grande au XIVe siècle, s'amoindrit ainsi, et il ne fut pas étonnant de ne plus retrouver en 1789, en la possession du monastère, tant de biens jadis donnés par de nobles seigneurs, et dont les chartes existaient encore dans le chartrier.

Les éléments composant cette fortune étaient assez divers, et nous allons les énumérer pour en donner une idée.

LANNOY. — L'abbaye y possédait, en 1790 :

1° L'emplacement sur lequel étaient construits les bâtiments conventuels, la maison de justice, la brasserie, avec un jardin et un vivier, le tout d'une contenance de trois arpents et demi de terrain.

2° L'abbatiale avec bâtiments de décharge, cour, jardin et herbage, contenant trois arpents.

3° La ferme de la Basse Cour, consistant en maison, grange, écuries, étables à vaches, bergeries, remise, colombier, bâtiments de décharge, et pressoir détaché du corps de ferme, le tout assis sur une mine et demie de terrain et vendu par la nation, le 12 février 1791, à Remi Renet pour 6,800 livres.

4° Un moulin à eau, faisant farine, sur le Thérain, avec maison, étables, bâtiments et jardin potager, vendu le même jour (1) à Antoine Renet pour 15,400 livres.

---

(1) Toutes ces ventes, par ordre du directoire du district de Grandvilliers, ont eu lieu le 12 février 1791.

5° Un herbage tenant au moulin, contenant un arpent soixante-quinze verges, vendu par la nation à Toussaint Lenglier pour 1,650 livres.

6° Un herbage tenant au mur du jardin de l'abbaye, vers Roy-Boissy, contenant deux arpents et demi, vendu par la nation à Nicolas Lehec 1,075 livres.

7° Six arpents de pré, dans la prairie de Lannoy, vers Roy-Boissy, vendus 6,150 livres à François Lanquetin.

8° Vingt-cinq arpents et demi de terre, appelée les Vignes, entre l'ancien chemin de Lannoy à Marseille et la prairie, vendus par la nation 14,000 livres aux sieurs François-Louis et Jean-Baptiste Lamy.

9° Sept arpents de terre, tant en labour qu'en friches et bois, entre la pièce ci-dessus et les murs de l'abbaye, vendus par la nation 2,775 livres à François-Louis et Jean-Baptiste Lamy.

10° Vingt-cinq arpents et demi de terre, appelés le Pas au-Loup et les Dix-huit Mines, sis au couchant du chemin d'Epatis, vendus par la nation 21,300 livres aux sieurs Honoré Demont, Antoine Davaux et François Demont.

11° Sept arpents trois quartiers de pré et bois dits le Clos Royer, derrière l'herbage du moulin, vendus par la nation 6,000 livres à Toussaint Lenglier.

12° Cinquante-huit arpents de terre labourable, dits la Terre du Cerisier, aboutant au chemin de Lannoy à Marseille, vendus par la nation 34,000 livres aux sieurs Boutellier, Jean-Louis Cantrel, François Daroux et Louis Crignon.

13° La terre dite les Larris, derrière la ferme de la Basse-Cour, en labour et friches, sise entre la prairie et le bois de Lannoy, joignant d'un bout au terroir de Montaubert, et d'autre bout au nouvel enclos devant l'abbatiale, vendue par la nation à Louis et Jean-Baptiste Lamy pour 2,500 livres.

14° Cinquante-huit arpents et demi de terre labourable, sis entre la terre du Cerisier et le bois de Lannoy, vendus par la nation 24,900 livres aux sieurs Boutellier, Jean-Louis Cantrel, François Daroux et Louis Crignon.

15° Le clos Cauras, de la contenance de trois arpents, sis entre le bois de Lannoy et le chemin de Lannoy à Saint-Maur, vendu par la nation 2,450 livres à Toussaint Lenglier.

16° Trois arpents quatre-vingt-dix verges de pré dans la prairie vers Roy-Boissy, vendus par la nation 4,900 livres à Nicolas Lehec.

17° Trois autres arpents de pré joignant à l'article précédent.

18° Deux mines de pré, vers Epatis, joignant au pré du moulin de Lannoy.

19° Huit arpents quarante verges de pré, aussi vers Epatis, joignant à un petit herbage devant la porte de l'abbaye.

20° Le moulin à eau de Roy-Boissy, vendu par la nation 19,700 livres à Pierre-Nicolas Beaurain de Zizonnière.

21° Les prés attenant à ce moulin, vendus au même pour 4,750 livres.

22° Le bois de Lannoy, d'une contenance de soixante-huit arpents cinquante six verges, aujourd'hui propriété de M. le comte Adrien de Cossart d'Espiés.

Tous ces biens étaient de provenances diverses, ainsi que nous l'avons indiqué dans le cours de cette histoire. Mathieu du Ply avait donné, en 1137, l'emplacement sur lequel s'élevait le monastère avec le moulin, l'étang, la place d'un ancien moulin avec la moitié du territoire adjacent et une partie du bois de Lannoy (1). Benzon de Roy, Robert de L'Héraule et Garnier, son fils; Philippe de Marseille et Gautier, son frère; Hugues d'Avelon et Guy, son fils; Garnier de Boissy et Ursus, son fils, avaient donné les terres voisines avant 1143 (2). Vers 1150, Philippe de Marseille donnait encore la terre où fut depuis bâtie l'abbatiale. Sa femme, Gila de Thoix, et ses enfants Gautier, Etienne, Ursion, Jean, Eremburge, Sibille, Laurence, Agnès et Perrotte, son frère Ylbert de Marseille et son beau-frère Osmond de Thoix en ajoutèrent d'autres vers 1175; Raynaud de Saint-Omer en avait fait autant vers 1158, tandis qu'Odon et Raoul de Cannes donnaient des terres et des bois sur les pentes du coteau entre Montaubert et l'abbaye (3).

La moitié de la dîme du lieu fut donnée par Oursel de Thoix, Bérenger Le Marchand, Ascon et Adam de Cempuis (4), ses vassaux, et l'autre moitié par Hugues Le Porc et Guillaume, son fils, en 1183 (5). La dîme des terres vers Saint-Maur fut donnée, en

---

(1) Cartul. n°ˢ IV, XV. — (2) Ib. n° VIII. — (3) Ib. n° XXIII. — (4) Ib. n° XXXVI. — (5) Ib. n° XCII.

1164, par Girard de Saint Omer, Ursus de Boissy et Alexandre de Breteuil, et les droits seigneuriaux sur ces terres par Baudouin du Quesnel et Alexandre de Breteuil (1).

D'autres bienfaiteurs avaient encore contribué à constituer ce domaine ou y contribuèrent dans la suite par leur générosité. Ce furent Ansoud de Ronquerolles et Bernier de Clermont, son frère (2); Guy et Goscion d'Avelon (3); Raoul, Enguerrand et Adeline, enfants de Hugues Le Roux d'Avelon (4); Godard de Grémévillers, en 1171 (5); Hugues de Fresnel, en 1174 (6); Barthélemy de Hécourt et Emeline de Crèvecœur, en 1174 (7); Garnier d'Herculez (8), Osbert dit Malnouri d'Omécourt (9), Politius de Roy, en 1184 (10); Jean et Drogon de Fontaine, Gervais de Roy, Girard d'Hanvoiles, Baudouin de Roy, seigneur d'Omécourt, Guillaume et Jean d'Omécourt, Renaud de Roy et Gérard d'Epatis.

Le moulin de Roy avait été donné à l'Hôtel-Dieu de Beauvais par Robert de Châtillon, évêque de Laon, vers 1210, et cet établissement le céda à l'abbaye de Lannoy, en 1218, pour éviter diverses contestations (11). En 1225, les religieux en firent construire un autre à Roy, que l'on appela le Moulin-Neuf (12), et, en 1228, Drogon de Fontaine leur accensa la moitié d'un troisième, sis près de là (13).

LE MESNIL *(Roy-Boissy)*. — L'abbaye possédait au Mesnil une ferme composée d'un corps de logis avec bâtiments d'exploitation et 143 mines 39 verges (42 hect. 69 ares) d'herbages et terres labourables. Les terres étaient situées : 56 mines au fond de Roy, 22 mines à la côte de Lannoy, 6 mines au bois de Marroye, 12 mines au Champ-Pourques, 7 mines près du village avec l'enclos sur la mare, 10 mines au chemin de Morvillers et 22 mines au chemin de Grémévillers. Le corps de ferme et une grande partie des terres sont aujourd'hui la propriété de M. Mercier, avoué à Beauvais, du chef de Mme Marie Forestier, sa femme.

L'origine de cette propriété remonte au XIIIe siècle. Pierre

---

(1) Cartul. n° XXVIII. — (2) *Ib.* n° XXIX. — (3) *Ib.* n° XLIII. — (4) *Ib.* n° LII. — (5) *Ib.* n° LIII. — (6) *Ib.* n° LXI. — (7) *Ib.* n° LXVIII. — (8) *Ib.* n° LXXV. — (9) *Ib.* n° LXXXVI, LXXXVII. — (10) *Ib.* n° XCIV. — (11) *Ib.* n° CCXXII. — (12) *Ib.* n° CCLXX. — (13) *Ib.* n° CCLXXXI.

Havot, chevalier et seigneur en partie du Mesnil, donna à l'abbaye, en 1203, 67 mines de terre en trois pièces (1), et son vassal, Hugues Burnel, son fief du Mesnil, en 1208 (2). Plusieurs pièces de terre venaient d'acquisitions faites par les religieux, en 1209, de Guillaume de Limermont et d'autres propriétaires cités en la charte de confirmation de Pierre Havot (3). La même année, Hugues du Mesnil avait donné la dîme du lieu; en 1217, Galeran ou Valeran du Mesnil et Pierre, Oger, Alix et Jeanne, ses enfants, aumônèrent 13 mines et demie de terre entre Roy et le Mesnil (4), et Drogon de Fontaine et Eremburge de La Motte, veuve de Guillaume de Saint-Paul, abandonnèrent le droit de champart leur appartenant sur ces 13 mines et demie. En 1296, Baudoin d'Omécourt donnait toute sa terre du Mesnil avec son manoir et ses dépendances (5), et, en 1398, André d'Hanvoiles, demeurant à Saint-Deniscourt, et Guillaume d'Hanvoile, son père, demeurant à Lépine, vendaient à l'abbaye 11 mines de terre au Mesnil.

Quoique l'abbaye de Lannoy possédât de grandes propriétés sur le territoire de Roy-Boissy, elle n'avait cependant aucun droit de patronage sur la cure, l'évêque de Beauvais y nommait; les dîmes appartenaient à l'abbaye de Saint-Lucien, et la seigneurie était partagée entre l'abbaye de Saint-Lucien, de qui relevait Boissy, et une partie de Roy, l'Hôtel-Dieu de Beauvais et un seigneur séculier. Lannoy ne possédait que la seigneurie du Mesnil et de ses terres, fort étendues du reste.

SAINT-MAUR. — A la révolution de 1789, l'abbaye ne possédait plus, à Saint-Maur, qu'une maison avec écurie, grange et herbage, le tout d'une contenance de 75 verges, tenant d'un côté au cimetière, et de l'autre à Nicolas Chrétien; — un autre herbage de 60 verges, au bout du précédent; — le bois Tiégard, autrefois Bois Morand (*Buscus Morandi*), contenant 126 arpents 30 verges; — 10 journaux et demi de terre à Ecorchevache, siège primitif du monastère; — le bois des Pleux, y attenant (97 arpents 17 verges); — la seigneurie de la majeure partie du territoire (l'autre partie, vers Ecatelet et Briot-la-Grange, appartenait à l'abbaye de Beaupré); — le patronage de la cure; — les grosses

---

(1) Cartul. n° CXXXIV. — (2) *Ib.* n° CLII, CXCIX. — (3) *Ib.* n° CLIV. — (4) *Ib.* n° CCXI. — (5) *Ib.* n° CDLXXVI.

dîmes du lieu, — et un grand nombre de censives provenant des terres données jadis à cens, quand les moines n'avaient plus pu les cultiver.

L'abbaye avait d'abord été fondée sous le nom de Briostel, comme nous l'avons dit dans le cour de cette histoire, sur un point de ce territoire appelé aujourd'hui Ecorchevache, d'où elle fut transférée à Lannoy deux ans après.

A cette époque, Saint-Maur n'existait sous cette dénomination ni comme village, ni comme paroisse. Quelques habitations seulement s'élevaient sur les bords de la chaussée romaine, dite aussi chaussée Brunehaut, allant de Beauvais à Saint-Valery, et leur agglomération portait le nom de Haute Chaussée (*Alta Via*). Cette appellation s'est conservée jusqu'à nos jours, pour la partie dite maintenant la rue de Marseille, et le nom de Saint-Maur ne remonte pas au-delà de la fondation de l'église, au-delà du XIVe siècle. Le village prit alors le nom du patron de son église, vocable donné par les religieux de Lannoy. Il devait d'ailleurs son accroissement aux hôtes ou métayers établis par l'abbaye pour cultiver les terres fort étendues qu'elle y possédait. En 1362, l'abbé de Lannoy obtint l'érection de ce village en cure.

Primitivement, cette terre relevait et faisait partie de celle de Thieuloy, ainsi que l'attestent les premières chartes de l'abbaye de Briostel, et entre autres celle de l'évêque Odon, confirmant la donation de Simon de Bertelincourt (1). Ce seigneur donne, dit-il, la terre de Thieuloy et celle de la Haute-Chaussée, appartenant au territoire de Thieuloy (*terram de Toileto et terram de Alta via ad Toiletum pertinentem*). Après l'érection de la cure de Saint-Maur, Thieuloy en dépendit, et les situations furent interverties.

Quant à l'origine de la propriété de l'abbaye de Lannoy à Saint-Maur, elle remonte à l'époque de sa fondation. En 1134, Lambert de Brétizel donne le bois Morand (bois Tiégard), la terre adjacente et l'emplacement d'Ecorchevache, sur lequel est construit le monastère de Briostel (2) ; Guillaume et Ansold Bisette aumônent, l'année suivante, la moitié du territoire de Briostel (Ecorchevache), la terre et les bois (3), et Bernier de Clermont,

---

(1) Cartul. n° V. — (2) *Ib.* n° I. — (3) *Ib.* n° II.

Ansoud et Hugues de Ronquerolles l'autre moitié (1). Simon de Berthelincourt (2) et Nanteuil de Gaudechart (3) donnent, peu après, la moitié du territoire de La Haute-Chaussée, et l'abbaye acquiert l'autre moitié, en 1153, par échange avec l'abbaye de Beaupré contre la terre de Hautbos (4). En 1149, Drogon de Marseille, fils de Roérius, abandonne la mairie du vieux Briostel avec tous les droits et redevances attachés à cet office féodal (5). La veuve de Jean Ballet et ses enfants et Ursel de Thoix font d'autres donations, au même lieu. La dîme de ce territoire est donnée par l'abbaye de Saint-Lucien et par Garnier de Boissy, Alexandre de Breteuil et Pierre, fils de Serand (6).

THIEULOY. — Lambert de Brétizel et Guillaume Bisette avaient donné à l'abbaye de Briostel, lors de sa fondation, des terres au territoire de Thieuloy (7). Evrard de Breteuil et ses fils Valeran et Evrard donnèrent, vers la même époque, l'avouerie et les droits de vicomté et autres leur appartenant dans ce village et sur son territoire (8), tandis que Simon de Berthelincourt et Nanteuil de Gaudechart aumônaient la terre de Thieuloy et de la Haute-Chaussée (9), qu'Arnoult de Briot (10), Osmond et Girold de Conti, Ilbert et Drogon de Cempuis, Ursel de Thoix (11), Hugues et Guy de Cempuis (12) abandonnaient les droits seigneuriaux qu'ils pouvaient avoir sur cette terre, et que Robert, fils de Gunfer, donnait la moitié de la dîme (13) et le chapitre de Gerberoy l'autre moitié (14). En 1152, l'abbaye de Saint-Germer donnait semblablement un herbage audit lieu (15). Vers le même temps, Sagalon de Monceaux, Wicard de Fontaine, Raoul de Bury et Hugues de Marissel renonçaient à tous les droits féodaux leur appartenant à Thieuloy (16). En 1170, Osmond de Cempuis et ses frère et sœurs reconnaissent les limites et les démarcations faites entre la seigneurie de Thieuloy et la leur (17), et Gautier de Fontaine y donnait, vers 1220, des terres, des dîmes et des champarts. Cette donation fut confirmée, en 1227, par Guillaume

---

(1) Cartul. n° XXIII. — (2) *Ib.* n° V. — (3) *Ib.* n° X. — (4) *Ib.* n° XVII. — (5) *Ib.* n° XIV. — (6) *Ib.* n° XXIII. — (7) *Ib.* n°ˢ I, II. — (8) *Ib.* n° III. — (9) *Ib.* n°ˢ V, X, CXLIV. — (10) *Ib.* n° VI. — (11) *Ib.* n° VII. — (12) *Ib.* n° XLV. — (13) *Ib.* n° VII. — (14) *Ib.* n° XIII. — (15) *Ib.* n° XVI. — (16) *Ib.* n°ˢ XXIII et LXIV. — (17) *Ib.* n°ˢ XLV et LXXI.

et Hescelin d'Escles, en 1249, par Pierre de Cempuis (1), en 1280 par Dreux de Milly (2), et en 1284 par Guillaume Tyrel, seigneur de Poix (3).

La grange de Thieuloy rapportait, en 1626, 82 livres d'argent, 272 mines de blé, 261 mines d'avoine et 35 chapons.

La seigneurie de la localité appartenait toute entière à l'abbaye de Lannoy, et l'église, reconstruite et agrandie, en 1725, par les soins et aux frais de l'abbé Pierre Bernay de Favencourt, fut érigée en vicariat en 1726, puis en cure peu après, à la nomination de l'abbé de Lannoy (4).

HALLOY. — La moitié de la terre de Halloy avait été donnée à l'abbaye, en 1143, par Robert d'Hétomesnil, du consentement de Pierre d'Avelon et de Jean de Conti, ses seigneurs, et l'autre moitié par Borgard de Poix, du consentement de Wernon de Poix (5).

Le village fut créé par l'abbaye, au XIII° siècle, en y établissant des hôtes pour la culture de ses terres. *Viri religiosi abbas et conventus monasterii beate Marie de Alneto, conspicientes in villa sua de Haloy ... quam de novo fundarunt, populum plurimum excrescere, ecclesiam fecerunt construi,* disait, en 1307, l'évèque d'Amiens érigeant en cure cette localité (6).

La nomination à la cure appartenait à l'abbaye, ainsi que la seigneurie du lieu. En 1600, les religieux poursuivirent en Parlement un sieur Claude Leclerc, « soy-disant escuyer et seigneur du Boys Cauras, qui avoit entreprins de son autorité pure et privée, sans permission des exposans, seigneurs du lieu, la veille du jour de Toussaincts dernier, de faire rompre et briser une image de crucifix, qui estoit en une vitre sur le maistre autel de la dite église (de Halloy), qui est le lieu le plus hault et plus éminent d'icelle, et au lieu de ce y fait apposer ses armes timbrées d'un heaulme avec ung panache, ne se contente de ce, il trouble et empesche lesdits exposans en leurs justes droicts de seigneurie, fondation, revenu et ce qui en deppend (7). »

---

(1) Cartul. n° CCCXC. — (2) *Ib.* n° CDLXVI. — (3) *Ib.* n° CDLXIX.

(4) Graves : *Statistique du canton de Grandvilliers*, p. 70 et 71.

(5) Cartul. n°s XI, XII.

(6) Nous avons cité cette charte sous l'abbatiat de Jean II, XIX° abbé.

(7) Arch. de l'Oise : *Abbaye de Lannoy*, n° 141.

La terre de Halloy rapportait à l'abbaye, en 1626, 45 livres d'argent, 115 mines de blé, 370 mines d'avoine, 95 chapons, 95 pains et 4 livres de cire.

L'abbaye y possédait un moulin à vent.

AGNETZ. — Les dîmes d'Agnetz et de Ronquerolles, valant 50 livres en 1626, avaient été données à l'abbaye, vers 1210, par Bernier de Ronquerolles, archidiacre de Beauvais, et Ansoud, son frère, y avait ajouté une maison.

AUCHY-EN-BRAY. — Le tiers des dîmes avait été donné par Sagalon de Moimont et Guy, son fils.

BEAULIEU *(Loueuse)*. — La grange de Beaulieu, autrefois du Fay de Riffin, se composait du groupe des terres sises entre Loueuse, Escames et Songeons. Ces terres provenaient de diverses donations, et entre autres de celles faites, en 1208, par Gautier de Songeons, de son bois du Fay (1); en 1212, par Robert et Laurent Dubois (2), Dreux de Corbeauval (3); en 1213, par Arnoult de Morvillers (4); en 1214, par Dreux d'Auteigny et Roger de Goulancourt (5), par Roger Ballet, Gautier et Thomas de l'Angle, Gautier d'Escames, Jean l'Anglais (6); en 1221, par Pierre Havoth, seigneur de Longuavesne (7); en 1219, par Garnier de Limermont (8); en 1238, par Odon de Ronquerolles, seigneur de Saint-Deniscourt (9); en 1265, par Agnès de Limermont (10) et par Agnès de Grémévillers, veuve de Pierre de Monsures (11), de terres à Auteigny. Différentes acquisitions avaient augmenté ce domaine (12).

BEAUVAIS. — L'abbaye y possédait son grand hôtel de Lannoy, sis à l'angle de la rue des Jacobins et de la rue du Grenier-à-Sel. Cet hôtel avait été donné, en 1191, par Garnier de Saint-Aubin (13) et augmenté, en 1234, par l'acquisition du tènement des enfants d'Adam Tanekien (14), et, en 1271, par la donation de quatre petites maisons par la veuve Louis Milon. L'abbaye l'afferma, en 1565, à Martin Boileau pour en faire le dépôt ou grenier à sel,

---

(1) Cartul. n° CXLIX. — (2) *Ib.* n° CLXXXVIII. — (3) *Ib.* n° CLXXXIX. — (4) *Ib.* n° CXC. — (5) *Ib.* n°ˢ CXCII et CCXII. — (6) *Ib.* n°ˢ CCVI et CCVII. — (7) *Ib.* n° CCLV. — (8) *Ib.* n° CCXXXVII. — (9) *Ib.* n° CCCXXXVII. — (10) *Ib.* n° CDXLII. — (11) *Ib.* n° CDXLIII. — (12) *Ib.* n° CCXIII. — (13) *Ib.* n°ˢ CXIV et CXV. — (14) *Ib.* n° CCCXIX.

dont il avait l'entrepôt. Charles-Nicolas-Marcellin Delacroix, receveur des gabelles, le prit à ferme pour 99 ans, en 1782 (1). Il servit ainsi presque toujours de grenier à sel, d'où le nom de rue du Grenier-à-Sel donné à la rue nommée auparavant rue de Lannoy.

L'abbaye percevait, en outre, des cens sur plusieurs maisons provenant de diverses donations et accensées dans la suite des âges. Ainsi, Pierre, fils de Foulques, marguillier de la cathédrale, avait donné, en 1175, une maison en la rue du Déloir (2), Richelde La Karétère, une autre maison près de la porte neuve, en 1202 (3). Plusieurs maisons étaient au faubourg Saint-André (4).

BELEUSE (Somme). — L'abbaye y percevait 24 mines de blé et 12 mines d'avoine sur les dîmes, par donation de Mathilde d'Ailly, confirmée, en 1207, par Raoul de Clermont (5).

BOIS-AUBERT (Senantes). — Le fief de Bois-Aubert avait été donné, en 1211, à l'abbaye par Philippe de Dreux, évêque de Beauvais (6), et Anseau de Doudeauville y avait ajouté 18 mines de terre en 1221 (7). Les religieux l'aliénèrent, au XVII⁰ siècle, au profit de Charles Foy, président en l'élection de Beauvais, et René Choppin, seigneur d'Arnouville, son gendre, le tenait d'eux à foi et hommage, en 1695.

BORAN. — 10 muids de vin de redevance annuelle furent donnés, en 1220, par Nivelon de Ronquerolles, à prendre dans ses pressoirs de Boran (8).

BROMBOS. — Les religieux de Beaupré payaient annuellement, sur leur grange de Brombos, un muid de blé donné, en 1237, par Gérard du Ply (9).

CANNETTECOURT (Breuil-Vert). — 18 sols parisis de rente sur la terre de Cannettecourt, donnés, en 1258, par Marie de Cannettecourt, femme de Renaud de Roy (10).

CHAMBLY. — L'hôtel dit du Caillou, à Chambly, et plusieurs pièces de vignes provenant tant des comtes de Beaumont que de Pierre Tyart de Chambly et autres.

---

(1) Arch. de l'Oise : *Abbaye de Lannoy*, n° 37.

(2) **Cartul.** n° LXIX. — (3) *Ib.* n° CXXX. — (4) *Ib.*, n°ˢ CCXVI, CCCXLI, CCCXLIV, CCCXLVII, CCCLXXXI, CDXIX, CDXXVII. — (5) *Ib.* n° CXLV. — (6) *Ib.* n° CLXXII. — (7) *Ib.* n° CCXLV. — (8) *Ib.* n° CCXLI. — (9) *Ib.* n° CCCXXVIII, CCCXXIX et CCCLXXII. — (10) *Ib.* n° CDXXV.

CEMPUIS. — Un muid de grain de redevance sur la terre de Cempuis donné, en 1233, par Gautier d'Offoy (1).

CORBEAUVAL (*Senantes*). — L'abbaye y possédait des terres assez étendues, qui avaient été données, vers 1190, par Robert Porc, seigneur de Corbeauval, Guillaume Porc, Raoul de Belloy, Alerme, maire de Corbeauval, et Bernard, son frère, et par divers tenanciers du seigneur du lieu (2).

DAMERAUCOURT. — L'abbaye y percevait la moitié des dîmes, donnée par le seigneur de Poix, et y possédait une maison avec grange dîmeresse, donnée, en 1219, par Robert, vicomte de Poix et seigneur de Dameraucourt (3). Cette maison fut vendue, en 1693, avec retenue de cens, à Nicolas Senantes (4).

ETOUY. — Un muid de blé de redevance sur le moulin d'Etouy, donné, en 1241, par Jean d'Erquinvilliers (5).

FERRIÈRES. — Deux muids de blé de rente donnés, vers 1230, par Raoul de Ferrières, à prendre sur ses rentes de Ferrières (6).

GAUDECHART. — Une partie de la terre et seigneurie de Gaudechart appartenait à Lannoy. En 1169, Adam de Fontaine y avait donné 7 muids de terre (7); en 1174, Gobert de Fontaine donna une partie des dîmes; Gervais de Gaudechart et Philippe, son fils, Gautier Pekins et autres y ajoutèrent d'autres donations en 1210 et 1211 (8). En 1472, Jean de Han et Caucherotte de Blargies donnèrent la moitié de leur fief de Gaudechart (9).

GERBEROY. — Gautier de Crèvecœur et Gérard d'Epatis avaient donné des terres en 1211 (10), et Pierre d'Omécourt et Baudoin de Roy en ajoutèrent d'autres en 1212 (11). Une maison et ses dépendances y fut donnée, en 1251, par Eustache de Gerberoy (12), et une autre maison avec ses dépendances, en 1257, par Robert dit Rabache (13).

---

(1) Cartul. n° CCCVIII. — (2) *Ib.* n°ˢ CXI, CXII, CXIII, CXXI, CXXII, CXXVI, CXXXVII, CXXXVIII. — (3) *Ib.* n° CCXXXIX.

(4) Arch. de l'Oise : *Abbaye de Lannoy*, n°ˢ 84 à 89.

(5) Cartul. n°ˢ CCCLII et CCCLIII. — (6) *Ib.* n° CCCII. — (7) *Ib.* n° XLI — (8) *Ib.* n°ˢ CLXXV, CLXXVI et CLXXVII.

(9) Arch. de l'Oise : *Abbaye de Lannoy*, n° 117.

(10) Cartul. n°ˢ CLXXIII, CLXXV et CXCIII. — (11) *Ib.* n° CLXXXV. — (12) *Ib.* n° CCCXCIX. — (13) *Ib.* n° CDXXIV.

GODENVILLERS. — Le tiers de la dîme donné, en 1202, par Raoul Dauphin (1), une rente de 6 mines de blé et une masure (2).

GOINCOURT. — Des vignes avaient été données, en 1218, par Evrard Morath, bourgeois de Beauvais (3), et plusieurs pièces de pré provenaient de Garnier Le Caron (4), de Pierre Du Bois (5) et de Barthélemy Le Linger (6).

HANNACHES. — Hugues de Saint-Samson, Pierre Le Voyer, Hugues des Prés (7) et Alain de Fromericourt (8) donnèrent plusieurs terres en ce lieu sur la fin du XIIe siècle.

HAUDRICOURT. — 6 mines de blé de rente sur la terre d'Haudricourt, données par Jean de Candoire (9).

HODENC-L'ÉVÊQUE. — Des vignes données, en 1211, par Odon de Ronquerolles (10); une maison donnée, en 1242, par Jean de Berneuil (11), et le bois Bordelle donné, en 1248, par le chevalier Morel d'Hodenc (12), appartenaient à l'abbaye.

LA CHAPELLE-SOUS-GERBEROY. — 50 livres de rente sur la ferme de La Chapelle. En 1225, Simon, abbé de Lannoy, avait échangé avec Henri, abbé de Saint-Michel du Tréport, toutes les terres, salines et maisons sises à Eu et au Tréport, que Jean, comte d'Eu, avait donné à son abbaye, contre 80 muids de sel que l'abbé du Tréport s'engageait à lui fournir annuellement. Cette charge étant devenue difficile à remplir, les deux abbayes transigèrent en 1485, et la redevance de sel à fournir par l'abbaye du Tréport fut réduite à 6 muids et à 50 livres de rente à prendre sur la ferme de La Chapelle-sous-Gerberoy, appartenant à cette abbaye. En 1602, le monastère de Saint-Michel du Tréport ayant vendu sa terre et seigneurie de La Chapelle à Guy de Carvoisin, seigneur de Songeons, la rente de 50 livres, constituée au profit de l'abbaye de Lannoy, continua de grever l'immeuble (13).

MARSEILLE. — Le quart de la dîme et du cimetière de ce lieu avait été donné par Guillaume Bisette lors de la fondation du

---

(1) Cartul. n° CXXX. — (2) *Ib.* n° CCXV. — (3) *Ib.* n° CCXVII. — (4) *Ib.* n° CCXLVI. — (5) *Ib.* n° CCCLXXXIX. — (6) *Ib.* n° CDIV. — (7) *Ib.* n° LXXI. — (8) *Ib.* n° CXV.

(9) Arch. de l'Oise : *Abbaye de Lannoy*, n° 146.

(10) Cartul. n° CLXXI. — (11) *Ib.* n° CCCLIV. — (12) *Ib.* n° CCCLXXXV.

(13) Arch. de l'Oise : *Abbaye de Lannoy*, n° 152.

monastère, et d'autres bienfaiteurs, notamment Dreux de Fontaine, ajoutèrent des maisons et des terres (1).

MOGNEVILLE. — Une redevance de deux muids de vin à prendre en cette localité avait été donnée, en 1190, par Jean de Ronquerolles (2).

MONCEAUX-L'ABBAYE. — La grange de Monceaux, l'une des plus importantes exploitations agricoles de l'abbaye, devait son origine aux donations faites, vers 1150, par Etienne, fils du vicomte d'Aumale Enguerrand, de la moitié de la terre de Monceaux, dîmes et seigneurie; par Vermond de Poix, Guillaume d'Hémécourt, Raimond d'Escles, Tetbolde de Bouvresse, Raoul de Monceaux, des terres du Mesnil et de Vaquerèche (3); par Guillaume de Cocherel, Barthélemy de Thérines, Vicard d'Escles, Hugues de Longperier, Pierre, vidame de Gerberoy, Bernard d'Harovilers, Odon de Saint-Arnoult, Haldelme, Ansold et Henri Bisette, Girold de Conti, Godefroy et Hugues de Beausault, Raimond de Sarcus, Hélie, vidame de Gerberoy, et Guillaume, son fils, Enguerrand et Francon d'Aumale, Jean de Conti, de terres à Belval et Monceaux (4). D'autres donations et diverses transactions augmentèrent ce domaine (5). Parmi les bienfaiteurs on remarque Jean de Monsures (6), Jean Malherbe, Renold Folie, Bernard de Saint-Arnoult, Gautier l'Anglais (7), Hugues de Saint-Arnoult (8), Simon de Beausault (9), Baudoin et Gautier de Coquerel (10), Gervais de Saint-Arnoult (11), Hugues de Monsures (12), Gilbert d'Avesne et Roger Le Marchand (13), Garnier d'Hémécourt (14), Euphémie de Beausault (15), Guy de Saint-Arnoult (16), Hilaire de Moliens (17), Guillaume de Chanchi (18), Renaud de Crève-

---

(1) Cartul n°s CCXXXVIII. — (2) Ib. n° CV. — (3) Ib. n° XX. — (4) Ib. n°s XVIII, XIX, XXI, XXII, XXIII. — (5) Ib. n°s XXXI, XXXII, XXXIII, XXXIV, XXXV, XXXVIII, XLIV, LXXVII, LXXXII, LXXXIV, LXXXIX, CXX, CLXXXIV, CCLIX, CCLXXI, CCLXXIV, CCLXXV, CCLXXXIX, CCXCVI, CCC, CCCIV, CCCV, CCCVI, CCCXI, CCCXII, CCCXVII, CCCXXIV, CCCXLII, CCCXLIII, CDX. — (6) Ib. n°s CIII, CCXXX, CCXXXV, CCCXXXIV. — (7) Ib. n° CXXII. — (8) Ib. n° CXXIII. — (9) Ib. n°s CII, CXXXV, CCV, CCCXIII. — (10) Ib. n°s CXL, CXLI. — (11) Ib. n°s CVIII, CXXXIX, CL, CLXI, CCXLII, CCXLIII. — (12) Ib. n°s CLV, CLVIII — (13) Ib. n° CLXII. — (14) Ib. n° CLXIII. — (15) Ib. n° CCXXVI. — (16) Ib. n°s CCLXXXVII, CCCXLVI. — (17) Ib. n° CCCVII. — (18) Ib. n° CCCXVI.

cœur (1), Simon de Saint-Arnoult (2), Wibert d'Omécourt (3), Garin de Loucuse (4), Renaud l'Anglais (5), Thomas de Saint-Arnoult (6), Hugues du Four (7), Pierre et Jacques de Saint-Arnoult (8). Ils donnaient des propriétés plus ou moins grandes.

Deux villages, Monceaux et Boutavent, durent leur origine ou leur accroissement aux métayers occupés par l'abbaye à cultiver ces terres. Pour assurer à ces hôtes le moyen de remplir leurs devoirs religieux, les moines de Lannoy les aidèrent à élever des églises au milieu de leurs habitations et les desservirent eux-mêmes. En 1582, le curé de Saint-Arnoult voulut revendiquer, comme lui appartenant, la juridiction sur les habitants de Monceaux. L'affaire, portée devant le métropolitain et en cour de Rome, se termina, en 1584, en faveur de Monceaux, qui fut érigé en cure.

MONT-PERTHUIS (*Senantes*). — La grange de ce nom doit son origine aux donations de Jean Porc de Molencourt, en 1207 (9) ; d'Odon Maladru, en 1209 (10) ; de Jean de Songeons, en 1210, 1212 et 1217 (11) ; de Philippe de Dreux, en 1212 (12) ; de l'abbaye de Saint-Germer, en 1214 (13) ; de Baudoin Mileth, en 1217 (14). Jean de Boulincourt, en 1229 (15) ; Garnier d'Ernemont, en 1234 (16) ; Robert d'Iquelonde, en 1260 et 1270 (17), et Warnier d'Iquelonde, en 1272 (18), contribuèrent à agrandir ce domaine.

L'abbaye vendit son bois de Mont-Perthuis, le 13 février 1587, à Guy de Monceaux, à la charge de le tenir d'elle en fief.

MONTREUIL-SUR-THÉRAIN. — L'abbaye y possédait le fief du Mont-Lannoy. Ce fief consistait, en 1760, en une masure où avait jadis été une maison, et 88 mines de terre en plusieurs pièces. Ces terres, autrefois plus considérables, s'étendaient sur les territoires de Montreuil, de Hez et de Merlemont. Elles provenaient des donations de Déodat, bourgeois de Beauvais, en 1178 (19) ;

---

(1) Cartul. n° CCCLXXIII. — (2) *Ib.* n°ˢ CCCLXXVII, CCCLXXXIII, CDXII, CDXIII, CDXIV, CDLVI, CDLVIII. — (3) *Ib.* n° CLXXIX. — (4) *Ib.* n° CLXXX. — (5) *Ib.* n° CCXLIX. — (6) *Ib.* n° CCCXV. — (7) *Ib.* n° CCCXXXIII. — (8) *Ib.* n°ˢ CCCLXXVI, CDLXVII. — (9) *Ib.* n°ˢ CXLVII, CXLIX. — (10) *Ib.* n° CLV. — (11) *Ib.* n°ˢ CLXV, CLXVI, CLXXXI, CLXXXI, CLXXXII, CCII, CCIII. — (12) *Ib.* n°ˢ CLXXXII, CCLXXX. — (13) *Ib.* n° CC. — (14) *Ib.* n° CCVIII. — (15) *Ib.* n° CCIX. — (16) *Ib.* n° CCLXXXVI. — (17) *Ib.* n° CCXCVII. — (18) *Ib.* n°ˢ CDXXVIII, CDLII, CDLIII, CDLIV. — (19) *Ib.* n° CDLIX.

d'Alix, en 1183 (1); d'Adam de Montreuil, de Raoul le Diable, de Guyard Le Boulanger, de Garin de Roye, en 1184 (2); de Foulque Charlet, en 1190 (3); de Foulque de Montreuil, vers 1190 (4); de Jean Le Boulanger et Guillaume de Mello, en 1197 (5); de Pierre de Bracheux en 1201 (6); de Gautier Coquerel, en 1203 (7); de Reinold, maire de Hez, en 1212 (8); de Gilon d'Hodenc (9), d'Odon et Simon de Therdonne, de Guillaume de Cauvigny (10), de Jean Le Vavasseur de Montreuil (11), de Simon dit Le Pauvre (12), en 1214; d'Aubert Resgier et Hugues de Merlemont (13), en 1215; de Pierre de Hez (14), en 1218; d'Henri Charetée (15), de Gautier de Mouy (16), en 1219; de Pierre de Bracheux, en 1234 (17); de Richer et Pierre de Reuil, en 1236 (18); de Barthélemy Le Linger (19), en 1239; d'Alain Resgier, en 1240 (20); de Marie, veuve de Pierre de Bracheux (21), de Dreux Agolant (22), en 1242; de Garin Grimete, Guillaume et Jean de Reuil (23), en 1242; de Jean de Boulincourt (24), en 1243; de Dreux de Merlemont (25), en 1244; de Pétronille de Somont, dame de Montreuil (26), d'Odon Boistel (27), de Foulque Broueret, d'Eremburge La Lingère (28), de Pierre de Mancilly (29), en 1246, et des seigneurs de Merlemont, Jean de Montel, Baudoin de Forsignies, Jean de Boulincourt, Gasce de Poissy, Robert de Raullaincourt (30) et d'autres (31).

ORSIMONT (*Villers-sur-Auchy*). — La terre et seigneurie d'Orsimont était peut-être la propriété la plus considérable de l'abbaye. Le dénombrement fourni au roi François Ier l'évaluait à 2,150 mines de terre. De nombreuses donations avaient contribué à la constituer, et parmi les bienfaiteurs on peut citer Benzon de Roy,

---

(1) Cartul. n° XCI. — (2) *Ib.* n° XCIII. — (3) *Ib.* n° XCVIII. — (4) *Ib.* n° XCIX. — (5) *Ib.* n° CXIX. — (6) *Ib.* n° CXXVIII. — (7) *Ib.* n° CXXXVI. — (8) *Ib.* n° CLXXXVI. — (9) *Ib.* n°^{s} CXCV, CCXXVIII, CCXXIX. — (10) *Ib.* n° CXCVI. — (11) *Ib.* n° CXCVII. — (12) *Ib.* n° CXCVIII. — (13) *Ib.* n° CCI. (14) *Ib.* n° CCXIX. — (15) *Ib.* n° CCXVII. — (16) *Ib.* n° CCXXIX. — (17) *Ib.* n°^{s} CCCXX, CCCXXI, CCCXXII. — (18) CCCXXVI, CCCXXVII. — (19) *Ib.* n° CCCXXXIX. — (20) *Ib.* n° CCCXLVIII. — (21) *Ib.* n° CCCLV. — (22) *Ib.* n° CCCLVII. — (23) *Ib.* n° CCCLVIII. — (24) *Ib.* n° CCCLIX. — (25) *Ib.* n° CCCLXIII. — (26) *Ib.* n°^{s} CCCLXV, CCCLXX, CCCLXXI. — (27) *Ib.* n° CCCLXVI. — (28) *Ib.* n°^{s} CCCLXVII, CCCLXIX. — (29) *Ib.* n° CCCLXVIII. — (30) *Ib.* n°^{s} CD, CDI, CDII, CDIII. — (31) *Ib.* n°^{s} CDXLIX, CDL, CDLXV, CDLXXIX, CDLXXXI.

Pierre de Crèvecœur, Hélinand, Hugues du Ply, Guillaume et Pierre, vidames de Gerberoy, Raoul de Goulencourt (1), qui donnèrent, en 1160, des terres étendues avec les droits seigneuriaux et les droits de voirie; l'abbaye de Saint-Germer (2), Hugues Burnel et Hugues de Saint-Samson (3), Raoul Waleran (4), Wibert d'Hannaches (5), Godard de Grémévillers (6), Bernard, curé de Villers-sur-Auchy (7), Raoul de Marivaux (8), Gautier de Bracheux (9), Gautier de Crèvecœur (10), Hugues de Goulencourt (11), Jean Porc de Molencourt (12), les templiers de Sommereux (13) et d'autres.

En 1790, la ferme d'Orsimont se composait d'un bois de 22 arpents, d'un corps de ferme assis sur 3 mines de terrain, de 56 mines de terre labourable lieudit la Grande-Pièce, de 26 mines lieudit le Long-Pré, de 50 mines et demie lieudit l'Herbage-aux-Chats, et de 181 mines et demie d'herbage, ainsi réparties : 14 mines près la ferme, 13 mines au Camard, 62 mines lieudit le Grand-Herbage, 17 mines au Long-Pré, 15 mines à l'Herbagette, 52 mines au Grand-Pré et 8 mines et demie au Clos-Pierrot. Cette ferme, à l'exception du bois, affermée, en 1789, 6,000 livres de prix principal et 2,630 livres de redevances, et saisie révolutionnairement par l'Assemblée constituante, fut vendue, le 25 mai 1791, à M. André Canongette de Canecaude, 137,100 livres. Depuis, elle est devenue successivement la propriété de MM. Pierre Le Masson de La Caprié, Félix Le Coulteulx, le baron Jacques, Claude Tollard, Ferdinand-Louis Gervais et, depuis le 6 janvier 1878, François-Jules Botté, ancien négociant à Gournay.

LE BOIS-DE-CAILLY (*Senantes*). — La ferme du Bois-de-Cailly devait son origine à des défrichements opérés par les moines dans les bois et terres donnés, en 1175, 1176, 1190, par Ursion et Simon de Bois-Aubert, Jean Porc de Molencourt, Raoul, son frère, Marie, sa mère, et les héritiers de Raoul Waleran (14). Elle se composait d'un corps de ferme, de 30 mines d'herbage,

---

(1) Cartul. n°⁸ XXIV, XXXIX, LVI, CI. — (2) *Ib.* n° XXV. — (3) *Ib.* n°⁸ XLVI, XLVII. — (4) *Ib.* n°⁸ XLVIII, L. — (5) *Ib.* n°⁸ LXII, LXIII. — (6) *Ib.* n° LXX. — (7) *Ib.* n° LXXIV. — (8) *Ib.* n°⁸ LXXIX, CXXVI. — (9) *Ib.* n° C. — (10) *Ib.* n° CXVIII. — (11) *Ib.* n° CXXVI. — (12) *Ib.* n° CXLVIII. — (13) *Ib.* n° CCXXI. — (14) *Ib.* n°⁸ LXVI, LXVII, CIX. CX.

20 mines de pré, 15 mines de terres labourables lieudit le Bois-de-Cailly, 15 mines au Clos-Pierrot et 4 mines au Camp-Jour. Elle fut vendue par la nation, le 3 mai 1791, à Marie-Anne Vualon, veuve de Jacques Motte, pour 34,100 livres.

Rotheleu (*Breuil-le-Vert*). — Une vigne achetée, en 1220, de Barthélemy de La Neuville-en-Hez (1), et un pressoir donné, en 1247, par Renaud de La Tournelle, seigneur de Montataire (2).

Sailleville (*Laigueville*). — Des vignes provenant des donations de Nivelon de Ronquerolles, en 1221, et de Godefroy de Remy (3).

Saint-Just-des-Marais. — L'abbaye possédait à la Trupinière une maison et dépendances et plusieurs pièces de terre et de vignes, le tout tenant à la ferme de Saint-Thomas des Pauvres-Clercs. Cette propriété provenait de diverses donations, et notamment de celles d'Evrard Morath, en 1234 (4); de Hugues de Sanquez et de Guillaume de La Fromenterie, en 1236 (5), et d'acquisitions de Jean de Sénéfontaine, en 1244 (6), et d'autres. Elle fut donnée à cens, en 1478, à Jean de Caigneux, grenetier à sel de Beauvais; et elle était tenue encore à cens, en 1536, par Isnard d'Astoing, grand archidiacre de Beauvais; en 1629, par Isaac de Bullandre, doyen de Beauvais; en 1680, par François Foy, seigneur de Villers.

Songeons. — L'abbaye y possédait diverses propriétés provenant tant des donations des seigneurs de Songeons que de celles de Wiard de Seronville, en 1248 (7); d'Adam l'Anglais de Songeons, en 1249 (8); de Foulques Du Val, en 1255 (9); d'Alix de Fontaine, veuve de Wiard de Seronville, en 1260 (10).

Tillart. — 4 livres de rente sur les moulins de Tillart et de Taussac, au lieu de trois muids de grains jadis donnés (1222) par Jean d'Atainville et ses héritiers (11).

Trois-Etots. — La dîme du lieu, donnée, en 1209, par Ansoud de Ronquerolles (12).

---

(1) Cartul. n° CCXL. — (2) *Ib.* n° CCCLXXIX. — (3) *Ib.* n°⁵ CCLIV, CCLVII. — (4) *Ib.* n° CCCXVIII. — (5) *Ib.* n° CCCXXV. — (6) *Ib.* n° CCCLXI. — (7) *Ib.* n° CCCLXXXVI. — (8) *Ib.* n°⁵ CCCXXI, CCCXCII, CCCXCIV, CCCXCV, CCCXCVI, CCCXCVII, CCCXCVIII. — (9) *Ib.* n° CDXV. — (10) *Ib.* n°⁵ CDXXIX, CDXXX, CDXXXI. — (11) *Ib.* n°⁵ CCLXIII, CCLXXII. — (12) *Ib.* n°⁵ CLVII, CDLXVIII.

VILLE-EN-BRAY. — Trois muids de blé de rente sur la seigneurie de Ville-en-Bray, donnés l'un, en 1211, par Gila, mère de Robert, vicomte de Poix (1), et deux, en 1263, par Agnès d'Esquennes, veuve de Pierre de Cempuis (2).

Telles étaient les sources des revenus de l'abbaye de Lannoy. Elles constituaient une dotation assez considérable, et tout cela a disparu avec le monastère et a changé de main. Ces belles exploitations, créées par les moines, conquises par eux, à force de labeur, sur des forêts de peu de rapport, sur les bruyères de landes incultes, sur les fondrières de marais fangeux, soigneusement aménagées et intelligemment dirigées, ont été confisquées, au nom de je ne sais quel principe, et dilapidées. Ces moines faisait trop bien et trop de bien; leur richesse territoriale et leur habileté agricole portaient ombrage et faisaient envie, et on les supprima eux et leurs propriétés. Mais on a eu beau accumuler des ruines et multiplier les divisions, les grandes exploitations monastiques, entières ou divisées, ont encore conservé, et malgré tout, un certain reflet de l'habile intelligence qui a présidé à leur création et à leur conservation, et l'on ne peut s'empêcher de dire : Ces moines étaient vraiment de grands agriculteurs !

---

(1) Cartul. n° CLXXVI. — (2) *Ib.* n°° CDXXXVII, CDXXXVIII, CDLXXV.

CARTULAIRE

DE L'ABBAYE

DE NOTRE-DAME DE LANNOY (1).

I. — An 1136. — *Confirmation par Odon, évêque de Beauvais, de la donation, par Lambert de Brétizel, de l'emplacement où fut primitivement bâtie l'abbaye.*

Odo Belvacensis episcopus fidelibus universis in perpetuum. Noverint omnes qui hoc scriptum viderint vel audierint quod Lambertus de Bretesel et filii ejus Renoldus et Rogerius, accipientes aliquantulum peccunie a monachis, dederunt ecclesie sancte Marie de Briostel in elemosinam perpetuam quicquid habebant in territorio de Briostel, scilicet Buscum Morandi et omnem terram ad eundem buscum pertinentem et mansuram in terra Teoleti. Hec omnia libere et absolute in elemosinam concesserunt absque ullo redditu vel recognitione. Concesserunt etiam ista domini eorum Willelmus Biscte et Ansoldus filius ejus. Quando autem ista concessio apud Albam Marlam facta fuit, interfuerunt testes isti : Ansoldus Biscte, Radulfus de Restoldi valle, Giroldus de Alchio et alii plures. Quando vero donatio ista intra abbatiam facta fuit et super altare posita, interfuerunt testes qui subscribuntur : Odo de Galnis et filii ejus Hugo et Gaufridus, Odo filius Roberti de Gardin, Rogerius filius Johannis, Robertus et Guarnerius filii Ricardi, Rogerius et Doo filii Guarini, Renoldus de Fuble, Guarnerius filius Gerardi. Actum anno incarnationis Domini M° XXX° VI°.   (Arch. de l'Oise : *Abb. de Lannoy*, n° 159.)

---

(1) Ce cartulaire a été composé à l'aide de toutes les chartes que nous avons pu retrouver. Toutes celles qui proviennent des Archives de l'Oise sont originales et authentiques, les autres sont en très-petit nombre et reproduites d'après des copies que nous croyons exactes. L'ancien cartulaire, dressé par les moines, a disparu à la Révolution et n'a pu être retrouvé ; nous le regrettons pour notre œuvre, qui eût été plus complète.

II. — XIIe siècle. — *Donation par Guillaume Bisette de la moitié du territoire de Briostel et du quart de la dîme de Marseille.*

Guillelmus Bisete et Ansoldus filius ejus tam presentibus quam futuris in perpetuum. Licet diurnis actionibus et occupationibus impediti, necnon curis hujus seculi et vanitatibus occupati, minus spiritualibus inherere valeamus, tamen aliquotiens has curas et vanitates respuere et Dei servitio nosmetipsos mancipandos exhibere perobtamus, interim vero his quos parte Marie Deo servituros dinoscimur prediorum nostrorum quasdam portiunculas erogare satagimus. Noverint igitur tam presentes quam futuri nos dedisse et presentis scripti privilegio confirmasse Deo et ecclesie beate Dei genitricis semperque Virginis Marie et abbati de Briostel, fratribusque ibi Deo servitientibus, quicquid habebamus in territorio de Briostel, scilicet medietatem ejusdem territorii, tam in plano quam in bosco, cum appendiciis suis, in elemosinam perpetuam, pro remedio animarum nostrarum et parentum nostrorum, nichil ex omnibus nobis in posterum reservantes. Preterea concedimus eidem ecclesie quartam partem decime et cemiterii de Marselliis. Si quis igitur hanc nostre donationis paginam sciens contra eam temere venire temptaverit et predictam ecclesiam inde injuste inquietaverit, exoramus ecclesiasticos viros ad quorum officium ecclesiasticus rigor pertinet, quatinus, si non satisfactione congrua emendaverit, a communione sancte ecclesie privetur et a sacratissimo corpore et sanguine Domini nostri Jhesu Christi alienus efficiatur. Testes Osmundus abbas, Hugo Berel, Werno de Peiz, Hugo de Gornaio, Willelmus de Hosdene.

(Arch. de l'Oise : *Abb. de Lannoy*, n° 156.)

III. — Vers 1136. — *Donation par Evrard de Breteuil et ses fils de tous leurs droits sur la terre de Thieuloy.*

In nomine Patris et Filii et Spiritus Sancti. Amen. Tam presentium quam futurorum memorie presens cirographum traditur quod venerabilis et strenuus miles Evrardus Britulentium dominus et filii ejus Walerannus, Evrardus videlicet, avocaturam et vicecomitatum, insuper quicquid habent in villa et in terra de Tilleto, monachis sancte Marie servientibus de Alneio libere et absolute concedunt. Hi sunt testes in quorum presentia hoc fuit factum : Hugo filius Gamelini, Eusthtacius de Hyliaco, Godardus filius Petri, Reinoldus Rufus, Hugo de Berreio, Trihorannus, Omundus de Calneis, Walerinus de Mencicuria, Odo de Belsac, Sagalo de Milliaco et Arnulphus propositus. (Arch. de l'Oise : *Fonds de Lannoy*, n° 568.)

IV. — An 1138. — *Confirmation par Hélie et Pierre, vidames de Gerberoy, de la donation, par Mathieu du Ply, de la terre de Lannoy, pour y bâtir l'abbaye.*

Omnibus in Christo baptismi fonte renatis Helias et Petrus vicedomini Gerboredi Salutem. Donum quod Matheus de Pleeis contulit in elemosinam ecclesie sancte Marie de Briostel in presentia nostra recognitum est et sub testibus confirmatum. Sed quia omnia quibus ipse interfuit melius novit quam nos, ipsum loquentem pariter audiamus. Ego Matheus dimidium territorii Veteris Molendini cum sede ipsius, stagnum cum nemore, molendinum cum sede abbatie et quicquid ad me pertinet in supradicto territorio, totum confero ecclesie beate Marie, nihil inde reservans in posterum, nec redditus, nec exenia, nec munuscula quelibet, sed nichil omnino. Huic dono acquieverunt filii mei Girardus et Arnulfus, cum uxore mea Freescende matre eorum. Sed quia res familiaris mihi exigua erat, nec totum gratis concessi, nec quantum valebam a monachis accepi, sed mediante ratione et de meo jure cessi et centum solidos Belvacenses a monachis accepi. Hugo etiam Merlet cum filio suo Roberto concesserunt quicquid ad eos pertinebat in supradicto territorio. Receperunt autem proinde triginta quinque solidos, pater triginta, filius quinque. Id etiam concessit Hugo de Frasneis. Guarnerius de Buxeio cum Urso filio suo et aliis addiderunt huic dono Vallem Lancelini, cujus medietas ad eos pertinebat, receptis caritate viginti solidis. His omnibus Vicedomini Gerboredi interfuimus et coram nobis recognita sunt et sub testibus confirmata. Testes Eustachius et Radulfus canonici, Radulfus canonicus de Milleio, Galterius presbiter de Terinis, duo filii Petri, Petrus et Girardus, Petrus de Hosdenc, Girardus de Cagni, Hugo Avoth et Thomas frater ejus, Adelelmus de Hemenciers, Bartholomeus filius Arnulfi de Terinis, Helias de Hosdencurt, Hervous frater ejus, Galterius de Cagni, Hugo de Fosse, Radulfus de Cagni. Actum est hoc anno dominice incarnationis M° C° XXX° VIII°.

(Loisel : *Mémoire sur le pays de Beauvoisis*, p. 268.)

V. — Vers 1140. — *Confirmation par Odon II, évêque de Beauvais, de la donation, par Simon de Berthelincourt, des terres de Thieuloy et de Saint-Maur.*

Universis sancte matris ecclesie filiis et fidelibus tam futuris quam presentibus, Odo Dei patientia Belvacorum humilis minister et servus, salutem in Domino, et benedictionem a Deo salutari nostro. Cum in omnibus bene a nobis gerendis principium et finem ponere debeamus, in eo qui est principium sine principio et finis sine fine, in ipsius nomine litteris elementorum et figuris, ad memoriam omnium annotare curavimus, quia Symon de Bertelmecurta et filii ejus Guido et Doibertus terram de Toileto et terram de Alta via ad Toiletum pertinentem, ecclesie beate Marie de Alneto, pro salute sua et antecessorum suorum in elemosina contulerunt, datis sibi pro sua parte quinquaginta solidis Belvacensibus, et die qua in presentia nostri hoc donum se fecisse recognoverint, sotulares et tria paria caligarum, et etiam tres solidos habuerunt. Nantoilius autem de Golochelis, pro medietate hillius partis quam Symon habebat, centum solidos recepit, quia in vadimonio eam tenebat. Actum est hoc donno Giraldo et donno Helia vicedominis Gerborreti, et eorum filiis concedentibus et assentientibus, de feodo quorum terra erat. Et quia donnus Helyas et Petrus predicti Giraldi filius in presentia nostra hoc recognoverunt et concesserunt, ad testimonium et certificationem hujus rei, hoc scriptum nostri sigilli actoritate signatum, ecclesie prefate accommodavimus, sub anathemate interdicentes ne quis in hoc temerator appareat. Huic concessioni presentes fuerunt donnus Albertus precentor Parisiensis, Stephanus clericus ipsius, Elinandus capellanus episcopi, Johannes de Corleio, Teoldus, Eustachius, Alodus monachi Flaviaci. Petrus Bruno, Guiardus filius Johannis et Radulfus filius ejus, Bernerus Betguins, Godefridus, Galterus Esvaruels clientes episcopi, fuerunt et Galterus, Aldoenus monachi de Alneto.

(Arch. de l'Oise : *Abb. de Lannoy*, n° 576.)

VI. — Vers 1140. — *Confirmation par Odon, évêque de Beauvais, de la transaction passée entre Arnoult de Briot et l'abbaye de Lannoy, au sujet de la terre de Thieuloy.*

In nomine Patris et Filii et Spiritus Sancti. Odo Dei gratia Belvacensis episcopus omnibus recta sapere in Domino. Notum volo fieri omnibus et tam posteris quam presentibus legendum, transmitti illam Ernulfi de Briost veterem querelam, quam de monachis, qui Alneti in Domino habitant, circumquaque ventilabat et omnium fere auribus infundebat, Deum qui omnia potest terminasse. Idem enim Ernulfus feodum quod in terra Teuleti se habere dicebat, sed et totum quicquid illud erat, pro quo supradictos monachos inquietabat, michi in manu mea deseruit et eisdem monachis in elemosinam pro se suisque predecessoribus sive successoribus concessit, promissis et pacto sese obligans, si aliqua exorta fuerit calumpnia, se ubicumque fore paratum suam elemosinam aquietare. Huic interfuere donationi domnus Serlo abbas Sancti Luciani, domnus Rainoldus abbas Sancti Quintini, domnus Hugo abbas Sancte Marie de Alneto, Audoenus ejus·

dem loci monachus, magister Willelmus episcopi bajulus, Paganus filius Sibille, Odo filius Engielis, Adelelmus. Eandem donationem supradictus Ernulfus, filii quoque ejus Berengerius scilicet et Ursus, cum uxore sua Widria, jam fecerant et definierant in curia Sancti Luciani, domno Serlone abbate ejusdem loci, domno Petro priore, Gualtero preposito, Hugone de Opera, domno quoque Hugone abbate, et Audoeno ejus monacho, quibus facta est donatio, assistentibus et presentibus. Huic etiam donationi presentes fuerunt Gualterius maior et frater ejus Garnerus, Jocelinus Salnerius, Petrus filius Warini et alii multi. Horum testimonio hanc donationem confirmatam meo proprio munio sigillo; quam si quis infringere presumpserit anathematis gladio ferio et a communione sancte Ecclesie separo, nisi resipuerit et ad satisfactionem venerit.

(Arch. de l'Oise : *Abb. de Lannoy*, n° 567.)

VII. — An 1140. — *Confirmation par Odon, évêque de Beauvais, des donations faites par Arnoult de Briot, Evrard de Breteuil, Osmond de Conti, Ilbert de Cempuis, Lambert de Brétizel, Drogon de Cempuis et Robert, fils de Ganfer, à l'abbaye de Lannoy, de terres et droits à Thieuloy.*

Odo Dei gratia Belvacensis episcopus fidelibus universis in perpetuum. Sciant omnes tam moderni quam posteri quod Ernulfus de Briost, cum uxore sua Widria et cum filiis suis Beringerio et Urso dedit, per manus nostras, ecclesie Sancte Marie de Briostel, in elemosinam perpetuam, quicquid calumpniabatur in territorio Teoleti, et quicquid sui juris in eo esse dicebat, promittens et pacto se obligans quod hanc elemosinam suam contra omnes calumpnias ubique adquietabit. Huic donationi presentes fuerunt testes qui subscribuntur : Serlo abbas Sancti Luciani, Rainoldus abbas Sancti Quintini, Hugo abbas Sancte Marie de Alneto, et Audoenus monachus ejus, magister Willelmus episcopi bajulus, Paganus filius Sibille, Odo filius Engielis, Adelelmus de Ementeriis. Et sciendum est quod Arnulfus cum suis eandem donationem antea fecerat predicte ecclesie in curia Sancti Luciani, et iterum ante me recognita est et concessa. Prime concessioni interfuerunt qui subscribuntur : Serlo abbas Sancti Luciani, Petrus prior ejusdem loci, Galterius prepositus, Hugo de Opera, Hugo abbas de Alneto, et Audoenus ejus monachus, quibus facta est donatio, Galterius maior et frater ejus Garnerus, Joscelinus Salnerius, Petrus filius Warini et alii multi.

Item sciendum est quod Everardus Britolii dominus et filii ejus Walerannus, Everardus et Hugo cum aliis concesserunt prefate ecclesie per manus nostras, libere et absolute, in elemosinam perpe-

tuam quicquid habebant in villa et in terra Teoleti, videlicet advocaturam et vicecomitatum et quicquid habebant ibi aliud. Huic dono
presentes fuerunt testes qui subscribuntur : Hugo filius Gamelini,
Eustachius de Hyliaco, Godardus filius Petri, Rainaldus Rufus,
Hugo de Berreio, Trihannus, Osmundus de Calneis, Warinus de
Mencicuria, Odo de Belsac, Sawalo de Milliaco et Arnulfus prepositus.

Item sciendum est quod Osmundus de Conteio et frater ejus Giroldus concesserunt in elemosinam perpetuam predicte ecclesie advocaturam Teoleti seu quicquid ibi habuerunt antecessores sui, libere
et absolute dederunt monachis in perpetuum possidendum. Testes
hujus subscribuntur : Hugo de Centumputeis, Guido filius ejus, Galterius de Alfaio, Walterius de Haistochmainil, Laurentius de Fraisno
Monasterio et omnis conventus de Briostel.

Ilbertus de Centumputeis contulit similiter prefate ecclesie in elemosinam, uxore sua et filiis suis volentibus et concedentibus et filiabus, quicquid habebat infra terminos Teuleti et Altavie et prefecturam sive maioratum Haleti quem ex parte burgali habebat. Hec
omnia libere concessit monachis possidenda in elemosinam et censualiter, scilicet pro uno medio frumenti annuatim sibi reddendo ad
mensuram Gerborreti. Insuper et medietatem illius terre que dicitur
Moncellus Hylberti, sive quicquid in illo Moncello habebat Hylbertus,
ipse et heredes ejus totum contulerunt in elemosinam monachis, volente et concedente domino suo Ursello de Teiz. Testes hujus concessionis sunt : Hugo Rufus, Renardus, Robertus Emperevillain, Gobertus
de Spineto, Hugo de Galnis, Drogo maior de Teoleio, Walterius de
Alfaio, Robertus de Dargeis, Reinoldus faber, Golferus carpentarius.

Item Buscus Morandi et tota terra ad eum pertinens, cum mansura
in terra Teuleti, hec omnia data sunt monachis Sancte Marie de
Briostel ex dono Lamberti et filiorum ejus Reinoldi et Rogerii. Testium qui affuerunt hec sunt nomina : Odo de Galnis et filii ejus Hugo
et Gaufridus, Odo filius Roberti de Gardin, Rogerius filius Johannis,
Robertus et Guarnerius filii Ricardi, Rogerius et Doo filii Guarini,
Renoldus del Fuble, Guarnerius filius Gerardi.

Item Drogo de Centumputeis et Richeldis uxor ejus et Walterus et
Oelardus filii eorum concesserunt in elemosinam huic ecclesie quicquid calumpniabantur Teuleti, scilicet curticulum unum et mansuram
et maioratum et alias quasdam consuetudines. Omnia concesserunt
absque ulla retentione preter quatuor minas frumenti, quas accipiunt
annuatim a monachis pro censu. Testes : Hugo de Centumputeis et
filii sui Guido, Sawalo et Hugo, Walterus de Alfaio, Walterus de
Hestoldi maisnilio et Johannes frater ejus, Asbertus filius Johannis,
Odo maior et Polixe.

Item Robertus filius Gunferi cum sorore dedit ecclesie de Briostel in elemosinam, per manum Gualterii presbiteri de Terinis, medietatem decime Teoleti, libere et absolute et absque ullo redditu possidendam. Testes : Walterius presbiter de Terinis, Rainerius bellus, Goisfrius de Monte Ostberti, Odo de Galnis, Bartholomeus de Terinis, Robertus de Gardin.

Hec igitur omnia partim in nostra presentia concessa, partim ad nos scripta, sicut in abbatia concessa fuerant, delata in hac carta conscribi fecimus, quam sigilli mei patrocinio munio, quatinus hec omnia firma et illibata prefate ecclesie in perpetuum permaneant. Si quis igitur hanc nostram paginam sciens contra eam temere venire temptaverit, et ea que concessa sunt injuste calumpniari et monachis auferre vel diminuere temptaverit, anathematis illum gladio ferio et a communione sancte Ecclesie et a societate omnium sanctorum separo, nisi resipiscat, et ad emendationem congruam veniat. Acta sunt hec Belvaco anno dominice incarnationis M° C° XL°.

(Arch. de l'Oise : *Abb. de Lannoy*, n° 569.)

VIII. — An 1143. — *Confirmation par Odon, évêque de Beauvais, des donations de plusieurs terres à Lannoy par Benzon de Roy, Robert de L'Héraule, Philippe de Marseille et Hugues d'Avelon, etc.*

Odo Belvacensis ecclesie episcopus fidelibus universis imperpetuum. Innotescimus vobis quod Benzo de Reio et uxor ejus et Robertus de Arabla et Guarnerius filius ejus et Philippus de Marseliis et frater ejus, et Hugo de Avelona et Guido filius ejus cum aliis liberis suis, dederunt ecclesie sancte Marie de Briostel in elemosinam perpetuam partem terre sue juxta abbatiam, in qua vinea monachorum est et fossatum ipsorum et clausura, et insuper Robertus de Arabla et filius ejus dederunt eidem ecclesie campum unum ultra aquam, qui dicitur Cainfort, concessione dominorum suorum Savarii et Oliveri de Agia. Et Guarnerius de Buxeio et Ursus filius ejus dederunt campum parvum juxta fossatum monachorum, contiguum terre illorum, que dicitur Haia Vitalis, concessione Benzonis de Reio domini sui, et terram que dicitur Vallis Lancelini. Et Hugo de Ploeiz dedit curticulum quoddam juxta stagnum monachorum, pro quo recepit aliud apud Morviler, quod uxor Wiardi de Odor dedit prefate ecclesie. Et Aszo de Morviler concessit censum. Et Girardus molendinarius de Milleio dedit quicquid calumpniabatur in molendino monachorum. Et Ursellus de Teiz et Beringerus homo suus concesserunt quicquid calumpniabantur in decima intra fossatum monachorum scilicet medietatem. Et Hugo Porcus et Willelmus filius ejus concesserunt quicquid et ipsi calumpniabantur in decima intra fossatum monachorum scilicet alteram medietatem. Hec igitur que concessa sunt volumus eidem ecclesie in perpetuum illibata permanere. Et ideo hec et presentis scripti patrocinio et sigilli nostri impressione conmunimus. Acta sunt hec intra abbatiam astantibus multis, magistro Elinando capellano, magistro Waltero, Gualtero presbitero de Terinis, Guarnerio presbitero de Reio, Petro domino Milleii; Girardo de Sancto Othmero, Bartholomeo de Terinis, Rogone clerico, Odone de Galnis et multis aliis, anno incarnationis Domini M° C° XL° III°.

(Arch. de l'Oise : *Abb. de Lannoy*, n° 160.)

IX. — *Confirmation par Sagalon de Milly des biens sis autour du monastère et de ceux de Goulencourt donnés par Raoul de Goulencourt.*

Sawalo dominus Milleii presentibus et futuris in perpetuum. Noverint omnes, qui scriptum hoc viderint, vel audierint quia concessi monachis ecclesie sancte Marie de Briostel in elemosinam perpetuam quicquid possident, vel quicquid adquirere poterunt monachi circa abbatiam in feodo meo, ex dono vavassorum meorum. Concessi etiam ipsis quicquid possident ex dono Radulfi et fratrum ejus in territorio Gosleni curtis (1) in plano et bosco, aqua et stagno et pratis. Et ut monachi ista in pace possideant, hujus scripti patrocinio et sigilli mei testimonio confirmavi. Testes Girardus de Sancto Othmero, Benzo de Reio, Matheus de Pleciz, Odo de Galnis et filius ejus Gaufridus, Wermundus de Poiz, Osmundus de Hosseio.

(Arch. de l'Oise : *Abb. de Lannoy*, n° 128.)

X. — An 1145. — *Confirmation par Hélie et Pierre, vidames de Gerberoy, de la ratification par Godefroy d'Orval et Gila de Gaudechart, sa femme, de la donation par Nanteuil de Gaudechart, de la moitié de la terre de Thieuloy.*

Helius et Petrus vicedomini Gerboreti universis salutem. Que multis retro temporibus gesta sunt officio scribarum ad nos usque pervenerunt, nos quoque, que nostris temporibus geruntur, maxime in ecclesiastiis negocis, eisdem scribis administrantibus ad noticiam posterorum deportari facimus. Que enim committuntur soli conservanda memorie, cito absorbuntur a tetra oblivionis voragine. Igitur que non retinet memoria parum fida, custos commissorum representet

---

(1) Goulencourt, hameau de la commune de Senantes.

scriptura, suffocans et destruens fraudes, versutiasque perfidorum.
Sed nunc interius, aliis pretermissis, eam solam concessionem scripture trademus, quam coram nobis fecit Gaufridus de Aurivalle cum sorore sua Ghila filia Nantolii de Golecholis. Idem enim Nantolius jam dederat in elemosinam monachis sancte Marie de Alneto mediam partem terre Teuleti cum suis appenditiis, quod donum ejus gener predictus Gaufridus cum uxore sua predicta postea concessit. Quod ut lucidius clarescat ipse Gaufridus suam concessionem suis informat verbis. Ego Gaufridus de Aurivalle cum uxore mea Ghila donum terre Teuleti quam dedit Nantolius socer meus in elemosinam monachis Sancte Marie de Alneto concedo coram vobis dominis meis, et in manibus vestris relinquo, et scripture privilegio vestrorumque sigillorum testimonio confirmari postulo, nichil michi proinde vel heredibus meis in posterum reservans, nec munuscula quelibet, nec censum nec qualiacumque exenia, sed nichil omnino. Valde enim indecens est ut, cui liberaliter servire debemus, ecclesiam, que libera est, matrem omnium nostrum quasi serviliter nobis tributariam faciamus. Nos vicedomini Gerborreti Helyas et Petrus hujus rei testes. Eustachius et Hilbertus Sancti Petri canonici, Walterus Wagan, Balduinus et Ursio de Songons, Ursus de Teiz, Hugo de Trusseures, Gervasius de Rei. Actum anno dominice Incarnationis M° C° XLV°.

(Bibl. nat. : *Coll. Moreau*, t. LXII, f. 1.)

XI. — An 1146. — *Confirmation par Thierry, évêque d'Amiens, de la donation par Robert de Hétomesnil et Borgard de Poix du territoire de Halloy.*

Theodericus Dei gratia sancte Ambianensis ecclesie episcopus tam presentibus quam futuris in perpetuum. Sancte matris ecclesie spiritu discretionis et gratia pleno pastoribus valde congruum existit et commodum, justis peticionibus et obsecrationibus filiorum suorum maxime religiosorum assensum prebere et adjutorium. Confirmamus igitur ecclesie Sancte Marie de Alneto et monachis ibi Deo servientibus, et privilegio presentis scripti communimus medietatem terre de Halcio cum decima, tam in bosco quam in plano, quam dedit Robertus de Haistholmaisnil predicte ecclesie Sancte Marie et monachis ibi Deo servientibus in elemosinam perpetuam, concessione et donatione filii sui Walterii, in presentia nostra et fratrum suorum videlicet Johannis et Ogerii, nec non concessione Petri de Avel na domini sui. Preterea confirmamus predicte ecclesie Sancte Marie alteram medietatem terre predicti loci videlicet Haleii tam in bosco quam in plano cum decima, quam dedit supradicte ecclesie Sancte Marie de Alneto Borgardus de Pois in elemosinam perpetuam, concessione domini sui Wernonis de

Pois et Roberti filii sui, in presentia nostra, nec non fratrum suorum. Quisquis igitur hanc donationem temere fraudare temptaverit vel injuste monachos inde inquietaverit, anathematis sententie subjaceat et a sacratissimo corpore et sanguine Domini nostri Jhesu Christi, donec ad satisfactionem venerit, alienus fiat. Testes hujus donationis sunt Radulfus Anglicus, Radulfus de Guiencurt, Gervasius de Roi, Guarnerius de Boscheio, Odo de Gannes et filius ejus Hugo et Wido de Vitrea, duo filii Mathei Girardus et Arnulfus. Ex altera parte testes Gaufridus filius Wiardi, Hugo de Villanis, Goifridus de Hoencurt, Ursellus de Tois, Baldewinus Chomus. Ego Serlo abbas S^{ti} Luciani SS., Ego Fulco abbas S^{ti} Johannis Ambianensis SS. Ego Radulfus decanus Ambianensis SS. Data per manum Simonis cancellarii. Actum est hoc anno ab incarnatione Domini M° C° XL° VI°. Regnante in Gallia Ludovico, anno regni sui IX°. Regente ecclesiam Ambianensem Theoderico, anno secundo episcopatus sui.

(Arch. de l'Oise : *Abb. de Lannoy*, n° 138.)

XII. — An 1163. — *Confirmation par Jean de Conti de la donation par Robert de Hétomesnil et Pierre d'Avelon de la moitié du territoire de Halloy.*

Notum sit omnibus presentibus et futuris quod ego Johannes dominus Conteii, concessi ecclesie Sancte Marie de Briostel in elemosinam perpetuam quicquid eidem ecclesie in elemosinam dederant homines mei Robertus de Hestomaisnil et filii ejus et dominus ipsorum Petrus de Avelana, scilicet medietatem Haleii in plano et bosco et decima. Concessi etiam quicquid habebam in territorio de Bellavalle (1) tam in plano quam in bosco, pro remedio anime mee et patris mei et parentum meorum. Testes Martinus et Nicholaus canonici S^{ti} Quintini, Hugo de Centumputeis, Petrus de Rollie, Petrus de Avelana, Hugo de Teiz, Ursellus de Teiz, Haricrius de Baalosis. Preterea sciendum est quod Petrus de Avelana invadiavit mihi dominium quod habebat in territorio Haleii, scilicet servitium Johannis de Hestomaisnil. Tamdiu igitur serviet mihi Johannes predictus donec Petrus de Avelana mihi debitum solvat. Si autem Johannes a servitio debito se subtraxerit, terram predictam monachis auferre non debeo, nec saisire, sed tantum ante festum S^{ti} Remigii prohibebo monachis ne censum statutum Johanni reddant, scilicet tres modios annone, quos ei censualiter reddunt, donec mihi servitium debitum solvat. Quod si infra xl dies servitium mihi non reddiderit, deinde censum predictum acci-

---

(1) Belval, localité aujourd'hui détruite et située près de Moncoaux-l'Abbaye.

pere potero. Testes Walerannus canonicus S[ti] Antonii, Robertus frater meus, Eustachius monachus S[ti] Geremari, Hugo de Toiz, Petrus de Rulli, Balduinus de S[to] Claro, Osmundus de Milleio, Bodinus de Sancto Martino. Actum est hoc anno incarnationis Domini M° C° LXIII°.
(Arch. de l'Oise : *Abb. de Lannoy*, n° 137.)

XIII. — An 1146? — *Accord entre le chapitre de Gerberoy et l'abbaye au sujet de la dime de Thieuloy.*

Notum sit tam presentibus quam futuris veritatis examinatoribus, que conventio vel quod pactum statutum sit, et inviolabiliter confirmatio inter canonicos beati Petri qui in Gerboredo, et fratres ecclesie beate Marie de Alneio. Decime medietas, que colligitur apud Tyle tum pertinet ad sustentationem canonicorum beati Petri ecclesie famulantium, sed ne fratres, qui rigori discipline celestis subjacent, canonicorum incursu, seu redditus sui importuna exactione aliquo modo turbentur, rogatu venerabilis viri Hugonis abbatis, ceterorumque fratrum ejusdem loci voluntate et assensu, a canonicis concessum est, ut fratres illam partem decime, que canonicorum est, colligant, et in suos usus expendant, hoc pacto, ut singulis annis, canonicis septem modios, tres frumenti et dimidium, et tres avene et dimidium, persolvant. Frumentum autem adeo purum debet esse atque electum, ut tantummodo uno nummo sit deterius illo, quod purius et melius in foro Gerboredensi venumdatur, secundum minam ejusdem ville mensuratam. Hoc etiam juxta idipsum pactum constitutum est, ut in abbatia Alnei, et non in alio loco canonici redditus suos suscipiant. Ut autem pactum istud firmum et intemeratum permaneat, cartulam hanc ad hujus rei testimonium atque corroborationem scripsimus. In qua etiam nomina nobilium personarum tam clericorum quam laïcorum notata sunt, in quorum presentia pactum istud constat esse definitum atque consolidatum : sunt autem hec : Hugo abbas, Robertus prior, Fulcoinus et Audoënus et omnis conventus monachorum. Canonicorum nomina sunt hec : Balduinus thesaurarius, Eustachius prepositus, Radulfus, Hylbertus, Laurentius, Alelmus, Girardus cum ceteris canonicis. Laicorum nomina sunt hec : Petrus vicedominus, Girardus de Cagneio, Walterus de Sancto Stephano, Girardus de Geremarivilla, cum multis aliis.
(Pillet : *Hist. de Gerberoy*, p. 331, 335.)

XIV. — An 1149. — *Confirmation par Henri de France, évêque de Beauvais, de la donation par Drogon, fils de Roerius, de la mairie du territoire du Vieux-Briostel ou d'Ecorcherache.*

Notum sit omnibus tam presentibus quam futuris quod Drogo filius

Roeri et mater ejus Isabelt dederunt et concesserunt ecclesie Sancte
Marie de Briostel et monachis ibi Deo servientibus in elemosinam
perpetuam, maioratum totius territorii veteris Briostel tam in plano
quam in bosco et quicquid ibi calumpniabantur, nichil sibi reservantes
ex omnibus, nec custodiam nemorum, nec mortuum lignum, nec
curticulum, nec mansuram, nec curticulum avunculi sui, quod calumpniabatur Drogo, nec lehaltum granchie, nec custodiam vel posi-
tionem messorum sive triturantium nec calciamentum vel cibum, nec
aliud aliquid, retento sibi, unoquoque anno, uno modio frumenti et
dimidio, ad festivitatem Sancti Remigii, frumento uno denario existente pejore meliori, ad mensuram Gerbosreti. Testes sunt hujus donationis Petrus abbas S^{ti} Luciani, Helias et Petrus vicedomini Gerbosreti, Hugo de Gornaco, Willelmus filius Feoldi, Girardus de
Roseto, Walterus Wagan, Gervasius de Rei, Ursus de Songons,
Hugo del Pleeiz, Walbertus de Fontibus, Guarnerius filius Roeri,
Nivardus de Acheio, Odo de Galnis, Gaufridus filius ejus, Walerannus del Masnil, Hugo de Centumputeis, Warnerius de Buseio et
Ursus filius ejus, Odo filius Engeher et Guido filius ejus. Actum est
hoc anno ab incarnatione Domini M° C° XL° IX. Anno primo episcopatus Henrici Belvacensis. (Arch. de l'Oise : *Abb. de Lannoy*, n° 157.)

XV. — An 1151. — *Confirmation par Henri de France, évêque de
Beauvais, de la donation par Mathieu du Ply et ses enfants de
tout ce qu'ils possédaient au terroir de Lannoy, lieudit le Vieux-
Moulin.*

In nomine Patris et Filii et Spiritus Sancti. Amen. Ego Henricus
Dei gratia Belvacensis episcopus universis sancte ecclesie filiis tam
presentibus quam futuris in perpetuum. Notum sit dilectioni vestre
quod Matheus del Pleeiz et uxor sua Fresendis et filii ejus Girardus
et Arnulfus et filia sua cum nepotibus suis et Rainardus de Sancto
Otmero, cum uxore sua et Elinandus filius ejus cum uxore sua et
filia concesserunt et concedendo dederunt ecclesie Sancte Marie de
Alneto de Briostel et monachis ibi Deo servientibus, in elemosinam
perpetuam, quicquid habebant in territorio Veteris molendini tam in
plano quam in bosco, aqua et prato, scilicet omnem terram quam
habebant inter Rei et le Hamel Odonis de Galnis et inter le Maisnil
et Montem Otberti, nichil omnino sibi reservantes ex omnibus. Hanc
donationem concesserunt et concedendo dederunt domini eorum Hugo
de Freineis et Ogerus avunculus ejus cum filiis suis, et Hugo filius
Hugonis Merleth cum fratribus suis Hilone et Guidone et Alelmo
clerico et Eufemia sorore sua. Et Walterus Wagan viatoriam, quam
Matheus de eo tenebat, simili modo concedendo dedit. Ut vero do-

natio ista rata et firma permaneat in perpetuum, sigilli nostri impressione et presentium testium annotatione eam communivimus. Testes igitur hujus donationis sunt : Ivo Belvacensis ecclesie decanus, Johannes archidiaconus, magister Elinandus, Hilbertus thesaurarius de Gerborreto, Thomas presbiter de Marseliis, Hugo de Centum puteis, Girardus de Sancto Otmero, Rogo clericus de Terinis. Actum est hoc anno ab incarnatione Domini M° C° LI°.

(Arch. de l'Oise : *Abb. de Lannoy*, n° 591.)

XVI. — An 1152. — *Donation par l'abbaye de Saint-Germer d'un petit courtil à Thieuloy.*

In nomine sancte et individue Trinitatis. Suspecta est omnis veritas quam aliqua non munit auctoritas. Ut igitur ratum sit quod egimus, scripto illud confirmare decrevimus, ut si qua, quod absit, calumpnia ingruerit, aut tergiversatio, carte hujus refellatur et frangatur testimonio. Unus erat curticulus nobis apud Teuletum, parvus quidem nec multum carus, hunc Willelmus abbas Briostellii, quia competens et necessarius videbatur ei, in elemosinam donari petiit, tam sibi quam filiis suis Deo inibi servientibus, quod et concessimus et agente caritate pro recompensatione beneficii vigenti solidos accepimus. Hoc autem factum est anno incarnati Verbi M° C° LII°, in presentia Fulberti abbatis, Theoldi prioris, Guillelmi subprioris, Petri prepositi, Sawalonis cellararii de Prato, Bernardi.

(Arch. de l'Oise : *Abb. de Lannoy*, n° 570.)

XVII. — An 1153. — *Confirmation par Henri de France, évêque de Beauvais, de l'échange par lequel l'abbaye de Lannoy cède la terre de Hautbos à l'abbaye de Beaupré, contre la terre de Saint-Maur.*

In nomine Patris et Filii et Spiritus sancti. Amen. Ego Henricus Dei gratia Belvacensium episcopus notum volo fieri universis fidelibus tam futuris quam presentibus quod Hugo de Sancti Dionisii curte et uxor sua Hecia, filiusque ejus Petrus concesserunt et concedendo dederunt in elemosinam perpetuam ecclesie Sancte Marie de Alneto, quod alio nomine nuncupatur Briostel et monachis ibidem Deo servientibus, de dimidio totius territorii quod habebant in Heroldi Maisnil (1) quicquid intra metas et divisiones continetur, que assignate

---

(1) Ce village, aujourd'hui détruit, était à l'ouest de Hautbos, sur le bord de la côte.

sunt in presentia Willelmi abbatis de Briostel et quorumdam suorum monachorum, Oini videlicet, Willelmi, Fulcuini, Godefridi cellararii et conversorum Richardi, Willelmi, Hainfredi, et in presentia Petri abbatis de Prato, suorumque monachorum Bernardi prioris, Sauvualonis cellararii et fratrum conversorum Bertranni, Godefridi, Godardi, et clericorum Guarnerii sacerdotis de Reio, Thome sacerdotis de Marsiliis, Haimerici presbiteri de Terinis, Rorigonis clerici et laicorum Fulconis de Helin, Landrici filii ejus, Hugonis parvuli. Concesserunt, inquam, et in elemosinam et pro tribus modiis frumenti annuatim in clauso pascha persolvendis, eo quidem tenore quod Hugo predictam terram monachis juste acquietabit per omnia, preter decimam. Hanc siquidem donationem Helias vicedominus Gerborredi, ad cujus feodum ipsa terra pertinebat, cum uxore sua Martina et filiis suis Willelmo et Helia, Johanna et Drogone concessit et concedendo dedit predicte ecclesie de Briostel in elemosinam perpetuam. His concessionibus, concessioni scilicet predicti Hugonis et suorum, et concessioni Helye vicedomini et suorum, interfuerunt hii testes : Petrus abbas de Prato, Sauvualo cellararius, Hilbertus thesaurarius, Eustachius decanus, Petrus sacerdos, Rogerius presbiter de Sancti Dionisii curte, Balduinus de Sonjunx et filii ejus Walterus et Girardus, Ursio de Sonjunx, Ursio Reinuns et Ernaldus frater ejus, Girardus de Caneio, et Hugo filius ejus, Johannes de Hosdenc et Hugo de Longa Piro, Ursio de Teiz et Gervasius de Reio, Rorigo clericus de Teriniis, et Hugo carpentarius.

Hanc terram sic sibi traditam et jam possessam, preter decimam, dedit Willelmus abbas de Briostel, concessione et assensu totius capituli sui, ecclesie de Prato, in manu Petri ejusdem ecclesie abbatis libere in perpetuum possidendam.

Petrus vero abbas de Prato concessione itidem et assensu totius capituli sui, dedit ei in recompensatione dimidium Altavie cum decima, retenta sibi quadam parte, in eodem territorio, plane terre et nemoris intra assignatas metas, illa scilicet parte, que contigua est terre de Briolt. Porro si Hugo de Sancti Dionisii curte vel quilibet adversarius inquietaverit ecclesiam de Prato pro terra de Heroldi Maisnil et abbas de Briostel aut noluerit, aut non potuerit eam acquietare secundum quod justicia dictaverit; vel abbas de Prato similiter noluerit aut non potuerit ecclesie de Briostel suam acquietare, revertentur singuli ad propriam terram antiquo jure possessam, scilicet abbas de Prato ad suum dimidium Altavie cum decima, et abbas de Briostel ad id quod habebat in Heroldi Maisnil. Ut autem hoc ratum maneat atque inconcussum, factum inde cyrographum decrevimus sigilli nostri auctoritate et utriusque ecclesie sigillis alternatim appositis munire et testium subscriptorum astipulatione confirmare.

S. Eustachii decani. S. Hiberti thesaurarii. S. Rorigonis. S. Petri sacerdotis. S. Hugonis capellani domini Helye. S. Balduini de Sonjunx. S. Ursionis de Sonjunx. S. Johannis de Sancto Paulo. S. Petri de Hosdenc. S. Girardi de Cagniaco. S. Alelmi de Hermenteriis. S. Hugonis senescalci. S. Hugonis de Fereriis. Actum apud Briostel anno incarnationis Domini millesimo centesimo quinquagesimo tercio.

(Arch. de l'Oise : *Abb. de Lannoy*, n° 542.)

XVIII. — *Confirmation par Pierre, vidame de Gerberoy, des donations faites par Guillaume de Cocherel, Barthélemy de Thérines et ses frères, Wicard d'Escles et Hugues de Longpérier, de diverses terres à Belval, près de Monceaux.*

Notum sit omnibus tam presentibus quam futuris quod terra de Bella Valle concessa est et donata ecclesie Sancte Marie de Alneto de Briostel et monachis ibi Deo servientibus in elemosinam perpetuam. Ex dono Willelmi de Chocherel et Matildis uxoris sue dominatum medietatis predicte terre, tam in plano quam in bosco, et curticulum furni quod habebant proprium in ipso territorio, et culturam Heldeman, que erat in dominio suo, et aisiamenta ad opus animalium monachorum in tota terra sua, que huic est vicina, scilicet in territorio Sancti Arnulfi, in territorio de Meilens, in territorio de Halenis et in aliis territoriis suis, si que habent in illa vicinia, et pro recompensatione predictorum, Willelmus et Matildis accipiunt a monachis, per singulos annos ad Pentecosten, unum modium frumenti, ad mensuram Gerboreti, frumento existente uno denario pejore meliori. Testes hujus donationis : Robertus presbiter de Sancto Arnulfo, Rogo clericus de Tirenis, Girardus de Caineio et Hugo suus filius, Sawalo monachus de Prato, Hugo de Longa Piro, Ursellus de Hermercurt, Odo de Galnis et Goisfridus gener ejus, Odo de Sancto Arnulfo, Robertus clericus de Marseliis, Hugo Antenatus, Hugo de Sancti Dionisii curte, Asco de Morviler, Bartholomeus de Tirenis et Arnulfus frater ejus.

Item Bartholomeus de Tirenis et Arnulfus et Petrus fratres ejus et Lesce mater eorum concesserunt et concedendo dederunt ecclesie Sancte Marie de Briostel et monachis ibi Deo servientibus in elemosinam perpetuam quicquid habebant in Bella Valle, tam in plano quam in bosco, scilicet quartam partem ejusdem territorii cum decima, concessione domini sui Willelmi de Chocherel et Maltildis uxoris sue, retentis sibi duobus modiis frumenti in recompensatione per singulos annos ad mensuram Gerboreti in festivitate Omnium Sanctorum, frumento existente uno denario pejore meliori, ita tamen quod Willelmus et Matildis uxor sua non poterunt prohibere predictam terram a monachis, neque saisire eam, sed si Bartholomeus et fratres sui subtraxerint se a servitio domini sui Willelmi et Matildis, et a jure suo, ipse Willelmus et Matildis prohibebunt monachis duobus aut tribus diebus ante terminium, ne eis detur predicta annona, et erit in custodia monachorum, donec exhibeant eis jus suum. Testes : Helias et Petrus vicedomini de Gerboreto, Eustachius decanus, Herbertus thesaurarius, Hilbertus canonicus, Balduinus magister, Willelmus de Chocherel, Girardus de Caincio et Hugo filius suus, Hugo de Longa Piro.

Item Wicardus de Egla concessit et concedendo dedit ecclesie Sancte Marie de Alneto de Briostel et monachis ibi Deo servientibus, quicquid habebat in territorio de Bella Valle, scilicet quartam partem cum decima, in elemosinam perpetuam, concessione Sibille uxoris sue et filiorum suorum Ancelini et Willelmi et Eve, et concessione domini sui Harierii de Conti et uxoris sue Agnetis, ita tamen quod Wicardus recipiet singulis annis a monachis pro recompensatione unum modium frumenti, minas scilicet duodecim, ad mensuram Gerborreti, ad festivitatem Sancti Andree, frumento existente uno denario pejore meliori. Quod si Wicardus et heredes sui subtraxerint se a servitio domini sui Harierii et a jure suo, ipse Harierius prohibebit monachis duobus aut tribus diebus ante terminium ne eis detur predicta annona, et erit in custodia monachorum donec ei exhibeant jus suum. Testes : Hugo miles de Sancti Dionisii curte, Hugo carpentarius ejusdem ville et Goferus ejus filius, Robertus presbiter de Sancto Arnulfo, Robertus prepositus de Fontibus, Robertus de Bosco Golberti, Johannes de Brocheel.

Item de eodem Hugo de Longa Piro concessit et concedendo dedit quicquid habebat in territorio de Bella Valle, tam in plano quam in bosco, concedente uxore sua et heredibus suis ecclesie Sancte Marie de Alneto de Briostel et monachis ibi Deo servientibus, scilicet quartam partem cum decima quam clamabat, et concessit quietam Robertus clericus frater ejus, qui in ipsa calumpniabatur, ita tamen quod pro recompensatione singulis annis recipiet Hugo a monachis duos modios frumenti, in festivitate Sancti Remigii, ad mensuram Gerborreti, ipsamque terram de omnibus calumpniis adquietabit. Testes : Robertus presbiter de Sancto Arnulfo, Robertus clericus de Marsiliis, Rogo clericus de Tirenis, Willelmus de Chocherel, Odo de Sancto Arnulfo, Girardus de Caincio et Hugo filius ejus, Bartholomeus de Tirenis et Arnulfus frater ejus, Ursus de Hermercurt, Philippus de Gorcellis.

Has autem donationes ego Petrus vicedominus Gerboredi concedo et sigilli mei auctoritate confirmo.

(Arch. de l'Oise : *Abb. de Lannoy*, n° 11.)

XIX. — *Donation à l'abbaye de Lannoy par Wicard d'Escles et Sibille, sa femme, de tous les droits qu'ils pouvaient avoir sur le quart des biens de Hugues de Longpérier, sis à Belval.*

Notum sit omnibus tam presentibus quam futuris quod Wicardus de Ecclc et Sibilla uxor sua cum filiis suis Odcelino atque Willelmo et aliis dederunt ecclesie Sancte Marie de Briostel et monachis ibi Deo servientibus quicquid calumpniabantur in quarta parte Hugonis de Longa piro in territorio de Belval, nichil prorsus sibi retinentes in elemosinam perpetuam, ita videlicet quod ipse Wicardus et uxor ejus affidaverunt Ansoldo Bisete quod nullum dampnum, nullam molestiam sive injuriam amodo predicte ecclesie inferrent (1), nec per se, nec per alium, his signis quod Wicardus inde accepit a monachis asinum et uxor ejus vaccam. Testes hujus rei sunt clerici : Ricardus decanus, Ricardus presbiter, Robertus de Floisi, Petrus de Sancto Sidonio, Stephanus de Calceta; milites Ansoldus Bisete, Robertus de Alneto, Gaufridus de Marca, Ibertus de Rotois, Hylo de Estotone, Benedictus Camerarius, Walterus de Peiz, Stephanus filius ejus, Willelmus Revellus, Bernardus de Bella fraxino, Bernardus de Arguel, Rogerus de Mainardval.

XX. — An 1151. — *Confirmation par Henri Bisette des donations faites par Guillaume Bisette, son aïeul, Ansold, son père, Vermund de Poix, Guillaume d'Hémécourt, Raimond d'Escles, Etienne d'Aumale, Tetbold de Bouceresse et Raoul de Monceaux.*

Fidelibus universis tam modernis quam posteris. Henricus Bisete salutem in perpetuum. Notum vobis fieri volo quia feci concessiones quasdam et dedi donationes ecclesie Sancte Marie de Briostel in ele-

---

(1) Malgré sa promesse de garantie, Wicard inquiéta les religieux en exigeant le service féodal de l'héritier d Hugues de Longpérier, leur homme lige; ceux-ci réclamèrent pardevant Rotrode, archevêque de Rouen, qui renvoya l'affaire pardevant Guillaume, comte d'Aumale, qui les accorda.... « postea, dit la charte de « Guillaume, calumpniati sunt in eadem terra servicium ab heredo Hugonis de « Longa piro, unde tam monachi quam Wicardus ex precepto Rotrodi Rotomagensis « archiepiscopi coram me convenerunt, et primam conventionem recognoscentes « quiete et in pace concesserunt et calumpniam servicii quam faciebant penitus di- « miserunt, pro hoc a monachis xx solidos Belvacensium accipientes. » L'accord fut signé à Aumale en présence de Hugues, abbé de Beaubec, Etienne, abbé de Foucarmont, Roger, chapelain du comte, Guillaume, frère de Pierre de Gerberoy, Arnoult Bisete, Robert, son frère, Jourdain de Blosseville, l'an de l'incarnation du Verbe 1166. (Arch. de l'Oise : Abb. de Lannoy, n° 38.)

mosinam perpetuam pro remedio anime mee et pro animabus antecessorum meorum. Quod ut totum verbis breviter dicam, do ecclesie predicte et concedo in elemosinam perpetuam quicquid eidem ecclesie dedit atque concessit avus meus Willelmus Bisete et pater meus Ansoldus Bisete, scilicet medietatem territorii de Briostel cum appenditiis suis tam in plano quam in bosco, aqua et prato et quartam partem decime et cimiterii de Marseliis. Preterea et vavassores nostri, qui, sub dominio patris mei et meo, possidebant terras Moncellorum, Maisniliorum et Vaccariarum, dederunt et concesserunt terras istas eidem ecclesie in elemosinam **perpetuam in plano et bosco**. Statuerunt tamen et pacto firmaverunt aliquantulum censum, quam a monachis pro recognitione et recompensatione singulis annis recipient. Ego igitur hanc conventionem eorum et elemosinam laudo, et libenter concedo, et, ut eidem ecclesie in eternum illibata et inconcussa permaneat, presenti carta confirmo. Nomina etiam et **dona** singulorum scribo, ut et certa omnia habeantur et firmiter teneantur. Wermundus de Pois dedit medietatem Maisniliorum et Vaccariarum, concessione Stephani domini sui de Albamarla. — Willelmus de Hermercurt dedit medietatem unius quadrantis Moncellorum, Maisniliorum et Vaccariarum. — Remmundus de Egla dedit medietatem unius quadrantis Maisniliorum et Vaccariarum. — Stephanus filius Elgelrammi vicecomitis de Albamarla dedit medietatem Moncellorum et dominium dimidii quadrantis. — Tethboldus de Bovereches et Radulfus de Moncellis dederunt medietatem unius quadrantis Moncellorum. Hec igitur omnia, que isti in elemosinam predicte ecclesie dederunt, concedo ut eidem ecclesie integra et firma permaneant. Nec mihi quicquam pro his exigo, preter orationes et servitium vavassorum qui ista in elemosinam dederunt. Sicut enim ipsi exigunt a monachis aliquantulum censum, ita et nos exigimus ab ipsis solitum servitium. Inter nos vero et ipsos homines nostros tale pactum statutum est, ut si se a nostro servitio subtraxerint, quod nec nos nec illi ecclesiam predictam gravare vel inquietare debemus, nec terras predictas saisire vel monachis auferre poterimus, sed tantum prohibebimus monachos ne illis censum statutum reddant, donec ipsi nobis servitium debitum solvant. Testes : Stephanus Ferret, Ansoldus de Auvilers, Gaufridus de Marco, Paganus de Bretesel, Johannes Boel, Giroldus de Quercu, Guido de Ponte, Giroldus de Alei et Johannes filius ejus, Arnulfus de Broolcurt, Bartholomeus Bisete, Walterus de Coolreels, Ingelramus de Morviler, Girardus de Sancto Othmero, Gervasius de Reio, Johannes de Jovillis, Willelmus de Hermercurt, Adam de Hundricurt, Giroldus de Conteio. Actum est hoc anno incarnationis domini M° C° L° IIII°. (Arch. de l'Oise : *Abb. de Lannoy*, n° 162.)

XXI. — An 1155. — *Donation par Etienne, fils d'Enguerrand, vicomte d'Aumale, de tout ce qu'il possédait au territoire de Monceaux.*

Noverint omnes tam presentes quam futuri quod Stephanus filius Engelrami vicecomitis de Albamarla dedit ecclesie Sancte Marie de Briostel, in elemosinam perpetuam quicquid habebat in terra de Moncellis, sive in terra, sive in decima, sive in bosco, sive in dominio, id est medietatem totius terre cum decima, et dominium dimidii quadrantis, retentis sibi duobus modiis, ad mensuram Gerboreti, reddendis in festivitate Omnium Sanctorum, uno avene, alio frumenti de meliore quod in ipsa terra vel in Bella Valle creverit, excepto uno modio sementis, si forte melius seminatum fuerit. Et hanc donationem prius affidatione sua, postea juramento super quatuor evangelia, postremo fidejussoribus confirmavit et pepigit, quod eam monachis in omnibus et contra omnes sine malo ingenio adquietabit, ubi et quando ratio fuerit, hoc est si quis predictam terram calumpniatus fuerit, iste Stephanus vel heres suus eam, ubi justum fuerit, jure adquietabit. Quod si calumpniator contra Stephanum judicio disratiocinaverit, predictos modios ei sine inquietatione monachorum habere promittet. Similiter si dominus suus pro defectu servicii sui modiationem ipsam saisierit, monachos inde non inquietabit, donec pacato domino suo resaisiatur. Hanc donationem dominus suus Ansoldus Bisete concessit, similiter et Franco frater Stephani et hii duo se plegios dederunt cum istis, cum Fulcone de Oreio, Gaufrido de Capella, Drogone de Silincurt. Testes. Radulfus de Grandicurte, Walterus filius Ricardi presbiteri et Ricardus pater ejus et Acharin carnifex, Gaufridus de Marca, Gauterius filius Ursi, Hugo de Gillemervilla.

Preterea idem Stephanus concessit supradicte ecclesie, id est Sancte Marie de Briostel eodem pacto et eadem lege quibus supra, quicquid habebat in territorio Maisniliorum et Vaccariarum, scilicet dominatum illius terre. Nam Wermundus de Peiz de eo eam tenebat et pro ea servitio militis ei serviebat, pro quo servitio Stephanus per annum a monachis recipit ad festivitatem Omnium Sanctorum de censu Wermundi duos modios, ad mensuram Gerboreti, unum avene, alterum frumenti, quale melius creverit in illa terra, post unius modii seminationem, nichil aliud expectans sive exigens a Wermundo, sive a monachis, preter spiritualia que dantur pro beneficiis. Testes : Petrus abbas Sancti Martini, Helias monachus ejus, Hilbertus canonicus Gerboreti, Fulco de Oreio, Franco frater Stephani, Odo de Lihuis, Hilbertus de Rotors, Robertus de Gohovilla, Walterus filius

Ursi, Robertus de Centumputeis, Bartholomeus Biseta, Robertus de Alneto, Bernardus de Belfraisno, Gaufridus de Golicholis, Girardus de S^{to} Othmero, Fulcho de Tressorors, Bernardus de Haroviler, Robertus Musca, Rasco de Villa Dei. Actum hoc anno M° C° L° V° incarnationis Domini. Et quia Stephanus sigillum tunc non habebat, munitur hoc testamentum sigillo Ansoldi Bisete, domini sui.

(Arch. de l'Oise : *Abb. de Lannoy*, n° 327.)

XXI *bis*. — An 1155. — *Confirmation par Henri de France, évêque de Beauvais, de la donation par Bernard d'Hallovillers et Guillaume de Cocherel, d'une charruée de terre à Saint-Arnoult.*

Ego Henricus Belvacensis episcopus notum fieri volumus tam futuris quam presentibus quod Bernardus de Halovillari et Guillelmus de Coquerello cum uxoribus suis et filiis, unam carrucatam terre, que est in territorio Sancti Arnulfi, juxta Bellam Vallem, ecclesie beate Marie de Briostello per manum nostram in elemosinam perpetuam dederunt, ita tamen quod prefata ecclesia reddet utrique eorum singulis annis duos modios frumenti, ad mensuram Gerborredi. Guillelmus vero suos duos modios postea dedit Sagaloni de Hemericurte. Idem Sagalo donum, quod Guillelmus fecerat, prefate ecclesie ex sua parte concessit. Nos quoque eidem ecclesie concessimus decimam illius terre, ita quod ecclesia illa reddet presbitero ecclesie Sancti Arnulfi, singulis annis, unum modium frumenti, ad mensuram Gerborredi, laudante hoc factum presbitero et parrochianis. Testes sunt : Manasses abbas de Fresmont, Petrus abbas de Prato, Girardus de Gerborredo et Ansoldus Belvacenses canonici, et cum his Gregorius et Hilo clerici episcopi. Laicorum : Gerardus de Sancto Homero et Ebrardus noster camerarius; milites, Balduinus de Songons et Walterus filius ejus, Hugo del Pleeiz, Ursus de Songons, Girardus de Caincio, Guarnerius presbiter de Rei. Actum Briostelli anno incarnationis dominice M° C° L° V°. Quod ut firmum et inconcussum maneat, sigilli nostri auctoritate firmare curavimus et patrocinio communire.

(Arch. de l'Oise : *Abb. de Lannoy*, n° 525.)

XXII. — An 1157. — *Donation par Hélie, vidame de Gerberoy, de tout ce qui appartenait à son fief à Monceaux.*

Universis fidelibus tam modernis quam posteris Helyas vicedominus Gerboreti salutem in perpetuum. Noverit vestra caritas quod ego Helyas cum uxore mea Martiniana et cum Willelmo et ceteris liberis meis, tam pro remedio animarum nostrarum quam pro animabus patris et matris mee et antecessorum nostrorum dedi et concessi ecclesie beate Marie de Briostel in elemosinam perpetuam quicquid ad nostrum feodum et ad nostrum jus pertinebat in terra Moncellorum, Maisniliorum et Vaccariarum, sicut Gaufridus de Belsap, qui sub nostro dominio eam possidebat, et vavassores qui de eo eam tenebant, eam eidem ecclesie in elemosinam dederunt. Hoc itaque pactum inter nos et monachos firmiter statuimus, quod si predicti vavassores nostri se a nostro servitio subtraxerint, quia monachis inquietudinem vel molestiam non faciemus, nec terram predictam saisire poterimus, sed tantum monachos prohibebimus ne eis censum statutum reddant, donec ipsi nobis servitium debitum solvant. Testes Hylbertus de Sinancis canonicus Sancti Petri, Grimoldus canonicus Sancti Petri et Hugo capellanus Helie, Eustachius de Borriz, Radulfus de Borriz, Lambertus prepositus, Hugo de Fosse, Rogerius de Sancto Vedasto. Actum est hoc anno incarnationis Domini M° C° L° VII°.

(Arch. de l'Oise : *Abb. de Lannoy*, n° 328.

XXII bis. — An 1162. — *Renonciation pardevant Hugues, doyen de Beauvais, et Jean, archidiacre de Beauvaisis, par Hugues de Canny, à la contestation soulevée par lui contre les religieux de Lannoy, au sujet de leurs terres de Campeaux, de Monceaux et de Thiculoy.*

Ego Hugo in Christi nomine Belvacensis ecclesie decanus et ego Johannes ejusdem ecclesie archidiaconus. Ad noticiam tam futurorum quam presentium volumus pervenire Hugonem de Chainni querelam de divisionibus de Campeaus et de Mesnuis, de Vachereches et de Tuilcel, quam moverat adversus ecclesiam Beate Marie de Briostel, totam per manus nostras in pace prefate ecclesie reliquisse. Quod ut firmum et ratum permaneat litteras istas sigillorum nostrorum impressione confirmavimus et eas predicte ecclesie in perpetuum habendas commodavimus. Huic rei interfuerunt clerici magister Guarnerus, Hubertus capellanus, Petrus Rufus, Deodatus, Giraudus. Laici quidam Drogo filius Odonis Hengeheri. Actum incarnationis dominice M° C° LX° II°.

(Arch. de l'Oise : *Abb. de Lannoy*, n° 571.)

XXIII. — An 1158. — *Confirmation par Henri de France, évêque de Beauvais, des biens de l'abbaye de Lannoy.*

Henricus Dei gratia Belvacensis ecclesie episcopus, universis fidelibus presentibus et futuris salutem dicit et pacem bonam. Generatio preterit et generatio advenit et temporum successione ac mundane curiositatis novitate ante actorum memoria priorumque deperit recordatio. Quapropter operam damus perscrutari et scriptis exsequi actiones religiosorum, ne virorum bonorum compositiones de rebus mundialibus ad ecclesiarum sustentationem facte et eorum elemosine, aut oblivione pereant, aut pravorum hominum calliditate corrumpantur et pateant frustrationi. Unde et in hac carta conscribimus ea que ecclesie Sancte Marie de Briostel, vel ante nos, vel in diebus nostris a bonis viris collata sunt, statuentes ut omnia hec eidem ecclesie firma et illibata in perpetuum permaneant, que hic propriis exprimimus vocabulis. Ex dono Roberti de l'Erable et Benzonis de Reio et Philippi de Marsiliis et Hugonis de Avelona quicquid habebant intra fossatum monachorum. Ex dono Mathei del Pleiz et Hugonis de Frainaus et Hugonis Merlet, totam terram veteris molendini. Apud eandem terram, vallem Lancelini ex dono Warnerii de Buxeio, et terciam partem decime veteris molendini. Ex dono Hugonis Rufi et Rainardi de Sancto Othmero quicquid habebant in supradicta terra. Ex dono Mathei del Pleiz et Renardi et Helinandi filii sui culturam de Haia Vitalis. Ex dono Roberti de Arable et Guarnerii filii ejus, in territorio de Reio, terram que dicitur Camfort. Ex dono Petri de Crevecor et Girardi molendinarii de Milleio quicquid calumpniabantur in molendino monachorum. Ex dono Odonis de Galnis et filiorum ejus et Radulfi de Galnis et uxoris sue, terram que est in latere montis, inter Montobert et aquam, cum nemore. Ex dono Hugonis Tinelli quicquid calumpniabatur in territorio veteris molendini. Ex dono Willelmi Bisete et Ansoldi filii ejus dimidium terre de Briostel, tam in plano quam in bosco, cum quarta parte decime et cimiterii de Marseliis. Ex dono Ansoldi de Clermont et fratris ejus Bernerii aliud ejusdem terre dimidium. Ex dono uxoris Johannis Ballet et filiorum ejus et Urselli de Teiz terram Bailetorum in eodem territorio veteris Briostel. Ex dono Reori de Marseliis et Drogonis filii sui maioratum totius Briostel cum curticulo et mansura. Ex dono Hugonis Tirel de Peiz, quicquid calumpniabatur in territorio de Briostel. Ex dono ecclesie Sancti Luciani Belvacensis quicquid habebat in decima magna et minuta de Briostel. Ex dono Guarnerii de Buxeio et Urselli filii ejus et aliorum filiorum ejus et Alexandri de Britolio domini ejus, terciam partem decime de Briostel. Ex dono Petri filii Serandi et Masce matris ejus, aliam terciam partem predicte decime, concessione prefati Alexandri domini sui. Ex dono Ansoldi de Cornelio et Hugonis fratris ejus quicquid calumpniabantur in territorio de Briostel et in quarta parte decime et atrii de Marselliis. Ex dono Simonis de Bertelmecurt et filiorum ejus et aliorum heredum suorum et Nantolii de Golecheles et Gaufridi ejus generi et uxoris ejus Gile, quicquid habebant in terra Teuleti et Altavii tam in plano quam in bosco. Ex dono Hylberti de Cenpuiz et heredum suorum filiorum et filiarum, quicquid habebant in Teuleto et Altavio et in terra que dicitur Moncellus Hylberti. Ex dono Drogonis de Cenpuiz et Richerdis uxoris ejus et filiorum suorum Gualterii et Oelardi, quicquid calumpniabantur in terra Teuleti. Ex dono Lamberti et filiorum ejus Renoldi et Rogerii Buscum Morandi et totam terram ad ipsum pertinentem cum mansura. Ex dono Sawalonis de Moncellis et Wicardi de Fontibus quicquid calumpniabantur in terra Teuleti. Ex dono Radulfi de Buri et fratrum suorum, et Hugonis de Mureisel et Eufemie uxoris sue et heredum suorum quicquid calumpniabantur in terra Teuleti. Ex dono Everardi de Britolio et filiorum ejus, advocaturam et vicecomitatum et quicquid calumpniabantur in territorio Teuleti. Ex dono Othmundi de Conteio et fratris ejus Giroldi, advocaturam et quicquid calumpniabantur in territorio Teuleti. Ex dono Roberti filii Gunfer, dimidiam partem decime Teuleti. Ex dono canonicorum Sancti Petri de Gerboreto, aliud dimidium decime Teuleti. Ex dono Ernulfi de Briost quicquid calumpniabatur in Teuleto. Ex dono monachorum Sancti Geremari, curticulum quoddam in Teuleto. Ex dono Roberti de Hestomaisnil et filiorum ejus, dimidium Haleti cum decima. Ex dono Burgarii et Wernonis de Poiz, aliud dimidium Haleti cum decima. Ex dono Hugonis de Sancti Dionisii curte, medietatem territorii de Heromaisnil. Ex dono Willelmi Cocherel et Matildis uxoris sue, culturam Heldeman cum decima et dominium quarte partis de Bella valle et terram ad unius modii seminationem inter Bellam vallem et Meilens. Ex dono Bartholomei de Terinis, quartam partem Belle vallis cum decima. Ex dono Hugonis de Longa piro, quartam partem in Bella valle cum decima. Ex dono Wicardi de Egla, quartam partem Belle vallis cum decima. Ex dono Bernardi de Haroviler et Sawalonis de Hermercurt et Willelmi Cocherel, unam carrucatam terre juxta Bellam vallem, cum decima in territorio Sancti Arnulfi. Ex dono Odonis Sancti Arnulfi, decimam sui quadrantis in Bella valle. Ex dono Haldelmi et sociorum ejus, campum in Brochehel, qui dicitur de Scala. Ex dono Ansoldi Bisete et Henrici filii ejus et Stephani militis, eorum medietatem de Moncellis et quicquid in dominio illius territorii habebant et in decima. Ex dono Willelmi de Hermercurt et Theboldi de Boverches et Radulfi de Moncellis, quartam partem Moncellorum et quod habebant in decima. Ex dono Geroldi de Conteio et Gaufridi de Belsap domini sui, quartam partem Moncellorum et Maisniliorum et Vaccariarum et quod habebant in decima. Ex dono Wermundi de Poiz et Stephani de Albamarla domini sui, medietatem Maisniliorum et Vaccariarum et quod habebant in decima. Ex dono Reinmundi de Sarchosis medietatem unius quadrantis Maisniliorum et Vaccariarum, et ex dono fratris ejus Hilberti decimam ejusdem terre.

Ex dono Willelmi de Hermercurt, medietatem unius quadrantis Maisniliorum et Vaccariarum et quod habebat in decima. Ex dono Helie vicedomini Gerboreti et Willelmi filii ejus et aliorum filiorum ejus, quicquid ad se pertinebat in dominio Moncellorum, Maisniliorum et Vaccariarum. Ex dono Gaufridi de Belsal et heredum suorum, quicquid ad se pertinebat in dominio Moncellorum, Maisniliorum et Vaccariarum Ex dono Ansoldi Bisete et Henrici filii ejus, quicquid ad se pertinebat in dominio Moncellorum, Maisniliorum et Vaccariarum. Ex dono Ingelrami de Albamarla et Franconis fratris ejus et Stephani, pasturam et aisiamenta ad opus animalium monachorum in tota terra sua de montana. Ex dono Johannis de Conteio, quicquid ad se pertinebat in Bella valle. Ex dono monachorum Sancte Marie Becci, quicquid ad se pertinebat in decima Moncellorum, Maisniliorum et Vaccariarum. Ex dono Gozonis qui et Pica dicitur, quicquid calumpniabatur in Bella valle. Ex dono Warnerii de Buxeio et filiorum ejus campum quendam juxta fossatum monachorum. Ex dono Odonis de Galnis et filiorum ejus et Urselli de Teiz, terram que dicitur Haineria. Ex dono Mathei del Pleeiz et filiorum ejus, campum quendam inter Montem Otberti et Terines. Ex dono Hugonis de Frainals, campum alium juxta predictum. Ex dono Walteri Wagan, viatoriam in terra monachorum. Hec igitur omnia, que hic annotavimus, que ecclesie Sancte Marie de Briostel in elemosinam collata sunt, ut eidem ecclesie firma et inconcussa atque illibata in perpetuum permaneant, auctoritate qua Deo jubente possidemus confirmamus et nostri impositione sigilli et subscriptione testium communimus. Statuimus etiam ut laborum monachorum quos propriis manibus aut sumptibus colunt, sive de nutrimentis animalium eorum, nullus omnino ab eis decimas exigere presumat, secundum tenorem privilegiorum domni Lucii pape et domni Eugenii pape ad eosdem monachos editorum. Paci quoque et tranquillitati eorum paterna sollicitudine providentes, auctoritate pontificali prohibemus, ut nullus, infra clausuram locorum eorum sive grangiarum suarum, violentiam vel rapinam facere, vel hominem illicite capere audeat. Decernimus ergo ut nulli omnino hominum liceat prephatum monasterium temere perturbare aut ejus possessiones auferre, vel ablatas retinere, minuere, vel aliquibus fatigationibus vexare, sed omnia integre conserventur eorum pro quorum gubernatione et sustentatione concessa sunt, usibus omnimodis profutura, salva sancte Belvacensis ecclesie auctoritate. Si qua igitur ecclesiastica secularisve persona, in futurum, hanc nostre constitutionis paginam sciens, contra eam temere venire temptaverit, secundo terciove commonita, si non satisfactione congrua emendaverit, anathematis sententia feriatur, reamque se divino judicio existere de perpetrata iniquitate cognoscat, et a sacratissimo corpore et sanguine Dei et Domini Redemptoris nostri Jhesu Christi aliena fiat, atque in extremo examine districte ultioni subjaceat. Cunctis autem eidem loco justa servantibus sit pax Domini nostri Jhesu Christi quatinus et hic fructum bone actionis percipiant, et apud districtum judicem premia eterne pacis inveniant. Amen. Amen. Amen.

Testes Gilbertus abbas Ursicampi, Manasses abbas Fresmontis et Gilebertus cellararius ejus, Hugo abbas de Belbec et Lambertus et Ricardus monachi ejus, Sawalo cellararius de Prato, Hugo decanus Belvacensis ecclesie, Girardus de Gerboreto canonicus, Radulfus de Claromonte canonicus Sancti Petri Belvaci, magister Hilo canonicus Sancti Petri Belvaci, magister Robertus de Maltavio, Gregorius canonicus Sancti Bartholomei, Guarnerius presbiter de Reio, Tomas presbiter de Marseliis, Hemericus presbiter de Terinis.

Actum est hoc anno ab incarnatione Domini millesimo centesimo quingesimo octavo.

(Arch. de l'Oise : *Abb. de Lannoy*, n° 163.)

XXIV. — An 1160. — *Confirmation par Guillaume et Pierre, vidames de Gerberoy, de la donation de la terre d'Orsimont par Benzon de Roy, Pierre de Crèrecœur, Hélinand et* **Hugues du Ply.**

Fidelibus universis circumquaque degentibus Willelmus et Petrus vicedomini Gerboreti salutem in perpetuum. Generatio preterit et generatio advenit, hacque vicissitudine agitur ut que presentibus sunt certa, subsequentibus fiant ambigua vel ignota. Eapropter in presenti carta scribimus que in posterorum memoria firmiter haberi optamus. Noverint igitur omnes tam presentes quam futuri, quod Benzo de Reio, cum uxore sua Judith et filio suo Gervasio et cum ceteris liberis et heredibus suis, et Petrus de Crevecor, cum uxore sua Emelina et filio suo Waltero et cum ceteris liberis et heredibus suis, dederunt ecclesie Sancte Marie de Briostel in elemosinam perpetuam totam terram suam de Ursimonte, tam in plano et bosco, quam in aqua et prato, totum scilicet quod in ea habebant, vel in possesione propria vel in dominio. Unoquoque anno tamen pro censu donationis hujus, reddent monachi singulis eorum tres modios frumenti, ad mensuram Gerboreti, scilicet Benzoni circa pasca, Petro circa festum Omnium Sanctorum, frumentum vero ipsum pretio unius denarii vilius esse debet a meliori quod in foro venundatur. Pacti sunt igitur Benzo et Petrus monachis quod eis terram predictam elemosine sue, totius scilicet Ursimontis, ab omni calumpnia quietam et liberam jure tueri ac defensare debent. Helinandus similiter, cum uxore sua et Roberto filio suo et ceteris liberis et heredibus suis, dedit eidem ecclesie in elemosinam perpetuam quicquid possidebat in territorio Ursimontis. Cui pro recompensatione beneficii duos modios, ad mensuram Gerboreti, reddent monachi circa festum Omnium Sanctorum, unum siliginis, alterum avene. — Hugo de Pleeiz similiter, cum uxore sua et filio suo Girardo et ceteris liberis et heredibus suis, concessit eidem ecclesie in elemosinam perpetuam medietatem viatorie Ursimontis et Goisleni curtis et Haie Vitalis juxta abbatiam, insuper et viatoriam totius terre monachorum quantumlibet adquirere potuerint, intra unam leugam circa Ursimontem. Hanc igitur donationem et elemosinam eorum nos vicedomini Gerboreti domini eorum et laudamus et libenter concedimus, ego scilicet Willemus cum uxore mea et liberis, cum fratribus et ceteris heredibus meis, et ego Petrus, cum Girardo et ceteris fratribus et heredibus meis. Concedimus etiam et viatoriam, cujus medietatem in possessione propria habebamus, et aliam medietatem quam de nobis tenebat Hugo de Pleeiz. Remittimus et omnes consuetudines et exactiones, quas in eo loco habere solebamus. Si autem ipsi homines nostri, id est Benzo et Petrus a nostro se subtraxerint debito servitio, terram illam predictam monachis nec auferemus, nec aliquid molestie inferemus, sed censum tantummodo, quem illis monachi reddere debent nos accipiemus, donec debitum nobis servitium solvant, et nostra permissione quod suum est accipiant. Interdum vero monachis nullam omnino debent inferre molestiam, nec censum quam saisivimus, vel quicquam aliud exigere, sed hoc potius agant ut nostrum nobis servitium solvant, et sic quod sibi debetur recipiant. Hujus rei testes nos ipsi qui hanc cartam nostris sigillis communimus et ceteri quorum hic nomina subjecta sunt : Hilbertus thesaurarius, Lambertus capellanus, Hugo capellanus, magister Griboldus, Guarnerius presbiter de Reio, Radulfus presbiter de Othmercurt, Helius frater Willelmi, Girardus frater Petri, Walterus Wagan, Johannes de Osdene, Bartholomeus de Sancti Dionisii curte, Hugo de Trusseures, Radulfus filius Waleranni, Walterus de Songuns, Girardus de Chaineio et Hugo filius ejus et Hilo de Morviler et Willelmus de Belsap. Actum est hoc anno incarnationis Domini M° C° LX°.

(Arch. de l'Oise : *Abb. de Lannoy,* n° 422.)

Henri de France, évêque de Beauvais, confirma ces donations par une charte de la même année 1160, qui reproduit la précédente et qui ajoute :

Radulfus quoque de Goslenicurte cum uxore sua et liberis et cum fratribus suis, dedit predicte ecclesie in elemosinam perpetuam partem terre sue de Gosleni curte, per metas et divisiones, que ibi posite sunt, cum prato et nemore et stagno quodam. Recipiet tamen a monachis singulis annis pro recompensatione beneficii hujus duos modios siliginis, ad mensuram Gerboreti, circa festum Omnium Sanctorum. Hanc donationem ejus concessit dominus ejus Willelmus de Gerboredo cum fratribus suis Drogone et Helia.

Les témoins sont les mêmes que ceux de la charte précédente.

(Arch. de l'Oise : *Ibid.*)

XXV. — An 1160. — *Donation par l'abbaye de Saint-Germer de 15 mines de terre à Orsimont.*

Fidelibus universis circumquaque degentibus, Fulbertus abbas Santi Geremari Flaviaci et omnis ejus conventus salutem in perpetuum. Innotescimus hoc scripto vestre dilectioni quod nullo tempore curriculo tradi volumus oblivioni. Erat nobis, in territorio Ursimontis, aliquantula possessio, scilicet ex una parte rivi, terra seminationis minarum duodecim, et ex alia, parte rivi terra seminationis minarum trium. Quoniam igitur terra illa contigua erat terre monachorum Sancte Marie de Briostel et eis necessaria erat, petiit Willelmus abbas Sancte Marie de Briostel et monachi terram illam sibi in elemosinam dari. Concessimus igitur, consensu totius capituli nostri, terram predictam cum decima ecclesie Sancte Marie de Briostel in elemosinam perpetuam. Caritative tamen ab eis pro recompensatione beneficii quatuor libras accepimus. Actum est hoc anno incarnationis Domini millesimo centesimo sexagesimo, in presentia domni Fulberti abbatis et totius capituli, et domni Willelmi abbatis de Briostel, et Gerardi prioris, et nonni Willelmi de Bundevilla et domni Tedbaldi archidiaconi, et Arnulfi militis de Tereniis.

(Arch. de l'Oise : *Abb. de Lannoy*, n° 420.)

XXVI. — An 1162. — *Charte de franchise et d'exemption de toute autorité séculière accordée à l'abbaye de Lannoy par Louis VII, roi de France.*

In nomine sancte et individue Trinitatis, Patris et Filii et Spiritus Sancti. Amen. Ludovicus Dei gratia Francorum rex Willelmo abbati et monachis, qui in monasterio beate Marie de Alneto de Briostel habitant, imperpetuum. Munimentis ecclesiarum et religiosis maxime locis regia manus apponi debet. Sane elemosina et orationes fidelium redemptio animarum nostrarum est et perhennes divitie. Siquidem in pago et episcopatu Belvacensi monasterium de Alneto de Briostel, quod ab illustribus et catholicis viris ad ordinem Cistercii edificatum est, regie majestatis precepto munientes locum ipsum cum appendiciis suis, ab omni potestate seculari deinceps emancipatum, plena libertate donamus et presentis pagine testimonio confirmamus. In quibus hec propriis duximus exprimenda vocabulis. Locum ipsum in quo idem monasterium Sancte Marie de Alneto de Briostel situm est cum omnibus appendiciis suis. Grangiam de Briostel cum appendiciis suis. Grangiam de Teoleto cum appendiciis suis Altavia scilicet et Haleio. Grangiam de Bella valle cum quadam carrucata terre in territorio Sancti Arnulfi, et terram Moncellorum cum terra Maisnillorum et Vaccariarum cum appendiciis suis. Grangiam quoque Ursimontis cum terra de Alboutmaisnil et terra de Joslencurt cum appendiciis suis. Porro quecumque ipsi loco et eisdem fratribus de feodo et possessione regni et honoris nostri collata sunt, nos laudamus et venerabilis regine Aale assensu, perpetua et inconcussa libertate tenenda concedimus. Actum anno Dominice incarnationis millesimo centesimo sexagesimo secundo, regni nostri vicesimo quinto, astantibus in palatio nostro quorum nomina subscripta sunt et signa. S. comitis Teobaldi dapiferi nostri.

S. Guidonis buticularii. Ludovicus. S. Mathei. camerarii.
Data per manum Hugonis cancellarii.

(Arch. de l'Oise : *Abb. de Lannoy*, n° 164.)

XXVII. — An 1164. — *Charte de franchise et d'exemption de tout péage, pour le transport à travers le domaine royal des choses nécessaires à la vie et à l'entretien des religieux de Lannoy, accordée par le roi Louis VII.*

In nomine sancte et individue Trinitatis. Amen. Ego Ludowicus Dei gratia Francorum rex. Convenit nostre serenitati, abbatorum, monachorum paupertati et novitati condescendere ut cum ex proposito suscepte religionis habere redditus nequeant in aliquo saltem regium sentiant beneficium. Unde notum facimus universis presentibus et futuris quod, pro remissione peccatorum nostrorum, abbatie de Briostel donavimus in elemosinam ne per propriam terram nostram de eis, que portaverint ad usum domus, ad victum et vestitum fratrum, sive mercatura, donent aliquam consuetudinem, sed absolute et libere eant eorum vecture. Quod ut ratum sit et in memoria sigillo nostro communiri precepimus. Actum Belvaci anno incarnati Verbi M° C° LX° quarto, astantibus in palatio nostro quorum apposita sunt nomina et signa. S. comitis Teobaudi dapiferi nostri. S. Guidonis buticularii. S. Mathei camerarii. Constabulario nullo. Data per manum Hugonis cancellarii.

(Arch. de l'Oise : *Abb. de Lannoy*, n° 166.)

XXVIII. — An 1164. — *Confirmation par Barthélemy de Montcornet, évêque de Beauvais, de la donation à l'abbaye de Lannoy, par Beaudoin du Quesnel, Alexandre de Breteuil, Girard de Saint-Omer et Ursion de Boissy, de leur part dans la dîme de Briostel.*

Bartholomeus Dei gratia sancte Belvacensis ecclesie episcopus fidelibus universis in perpetuum. Quum dignum est religiosorum actiones verbis ordinare et scriptis exequi, ne intervallis temporum oblivioni aut mendaciorum calumpniis pateant frustrationi, ea propter auctoritate cure pastoralis in presenti carta scribimus quod in noticia fidelium manere obtamus. Noverint igitur fideles omnes quod Balduinus de Caisneel et uxor ejus Ysabel et filius eorum Doo et due filie eorum Richeldis et Hersendis, et Alexander de Britolio et uxor ejus Aelina et filius eorum Ursus et quatuor filie eorum Plasencia, Heldeardis, Emelina, Felicia, et Girardus de Sancto Othmero cum uxore sua et filio suo Petro et cum ceteris liberis suis, et Ursus de Buxeio et uxor ejus Emelina et duo filii eorum Girardus et Warnerius et due filie eorum Avelina et Ysabel et gener eorum Hugo concesserunt ecclesie Sancte Marie de Briostel in elemosinam perpetuam quicquid habebant in decima de Briostel, sive in dominio, sive in possessione propria, scilicet Girardus de Sancto Othmero concessit terciam partem, et Alexander dominium quod in ea habebat, et Ursus de Buxeio aliam terciam partem, et Balduinus dominium quod suum erat et aliud dominium partis Alexandri, quod de eo Alexander tenebat. Hec omnia libere et absolute per manus nostras dederunt predicte ecclesie in elemosinam perpetuam possidenda, nichil sibi in futurum retinentes vel poscentes nisi orationes. Hec omnia sicut in nostra presentia concessa sunt et in nostra manu posita statuimus et confirmamus quatinus eidem ecclesie in perpetuum illibata permaneant. Et ut nullus huic concessioni obviare vel contraire audeat, hanc cartam nostri sigilli impressione communimus. Si quis igitur hanc nostre constitutionis paginam sciens eidem contraire, vel que concessa sunt calumpniari injuste, vel monachis auferre, vel diminuere temptaverit, anathema sit et a sacratissimo corpore Domini et a societate omnium sanctorum nisi resipiscat et ad emendationem veniat, in perpetuum alienus fiat. Testes concessionis Balduini, quum hanc elemosinam in manu episcopi tradidit : Walo de Sillio, Ansculfus de Loumaisons, magister Nicholaus et magister Guido de Claromonte, Willelmus canonicus, frater Petri vicedomini Gerborreti, duo conversi Fresmontis, Renaldus de Furnivalle frater abbatis et Philippus Marescallus, magister Joscelinus. Item testes concessionis Balduini, apud abbatiam quum elemosinam super altare posuit : Girardus de Sancto Othmero, Benzo de Reio, Ursus de Buxeio, Girardus filius Mathei de Pleeiz, Thomas frater Balduini. Et hii sunt testes concessionis Ysabel uxoris Balduini et liberorum ejus, que facta fuit in domo sua in villa de Moreio, per manum Radulfi presbiteri : ipse Radulfus presbiter, Radulfus miles de Ansoldi vilers, Girardus de Sancto Othmero et Herlewinus armiger ejus, Walterus de Galnis. Item testes Ursi de Buxeio et filiorum ejus, quum in abbatia concessionem fecerunt et super altare posuerunt : Gervasius de Reio, Gaufridus de Hamel, Radulfus presbiter de Omercurt, Benzo de Reio et Gervasius et Rogerius filii ejus, Odo nepos Gervasii, Girardus filius Girardi de Caineio, Doo clericus de Vilers. Et hii sunt testes concessionis Emeline uxoris Ursi, que facta fuit in domo sua per manus Guarnerii decani de Reio, et concessionis Ysabel filie sue : Guarnerius decanus, Gervasius de Reio, Benzo de Reio et Gervasius filius ejus, Renarius de Buxeio. Testes concessionis Aveline filie Ursi et Hugonis generi ejus, que facta fuit in domo sua in villa de Menarval per manum Girardi presbiteri : Girardus presbiter, Hezelinus presbiter, Robertus clericus de Menarval, Radulfus de Gaencurt, Radulfus de Warlis. Testes concessionis Girardi de Sancto Othmero et Petri filii ejus : Odo abbas Sancte Marie de Prato et duo monachi ejus, Willelmus Malneivi et Gualterus de Avelana, Stephanus abbas Fucardimontis et Ricardus de Roboraco prior ejus, Johannes archidiaconus, Henricus abbas Sancti Quintini, Girardus abbas Sancti Geremari. Item testes concessionis Widrie uxoris Girardi et Roberti clerici filii eorum et Margarite filie eorum, que facta fuit in domo sua in villa de Vilepoiz : Hugo clericus de Vilors et Henricus armiger Girardi. Actum est hoc anno incarnationis Domini M° C° LX° quarto.

(Arch. de l'Oise : *Abb. de Lannoy*, n° 165.)

XXIX. — An 1164. — *Confirmation par Odon et Lancelin de Ronquerolles des donations faites par leurs ancêtres à l'abbaye de Lannoy.*

Notum sit presentibus et futuris quod ego Odo de Roncherolis et frater meus Lancelinus, ad ecclesiam de Briostel sponte nostra venientes, concessimus eidem ecclesie in elemosinam perpetuam, quicquid patruus noster Bernerius et Ansoldus pater noster eidem ecclesie dederant, scilicet quicquid sui juris fuerat in territorio de Briostel, idest medietatem illius territorii in plano et bosco et quicquid ad illud pertinet. Hanc concessionem fecimus in capitulo monachorum in abbatia de Briostel, in presentia testium qui subscribuntur. Testes Ursus de Sonjons et Walterus de Sonjons, Petrus de Trunchcio,

Thomas de Caisneel et Balduinus frater ejus, Johannes Wagan et Walterus frater ejus, Girardus de Pleeiz filius Mathei, Girardus de Sancto Othmero, Ursus de Buxeio, Hugo de Pleeiz, Paganus de Furneio, Hugo de Torchio. Actum anno dominice incarnationis M° C° LX° IIII°. (Arch. de l'Oise : *Abb. de Lannoy,* n° 161.)

XXX. — An 1166. — *Charte de franchise et d'exemption de tout droit de travers dans le comté de Beaumont, accordée à l'abbaye de Lannoy par Mathieu, comte de Beaumont.*

In nomine sancte et individue Trinitatis. Ego Matheus comes Bellimontis notum facio omnibus tam presentibus quam futuris quod pro salute mea patris quoque mei et matris et liberorum meorum, ecclesiam Sancte Marie de Briostel, de transverso omnium rerum suarum per totam ditionem meam transeuntium, earum videlicet que ad usum universorum prefate ecclesie fratrum vel eorumdem omnium mansionum pertinent, omni consuetudine liberam et absolutam in perpetuum facio. Quod si ministri mei utrum res, que ducentur, ad predicte usus ecclesie pertineant dubitaverint, aliquis ductorum, cui licebit, fidem dabit quod res ducte ad prenominatos ecclesie usus addicte sint et devote, et sic libere poterunt transire. Si autem fidem dare noluerit, consuetudinem reddat. Si vero fide data mendacii comprobatus fuerit, consuetudinem cum forefacto reddere cogatur. Actum est hoc Lusarchiis ante portam munitionis mee, concedente Aelidi comitissa uxore mea, filiis quoque meis Matheo et Philippo, adstantibus et testificantibus Renoldo de Bellomonte, Petro de Runqueroles et Petro de Bosrenc et Petro Hildus, anno ab incarnatione Domini M° C° LX° VI° die dominica VII kalendas octobris.

(Arch. de l'Oise : *Abb. de Lannoy,* n° 167.)

XXXI. — XII° siècle. — *Transaction entre l'abbaye et les trois sœurs Eremburge, Emeline et Heloise, au sujet des terres de Monceaux.*

Noverunt omnes qui hoc scriptum viderint quia hoc est pactum quod fecerunt monachi Sancte Marie de Briostel cum tribus sororibus qua calumniabantur in terra Moncellorum, quarum nomina sunt Eremburgis uxor Villani de Pinconio et Emelina uxor Lamberti Cornuel de Gerboredo et Helevisa de Fraitencourt. Viri ergo sororum istarum et ipse sorores cum filiis suis et filiabus dederunt Ecclesie Beate Sancte Marie de Briostel in elemosinam perpetuam quicquid calumniabantur et quod juris sui esse dicebant in terra Moncellorum, et dominus abbas Willelmus et monachi ejus pacti sunt eis quia singulis annis pro beneficio isto redent eis ad festum omnium sanctorum duos modios, ad mensuram Gerboredi, unum frumenti et alterum avene, quas inter se ut voluerint divident, sed a monachis nihil aliud exigent vel expectabunt. Censum vero istum monachi non dabunt eis, donec a Domino suo, a quo terram istam tenere debent, saisiantur, cujus concessione eam recuperare debent ut sic a monachis predictum censum recipere, quandiu terram illam monachis quietam et liberam jure tueri ac deffensare noverunt. Testes hujus donationis et pacti sunt : Vuillelmus vicedominus Gerboredi, Ursus de Sonjons, Valterus Wagan, Hugo de Trisseuris, Gervasius de Reio, Girardus filius Mathei de Ploys, Vicarinus de Renicurte, Ursellus de Thois, Girardus de Caniero, Girardus de Gramavilla, Girardus de Sancto Othmero, Radulfus filius Waleranni. (Bibl. nat. : *Coll. D. Grenier.*)

XXXII. — XII° siècle. — *Confirmation par Gérard, vidame de Picquigny, de la donation à l'abbaye de Lannoy par Barthélemy, fils d'Arnoult de Thérines, et ses frères, de tout ce qu'ils possédaient au terroir de Belcal (Monceaux-l'Abbaye).*

G. vicedominus de Pincheneo tam presentibus quam posteris in perpetuum. Noverint tam presentes quam futuri quod Bartholomeus filius Arnulfi de Tirenis et fratres sui concesserunt et concedendo dederunt ecclesie Sancte Marie de Alneto de Briostel et monachis ibi Deo servientibus quicquid habebant in territorio de Bella valle, quartam videlicet partem tam in plano quam in bosco, concessione et donatione domini sui Guillelmi de Chocherel, de quo ipsam terram tenebat, et Mathildis uxoris sue, retentis sibi duobus modiis frumenti unoquoque anno a monachis reddendis in festivitate omnium sanctorum, ad mensuram Gerboreti. Quod si Bartholomeus se subtraxerit a jure domini sui, Guillelmus non disturbabit monachos, nec saisiet terram, sed tantum frumentum saisiet et erit in custodia monachorum, donec discussum fuerit quis illud habeat. Preterea Guillelmus et Matildis uxor sua concesserunt et concedendo dederunt in presentia nostra totam culturam Heldeman et curticulum furni predicte ecclesie Sancte Marie et monachis ibi Deo servientibus, et in tota terra sua, quo huic terre vicina est, communem pasturam et aisiamenta ad opus animalium monachorum, exceptis nemoribus prohibitis, in elemosinam perpetuam, in territorio videlicet Sancti Arnulfi et in territorio de Meleies et Halini, retento sibi singulis annis uno modio frumenti ad Pentecosten, ad mensuram Gerborreti. Et ne aliquam injuriam monachi inde patiantur, hoc concedimus et concedendo donamus ego Girardus et Gueremundus filius meus pro remedio animarum nostrarum et parentum nostrorum ad quos pertinet predicta terra in elemosinam perpetuam. Testes Walterus abbas de Silencurt, Genemarus abbas Sancti Fursiani, Drogo abbas Sancti Augustini de Terravana, Girardus abbas de Gardo, Hugo de Caricampo, Giroldus de Estolomainil, Gilo de Sens, Ansoldus Biset, Fulco clericus, Hugo de Arguel, Amerius de Centumputeis et Gueremundus frater ejus.

(Arch. de l'Oise : *Abb. de Lannoy*, n° 40.)

XXXIII. — An 1166. — *Notification par Pierre, vidame de Gerberoy, de la confirmation par Odon de Lihus des limites des propriétés de l'abbaye de Lannoy, sises aux lieux dits les Mesnil, Thieuloy, Vacherèches et Campeaux.*

Ego Petrus vicedominus Gerborreti notum fieri volo presentibus et futuris quod Odo de Lihuz et Aelaïs uxor ejus et duo filii ejus Johannes et Renaldus et filie ejus Matildis et Idorea concesserunt ecclesie Sancte Marie de Briostel et monachis ibi Deo servientibus divisias que sunt inter territoria Maisniliorum et Teoleti et Vaccariarum et Campellorum, sicut me presente facte et annotate sunt. Et sciendum quod eedem divisie jamdudum coram Ansoldo Biset et Helia vicedomino Gerborreti et Gaufrido de Belsat, et Willelmo filio ejus facte, postea predicti Odonis errore aliquantulum perturbate fuerant. Sed deinde idem Odo in torneamento vulneratus et culpam recognovit, et predictas divisias, ut prius fuerant, in presentia mea restituit. Quod ut firmum et stabile in perpetuum perseveret, prece et assensu ipsius Odonis et suorum, sigilli mei auctoritate confirmo. Testes : Garinus de Lihuz pater ejusdem Odonis, Hugo de Bellavilla, Hilo de Morviler, Petrus de Warluis, Petrus de Capella, Hugo de Cainneio. Actum est hoc anno Domini M° C° LXVI°.

(Arch. de l'Oise : *Abb. de Lannoy*, n° 572.)

XXXIV. — An 1166. — *Confirmation par Guillaume, comte d'Aumale, de la renonciation par Wicard d'Escle à toutes prétentions sur un quart de la dîme de Belval.*

Ego Willelmus comes de Alba Marla omnibus baronibus meis, vicecomitibus, prepositis, cunctisque ballivis, universisque fidelibus salutem. Notum sit vobis quod cum Wicardus de Egla cum Sibilla uxore sua et filiis Ascelino, Willelmo et aliis, concessissent olim coram Ricardo decano et communia nostra Albe Marle, ecclesie Sancte Marie de Briostel et monachis ibi Deo servientibus, in elemosinam perpetuam quicquid calumpniabantur in quarta parte Hugonis de Longa Piro in territorio de Belval, nichil prorsus sibi retinentes, ita videlicet quod Wicardus asinum et uxor vaccam, postea calumpniati sunt, in eadem terra, servicium ab herede Hugonis de Longa

Piro. Unde tam monachi quam Wicardus, ex precepto domini Rotrodi Rotomagensis archiepiscopi, coram me convenerunt, ut et primam conventionem recognoscentes, quiete et in pace concesserint et calumpniam servicii quam faciebant penitus dimiserint, pro hoc a monachis viginti solidos Belvacensium accipientes. Quod ut firmum et stabile permaneat sigilli mei auctoritate confirmo. Testes prime conventionis coram communia : Ricardus decanus, Ricardus presbiter, Robertus de Floisi, Petrus de Sancto Sidonio, Stephanus de Calceta, Ansoldus Biset, Robertus de Alneto, Gaufridus de Marca, Ibertus de Rotoirs, Hilo de Estotone, Benedictus camerarius, Walterus de Peiz, Stephanus filius ejus, Willelmus Reut, Bernardus de Bella Fraxino, Bernardus d'Arguel, Rogerus de Menarval. Testes recognitionis coram me et finis calumpnie : Hugo abbas de Belbec, Stephanus abbas de Fulcarmont, Rogerus capellanus, Willelmus frater Petri de Gerboreto, Arnulfus Biset, Robertus frater ejus, Jordanus de Blossevilla. Actum est hoc anno Verbi incarnati M° C° LXVI° apud Albam Marlam. (Bibl. nat. : *Coll. Moreau*, t. 74, f° 224.)

XXXV. — An 1166. — *Confirmation par Guillaume de Beausault des donations faites par Hugues, son frère, de tout ce qu'il possédait au terroir de Moncoaux.*

Ego Willelmus de Belsast notum fieri volo presentibus et futuris quod Hugo de Belsast, frater meus, cum uxore sua Eufemia et filiis suis Gaufrido et Willelmo et filia sua Isabel, concesserunt libere et quiete ecclesie Sancte Marie de Briostel et monachis ibi Deo servientibus in elemosinam perpetuam, quicquid habebant in territorio Monscellorum, Maisnilliorum et Vaccariarum, cum pastura Montane, preter Fagium Blargiarum et Valle Bonet, que omnia Walterus pater Eufemie olim predicte ecclesie concesserat. Sciendum quoque quod si vavassores, qui de prefatis territoriis donationes fecerunt, debitum servicium predicto Hugoni fratri meo facere noluerint, territoriis monachorum in pace manentibus, redditum vavasoribus debitum ipsis dari prohibebit, donec debitum servicium ipsi reddant. Pro hac autem concessione, accepit Hugo de caritate ecclesie sex libras Belvacensium et uxor ejus Eufemia cum filiis suis xx solidos. Hec me presente facta, ut rata et stabilia permaneant, sigilli mei auctoritate confirmo. Testes Hugo abbas de Belbec, Stephanus abbas de Fulcarmont, Monachi Willermus prior de Buisval, Ricardus de Rovrei, Milites Stephanus de Belsat et Petrus filius ejus, Walterus de Belsat, Robertus de Ricarvilla. Actum est hoc anno ab incarnatione Domini M° C° LX° VI° Apud Belsat.

(Arch. de l'Oise : *Abb. de Lannoy*, n° 331.)

XXXVI. — An 1166. — *Confirmation par Barthélemy de Montcornet, évêque de Beauvais, de la donation par Béranger Le Marchant, Ascon et Adam de Cempuis, d'une partie du territoire du Moncel-Hybert, près Thieuloy, et de la dîme de cette partie.*

Ego Bartholomeus Belvacensis episcopus notum fieri volo presentibus et futuris, quod Berengarius filius Arnulfi mercatoris et Asco de Centpuiz et uxor ejus Havisa et filia ejus Maria, Adam quoque frater ejus et Emma uxor ejus et filii ejus Ameirus, Renoldus, Gairerius, Aubinus et filia ejus Hiberga concesserunt per manum meam ecclesie Sancte Marie de Briostel et monachis ibi Deo servientibus in elemosinam perpetuam quicquid possidebant in territorio Monscelli Hilbert, nichil omnino sibi retinentes, preter unum modium frumenti, ad mensuram Gerborreti, reddendum sibi a monachis singulis annis in festo sancti Remigii. Decimam quoque ejusdem territorii dimiserunt in manu mea, et de manu mea ad predictam transiit ecclesiam. Pro hac autem concessione acceperunt a monachis sex libras Belvacensium. Quod totum factum est concedente Ursello de Teiz, de quo predictum territorium tenebant. Et sciendum quod idem Berengarius cognatis suis Asconi scilicet et Adam predictam mediationem in perpetuum dimisit, accipientes proinde ab eis centum solidos Belvacensium. Hec coram me facta, ut firma et stabilia perseverent, sigilli mei auctoritate confirmo. Hujus concessionis in presentia mea testes sunt : clerici Petrus capellanus, Hilo, Robertus de Turre. Milites : Ansellus de Valle Roberti miles regis, Berengarius de Porta, Lancelinus Marescaudus, Helias, Rossellus. Item ejusdem concessionis apud Centpuiz facte ab uxoribus et filiis pariter et filiabus predicti Asconis et Adam fratris ejus testes : Osmundus dominus de Cempuis, Johannes de Haistoutmaisnil, Hugo de Contris, Hugo Bubulcus, Willelmus filius ejus, Girardus de Belvaco. Actum Belvaci anno Verbi incarnati M° C° LXVI°.

(Arch. de l'Oise : *Abb. de Lannoy*, n° 330.)

XXXVII. — An 1167. — *Confirmation par Barthélemy de Montcornet, évêque de Beauvais, de la transaction entre l'abbaye de Lannoy et Godefroy Boirete, au sujet de deux muids de blé et deux muids d'avoine de rente donnés par Ursion de Boissy.*

Bartholomeus Dei gratia Belvacensis episcopus universis fidelibus in perpetuum. Notum fieri volumus tam futuris quam presentibus, quod temporibus nostris suborta est controversia inter abbatiam de Alneto et Godefridum Boirete; reclamantibus monachis adversus illum super concremationem cujusdam domus sue, ipso vero adversus monachos calumpniante duos modios frumenti et duos avene, quos ex dono Ursionis de Buxeio eadem abbatia possidebat. Aliquantis igitur diebus, questio ventilata tali denique fine precisa est : abbas et monachi dampnum suum Godefrido condonantes et viginti solidos adjecerunt. Godefridus vero et Richeldis uxor ejus in curia mea omnem penitus calumpniam et querelam, quam adversus abbatiam habebant, remittentes, ipsam possessionem de qua contendebatur propriis manibus abjuraverunt, seque deinceps plenam pacem abbatie servaturos sub eorum juramento promiserunt. Actum est hoc publice, concessione filiarum ipsius Godefridi Alwi, Elenburc, et Beatricis, anno incarnationis dominice M° C° LX° VII°, testibus his qui subscripti sunt : magister Stephanus, magister Remigius, Petrus presbiter de Sancto Petro, Haimericus thelonearius, Odo filius Engelheri, Robertus Silvanectensis famulus regis, Hamericus Rufus, Ivo castellanus, Petrus miles, Hamericus prepositus, Ivo de Moncio, Garnerus faber, fuerunt et alii multi.

(Arch. de l'Oise : *Abb. de Lannoy,* n° 168.)

XXXVIII. — An 1169. — *Confirmation par Thibaud d'Heilli, évèque d'Amiens, de la donation par Girold de Conti et Mathieu, son fils, du quart du territoire de Monceaux.*

Ego Teobaldus Dei gratia Ambianensium dictus episcopus, tam presentibus quam futuris notum facio quod veniens in presentia nostra Giroudus de Conteio, cum filio suo Matheo, elemosinam, quam ecclesie Sancte Marie de Briostel in perpetuam elemosinam donaverat, presentibus Radulfo decano, Ingerrano archidiacono, Roberto cancellario, recognovit, et domno Radulfo abbati coram posito, per manum nostram, reddidit et concessit, videlicet quicquid in territoriis Moncellorum, Maisniliorum, Vacariarum tenebat, quartam scilicet partem eorumdem territoriorum tam in plano quam in nemore. Verum pro temporali recompensatione hujus elemosine, idem Gerodus et heredes ejus sex modios, ad mensuram Gerboredi, tres frumenti de meliori quam in ipsa terra creverit, excepto uno modio sementis, si forte melius seminatum fuerit, et tres avene, per singulos annos in festivitate Omnium Sanctorum a predicta ecclesia de Briostel recipient. Hujus autem helemosine donationem assensu Imbrie uxoris sue factam et ab eo postmodum in presentia nostra, prout dictum est, recognitam contra omnes calumpniatores, ubi debuerit et sicut justum fuerit, se acquietaturum fide data pepigit et promisit. Quod si forte terram illam adversus predictum Giroudum vel heredes ejus judicio curie aliquis disrationabiliter, idem Giroudus predictum censum sex modiorum a monachis deinceps non requiret, neque ecclesiam super hoc exinde inquietabit. Similiter si dominus ejus, pro retentione servitii sui, modios illos saisierit, ipse eos a monachis non requiret, donec a domino suo resaisitus fuerit. Porro de pretaxato censu frumenti idem Giroudus, concedente Matheo filio suo predicte ecclesie ad faciendas hostias tres minas devotus remisit. Hanc igitur elemosinam in presentia nostra recognitam et per manum nostram in jus et possessionem ecclesie de Briostel dirivatam, presentis scripti pagina confirmamus, et ne ab aliquo in posterum de hac nostra confirmatione temere inpetatur sub anathemate interdicimus. Factum est hoc anno M° C° LX° nono, presentibus, ut dictum est, Radulfo decano, Ingerrano archidiacono, magistro R. Polet, Renero capellano, Willermo clerico, Ingutio decano de Cempus, Roberto de Escartels, Godardo de Maiencurt presbiteris. Data per manum Roberti cancellarii. (Arch. de l'Oise : *Abb. de Lannoy*, n° 332.)

XXXIX. — *Confirmation par Sagalon de Milly des donations faites par Raoul de Goulancourt et ses frères de terres à Goulancourt.*

Sawalo dominus Millei presentibus et futuris in perpetuum. Noverint omnes qui scriptum hoc viderint vel audierint, quia concessi monachis ecclesie Sancte Marie de Briostel in elemosinam perpetuam quicquid possident ex dono Radulfi et fratrum ejus in territorio Gosleni curtis in plano et bosco, aqua et stagno et pratis. Et ut monachi ista in pace possideant, hujus scripti patrocinio et sigilli mei testimonio confirmavi. Testes Girardus de Sancto Omero, Wermundus de Peiz, Osmundus de Hosseio.

(Bibl. nat. : *Collect. Moreau*, t. 77, f° 34.)

XL. — An 1169. — *Confirmation par Barthélemy de Montcornet, évêque de Beauvais, de l'accord entre l'abbaye de Lannoy et Hugues de Caigny, au sujet des bornes de leurs terres de Monceaux et de Boutavent.*

In nomine Sancte et individue Trinitatis. Amen. Ego Bartholomeus Belvacensis ecclesie episcopus. Notum fieri volumum tam futuris quam presentibus quod in presentia nostra ventilata est discordia inter ecclesiam Sancte Marie de Briostel et Hugonem de Caigni, nepotem Johannis de Hosdenc, super quibusdam divisiis terrarum scilicet de Vaccariis et de Campellis et Meisniliis. Predicta etenim asserebat ecclesia certas in predictis terris factas fuisse divisias, quas ille abnegabat factas comodo quo fratres ecclesie asserebant. Allegatum fuit inde ex utraque parte; sed ad extremum cause prenominatus Hugo nullatenus abnegavit quin mater sua, ex cujus hereditate terra procedebat, concessisset rogatu mariti sui Odonis de Lihus graviter vulnerati, divisias quas ipsi proponebant; unde formatum est et datum in curia nostra judicium, ut illi investirentur et tenerent. Si vero ille de cetero reclamare in curia nostra justiciam requireret, ille siquidem a curia nostra se absentavit et judicium audire noluit, verum propter suam absentationem, neque minus ratum, neque minus dimulgatum fuit judicium. Hujus rei testes sunt Petrus abbas Sancti Luciani, Hugo decanus, Johannes archidiaconus, Goscelinus cantor, magister Stephanus, Hemericus prepositus, Robertus filius Ivonis, Petrus Viarius, Antelmus, Odo de Lehuz. Actum est hoc anno ab incarnatione Domini M° C° LX° IX°.

(Arch. de l'Oise : *Abb. de Lannoy*, n° 258.)

XLI. — An 1169. — *Confirmation par Barthélemy de Montcornet, évêque de Beauvais, de la donation par Adam de Fontaine de 7 muids de terre à Gaudechart.*

Bartholomeus, Dei gratia Belvacensis episcopus, universis fidelibus in perpetuum. Notum fieri volumus tam futuris quam presentibus quod Adam de Fontibus ecclesie Sancte Marie de Briostel, in perpetuam elemosinam dedit, per manum nostram, terram septem modiorum sementis in territorio de Goholt esart, juxta territorium de Briostel, absque ulla retentione dominii vel comparcii sive cujuslibet exactionis. Hanc autem donationem fecit Adam, concessione Aveline uxoris sue, de cujus matrimonio terra predicta erat, et filiorum ac filiarum suarum Gervasii, Roberti, Hugonis, Richildis, Mabilie, Odeline, Marie, Ennais, et Gileberti filii ejus et Aeliz filie ipsius. Pro hac etiam terra, Adam et uxor sua, de caritate prefate ecclesie, decem libras et dimidiam belvacensium receperunt eamque adversus omnes homines, qui ad justiciam venire vellent, se adquietaturos fide interposita pepigerunt. Ut autem hec nostra constitutio firma et inconcussa permaneat, eam sigilli nostri patrocinio et presentis pagine testimonio communiri fecimus, et ad majorem confirmationem testes subscribi. Signum Joscelini cantoris. S. Huberti et Petri capellanorum. S. magistri Stephani et magistri Hylonis, et Garnerii decani de Rei. S. Hemerici magni et Hemerini bruni. S. Petri viatoris et Antelmi. Actum anno incarnationis Domini M° C° LX° IX°. (Arch. de l'Oise : *Abb. de Lannoy*, n° 113.)

XLII. — An 1170. — *Confirmation par Barthélemy de Montcornet, évêque de Beauvais, de l'accensement d'une partie du territoire de Roy, fait à l'abbaye par Etienne de Marseille.*

Ego Bartholomeus Dei gratia Belvacensis ecclesie minister humilis

notum volo fieri tam presentibus quam futuris, quod Stephanus filius
Philippi de Marseilles adcensavit ecclesie Sancte Marie de Briostel
et monachis ibidem Deo servientibus quicquid habebat de feodo Girardi de Anveles in territorio de Rei, in plano et in bosco, in aqua
et prato, pro duobus modiis, uno frumenti, altero avene, reddendis
annuatim in mense Martio, ad mensuram Gerborredi, et pro quindecim libris belvacensibus, quas accepit ab eadem ecclesia quum
donationem istam fecit. Concessit hoc Galterus frater ejus, qui dominus suus inde erat, et Ursio frater ejus, Gila quoque mater ejus
cum filiabus suis Heremburge, Sibilla, Laurentia, Ennes, Perrota,
accipientes pro concessione viginti solidos de predictis quindecim
libris, consentientibus dominis de quorum feodo erat, Petrus scilicet
de Gerborredo, et Girardus de Anveles. Sed quum Stephanus et Galterus frater ejus adhuc sunt infra legitimam etatem constituti, Osmundus avunculus eorum et tutor, qui predictas quindecim libras
nomine Stephani recepit, affidiavit manu sua quod pro posse suo
nepotes suos stare faceret pactioni, et quum ad annos discretionis
venirent, illos nobis vel successoribus nostris representaret, ut in
nostra presentia pactum istud in perpetuam firmarent elemosinam.
Idem et Osmundus per manum nostram decimam suam de Rei concessit possidendam monachis, concedentibus hoc sororibus Osmundi,
Gila, Aelina, Haevis, Fidembente, et Petro de Gerborredo de cujus
feodo decima descendit, non loco pignoris, sed ut ad decimam recursum haberent monachi, si, propter violationem pacti, dampnum aliquod sustinerent; ea tamen conditione, ut fructus illius decime percipiat donec notum sit utrum sui nepotes velint consentire conventioni
non agnito, decimam suam habebit liberam et absolutam, si vero
nepotes ejus pactioni stare noluerint, ex tunc monachi percipient
fructus illius decime titulo elemosine, usque dum quindecim libre et
omnes expense, quocumque modo facte fuerint in terra illa, monachis
ab ipso Osmundo vel a successoribus ejus sint exsolute. Si vero nepotes Osmundi pactioni consenserunt, cum ad etatem venerunt,
possidebit prefatus Stephanus undecim modios bladii, quos Osmundus
de predictis nummis disvadiavit a nobis apud Rei, tres apud Buxeium,
tres apud Saucoses juxta Gremerviler, tres apud Saucoses juxta
Contevillam, donec eidem Stephano vel successori suo reddat Osmundus tredecim libras belvacenses. Sciendum autem quod si Stephanus prenominatus, vel Ybertus avunculus ejusdem et avunculus
Galteri, qui idem Ybertus jam medietatem illius feodi, quam de ipso
tenebat, eidem ecclesie in perpetuam elemosinam dederat pro simili
modiatione.................. Galteri si se subtraxerint, idem Galterus
ecclesiam propter hoc non inquietabit, sed tamen modiationem eorum
saisire poterit. Testes sunt : Galterus archidiaconus, Johannes archi-

diaconus, Joscelinus precentor, Petrus capellanus, S. thesaurarius Claromontensis, Philippus de Ruella, Henricus de Munci, Goslenus blesensis. Actum Belvaci anno incarnationis Domini M°C°LXX°.

(Arch. de l'Oise : *Abb. de Lannoy*, n° 482.)

XLIII. — An 1170. — *Confirmation par Barthélemy de Montcornet, évêque de Beauvais, de la donation par Guy d'Avelon, de tout ce qu'il avait à Roy dans le fief d'Herbert d'Omécourt.*

Ego Bartholomeus, Dei gratia belvacensis episcopus, notum fieri volo presentibus et futuris quod Guido de Avelina dedit per manum nostram, sua fide interposita ecclesie Sancte Marie de Briostel et monachis ibi Deo servientibus, concedentibus filiis suis Johanne, Hugone, Guernone et filia sua Adhelina et fratre suo Goscione, quicquid habebat in territorio de Rei de feodo Herberti de Omercort, in plano, in bosco, in aqua, in hospitibus et in dominio ex utraque parte aque, in elemosinam perpetuam. Concessit etiam eis similiter in elemosinam, ad faciendum vivarium, quicquid de terra, que subjacet abbatie eorum, adquirere potuerunt. Hoc autem factum est concessione Willelmi et Petri, vicedominorum Gerborredi, ad quorum feodum et dominium prefatum terrritorium pertinet. Accipiet tamen predictus Guido singulis annis in pascha censualiter a monachis dimidium modium frumenti, ad mensuram de Gerborredo. In presenti vero donatione accepit de karitate ecclesie viginti libras provinicnsium, et Goscio frater ejus pro concessione decem solidos. Hujus rei testes sunt isti subscripti : Walterus abbas Sancti Luciani, Petrus capellanus, Nicholaus Moab, Oylardus de Curcellis, Odo castellanus, Hugo de Braicello, Girardus de Sancto Audomaro, Haimericus Rufus, Petrus et Hugo fratres, Saugualo de Monciels. Actum hoc anno incarnationis Dominice millesimo centesimo septuagesimo.

(Arch. de l'Oise : *Abb. de Lannoy*, n° 483.)

XLIV. — An 1170. — *Donation par Pierre, vidame de Gerberoy, du droit de pâturage sur sa terre de Haleine, et du même droit par Arnoult de Thérines.*

Ego Petrus vicedominus Gerboredi notum fieri volo presentibus et futuris, quia concessi ecclesi Sancte Marie de Briostel, in elemosinam perpetuam, herbagium et pasturam ad opus animalium monachorum per totam terram meam de Halinis (1) et vie transitum per eandem terram et per terram de Meilenis (2) ad ducenda animalia

---

(1) Haleine, commune de Sarcus. — (2) Moliens.

ad pastum et reducenda. Simili modo Arnulfus miles de Terinis ejusdem territorii particeps concessit in elemosinam ipsius ecclesie herbagium et vie transitum. Et ut hec monachi in pace possideant, et presenti scripti et sigillo meo confirmavi. Testes Guido de Centumputeis, Girardus de S^{to} Othmero, Odo de Lehuz, Hugo de Belevilla, Ursus de Sonjons, Sawalo de Moncellis, Gervasius de Reio.

(Arch. de l'Oise : *Abb. de Lannoy*, n° 136.)

XLV. — An 1170. — *Confirmation par Osmond de Cempuis et ses frère et sœurs, de la délimitation faite par l'abbaye de Lannoy entre les territoires de Cempuis, de Thieuloy, de Saint-Maur et de Grandvilliers.*

Notum sit presentibus et futuris quod ego Osmundus de Centpuiz et Guido filius Alberede frater meus, Ada, Ermentrudis et Eufemia sorores mee, concessimus ecclesie Sancte Marie de Briostel, in elemosinam perpetuam, divisias, que sunt inter territoria de Cenpuiz et territoria Teuleti, et Altavie et de Granviler, sicut fossate et adnotate erant. Has autem divisias Hugo avus meus et Guido pater meus eidem ecclesie ante concesserant. Eas igitur pro salute anime mee concedo et sigilli mei patrocinio confirmo. Testes : frater Guido de Milleio, frater Hugo de Cenpuis, Henricus canonicus patruus ejusdem Osmundi, Engucio decanus de Cenpuiz, Johannes de Fontibus, Galterus, Hugo, Bartholomeus fratres ejus, Galterus de Aufaio, Robertus de Forseignees, Johannes de Haistoumaisnil, Balduinus de Sonjons. Actum anno Domini M° C° LXX°.

(Arch. de l'Oise : *Abb. de Lannoy*, n° 573.)

XLVI. — An 1170. — *Confirmation par Barthélemy de Montcornet, évêque de Beauvais, de la donation par Hugues Burnel, de la moitié de ses terres et prés et du tiers de ses bois, sis à Orsimont et Aubomesnil, et de la vente du reste ; de la donation par Hugues de Saint-Samson de trois muids de terre, de deux herbages et d'un petit pré à Villers-sur-Auchy.*

Bartholomeus, Dei gratia Belvacensis episcopus, universis fidelibus in perpetuum. Notum fieri volumus tam futuris quam presentibus quod Hugo Burnel, cum uxore sua Begilla et filiis suis Hugone, Gisleberto, Gautero, et filiabus suis Helissent, Matilde, Juliana, dedit per manum nostram ecclesie Sancte Marie de Briostel et monachis ibi Deo servientibus, quiete et libere in elemosinam perpetuam, dimidium territorii quod habebat in Ursimonte et Auboutmesnil, et dimidium pratorum et terciam partem nemoris ; propter reliquam vero medietatem ejusdem territorii et pratorum et duas partes nemoris, accepit de caritate predicte ecclesie, quum hanc donationem fecit, quatuor libras Belvacensium et dimidiam. Recipiet autem singulis annis unum modium siliginis, ad mensuram Gerborredi, ab eadem ecclesia, de cujus dominio prefata territoria tenebat. Similiter et Hugo de Sancto Samsone et Richeldis uxor ejus dederunt per manum nostram eidem ecclesie libere et quiete tres modios seminature, in territorio de Maserilz, in elemosinam perpetuam. Quicquid vero reliquum est ejusdem territorii, pro censu duorum modiorum unius frumenti et alterius avene, ad mensuram Gerborredi, reddendo sibi singulis annis in festo Sancti Remigii. Dederunt etiam eidem ecclesie duos curticulos cum pratello apud Vilers. Pro his autem donationibus, quum facte sunt, acceperunt de caritate ecclesie idem Hugo quatuor libras Belvacensium et uxor ejus octo solidos. Has autem donationes, adversus omnes homines qui ad justiciam venire vellent, se adquietaturos, nichilque ulterius ab eisdem monachis exacturos fide interposita pepigerunt. Ut autem hec nostra constitutio firma et inconcussa maneat, eam sigilli nostri patrocinio et presentis pagine testimonio communiri fecimus. Testes : Petrus capellanus, Petrus vicedominus Gerborredi, Saswalo de Hosdenc, Balduinus filius ejus, Petrus de Crevecuer, Arnulfus de Terines, Willelmus de Hermercurt. Actum anno Verbi incarnati M° C° LXX°.

(Arch. de l'Oise : *Abb. de Lannoy*, n° 423.)

XLVII. — Vers 1200. — *Confirmation par Philippe de Dreux, évêque de Beauvais, de la concession et ratification faites par Hugues Burnel de toutes les donations faites par Hugues Burnel, son père, de terres à Orsimont et Aubomesnil.*

Ego Philippus Dei gratia episcopus Belvacensis, notum facio presentibus et futuris, quod Hugo Burnellus concessit in presentia nostra monasterio et monachis Sancte Marie de Briostel, in elemosinam perpetuam liberam penitus et quietam, omnes donationes et elemosinas quas habent in territoriis de Ursimont et de Alboutmaisnil, ex dono Hugonis Burnelli patris sui, in terris, et pratis, et boscis et censibus, et calumpniam, quam faciebat de eis, in perpetuum remisit, et propter hoc juravit super altare Beate Marie coram omni conventu, et coram Girardo de Pascuis et Petro de Warluis, quod in eis nichil amplius reclamaret, sed monachis pro posse suo ea garantizaret. Albrea quoque uxor predicti Hugonis et filii ejus Bernardus et Philippus ista omnia monachis similiter concesserunt, per manum Stephani decani de Gerboroio, coram Garnerio clerico nostro et Roberto Palmart. Nos vero omnia ista prefatis monachis presenti scripto et sigillo nostro confirmavimus. Testes.... (Ils n'ont pas été inscrits.)

(Arch. de l'Oise : *Abb. de Lannoy*, n° 421.)

XLVIII. — An 1171. — *Confirmation par Barthélemy de Montcornet, évêque de Beauvais, de la donation faite par Raoul Waleran de tout ce qu'il possédait aux territoires d'Orsimont et d'Aubomesnil.*

Ego Bartholomeus Dei gratia Belvacensis episcopus, notum fieri volo presentibus et futuris quod Radulfus Waleran, cum uxore sua Aeliza et filiis Bernardo et Radulfo et filia sua Juliana, dedit per manum nostram ecclesie Sancte Marie de Briostel et monachis ibi Deo servientibus, quicquid habebat in territorio Ursimontis et Auboudimaisnil in plano, in bosco, in aqua, in pratis, in dominatu, in elemosinam, uno quoque tamen anno accipiet a monachis censualiter in festo Sancti Remigii duos modios unum frumenti et alterum avene, ad mensuram Gerborredi, frumento uno denario pejore meliori quod in foro venundabitur. Quam donationem adversus omnes homines juste se acquietaturum, nichilque ulterius a monachis exacturum fide sua interposita pepigit. Que donatio, ut rata et firma in perpetuum permaneat, sigilli nostri patrocinio et presentis pagine testimonio communiri fecimus. Testes : Guillelmus vicedominus, Lambertus capellanus, Ursio de Capella, Sasvualo de Hosdenc, Hugo de Trossures, Radulfus de Marrival, Walerannus de Bracheel, Robertus Maladru, Berenger Folie, Ursio frater ipsius Radulfi, Hugo de Pleiz, Girardus filius ejus, Hugo Burnel, Guillelmus Porcus, Girardus de Hammel, Gaufridus de Hammel, Gervasius de Rei, Hermenfridus. Hoc autem factum est apud Belvacum, anno ab incarnatione Domini nostri Jhesu Christi millesimo centesimo septuagesimo primo. (Arch. de l'Oise : *Abb. de Lannoy*, n° 425.)

XLIX. — An 1171. — *Sentence de Barthélemy de Montcornet, évêque de Beauvais, condamnant Jean de Fontaines et ses complices pour avoir blessé un religieux de Lannoy.*

Bartholomeus Belvacensis episcopus, universitati fidelium in perpetuum. Notum fieri volumus, tam futuris quam presentibus, fœdus pacis et concordie a Joanne de Fontanis et hominibus suis cum fratribus de Briostel, quibus multa mala fecerant, hunc habuisse tenorem. Adjudicatum est in presentia nostra illum imprimis qui fratrem in abbatia vulneravit, ad pedes Domini Papæ mitti debere ; consentaneos vero huic sceleri in tribus abbatiis Prato videlicet et Fremont nec non et Sancto Luciano, a porta monasterii usque in capitulum discalceatos progredi, ibique sufficienter disciplinari. Decretum est etiam eosdem postmodum a villa sua, scillcet a Fontanis usque ad

portam monasterii de Briostel, laneis indutos et discalceatos, et inde
usque in capitulum nudos virgasque gestantes ire debere, seque vestigiis fratrum humiliter verberandos offerre, ac deinceps se præfatæ
ecclesiæ in nullo nocituros sub juramento firmare. Johannes autem
de Fontanis hoc ipsum coram parochia de Marsiliis jurejurando firmavit, se videlicet a die illa et in posterum nichil penitus prædictæ
ecclesiæ nociturum, homines quoque suos, si in nemoribus prædictæ
ecclesiæ damnum aliquod inferre contigerit, et ad eum querela delata fuerit, si is qui impetitus malefactum non negaverit, ad proba-
tionem et veridictum fratrum damnum plenario restitui faciet, ipsum-
qae malefactorem, quod deinceps scienter eis damno non erit, jurare
compellet. Si vero quod objicitur se perpetrasse negaverit, purga-
tionis ejus sacramentum absque dilatione percipiet. Actum anno
Verbi incarnati M° C° LXXI°.

(Extrait du *Gallia Christiana*, t. x. — *Instrumenta
ecclesiæ Bellovacensis*, p. 264.)

L. — An 1171. — *Confirmation par Guillaume, vidame de Gerberoy,
de la donation par Raoul Waleran de ce qu'il possédait aux
territoires d'Orsimont et d'Aubomesnil, et abandon par lui de
tous les droits seigneuriaux qui lui appartenaient sur ces territoires.*

Ego Willelmus vicedominus Gerboredi notum fieri volo presentibus
et futuris quod Radulfus Waleran, cum uxore sua Aeliza et filiis suis
Bernardo, et Radulfo et filia sua Juliana, dedit ecclesie Sancte Marie
de Briostel et monachis ibi Deo servientibus in elemosinam perpetuam, quicquid habebant in territorio Ursimontis et Auboudimasnil,
in plano, in bosco, in aqua, in pratis et dominatu, uno quoque tamen
anno accipiet a monachis, in festo Sancti Remigii, duos modios,
unum frumenti et alterum avene pro censu donationis hujus, frumento
uno denario pejore meliori quod in foro venundabitur. In presenti
vero donatione accepit de caritate ecclesie quatuordecim libras Belvacensium. Hanc autem donationem adversus omnes homines juste
se acquietaturum, nichilque ulterius exacturum a monachis coram
me affidavit. Testes : Hilbertus thesaurarius, Garnerius decanus,
Helias frater meus, Arnulfus de Terines, Gaufridus de Sarciuz, Gaufridus de Capella, Balduinus de Sonjons, Thomas Havot.

Ego ipse Willelmus vicedominus Gerboredi pro salute anime meo
et parentum meorum dedi prefate ecclesie quicquid habebam in predictis territoriis et in feodo et dominatu. Concessi et legitimas divisias accircumanentibus annotatas ubique inter terras jam dicte ecclesie et terras meas et nemora. Preterea eidem ecclesie et monachis
ibi Deo servientibus, quicquid habebant ex dono Guidonis de Avelona

et participum ejus in territorio de Rei. Insuper concessi eis quicquid circa abbatiam suam ad facienda vivaria et asiamenta sua de meo feodo et justicia mea deinceps acquirere poterunt. Et ut he donationes firme et inconcusse maneant, eas sigilli nostri patrocinio communimus. Testes Guido abbas Ursicampi, Manasses abbas de Fresmont, Odo abbas de Prato, Sawalo de Prato, Radulfus Waleran, Ricardus Tortus. Actum anno Verbi incarnati M° C° LXX° primo.

(Arch. de l'Oise : *Abb. de Lannoy*, n° 424.)

LI. — An 1171. — *Confirmation par Pierre, vidame de Gerberoy, de toutes les possessions de l'abbaye relevant de ses fiefs, sises à Roy, Orsimont, Thieuloy, Saint-Maur, Gaudechart, Monceaux-l'Abbaye et Goulencourt.*

In nomine Sancte et individue Trinitatis. Amen.

Notum sit presentibus et futuris quod ego Petrus vicedominus Gerborredi, et Stephanus frater meus, et Juliana uxor mea, et Petrus filius meus, et filia mea Haevis, concedimus ecclesie Sancte Marie de Briostel et monachis ibi Deo servientibus, quicquid habent ex dono meo, et antecessorum meorum et vavassorum nostrorum, de feudo et justicia nostra, in plano, in bosco, in aqua, in pratis, in elemosinam perpetuam. In quibus hec nominatim exprimere curavimus : Quartarium territorii de Rei, quod habent ex dono Guidonis de Avelona et participum ejus, et quicquid in eodem territorio de feudo vel justicia nostra adquirere poterunt. Quicquid etiam habent ex dono Gaufridi et Radulfi de Galnis et heredum ipsorum inter Montem Oberti et Hamellum et abbatiam. Quicquid habent ex dono et feodo et dominio Hugonis de Fraisnels, vel deinceps adquirere poterunt. Territorium Ursimontis et Alboldi Maisnilii. Territorium Teoleti, Altavie et Moncelli Ylbert et quicquid habent in Gohoutessart, vel adquirere poterunt.

Item ego Petrus vicedominus et Juliana uxor mea, cum liberis nostris, concessimus eidem ecclesie et fratribus ibi Deo servientibus quicquid habent ex dono et feodo sive dominio patris sui Willelmi et matris sue Mabilie et antecessorum suorum in territorio Moncellorum, Mainiliarum et Vaccariarum et in territorio de Gosleincort et de Mazerilz. Hec igitur omnia pro remedio animarum nostrarum et antecessorum nostrorum prefate ecclesie concedimus et sigilli nostri patrocinio communimus. Testes : Ingelbertus prior de Bonoil, Lambertus capellanus, et magister Balduinus frater ejus, Petrus de Capella, Tescelinus de Bonoil, Arnulfus de Terines, Girardus de Sancto Paulo, Matheus de Garmasia et Robertus filius ejus, Girardus de Caini, Radulfus de Saincscort, Petrus de Boiscurt, Osbernus de

Grumerviler, Fulco Capedo. Actum anno Domini millesimo centesimo septuagesimo primo.

(Arch. de l'Oise : *Abb. de Lannoy*, n° 484.)

LII. — An 1171. — *Confirmation par Barthélemy de Montcornet, évêque de Beauvais, de la donation par Raoul, fils de Hugues Le Roux d'Avelon, de tout ce qu'il possédait au terroir de Roy.*

Ego Bartholomeus Belvacensis episcopus, notum fieri volo presentibus et futuris, quod Radulfus filius Hugonis Rufi de Avelona, cum Ingerranno fratre suo et sorore sua Adelina, assensu matris sue Tesceline et avunculi sui Hunoldi, cum aliis amicis suis, dedit ecclesie Sancte Marie de Briostel quicquid habebat in territorio de Rei, ex utraque parte aque, in plano, in bosco, in hospitibus et in ortis, scilicet dimidium quartarium, terciam quidem partem ejusdem dimidii quartarii in elemosinam perpetuam, pro reliquis vero duabus partibus reddetur ei, annuatim in media quadragesima, XVI minas frumenti ad mensuram Gerborredi. In presenti vero donatione acceperunt de caritate ecclesie quatuor libras Belvacensium, ad maritandam Adelinam sororem suam, ipse vero et frater ejus VII solidos ad tunicas emendas, et mater ejus X solidos, et Hunoldus avunculus ejus V solidos. Ipse autem et predictus Hunoldus avunculus ejus affidaverunt hanc donationem ex parte sua tenendam, et contra omnes homines, qui ad justiciam venire voluerint, fideliter garandire. Testes : Petrus abbas Sancti Quintini, Johannes archidiaconus, Petrus capellanus, magister Stephanus, Jocelinus cantor, magister Anfredus, magister Hugo de Milleio, Petrus viator, Paganus filius Sibille, Robertus Villarz, Reinoldus car............. cliens Odeline, Tiboudus Mostelet. Actum anno Verbi incarnati M° C° LXXI°.

(Arch. de l'Oise : *Abb. de Lannoy*, n° 485)

LIII. — An 1171. — *Confirmation par Barthélemy de Montcornet, évêque de Beauvais, de la donation par Godard de Grémévillers de tout ce qu'il tenait du fief de Gerberoy, au territoire de Roy.*

Ego Bartholomeus Belvacensis episcopus, notum fieri volo presentibus et futuris, quod Godardus de Gremerviler dedit per manum nostram, cum affidatione, ecclesie Sancte Marie de Briostel, et monachis ibi Deo servientibus in elemosinam perpetuam, quicquid habebat in territorio de Rei, de feudo Gerborredi, tam in plano, quam in bosco et in hospitibus, ex utraque parte aque. Hanc donationem, concessit Richeldis uxor ejus, filia Roberti de Marivas, cum qua in matrimonium prefatum territorium acceperat. Hoc ipsum concessit

Matildis filia ejus. Robertus quoque de Marivas et Radulfus filius ejus idipsum concesserunt. Pro hac donatione accepit Godardus de karitate ecclesie quinquaginta solidos belvacensium et uxor ejus vaccam unam et filia ejus tres solidos, Robertus vero de Marivas et Radulfus filius ejus pro concessione decem solidos. Accipiet etiam predictus Godardus ab eisdem monachis singulis annis censualiter octo minas frumenti, ad mensuram Gerborredi, in festo Omnium Sanctorum. Affidavit autem idem Godardus in manu nostra se tuiturum hanc elemosinam monachis juste ubique. Quod si forte quandoque renuerit, modiationem a monachis non exiget, donec eis quod pepigit impleat. Testes : Johannes archidiaconus, magister Stephanus de Belvaco, magister Stephanus de Gerborredo, Petrus vicedominus Gerborredi, Renaldus frater Godardi, Petrus filius Engeuger, Philippus Carpentarius, Renaldus filius Garnerii, Simon Salnerius. Actum anno Verbi incarnati M° C° L° XX° primo.

(Arch. de l'Oise : *Abb. de Lannoy*, n° 486.)

LIV. — An 1171. — *Confirmation par Barthélemy de Montcornet, évêque de Beauvais, de la donation par Odéline, fille de Girard Le Coq, de trois arpents trois quartiers de vigne sis près de la route de Milly à Saint-Lucien.*

Ego Bartholomeus Belvacensis episcopus notum fieri volo presentibus et futuris quod Odelina filia Girardi Coci dedit per manum nostram ecclesie Sancte Marie de Briostel et monachis ibi Deo servientibus in elemosinam perpetuam, terciam partem vinee sue, que sita est juxta viam Milleii et Sancti Luciani, in qua numerantur tria arpenta et tria quartaria. Pro reliquis vero duabus partibus accepit de karitate ecclesie triginta sex libras Belvacensium. Hoc autem concessit mater ejus Helewis, ad cujus dotem predicta vinea pertinebat et Petrus filius ejus et Maria et Abechira filie ejus. Petrus quoque et Philippus Carpentarius avunculi predicte Odeline idipsum concesserunt. Qui etiam Philippus affidavit in manu nostra quod predicte ecclesie de vinea ista fraudem vel damnum nunquam queret. Robertus Machue idem concessit cum affidatione et Elinandus filius ejus. Et quum predicta vinea ad feodum ecclesie Sancti Luciani pertinebat, hoc idem concessit Petrus abbas et reddidit in manu abbatis de Alneto, salvo sui jure monasterii, in presentia Fulconis abbatis de Albamarla, concedentibus Willelmo priore, Ingerranno cantore, Rainnerio subthesaurario et aliis pluribus. Ut autem hec donatio rata et inconcussa permaneat, eam sigilli mei impressione confirmo. Testes : Johannes archidiaconus, magister Stephanus de Belvaco, magister Stephanus de Gerborredo, sacerdotes ; Bernardus, Gauterus de Sancta

Maria, Radulfus et Thomas, Reinaldus filius Garnerii, Simon Salnerius. Actum anno Verbi incarnati M° C° LXX° primo.

(Arch. de l'Oise : *Abb. de Lannoy*, n° 332.)

LV. — An 1172. — *Confirmation par Pierre, vidame de Gerberoy, de la donation par Roger Le Marchand, de Roy, d'une pièce de terre sise à Roy, lieudit le Courroy, et de celle de deux courtils par Garnier de Reculez.*

Ego Petrus vicedominus Gerborredi notum fieri volo presentibus et futuris quod Rogerus Mercator de Rei et uxor ejus Gemma, cum filiis suis Malgero, Benzone, Roberto et filia sua Racena dederunt ecclesie Sancte Marie de Briostel et monachis ibi Deo servientibus, terram suam de super le Coldrei, in elemosinam perpetuam, cujus terre dominium prefata ecclesia jam acceperat a domino Willermo vicedomino et a me ipso. Hoc autem concesserunt nepotes ejus Andreas de Marsiliis, Walterus de Rei, Robertus, Bartholomeus de Lehuz, Rogerus et Thomas et Engeler pater eorum, Ricardus filius Benzonis et Maria soror ejus. Hii predicti cum juramento pepigerunt et plegii extiterunt erga dominos Gerborredi quod hanc donationem monachis garantizarent, si quis de progenie sua vel quicumque hominum eos inde vexare voluerit. Propter hanc donationem accepit Rogerus de caritate ecclesie XVII libras et X solidos Belvacensium et vaccam unam. Testes : Garnerus decanus, Garnerus de Campania, Balduinus de Sonjons, Petrus de Capella, Gauterus de Cainni, Willermus de Cainni, Antelmus de Maisnil, Rogerus et Doo de Rei, Ermenfrei, Hubertus de Rei, Ebronius, Robertus de Bodevilla, Audewinus. Item Garnerus de Reuse et Sawalo et Hugo filii ejus dederunt eidem ecclesie in elemosinam perpetuam duos curticulos, unum scilicet in territorio quod dicitur Fortcamp, et unum ex altera parte aque, cum pratello et quarta parte del maresc, preter illum curticulum quem prius acceperat a Roberto patre ejusdem Garnerii, in territorio de Fortcamp; accipient autem a monachis singulis annis in Pascha quatuor minas frumenti, ad mensuram Gerborredi. In presenti vero donatione acceperunt de caritate ecclesie LXXIIII solidos Belvacensium. Concesserunt etiam eisdem monachis curticulum Renaldi cum pratello, pro commutatione alterius terre accipere. Testes : Odo del gardin, Stephanus Faber, Galterus de Barra, Doo de Atrio, Rogerus frater ejus, Ermenfrei, Johannes Normannus. Actum anno Domini M° C° LXXII°.

(Arch. de l'Oise : *Abb. de Lannoy*, n° 254.)

LVI. — An 1172. — *Donation par Pierre, vidame de Gerberoy, d'un muid de seigle qu'il avait droit de prendre chaque année sur les terres d'Orsimont et d'Aubomesnil.*

Notum sit presentibus et futuris quod ego Petrus vicedominus Gerborredi, concedente Juliana uxore mea et Petro filio meo, dedi in elemosinam perpetuam ecclesie Sancte Marie de Briostel, et monachis ibi Deo servientibus unum modium siliginis, quem emi a Hugone Burnel, qui cum a prefata ecclesia singulis annis accipiebat pro pacto totius terre sue Ursimontis et Auboumaisnilii, quam videlicet terram de ejusdem ecclesie dominio tenebat. Testes : Lambertus capellanus, magister Balduinus frater ejus, Stephanus frater meus, Arnulfus de Terines, Garnerius de Campania, Petrus de Capella. Actum anno Domini M° C° LXXII°.

(Arch. de l'Oise : *Abb. de Lannoy*, n° 426.)

LVII. — An 1174. — *Accord entre l'abbaye et Raoul, comte de Clermont, au sujet des fiefs de Guillaume de Beausault et de Girold de Conty, sis à Monceaux-l'Abbaye et aux environs.*

In nomine Sancte et individue Trinitatis. Amen. Ego Radulfus Dei gratia, comes Clarimontis et dominus Britolii, universis tam futuris quam presentibus notum facio quod intuitu Dei et eterne salutis, controversiam, que inter me et ecclesiam de Briostel vertebatur, super feodis meis in montania constitutis ad Willelmum de Belsart et Giroldum de Conti pertinentibus, annuentibus uxore mea comitissa Acliza, et filia mea Katerina, et fratre meo Symone cum uxore sua Matilde, prefate ecclesie, quantum ad eam spectat, in perpetuum remisi. Verum ejusdem ecclesie venerabilis abbas Radulfus et monachi, tam mee quam meorum saluti consulentes, monachum unum presbiterum se facturos, eoque decedente alium perpetuo substituturos, tam pro me quam pro antecessoribus meis oraturum, specialiter promiserunt. Ad obitum vero tam meum quam ipsius comitisse, tanquam pro monacho uno, missarum et orationum sollempnia se celebraturos, et anniversarii diei memoriam observaturos, perpetuo statuerunt. Si vero guerre importunitas, aut necessitatis instancia eos forte coegerit, animalibus suis ad quamlibet terre mee confugientibus partem, liberum et quietum refugium concessi. Quod ut ratum et inconcussum permaneat, presentis scripti testimonio muniri et sigilli mei impressione signari precepi. Testes Odo abbas de Prato, Willelmus capellanus, Odo de Roncherols, H. castellanus de Britolio, Galterus de Cepei, Galterus de Caroy. Actum est hoc Verbi incarnati M° C° LXX° IIII° anno. (Arch. de l'Oise : *Abb. de Lannoy*, n° 374.)

LVIII. — An 1174. — *Confirmation par Barthélemy de Montcornet, évêque de Beauvais, de l'accord entre l'abbaye et Raoul, comte de Clermont.*

In nomine Sancte et individue Trinitatis. Amen. Ego Bartholomeus Dei gratia Belvacensis ecclesie humilis minister universis fidelibus in perpetuum. Ad noticiam tam futurorum quam presentium volumus pervenire quod Radulfus comes de Claromonte, cum ecclesiam de Briostel diu vexavisset, super quibusdam feodis in montania sitis ad Guillermum de Bausats et Giroldum de Contiaco pertinentibus, cum prefata ecclesia in hunc modum composuit, quod omnino querelam illam ecclesie remisit compunctus corde dum in Angliam iter aggredi deberet. Radulfus vero abbas, totusque loci illius conventus benigne ei concesserunt se monachum unum facturos presbiterum, qui perpetuo pro eo et ejus uxore Aeliza specialiter oraret et loco decedentis alium substituturos. Adhuc autem constitutum est quod cum comitem et comitissam obire contigerit, orationes et misse, sicut pro uno monacho, a predicta ecclesia pro eis celebrabuntur. Ad hanc abbatis et conventus concessionem, comes et comitissa predictam querelam omnino remiserunt, concedente hoc ipsum filia eorum Katerina et Symone fratre comitis, atque uxore ipsius Mathilde. Concessit etiam comes monachis de Briostel quod ubique in tota terra sua eorum animalia refugium haberent, si guerre coegerit importunitas. Ut autem prescripta compositio rata permaneat et inconcussa, cam presenti scripto et sigilli nostri impressione ad ipsius comitis munivimus peticionem, subscribentes etiam nomina eorum qui negocio isti et compositioni interfuerunt, sicut subscripta sunt in cartula a comite monachis super hoc eodem negocio tradita : Odo abbas de Prato, Guillelmus capellanus, Guillelmus sacerdos de Falesia, Symon frater comitis, Odo de Roncherol, Hugo castellanus Britolii, Galterus de Cepei, Galterus de Caroy. Facta est autem presens carta Belvaci anno Verbi incarnati M° C° LXX° IIII°.

(Arch. de l'Oise : *Abb. de Lannoy*, n° 374.)

LIX. — An 1174. — *Renonciation par Robert, vicomte de Poix, à ses prétentions contre le droit de pâturage de l'abbaye, à Halloy.*

Ego Theobaldus Dei gratia Ambianensis episcopus. Notum fieri volo presentibus et futuris quod Robertus vicecomes de Peiz et Aeliza uxor ejus dimiserunt ecclesie Sancte Marie de Briostel et monachis ibi Deo servientibus calumpniam herbergagii de Haleio, pro salute sua et antecessorum suorum, in perpetuum. Hanc dimissionem concesserunt filii eorum Guerno et Milo et filie Ysabel et Ernais. Testes Eugucio decanus de Centpuiz, Bernardus sacerdos de Dameneiscort, Odo de Lihuz, Gervasius frater ejus. Actum anno Verbi incarnati M° C° LXX° IIII°.

(Arch. de l'Oise : *Abb. de Lannoy*, n° 139.)

LX. — An 1174. — *Confirmation par Pierre, vidame de Gerberoy, d'un échange d'herbage fait entre l'abbaye de Lannoy et Renaud de Roy.*

Ego Petrus vicedominus Gerborredi notum fieri volo presentibus et futuris, me fecisse commutationem quandam cujusdam curticuli monachorum Sancte Marie de Briostel et curticuli Renaldi filii Ylberti de Rei, ipso Renaldo et Eva sorore sua volentibus et concedentibus. Que commutatio tali conditione facta est, quod idem Renaldus curticulum quem accepit a monachis, tam libere tenebit de me et de Garnerio de Recule domino suo, qui hanc commutationem concessit cum filiis suis Sawalone et Hugone, quam libere tenebat curticulum quem monachi acceperunt ab eo. Hec ut rata et inconcussa maneant in perpetuum, sigilli mei auctoritate communita sunt. Testes Garnerius decanus de Rei, magister Stephanus, Hugo del Pleeiz, Hugo de Fraisnels, Simon d'Autuel, Doo de Atrio, Robertus avunculus Renaldi, Hugo d'Escames. Actum anno Domini M° C° LXX° IIII°.

(Arch. de l'Oise : *Abb. de Lannoy*, n° 169.)

LXI. — An 1174. — *Confirmation par Barthélemy de Montcornet, évêque de Beauvais, de la donation par Hugues de Fraisnel de tous les droits qu'il pouvait avoir sur les terres de l'abbaye, sises entre Roy, Le Hamel, Le Mesnil et Montaubert.*

Ego Bartholomeus, Dei gratia Belvacensis episcopus, notum fieri volo presentibus et futuris quod Hugo de Fraisnels cum uxore sua Ysabel et filiis suis Ursione et Gaufrido et ceteris et filia sua Heremburge, cum reliquis filiabus suis, concesserunt in elemosinam perpetuam ecclesie Sancte Marie de Briostel et monachis ibi Deo servientibus, quicquid clamabant in terra eorumdem monachorum inter Rei et Le Hamel et inter Le Maisnil et Montem Oberti. Concesserunt etiam quandam curticulum inter Montem Oberti et Terines, et quicquid calumpniabantur in decima Touleti. Hec autem omnia eidem ecclesie Hugo predicti Hugonis pater, olim concesserat. Quando autem idem Hugo de Fraisnels hanc concessionem fecit, accepit de caritate prefate ecclesie tredecim solidos Belvacensium, nichil penitus ab ea, preter orationes, in perpetuum exacturus. Testes : Garnerius decanus de Rei, Helias Gerborredi, Hugo del Pleeiz, Gaufridus del Hamel, Radulfus del Fosse, Robertus Bodin. Actum anno Domini millesimo centesimo septuagesimo quarto.

(Arch. de l'Oise : *Abb. de Lannoy*, n° 487.)

LXII. — An 1174. — *Confirmation par Barthélemy de Montcornet, évêque de Beauvais, de la donation par Wibert d'Hannaches des droits qu'il avait dans la dîme d'Orsimont, d'Aubomesnil et de la terre de Gautier, fils de Nicelon.*

Ego Bartholomeus, Dei gratia Belvacensis episcopus, notum fieri volo presentibus et futuris quod Wibertus de Hanaches, cum uxore sua Haevis, et filiabus suis Emelina et Iseut, dedit in elemosinam perpetuam ecclesie Sancte Marie de Briostel et monachis ibi Deo servientibus, quicquid clamabat in decima Ursimontis et Auboudimaisnilii, et in decima terre Galteri filii Nevelonis. Accipiet autem ab eisdem monachis, singulis annis, unum modium frumenti et unum avene, ad mensuram Gerborredi, circa festum Omnium Sanctorum. Testes : Lambertus canonicus, Serlo, Grimoudus clericus, Petrus miles de Croci, Radulfus prepositus. Actum anno ab incarnatione Domini millesimo centesimo septuagesimo quarto.

(Arch. de l'Oise : *Abb. de Lannoy*, n° 427.)

LXIII. — An 1174. — *Confirmation par Pierre, vidame de Gerberoy, de la donation par Wibert d'Hannaches des droits qu'il avait dans la dîme d'Orsimont, d'Aubomesnil et de la terre de Gautier, fils de Nicelon.*

Ego Petrus vicedominus Gerborredi notum fieri volo presentibus et futuris quod Wibertus de Hanaches, cum uxore sua Haevis et filiabus suis Emelina et Iseut, dedit in elemosinam perpetuam ecclesie Sancte Marie de Briostel et monachis ibi Deo servientibus, quicquid clamabat in decima Ursimontis et Auboudimaisnilii et in decima terre Galteri filii Nevelonis. Accipiet autem ab eisdem monachis singulis annis unum modium frumenti et unum avene, ad mensuram Gerborredi, circa festum Omnium Sanctorum. Testes : Lambertus canonicus, Serlo, Grimoudus clericus, Petrus miles de Croccio, Radulfus prepositus. Actum anno Domini millesimo centesimo septuagesimo quarto.

(Arch. de l'Oise : *Abb. de Lannoy*, n° 427.)

LXIV. — An 1175. — *Confirmation par Barthélemy de Montcornet, évêque de Beauvais, de l'accord avec Drogon et Pierre de Milly, au sujet de la terre de Thieuloy, et des donations d'une partie de la dime de Roy par Osmond de Thoix, d'une portion du territoire de Roy par Ilbert de Marseille, et d'une autre portion de terre, au même terroir, par les filles d'Antelme.*

Ego Bartholomeus, Dei gratia Belvacensis episcopus, notum fieri volo tam futuris quam presentibus quod Drogo et Petrus filii Sawalonis de Moncels dimiserunt in manu mea ecclesie beate Marie de Briostel et monachis ibi Deo servientibus omnem querelam quam habebant adversus eos de territorio Teoleti, quam videlicet querelam ipse Sawalo, pater eorum, olim in manu pie memorie domni Odonis episcopi dimiserat, sicut ipsius super hoc data testatur carta. Idipsum concesserunt ceteri filii prefati Sawalonis in domo paterna, Bartholomeus scilicet et Guillelmus, Guido et Johannes et Avicia soror corum. Testes : Petrus capellanus, Guillelmus decanus, magister Anfridus, Odo abbas de Prato, magister Hugo de Milleio, Simon Cassus, Robertus de Caisneels, Balduinus de Furnival, Clarus de Claromonte, Bartholomeus de Houcurt.

Item Osmundus de Teiz, concedente Isabel matre sua et sororibus suis Aelina, et Haevis, dedit in elemosinam perpetuam eidem ecclesie et monachis ibi Deo servientibus quicquid habebat in decima de Rei, scilicet medietatem ejusdem decime et culturam suam, que est inter Maisnilium et Grumerviler, et totam terram Roberti Phaget, quam de ipso tenebat, preter masagium. Accipiet autem ab eadem ecclesia singulis annis censualiter tres modios frumenti et tres avene, ad mensuram Gerborredi, in mense martio. Hoc autem concessit Gila soror ejus cum filiis suis Galtero, Ursione et Johanne, et filiabus suis Eremburge, Sibilla, Laurentia, Agnete et Perrota. Hoc autem factum est concessione Petri vicedomini Gerborredi de quo Osmundus eandem decimam et terram tenebat. Testes : Petrus capellanus, magister Anfredus, Girardus de Leun, magister Hilo, Galterus de Moi, Petrus Brunus, Guillelmus magnus, Simon de Autiul, Garnerius de Campania, Girardus de Cainni, Guibertus Phaget, Johannes Anglicus.

Preterea Ylbertus de Marsiliis, concedente uxore sua Ermengarde, et Laurentio filio suo, et Heldeburge filia sua, dedit in elemosinam perpetuam prefate ecclesie et monachis ibi Deo servientibus quicquid habebat in territorio de Rei, in plano et bosco, in aqua et prato, scilicet dimidium quartarium. Accipiet tamen ab eadem ecclesia singulis annis, unum modium frumenti et unum avene, ad mensuram

Gerborredi, in festo Sancti Remigii. In presenti vero donatione accepit de caritate ecclesie viginti libras belvacensium, ad maritandam Heldeburgem filiam suam. Hoc autem concessit Galterus filius Philippi, nepos ejus, qui dominus ipsius inde erat. A cujus servitio si Hylbertus se subtraxerit, Galterus monachos non inquietabit, sed tantum modiationem ejus saisire poterit. Hoc autem concessit Girardus de Hanveles, ad cujus feodum idem territorium pertinebat, cum uxore sua Aeliza, accipientes ab ecclesia prefata, pro concessione, triginta solidos belvacensium. Concessit hoc ipsum Guido de Avelona cum filiis suis Johanne, Hugone, Guernone et fratre suo Joscione, qui ibi calumniam faciebant. Acceperunt autem et ipsi, pro concessione, quinquaginta solidos belvacensium. Testes : Odo abbas de Prato, Garnerius decanus, Petrus vicedominus Gerborredi, cujus concessione hoc factum est, Johannes de Fontibus, Henricus de Bracchoil, Osmundus de Milleio, Guido de Avelona, Joscio frater ejus, Radulfus de Luci, Guermundus de Rei, Johannes de Marsiliis, Galterus de Lavercines, Godardus de Grumerviler.

Item filie Anthelmi, Albrea, Roscia, Heldeardis, Maza dederunt eidem ecclesie in elemosinam perpetuam, concedente Anthelmo patre earum, quicquid habebant in prefato territorio, accipientes de caritate ecclesie triginta et unum solidos belvacensium.

Hec omnia sigilli nostri auctoritate confirmamus, statuentes ut nulli omnino hominum liceat hanc nostre confirmationis paginam temere perturbare vel ei aliquatenus contraire. Testes Joscelinus cantor, Deodatus Caoth, Petrus Engelger, Petrus de Sancto Omero, Stephanus de Monceio, Osmundus de Moslenis, Anfredus carpentarius de Fontibus, Robertus Rufus. Actum anno Verbi incarnati M° C° septuagesimo quinto. (Ar. de l'Oise : *Abb. de Lannoy*, n° 574.)

LXV. — An 1175. — *Confirmation par Pierre, vidame de Gerberoy, de la donation par Ilbert de Marseille de ce qu'il possédait au territoire de Roy.*

Ego Petrus vicedominus Gerborredi notum fieri volo presentibus et futuris quod Ylbertus de Marsiliis, concedente uxore sua Esmengard, et Laurentio filio suo, et Heldeburge filia sua, dedit, me presente et volente, ecclesie Sancte Marie de Briostel et monachis ibi Deo servientibus quicquid habebat in territorio de Rei, in plano et bosco, in aqua et prato, scilicet dimidium quartarium, in elemosinam perpetuam. Accipiet autem ab eadem ecclesia singulis annis unum modium frumenti et unum avene, ad mensuram Gerborredi. Hoc autem concessit Galterus filius Philippi, nepos ejus, qui dominus ipsius inde erat, a cujus servicio si Ylbertus se subtraxerit, Galterus monachos non inquietabit, sed tantum modiationem ejus saisire poterit. Hoc autem concessit Girardus de Hanveles, ad cujus feodum idem territorium pertinebat, cum uxore sua Aeliza et filiis suis Girardo, et Galtero, et Johanne, et filia sua Aeliza. Concessit hoc ipsum Guido de Avelona cum filiis suis Johanne, Hugone, Guernone et fratre suo Joscione, qui ibi calumpniam faciebant. Testes : Odo abbas de Prato, Garnerius decanus, Lambertus capellanus, magister Balduinus, Grimoldus clericus, Johannes de Fontibus, Henricus de Braechoil, Osmundus de Milleio, Radulfus de Luci, Gueremundus de Rei, Johannes de Marsiliis, Galterus de Laverchines, Godardus de Grumerviler. Predicta vero modiatio in festo Sancti Remigii reddetur. Hec ut rata permaneant sigilli nostri patrocinio communivimus. Actum anno Verbi incarnati M° c° septuagesimo quinto.

(Arch. de l'Oise : *Abb. de Lannoy*, n° 489.)

LXVI. — An 1175. — *Confirmation par Barthélemy de Montcornet, évêque de Beauvais, de la donation par Ursion de Bois-Aubert du quart du bois de Cailly, des terres et prés adjacents et d'autres propriétés.*

Bartholomeus, Dei gratia Belvacensis ecclesie minister humilis, universis in perpetuum. Notum fieri volumus tam futuris quam presentibus quod Ursio de Bosco Alberti, concedente Goscia matre sua et uxore sua Aeliza et filio suo Galeranno et filiabus suis Maria et Margarita et Isabel, dedit per manum nostram in elemosinam perpetuam ecclesie Sancte Marie de Briostel et monachis ibidem Deo servientibus, quicquid habebat in bosco de Calleaco, scilicet quartam partem, et terram et pratella, que sunt conjuncta nemori predicto usque ad Mesunceles. Hoc per conventionem adjecto quod nichil accipiet a monachis si potuerint acquirere alias tres partes, partem scilicet Simonis, partem Guillelmi Porci, partem heredum Radulfi Galeranni, salvo tamen jure suo, non vero possunt illi feodum suum alienare nisi ipso sciente et consentiente. Dedit preterea quicquid habebat in pratis de Praelis, dedit et campellum quemdam juxta terram Hugonis de Sancto Sanxone; accipiet autem singulis annis ab eodem ecclesia duos solidos Belvacensium in festo Sancti Remigii; dedit et eidem ecclesie curticulum unum juxta Boscum Alberti, pro quo accipiet, in eodem festo, censualiter duas minas frumenti, ad mensuram Gerborredi. Tempore vero donationis accepit de caritate ecclesie VII libras et X solidos pruviniensium fortium. Testes sunt Galterus archidiaconus, Johannes archidiaconus, Joscelinus precentor. Petrus capellanus, Petrus de Gerborredo, Petrus de Capella. Actum Belvaci anno incarnationis dominice M° c° LXXV°.

(Arch. de l'Oise : *Abb. de Lannoy*, n° 67.)

LXVII. — An 1175. — *Confirmation par Barthélemy de Montcornet, évêque de Beauvais, de l'accensement fait à l'abbaye de Lannoy par Etienne, fils de Philippe de Marseille, de ce qu'il possédait dans le fief de Gérard d'Hancoile, à Roy.*

Ego Bartholomeus, Dei gratia Belvacensis ecclesie minister humilis, notum fieri volo tam presentibus quam futuris quod Stephanus, filius Philipi de Marseiles, adcensavit ecclesie Sancte Marie de Briostel et monachis ibidem Deo servientibus quicquid habebat de feodo Girardi de Hanvelis, in territorio de Rei, in plano et in bosco et in aqua et prato, pro duobus modiis, uno frumenti, altero avene, reddendis annuatim, in mense martio, ad mensuram Gerborredi, et pro xv libris Belvacensibus quas accepit ab eadem ecclesia quum donationem istam fecit. Concessit hoc Galterus frater ejus, qui dominus suus inde erat, et Ursio frater ipsius, Gila quoque mater ejus cum filiabus suis Heremburge, Sybilla, Laurentia, Ennes, Perrota, accipientes, pro concessione, xx solidos de predictis xv libris, consentientibus dominis de quorum feodo erat Petro de Gerborredo, et Girardo de Hanvelis. Sed quum Stephanus et Galterus frater ejus adhuc sunt infra legitimam etatem constituti, Osmundus avunculus eorum et tutor, qui predictas xv libras nomine Stephani recepit, affidiavit manu sua quod pro posse suo nepotes suos stare faciet pactioni, et quum ad annos discretionis venirent, illos nobis vel successoribus nostris presentaret, ut in nostra presentia pactum istud in perpetuam firmaret elemosinam. Idem et Osmundus per manum nostram decimam suam de Rei concessit possidendam monachis, concedentibus hoc sororibus Osmundi Gila, Aelina, Havis, fidejubente et Petro de Gerborredo, de cujus feodo decima descendit, non loco pignoris, sed ut ad decimam recursum haberent monachi, si propter violationem pacti, dampnum aliquid sustinerent, ea tamen conditione ut fructus illius decime percipiat, donec notum sit utrum velint consentire conventioni, quo agnito, decimam suam habebit liberam et absolutam. Si vero nepotes ejus pactioni stare noluerint, ex tunc monachi percipient fructus illius decime, titulo elemosine, usquedum xv libre et omnes expense, quoquo modo facte fuerint in terra illa, monachis ab ipso Osmundo vel a successoribus ejus sint exsolute. Si vero nepotes Osmundi consenserint pactioni cum ad etatem venerint, possidebit prefatus Stephanus xi modios bladii, quos Osmundus de predictis nummis disvadiavit, duos scilicet apud Rei, iii aput Buxeium, iii apud Saucoses juxta Gremervillers, iii apud Saucoses juxta Contevillam, donec eidem Stephano vel successori suo reddat Osmundus xiii libras Belvacenses. Sciendum autem quod si Stephanus prenominatus vel Ybertus avunculus ejusdem et avunculus Galteri, qui scilicet Ybertus jam medietatem illius feodi, quam de ipso tenebat, eidem ecclesie in perpetuam elemosinam dederat, pro simili modiatione, a servitio domini sui, Galteri scilicet, se subtraxerint, idem Galterus ecclesiam propter hoc non inquietabit, sed tamen modiationes eorum saisire poterit. Testes sunt : Galterus archidiaconus, Johannes archidiaconus, Joscelinus precentor, Petrus capellanus, Stephanus thesaurarius Claromontensis, Philippus de Ruella, Rogerus, Guiardus Lupellus, Henricus de Munci, Gollenus Blesensis. Actum Belvaci, anno incarnationis Domini M° C° LXXV°.

(Arch. de l'Oise : *Abb. de Lannoy*, n° 493.)

LXVIII. — An 1175. — *Confirmation par Philippe de Dreux, évêque élu de Beauvais, des donations des Courtils Giroux par Barthélemy de Hécourt, et du quart de la terre dite* Fomucum *par Eméline, femme de Pierre de Crèvecœur.*

Ego Philipus, Dei patientia ecclesie beati Petri belvacensis electus, notum fieri volo presentibus et futuris quod Bartholomeus de Hoecort, concedente Heremburge uxore sua, et Petro et Guidone filiis suis et filiabus suis Ada et Mabilia, dedit per manum nostram in elemosinam perpetuam ecclesie Sancte Marie de Briostel et monachis ibi Deo servientibus, terram quamdam in territorio de Rei, que dicitur curticuli Giroldi, cum prato et aqua, retento sibi dimidio modio frumenti reddendo, ad mensuram Gerborredi, singulis annis in festo Sancti Remigii. Hanc autem donationem concesserunt Hugo de Pleciz, cum uxore sua Agnete et filiis suis Girardo, Petro, Stephano, Willelmo, Ursione, Odone et filiabus suis Aeliz, Uldria, Heremburge, et Guermundus de Rei, cum filio suo Gervasio, a quibus terra illa feodataliter descendebat, ita tamen quod si aliqua querela, pro supradicta terra, emerserit inter prefatos dominos vel eorum heredes, et Bartholomeum vel heredes ejusdem, nullo modo inquietare poterunt ecclesiam, sed tantum licebit eis saisire prefatam modiationem. Testes sunt : G. belvacensis archidiaconus, Joscelinus precentor, Lisiardus thesaurarius, magister H. de Hodenc, G. decanus de Rei, R. capellanus ejus, Girardus de Cani, Hugo de Frainaus, Gaubertus de Fontibus, Walerannus de Maisnil.

Preterea notum facio omnibus quod Emelina uxor Petri de Crevecor dedit prefate ecclesie, in perpetuam elemosinam, per manum Guarini decani nostri, quartam partem terre illius que vocatur Fomucum, concedentibus filiis suis Galtero et Philipo et nepotibus suis Gervasio, Rogero, concedente etiam Willelmo de Bellevrer de cujus feodo terra erat, cum Matildi uxore sua et Isabel filia.

Ut autem omnia supradicta firma et illibata permaneant, dignum duximus suprascriptas elemosinas impressione sigilli nostri munire et subscriptione testium roborare. S. Petri vicedomini Gerborredi. S. Helnulfi de Terinis. S. Hugonis de Scammis. Actum Belvaci anno incarnationis dominice M° C° LXX° V°.

(Arch. de l'Oise : *Abb. de Lannoy*, n° 488.)

LXIX. — An 1175. — *Confirmation par Hugues, doyen de Beauvais, de la donation par Foulques, marguillier, et Pierre, son fils, à l'abbaye de Lannoy, d'une maison sise à Beauvais, rue du Déloir, d'une pièce de vigne à Villers-Saint-Lucien et d'une autre vigne à Montreuil.*

Hugo, Dei gratia ecclesie beati Petri Belvaci decanus, universis fidelibus in perpetuum. Notum fieri volumus tam futuris quam presentibus quod Petrus ecclesie beati Petri edituus, in nostram veniens presentiam, domum suam que ex donatione patris sui Fulconis matricularii, sub annuali censu duorum solidorum ab ecclesia Beate Marie Belvaci in Delerio possidebat, ecclesie Beate Marie de Briostel per nostram manum, assensu canonicorum beate Marie, in perpetuam donavit elemosinam, sicut ligno et lapide edificata est ante et retro, cum viridario ad eandem domum pertinente. Preterea Fulco predicti Petri pater, eidem ecclesie beate Marie de Briostel, vineam suam, quam super Villare de censu beati Luciani quatuor denariorum et unius oboli tenebat, in perpetuam contulit elemosinam, assentiente abbate beati Luciani cum ejusdem ecclesie conventu, et insuper unum arpennum vinee et dimidium, quam apud Monasteriolum a Galtero infante de Moi, sub annuali censu quatuor denariorum in medio martio reddendorum possidebat, prenominate ecclesie beate Marie de Briostel in elemosinam donavit perpetuam, prefato Galtero de Moi concedente. Et ut he donationes firme teneantur, eas auctoritate sigilli nostri confirmamus, presentibus illis quorum nomina sunt subscripta Galterus archidiaconus, Lisiardus thesaurarius, Gocelinus precentor, Wiardus Luveus, Herveus de Anolio, Garinus de Maudestur, Gauterus presbiter, Galterus decanus de Montaterio. Actum Belvaci, anno ab incarnatione Domini millesimo centesimo septuagesimo quinto. (Arch. de l'Oise : *Abb. de Lannoy*, n° 18.)

LXX. — An 1175. — *Donation à l'abbaye de Lannoy, par Godard de Grémécillers, d'un pré à Auchy.*

Notum sit presentibus et futuris quod Godardus de Gremerviler, cum Richelde uxore sua et filiabus suis Matilde et Leiart, dedit in elemosinam perpetuam ecclesie Sancte Marie de Briostel et monachis ibi Deo servientibus pratum quoddam in territorio d'Auchi, quod dicitur la Rosere, concedente Radulfo de Marivas de quo illud tenebat et Sawalone de Medio monte, de quo idem Radulfus tenebat. Accipiet autem singulis annis censualiter ab eadem ecclesia, in festo Sancti Remigii, vi nummos Belvacenses. In presenti vero donatione accepit de caritate ecclesie L solidos Belvacensium. Hujus donationis plegium et testis fuit Petrus vicedominus Gerborredi cujus sigillo loco predicti Godardi carta signata. Testes abbas Sancti Geremari, Johannes de Fontanis, Landri Dorbet, Ursio de Capella, Arnulfus frater ejus. Actum anno Domini M° C° septuagesimo quinto.

(Arch. de l'Oise : *Abb. de Lannoy*, n° 2.)

LXXI. — An 1175. — *Confirmation par Thibault d'Heilly, évêque d'Amiens, de la donation par Raoul, comte de Clermont, de droits dans les fiefs de Girold de Conti et Guillaume de Beausault, du droit de refuge pour les bestiaux de l'abbaye, en temps de guerre, et de la reconnaissance par Osmond de Cempuis des divisions faites par l'abbaye entre les territoires de Cempuis et de Thieuloy.*

Ego Theobaldus, Dei miseratione Ambianensium dictus episcopus dilectis in Domino abbati de Alneto et fratribus ibi Deo servientibus et successoribus eorum eternam in Domino salutem. Ea que de elemosina Radulfi comitis Claromontensis vobis collata sunt super quibusdam feodis in montana sitis, ad Giroldum de Conti et Guillelmum de Belsast pertinentibus, et de habendo refugio animalibus vestris in terra sua, si guerre necessitas ingruerit, sicut in litteris Domini Belvacensis, quas de confirmatione hujus elemosine recepistis, continetur, et nos ex parte nostra vobis perpetuo mansura concedimus et confirmamus. Preterea elemosinam Osmundi de Cenpuis, de concessione Guidonis filii Albrede fratris sui, Ade, Ermentrudis, Eufemie sororum suarum, super dividentiis, que sunt inter territoria de Cenpuis et territoria Tuileti et Altavie et Grantvileir et de Haloi, per manum Ingutionis decani nostri vobis collatam, ad cujus utique donationis memoriam et confirmationem, litteras sigillo predicti Omundi bullatas pretenditis nichilominus confirmamus, statuentes ut nulli omnino hominum liceat hanc nostre confirmationis paginam temere perturbare, vel ei aliquatenus contraire. Actum anno incarnati Verbi M° C° LXX° V°. Testes autem sunt hii : domnus Radulfus Ambianensis decanus, Guarinus archidiaconus, Willelmus prepositus, Symon de Wadencurt, magister Ingelbrannus. Datum per manum Roberti cancellarii.

(Arch. de l'Oise : *Abb. de Lannoy*, n° 575.)

LXXII. — An 1176. — *Confirmation par Hugues, doyen de Beauvais, de la donation par Simon de Bois-Aubert de sa terre de Cailly, et de celle par Jean d'Hannaches de sa terre d'Orsimont.*

Ego Hugo, decanus Belvaci, notum fieri volo presentibus et futuris quod Symon de Bosco Alberti, concedente uxore sua Aelina, et filiis suis Johanne, Petro, Hugone et nepote suo Willelmo cum fratribus suis, dedit per manum nostram in elemosinam perpetuam ecclesie Sancte Marie de Briostel et monachis ibi Deo servientibus quicquid habebat in territorio Challeii. Accipiet autem ab eadem ecclesia censualiter singulis annis, in festo Sancti Remigii, duos solidos belvacensium. Testes Johannes archidiaconus, Walterus decanus de Montatere, Symon Pressouirs, Petrus filius Marie, Johannes de Petra, Petrus matricularius, Petrus li Grenetiers, Hermannus.

Item sciendum est quod Johannes de Hanaches dedit, per manum Garnerii de Roi decani nostri, eidem ecclesie in elemosinam perpetuam, terram suam de Ursimonte cum nemore et parte prati, quam cum eis habebat. Accipiet autem annuatim dimidium siliginis modium circa festum Sancti Remigii. Hanc donationem concessit Mathildis mater ejus et Hugo frater ejus et Agnes soror ejus. Testes Robertus presbiter, Renaldus de Gremerviler, Girardus de Hamel, Robertus de Winemaisnil, Robertus Montechaval.

Hec ut rata maneant in perpetuum sigilli nostri patrocinio communimus. Actum anno incarnationis Domini nostri Jhesu Christi M° C° L° XX° VI°.   (Arch. de l'Oise : *Abb. de Lannoy*, n° 428.)

LXXIII. — An 1176. — *Confirmation par Philippe de Dreux, évêque élu de Beauvais, de la donation par le clerc Sagalon du quart lui appartenant dans la dime de Roy.*

In nomine Sancte et individue Trinitatis. Amen. Ego Philippus, Dei patiencia Belvacensis electus, universis fidelibus in perpetuum. Noverint omnes tam futuri quam presentes quod quidam clericus, Sagalo nomine, ecclesie Beate Marie de Briostel quartam partem decime de Roi, quam in manu sua tenebat, per manum nostram in elemosinam concessit, pro duobus modiis frumenti, ad mensuram Gerborredi, quos abbas et ecclesia ipsi et successoribus suis annuatim reddent, infra quindenam Resurrectionis Dominice. Concessum est autem quod quandiu Sagalo vivet, vehiculis abbatis et ecclesie predicti modii Belvacum deferrentur, atque Sagaloni et alicui loco ejus existenti libere tradentur. Post decessum vero ipsius, ille qui frumentum illud habebit, in granchia abbatie propinquiore recipiet, eadem mensura et eodem termino, et quocumque voluerit propriis vehiculis, ut suum, deferret. Adhuc etiam concessum est quod cum frumenti persolutio fiet, mina unum solum nummum minus valebit meliore frumento quod tunc Belvaci vendetur. Quia vero concessio ista et elemosina in presentia nostra facta est, ut in posterum rata permaneat et inconcussa, eam presenti scripto et sigilli nostri impressione, testium quoque, qui donationi interfuerunt, subscriptione confirmavimus. S. Hugonis decani Belvacensis. S. Goscelini cantoris. S. Johannis succentoris. S. Nicholai presbiteri. S. Garneri presbiteri. S. Henrici Mathildis filii. S. Guiardi Lupi. S. Guillelmi de Gerborredo. S. Guillelmi de Anoilo. S. Hervei fratris ejus. S. Radulfi de Coisi. S. Goscionis fratris succentoris. S. Drogonis Harfaut. Actum Belvaci anno Incarnati Verbi M° C° LXXVI°.

(Arch. de l'Oise : *Abb. de Lannoy*, n° 490.)

LXXIV. — An 1177. — *Confirmation par Pierre, vidame de Gerberoy, de la transaction passée entre l'abbaye de Lannoy et Bernard, curé de Villers-sur-Auchy, au sujet des dimes d'Orsimont et d'Aubomesnil.*

Ego Petrus, vicedominus Gerboredi, notum fieri volo presentibus et futuris quod quedam compositio facta est inter ecclesiam Sancte Marie de Briostel et Bernardum presbiterum Sancti Luciani de Vilers, in presentia mea, assensu et voluntate ecclesie Sancti Petri Belvacensis. Compositio autem hec est: prefatus presbiter dimisit in perpetuum ecclesie Sancte Marie de Briostel et monachis ibi Domino servientibus, quicquid clamabat in decima territorii Ursimontis et Auboudimaisnil, et in decima terre Galterii filii Nivelonis. Sacerdos autem serviens ecclesie Sancti Luciani de Vilers accipiet a monachis Sancte Marie de Briostel, singulis annis, unum modium frumenti et unum avene, ad mensuram Gerboredi, circa festum Omnium Sanctorum. Testes : Guillelmus presbiter de Hanaches, Guillelmus de Bellevrer, Robertus prepositus, Robertus de Campellis. Actum anno Domini millesimo centesimo septuagesimo septimo.

(Arch. de l'Oise : *Abb. de Lannoy*, n° 429.)

LXXV. — An 1177. — *Confirmation par Guillaume de Mello de diverses donations faites aux territoires de Roy et d'Orsimont.*

Notum sit presentibus et futuris quod ego Willelmus de Merlou concessi ecclesie Sancte Marie de Briostel et monachis ibi Deo servientibus, quicquid adquisierant in territorio de Rei post mortem Willelmi Borni. Ex dono videlicet Stephani filii Philippi de Marsiliis et Ylberti del Hamel avunculi ejus. Ex dono Garnerii de Recule. Ex dono Gervasii de Rei. Ex dono Osmundi de Teiz. Ex dono Bartholomei de Hoecort. Preterea concessi eis juxta Ursimontem', quicquid habent ex dono Ursionis del Bosc Aubert, in territorio Calleii, in plano et in bosco, et quicquid habent ex dono Hugonis de Sancto Sansone. Ut igitur hec libere et quiete possideant, et nemo eos disturbet sive in fruticibus eradicandis, sive in vivariis vel aliis quibuslibet aisiamentis suis faciendis, concessionem meam sigilli mei auctoritate confirmo. Testes Robertus presbiter d'Omercort, Radulfus de Granviler, Petrus de Contevilla, Hugo de Trossures, Robertus Paumart, Simon Clericus, Gervasius de Rei. Actum anno Domini millesimo centesimo septuagesimo septimo.

(Arch. de l'Oise : *Abb. de Lannoy*, n° 491.)

LXXVI. — An 1177. — *Confirmation par Lancelin de l'Ile-Adam, doyen de Beauvais, de la donation par Odéline, femme d'Odon Engeher, de deux arpents de vignes à Saint-Lucien, lieudit Brulet.*

Ego Lancelinus, Dei gratia Belvacensis ecclesie decanus, universis in perpetuum. Ad noticiam tam presentium quam futurorum pervenire volumus quod Odelina, bone memorie uxor Odonis Engeheri, dedit in elemosinam perpetuam, pro salute anime sue et antecessorum successorumque suorum, ecclesie Beate Marie de Briostel duos arpennos vinee in territorio Sancti Luciani, quod dicitur Bruileth, juxta vineam monachorum ejusdem ecclesie. Hanc donationem concesserunt filii ejus Gaufridus canonicus Beati Petri, Henricus, Petrus et filie ejusdem Emelina, Isabel, Aales, Petronilla. Quod ut firmum et stabile permaneat presentis scripti munitione et sigilli nostri impressione confirmamus. Huic donationi interfuerunt testes quorum nomina subscripta sunt : Henricus de Centpuis, Hugo de Braichuel, Henricus frater ejus, Garnerus Mallarz. Actum anno ab incarnatione Domini M° C° LXX° VII°. (Arch. de l'Oise : *Abb. de Lannoy*, n° 540.)

LXXVII. — An 1178. — *Donation par Isabelle d'Escachermesnil d'un muid de grains que l'abbaye lui payait annuellement sur sa grange de Monceaux.*

Notum sit presentibus et futuris quod ego Isabel filia Fulconis de Eschachermesnil, concedente Alvredo filio meo et Agnete filia mea, dedi in elemosinam perpetuam ecclesie Sancte Marie de Briostel et monachis ibi Deo servientibus, unum modium bladii, scilicet dimidium frumenti et dimidium avene, ad mensuram Gelborredi. Quem scilicet modium accipiebam annuatim in grangia de Moncellis, et notandum quod hunc modium dederat mihi Hugo de Belsat, pro quadam terra, quam habebam apud campum del Gauth, Willelmo de Belsast, de quo uterque tenebamus, commutationem concedente, nullamque exactionem vel servicium retinente. Quod si predicta ecclesia de modio illo injuste vexata fuerit, ad terram ipsam, quam pro modio commutavi, revertetur. Quia vero sigillum non habebam, presens scriptum sigillo abbatis de Belbech prece mea signatum est. Actum anno Domini M° C° LXX° VIII°.

(Arch. de l'Oise : *Abb. de Lannoy*, n° 333.)

LXXVIII. — An 1178. — *Confirmation par Lancelin, doyen de Beauvais, de la donation par Déodat d'une vigne à Montreuil-sur-Thérain, et de la vente, par le même, d'une autre partie de vigne.*

Ego Lancelinus, Belvacensis decanus, notum fieri volo presentibus et futuris quod Deodatus civis Belvacensis dedit per manum nostram in elemosinam perpetuam ecclesie Sancte Marie de Briostel et monachis ibi Deo servientibus, arpennum et dimidium vinee apud Mosteruel (1) que vinea dicitur Porete, et in eodem clauso vendidit eisdem monachis tria arpenna vinee cum torculari et terra adjacente, quinquaginta libris Belvacensis monete. Hoc totum concessit uxor ejus Petronilla et Garinus et Petrus Nascez fratres ejus. Ipse vero Deodatus pactum donationis et venditionis hujus prefatis monachis se servaturum juxta Belvaci consuetudines, fide sua interposita firmavit. Hoc autem concessit Galterus de Moi (2) et uxor ejus Emelina, libere et quiete, salvo censu suo, tribus solidis et duobus denariis, de quibus Deodatus predictam vineam tenebat. Preterea sciendum est quod Sanctus Symphorianus (3) in eadem vinea habet quatuor denarios de censu. Quod ut firmum et stabile permaneat sigilli nostri auctoritate et testium subscriptione munimus. Testes Gaufridus canonicus beati Petri Belvacensis, Symon clericus decani, Odo de Roncheroles, Ansoldus filius ejus, Nevelo Pauper et Symon frater ejus (4), Radulfus de Holsoi (5), Petrus filius Engelgeri, Bernerus Bechez, Odo Rufus. Actum Belvaci, anno incarnationis Domini M° C° L° XX° VIII°. (Arch. de l'Oise : *Abb. de Lannoy*, n° 378.)

---

(1) Montreuil-sur-Thérain, canton de Noailles (Oise).
(2) Gautier de Mouy.
(3) Abbaye de Saint-Symphorien-lès-Beauvais.
(4) Nivelon et Simon le Pauvre, seigneurs de Hez (Villers-Saint-Sépulcre).
(5) Raoul de Houssoy (Troissereux).

LXXIX. — Vers 1178. — *Confirmation par Lancelin, doyen de Beauvais, de la cession par Sagalon de Moimont de tous ses droits sur les terres de l'abbaye de Lannoy, sises à Auchy et provenant des donations de Raoul de Marivaux et de Godard de Grémévillers.*

Ego Lancelinus, Dei gratia ecclesie Belvacensis decanus, notum facio presentibus et futuris, quod Sagalo de Meenmont et filii ejus Guido et Odo donaverunt et concesserunt, in presentia nostra, monasterio et monachis Sancte Marie de Briostel, in elemosinam perpetuam, quicquid habent in territorio de Aucheio in plano et bosco et pratis, ex dono Radulfi de Marival et Godardi et Richeldis uxoris Godardi et sororis Radulfi et hominum eorum, scilicet pratum de Roseria, pratum Radulfi Hardel, pratum Osulfi, et duas portiunculas bosci eidem prato adjacentes, et pratum de Junkeria, et terram quam habent ex dono Roberti maioris de Aucheio, que omnia habebant quum terra Radulfi de Merival scilicet de Aucheio venit in manum predicti Sagalonis. Hec omnia donaverunt Sagalo et filii ejus jamdictis monachis libera penitus et quieta, nichil sibi in eis retinentes vel heredibus suis, preter censum quem Radulfo de Marival reddebant, scilicet XVIII denarios, et excepto quod si homines sui a servicio suo defecerunt, saisiet redditum eorum, et monachi bene et in pace tenebunt. Et ut hec omnia monachis rata et firma permaneant nos ea presenti scripto et sigillo nostro confirmavimus. Testes : Odo abbas de Prato, Garnerius monachus ejus, Osmundus de Beeleio, Aelelmus filius ejus, Robertus de Kaisneel, Thomas de Marseeles.

(Arch. de l'Oise : *Abb. de Lannoy*, n° 3.)

LXXX. — Vers 1178. — *Confirmation par Lancelin, doyen de Beauvais, de la donation par Widrie, veuve de Hugues de Saint-Deniscourt, et ses enfants, d'un muid de blé de redevance annuelle sur les trois que l'abbaye lui devait.*

Ego Lancelinus, Dei gratia ecclesie Belvacensis decanus. Notum facio presentibus et futuris, quod Widria uxor quondam Hugonis de Saint-Deniscurt, et filii ejus Guibertus, Dionisius, Johannes, Arnulfus, Gervasius et Emelina, donaverunt et remiserunt, per manum nostram, monasterio et monachis Sancte Marie de Briostel in elemosinam perpetuam, liberam penitus et quietam, unum modium frumenti, de tribus modiis, quos monachi reddebant Hugoni de Saint-Deniscurt, et de quibus idem Hugo predictam Widriam uxorem suam dotaverat, et filiis post mortem matris in hereditatem donaverat.

Propter hanc elemosinam monachi donaverunt prefate Widrie et filiis suis octo libras Belvacensium. Hanc elemosinam donavit et concessit prefatis monachis Philippus de Saint-Deniscurt, cum uxore sua Freessent et filiis Urso et Gerardo. Et ut eam bene et in pace perpetuo possideant, presenti scripto et sigillo nostro confirmavimus. Testes : Gaufridus presbiter de Senentes, Alelmus canonicus de Milleio, Ansellus de Bubetio, Osbertus Malnorri.

(Arch. de l'Oise : *Abb. de Lannoy*, n° 538.)

LXXXI. — Vers 1178. — *Donation par Pierre Le Voyer et Hugues des Prés de terres à Hannaches.*

Lancelinus, Dei gratia Belvacensis decanus, cunctis fidelibus in perpetuum. Ego Lancelinus, Dei gratia Belvacensis decanus, notum facio presentibus et futuris quod Petrus Viator et Hugo de Pratis cognatus ejus donaverunt et concesserunt monasterio et monachis Sancte Marie de Briostel, in elemosinam perpetuam, quicquid Hugo de S^to Sansone eis donaverat, in territorio quod dicitur de Corveis, apud Hanaches. Preterea idem Petrus donavit illis quandam brochiam, concedente predicto Hugone de Pratis. Testes : Robertus Palmart, Tomas de Marsiliis. Notum etiam facio quod Guido presbiter de Vilers penitus remisit, per manum Gaufridi presbiteri nostri de Senentes, monasterio et monachis Sancte Marie de Briostel, terciam partem decime de campo Galterii de Braecel, quam reclamabat, cognita veritate quod monachorum esset. Et ut hec monachis firma et rata in perpetuum meneant, presenti scripto et sigillo nostro eis confirmavimus. Testes : Gaufridus presbiter de Senentes, Alelmus canonicus de Milleio, Ansellus de Bubetio.

(Arch. de l'Oise : *Abb. de Lannoy*, n° 144.)

LXXXII. — An 1179. — *Confirmation par Wermond, vidame de Picquigny, de toutes les possessions de l'abbaye de Lannoy, sises à Monceaux et relevant de son fief.*

Notum sit presentibus et futuris quod ego Weremundus vicedominus Pinconii, concessi, pro salute anime mee et antecessorum atque successorum meorum, in elemosinam perpetuam, ecclesie Sancte Marie de Briostel et monachis ibidem Deo servientibus, quicquid habent in montana de feodo meo, scilicet territoria Moncellorum, Maisniliorum et Vacariarum, necnon et pasturam et alia aisiamenta sibi necessaria. Hoc autem concessit Flandrina uxor mea; Girardus filius meus, Petrus et Johannes fratres mei. Ut autem hec elemosina prefate ecclesie sine ulla contradictione perseveret, presens scriptum sigilli mei impressione et testium subscriptione communire decrevi. Testes : Petrus vicedominus Gerborei, Engerrannus de Novilla dapifer, Engerrannus de Gentelle, Gilo de Clairi. Actum est autem hoc, anno ab incarnatione Domini millesimo centesimo septuagesimo nono, apud Pinconium, in festo Sancte Trinitatis.

(Arch. de l'Oise : *Abb. de Lannoy*, n° 334.)

LXXXIII. — An 1180. — *Confirmation par Thibault d'Heilli, évêque d'Amiens, de la donation faite à l'abbaye de Lannoy, par Adam d'Esquesne, de tous les biens qu'il possédait au Moncel-Hilbert.*

Ego Theobaldus, Dei miseratione Ambianensis dictus episcopus, tam presentibus quam futuris notum facio, quod accedens ad presentiam nostram Adam de Caisne, assensu uxoris sue Emeline et filiorum ejus Amerii, Rainoldi, Guarnerii, Albini, Roberti, Petri, et filie ejus Iberge, quicquid possidebat in territorio Moncelli Hilberti, quod alio nomine dicitur Mons Gollelmi, in plano, in bosco, sub annuo censu xi minarum frumenti, ad mensuram Gerboredi, in festo Sancti Remigii reddendarum, ecclesie beate Marie de Briostel, et monachis ibi Deo servientibus perpetuo possidendum, in elemosinam concessit. Quod factum est concedente Osmondo de Teiz, de quo predictum territorium tenebat. Cujus concessionis testes sunt Galterus decanus de Sarnoi, Oilardus presbiter de Sarcus, Ansbertus, Bernardus Parvum, Arnulfus de Curia. Actum anno Dominice incarnationis M° C° LXXX°, assistentibus dilectis filiis nostris Radulfo archidiacono, magistro Ingelberano. Datum per manum Roberti cancellarii. (Arch. de l'Oise : *Abb. de Lannoy*, n° 335.)

LXXXIV. — An 1180. — *Donation à l'abbaye de Lannoy par Robert de Fontaines, d'un muid de froment de redevance que l'abbaye lui devait pour une pièce de terre sise à Belval.*

Notum sit presentibus et futuris quod ego Robertus de Fontibus donavi monasterio et monachis Sancte Marie de Briostel, in elemosinam perpetuam liberam penitus et quietam, unum modium frumenti, quem mihi solebant reddere et antecessoribus meis pro quadam terra quam de me tenent in Bella valle. Hanc elemosinam donavi eis pro anima mea et pro animabus patris mei et avunculorum meorum, qui ibidem humati jacent, concessione Mabilie matris mee et fratrum meorum et sororum Willelmi, Berengerii, Petri, Alani, Gaufridi, Egidii, Alicie, Isabel, et alterius Aelicie, tali conditione quod ego Robertus hanc elemosinam jamdictis monachis contra omnes garantizabo ad expensam meam. Si vero aliquis prefatum modium adversum me disratiotinaverit et monachis garantizare non potero, de redditu meo quem habeo apud Sanctam Mariam de Hamello unum modium frumenti, vel valens, si melius monachis placuerit, illud ibidem singulis annis restaurabo. Juravi etiam super sacrum altare quod istam conventionem fideliter tenebo. Ut autem hec elemosina rata in perpetuum permaneat, presenti scripto confirmavi illud et sigillo meo. Testes : Alanus de Moncellis, Osmundus de Teiz, Johannes Turket.

(Arch. de l'Oise : *Abb. de Lannoy*, n° 44.)

LXXXV. — An 11.. — *Donation par Jean d'Hodenc à l'abbaye de Lannoy de tout ce qui lui appartenait en fief au territoire de Belcal (Monceaux).*

Notum sit presentibus et futuris quod ego Johannes de Hosdenc concedo ecclesie Sancte Marie de Briostel et monachis ibi Deo servientibus pro salute anime mee et patris mei et antecessorum meorum in elemosina perpetua, quicquid est feudi mei in territorio Bellevallis, hoc scilicet quod Gilbertus de me tenet, et Hugo de Longa Piro de Hugone de Hosdenc patre meo ante tenuerat. Quod ut firmum in perpetuum maneat, sigilli mei auctoritate confirmo. Testes : Hugo de Belbec, Heldeerius monachus ejus, Girardus de Merreval, Ricardus filius ejus, Willelmus Froisse Gres, Odo de Roncheroles, Robertus de Sancto Odino, Eustachius de Orival, Hugo nepos Johannis de Hosdenc, Hugo Silvanus.

(Arch. de l'Oise : *Abb. de Lannoy*, n° 45.)

LXXXVI. — An 1180. — *Donation par Jean d'Avelon d'un demi-muid de blé de redevance annuelle.*

Notum sit presentibus et futuris quod ego Johannes de Avalum donavi et remisi monasterio et monachis Sancte Marie de Briostel in elemosinam perpetuam liberam penitus et quietam dimidium modium, frumenti, quem michi annuatim reddebant. Donavi etiam eis et concessi unum alium dimidium modium frumenti, quem donaverat eis in elemosinam perpetuam Guido pater meus, qui in eodem monasterio habitum religionis accepit. Concessi quoque eis unum modium frumenti, quem eis Radulfus de Avelona donavit in elemosinam perpetuam liberam penitus et quietam, concessione Hawisie uxoris sue, et filiorum suorum Petri, Marie et Martine. Preter hec vero concessi eis omnes alias donationes et elemosinas, quas eis fecerant pater meus et homines mei, videlicet quartarium totius territorii de Reio, in plano et bosco et aquis, libere et quiete, ita quod in predicto monasterio nullum redditum michi vel heredibus meis retinui, preter orationes fratrum, et excepto quod si homines mei a servitio meo defecerint, redditum, quem eis monachi reddunt, saisiam et ipsi bene et in pace tenebunt. Hanc donationem ego Johannes de Avelona feci supradictis monachis, concessione Osberti Malnorri de Omercurt domini mei. Et ut hec omnia bene et in pace possideant, presenti scripto et sigillo meo eis confirmavi. Testes : Petrus presbiter de Reio, Robertus presbiter de Omercurt, Johannes de Estotmaisnil, Philippus de Saint-Deniscurt, Girardus de Espauz, Johannes de Hanaches.

(Arch. de l'Oise : *Abb. de Lannoy*, n° 174.)

LXXXVII. — Vers 1180. — *Confirmation par Osbert Malnouri d'Omécourt de plusieurs donations faites par Guy, Jean et Raoul d'Avelon.*

Ego Osbertus Malnorri de Omercurt, notum facio presentibus et futuris quod Johannes de Avalum, homo meus, donavit et remisit in presentia mea monasterio et monachis Sancte Marie de Briostel, in elemosinam perpetuam liberam penitus et quietam, dimidium modium frumenti, quem ei annuatim reddebant. Donavit etiam eis et concessit unum alium dimidium modium frumenti, quem donaverat eis in elemosinam perpetuam Guido pater ejus, qui in eodem monasterio habitum religionis accepit. Concessit quoque eis unum modium frumenti, quem eis Radulfus de Havalum donavit in elemosinam perpetuam liberam penitus et quietam, concessione Hawisie uxoris sue et filiorum suorum Petri, Marie et Martine. Preter hec vero concessit eis omnes alias donationes et elemosinas, quas eis fecerant pater ejus et homines ejus, videlicet quartarium totius territorii de Reio, in plano et bosco et aquis, libere et quiete, ita quod in predicto monasterio nullum redditum sibi vel heredibus suis retinuit, preter orationes fratrum, et excepto quod si homines ejus a servitio suo defecerint, redditum, quem eis monachi reddunt, saisiet, et ipsi bene et in pace tenebunt. Ego vero ad peticionem predictorum Johannis et Radulfi omnes istas elemosinas prefatis monachis libere et quiete in perpetuum possidendas concessi et presenti scripto et sigillo meo eis confirmavi. Testes : Petrus presbiter de Reio, Robertus presbiter de Omercurt, Johannes de Estotmaisnil, Philippus de Saint-Deniscurt, Girardus de Espauz, Johannes de Hanaches.

(Arch. de l'Oise : *Abb. de Lannoy*, n° 181.)

LXXXVIII. — Vers 1180. — *Donation par Jean, comte d'Eu, de l'exemption de tout péage sur ses terres, du droit d'herbage et d'usage dans ses bois et de 50 sols de cens à Guerville.*

Johannes comes Augi omnibus ministris suis (1) vicecomitibus et prepositis totius terre sue salutem. Noveritis me concessisse pro salute anime mee ecclesie Sancte Marie de Briostel universisque fratribus ibi Deo servientibus, omnium rerum suarum quas secum tulerint, vel quarum venditionem seu emtionem fecerint, quietantiam a theloneo et omni consuetudine per totam terram meam, et herbagium ad refugium animalium suorum in foresta mea, si forte pro metu alicujus guerre a regione illa in istam transire necesse fuerit. Insuper et in eadem foresta mea concessi eis unam quadrigam perpetuo possidendam, que deferat ligna de mortuo videlicet bosco ad usuagium supradictorum fratrum, ita liberam et quietam ut nullus de forestagio vel alia aliqua consuetudine eos inquietare presumat. Eisdem quoque fratribus *nostris* donavi in perpetuam elemosinam L solidos de censibus meis Guerraville ad festum Sancti Remigii, de primis prius XX solidis quos infirmi Rothomagi habere debent, ad emenda allectia fratribus. Testes : frater Saliot prior Augi, Osbernus capellanus canonicus, frater R. Fort Escu, R. dapifer, J. de Vilers, B. de Briencun, Eustachius Harenc, Walter de Guerranflos, Ingerrannus de Fressine villari, Radulfus de Vilers, Johannes de S^{to} Leodegario.

(Arch. de l'Oise : *Abb. de Lannoy*, n° 155.)

---

(1) Cette charte me parait fausse, sinon quant à la donation qui en fait l'objet, du moins quant à l'auteur qui semble l'avoir fait rédiger. La suscription l'attribue à Jean, comte d'Eu ; mais si elle était véritablement de lui, comment dirait-il en parlant de ses hommes de fief *ministris suis*, de sa terre *terre sue*, des religieux de Lannoy *fratribus nostris* ? Ces expressions font supposer, au contraire, qu'elle est l'œuvre des religieux. Comme cette donation a bien été faite par Jean, comte d'Eu, ainsi qu'il appert par d'autres titres, et que l'on ne trouve pas l'acte primitif de donation, il est probable que cet acte ayant disparu par une cause qui nous est inconnue, les religieux, pour ne pas rester sans titre, au cas de difficultés subséquentes, en rédigèrent un nouveau, de souvenir, et aussi conforme que possible au primitif, et le firent en présence de témoins qui avaient parfaitement connu le premier. Ceci arrivait assez souvent, lorsque des titres disparaissaient ; on faisait un acte de notoriété en reproduisant autant que possible les termes du titre disparu. La charte pouvait ainsi être fausse quant à la forme, mais vraie quant au fond, quant à l'objet.

LXXXIX. — An 1182. — *Confirmation par Baudoin Coquerel de la donation de la terre de Belval par ses ancêtres, et de tous les biens de l'abbaye de Lannoy situés en cet endroit.*

Ego Balduinus Koquerel notum facio presentibus et futuris quod terra de Bella valle, que ad predecessores nostros poterat pertinere, videlicet medietas predicte terre, concessa est tamdiu et donata ecclesie Sancte Marie de Alneto de Briostel et monachis ibi Deo servientibus, in elemosinam perpetuam, ex dono predecessorum nostrorum, et quicquid in eadem terra habebant, nichil sibi vel heredibus suis dominii, juris sive justitie cujuscumque retinentes. Et ego tanquam heres et successor, ex assensu et voluntate Galteri fratris mei, pro salute animarum nostrarum et antecessorum nostrorum, predictam concessionem et donationem, et quicquid predicti religiosi de feodo et justitia nostra ex dono vel elemosina seu etiam venditione acquisierunt, tempore nostro seu temporibus antecessorum nostrorum, absque aliqua de cetero reclamatione nostri seu heredum nostrorum, cum omni jure et justitia, approbamus et in perpetuum eisdem religiosis confirmamus. Quod stabile sit et imperpetuum perseveret, ego Balduinus presentes litteras sigilli mei appensione roboravi. Actum est hoc anno Domini M° C° LXXX° II°.

(Arch. de l'Oise : *Abb. de Lannoy*, n° 170.)

LXXXIX bis. — An 1183. — *Confirmation par Thibaud d'Heilly, évêque d'Amiens, de la donation par Enguerrand de Gentelle, Baudoin de Cocherel et autres, d'un fief sis à Belval.*

Theobaldus, Dei miseratione Ambianensium dictus episcopus, omnibus in Christo fidelibus eternam in Domino salutem. Possesiones illas, que per elemosinam fidelium in jus et potestatem ecclesiarum devenerunt, litterarum apicibus memorie commendare ex injuncto nobis officio tenemur. Inde est quod presentibus et futuris notum facimus quod Ingelran de Gentella et Balduinus de Cocherel et Galterus frater ejus, concedentibus Matildi matre eorum et filiabus suis Burga et Haewildi, feodum de Belvalet, quod Bertranus de Lehuz et Maisendis uxor ejus de eis tenebant, monachis de Briostel in perpetuam elemosinam concesserunt, et totum dominium suum, quod habebant in feodo illo, in ecclesiam de Briostel transtulerunt, sub annuo censu unius modii frumenti, ad mensuram Gerboredi, ad festum

Sancti Remigii persolvendi, pro servicio predicti feodi, hac habita conditione quod modiationem duorum modiorum, quam monachi debent Bertrano et uxori ejus Maisendi pro feodo de Belval, pro nullo forisfacto saisire poterunt, nec propter hoc monachos inquietabunt. De cetero predicti Balduinus et Galterus quicquid monachi illi de elemosina predicte matris eorum possidebant se concessisse recognoverunt. Actum est hoc anno Domini M° C° LXXX° III°, presentibus dilectis filiis nostris T. Sancti Johannis et Sancti Judoci abbatibus, Radulfo Pontivii archidiacono, magistro Roberto Paululo, Gilano milite. Datum per manum Roberti cancellarii.

(Arch. de l'Oise : *Abb. de Lannoy*, n° 39.)

XC. — An 1183. — *Confirmation par Philippe de Dreux, évêque de Beauvais, de la donation par Etienne, fils de Philippe de Marseilles, de tout ce qu'il possédait dans le fief de Girard d'Hanvoiles, au territoire de Roy.*

In nomine Sancte et individue Trinitatis. Amen. Ego Philippus Dei gratia Belvacensis episcopus universis in perpetuum. Provide considerationis et approbate consuetudinis esse dinoscitur, rerum gestarum memoriam litterarum monimentis annotare, ut per ea et excludatur oblivio, et malignandi subtrahatur occasio. Eapropter tam presentium quam futurorum noticie mandare curavimus, quod Stephanus filius Philippi de Marseilles donavit, per manum nostram, ecclesie Sancte Marie de Briostel et fratribus ibidem Deo servientibus, in elemosinam perpetuam, quicquid habebat de feodo Girardi de Hamveiles in territorio de Roi, in plano et in bosco, in aqua et in prato, concedente et assensum in presentia nostra adhibente huic Stephani donationi Waltero fratre suo majore natu qui dominus erat feodi. Hoc ipsum concedente Girardo de Hanveiles cum filiis suis Girardo, et Galtero, de cujus Girardi scilicet feodo totum hoc movebat. Ipsius autem et filiorum suorum concessioni isti testes affuerunt : Hugo decanus Perone, Rogerus de Roseto, Germanus presbyter, clerici ; Johannes de Roseto miles, Oesce de Noerast, laici. Facta est autem predicta donatio a prefato Stephano fratribus de Briostel ea conditione quod Stephano, aut ipsius heredibus post eum singulis annis reddent duos modios, unum frumenti, alterum avene, in mense Martio, ad mensuram Gerborredi. Recepit vero idem Stephanus ab ipsa ecclesia xv libras Belvacenses, quando hanc donationem fecit. Quod si aliquo casu predictus Stephanus aut heredes ejus a servicio domini sui se subtraxerint, ipso dominus propter hoc ecclesiam non inquietabit, sed tamen modiationem saisire poterit.

Huic Stephani donationi, fratrisque sui Walteri concessioni coram nobis facte isti testes affuerunt : Hugo decanus Perone, magister Anfredus; Petrus de Chambli; Walterus decanus de Montatere; Odo Castellanus; Johannes de Arion; Arnulfus de Terinis, Johannes de Hodenc, Girardus de Merreval, Petrus filius Engolgeri. Quam et nos, quia in presentia nostra, immo per manum nostram facta est, posteris temporibus perpetua volentes esse stabilitate subnixam, patrocinio scripti presentis et sigilli nostri appensione corroboramus. Actum Belvaci anno incarnati Verbi M° C° LXXX° III°.

(Arch. de l'Oise : *Abb. de Lannoy*, n° 493.)

XCI. — An 1183. — *Confirmation par Gautier de Mouy de la donation par dame Alix, de son fils, d'une maison sise à Montreuil, avec l'herbage y attenant, du quart d'un arpent de vigne, d'un arpent de bois et d'une terre à avoine.*

Ego Galterus de Moy notum facio tam presentibus quam futuris quod Aliz, assensu filie sue Teceline et Johannis Le Bolengier et Fulconis de Mainalnay et Simonis, obtulit filium suum Garnerium ecclesie Sancte Marie de Briostel, donans eidem ecclesie in elemosinam perpetuam cum filio suo domum quandam cum toto herbergagio, et quartam partem unius arpenti vinee, et unum arpentum nemoris et avennam. Assistentibus testibus hujus elemosine Filippo sacerdote de Mosterol et Johanne Le Maior, et Adam de Mainalnay, et Alberico de Carroey et Fulcone sororio predicti Garnerii, et Petro filio Rocelini et Simone predicti Garnerii victrico. Ego vero dominus predicti pueri elemosinam prefatam liberam et quietam ecclesie supranominate concedo cum uxore mea Edeva, nichil mihi inde omnino retinens preter annuum redditum. Hujus concessionis testes sunt Ansoldus de Moy, Hugo del Deluige. Concedo etiam eidem ecclesie terram quandam nomine Wasten quam Rocelinus avunculus predicti Garnerii in conversione sua in elemosinam perpetuam prefate ecclesie contulit. Actum anno Domini millesimo centesimo octogesimo tertio.

(Arch. de l'Oise : *Abb. de Lannoy*, n° 379.)

XCII. — An 1183. — *Confirmation par Odon, abbé de Beaupré, de l'autorisation donnée par Mathieu de Breteuil, à l'abbaye de Lannoy, d'acquérir et de posséder le quart de la dîme de Roy et un courtil au même lieu.*

In nomine Patris et Filii et Spiritus Sancti. Amen. Ego Odo dictus abbas de Prato volo cunctis innotescat fidelibus quod Matheus de

Britolio in presentia nostra concessit ecclesie beate Marie de Briostel, ut libere adquireret et possideret quartam partem decime de Reio et unum curticulum, pro centum solidis Belvacensium in presenti, pro decem et octo minis frumenti et duobus modiis avene annuatim Guillermo Porco persolvendis. Quod si idem Matheus partem illam vel a prefato Guillermo, vel a dominis a quibus feodum illud tenendum est, adquirere et in pace possidere poterit, predictum censum cum eisdem nummis habebit et ipse eandem decimam exinde per omnia warandire debebit. Si vero predicti fratres aliquam terram ad id feodum pertinentem adquisierint, priusquam ipse Matheus vel prefatus Guillermus in placitum intraverint, eundem redditum quem Guillermus habebat, Matheus habebit, nec postquam placitare ceperint eadem ecclesia aliquid de territorio illo sine assensu ejus adquirere poterit. Hujus autem pactionis quam ipse Matheus, firmam et inconcussam se tenere propria manu pleivivit, testes sunt : Walterus prior noster, Bernardus, Warnerus, Johannes, Walterus, monachi nostri ; Ricardus et Philippus, monachi de Briostel ; Robertus et Hudemerus conversi nostri ; Gaufridus Savari, Otrannus, Willelmus, Malgerus de Liehus, pistores nostri. Quando vero Hudeburgis uxor ipsius Mathei et filii eorum Matheus et Richerius, et Aelidis filia Hudeburgis de priori marito, hoc ipsum apud Venduel concesserunt, interfuerunt hii testes : Philippus monachus de Briostel, Radulfus filius Alani, Gunterius filius Rogeri. Et ne predicti fratres aliquam super hac pactione molestiam ab eisdem vel eorum heredibus patiantur, factum inde scriptum et sigilli nostri testimonio premunitum ipsis tradidimus. Actum anno Domini millesimo centesimo octogesimo tercio.

(Arch. de l'Oise : *Abb. de Lannoy*, n° 492.)

XCIII. — An 1184. — *Confirmation par Gautier de Mouy de plusieurs donations de terres à Montreuil.*

Ego Galterus de Moy notum fieri volo presentibus et futuris quod Adam de Mosterol, concessione Haevis uxoris sue et filiorum suorum Johannis, Auberti, Petri et filie sue Richeldis, dedit in elemosinam perpetuam ecclesie Sancte Marie de Briostel, et monachis ibi Deo servientibus, vineam suam de Mosterol, sicut metata est per fundum fossati, nichil omnino sibi retinens vel heredibus suis in posterum, preter annuum censum duorum nummorum ad festum Sancti Remigii. Accepit autem in presenti donatione de caritate ecclesie prefate ix libras Belvacensium. Item Radulfus Diabolus, concessione Hersendis uxoris sue et filiorum suorum Willelmi, Johannis, dedit in elemosinam perpetuam eidem ecclesie et monachis ibi Deo servientibus, pratum des diablels et vineam des diablels libere et quiete. Michi autem predicti monachi pro vinea reddent singulis annis quatuor nummos in medio Martio, et pro prato quatuor nummos in festo Sancti Johannis Baptiste. Accepit autem idem Radulfus de caritate ecclesie in donatione prefate vinee et prati LIII solidos Belvacensium, et etiam ad erogandum pro anima Nicholai fratris sui XXX solidos Belvacensium. Qui Nicholaus prefate vinee partem jam dicte ecclesie dedit in elemosinam et monachis ibi Deo servientibus. Item Guiardus Le Bolenger, concessione Raudevis uxoris sue et filiorum suorum Roberti, Bernardi, dedit prefate ecclesie et monachis ibi Deo servientibus in elemosinam perpetuam quoddam alnetum libere et quiete. Monachi autem reddent michi annuum censum ejusdem alneti V nummos in festo Sancti Remigii et VI in festo Sancti Martini. Accepit autem idem Guiardus de caritate ecclesie, quum hanc donationem fecit, XXXII solidos Belvacensium. Item Guarinus de Rois, concessione Wauburgis uxoris sue et filiarum suorum Drogonis, Auberti, et filiarum suarum Hersendis, Popeline et Aleburgis, cum filio suo Rogero de Gornai, dederunt boscum unum predicte ecclesie et monachis ibi Deo servientibus in elemosinam perpetuam libere et quiete. Reddent autem michi monachi pro eodem bosco annuum censum quatuor nummorum in festo Sancti Martini. Has donationes concessi ego Galterus de Moy cum Edeva uxore mea, et sigilli mei impressione confirmavi. Harum autem donationum et concessionis nostre testes sunt : Galterus monachus, pater meus, Garnerius de Harmes, Radulfus Morel, Herfredus de Insula, Radulfus de Buri, Radulfus de Housei et Robertus et Petrus frater ejus, Johannes maior de Mosterol, Bernerius Hasart, Hainardus de Sancta Genovefa. Actum anno Domini millesimo centesimo octogesimo quarto. (Arch. de l'Oise : *Abb. de Lannoy*, n° 380.)

XCIV. — An 1184. — *Confirmation par Guillaume Porc de la donation par Policius de Roy et ses neveux, de dix-huit mines de terre au lieudit le Val Hunain.*

Quum a mentibus hominum cito occultat oblivio quicquid scripture non indicat assertio, ideo huic carte inscribimus quod oblivioni tradi nullatenus volumus. Igitur ego Willelmus Porcus notum volo fieri presentibus et futuris quod Policius de Rei et duo nepotes ejus Antelmus et Hermefridus dederunt, in elemosinam perpetuam, ecclesie beate Marie de Briostel et monachis ibi Deo servientibus quandam terram quam habebant apud Vallem Hunain, scilicet decem et octo minarum seminaturam. Hanc donationem concessit Frollent uxor Policii cum filio suo Alerano et filiabus suis Hermencins, Eremburge,

Hersendis, Berta et Legardis. Testes : Galterus decanus de Bonieres, Garnerius clericus ejus, Hylo, Radulfus, Simon Coruns, Berengerius filius Odonis de Caigni, Rogerus de Hamello. Et quum Antelmus et Hermefridus medietatem hujus elemosine dederunt, ex parte Antelmi concessit Gireldis uxor ejus cum Odone filio suo et filiabus suis Beatrice, Aliza, et Mabilia. Hujus concessionis testes affuere Bernardus presbiter de Felcheres, Robertus presbiter de Sancto Arnulfo, Garnerius filius David, Willelmus de Rei. Hanc quoque donationem ex parte Hermefridi concessit Maria uxor ejusdem cum filia sua Heremburc et sorore Hermefridi Odelina. Concesserunt quoque filii ejusdem Odeline scilicet Lanée, Girardus, Radulfus et filia sua Lece. Quorum testes fuere Bernardus presbiter de Felcheres, Robertus presbiter de Sancto Arnulfo, Drogo de Heleincurt, Willelmus de Rei, Hugo de Sunjuns. Hanc quoque elemosinam Ascelina soror prenominati Hermefridi concessit cum duobus filiis suis Galtero et Girardo, coram testibus scilicet Reinaldo monaco de Alneto, Hermenfrido fratre ejusdem Asceline, Roberto Bornio de Hamello. Et ego Willelmus Porcus cum Galtero filio Philippi de Marselles et Johanne filio meo majore, sub quorum dominio Policius et nepotes ejus illam terram possidebant, hanc elemosinam sigilli mei auctoritate confirmavi. Actum anno Domini м° c° octogesimo quarto.

(Arch. de l'Oise : *Abb. de Lannoy*, n° 589.)

XCV. — An 1188. — *Donation par Gautier de Mouy de 12 sols de rente pour l'entretien d'une lampe ardente devant l'autel de la sainte Vierge, dans l'église de l'abbaye de Lannoy.*

Notum sit presentibus et futuris quod ego Galterus de Moy donavi in elemosinam perpetuam ecclesie beate Marie de Briostel et monachis ibidem Deo servientibus, octo solidos duobus denariis minus, quos michi annuatim consualiter reddebant pro omni tenemento suo de Mosterol. Donavi etiam eisdem monachis, pro anima mea et pro animabus antecessorum meorum, quatuor solidos et duos denarios de propriis redditibus meis, in elemosinam perpetuam, tali conditione quod ex eisdem quatuor solidis cum aliis supradictis octo solidis, una lampas jugiter ardens administrabitur in perpetuum ante altare Sancte Marie in monasterio de Briostel. Remisi preterea jamdictis monachis totum pressoragium suum de Mosterol liberum penitus et quietum. Quatuor solidos et duos donarios quos donavi eis in perpetuum redditum recipient singulis annis de censu meo scilicet a majore de Mosterol, quicumque ibidem optinuerit majoratum. Hanc elemosinam donavi eis concessione Edeve uxoris mee et filiorum meorum Drogonis, Johannis et Petronille. Testes : Symon de Buri, Patricius major de Cressi, Nevelonus de Balennis, Symon des Puiz. Datum anno Domini M° c° octogesimo octavo.

(Arch. de l'Oise : *Abb. de Lannoy*, n° 381.)

XCVII. — Vers 1190. — *Confirmation par Edèce, dame de Mouy, de la donation par Hugues du Fayel, d'un demi-muid de blé de rente à prendre à Mouchy.*

Ego Edeva domina de Moy. Notum facio presentibus et futuris quod Hugo de Faiel donavit monasterio et monachis Sancte Marie de Briostel, eo tempore quum sumpsit habitum religionis, dimidium modium frumenti in elemosinam perpetuam liberam penitus et quietam, quem dimidium modium accipient monachi singulis annis a Roberto filio suo et heredibus suis, ad festum Sancti Remigii, apud Munchi. Hec autem donatio facta est predictis monachis concessione Galteri de Moy domini mei et nostra et concessione filiorum jamdicti Hugonis, Roberti videlicet et Bernardi, et ut hec elemosina firma et rata in perpetuum permaneat, presenti scripto et sigillo meo eis confirmavi. Testes : Johannes maior de Mosterol, frater Galterus de Baillol. (Arch. de l'Oise : *Abb. de Lannoy*, n° 154.)

XCVIII. — An 1190. — *Confirmation par Edèce, dame de Mouy, de la donation par Foulques Cherlet de Montreuil d'un quartier de vignes à Montreuil en échange du courtil du frère Garnier.*

Ego Edeva domina de Moy notum volo fieri presentibus et futuris quod Fulco Cherlet de Mosterol, assensu uxoris sue Basilisse, et filiorum suorum Radulfi et Eberti et filiarum suarum Alicie et Albrede, mutuo dedit monachis ecclesie beate Marie de Briostel quoddam quarterium vinee apud Mosterol pro quodam curticulo, qui vocatur curticulus fratris Garnerii, tali conditione quod monachi eandem vineam quietam a censu in perpetuum possidebunt, sicut et curticulum per donum domini mei Galterii quiete possederunt ; et sciendum quod in hac mutua donatione habuit idem Fulco de karitate prescripte ecclesie quinquaginta solidos Belvacensium. Hanc presentem mutuationem ego Edeva cum filio meo Drogone et aliis pueris meis concessi et quod dominum meum Galterum, si de Jerosolima redierit, concedere faciam, fideliter promisi. Et ut hoc ratum et inconcussum in perpetuum permaneat, sigilli mei auctoritate premunivi. Testes : Bernardus de Gironvilla, Warinus de Trie, Bernerius frater Johannis majoris, Fulco de Casea, Johannes Bolongarius. Datum anno Verbi incarnati millesimo centesimo nonagesimo.

(Arch. de l'Oise : *Abb. de Lannoy*, n° 382.)

XCIX. — Vers 1190. — *Confirmation par Hugues, abbé de Saint-Symphorien, de la donation par Foulques de Montreuil d'une vigne à Montreuil.*

Ego Hugo beati Symphoriani Belvacensis dictus abbas omnisque noster conventus omnibus notum facimus quod fulco de Mosteruel quandam vineam nostram hereditario jure excolebat tali videlicet pactione ut eam in omnibus facturis omnino excoleret, et tercia pars sine aliquibus expensis nisi tercie partis vindemiarum juri nostro cederet, ipse vero duas partes pro labore suo et expensis reciperet. De censu autem vinee statutum fuit ut nos tres denarios, ipse vero VII persolveret. Hanc vinee pactionem predictus Fulco monachis beate Marie de Alneto pro filio leproso donavit, et nos eam ipsis benigne concedimus, salvo jure torcularis et aliorum que sunt superius annotata. Ne autem hec pactio et commutatio in posterum valeat infirmari, scriptum inde factum sigilli nostri testimonio volumus roborari. (Arch. de l'Oise : *Abb. de Lannoy*, n° 376.)

C. — Vers 1190. — *Confirmation par Gautier, abbé de Saint-Lucien, de la donation par Gautier de Bracheux d'un muid de terre à Orsimont.*

Ego Walterus abbas et totus conventus Sancti Luciani Belvacensis ad futurorum et presentium noticiam pervenire volumus quod Walterus de Braichello, per assensum nostrum, in perpetuam dedit elemosinam ecclesie beate Marie de Briostel terram ad unum modium sementis vicinam terris eorum de Ursimont. Quia vero predicta terra de feodo nostro descendebat, idem Walterus eam in manu nostra dimisit, et per voluntatem et petitionem suam, assentientibus et concedentibus uxore sua Eufemia cum filiis suis Willelmo, Hugone, Johanne et filiabus Agne, Ada, Beatrice, fratres jamdicti loci eadem terra investivimus. Ut autem hec elemosina rata et inviolabilis perseveret et ne ab aliquibus per fraudem vel maliciam aliquam valeat violari, presentem cartam sigillo capituli nostri roboratam memoratis fratribus donare decrevimus.

(Arch. de l'Oise : *Abb. de Lannoy*, n° 419.)

CI. — Vers 1190. — *Confirmation par Hugues et Wermond de Goulencourt des biens donnés par Raoul de Goulancourt, leur père.*

Ego Lancelinus Dei gratia Belvacensis ecclesie decanus, notum facio presentibus et futuris quod Hugo de Joislaincurt et Wermundus frater ejus donaverunt et concesserunt, coram me, monasterio et monachis Sancte Marie de Briostel in elemosinam perpetuam omnes elemosinas in terris, pratis et aquis quas donaverat eisdem monachis Radulfus de Joislaincurt pater eorum. Remiserunt quoque eis omnes querelas quas adversus eos habebant, jurantes supra sanctum altare quod propter hoc monachos amplius non inquietarent. Preter hec supradictus Wermundus victum et vestitum unius monachi, qui a supradictis monachis ex debito requirebat cum aliis omnibus querelis penitus remisit. Nos autem paci et quieti monachorum providentes, omnia ista ut eis firma et rata permaneant, presenti scripto et sigillo nostro communivimus. Testes : Guido presbiter de Vilers, Deodatus clericus, Guido Porcus, Hugo de Ikelon.

(Arch. de l'Oise : *Abb. de Lannoy*, n° 129.)

CII. — An 1190. — *Donation par Godefroy et Simon de Beausauli d'une charruée de terre dans le bois de Blargies et cession de droits seigneuriaux.*

Notum sit presentibus et futuris quod ego Gaufridus de Belsad cum Simone fratre meo dedi in elemosinam perpetuam ecclesie Beate Marie de Briostel et monachis ibi Deo servientibus, unam carrucatam terre simul cum nemore in bosco de Blargies, nichil mihi inde retinens vel heredibus meis preter duos modios bladii et duos avene, ad mensuram Gerboredi, quos annuatim persolvent mihi monachi in festo Sancti Remigii. Preter hec donavi eis et concessi habere quicquid habent de feodo meo ex dono antecessorum meorum atque vavassorum meorum in montana, libere et quiete, in plano, in bosco, cum omnibus appenditiis suis, sicut mete eorum et fossata erant anno ab incarnatione Domini m° c° octogesimo octavo, et herbagium ad opus animalium, ad pascendum ubique in tota terra mea de montana, preter terras de Formerias. Remisi etiam omnes calumpnias, que inter me et eosdem monachos versabantur, scilicet de quadam terra, que sita est inter grangiam de Moncellis et boscum de Blargies, et de illa que est in fine territorii del Valperrun. Item concessi eisdem monachis libere et quiete omnia nemora sua possidere eadem libertate et potestate qua et terras suas possident, et dare et vendere et in omnibus de eisdem nemoribus facere secundum suam voluntatem. Preterea concessi prescriptis monachis libere et quiete duos modios bladii, quos Willelmus de Hermercurt donavit ecclesie Beate Marie de Briostel tempore illo quum sumpsit habitum religionis, et nec ego, neque heredes mei, pro ulla causa de heredibus Willelmi de Hermercurt proveniente, illos duos modios saisire aut fratribus de Briostel aliquod gravamen inferre poterimus. Et sciendum quod si vavassores mei debita mihi servitia facere noluerint, territoriis et nemoribus monachorum in pace et quiete manantibus, redditum vavassoribus debitum ipsis dari prohibebo ante terminum dandi statutum. Qui nisi infra xv dies servitia mihi reddiderint, redditum accipiam donec mihi servitia debita reddant, et sic suos redditus recipiant. Omnia vero ista donavi et concessi jam dictis monachis concessione Symonis fratris mei et Hugonis de Gornayo domini mei. Et ut hec omnia monachi libere et quiete possideant, presentem cartam et ipsam donationem sigillo meo confirmavi. Testes : Ricardus abbas de Belbec, Balduinus prior de Belbec, Hugo de Sancto Sampsone, Gaufridus decanus de Driencurt, Hugo de Gornay, Symon de Belsad, Johannes de Hosdenc, Galterus de Belsad, Hugo de Belsad, Petrus de Copeinvilla, Willelmus de Hoecurt, Guillelmus de Boeles, Robertus de Ricardvile, Galterus prepositus de Formeries, et alii multi.

(Arch. de l'Oise : *Abb. de Lannoy*, n° 47.)

CIII. — Vers 1190. — *Donation par Jean de Monsures de vingt acres de terre et bois dans le bois de Blargies.*

Notum sit presentibus et futuris quod ego Johannes de Moyssures donavi monasterio et monachis Sancte Marie de Briostel, viginti acras terre in bosco de Blargies, terram videlicet et nemus juxta terram quam ibidem habent ex dono Galfridi de Belpsat. Hanc elemosinam feci eis in perpetuum, concessione Agnes uxoris mee et Hugonis filii mei et filiarum mearum Beatricis et Emeline et Asceline, et Galfridi de Belpsat in eadem terra domini mei, et Symonis fratris ejus, liberam penitus et quietam, preter xvi minas bladii, viii scilicet frumenti et viii avene, reddendas annuatim mihi et heredibus meis ad festum Sancti Remigii, ad mensuram Gerboredi. Preter hec concessi eis ut libere et quiete in perpetuum possideant omnes elemosinas quas habent ex dono patris mei et hominum meorum, scilicet quartarium de Moncellis et quartarium de Maisniliis et quartarium de Vakereches. Testes : Ricardus abbas de Belbec, Hugo et Robertus monachi ejus, Gerardus de Pascuis, Antonius de Baaluvs, Galterus de Hausez, Robertus de Ricardvilla, Galterus prepositus, et ut hoc ratum permaneat in perpetuum presentem cartam sigilli mei impressione munivi. (Arch. de l'Oise : *Abb. de Lannoy*, n° 326.)

CIV. — An 1190. — *Donation par Ansold de Ronquerolles de quatre muids de vin de redevance annuelle à prendre dans sa vigne de Quienpature, près Clermont.*

Notum sit presentibus et futuris quod ego Ansoldus de Runkeroles, cum uxore mea Helesende et filio meo Odone et filiabus meis Maria et Matilda, assensu fratrum meorum Johannis et Odonis, dedi in elemosinam perpetuam ecclesie Beate Marie de Briostel et monachis ibi Deo servientibus singulis annis quatuor modios vini apud Clarimontem in clauso meo de Kienpastura. Testes : Johannes de Runkeroles, Arnulfus Bordel de Runkeroles, Galterus filius ejus, Petrus le Rath. Actum anno Domini m° c° nonagesimo.

(Arch. de l'Oise : *Abb. de Lannoy*, n° 73.)

CV. — An 1190. — *Donation par Jean de Ronquerolles de deux muids de vin à prendre dans ses vignes de Mogneville.*

Notum sit presentibus et futuris quod ego Johannes de Runkeroles, assensu Ansoldi fratris mei et heredum suorum, dedi in elemosinam perpetuam ecclesie beate Marie de Briostel et monachis ibi Deo servientibus singulis annis duos modios vini in vineis de Moinevilla, quas Drogo et Joibertus majores ad medietatem excolunt, tali conditione quod si de Jerosolima rediero, eosdem duos modios, si michi placuerit, retinebo. Si vero non rediero prescriptis fratribus illos duos modios in perpetuum possidere concedo, et si de prenominatis vineis duo modii perfici non poterunt, de ceteris redditibus meis impleantur; et sciendum quod quia sigillum non habui quum presens facta fuit donatio, sigillo fratris mei Ansoldi presentem cartam confirmavi. Testes : Gilo de Buri, Odo de Moinevilla, Arnulfus Bordel. Datum anno Domini millesimo centesimo nonagesimo.

(Arch. de l'Oise : *Abb. de Lannoy*, n° 323.)

CVI. — An 1190. — *Donation par Drogon, tonloyer de Beauvais, d'un muid de vin de redevance annuelle à prendre dans son clos.*

Notum sit omnibus tam presentibus quam futuris quod ego Drogo Belvacensis telonearius dedi per concessionem Beatricis uxoris mee et heredum meorum scilicet Guillelmi et Drogonis, unum modium vini ecclesie beate Marie de Briostel, in clauso meo, singulis annis, ad missas celebrandas pro salute anime mee et uxoris mee, et pro anniversario nostro singulis annis insequenti feria post festivitatem sancte Trinitatis faciendo; insuper libertatem rongii quam pater meus dederat, sigilli mei impressione confirmo. Actum anno ab incarnatione Domini m° c° lxxxx°.

(Arch. de l'Oise : *Abb. de Lannoy*, n° 171.)

CVII. — En 1206, Guillaume, fils de Drogon et aussi tonloyer de Beauvais, confirma cette donation avant de partir pour la croisade « iter Jerosolimam arrepturus. »

(Arch. de l'Oise : *Abb. de Lannoy*, n° 179.)

CVIII. — An 1190. — *Donation par Gervais de Saint-Arnoult et Reinold Folie d'un muid de terre à Saint-Arnoult.*

Notum sit presentibus et futuris quod ego Gervasius de Sancto Arnulfo donavi monasterio et monachis Sancte Marie de Briostel, concessione uxoris mee Beatricis et filiorum meorum Bernardi, Johannis, Guidonis, Balduini, et Thomas, Margarethe et Nicholae, terram quandam in landa Sancti Arnulfi ad seminaturam unius modii, in elemosinam perpetuam, liberam penitus et quietam, preter campartum, illam scilicet terram que fuit Galteri de Longa avesna. Hanc etiam terram donavit predictis monachis Reinoldus Folie homo meus, qui in eadem terra mediam partem habebat, concessione uxoris sue Emmeline et filie ejus Nicholae. Hanc quoque terram eis concessit Reinoldus filius Galteri de Longa avesna et filia ejus Hermesent, et propter hoc habuerunt terram monachorum que est juxta Brokeel. Sciendum autem quod si Radulfus filius Galteri de Longa avesna de Jerosolima venerit, et terram predictam reclamaverit, ego eam monachis garantizabo. Illud quoque sciendum quod ego habuit propter hanc elemosinam de karitate monasterii quatuor libras Belvacensium et Reinoldus Folie x solidos. Et ut hec omnia firma sint in perpetuum et rata presenti scripto et sigillo meo confirmavi. Testes : Robertus presbiter de Sancto Arnulfo, Balduinus Kokerel et Galterus frater ejus, Fulcho prepositus de Felkeriis.

(Arch. de l'Oise : *Abb. de Lannoy*, n° 526.)

CIX. — Vers 1190. — *Donation par Jean Porc de Molencourt, Raoul, son frère, et Marie, leur mère, de tout ce qu'ils possédaient au bois de Cailly.*

Ego Johannes Porcus de Moyslencurt. Notum facio presentibus et futuris quod Maria mater mea et ego et Radulfus frater meus donavimus et concessimus ecclesie beate Marie de Briostel et monachis ibidem Deo servientibus, in elemosinam perpetuam, liberam et quietam, quicquid habebamus in boscho de Cailleio juxta Ursimontem, videlicet in terra et in nemore, nichil nobis vel heredibus nostris inde retinentes, preter unum pratellum juxta eundem boscum situm, et preter censum duorum solidorum Belvacensium, quem reddent monachi censualiter singulis annis ad festum Sancti Luciani. Hanc elemosinam sollenpniter factam concessit et approbavit Petronilla uxor mea, et ut inviolabilis et rata in perpetuum permaneat, presenti scripto et sigilli mei munimine nobiscum jamdicte ecclesie confirmavit. Testes : Lambertus prior de Briostel, Galterus de Fontibus, Drogo de Fontibus, Petrus filius Galteri de Laverchines.

(Arch. de l'Oise : *Abb. de Lannoy*, n° 430.)

CX. — Vers 1195. — *Confirmation par Galeran, doyen de Beauvais, de la donation par Marie de Molencourt et Jean et Raoul, ses fils, de tout ce qu'ils possédaient au Bois de Cailly*

Ego Galerannus Dei patientia Belvacensis ecclesie decanus. Notum facio presentibus et futuris quod Maria de Moislencurt et duo filii sui Johannes et Radulfus donaverunt et concesserunt ecclesie Beate Marie de Briostel et monachis ibidem Deo servientibus, in elemosinam perpetuam liberam et quietam, quicquid habebant in bosco de Cailleio, juxta Ursimontem, videlicet in terra et in nemore, nichil sibi vel heredibus suis inde retinentes, preter unum pratellum juxta eundem boscum situm, et preter censum duorum solidorum Belvacensium, quem reddent monachi censualiter, singulis annis ad festum Sancti Luciani. Hanc elemosinam sollempniter factam concessit et approbavit Petronilla uxor jamdicti Johannis, ut rata esset imperpetuum et inviolabilis. Nos igitur volentes monachos prenominatos hanc elemosinam bene et in pace in perpetuum possidere, presenti scripto eis confirmavimus et sigilli nostri auctoritate. Testes : magister Nicholaus de Bezencon, Theobaldus clericus.

(Arch. de l'Oise : *Abb. de Lannoy*, n° 433.)

CXI. — An 1190? — *Donation par Robert Porc de Saint-Saire, seigneur de Corbeauval, de vingt mines de terre à Corbeauval, et confirmation des diverses acquisitions faites en ce lieu par l'abbaye.*

Notum sit presentibus et futuris quod ego Robertus Porcus, dominus de Corbelval, et uxor mea Heremburc et Gaufridus filius meus et filie mee Alicia et Matildis donavimus et concessimus monasterio et monachis Sante Marie de Briostel, in territorio de Corbelval terram ad xx minarum seminaturam. Donavimus etiam eis et concessimus quicquid adquisierunt in eodem territorio in tempore nostro et in tempore Willelmi Porci fratris mei, et deinceps acquirere poterunt, videlicet omnes donationes hominum meorum, sicut in carta Domini Philippi Belvacensis episcopi, quam monachi habent, describuntur, et sicut in presenti scripto denotantur : terram scilicet quam donavit eis Johannes de Corbelval, concessione Radulfi filii sui et Christiane filie sue, ad viginti et octo et dimidie minarum seminaturam et quoddam pratellum reddens censum duorum denariorum. Terram quam donavit eis Bernardus, ad decem et octo minarum sementem, et post decessum ejus terram quam donavit eis Helwis uxor ejusdem Bernardi et Rogerus filius ejus et Auburc filia sua, ad viginti duarum minarum sementem. Terram quam donavit eis Bertinus ad sementem quatuordecim minarum, et unum pratum reddens trium denariorum et unius oboli censum, concessione Emeline matris sue et sororum suarum Felicis et Heremburgis et Richaldis. Terram quam donavit eis Ricardus frater Arnulfi ad quatuordecim minarum sementem, concessione Emeline uxoris sue et filiarum suarum Hermengardis et Matildis. Terram Arnulfi ad unius modii sementem, concessione Albrede uxoris sue et Radulfi filii sui et Heudeardis filie sue. Terram quam donavit eis Radulfus Geduum ad unius modii sementem et dimidii et iterum ad obitum suum terram ad sementem duorum modiorum, concessione Willelmi filii sui, et unum pratum reddens censum quinque denariorum. Terram Odonis Malchiun quam idem Odo donavit eis ad undecim minarum et dimidie seminaturam, concessione filiorum suorum Gerardi, Wermundi et Garini fratris sui. Terram quam idem Guarinus donavit eis ad quatuordecim minarum sementem, concessione Hermengardis uxoris sue et filiorum suorum Willelmi, Wiardi et Symonis. Terram quam Radulfus de Boeleio et Willelmus donaverunt eis ad viginti et duarum minarum sementem. Terram Alelmi maioris de Corbelval, quam donavit eis ad duorum modiorum sementem et dimidii, concessione Emeline uxoris sue et sororum suarum Thescie, Doee et Marie. Omnes iste terre donate sunt a supradictis hominibus supradictis monachis in elemosinam perpetuam liberam penitus et quietam, preter campartum quod michi singulis annis reddent monachi. Si autem amonitus fuerit homo meus, qui recipere debet campartum a fratribus de Ursimonte, ut segetes in agris campartare veniat et venire noluerit, fratres sine foris facto eas campartabunt et campartum cum segetibus suis in grangiam suam deferent, nisi ego mandavero ut illud ad Corbelval deportent. Sciendum autem quod Alelmus maior, concessione Emeline uxoris sue et sororum suarum Thescie, Doee et Marie et nostra permissione donum quod in suprascriptis terris habebat, monachis de Briostel in elemosinam perpetuam donavit, ita quod nichil sibi vel heredibus suis in illo retinuit. Nos vero volentes ut monachi omnia ista bene et quiete in perpetuum possideant presenti scripto et sigillo nostro eis confirmavimus. Testes: Robertus abbas de Belbech, Gaufridus decanus de Sancto Salvio, Willelmus Porcus, Alermus de Corbelval.

(Arch. de l'Oise : *Abb. de Lannoy*, n° 77.)

CXII. — An 1190? — *Confirmation par Robert Porc de Saint-Saire des donations faites par Guillaume Porc, Raoul de Beloy et autres, de terres sises à Corbeauval*

Notum sit presentibus et futuris quod ego Robertus Porcus de Sancto Salvio donavi et concessi monasterio et monachis Sancte Marie de Briostel, in elemosinam perpetuam, omnes elemosinas et terras quas donaverunt eis Guillelmus frater meus et Radulfus de Boeleio et ceteri homines mei in territorio de Corbelval, sicut continetur in carta episcopi Belvacensis, quam monachi habent. Donavi quoque eis et concessi quicquid deinceps in eodem territorio acquirere poterunt, quod etiam Radulfus de Boeleio eis ante concesserat. Hec quoque omnia donaverunt et concesserunt mecum jam dictis monachis Erenbore uxor mea et Gaufridus filius meus et Aeliz et Maheut filie mee in elemosinam perpetuam liberam penitus et quietam, excepto camparto, quod fratres de Ursimont sine forisfacto ad grangiam suam portabunt et mihi conservabunt, si tamen ille homo, qui terram meam de Corbelval in custodia habuerit, amonitus ab eis accipere in agris noluerit. Hoc autem sciendum quod monachi pro beneficio hujus elemosine donaverunt michi et Erenbore uxori mee sex libras Angevinorum, et nos juravimus supra sanctum evangelium quod eam garantizaremus eis fideliter pro posse nostro contra omnes homines, qui pro ea vellent adversus eos calumpniam movere. Et ut hec omnia firma monachis in perpetuum permaneant presenti scripto et sigillo meo eis confirmavi. Testibus his : Ricardo abbate de Belbec, Rogero priore, Odone sacerdote de Corcellis, Rogero sacerdote de Rosaria, Arnulfo scriba, Radulfo clerico de Augo, Ricardo de Sancto Germano.   (Arch. de l'Oise : *Abb. de Lannoy*, n° 77.)

CXIII. — An 1190. — *Confirmation par Philippe de Dreux, évêque de Beauvais, des donations faites au terroir de Corbeauval.*

Ego Philippus Dei gratia episcopus Belvacensis notum facio presentibus et futuris quod Guillelmus Porcus de Corbelval et Emmeline uxor ejus et Radulfus de Boeleio et Issabel filia predicti Guillelmi donaverunt monasterio et monachis Sancte Marie de Briostel terram quandam in territorio de Corbelval, scilicet ad seminaturam unius modii et novem minarum, in elemosinam perpetuam liberam penitus et quietam, preter campartum, Guillelmus quidem per manum nostram, Radulfus vero et Emmeline et Issabel per manum Guillelmi presbiteri nostri de Senentes. Concesserunt etiam, preter hec, omnes terras quas homines sui donaverant predictis monachis in eodem territorio, per manum supradicti Guillelmi presbiteri nostri de Senentes. Terram videlicet quam donavit eis Aelermus maior ad duorum modiorum sementem, concessione Emmeline uxoris sue et filiorum suorum Simonis et Bernardi et sororum Tescie, Doe et Marie. Terram quam donavit eis Bernardus frater Aelermi ad seminaturam unius modii, concessione Helvise uxoris sue et filii sui Rogeri et filiarum Eremburgis, Beatricis et Cecilie. Terram quam dedit eis Ricardus ad seminaturam xiij minarum, concessione Emmeline uxoris sue et filiorum Ermengardis et Matildis. Terram quam dedit eis Bertinus ad sementem xiiij minarum, concessione Emmeline matris sue et sororum Felicie et Eremburgis. Terram quam dedit eis Johannes ad seminaturam xiiij minarum, concessione Matildis uxoris sue et filii sui Radulfi et filie Christiane. Terram quam dedit eis Odo Malchiun ad sementem unius modii, concessione Alberee uxoris sue et filiorum suorum Garnerii, Girardi, Wermundi et filie sue Ade et fratris sui Garini. Terram quam dedit eis Garinus frater Odonis ad sementem xiiij minarum, concessione Ermengardis uxoris sue et filiorum et filiarum suarum Guillelmi, Guidonis et Simonis, Auburgis, Mabirie et Marie. Terram quam dedit eis Radulfus Guduim ad duarum minarum sementem, concessione filiorum suorum Galteri et Guillelmi. Omnes iste terre donate sunt a supradictis hominibus supradictis monachis in elemosinam perpetuam liberam penitus et quietam, preter campartum quod reddent Guillelmo Porco et Radulfo de Boeleio. Qui si ammoniti fuerint a fratribus de Ursimont ut segetes in agris campartare venient et venire noluerint, fratres sine forifacto eas campartabunt, et campartum cum segetibus suis ad grangiam suam deferent, nisi Guillelmus et Radulfus mandaverint ut illud ad Corbelval deportent. Sciendum autem quod Aelermus maior, concessione uxoris sue et filiorum et filiarum suarum et dominorum suorum Guillelmi et Radulfi, donum, quod in suprascriptis terris habebat, monachis in elemosinam perpetuam donavit, ita quod nichil sibi vel heredibus suis retinuit in illo. Nos vero volentes ut monachi omnia ista bene et quiete in perpetuum possideant, presenti scripto et sigillo nostro confirmavimus. Testes : Gaufridus et Guillelmus presbiteri de Senentes, Hugo de Goislaincurt, Hugo de Ikelum, Garinus de Barra,

Garinus de Blaecurt. Item ex dono Radulfi Gulduim et filiorum ejus Galteri et Guillelmi et filio, terram quandam et quoddam pratum ad duos scilicet modios, terram per campartum et pratum per v denarios ad festum Sancti Johannis Baptiste, concessione dominorum de Corbelval et Aelermi maioris, qui eis donum remisit.

(Arch. de l'Oise : *Abb. de Lannoy*, n° 78.)

CXIV. — An 1191. — *Confirmation par Drogon de Moy, official de Beauvais, de la donation par Garnier de Saint-Aubin de sa maison sise à Beauvais.*

Ego magister Drogo de Moy officialis domini Belvacensis episcopi. Notum facio presentibus et futuris quod Garnerius de Sancto Albino donavit per manum nostram in elemosinam perpetuam monasterio et monachis Sancte Marie de Briostel domum suam et mansuram cum omnibus pertinentiis suis, libere et quiete, exceptis novem denariis, qui debentur domino episcopo singulis annis ad festum Sancti Remigii. Et ut hoc ratum in perpetuum permaneat presenti scripto et sigillo meo eis confirmavi. Testes : Hubertus de Sancto Laurentio, Reinoldus Meilun, Tomas Borneus.

(Arch. de l'Oise : *Abb. de Lannoy*, n° 537.)

CXV. — Vers 1195. — *Confirmation par Nicolas Berland et Bernier de Thoiri, maieurs de Beauvais, de la renonciation par Thomas et Garnier aux prétentions qu'ils avaient élevées sur la maison donnée par Garnier de Saint-Aubin, leur grand oncle.*

Ego Nicholaus Berland et Bernerius de Thoiri maiores communie Belvaci, notum facimus presentibus et futuris quod Thomas et Garnerius filii neptis Garnerii de Sancto Albino remiserunt calumpniam quam injuste faciebant contra monachos de Briostel, videlicet de quadam domo, quam donavit eis jam dictus Garnerius in elemosinam perpetuam, totam videlicet et ante et retro et absque calumpnia. Recognoverunt enim in hala, coram Petro de Monchi patre eorum, quod in eadem domo nichil juris habebant, nec calumpniare poterant, et hoc ipsum testatus est Petrus pater eorum. Recognoverunt etiam hoc ipsum in hala coram nobis et coram paribus communie, videlicet coram Guidone de Basseya, Berengerio de Alli, Philippo Carpentario, Bernardo de Furmenterio et Matheo Pressorio, et coram domino Henrico filio Hengeher, et Laurentio carnifice et Thoma Moiardo et Adam Quarrario, Johanne Melon et Michaele filio Helene. Ut autem jamdicti monachi eandem domum bene et in pace amodo possideant, presenti scripto et sigillo communie eis confirmavimus. Hujus rei testes sunt prescripti communie pares.

(Arch. de l'Oise : *Abb. de Lannoy*, n° 158.)

CXVI. — Vers 1195. — *Donation par Alerme de Fromericourt de son tènement d'Hannaches.*

Ego Gualeranus Dei Gratia Belvacensis ecclesie decanus, notum facio presentibus et futuris quod Alermus de Formericurt dedit ecclesie beate Marie de Briostel et monachis ibi Deo servientibus totum tenementum suum de Hanaches, cujus tenementi medietatem tenebat Hugo de Formericurt de dominio ejusdem Alermi, exceptis duabus mansuris cum duobus ortis, in quibus mansuris et ortis idem Hugo nichil penitus habebat. Hanc donationem concesserunt Radulfus filius ejusdem Alermi et uxor ejusdem Radulfi Richeldis et filius eorumdem Lambertus et filia ipsorum Ada. Concesserunt etiam eidem ecclesie quicquid juris habebant in illa parte feodi quam tenebat Hugo de Formericort de dominio eorum. Hoc totum concessit et posuit super sacrum altare ejusdem ecclesie illorum dominus Johannes de Hanaches in elemosinam perpetuam liberam penitus et quietam, nichil sibi inde vel heredibus suis retinens. Juravit etiam super predictum altare beate Marie de Briostel quod concessiones omnium filiorum suorum et filiarum videlicet Girardi tunc temporis in captione detenti et aliorum Hugonis, et Odonis et uxoris sue Ade et filiarum suarum Matildis, Petronille et Beatricis, et Ursionis fratris sui acquietabit et contra omnes homines ipsum tenementum prefate ecclesie garantizabit. Preterea supradictus Johannes de Hanaches concessit jamdicte ecclesie quicquid dederant fratribus ejusdem loci Oelardus de Hanaches et Lambertus filius ejus, qui in eodem loco defuncti jacent, videlicet terram ad novem minas sementis. Hoc ipsum concesserunt supradicti filii ejus et filie et uxor ejusdem Ada et Ursio frater ejus. Sciendum autem quod quando Johannes de Hanaches hec omnia concessit ecclesie beate Marie de Briostel, monachi ejusdem loci donaverunt ei de karitate ecclesie lx solidos Belvacensium. Nos igitur volentes ut monachi ista omnia bona quiete possideant in perpetuum presenti scripto et sigillo nostro eis confirmavimus. Testes : magister Petrus de Reio, Ricardus presbiter de Hanaches, Willelmus clericus filius Gaufridi de Hamello, Hugo de Fromericort et alii multi.

(Arch. de l'Oise : *Abb. de Lannoy*, n° 145.)

CXVII. — Vers 1195. — *Confirmation par Galeran, doyen de Beaucais, de la donation par Garnier d'Hannaches et consorts de tout ce qu'ils tenaient de ladite abbaye dans les prés d'Aubomaisnil.*

Ego Gualeranus Dei gratia Belvacensis ecclesie decanus. Notum facio presentibus et futuris quod Garnerius de Hanaches, cum uxore sua Hersend et Andrea filio suo et alii qui in hac carta scripti continentur, concesserunt et donaverunt per manum nostram ecclesie et monachis Sancte Marie de Briostel, in elemosinam perpetuam liberam penitus et quietam, quicquid de eadem ecclesia tenebant in pratis de

Aubomaisnil, videlicet Ascelina cum filiis suis Galtero, Willermo, Roberto et filiabus suis Emelina, Albreda, Matilde; Adam quoque Morel cum Galtero filio suo. Item Albreda cum filis et filiiabus suis Henrico, videlicet, Alelmo, Willermo, Eremburc et Ada. Item Enguburgis et Henricus filius ejus. Item Hersendis cum fratribus suis Guyberto, Galtero et Roberto et filiis suis Roberto, Balduino, Hugone et filiabus suis Matilde et Haysa. Item Guybertus cum Ada uxore sua et fratribus suis Galtero et Roberto et filiis suis Ingelranno et Johanne et filiabus suis Albreda et Ysabel. Isti omnes donaverunt et remiserunt jam dicte ecclesie et monachis ibidem Deo servientibus libere et quiete imperpetuum quicquid juris habebant in pratis de Aubomaisnil, nulla in posterum reservata calumpnia. Ut autem hec elemosina jam dictis monachis . ...num permaneat, presenti scripto et sigillo meo eis confirmavi. Testes : ..... monachus de Belbec, Gaufridus presbiter de Senentes, Hermefridus.

(Arch. de l'Oise : *Abb. de Lannoy*, n° 1.)

CXVIII. — 1194 à 1200. — *Confirmation par Galeran, doyen de Beauvais, de la donation par Gautier de Crevecœur de deux muids de blé à lui dus par les religieux, pour les terres qu'ils tenaient de lui à Orsimont.*

Ego Gualeranus Dei gratia Belvacensis ecclesie decanus. Notum facio presentibus et futuris quod Galterus de Crevecuer donavit per manum nostram monasterio et monachis Sancte Marie de Briostel, in elemosinam perpetuam, liberam penitus et quietam, duos modios frumenti, quos ei monachi reddebant singulis annis, pro tenemento quod tenebant idem monachi de eo in territorio Ursimontis. Hanc elemosinam antea donaverat eis per manum domini Philippi Belvacensis episcopi, nulla sibi in posterum vel heredibus suis de duobus modiis retenta calumpnia. Fecit autem jamdictis monachis hanc donationem jamdictus Galterus concessione Philippi fratris sui et Matildis uxoris sue et filiorum suorum ac filiarum Petri videlicet et Guidonis, Clementie et Hermengardis, concessione quoque Emeline de Reio et filiorum suorum Balduini et Gervasii et filie sue Milesendis. Ut autem hec elemosina rata sit perpetuo, presenti scripto et sigilli mei confirmavi testimonio. Testes : Gualterus de Lavercines, Osmundus de Teiz, Osbertus Malnorri, Berengerius de Crevecuer et Warinus frater ejus, Rogerius de Reio, magister Petrus de Reio, qui presens fuit ubi predictus Philippus hanc elemosinam concessit et in manu domini Philippi Belvacensis episcopi posuit.

(Arch. de l'Oise : *Abb. de Lannoy*, n° 131.)

CXIX. — An 1197. — *Confirmation par Edève, dame de Mouy et de Mouchy, de la donation par Jean Le Boulenger, de Montreuil, d'une pièce de terre à Montreuil-sur-Thérain et de la donation par ses filles des bois de Guillaume de Mello, sis au même lieu.*

Ego Edeva domina de Monchi notum facio presentibus et futuris quod Johannes Bolengarius de Mosterol, quando accepit habitum religionis, donavit Deo et ecclesie beate Marie de Briostel et monachis ibidem Deo servientibus avennam suam de Mosterol, in elemosinam perpetuam liberam penitus et quietam, preter censum vi denariorum singulis annis in medio marcio reddendorum. Hanc elemosinam sollempniter factam coram omni parrochia de Mosterol benigne concesserunt et approbaverunt filie sue videlicet Alicia, Odelina, Maria, Osanna. Concesserunt preterea assensu et voluntate Johannis patris earumdem prenominate ecclesie et fratribus ibidem Deo servientibus sub titulo elemosine boscum quem donavit eis in elemosinam dominus Willelmus de Merloto, accipientes ab eisdem fratribus de karitate ecclesie quatuor libras pro utraque concessione, et Aubertus gener ejusdem Johannis habuit tunc sex solidos pro concessione, quia calumpniabat in eodem bosco dimidium arpentum ex parte uxoris sue; dicebat enim quod memoratus Johannes donaverat uxori sue dimidium arpentum in matrimonium, quod facere non poterat, quia censualiter boscum illum de domino Willelmo de Merloto tenebat. Igitur, quum facta fuit elemosina ista, dum esset villa de Mosterol in dominio meo et potestate, presenti scripto confirmavi eis et sigilli mei auctoritate. Testes : Philippus presbyter, Bernerius major de Mosterol, Petrus Bolengarius, Petrus Trichart. Actum anno Domini M° C° XC° VII°.

(Arch. de l'Oise : *Abb. de Lannoy*, n° 383.)

CXX. — An 1198. — *Confirmation par Robert de Chatillon, trésorier de Beauvais, de l'accord par lequel Pierre La Garde renonce à ses prétentions sur la terre que l'abbaye de Lannoy tenait, à Monceaux, en mouvance du fief d'Enguerrand, vicomte d'Aumale.*

Ego Robertus Belvacensis thesaurarius, vices agens domini Belvacensis eo tempore in captione detenti quo scriptum hoc factum fuit, notum facio presentibus et futuris quod querela, que tunc versabatur inter monachos de Briostel et Petrum La Garda, consilio bonorum virorum determinata fuit in hunc modum, in curia nostra apud Belvacum. Petrus La Garda concessit monachos de Briostel secundum tenorem carte illorum bene et in pace possidere totum tenementum quod calumpniabat adversus eos de feodo Ingelranni vicecomitis de Albemarla, usquedum tenementum illud disratiocinavit in curia adversus Ingelrannum, de quo monachi tenent illum feodum. Et extunc reddent supradicti monachi modiationem, sicut scriptum est in carta eorum, tantum si dominus feodi, de quo Ingelrannus illum tenet, jusserit illam jamdicto Petro reddi. Juravit preterea Petrus La Garda, super sanctas reliquias Sancti Bartholomei Belvacensis, quod interim nullam molestiam faciet monachis pro hac querela, neque per illum perveniet illis aliqua jactura, neque per aliam personam ad malum faciendum per ipsum admonitam. De cetero si jamdicti monachi adquisierunt aliquid de feodo quem Petrus La Garda calumpniat supra tenementum quod continetur in carta eorum, ad citationem suam facient ei rationem. Si vero hoc facere voluerit, coram legitimis testibus diffidabit eos, si diffidare voluerit, ita tamen quod infra quadraginta dies post diffidationem nullam perquiret illis molestiam. Testes : Robertus thesaurarius Belvacensis, Galeranus clericus Aurelianensis, Odo castellanus, Henricus de Brechol, Gyrardus de Pascuis, Gaufridus de Plaiz, Warnerius Maillard, Odo Crueset, Odo Ruffus.

(Arch. de l'Oise : *Abb. de Lannoy*, n° 338.)

CXXI. — An 1200. — *Confirmation par Warnier de Goulancourt et Helvide, sa sœur, d'une terre à Goulancourt donnée par Guillaume et Hugues, leurs frères.*

Galerannus divina permissione Belvacensis decanus. Universis presentibus et futuris ad quos presens pagina pervenerit in perpetuum. Universitati vestre notum esse volumus quod accedentes ad presentiam nostram Warnerus de Goslencurt et soror ejus Helvidis, nec non et ejusdem Helvidis filius Rogerus et filia Auburgis, pari voto et unanimiter quittaverunt et concesserunt monasterio de Briostello terram quamdam sitam in territorio de Goslencurt, perpetuo possidendam ; quam videlicet terram predictorum Willelmus et H. fratres, Willelmus nomine olim agens in extremis prescripto modo sub titulo elemosine in ultima voluntate legavit, omnem super hoc calumpniam remittentes. Ut igitur jamdictorum Warneri, Helvidis, Rogeri et Auburgis concessio sollempni firmata consensu nulla in posterum perturbatione turbetur, sed inconcussa potius et immobilis perseveret, eam ad petitionem earumdem personarum his apicibus duraturis fecimus annotari et sigilli nostri patrocinio communiri. Actum Belvaci anno gratie M° CC°.

(Arch. de l'Oise : *Abb. de Lannoy*, n° 130.)

CXXII. — Vers 1200. — *Donation par Gervais de Saint-Arnoult de plusieurs pièces de terre à Monceaux et confirmation des donations faites par Jean Malherbe, Reinold de La Folie, Bernard de Saint-Arnoult, Gautier l'Anglais.*

Notum sit presentibus et futuris quod ego Gervasius de Sancto Arnulfo donavi monasterio et monachis Sancte Marie de Briostel, in elemosinam perpetuam, quandam avesnam nemorosam juxta vallem Moncellorum et campum de mara de La Folie, et quicquid in ipsa mara habebam, et quandam aliam terram juxta viam que ducit de Felkeriis ad Moncellos, quam tenebat de me Johannes Mala Herba, homo meus, pro quibus terris monachi reddent mihi annuatim unum modium frumenti in Pentecoste, ad mensuram Gerboredi. Item donavi eis et concessi juxta eandem terram alium quendam campum, quem donavit eis predictus Johannes Malaherba, homo meus, et unum parvulum campum tenentem cum illo, utrumque pro campartum. Item duos parvos campos, unum inter campum Johannis Malaherba et campum Osberti, et alium juxta culturam eorum de Sancto Arnulfo, pro duabus minis frumenti, ad mensuram Gerboredi, quos excangiavi a Galtero Anglico, homine meo. Item ego et Reinoldus Folie, homo meus, donavimus predictis monachis, in landa de Sancto Arnulfo, terram quandam, scilicet ad seminaturam decem modiorum et dimidii, ita quod terciam decimam mensuram frugum illius terre accipiemus in grangia illorum de Moncellis. Et ibidem terram ad seminaturam dimidii modii, ad campartum. Et ibidem terram ad seminaturam decem minarum, liberam penitus et quietam, et quicquid habebamus in terra quam Berengerius de Sancto Arnulfo donavit eis ibidem. Preter hec omnia concessi eis omnes elemosinas, quas donaverat eis Bernardus pater meus, scilicet dimidiam carrucatam terre in territorio Sancti Arnulfi, juxta Bellam Vallem, per metas et dimensiones, que ibi sunt posite, pro duobus modiis frumenti, ad mensuram Gerboredi. Et juxta illam terram ad seminaturam quatuor minarum, liberam penitus et quietam. Concessi etiam eis, juxta prefatas terras, terram quandam quam donavit eis Galterus Anglicus, homo meus, ad seminaturam scilicet octo minarum, pro campartum, concessione filiorum suorum Willelmi, Hugonis, Malgerii et Roberti. Supra hec omnia donavi eis et concessi aisiamenta terre mee, in pascuis videlicet et in viis et in ceteris eis necessariis aisiamentis. Et sciendum est quod omnes supradictas elemosinas feci supradictis monachis concessione Beatricis uxoris mee et filiorum meorum Bernardi, Johannis et Guidonis. Et ut monachi bene et in pace in perpetuum omnia ista possideant, presenti scripto et sigillo meo confirmavi. Testes : Robertus presbiter de Sancto Arnulfo, Reinoldus Folie, Arnulfus parmentarius de Terines, Bartholomeus filius ejus, Rogerus Anglicus, Adam armiger Gervasii.

(Arch. de l'Oise : *Abb. de Lannoy*, n° 336.)

CXXIII. — An 1200. — *Confirmation par Galeran, doyen de Beauvais, de la donation par Hugues de Saint-Arnoult de six mines de blé de rente qu'il avait droit de prendre sur la grange de Monceaux.*

Ego Waleranus Dei gratia Belvacensis decanus, notum facimus presentibus et futuris quod Hugo miles de Sancto Arnulfo donavit per manum nostram ecclesie beate Marie de Briostel et monachis ibidem Deo servientibus, in elemosinam perpetuam liberam et quietam, sex minas frumenti, quas in quadam grangia ejusdem ecclesie jure hereditario antea possidebat. Sed quia easdem sex minas antea Emeline uxori sue in dotalicium donaverat, pro pace et quiete monachorum, pro illis sex minis frumenti per escambium donavit eidem Emeline terram ad unius modii sementem in territorio Sancti Arnulfi, concessione Galterii Kokerel ratione ejusdem terre domini sui. Constanter etiam firmavit in presentia nostra quod ipse, cum uxore sua Emelina et liberis suis Johanne et Beatrice, easdem vi minas jamdicte ecclesie tota vita sua fideliter guarandiret. Sciendum preterea quod predicta Emelina cum supradictis liberis suis presentam elemosinam ecclesie et fratribus de Briostel ad portam ejusdem ecclesie, abbate Reinaldo et multis aliis astantibus, in presentia nostra concessit et per manum nostram de jamdictis vi minis ecclesiam saisivit. Volentes igitur donationem illam a predicto Hugone, uxore et liberis ejus factam et a Galtero Kokerel domino suo sollempniter approbatam, firmitatis vigorem in posterum obtinere, tam ad peticionem ipsorum nec non et predictorum abbatis et fratrum, duraturis apicibus fecimus annotari et sigilli nostri patrocinio communiri. Actum anno ab incarnatione Domini M° cc°.

(Arch. de l'Oise : *Abb. de Lannoy*, n° 339.)

CXXIV. — An 1200. — *Confirmation par Galeran, doyen de Beauvais, de la renonciation par Haoide d'Acelon à un muid de blé de rente annuelle.*

Galerannus divina miseratione Belvacensis decanus. Universis presentibus et futuris ad quos pagina ista pervenerit salutem in salutis auctore. Universitati vestre notum esse volumus quod accedens ad presentiam nostram mulier vidua Hauvildis de Avelon abrenuntiaverit querele, quam moverat adversus abbatem et monachos de Briostello, super uno modio frumenti quod annuatim in eorum grangia exigebat. Unde et eundem modium in manu nostra resignans, petiit de ipso modio memoratos abbatem et fratres per manum nostram elemosine titulo investiri et rem sic gestam scripto autentico insigniri. Cujus petitioni benigne inclinati assensum et jam dictum abbatem de prescripto modio in perpetuam elemosinam investituram prebuimus, et hoc scriptum sigilli nostri munimine fecimus roborari. Actum Belvaci anno incarnationis dominice M° CC°.

(Arch. de l'Oise : *Abb. de Lannoy*, n° 176.)

CXXV. — Vers 1200. — *Confirmation par Hugues, vicomte de Beaumont, de la donation par Jean de Atrio d'un arpent et demi de vignes.*

Ego Hugo vicecomes de Bellomonte notum facio presentibus et futuris quod Johannes de Atrio et Helewisa uxor ejus cum filiabus suis Odelina, Emmelina, et Adelina donaverunt vineam suam, que est juxta clausum Petri de Vallibus, videlicet arpentum unum et dimidium, monasterio et monachis Sancte Marie de Briostel, in elemosinam perpetuam liberam et quietam, ita quod nichil retinerunt in eâ sibi vel heredibus suis. Sciendum tamen quod in hac presenti donatione habuerunt de karitate monasterii xvi libras parisiorum et x solidos. Ita tamen quod medietatem dimidii arpenti supradicti omnino libere pro animabus suis jamdicte donaverunt ecclesie. Item sciendum quod supradictus Johannes et heredes ejus garantizabunt vineam istam monachis, et quod me, in hac donatione, Johannes contraplegium dedit inter se et monachos, ita quod eum justiciabo si ipse vel aliquis de heredibus ejus monachos pro vinea ista voluerit gravare, vel dampnum aliquid inferre temporibus futuris presumpserit. Ego quoque Hugo vicecomes de Bellomonte concessi monachis supradictam vineam in elemosinam perpetuam liberam penitus et quietam. Quam ut in bene et in pace semper possideant, presenti scripto et sigillo meo eis confirmavi. Petrus cellararius et Gerboldus mercator de Prato, Odo maior et Matheus de Atrio, Evricus de Bellomonte. (Arch. de l'Oise : *Abb. de Lannoy*, n° 175.)

CXXVI. — Vers 1200. — *Confirmation par Drogon de Mouy, archidiacre de Beauvaisis et official de l'évêque Philippe de Dreux, de la donation par Hugues de Goulencourt de dix-huit mines de grains de rente.*

Ego Drogo de Moy Dei gratia archidiaconus Belvacensis et officia-

lis domini Philippi Belvacensis episcopi. Notum facio presentibus et
futuris quod ego didici relatione et testimonio Gaufridi presbiteri de
Senentes quod Hugo de Guslencurt donavit monasterio et monachis
Sancte Marie de Briostel, in elemosinam perpetuam liberam penitus
et quietam, decem et octo minas bladii, dimidium frumenti et dimidium avene, de illis duobus modiis quos ei debebant monachi, pro
quadam terra quam idem Hugo eis ante donaverat. Hanc elemosinam donavit eis concessione Martine matris sue et Aelicie uxoris
sue, et fratris sui Wermundi et sororis sue Petronille, et apud Belvacum testificatus est et concessit in presentia nostra. Sciendum vero
quod quando hanc donationem fecit, monachi donaverunt ei de karitate ecclesie tredecim libras Belvacensium. Juravit preterea jamdictus
Hugo super sacrum altare Sancti Martini de Senentes quod hanc
elemosinam contra omnes homines monachis supradictis fideliter
garantizabit et si aliquis ob causam hujus elemosine illis aliquod
dampnum fecerit, monachi retinebunt sex minas in vadium, que
jamdicto Hugoni de supradictis duobus modiis remanserunt, usquedum dampnum fuerit restauratum. Nos vero volentes ut monachi hanc
elemosinam bene et in pace in perpetuum possideant presenti scripto
et sigillo nostro eis confirmavimus. Testes : Gaufridus presbiter de
Senentes et Jacobus. •   (Arch. de l'Oise : *Abb. de Lannoy*, n° 432.)

CXXVII. — An 1200. — *Confirmation par Guy de Moimont des
    donations de terres et prés à Auchy, faites par Raoul de Mari-
    caux, Godard de Grémévillers et Robert, maire d'Auchy.*

Ego Wido de Moemont tam presentibus quam futuris in perpetuum
notum fieri volo quod ego, concessione et assensu Mabilie uxoris
mee et filiorum nostrorum Radulfi et Agnetis, donavimus et concessimus monasterio et monachis Sancte Marie de Briostel in elemosinam
perpetuam quicquid habent de dono patris mei Sagalonis in territorio
d'Auceio in plano, in bosco et pratis, que habebant ipsi monachi de
Briostel de dono Radulfi de Marivas et Godardi et Richeldis uxoris
Godardi et sororis Radulfi et hominum eorum, scilicet pratum de
Roseria, pratum Radulfi Hardel, pratum Osulfi et duas porciunculas
bosci eidem prato adjacentes, et pratum de Junkeria, et terram quam
habent ex dono Roberti maioris de Auceio. Hec omnia dicto monasterio donavimus et concessimus libera et penitus quieta, nichil nobis
vel heredibus nostris in eis retinentes preter censum quem Radulfo
de Marivas reddebant, scilicet decem et viii denarios, et excepto quod
si homines jamdicti a servicio suo defecerint, saisiemus redditum
eorum, et monachi bene et in pace tenebunt. Quod ut monachi libere
et quiete in perpetuum possideant presenti scripto et sigillo meo eis

confirmavi. Testes : Johannes de Roseio, Alelmus de Baeleio. Anno verbi incarnati M° cc°. (Arch. de l'Oise : *Abb. de Lannoy*, n° 4.)

CXXVIII. — An 1201. — *Donation par Pierre de Bracheux des droits de pressoirage et autres, qu'il avait dans les vignes de Montreuil, données à l'abbaye par Jean, maire de Montreuil, et Hugues Le Moafle.*

Ego Petrus de Braechol, notum facio presentibus et futuris quod ego, assensu et voluntate Isabelis uxoris mee, donavi ecclesie et fratribus beate Marie de Briostel, in elemosinam perpetuam, quicquid habebam in vineis suis, quas habent ex dono Johannis maioris de Mosterol et Hugonis Le Moafle, videlicet pressoragium et censum liberum penitus et quietum, preter unum denarium, quem pro recompensatione retinui michi et heredibus meis, ad festum Sancti Remigii singulis annis persolvendum. Hanc elemosinam fecimus eis anno Verbi incarnati M° cc° I°, pro animabus nostris et pro animabus antecessorum nostrorum, et presenti scripto et sigillo meo pro bono pacis confirmavimus eis in perpetuum. Testes : Hugo de Braechol frater meus, Vedastus de Braella, Guerno de Morviler, Petrus d'Auchi, Henricus de Cunde. (Arch. de l'Oise : *Abb. de Lannoy*, n° 386.

CXXIX. — An 1201. — *Confirmation par Thibaud d'Heilli, de la donation par Raoul de Bouillancourt d'un muid de blé de redevance annuelle, pour qu'il y ait toujours une lumière devant le maitre-autel de l'église de l'abbaye.*

Theobaldus, Dei gratia Ambianensis episcopus, universis quibus litteras presentes videre contigerit eternam in Domino salutem. In publicam volumus venire noticiam quod veniens in presentia nostra Radulphus de Boillencurt, nepos noster, recognovit quod, ob remedium anime sue et antecessorum suorum contulerat in perpetuam elemosinam, ecclesie Sancte Marie de Briostel, unum modium frumenti annuatim percipiendum in grangia sua de Boillencurt, ad festum Sancti Remigii, de quo coram majori altari ejusdem ecclesie providebitur luminare in perpetuum. Hanc elemosinam approbavit et benigne concessit coram dilecto nostro Andrea tunc decano de Mundisder, sicut per litteras ipsius nobis testificatum est, mater predicti Radulphi Elizabeth de Boillencurt, de cujus hereditate dictum frumentum veniebat. Et Aelildis similiter uxor prefati Radulphi, que cum ad dotalicium suum pertinere diceretur, elemosinam predictam professa est et prestata quod spontanea voluntate et absque coactione aliqua mariti sui, solo caritatis intuitu, eam benigne concessit, de voluntate etiam et assensu Balduini, fratris ipsius Radulphi, coram nobis expresso. Et ut hoc ratum sit et firmum et ne aliqua super hoc in detrimentum dicte ecclesie in posterum suscitari possit occasio malignandi, ad petitionem ipsius Radulphi, recognitionem istam et concessiones litteris fecimus annotari et sigilli nostri munimine roborari. Hujus rei testes sunt : Theobaldus prepositus ecclesie nostre, Bodinus canonicus, Stephanus tunc capellanus noster, magister Johannes de Augo, Clarus et Milo Flandrenses clerici nostri et alii multi. Actum anno incarnati Verbi M° cc° primo. Mense Marcii. Datum per manum Manasseri cancellarii.

(Arch. de l'Oise : *Abb. de Lannoy*, n° 57.)

CXXX. — An 1202. — *Donation par Raoul Dauphin (1) du tiers de la dime de Godencillers.*

Radulfus Dalfinus fidelibus universis salutem et eterne felicitatis plenitudinem. Quum a mentibus hominum cito occultat oblivio quicquid scripture non indicat assertio, ideo in hac charta annotari fecimus quod oblivioni tradi nullatenus volumus. Igitur notum sit presentibus et futuris quod ego emi a Radulfo de Fereres anno incarnationis Domini M° cc° secundo portionem decime sue, videlicet tertiam partem, quam habebat in villa de Gundenviler, concessione et voluntate Ysabel uxoris sue et Johannis filii ipsorum et Johannis fratris ejusdem Radulfi et Emeline sororis sue. Hanc emptionem concesssit et approbavit Johannes de Carduneio in feodo ejusdem decime dominus ejus, cum uxore sua Milesende et omnibus liberis suis videlicet Adam, Girardo et Symone, tradens in manu mea dominium ipsius decime, et seipsum et heredes suos ab ipso dominio imperpetuum deponens. Hac itaque emptione facta, donavi assensu et voluntate Gode uxoris mee ipsam decimam, in elemosinam perpetuam liberam et quietam, ecclesie et fratribus beate Marie de Briostel, pro salute anime mee et Gode uxoris mee, Symonis quoque patris mei et omnium antecessorum meorum, tali inter me et ipsos fratres compositione facta quod ipsi concesserunt mihi unum altare proprium in ecclesia sua et unam monachum sacerdotem qui ibidem pro nobis in perpetuum celebrabit divinum officium. Ut autem hec elemosina inviolabilis et rata permaneat, presenti scripto et sigillo meo eis confirmavi in perpetuum. Testes : Ghustinus prior de Petriponte, Nicholaus de Britolio,

---

(1) La rubrique au dos de la charte originale porte : *Carta Radulfi de Pratellis* (des Préaux).

Odo de Mosters, Radulfus de Bullencurt, Eustachius Flammensis, Willelmus de Munguerini et alii multi. Actum hoc anno Verbi incarnati M° CC° secundo. (Arch. de l'Oise : *Abb. de Lannoy*, n° 123.)

CXXXI. — An 1202. — *Donation par Richelde La Karetère d'une maison sise à Beauvais, près la porte neuve.*

Galerannus Dei patientia Belvacensis ecclesie decanus fidelibus universis summe salutis antidotum in Domino Deo forti imperpetuum. Quum oblivio cito reddit ambiguum quicquid scriptura non fuerit commendatum, ideo in hac carta annotari fecimus quod in posterorum noticia haberi desideramus. Noverint igitur presentes et futuri quod Richeldis La Karetere donavit per manum nostram ecclesie et monachis Sancte Marie de Briostel, apud Belvacum, domum quandam, juxta novam portam, cum omnibus pertinentiis suis, pro salute anime sue et antecessorum suorum, in elemosinam perpetuam liberam penitus et quietam, preter censum septem solidorum, ex quibus quatuor solvi debent singulis annis ecclesie Sancte Marie de Briostel, qui sunt de dono Ewerardi Morart; duodecim denarii ecclesie Sancte Marie de Castello, in natali Domini; vi denarii ecclesie Sancti Ypoliti in Natali Domini; hospitali pauperum Belvaci vi denarii in Natali Domini; Huberto capellano magistri Petri de Dreues dimidia consuetudo quarta parte minus et quatuor denarii, in medio Martio. Nos ergo volentes ut monachi hanc elemosinam coram nobis sollempniter factam in pace in perpetuum possideant, presenti scripto et sigillo nostro eis confirmavimus anno Verbi incarnati M° CC° II°.

(Arch. de l'Oise : *Abb. de Lannoy*, n° 19.)

CXXXI *bis*. — An 1202. — *Donation par Robert Porc de deux pièces de terre à Corbeauval.*

Sciant presentes et futuri quod ego Robertus Porcus, concedentibus Erenburga uxore mea et Gaufrido filio meo, dedi et presenti carta et sigilli mei testimonio confirmavi Deo et beate Marie et monachis de Briostel, in elemosinam perpetuam liberam penitus et quietam ab omni servitio, tallia, consuetudine, auxilio, exactione seculari et omni alia re, duas portiones terre apud Corbauval, quarum una dicitur ortus Rissent, altera jungit orto Radulfi Juduin; harum prima in supradictis libertatibus tenebitur a predictis monachis et immunis camparti, de secunda predicto Roberto et heredibus ejus campartum solummodo reddetur et tenebitur in predictis libertatibus, sub juramento quod fecit de donationibus suis. Et sciendum quod pro hac donatione habuimus ego et predicta uxor mea et supradictus filius meus de caritate monachorum IIII libras Belvesinorum, anno incarnationis Domini M° CC° II°. Testes : Radulfus Porcus, Hugo de Frico, Radulfus faber de Sancto Geremaro, frater Patricius, frater Arnulfus, frater Rogerus portarius, frater Gislebertus hospitalarius.

(Arch. de l'Oise : *Abb. de Lannoy*, n° 79.)

CXXXII. — An 1203. — *Confirmation par Gilon de Hodenc de la donation par Richard de Longperier d'un muid de blé de redevance annuelle.*

Ego Gilo de Hosdenc notum facio presentibus et futuris quod Ricardus de Longo piro et Agnes uxor ejus et Hugo filius ipsorum donaverunt in presencia mea ecclesie et monachis beate Marie de Briostel, in elemosinam perpetuam, liberam et quietam, unum modium, frumenti quem prius ab eisdem monachis accipiebant singulis annis ; acceperunt tamen in hac presenti donatione de karitate ecclesie x libras et x solidos parisiorum ad redemptionem Hugonis filii ipsorum. Hanc elemosinam ego Gilo, in feodo prescripti modii dominus ipsorum, concessi jamdictis monachis libere et quiete in perpetuum possidendam ; hoc insuper adjiciens ut si aliquis de predicto modio ecclesiam et prenominatos fratres attemptaverit inquietare, ad citationem eorumdem fratrum garandiam prebebo, remota omni occasione, et ut hoc ratum et inconcussum permaneat, ego confirmavi eis presenti scripto et sigilli mei auctoritate. Testes : Johannes de Moslencurt, Hugo Talun de Gornaio, Ludovicus filius Balduini de Hosdenc, Petrus Sahur. Actum anno Domini millesimo ducentesimo III°.

(Arch. de l'Oise : *Abb. de Lannoy*, n° 178.)

CXXXIII. — An 1203. — *Donation par Gautier Coquerel, de huit mines de terre à Hez, lieudit Caalon, de la part à lui appartenant dans la terre d'Osbert de Broquier, et de ce qu'il possédait à la Mare de la Folie.*

Notum sit presentibus et futuris quod ego Galterus Kokerel, assensu et voluntate Agnetis uxoris mee, donavi et concessi ecclesie Sancte Marie de Briostel et monachis ibidem Deo servientibus terram Caalon, videlicet ad octo minarum sementem in elemosinam perpetuam liberam et quietam preter campartum. Preterea concessi eidem ecclesie terram Hugonis de Maiencurt, que est ad maram de la Folie, quam idem Hugo contulit in elemosinam memorate ecclesie et fratribus, concessione fratrum suorum Gervasii, Garnerii, Rogerii et Marie sororis corum. Terram quoque Malgerii filii Alermi, que est ad maram Hengesont, quam idem Malgerius donavit supradicte ecclesie, concessione Emeline uxoris sue et filiorum suorum et filiarum, videlicet Drogonis, Gerardi, Willelmi, Marie et Heremburc. Item donavi et concessi jam dicte ecclesie in elemosinam perpetuam liberam et quietam partem meam, quam habebam in terra Osberti de Brokeel et quicquid habebam ad maram de la Folie. Sciendum preterea quod Hugo miles, concessione Emeline uxoris sue et Beatricis filie sue, donavit supradicte ecclesie et monachis porcionem suam quam habebat in terra ejusdem Malgerii, scilicet campartum, libere et quiete preter unam minam frumenti, quam accipiet singulis annis cum aliis quas ei reddere solent monachi. Item sciendum quod quando ego Galterus Kokerel et Agnes uxor mea hec omnia donavimus et concessimus sepedicte ecclesie, donaverunt nobis monachi de caritate sua quinquaginta solidos Belvacensium. Ambo igitur volentes eandem ecclesiam hec omnia in pace et quiete in perpetuum possidere, presenti scripto et sigillo nostro fecimus ea confirmare, anno Verbi incarnati M° CC° III°.

(Arch. de l'Oise : *Abb. de Lannoy*, n° 177.)

CXXXIV. — An 1203. — *Donation par Pierre Havot, chevalier, de cinq muids sept mines de terre à Roy-Boissy.*

Notum sit presentibus et futuris quod ego Petrus Havot miles, assensu et voluntate Isabel uxoris mee et filiorum meorum videlicet Henrici, Girardi et Petri, donavi, in perpetuam elemosinam liberam et quietam, ecclesie beate Marie de Briostel et monachis ibidem Domino servientibus terram ad quinque modiorum et septem minarum seminaturam, hiis videlicet locis, in cultura de cruce Galteri et de la longue roie ad II modios, in territorio de la beeloie ad III modios, et IIII minas; ad buscum Boterel ad III minas. Hanc autem donationem eisdem monachis contra omnes homines teneor garandizare; et ut in perpetuum rata permaneat, sigilli mei auctoritate confirmo. Actum anno Verbi incarnati millesimo ducentesimo tercio.

(Arch. de l'Oise : *Abb. de Lannoy*, n° 495.)

CXXXV. — Vers 1205. — *Donation par Simon de Beausaut d'un muid de grain de redevance annuelle, d'une terre et d'un bois à Monceaux.*

Notum sit presentibus et futuris quod ego Symon de Belsat donavi monasterio et monachis Sancte Marie de Briostel, in elemosinam perpetuam, liberam penitus et quietam, pro anima Symonis avunculi mei et pro anima mea, et pro anima uxoris mee Clemencie et antecessorum meorum, unum modium bladii, ad mensuram Gerboredi, dimidium videlicet frumenti et dimidium avene, quem accipient singulis annis de illis quatuor modiis quos michi annuatim reddunt. Donavi etiam eis, in elemosinam perpetuam, terram quandam cum nemore, liberam et quietam, que sita est juxta grangiam de Moncellis et terram Johannis de Moxoriis. Hanc elemosinam feci eis concessione Clementie uxoris mee, accipiens de karitate ecclesie equum unum, qui fuerat jam dicti Symonis avunculi mei, et palefridum unum. Habuit et uxor mea Clementia vaccam unam pro concessione. Et ut hec elemosina rata et firma in perpetuum permaneat, presenti scripto et sigillo meo eis confirmavi. Testes : Hugo presbiter de Formeries, Johannes de Moxoriis, Stephanus de Conpenvilla, Galterus prepositus et alii multi.

(Arch. de l'Oise : *Abb. de Lannoy*, n° 172.)

CXXXVI. — An 1203? — *Donation par Richard, fils d'Adam, et Ermenfride du Jardin, d'un tènement à Corbeauval.*

Galeranus Dei gratia ecclesie Belvacensis decanus universis sancte ecclesie fidelibus salutem. Notum facimus presentibus et futuris quod Ricardus filius Ade et Ermenfredus de Gardino donaverunt, per manum Guidonis presbiteri de Vilers, monasterio et monachis Sancte Marie de Briostel, in elemosinam perpetuam, totum tenementum suum quod tenebant de Hugone de Goislancurt, ita quod nichil in eo retinuerunt sibi vel heredibus suis preter medietatem unius prati, quam Ermenfredus retinuit, cujus alteram partem Ricardus eis donavit. Hanc autem elemosinam fecerunt concessione Maltildis uxoris Ricardi et filie ejus Helvise et concessione Beatricis uxoris Ermenfredi, et Galteri filii ejus, et filie ipsius Odeline, et sororum ejus Odeline, Emmeline et Lescie. Hugo quoque de Goislancurt dominus supradictorum Ricardi et Ermenfredi et Wermundus frater ejus supradictam elemosinam donaverunt et concesserunt supradictis monachis liberam penitus et quietam, excepto quod monachi reddent singulis annis Hugoni et heredibus ejus, ad festum Sancti Andree, unum modium frumenti melioris quod in terra illa creverit preter sementem et unum avene, ad mensuram Gerboredi, et duos denarios pro medietate prati, ad festum Sancti Johannis Baptiste. Nos quoque volentes ut monachi elemosinam bene et quiete in perpetuum possideant presenti cam scripto et sigillo nostro confirmavimus eis. Testes : Robertus Normannus, Aelermus maior de Corbelval, Robertus maior de Senentes.

(Arch. de l'Oise : *Abb. de Lannoy*, n° 76.)

CXXXVII. — An 1205. — *Donation par Robert Porc du champart de Corbeaucal et confirmation par le même de plusieurs donations au même lieu.*

Notum sit presentibus et futuris quod ego Robertus Porcus et Eremburgis uxor mea, concessione liberorum nostrorum Gaufridi, Ricardi, Aelizie et Matildis, pro amore Dei et salute nostra et antecessorum nostrorum, dedimus et presenti carta confirmavimus Deo et ecclesie et monachis Sancte Marie de Briostel, in elemosinam perpetuam, terram Willelmi filii Nicholai ad sementem quatuordecim minarum et terram Hilonis ad duas minas et dimidiam, concessione Eremburgis uxoris sue et Emme matris ejusdem Eremburgis et sororum suarum Felicis et Richeldis. Et preter istas dedimus eis et concessimus omnes terras quas colunt et possident in territorio de Corbelval, de dominico nostro et de terris hominum nostrorum, que nominantur in priore carta quam habent de nobis. Item donavimus eis totum campartum nostrum quod habebamus in supradictis terris, in elemosinam perpetuam liberam penitus et quietam ab omni re seculari, per quinque modios bladi mistellionis medium et medium avene nobis et heredibus nostris, in festo beati Remigii, annuatim reddendos, ad mensuram Gerborredi tunc currentem quum hec elemosina facta fuit. Et sciendum quod ego dictus Robertus et Gaufridus filius meus tactis sacrosanctis juravimus, et Eremburgis uxor mea affidavit nos fideliter contra omnes homines dictum campartum cum supradictis terris in elemosinam perpetuam garantire, et si quid defectu garantimenti nostri dicti monachi perdiderint, nos de proprio nostro ad plenum eis debemus restaurare, et donec restauraverimus predictam modiationem nostram absque contradictione retinebunt. Et ad majorem securitatem Domnus abbas Belbecci Robertus et Gaufridus de Sancto Salvio decanus, ad petitionem nostram, in testimonium veritatis sigilla sua cum nostro presenti carte appenderunt. Actum est hoc anno Verbi incarnati M° CC° V°.

(Arch. de l'Oise : *Abb. de Lannoy*, n° 80.)

CXXXVIII. — An 1205. — *Confirmation par Agnès de Cressonsacq du bail à cens fait à l'abbaye par Robert Porc. de son champart de Corbeaucal.*

Ego Agnes, domina de Kersunessart, notum facio presentibus et futuris quod Robertus Porcus dominus de Corbelval, concessione mea et assensu, ascensiavit monachis Sancte Marie de Briostel campartum suum de Corbelval, pro quinque modiis bladii, medium mistellionis, et medium avene, qui reddendi sunt singulis annis ad festum Sancti Remigii. Concessi tamen tali conditione : si Robertus Porcus a debito michi servicio se subtraxerit, modiationem suam et omnem feodum, quem de me tenet, in manu mea saisiam, et tenebo quamdiu a meo defecerit servicio. Ut autem inter monachos et Robertum Porcum rata sit facta conventio, presenti scripto et sigillo de Runkeroles eam confirmavi, quum sigillum non habebam quando facta est illa conventio. Et sciendum quod quoquomodo Robertus Porcus erga me se habuerit, monachi....... Actum anno Verbi incarnati M° CC° V°.

(Arch. de l'Oise : *Abb. de Lannoy*, n° 81.)

CXXXIX. — An 1205. — *Donation par Gervais de Saint-Arnoult d'un muid de blé de rente à prendre dans sa grange de Saint-Arnoult, de plusieurs pièces de terre et d'un chemin à travers sa terre pour aller de Saint-Arnoult à la grange de Monceaux.*

Notum sit presentibus et futuris quod ego Gervasius de Sancto Arnulfo dedi et confirmavi Deo et ecclesie beate Marie de Briostel et monachis ibidem Deo servientibus, in elemosinam perpetuam liberam et quietam, pro anima Bernardi filii mei, unum modium bladii, quem accipient singulis annis in grangia mea de Sancto Arnulfo, ad festum Sancti Remigii. Preterea donavi eis, in bosco meo del Fai, terram ad unius mine sementem et terram alibi ad sementem tredecim minarum, VII videlicet propter escambium terre Berengerii Thuenge, et IIII pro anima Erardi fratris mei, et duas pro Johanne filio meo quando migravit ad conversionem. Item donavi eis et concessi viam per mediam terram meam, sicut itur de Sancto Arnulfo ad grangiam Moncellorum, in tanta latitudine ut due bige sibi possint competenter obviare. Hanc elemosinam sollempniter factam benigne concesserunt et approbaverunt Beatrix uxor mea, cum liberis nostris Guidone, Thoma, Symone, Margarita et Nicholaa. Et quum presentem elemosinam inviolabilem et ratam esse volumus, presenti scripto et sigillo meo eam confirmamus. Datum anno Verbi incarnati M° CC° quinto.

(Arch. de l'Oise : *Abb. de Lannoy*, n° 527.)

CXL. — An 1206. — *Donation par Baudoin de Coquerel de trois mines de blé de rente à prendre sur la grange de Monceaux.*

Ego Balduinus de Kokerel notum facio tam presentibus quam futuris quod Hugo miles de Sancto Arnulfo vendidit michi tres minas frumenti, de novem minis quas accipiebat singulis annis de redditu in grangia de Moncellis, assensu et voluntate Emeline uxoris sue et liberorum suorum Johannis et Beatricis et Guillermi. Has supradictas tres minas ego Balduinus de Kokerel contuli in elemosinam perpetuam ecclesie beate Marie de Briostel et monachis ibi Deo servientibus, accipiendas singulis annis in grangia de Moncellis. Hanc donationem concesserunt Agnes uxor mea et Guillermus et Gaufridus filii mei, nec non et nepotes mei, filii videlicet Galteri fratris mei, Johannes et Bernardus. Testes : Maugerus sacerdos, Gervasius de Sancto Arnulfo, Wermondus de Torci. Et ne infirmari possit supradicta elemosina sigilli mei munimine confirmavi. Actum anno Incarnationis Domini millesimo ducentesimo sexto.

(Arch. de l'Oise : *Abb. de Lannoy*, n° 340.)

CXLI. — An 1206. — *Confirmation par Baudoin de Coquerel de la donation par Gautier de Coquerel, son frère, de quatre mines de blé de rente à prendre dans la grange de Monceaux.*

Ego Balduinus de Kokerel notum facio presentibus et futuris quod Galterus frater meus faciens testamentum suum, cum esset in extremis, contulit pro anima sua ecclesie et monachis beate Marie de Briostel in elemosinam perpetuam quatuor minas frumenti, assensu et voluntate Agnetis uxoris sue, que rogata ab eodem Galtero viro suo, ut assignaret eisdem monachis hanc elemosinam ubi competentius solvi posset ad aisiamentum eorum, redemit eis a Hugone milite de Sancto Arnulfo, et donavit in propria grangia illorum de Moncellis quatuor minas frumenti de illis videlicet tredecim minis, quas eidem Hugoni antea persolvebant. Quibus redemptis idem Hugo et Emelina uxor ejus, concedentibus Johanne et Beatrice liberis eorumdem, easdem quatuor minas, in presentia mea et coram venerabili Lamberto de Briostel et aliis multis astantibus, in manus supradicte Agnetis domine sue posuerunt et, eisdem omnino expoliatis, ipsam in perpetuum saisierunt. Igitur ego Balduinus dominus eorum in feodo supradictarum quatuor minarum volens elemosinam prenominati Galteri fratris mei ratam in perpetuum fieri, presenti scripto et sigillo meo eam confirmavi. Testes : Gervasius de Sancto Arnulfo, Herbertus de Morviler, Fulco prepositus de Felkeriis, Hugo de Maiencurt et alii multi. Actum anno Verbi incarnati millesimo ducentesimo sexto.

(Arch. de l'Oise : *Abb. de Lannoy*, n° 341.)

CXLII. — An 1206. — *Bail à moitié par Eustache, abbé de Saint-Germer, d'une vigne à Montreuil.*

Fidelibus universis presentem paginam inspecturis frater Eustachius dictus abbas et omnis conventus Sancti Geremari Flaviaci eternam in Domino salutem. Ad universorum noticiam volumus pervenire quod nos tradidimus Roberto abbati et monachis Sancte Marie de Briostel quandam vineam nostram conjunctam vincis illorum de Mosterol, ad medietatem in perpetuum excolendam, ad expensas illorum omnino, preter hoc solum quod servientes nostros cum expensis nostris tempore vendemie illis transmittemus et dolia ad recipiendam nostri vini portionem. Hanc vineam tradidimus eis per manum Wincentii tunc prioris de Willari Sancti Sepulchri, totam et integram sicut mete demonstrant, que ibidem sunt posite, tali inter nos facta conventione quod terra sine vinea ad nos pertinens et dicte vinee proxima illis remanebit libere et quiete in perpetuum possidenda sine aliqua participatione. Preterea ex conventione nos debemus illis et vineam et terram de jure garandire. Si autem non potuerimus, omnes expensas illorum, quas in vinea se posuisse potuerint rationabiliter demonstrare, illis restituemus, et sic vineam nostram cum terra recipiemus. Testes ex parte nostra : Robertus prior noster, Ansoldus Pauper, Vincentius prior de Willari Sancti Sepulchri. Ex parte illorum : Lambertus prior, Johannes de Mautevilla monachus, Joscelinus magister conversorum, Arnulfus mercator. Actum anno Verbi incarnati M° CC° VI°.

(Arch. de l'Oise : *Abb. de Lannoy*, n° 387.)

CXLIII. — An 1206. — *Confirmation par Guillaume, tonloyer de Beauvais, du legs fait par son père Drogon, aussi tonloyer, d'un muid de vin de redevance annuelle, à prendre dans son pressoir du Mont-du-Peuple.*

Sciant omnes tam presentes quam futuri quod ego Willelmus Belvacensis thelonarius ratam habeo donationem legati quam pater meus Droco predicte urbis thelonarius monachis de Briostel in helemosinam delegavit, videlicet unum modium vini de pede calido annuatim ad torcular meum in monte populi. Preterea prenominatos monachos ab roagio et ab omni consuetudine ad nos pertinente liberamus et aquietamus. Et ne hoc processu temporis a posteris aliqua occasione possit infringi, predictam donationem sigillo meo corroboravi iter Jerosolimam arepturus. Actum Belvaci anno Verbi incarnati M° CC° VI°. (Arch. de l'Oise : *Abb. de Lannoy*, n° 179.)

CXLIV. — An 1206. — *Confirmation par Gérard des Patis et Baudoin Coquerel de la renonciation par Roger Villana aux droits qu'il réclamait sur les terres de Thieuloy et de La Chaussée Saint-Maur, données à l'abbaye par Simon de Bertelincourt.*

Gerardus de Pascuis et Balduinus Kokerel milites fidelibus universis presentem paginam inspecturis eternam in Domino salutem. Ad universorum noticiam volumus pervenire quod Rogerus Villana et domina Willana uxor ejus, cum liberis eorum Roberto et Petronilla abjuraverunt et penitus remiserunt in presentia nostra calumpniam quam faciebant adversus monachos Beate Marie de Briostel, videlicet quicquid possidebant ex dono Symonis de Bertelinecurt in territorio Teuleti et Altavie. Juraverunt etiam, super sacrum altare Sancte Marie de Sarnay, quod ex omnibus que ad dictum territorium pertinet, nichil omnino reclamabunt imperpetuum, et si qua persona precedente tempore supradictum territorium calumpniaverit et dictis monachis molestiam fecerit, cum citati fuerint ab eisdem monachis, pro posse suo garandiam prestabunt et auxilium. Facta est abjuratio dicte calumpnie et remissio anno Verbi incarnati M° CC° V°, nonodecimo kalendas februarii, coram astantibus inscriptis testibus videlicet Roberto tunc abbate de Briostel, Radulfo, Joscelino et Galeranno monachis, Michaele et Galtero de Elicurt et de Sarneio presbiteris, Garnero de Bello Ramo serviente Regis, Osmundo nepote Girardi de Pascuis, Petro et Odone servientibus prescripti abbatis, et quia dictus Rogerus non habebat sigillum, rogatu ipsius presenti scripto sigilla nostra apposuimus in testimonium.

(Arch. de l'Oise : *Abb. de Lannoy*, n° 576.)

CXLV. — An 1207. — *Confirmation par Raoul de Clermont, seigneur d'Ailly, de la donation par Mathilde d'Ailly, sa mère, de deux muids de blé et d'un muid d'avoine sur la dîme de Béleuses.*

Ego Radulfus de Claromonte dominus Alliaci universis litteras presentes inspecturis notum facio quod nobilis matrona Matildis de Alliaco, mater mea, testamentum suum faciens, ecclesie beate Marie de Briostel dedit in perpetuam elemosinam duos modios frumenti et alterum avene, de decima quam ipsa emit apud Beeloses, annuatim infra festum Omnium Sanctorum, ad mensuram jam dicte ville, recipiendos, quos etiam in anniversaria die sui obitus, secundo idus Martii, ad pitanciam fratrum nominate ecclesie distribuendos assignavit. Ego autem hanc elemosinam sic pie a dilecta matre mea factam volui, laudavi et bona fide concessi. In hujus rei memoriam et irrevocabile veritatis testimonium, memoratis fratribus scriptum presens tradidi meo sigillo communitum. Actum anno gratie M° CC° VII°.

(Bibl. nat. : *Coll. Moreau*, t. 110, f° 25.)

CXLVI. — An 1207. — *Confirmation par Richard de Gerberoy, évêque d'Amiens, de la donation par Mathilde d'Ailly de deux muids de grains de redevance annuelle.*

Ricardus, Dei gratia Ambianensis episcopus. Omnibus fidelibus presentem visuris paginam eternam in Domino salutem. Notum facimus universitati vestre quod nos duos modios, unum frumenti et alterum avene, de decima quam mulier nobilis Matildis de Alliaco emit apud Beeloeuses, divini amoris intuitu ut inde suas faceret elemosinas, quos videlicet modios, ad mensuram dicte ville recipiendos, eadem Matildis ecclesie beate Marie de Briostel in perpetuam legavit elemosinam, auctoritate pontificali, sicut ad nostrum spectat officium, confirmamus. In hujus autem confirmationis testimonium sigilli nostri patrocinio presentem paginam confirmantes et eandem decimam sub beati Firmini martyris et nostra et successorum nostrorum protectione suscipientes defendendam, excommunicationi supponimus omnes illos qui nominatam ecclesiam super hoc molestare aut presenti scripto temere presumpserint obviare. Actum anno Domini M° CC° VII°, VI° idus aprilis.

(Arch. de l'Oise : *Abb. de Lannoy*, n° 180.)

CXLVII. — An 1207. — *Donation par Jean de Molencourt de quatre mines et demie de terre auprès de Montpertuis.*

Notum sit presentibus et futuris quod ego Johannes de Moslencurt donavi in elemosinam perpetuam Deo et ecclesie beate Marie de Briostel et monachis ibidem Deo servientibus quandam terram ad quatuor minarum et dimidie seminaturam, juxta locum qui vocatur Maupertuis, ad faciendum herbergagium. Donavi autem eis terram illam concessione et assensu Marie matris mee et Petronille uxoris mee et Radulfi filii mei et heredis, libere et quiete in perpetuum tenendam de nobis et heredibus nostris, excepto quod censum duorum solidorum retinuimus, quem reddent nobis monachi per singulos annos in octavis Sancti Dionisii. Ut autem hec elemosina rata sit in perpetuum, confirmavi eam Deo et dicte ecclesie per sigilli mei et presentis scripti munimentum. Actum anno Verbi incarnati millesimo ducentesimo septimo. (Arch. de l'Oise : *Abb. de Lannoy*, n° 289.)

CXLVIII. — An 1207. — *Donation par Jean Porc de Molencourt de deux muids cinq mines de terre sis à la fosse d'Aubomesnil.*

Notum sit presentibus et futuris quod ego Johannes Porcus de

Moislencurt, assensu et voluntate Marie. matris mee et Petronille uxoris mee, donavi Deo et ecclesie Beate Marie de Briostel et monachis ibidem Deo servientibus, ad fossam Auboldi, terram ad duorum modiorum et quinque minarum seminaturam, tenendam de me et heredibus meis in perpetuum per campartum. Hanc terram donavi eis in elemosinam perpetuam liberam et quietam ab omni servicio et consuetudine et exactione, salvo camparto meo, quem deferre debent, tempore messis, in grangiam suam, et reddere michi et heredibus meis ibidem, singulis annis, ad minam, in octavis Sancti Remigii, salvo siagio et mercede excussorum bladi. Et ut hoc ratum sit perpetuum, ego et Radulfus filius meus, et heres, presenti scripto et sigillo meo, Deo et dicte ecclesie factam a nobis elemosinam confirmavimus. Actum anno Domini M° CC° VII°.

(Arch. de l'Oise : *Abb. de Lannoy*, n° 496.)

CXLIX. — An 1208. — *Donation par Jean de Molencourt de ses terres de Montpertuis et de la fosse Aubold.*

Sciant presentes et futuri, qui cartam istam sunt visuri, quod ego Johannes de Moislencurt, concessione et assensu Marie matris mee et uxoris mee Petronille et Radulfi filii mei et heredis, donavi Deo et ecclesie beate Marie de Briostel et monachis ibidem Deo servientibus totam terram quam habebam apud Maupertuis, videlicet ad viginti et unius mine seminaturam, in elemosinam perpetuam, liberam penitus et quietam. Donavi etiam eisdem monachis in elemosinam perpetuam, totam terram illam quam habebam ad fossam Auboldi, videlicet ad decem et novem minarum sementem, ad usagium et consuetudines, quas reddit terra Sancti Geremari Flaviaci, que conjuncta est terre illi. Et sciendum quod pro hac terra dabunt michi et heredibus meis dicti monachi singulis annis, in medio marcio, unum modium frumenti, de meliori post sementem, quod creverit in terris de Maupertuis, ad mensuram Gerboredi tunc currentem quando hec donatio facta fuit. Sciendum preterea quod prefati monachi pro masagio de Maupertuis reddent michi et heredibus meis, singulis annis, in octavis Sancti Dionisii, duos solidos talis monete qualis curret in terra Gerboredi. Ego autem Johannes et heredes mei tenemur ex conventione supradictis monachis garandire hanc elemosinam et ab omni exactione et vexatione liberare. Si autem, ob defectum garandimenti nostri, ab aliquo homine pro hac elemosina, molestiam aut jacturam fuerint perpessi, omnes modiationes quas nobis reddunt in manu sua retinebunt, donec per me vel per heredes meos plenarie fuerint in pace et quiete restituti. Et quum in perpetuum hoc ratum esse volumus presentis elemosine donum

Deo et dicte ecclesie presenti scripto et sigillo nostro confirmavimus. Actum anno Verbi incarnati M° CC° VIII°.

(Arch. de l'Oise : *Abb. de Lannoy*, n° 290.)

CL. — An 1207. — *Donation par Gervais de Saint-Arnoult de neuf mines de blé de rente à prendre dans la grange de Monceaux, et du champart de deux portions de terre sises l'une à la mare Henguessent et l'autre dans la lande de Saint-Arnoult.*

Ego Gervasius de Sancto Arnulfo universis presentibus et futuris presentium attestatione notum facio quod cum haberem in grangia de Moncellis redditum trium modiorum novemque minarum bladi, et alias campartium duarum particularum terre campestris, quarum una sita est ad Maram Henguessent capax sementis VIII minarum et altera in landa Sancti Arnulfi capax sementis novem minarum, retentis michi et heredibus meis tribus tantum modiis in prescripta grangia annuatim percipiendis, annuum redditum novem minarum que supererant et preterea campartium prescriptarum particularum terre, pro salute anime mee, filiique mei Bernardi defuncti, meorumque predecessorum, de assensu et concessione uxoris mee Beatricis, meorumque omnium liberorum Guidonis videlicet, Thome, Symonis, Margarite et Nicholae, ecclesie beate Marie de Briostel et fratribus Domino ibidem servientibus in perpetuam elemosinam per manus Johannis venerabilis tunc decani Belvacensis libere et absolute donavi. Ut igitur hec donatio mea firma in posterum et inconcussa permaneat, eam hiis apicibus duraturis ad perhennem et fidelem memoriam feci annotari et sigilli mei patrocinio communiri. Actum anno incarnati Verbi millesimo ducentesimo septimo. Mense junio.

(Arch. de l'Oise : *Abb. de Lannoy*, n° 342.)

CLI. — An 1208. — *Donation par Gautier de Songeons du bois du Fay, à Riffin, et de terres adjacentes.*

Notum sit presentibus et futuris quod ego Galterus de Suniuns concessione et assensu Agnetis uxoris mee et filie nostre Petronille et fratrum meorum Johannis et Petri et sororis mee Ysabel, dedi et confirmavi Deo et ecclesie Beate Marie de Briostel et monachis ibidem Deo servientibus in elemosinam perpetuam liberam penitus et quietam, totum boscum meum qui vocatur le Fay de Riefein cum terra ejusdem nemoris. Et ex una parte ejusdem nemoris terram ad quatuor modiorum sementem sicut meto ibidem posite eam demonstrant, et ex altera parte quasdam avesnas usque ad metas et divisiones ad ostensionem illarum ibidem positos. Et sciendum quod supradicta terra et avesne non erant de meo dominico, sed terre hominum meorum, et ideo excambiavi eis alio loco terram alteram ad placitum et voluntatem eorum absque omni violentia et exactione, ita tamen quod ipsi coram dictis monachis et aliis probis hominibus affidaverunt quod excambiationem terrarum predictarum gratam habent et deinceps habebunt propter pacem et quietem monachorum. Ad majus autem firmamentum eorum et securitatem donavi eis hanc elemosinam et presenti scripto et sigillo meo confirmavi, concessione et assensu domini Odonis de Lihuz in feodo dicte terre domini mei, bona etiam fide contra omnes homines garandire eam monachis repromisi. Actum anno Verbi incarnati M° CC° octavo.

(Arch. de l'Oise : *Abb. de Lannoy*, n° 97.)

CLI 2. — An 1208. — *Confirmation de la même donation par Renard, chapelain de l'évêque de Beauvais.*

Magister Renardus universis fidelibus in perpetuum. Ad universorum noticiam volumus pervenire quod nos, ex mandato domini Belvacensis episcopi recepimus donationem Galteri militis de Suniuns, et concessiones Agnetis uxoris ejus et Petri fratris sui, in elemosina, quam fecit idem Galterus ecclesie Sancte Marie de Briostel, videlicet quendam boscum, qui vocatur le Fai de Riefain, cum fundo terre ejusdem nemoris, et alias terras circa nemus illud, sicut mete demonstrant ad ostensionem illarum ibidem posite. Sed quum nemus illud cum predictis terris ad dotalicium dicte Agnetis uxoris sue pertinebat, in excambiationem dedit ei medietatem molendini sui de Suniuns, salvo jure canonicorum Gerboredi, et medietatem Anguli Amuger et boscum quendam qui vocatur boscus Sancti Petri. Illa autem quia excambiatio satis sufficiens et placens erat voluntati sue, libere et absolute et absque omni exactione dictam elemosinam Deo et prefate ecclesie contulit et coram pluribus viris in manu nostra resignavit, et fidem dedit quod ipsa de eadem elemosina jam dictam ecclesiam nunquam vexabit nec gravabit ; sed et si quis eos gravare attemptaverit, causa ejusdem elemosine, ipsa ad expensas monachorum pro posse suo garandiam prestabit. Ut igitur hec elemosina eidem ecclesie rata et inconcussa permaneat, ego in testimonium donationis et concessionis jam dicte, presentem cartam meam scribi volui et sigilli mei munimine roboravi. Actum anno gratie M° CC° VIII°.

(Arch. de l'Oise : *Abb. de Lannoy*, n° 97.)

CLI 3. — An 1208. — *Confirmation de la même donation par Philippe de Dreux, évêque de Beauvais.*

Philippus Dei gratia Belvacensis episcopus fidelibus universis presentem paginam inspecturis, eternam in Domino salutem. Ad noticiam presentium et futurorum pervenire volumus quod Galterus de Suniuns, miles, concessione et assensu Agnetis uxoris sue et Petri fratris sui, donavit Deo et ecclesie beate Marie de Briostel et monachis ibidem Deo servientibus, libere et quiete in elemosinam perpetuam, quendam boscum, qui vocatur le Fay de Riefein, cum fundo terre ejusdem nemoris, et alias terras circa nemus illud, sicut mete demonstrant ad ostensionem illarum ibidem posite. Hanc elemosinam donavit eis per manum magistri Rainardi capellani nostri, qui eam ex parte nostra, et mandato nostro recepit. Sed quum nemus illud, cum predictis terris, ad dotalicium dicte Agnetis uxoris sue pertinebat, in excambiationem dedit ei medietatem molendini sui de Suniuns, salvo jure canonicorum Gerboredi, et medietatem anguli Amuger, et boscum quendam, qui vocatur Boscus Sancti Petri. Illa autem quia excambiatio sua satis sufficiens et placens erat voluntati sue, libere et absolute, et absque omni exactione dictam elemosinam Deo et prefate ecclesie contulit, et coram pluribus viris in manus predicti Reinardi capellani nostri resignavit. In cujus presentia fidem dedit quod ipsa de eadem elemosina monachos supradictos nunquam vexabit nec gravabit; sed et si quis eos gravare atemptaverit, causa ejusdem elemosine, ipsa ad expensas monachorum pro posse suo garandiam prestabit. Nos igitur ad peticionem Roberti tunc abbatis et fratrum de Briostel, elemosinam ita factam Deo et sepe dicte ecclesie benigne concessimus, et presenti scripto, et sigillo nostro eam in perpetuum confirmavimus. Actum anno Verbi incarnati m° cc° octavo. (Arch. de l'Oise : *Abb. de Lannoy*, n° 97.)

CLI 4. — An 1214. — *Confirmation de la même donation par Jean de Songeons.*

Ego Johannes de Soniuns miles notum facio presentibus et futuris, quod ego benigne, sponte, et libere concessi Ecclesie Beate Marie de Briostel et monachis ibidem Deo servientibus totam elemosinam illam, quam dedit eis frater meus dominus Galterus de Soniuns, videlicet totum boscum suum, qui vocatur Le Fay de Riefein, cum terra et fundo ejusdem nemoris, et ex una parte ejusdem nemoris terram ad quatuor modiorum sementem, et ex altera parte quasdam avesnas, usque ad metas et divisiones ad ostensionem illarum ibidem positas. Preterea tactis sacrosanctis juravi in presentia domini Philippi Belvacensis episcopi et aliorum plurium, in capella dicti episcopi Belvaci, quod elemosinam illam gratam et ratam in perpetuum habebo, nec per me, nec per alium ecclesiam predictam super illa elemosina vexabo, sed ipsi ecclesie contra omnes homines pro posse meo legitimam garandiam prestabo. Quod ut ratum maneat et firmum, presentem paginam sigilli mei munimine, ad petitionem abbatis et monachorum dicte ecclesie de Briostel, roboravi. Actum anno M° CC° quartodecimo. Mense marcio.

(Arch. de l'Oise : *Abb. de Lannoy*, n° 97.)

CLI 5. — An 1214. — *Nouvelle confirmation de la même donation par Philippe de Dreux, évêque de Beauvais.*

Philippus Dei gratia Belvacensis episcopus fidelibus universis presentem paginam inspecturis eternam in Domino salutem. Notum fieri volumus tam presentibus quam futuris, quod cum Galterus de Soniouns miles, concessione et assensu Agnetis uxoris sue, et Johannis, et Petri fratrum suorum, donavisset Deo et ecclesie Beate Marie de Briostel et monachis ibidem Deo servientibus, libere et quiete, in elemosinam perpetuam, boscum quemdam, qui vocatur le Fay de Riefein, cum fundo terre ejusdem nemoris, et ex una parte ejusdem nemoris terram ad quatuor modiorum sementem, sicut mete ibidem posite demonstrant; et ex altera parte quasdam avesnas usque ad metas et divisiones ad ostensionem illarum ibidem positas : quia Johannes frater ejus donationem illam coram nobis non concesserat, eumdem ad nos adduxit; et cum ambo in presentia nostra constituti essent, corporaliter prestiterunt juramentum, quod dictam elemosinam in perpetuum garandizabunt. Sed quia prenominata terra et avesne non erant de dominico suo, sed hominum suorum de Riefein, scilicet Rogeri Baillet, Galteri de Angulo, Galteri de Scamis, Thome de Angulo et Galteri fratris ejus, Werrici, Johannis Anglici, Aaliz, Hugonis Chauvin, Drogonis Furnerii, et Johannis Furnerii, sufficientem recompensationem fecit eis, sicut continetur in auctentico dicti Galteri de Soniuns, super quo certi sumus per magistrum Deodatum officialem nostrum, quem propter hoc misimus apud Soniouns, dominica qua cantatur Letare Jherusalem, qui, presentibus sacerdote et multis parrochianis de Soniuns, recepit juramenta a prefatis hominibus de Riefeim, quod recompensationem a sepedicto Galtero milite factam, gratam habent et ratam habebunt in perpetuum, nec ecclesiam de Briostel super rebus illis, per se, vel per quemcumque, aliquo tempore molestare presument. Nos igitur devotioni fidelium grato concurrentes assensu, salvo jure episcopali, dictam elemosinam et concessiones exinde factas episcopali auctoritate confirmamus, et excommunicationem, quam magister Deodatus officialis noster in omnes, qui contraire presumerent, ex parte nostra ibi promulgavit, sigilli nostri appensione communimus. Actum anno gratie M° CC° quartodecimo. Mense marcio.

(Arch. de l'Oise : *Abb. de l'Annoy*, n° 97.)

CLII. — An 1208. — *Confirmation par Pierre Havot de la donation par Hugues Burnel de tout son fief du Mesnil.*

Ego Petrus Havot miles notum facio presentibus et futuris quod Hugo Burnel homo meus donavit Deo et ecclesie beate Marie de Briostel et monachis ibidem Deo servientibus, in elemosinam perpetuam liberam penitus et quietam, totum feodum suum quem tenebat de me in territorio Mesniliorum, in plano et bosco, in dominico et dominio, preter partem Wiberti nepotis sui, videlicet medietatem nemoris quod est erga villam que dicitur Louses. Hanc donationem fecit eis liberam et quietam ab omni servicio et exactione et consuetudine, nichil sibi vel heredibus suis inde retinens, preter unum modium frumenti, ad minam Gerboredi, recipiendum singulis annis in grangia abbatie, ad festum Sancti Remigii, de meliori quod erit in eadem grangia secundum verum dictum conversi grangiarii. Quem modium Hugo Burnel et heredes sui tenebunt de me pro recognitione supradicti feodi. Et sciendum quod si ipse vel heredes sui a servicio meo se subtraxerint, ego modium illum in manu mea saisiam et tenebo donec servicium debitum mihi fecerint; monachi autem elemosinam suam, hoc est feodum supradictum, semper tenebunt et in pace erunt. Concesserunt hanc elemosinam monachis benigne et approbaverunt Widria mater dicti Hugonis et uxor ejus Maria et filius eorum Engelrannus, Hugo quoque presbiter frater dicti Hugonis et sorores eorum Agnes, Ada et Freburc. Et ne monachi molestiam paciantur in posterum ab istis vel ab aliis pro hac donatione, Hugo Burnellus et heredes ejus ex conventione debent eam monachis contra omnes homines garandire, unde ego plegius teneor existere. Preterea sciendum quod monachi donaverunt Hugoni Burnel et heredibus suis, in territorio quod dicitur Cans, terram quandam ad duorum modiorum seminaturam jure hereditario possidendam liberam penitus et quietam, preter decimam, et ut semper eam possideant bene et in pace, monachi debent eam contra omnes homines garandire. Ut autem hoc inviolabile sit et ratum, ego concessione Ysabel uxoris mee presenti scripto et sigillo meo confirmavi elemosinam in perpetuum. Actum anno Verbi incarnati M° CC° octavo.

(Arch. de l'Oise : *Abb. de Lannoy*, n° 259.)

CLIII. — An 1209. — *Confirmation par Jean, doyen de Beauvais, de la donation par Pierre Havot de cinq muids sept mines de terre.*

Johannes Dei permissione Belvacensis decanus omnibus presentem paginam inspecturis in perpetuum, presentibus ac futuris notum facimus quod dominus Petrus miles cognomento Havot assensu et voluntate Isabel uxoris sue et filiorum suorum videlicet Henrici, Girardi et Petri donavit, in perpetuam elemosinam liberam penitus et quietam, ecclesie beate Marie de Briostel et monachis ibidem Domino servientibus, terram ad quinque modiorum et septem minarum seminaturam, hiis videlicet locis : in cultura de cruce Galteri et de la longue roie ad duorum modiorum seminaturam, in territorio de la beeloie ad trium modiorum et quatuor minarum seminaturam, ad buscum Boterel ad trium minarum seminaturam. Memorati autem Petrus et Isabel prestito fidei sue sacramento juraverunt quod nunquam per se aut per interpositam personam donationem istam attenptarent infirmare; et si quis contra predictos monachos super hac re litem moveret, pro posse suo eos garandire satagerent. Nos autem quia ad nostrum spectat officium pauperum elemosinas et maxime domesticorum Dei illibatas conservare, presentem paginam ad posterorum memoriam et robur perpetuum sigilli nostri auctoritate confirmamus. Actum ab incarnatione anno millesimo ducentesimo nono.

(Arch. de l'Oise : *Abb. de Lannoy*, n° 181.)

CLIV. — An 1209. — *Confirmation par Pierre Havot de la vente par Guillaume de Limermont d'une terre au Mesnil et de plusieurs autres ventes.*

Ego Petrus Havot miles presentibus ac futuris notum facio quod Guillermus de Limermont et Agnes uxor ejus vendiderunt ecclesie beate Marie de Briostel terram, quam tenebant de monachis ejusdem ecclesie, in territorio des Mesiz, et de karitate domus habuerunt pro ea LV solidos Parisiensium. Hanc venditionem concessit Ada mater dicte Agnetis et Rocia et Isabel filie ejusdem. Ego vero ad preces eorum et ad preces Girardi de Limermont domini eorum venditionem istam sigilli mei munimine confirmavi. Item sciendum quod Petrus et Alberedis uxor ejus et Henricus cognatus Alberedis vendiderunt predictis monachis quicquid habebant in territorio des Mesnix, precio quatuor librarum Parisiensium, assensu puerorum Alberedis, videlicet Roberti, Radulfi et Beatricis. Item Ada et Helvidis quicquid habebant in predicto territorio supradictis monachis vendiderunt precio sex librarum Parisiensium, assensu predictorum puerorum Roberti et Radulfi filiorum Alberedis. Item Liegart, Isabel et Ermengart vendiderunt eisdem monachis quicquid habebant in predicto territorio precio sexaginta et octo solidorum Parisiensium. Quia vero hee venditiones coram me facte sunt et denariorum solutiones, testis et fide jussor ex parte vendentium existo et presentem paginam ad petitionem ipsorum sigilli mei auctoritate confirmo. Actum anno Domini millesimo ducentesimo nono.

(Arch. de l'Oise : *Abb. de Lannoy*, n° 261.)

CLV. — An 1209. — *Confirmation par Philippe de Dreux, évêque de Beauvais, de la donation par Odon Maladru de trois pièces de terre sises auprès de la grange de Montpertuis.*

Philippus Dei gratia Belvacensis episcopus universis ad quos presens pagina pervenerit eternam in Domino salutem. Ad noticiam presentium ac futurorum pervenire volumus quod Odo Maladru et Ada uxor ejus, assensu et voluntate puerorum suorum Gaufridi et Marie et assensu domini G. presbiteri de Vilers, donaverunt per manum nostram ecclesie beate Marie de Briostel et fratribus ibidem Domino servientibus, tres portiones terre, nichil sibi vel heredibus suis in predictis portionibus retinentes, quas possidebant juxta grangiam eorum de Malpertuis, salvo tamen camparto dominorum in predicta terra. Qui etiam fidei dato sacramento juraverunt quod nunquam super hoc per se vel per alios predictam ecclesiam molestare presumerent. Nos igitur, ad petitionem domni Rogeri abbatis et fratrum de Briostel, elemosinam ita factam Deo et sepedicte ecclesie benigne concessimus et presenti scripto et sigillo nostro eam in perpetuum confirmavimus. Actum anno Domini millesimo ducentesimo nono, (Arch. de l'Oise : *Abb. de Lannoy*, n° 291.)

CLVI. — An 1209. — *Confirmation par Beaudoin de Coquerel des donations par Meisent de Lihus d'un muid de blé de redevance et par Noël, son fils, de quatre mines de blé de redevance.*

Ego Balduinus de Koqerel notum facio presentibus et futuris quod Meisent de Lihuz assensu et voluntate puerorum suorum Noelli, Seiborc et Emeline dedit, in elemosinam perpetuam liberam penitus et quietam, ecclesie beate Marie de Briostel unum modium frumenti quem ei monachi singulis annis reddere tenebantur. Hanc autem elemosinam ad portam proprie assignavit ut in usus pauperum expenderetur. Post mortem vero predicte Meisent, predictus Noiellus, assensu sororum suarum Sciborc et Emeline, dedit eidem ecclesie, similiter in usus pauperum, quatuor minas frumenti quas ab eadem ecclesia de redditu accipiebat. Et fidei sacramento interposito juraverunt quod neque per se neque per alium aliquem ecclesiam predictam attenptarent molestare. Nos autem has elemosinas ut in perpetuum inconcusso permaneant sigilli nostri munimine roboramus. Actum anno Domini millesimo ducentesimo nono.

(Arch. de l'Oise : *Abb. de Lannoy*, n° 182.)

CLVII. — An 1209. — *Donation par Ansold de Ronquerolles de la dîme de Trois-Etots.*

Noverint omnes qui presentem paginam visuri sunt quod ego Ansoldus de Ronqueroles, assensu et voluntate Hilesendis uxoris mee ac filiorum meorum Odonis, Philippi et Johannis, dedi in elemosinam perpetuam liberam penitus et quietam ecclesie beate Marie de Briostel et fratribus ibidem Domino servientibus decimationem quam possidebam in territorio de Tribus Stipitibus, sub tali conditione quod tempore messis mittent monachi quoscumque voluerint ad congregandam predictam decimam et triturandam, et cum triturata fuerit, accipient primitus xv modios de communi annona, de residuo vero collectores et trituratores pagabuntur; quod autem superhabundaverit dabo cuicumque voluero; et quoniam predicta decimatio ad dotem Hilesendis uxoris mee pertinebat dedi ei sufficientem excambiationem in terra mea de Rooil. Prefatam autem elemosinam ego et heredes mei, ut in perpetuum illibata permaneat, sigilli mei auctoritate munivi. Anno incarnationis dominice millesimo ducentesimo nono. (Bibl. nat. : *Coll. Moreau*, t. 113, f° 70.)

CLVIII. — An 1209. — *Donation par Hugues de Monsures d'une charruée de terre, sise entre la grange de Monceaux et Blargies.*

Noverint omnes tam presentes quam futuri quod ego Hugo de Monsuris dedi, in elemosinam liberam penitus et quietam, ecclesie et monachis beate Marie de Briostel unam carrucatam terre, quam pater meus Johannes tradiderat eis excolendam, que sita est inter grangiam eorum de Moncellis et villam de Blargies, ita quod singulis annis reddent michi et heredibus meis tres modios frumenti et tres avene, ad mensuram Gerborredi, de meliori post sementem, salvo servicio dominorum meorum in residuo feodi mei. Hanc donationem concessit Eremburgis uxor mea, nec non et fratres mei Johannes, Petrus et Guido, et sorores mee Aeliz, Margarita, Acelina et Ada, et fidei sacramento interposito juraverunt quod nunquam super hoc per se vel per alios domum de Briostel molestare presumerent. Et quum tercia pars terre mee in dotem uxoris mee cedebat, assignavi ei, de voluntate ipsius, sex supradictos modios, insuper et alios quatuor modios quos michi antea reddere tenebantur predicti monachi in grangia de Moncellis. Hanc elemosinam tenemur garandire predictis monachis ego et heredes mei in perpetuum, ita quod nichil in eadem terra poterimus proclamare nisi predictam modiationem. Ut autem donatio ista perpetuum robur obtineat, presentem paginam eis tradidi sigilli mei munimine confirmatum. Actum anno Verbi incarnati millesimo ducentesimo nono.

(Arch. de l'Oise : *Abb. de Lannoy*, n° 343.)

CLIX. — An 1209. — *Confirmation par Richard de Gerberoy, évêque d'Amiens, de la donation par Hugues de Monsures d'une charruée de terre, sise entre la grange de Monceaux et Blargies.*

Ricardus Dei gratia Ambianensis episcopus. Omnibus ad quos littere iste pervenerint salutem in Domino. Noverit universitas vestra quod constitutus in presentia nostra Hugo dominus et miles de Monsures per manum nostram ecclesie beate Marie de Briostel et monachis Deo ibidem servientibus in perpetuam donavit elemosinam unam carrucatam terre inter grangiam de Moncellis et villam de Blargies sitam, quam videlicet Johannes pater ejus predictis monachis tradiderat excolendam. Et sciendum quod predictus Hugo in predicta terra sibi et heredibus suis in perpetuum retinuit tres modios frumenti et tres modios avene, ad mensuram Gerborredensem, singulis annis in festo Sancti Remigii in grangia de Moncellis de meliori blado post sementem sumendos. Super hac autem elemosina firmiter observanda, idem Hugo fidei sue interposuit sacramentum. Rogerus vero dilectus decanus noster de Conti nobis testificatus est quod Johannes, Petrus, et Guido fratres ejusdem Hugonis, Aelidis, Margarita, Ascelina et Ada sorores ejusdem coram eodem decano prefatam elemosinam concesserunt et in manus ejus ad opus dicte ecclesie resignantes eandem, fide data promiserunt quod eidem ecclesie non essent super hoc nocumento, sed et si aliquo casu contingente ad predicta devolverent, contenti essent modiatione predicta, et nichil amplius in predicta terra reclamarent. Nobis et idem decanus testimonium perhibuit quod Eremburgis uxor prefati Hugonis hanc elemosinam approbavit et concessit, asserens coram predicto decano sicut nobis ipse suggessit, quod sufficientem receperat commutationem dotalicii, quod habebat in terra predicta, et fidem dedit quod nunquam preffatam ecclesiam super hoc molestaret. Nos itaque dictam elemosinam auctoritate pontificali confirmantes, salvo jure alterius, presentes litteras, cum nostri appensione sigilli, ipsi ecclesie donavimus in testimonium veritatis. Actum anno Domini millesimo ducentesimo nono. Mense januario. In conversione Sancti Pauli.

(Arch. de l'Oise : *Abb. de Lannoy*, n° 343.)

CLX. — An 1209. — *Confirmation par Hugues de Monsures de la donation par ses prédécesseurs de trois mines de blé de rente à prendre dans la grange de Monceaux pour faire des hosties.*

Ego Hugo de Monsuris notum facio presentibus ac futuris quod antecessores mei, pro redemptione animarum suarum, dederunt in elemosinam perpetuam ecclesie et monachis beate Marie de Briostel tres minas frumenti ad hostias faciendas, quas annis singulis accipient in grangia de Moncellis de modiatione, que predictis parentibus meis in ea debebatur. Ego autem donationem illorum gratam habeo et in eternum confirmo. Insuper et dimidiam minam frumenti addo in elemosinam illorum accipiendam annuatim in eadem grangia et de eadem modiatione et ad opus simile. Quod si Deo volente ad manum meam vel puerorum meorum devenerit ex integro predicta modiatio, addemus et dimidiam minam, et ita erunt quatuor mine a nobis singulis reddende. Et ut hec omnia, idest donatio et promissio perpetuum robur obtineant, presentem paginam eis tradidi sigilli mei munimine roboratam. Actum anno ab incarnatione Domini millesimo ducentesimo nono. (Arch. de l'Oise : *Abb. de Lannoy*, n° 344.)

CLXI. — An 1209. — *Confirmation par Philippe de Dreux, évêque de Beauvais, de toutes les donations faites à l'abbaye par Gervais de Saint-Arnoult, et spécialement de la remise de tout ce qu'elle pourrait lui devoir pour la lande de Saint-Arnoult.*

Philippus Dei gratia Belvacensis episcopus universis presentem paginam inspecturis eternam in Domino salutem. Presentibus ac futuris notum facimus quod Gervasius miles de Sancto Arnulfo, assensu et voluntate Beatricis uxoris sue ac filiorum suorum Guidonis, Thome et Symonis, donavit per manum nostram libere et quiete ecclesie beate Marie de Briostel et monachis ibidem Domino servientibus, in elemosinam perpetuam, quicquid ipsi pro landa Sancti Arnulfi eidem et successoribus ejus in perpetuum reddere tenebantur. Preterea omnes donationes et concessiones, quas ipse et pater ejus Bernardus nec non et homines sui, usque ad hanc diem, eisdem monachis fecerunt, ratas habet et in perpetuum confirmat. Pro hiis autem omnibus accipiet ab eis singulis annis in Pentecosten in grangia de Moncellis tres modios frumenti, ad mensuram Gerborredi. Nos autem hanc elemosinam sub beati Petri Apostolorum principis et nostra protectione conservandam suscipimus et presentem paginam sigilli nostri auctoritate perhennamus. Actum anno Domini millesimo ducentesimo nono. (Arch. de l'Oise : *Abb. de Lannoy*, n° 528.)

CLXII. — An 1210. — *Confirmation par Gervais de Saint-Arnoult de la donation par Gilbert d'Avesne et Roger le Normand d'une pièce de terre à Monceaux, tenue à champart dudit Gervais.*

Ego Gervasius de Sancto Arnulfo miles notum facio presentibus et futuris quod Gillebertus de Avesna et Alberedis uxor sua et Rogerus Normannus et Emelina uxor sua dederunt, in elemosinam perpetuam liberam penitus et quietam, ecclesie et monachis beate Marie de Briostel quandam terram, quam de me tenebant, salvo tamen camparto et dono meo. Tempore autem messis, mittent ad me conversi de Moncellis ut campartum et donum accipiam. Quod si venire noluero vel distulo, ipsi accipient campartum et donum et mittent michi, et ego accipiam sine aliquo forifacto. Eadem pactio servabitur inter eos et successores meos in perpetuum. Hanc donationem et conventionem concesserunt filii mei videlicet Guido, Thomas, et Symon et pueri predicti Rogeri Symon et Aeliz. Et ut omnia ista rata et inconcussa in perpetuum permaneant presentem paginam sigilli mei munimine roboravi. Actum anno Domini millesimo ducentesimo decimo.   (Arch. de l'Oise : *Abb. de Lannoy*, n° 315.)

CLXIII. — An 1210. — *Confirmation par Gervais de Saint-Arnoult 1° de la donation par Gilbert d'Avesne et Roger le Normand d'une pièce de terre à Monceaux, 2° de la donation par Garnier d'Hémécourt de deux pièces de terre à Monceaux.*

Ego Gervasius de Sancto Arnulfo miles notum facio presentibus et futuris quod Gislebertus de Avesna et Alberedis uxor sua et Rogerus Normannus et Emelina uxor sua, assensu puerorum suorum Symonis et Aeliz dederunt in elemosinam perpetuam, liberam penitus et quietam ecclesie et monachis beate Marie de Briostel quandam terram, quam de me tenebant, salvo tamen camparto et dono meo. Item sciendum est quod Garnerus de Mencort assensu et voluntate Auburgis uxoris sue et filiorum suorum Herberti et Petri, dedit predicte ecclesie in elemosinam liberam et perpetuam duas portiones terre, quas de me tenebat, predicte terre contiguas. Quia vero dimidium prefate terre ad dotem predicte Auburgis pertinebat, dedit ei vir suus Garnerus XL solidos ut inde emeret quod sibi utile judicaret. Ipsam autem dotem suam in manu domini Maugeri presbiteri resignavit, et sacramentum fidei dedit quod in predicta terra nichil amplius proclamaret. Tempore autem messis, mittent ad me vel ad quem primum invenire poterunt de familia mea conversi Moncellorum, ut campartum et donum accipiam in tribus predictis portionibus terre. Quod si venire noluero vel distulo, vel ille quem ad hoc vocaverint, ipsi mittent michi campartum et donum, et ego accipiam sine aliquo forifacto. Eadem pactio servabitur inter eos et successores meos in perpetuum. Donum autem trium predictarum portionum erunt tres garbe tales quale fieri solent in culturis eorum. Has donationes et conventiones concesserunt filii mei Guido, Thomas et Symon. Et ut omnia ista rata et inconcussa in perpetuum permaneant, presentem paginam sigillli mei munimine roboravi. Actum anno Domini millesimo ducentesimo decimo. (Arch. de l'Oise : *Abb. de Lannoy*, n° 345.

CLXIV. — An 1209. — *Renonciation par les chanoines de Gerberoy à leurs prétentions sur une pièce de terre au Mesnil.*

Notum sit presentibus et futuris quod canonici Gerboredenses quandam querelam contra monachos de Briostel diu habuerunt de quadam terra que est in territorio des Mennix, tandem in pace convenerunt et querelam omnino remiserunt et ne in posterum querela possit renovari presentem paginam sigilli sui attestatione confirmatam eisdem monachis tradiderunt. Factum anno Domini millesimo ducentesimo nono. (Arch. de l'Oise : *Abb. de Lannoy*, n° 260.)

CLXV. — An 1210. — *Confirmation par Jean de Pierrepont, doyen de Beauvais, de la donation par Jean de Songeons de quatre muias de terre, sis entre Groscourt et Montpertuis.*

Johannes Dei miseratione Belvacensis decanus, omnibus presentem paginam inspecturis salutem imperpetuum. Universitati vestre notum facimus quod dominus Johannes de Sonjons miles dedit ecclesie et monachis beate Marie de Briostel, in elemosinam perpetuam liberam penitus et quietam, quandam terram cum nemore quod in ea est, que sita est inter Gueroucort et granchiam de Malpertuis, que terra capit quatuor modios sementis sicut mete ibi posite demonstrant. Quod si nemus quod in ea est nutrire voluerint, licet eis. Homines vero predicti Johannis de Gueroucort protestati sunt coram nobis se nichil juris habere in predicto nemore, neque usagium, neque aliud aliquid. Hanc elemosinam benigne et caritative concessit dominus Galterus miles, frater predicti Johannis, ad cujus feodum pertinebat predicta terra, nichil sibi vel heredibus suis in ea imperpetuum reservans, sed in residuo feodi servicia et ea que ad feodum pertinent, requiret. Concessit etiam hanc elemosinam Petrus clericus predictorum Galteri frater et Johannis. In hac elemosina sibi vel heredibus suis prenominati Galterus et Johannes nichil retinent imperpetuum, et eam contra omnes homines predictis monachis garantire tenentur.

Ut autem hec elemosina rata et perpetua permaneat ecclesie de Briostel ad preces utriusque partis hanc paginam sigilli nostri munimine confirmavimus. Actum est anno Domini M° cc° x°.

(Arch. de l'Oise : *Abb. de Lannoy*, n° 133.)

CLXVI. — An 1210. — *Donation par Jean de Songeons de quatre muids de terre, sis entre Groscourt et Montpertuis.*

Notum sit presentibus et futuris quod ego Johannes de Sonjons miles dedi ecclesie et monachis beate Marie de Briostel in elemosinam perpetuam, liberam penitus et quietam, terram quandam, que sita est inter grangiam de Malpertuis et villam de Geroucort, capientem quatuor modios sementis et nemus quod in ea est ad faciendum de eo quicquid voluerint, sive ad nutriendum, sive ad eradicandum. Quod si nemus nutrire voluerint, homines mei de Geroucort nichil in eo proclamare poterunt, neque usagium neque aliud quid. Dedi etiam predictis monachis in elemosinam quandam portionem terre, de qua contentio habita fuerat inter me et predictos monachos. Omnia ista benigne et caritative concessit dominus Galterus miles frater meus, ad cujus feodum pertinebat predicta terra cum nemore, nichil sibi vel heredibus suis in perpetuum in eis reservans, sed servicium, quod ad feodum pertinet, in residuo feodi requiret. Concesserunt etiam hanc donationem Petrus frater meus, et Elisabet soror mea. Hec omnia ego et heredes mei tenemur in perpetuum predictis monachis contra omnes homines guarandire. Ut autem hec omnia rata et inconcussa perseverent cartam istam sigilli mei testimonio confirmatam predicte ecclesie concessi. Actum anno Dominice incarnationis millesimo ducentesimo decimo. Mense julio.

(Arch. de l'Oise : *Abb. de Lannoy*, n° 293.)

CLXVII. — An 1210. — *Confirmation par Gautier de Songeons de la donation par Jean de Songeons, son frère, de quatre muids de terre à Montpertuis.*

Ego Galterus de Sonjons miles notum facio presentibus et futuris quod dominus Johannes frater meus dedit ecclesie et monachis beate Marie de Briostel, sub titulo elemosine perpetue libere penitus et quiete, terram quandam, que sita est inter grangiam de Malpertuis et villam de Geroucort, capientem quatuor modios sementis et nemus quod in ea est, ad faciendum de eo quicquid eis placuerit, sive ad nutriendum, sive ad eradicandum. Quod si nemus nutrire voluerint, homines de Geroucort neque usagium, neque aliud quod in eo proclamare poterunt. Preterea dedit eis terram quandam, que vicina est grangie de Malpertuis, de qua querela erat inter ipsum et predictos monachos. Ego autem ad quem spectabat illud feodum, karitatis ac pietatis intuitu, predictam elemosinam benigne concessi, nichil michi vel heredibus meis in ea in perpetuum reservans, sed in residuum feodi servicia et ea que michi et heredibus meis debebantur pro feodo, exigens. Concesserunt etiam hanc donationem Petrus frater meus et Elisabet soror mea. Et ut omnia ista rata et libera perseverent, presentem paginam sigilli mei munimine confirmatam predicte ecclesie in perpetuum concessi profuturam. Et predictam elemosinam dictis monachis contra omnes homines tenemur guarandire. Actum anno Domini millesimo ducentesimo decimo.

(Arch. de l'Oise : *Abb. de Lannoy*, n° 292.)

CLXVIII. — An 1210. — *Donation par Gervais de Gaudechart, Alverède et Robert, ses neveux, et Agnès, sa sœur, de plusieurs pièces de terre à Gaudechart.*

Ego Gervasius de Gehoutessart miles, notum facio presentibus et futuris quod Alveredus et Robertus nepotes mei et Agnes soror mea, mater videlicet eorum, dederunt in elemosinam perpetuam liberam penitus et quietam ecclesie et monachis Beate Marie de Briostel, quamdam portionem terre, quantum mete ibi posite continent, que terra sita est juxta culturam predictorum monachorum de Gehoutessart. Sciendum preterea quod ego, pro redemptione anime mee meorumque predecessorum, assensu et voluntate filiorum meorum Philippi et Galteri, dedi predicte ecclesie sub titulo elemosine perpetue quandam portionem terre capientem tres minas sementis, que sita est juxta culturam de Gehoutessart. Quicquid etiam camparti possidebamus in predictis terris ego et filii mei et soror mea et nepotes mei prenominati dedimus ecclesie predicte in perpetuam elemosinam ab omni re liberam. Hec elemosina facta est coram Roberto presbitero de Fontanis, et eam contra omnes homines tenemur guarandire. Ut autem omnia ista rata et inconcussa in perpetuum permaneant, ad petitionem predictorum nepotum meorum, qui sigillum non habebant, presentem paginam sigilli mei munimine confirmavi. Actum anno Domini m° cc° decimo.

(Arch. de l'Oise : *Abb. de Lannoy*, n° 114.)

CLXIX. — An 1210. — *Donation par Girard d'Epaux d'un muid de grains de redevance annuelle.*

Noverint universi ad quos presens scriptura pervenerit quod ego Girardus Despauz miles dedi in elemosinam perpetuam liberam penitus et quietam ecclesie et monachis beate Marie de Briostel unum modium frumenti de duobus modiis, quos michi et heredibus meis post me tenebantur reddere singulis annis, nichil michi vel heredibus meis in ipso modio vel pro ipso modio exigens in perpetuum. Hanc elemosinam concessit et approbavit Emelina uxor mea et pueri mei Drogo, Girardus, Balduinus, Eufemia, Odelina, Margarita. Concessit etiam hanc donationem dominus Philippus de Saint Deniscort, ad cujus feodum pertinebant duo predicti modii, ita quod nulla occasione poterit impedire vel disturbare ipse vel heredes ejus in perpetuum modium, qui in elemosinam datum est, sed ab eo qui alterum modium tenuerit requiret ea que ad servicia feodi pertinent. Concesserunt et hanc elemosinam Ursio et Girardus filii predicti Philippi, eodem modo quo pater eorum. Ut autem ista donatio rata et inconcussa in perpetuum consistat, presentem cartam sigilli mei munimine roboravi. Actum anno Domini millesimo ducentesimo decimo. Sciendum etiam quod querela fuit aliqua inter me et predictos monachos de pretio predicti frumenti, sed in hoc consensi quod deinceps ego et heredes mei de meliore bladio, quod in grangiis eorum inveniemus, accipiemus gratanter modium qui debetur nobis, in illo mentione facta de pretio.   (Arch. de l'Oise : *Abb. de Lannoy*, n° 173.)

CLXX. — An 1210. — *Confirmation par Etienne, doyen de Gerberoy, de la donation par Girard d'Epaux d'un muid de blé de redevance annuelle.*

Ego Stephanus Gerborredensis decanus. Notum facio omnibus presentes litteras inspecturis quod dominus Girardus Despauz dedit in elemosinam perpetuam liberam penitus et quietam ecclesie et monachis beate Marie de Briostel unum modium frumenti de duobus modiis quos debebant illi predicti monachi singulis annis. Concesserunt benigne et absque ulla violentia, que eis propter hoc inferretur, hanc elemosinam Emelina uxor predicti Girardi, Drogo, Balduinus, Girardus filii ejus, Eufemia, Odelina, Margarita filie ejus, nec non et dominus Philippus de Sancti Dionisii curte et filii ejus Ursio et Girardus, quia ad feodum predicti Philippi pertinebant predicti duo modii. Insuper et asseruit quod pro servitio feodi non disturbarentur aliquo predicti monachi, sed in reliquo modio servitium suum requireret. Hoc idem concesserunt filii. Donatio ista et concessiones iste coram me facta est, qui ex parte domini Philippi Belvacensis ad hoc missus sum, et quod vidi et audivi, hoc testificor et in presentibus litteris sigilli mei munimine confirmatis ad posteros transmitto. Actum anno Domini millesimo ducentesimo decimo.
(Arch. de l'Oise : *Abb. de Lannoy*, n° 183.)

CLXXI. — An 1211. — *Confirmation par Ansold de Ronquerolles de la donation par Odon, son frère, de deux muids de blé de rente et d'un arpent et demi de vignes à Hodenc-l'Evêque.*

Noverint omnes qui presentes litteras visuri sunt quod ego Ansoldus miles et dominus de Ronqeroles concedo et testificor et sigilli mei auctoritate confirmo elemosinam quam fecit frater meus Odo ecclesie et monachis beate Marie de Briostel duos modios frumenti, quos accipient predicti monachi singulis annis in villa de Silli, in molendino de Tolsac et in molendino de Vivario, et insuper unum arpennum et dimidium vinearum in territorio de Houdenc. Actum anno Domini M° cc° xi°. (Arch. de l'Oise : *Abb. de Lannoy*, n° 148.)

CLXXII. — An 1211. — *Donation par Philippe de Dreux, évêque de Beauvais, de tout ce qu'il possédait à Boisaubert, et confirmation de la donation par Gautier Le Balbe de Corbeauval de huit mines de terre.*

Philippus Dei gratia Belvacensis episcopus omnibus presentem paginam inspecturis eternam in Domino salutem. Ad universorum noticiam presentium auctoritate transmittimus quod ecclesia de Briostel et dilecti filii nostri monachi, qui ibi Deo deserviunt multa bona nobis contulerunt et multa in nobis servitia impenderunt. Timentes igitur ne a nobis in extremo examine omnia ista requirerentur, si irrecompensata relinqueremus, in recompensationem tantorum beneficiorum dedimus predicte ecclesie de Briostel, in elemosinam perpetuam liberam penitus et quietam, quicquid possidebamus in territorio de Bosco Auberti, videlicet quicquid emeramus a Guidone filio Ursionis, tam in plano quam in bosco et in redditibus, retentis nobis feodis et justicia terre et hominum. Preterea sciendum quod Galterus Balbus de Corbelval et Felicia uxor sua dederunt per manum nostram predicte ecclesie, in elemosinam perpetuam, terram ad octo minarum seminaturam. Hanc igitur elemosinam et predictam quam dedimus perpetuo deffendendam suscepimus, et presentem cartam in perpetuam memoriam et protectionem pretaxate ecclesie tradidimus. Actum anno Domini millesimo ducentesimo undecimo.

(Arch. de l'Oise : *Abb. de Lannoy*, n° 50.)

CLXXIII. — An 1211. — *Confirmation par Philippe de Dreux, évêque de Beauvais, de la donation par Gautier de Crèvecœur de tout ce qu'il possédait au territoire de Coupemont.*

Philippus Dei gratia Belvacensis episcopus omnibus presentem

paginam inspecturis eternam in Domino salutem. Ad noticiam pre
sentium ac futurorum scripture presentis auctoritate transmittimus
quod Galterus de Crepicordio in presentia nostra constitutus dedit,
assensu et voluntate Petri filii sui, ecclesie et monachis beate Marie
de Briostel, in elemosinam perpetuam liberam penitus et quietam,
quicquid possidebat in territorio de Copemont tam in plano quam in
bosco, ita quod singulis annis reddent ei vel heredibus suis predicti
monachi in grangia de Malpertuis, decem et octo minas bladii et
totidem avene, ad mensuram Gerborredi tunc currentem. Predicti
vero Galterus et Petrus sacramento fidei prestito juraverunt quod
predictam elemosinam in perpetuum non impedirent sed eam contra
omnes homines pro posse suo guarandirent. Nos autem elemosinam
ecclesie de Briostel in presentia nostra et per manum nostram factam sigilli nostri auctoritate, salvo jure nostro et justicia nostra,
confirmavimus. Actum anno Domini M° CC° XI°.

(Arch. de l'Oise : *Abb. de Lannoy*, n° 82.)

CLXXIV. — An 1212. — *Confirmation par Philippe de Dreux,
évêque de Beauvais, de la donation par Baudoin de Roy de tout
ce qu'il possédait au terroir de Coupemont.*

Philippus Dei gratia Belvacensis episcopus omnibus presentem
paginam inspecturis eternam in Domino salutem. Ad noticiam presentium ac futurorum scripture presentis auctoritate transmittimus
quod Balduinus de Reio in presentia nostra constitutus contulit ecclesie beate Marie de Briostel et monachis ibidem Domino servientibus, in elemosinam perpetuam, liberam penitus et quietam, quicquid
possidebat in territorio de Copemont tam in plano quam in bosco, in
proprio sive dominio. Ipsi vero monachi jam dicti reddent ei singulis
annis sive heredibus suis in pascha Domini quatuor modios frumenti,
in grangia de Briostel, de meliori quod ibi tunc temporis invenerit
trituratum. Hanc donationem concesserunt Emelina mater dicti Balduini et Emelina uxor ejus et Milesent soror ejus, et dotem, quam pre-
clamabant in predicta possessione dicte mulieres Emelina videlicet
mater et Emelina uxor Balduini, resignaverunt in manu Joldi decani
de Rotengies, quem ad hoc direxeramus, et pro restitutione dotis
contulit idem Balduinus unicuique predictarum duos modios frumenti
quos accipient de prefata modiatione quamdiu vixerint. Quam recompensationem dotis gratanter acceperunt. Fidei insuper sacramentum
dederunt prescripti quod elemosinam ita factam pro posse suo contra
omnes homines in perpetuum garantirent, et si pro defectu garantie
sue aliquid dampnum predicti monachi paterentur, modiationem de-
tinerent donec dampnum suum ex integro eis restitueretur. Nos vero

elemosinam Deo et ecclesie de Briostel factam benigne et caritatis intuitu concessimus et sigilli nostri auctoritate confirmavimus, salvo jure nostro et justicia nostra. Actum anno Domini M° CC° XII°.

(Arch. de l'Oise : *Abb. de Lannoy*, n° 83.)

CLXXV. — An 1211. — *Confirmation par Pierre Havot de la donation par Girard d'Epaux de quatre muids de terre sis au terroir de Coupemont, autrement dit la Bucaille.*

Ego Petrus Havoth miles, notum facio tam presentibus quam futuris quod dominus Girardus de Pascuis, pro remedio anime sue suorumque antecessorum, dedit in puram et perpetuam elemosinam ecclesie et conventui beate Marie de Briostel, terram in territorio de Coupemont, quod alio nomine dicitur la Buschalle, duos modios sementis capientem, ea intentione et conditione quod quicquid utilitatis ex his duobus modiis pervenerit, in die anniversaria obitus nobilis matrone Agnetis matris ejus, et in die anniversarii sui, in usus conventus et beneficium integre et fideliter singulis annis expendatur. Preterea donavit prescriptis monachis in jam dicto territorio aliam portionem terre ad duorum modiorum et octo minarum seminaturam, pro qua excambiaverunt ei terram equalis mensure, his videlicet in locis, in teritorio de Omercort, ad unius modii seminaturam, reliquas viginti minas in territorio de Feuchieres. Hanc donationem ego Petrus dominus feodi volui et benigne concessi, nichil juris vel proprietatis michi vel heredibus meis in ea retinens in perpetuum. Verum etiam hoc totum ego et heredes mei contra omnes bona fide tenemur garandire. Et quum volumus ut hec omnia stabilem et inconcussam firmitatem obtineant, presentem cartam sigilli nostri munimine fecimus roborari. Actum anno Dominice incarnationis millesimo ducentesimo undecimo. (Arch. de l'Oise : *Abb. de Lannoy*, n° 151.)

CLXXVI. — An 1211. — *Confirmation par Robert de Dameraucourt, vicomte de Poix, de la donation par Gila, sa mère, d'un muid de blé de rente à prendre dans la grange de Ville-en-Bray.*

Ego Robertus miles, dominus de Damelescort et vicecomes de Poix, notum facio presentibus et futuris, quod domina Gila mater mea dedit, in elemosinam perpetuam, liberam penitus et quietam, ecclesie et monachis Beate Marie de Briostel unum modium frumenti, quod reddet ipsa et successores ejus in perpetuum predicte ecclesie in grangia de Vile en Brai. Hanc elemosinam benigne et caritative concessi ego heres suus et fratres mei videlicet Reinaudus, Florentius et Milo, et ad petitionem matris mee, que sigillum non habebat, presentem cartam sigilli mei munimine roboravi. Actum anno Domini millesimo ducentesimo undecimo.   (A. de l'Oise : *Ib.*, n° 592.)

CLXXVII. — An 1211. — *Confirmation par Gervais de Gaudechart, chevalier, de la donation par Gautier Pegins de huit mines de terre sises au territoire de Gaudechart.*

Ego Gervasius de Gehoutessart miles notum facio universis presentem paginam inspecturis, quod Galterus Pegins, assensu et voluntate Isabel uxoris sue, dedit ecclesie beate Marie de Briostel, in elemosinam perpetuam, liberam penitus et quietam, quandam portionem terre, sitam in territorio de Gehoutessart, capientem octo minas sementis. Quia vero predicta terra ad dotem predicte Isabel pertinebat, dedit ei predictus Galterus vir suus exquambiationem in territorio de Fontanis, quam gratam et sufficientem habens, resignavit predictam elemosinam in manu Roberti presbiteri de Fontanis, et in manu domni Willelmi abbatis de Briostel. Ego autem quicquid juris in eo ad me pertinebat libere et quiete predicte ecclesie de Briostel concessi in elemosinam perpetuam, et presentem cartam, ad petitionem utriusque partis, sigilli mei munimine roboratam, in confirmationem dicte elemosine, tradidi ecclesie de Briostel in perpetuum profuturam. Actum anno Domini M° cc° undecimo.

(Arch. de l'Oise : *Abb. de Lannoy*, n° 115.)

CLXXVIII. — An 1214. — *Confirmation par Hugues de Merlemont de la donation par Aubert Resgier de deux arpents de bois à Montreuil-sur-Thérain.*

Ego Hugo de Mellemont miles notum facio presentibus et futuris, quod Aubertus Resgier dedit ecclesie et monachis Beate Marie de Briostel duo arpenta nemoris, in elemosinam perpetuam, liberam penitus et quietam, salvo tantummodo censu domini. Hanc donationem concesserunt pueri ejus Gibertus, Odelina et Licca. Ego vero, qui custos eram feodi domini Petri fratris mei, concessi hanc elemosinam sigilli mei munimine confirmavi. Actum anno Domini millesimo ducentesimo undecimo (1).   (A. de l'Oise : *Ib.*, n° 388.)

---

(1) En 1215, ce même Hugues, qui s'intitule chevalier et seigneur de Merlemont, *miles et dominus de Mellemont*, confirme encore cette donation en spécifiant la quotité du cens qui lui est dû, *salvo tantum censu duodecim denariorum qui michi vel heredibus meis reddetur in festo Sancti Remigii, singulis annis.*

(Arch. de l'Oise : *Abb. de Lannoy*, n° 388.)

CLXXIX. — An 1211. — *Confirmation par Pierre Havot de la donation par Wibert d'Omécourt de ses bois du Mesnil.*

Ego Petrus Havot miles notum facio presentibus et futuris quod Wibertus filius Johannis de Hemercort dedit ecclesie et monachis beate Marie de Briostel, in elemosinam perpetuam liberam penitus et quietam, nichil sibi vel heredibus suis in eo reservans, quicquid nemoris possidebat in territorio des Mesniuz, id est dimidiam partem. Hanc donationem concesserunt Juliana mater sua et Huidria soror sua, et Hugo cognomento presbiter, de quo tenebat boscum illum. Monachi vero tenentur reddere predicto Wiberto et heredibus suis, singulis annis in perpetuum, in festo S^{ti} Remigii, unum modium frumenti, ad mensuram Gerborredi, de meliori post sementem. Ego vero, ad quem feodum spectat, si predicti Wibertus et Hugo deficerent de servicio meo non potero boscum saisire, vel aliquid quod ad predictos monachos pertineat disturbare, nisi tantummodo predictum modium frumenti, tempore quo reddi debet. Ad peticionem autem predictorum Wiberti et Hugonis, qui sigillum non habebant, elemosinam istam sigilli mei munimine confirmavi et ego et heredes mei et ipsi et heredes eorum in perpetuum tenemur garandire predictis monachis. Testes : Girardus de Pascuis, Girardus de Gremerviler, Girardus de Limermont, Garnerus Coispel, milites qui donationi sollempniter facte interfuerunt. Actum anno Domini millesimo ducentesimo undecimo. (Arch. de l'Oise : *Abb. de Lannoy*, n° 262.)

CLXXX. — An 1212. — *Confirmation par Pierre Havot de la donation par Garin de Loueuse de quatre mines de terre au Mesnil.*

Ego Petrus Havot miles. Omnibus presentes litteras inspecturis salutem in Domino. Universitati vestre notum facimus quod in presentia nostra constitutus Guarinus de Loueses dedit in perpetuam elemosinam ecclesie beate Marie de Briostel et monachis ibi Deo servientibus, quandam portionem terre, quam de ipsis tenebat in territorio de Mesniz, quatuor minas sementis capientem. Hanc donationem voluerunt et benigne concesserunt Ada predicti Guarini soror et liberi ejusdem scilicet Gislebertus, Agnes, Mathildis, Theophania, nichil sibi juris vel reclamationis in predicta terra in posterum reservantes. Huic donationi et concessioni predictorum affuerunt Bernardus presbiter de Escames, Girardus de Gremerviler, Gaufridus de Pleiz, Garnerus Coispel, Girardus de Limermont. Ego vero ad cujus feodum terra predicta spectare videbatur, antequam in manus monachorum deveniret, elemosinam sic factam laudo et benigne concedo, et ad peticionem partis utriusque monachorum scilicet et Guarini, quia sigillum non habebat, presentem cartam sigilli mei impressione confirmo in testimonium, perhennem memoriam veritatis. Actum anno Verbi incarnati millesimo ducentesimo duodecimo.

(Arch. de l'Oise : *Abb. de Lannoy,* n° 263.)

CLXXXI. — An 1212. — *Donation par Jean de Songeons de dix mines de terre à Montpertuis.*

Notum sit presentibus et futuris quod ego Johannes de Sonjons miles contuli, in elemosinam perpetuam, liberam penitus et quietam, ecclesie et monachis beate Marie de Briostel quandam portionem terre capientem decem minas sementis et unum boisellum. Terra dicta sita est inter grangiam de Malpertuis et nemus quod possident monachi de elemosina mea. Fidei insuper sacramentum prestiti quod domum de Briostel vel aliquas res ad ipsam pertinentes deinceps non presumam molestare nec per me, nec per alium. Hanc donationem benigne concesserunt Galterus et Petrus fratres mei et Isabel soror mea. Insuper et hoc concessit Galterus frater meus, qui est dominus feodi illius, quod si ego defecero de servicio quod ego debeo illi pro illo feodo, non poterit saisire partem ad monachos pertinentem, sed de parte quam ego vel heredes mei tenebimus, servicium suum requiret. Hec lex etiam inter heredes nostros in perpetuum observabitur. In hujus rei memoriam et confirmationem, presentem paginam sigilli mei munimine confirmavi. Actum anno Domini millesimo ducentesimo duodecimo.

(Arch. de l'Oise : *Abb. de Lannoy,* n° 295.)

CLXXXII. — An 1212. — *Confirmation par Gautier de Songeons de la donation par Jean de Songeons, son frère, de dix mines de terre à Montpertuis.*

Ego Galterus miles de Songons, notum facio omnibus presentem scripturam inspecturis quod Johannes frater meus, assensu et voluntate mea et fratris mei Petri et Isabel sororis mee, dedit ecclesie et monachis beate Marie de Briostel, in elemosinam perpetuam, liberam et quietam, quandam portionem terre capientem decem minas sementis, que terra sita est inter grangiam de Malpertuis et nemus quod possident de elemosina dicti Johannis. Insuper et fidei sacramentum prestitit quod deinceps domui de Briostel, vel alicui rei ad ipsam pertinenti aliquam molestiam scienter non inferet vel per se vel per aliam personam. Ego vero qui dominus sum feodi predicti, si predictus Johannes vel heredes ejus defecerint de servicio michi pro feodo illo debito, non potero seisire predictam elemosinam, vel aliquam rem ad ecclesiam de Briostel pertinentem, sed in illa parte feodi quam ipse ea die tenebit, meum requiram servicium. In hujus autem rei munimen et robur perpetuum, presentem cartam sigilli munimine confirmatam ecclesie de Briostel tradidi. Actum anno Domini millesimo ducentesimo duodecimo.

(Arch. de l'Oise : *Abb. de Lannoy*, n° 295.)

CLXXXIII. — An 1212. — *Echange par lequel Philippe de Dreux, évêque de Beauvais, cède à l'abbaye une terre sise à Montpertuis, contre une terre sise à Goulencourt, et quatre mines de blé de rente contre un vivier sis au même lieu.*

Philippus Dei gratia Belvacensis episcopus Omnibus qui presentes litteras viderint in Domino salutem. Ad notitiam tam presentium quam futurorum volumus pervenire, quod dilecti filii nostri monachi de Briostel dederunt nobis quandam terram que vocatur Bugnescans, quam longo tempore libere et quiete possederant, eo quod terra illa magis erat nobis necessaria quam illis, quia sita erat juxta domum nostram de Goslencort. Nos autem in recompensationem illius terre dedimus predictis monachis terram, quam habebamus apud Malpertuis, libere et quiete perpetuo possidendam secundum metas et divisiones ex parte nostra ibi positas. Si vero contigerit, quod absit, quod prescriptam terram de Malpertuis, quam eis contulimus, pacifice possidere non possent, ad terram de Bugnescans possidendam sine aliqua difficultate poterunt redire. Si autem prefati monachi predictam terram de Bugnescans nobis garantire non poterunt, ad nostram de Malpertuis revertemur. Communem etiam pasturam per omnes terras circumquaque Malpertuis eis perpetuum, libere et quiete contulimus. Ceterum sciendum est quod nos quittavimus prefatis monachis de Briostel tres minas frumenti, quas debebant nobis ratione feodi nostri de Goslencort in gernario suo apud Ursimont; et ipsi quittaverunt nobis quicquid vivarium nostrum, quod situm est juxta culturam ipsorum, occupabat in terra eorum. Quia vero tenemur ex injuncto nobis officio elemosinas fidelium garantire, quicquid monachi jam dicti possident ex dono Johannis de Moslencort, videlicet locum, in quo grangia de Malpertuis constructa est, et alias terras ibi adjacentes, gratum habemus et acceptum. Et ne aliquorum versutia locum habeat malignandi, hec omnia supradicta sigilli nostri munimine, salvo jure et justicia episcopali, confirmamus et approbamus. Actum anno Domini millesimo ducentesimo duodecimo. Mense aprili. (Arch. de l'Oise : *Abb. de Lannoy*, n° 294.)

CLXXXIV. — Vers 1210. — *Confirmation par Enguerrand d'Aumale de diverses donations à Monceaux.*

Notum sit presentibus et futuris quod ego Ingerrannus de Albemarle donavi et concessi monasterio et monachis Sancte Marie de Briostel, in elemosinam perpetuam liberam penitus et quietam, quicquid calumpniabam in territorio de Moncellis, scilicet culturam vicecomitis, et angulum qui est retro masagium Moncellorum, et nemus illud, quod habent ex dono domini Gaufridi de Belsast in bosco de Blargies, quod dicitur le Fai, et aliam partem nemoris quam in eodem bosco habent ex dono Johannis de Monsures. Preterea concessi eis libere et quiete in perpetuum possidere quicquid possidebant anno Domini M° CC° IX° in plano et bosco de feodis Gaufridi et Symonis de Belsast et de feodis Johannis de Monsures, et de feodis meis in montana et illud districtum quod est inter nemus Moncellorum et nemus de Blargies. Concessi etiam eis quicquid habent ex dono Franconis patris mei et Stephani patrui mei. Hanc donationem et concessionem feci eis concessione voluntaria et assensu Aeliz uxoris mei et Ingerranni filii mei. Et ut hec omnia firma et rata permaneant presentem paginam sigilli mei testimonio confirmavi.

(Arch. de l'Oise : *Abb. de Lannoy*, n° 337.)

CLXXXV. — An 1212. — *Donation par Baudoin de Roy de tout ce qu'il possédait, tant en terres que bois et redevances, au territoire de Coupemont.*

Ego Balduinus miles de Reio notum facio omnibus presentem paginam inspecturis quod ego dedi ecclesie beate Marie de Briostel et monachis ibidem Domino servientibus, in elemosinam perpetuam, liberam penitus et quietam, quicquid possidebam in territorio de Coupemont, tam in plano quam in bosco et in redditibus. Predicti vero monachi reddent michi vel heredibus meis singulis annis, in Pasca Domini, quatuor modios frumenti in grangia abbatie de Briostel, de meliori quod in ea tunc temporis invenietur trituratum. Concesserunt autem hanc donationem Emelina mater mea, et Emelina uxor mea, et Milesent soror mea ; et fidei sacramentum interposuimus quod elemosinam istam predicte ecclesie pro posse nostro contra omnes homines in perpetuum garantiremus. Quod si pro defectu garantie nostre aliquando predicta ecclesia pateretur dampnum aliquod, modiationem detineret absque ulla contradictione, donec dampnum ex integro ei restitueremus. Et sciendum quod mater mea Emelina et Emelina uxor mea dotis jure predictam donationem possidebant, sed eam resignaverunt in manu domini Joldi decani de Rotengies, quem dominus episcopus ad hoc direxerat. Ego vero assignavi unicuique predictarum, de voluntate ipsarum, duos modios frumenti in predicta modiatione. Concessi preterea benigne et caritative predicte ecclesie elemosinam quam ei dederat Galterus de Crepicordio, que ad dominium meum pertinere videbatur. Concessi denique terram capientem duos modios sementis, quam Petrus dominus de Omecort in extrema voluntate contulit ecclesie de Briostel in elemosinam perpetuam. Ut autem omnia ista rata et inconcussa in perpetuum consistant, presentem cartam sigilli mei munimine confirmavi et eidem ecclesie in perpetuum robur tradidi. Actum anno dominice incarnationis millesimo ducentesimo duodecimo.

(Arch. de l'Oise : *Abb. de Lannoy*, n° 434.)

CLXXXVI. — An 1212. — *Confirmation par Simon dit le Pauvre de la donation par Reinold, maire de Hez, d'un arpent de vignes et d'un bois sis à Hez.*

Ego Symon miles cognomento Pauper notum facio omnibus presentem cartam inspecturis quod Reinoldus maior de Hez, habitum religionis assumens, dedit ecclesie beate Marie de Briostel, in elemosinam perpetuam liberam penitus et quietam, unum arpennum vinee et quoddam nemus quod situm erat in feodo meo, me presente et donationem benigne concedente. Processu vero temporis Emelina filia predicti Reinoldi, cum Sagalone viro suo, cupiens elemosinam dictam in ipsius proprium revocare, monachos de Briostel in causam traxit in curia Belvacensi. Monachi vero magis paci quam rigori justicie studentes, predictam vineam jam dicte Emeline et heredibus suis in perpetuum quittaverunt. Ipsa autem Emelina et Sagalo vir suus predictum nemus ecclesie de Briostel similiter in perpetuum quittaverunt et fidei sacramentum prestiterunt quod nunquam pro hac re ecclesiam prescriptam molestare de cetero attemptarent, vel per se vel per aliam personam. Ego vero presentem cartam in hujus confederationis testimonio et confirmatione, ad petitionem predictorum Emeline et Sagalonis, sigilli mei munimine confirmavi et ecclesie de Briostel tradidi. Actum anno Domini M° ducentesimo duodecimo.

(Arch. de l'Oise : *Abb. de Lannoy*, n° 184.)

CLXXXVII. — An 1212. — *Accord par lequel l'abbaye de Saint-Lucien laisse à l'abbaye de Lannoy la libre disposition des dix arpents de vignes qu'elle avait à Brulet, à la charge de 15 sols de cens, et lui permet d'augmenter sa vigne de 5 arpents.*

Erardus Sancti Luciani Belvacensis abbas et ejusdem loci capitulum, universis presentem paginam inspecturis eternam in Domino salutem. Noverit universitas vestra quod contencio habita est inter nos et domum de Briostel de decem arpennis vincarum quas possidebant in territorio Sancti Luciani, juxta Bruilet; volebamus enim ut eas distraherent. Nos autem propter pacis caritatisque custodiam, omnem querelam remisimus et insuper concessimus eidem ecclesie ut supradictas vineas libere et quiete in perpetuum possideant, salvo tamen pressoragio, decima et justicia nostra. Acquirendi autem quinque arpennos tantum preter predictos et in perpetuum possidendi facultatem habeant. Ita quod de decem arpennis, quos modo possident, quindecim solidos Belvacensium annuatim in medio Martio nobis reddent. De quolibet vero quinque arpennorum, quos acquisierunt, reddent nobis vi denarios, preter censum, quem solebat reddere arpennus. Preterea si voluerint, vineis suis proprium custodem adhibebunt, qui nobis fidelitatem faciet, quod forisfacta, si ibi inventa fuerint, oportuno tempore nobis manifestabit, nec custos aliarum vinearum ab illis aliquid poterit exigere. Si vero placuerit eis predictas vineas distrahere, qui eas emerit non tenebitur reddere, nisi censum quem debebant vince antequam eas acquirerent, salvo pressoragio, decima et justicia. Si vero alicui ecclesie predictas vineas vendiderint, vel aliquo alio modo possidere permiserint, censum, quem domus de Briostel reddit, reddere nobis tenebitur. In hujus rei testimonium et protectionem presentem paginam sigillis nostris confirmavimus. Actum anno Dominice incarnationis millesimo ducentesimo duodecimo. (Arch. de l'Oise : *Abb. de Lannoy*, n° 541.)

CLXXXVIII. — An 1212. — *Confirmation par Philippe de Saint-Deniscourt de la donation par Robert et Laurent Du Bois de onze mines de terre au territoire d'Auteigny (1)*.

Ego Philippus de Sancti Dionisii curte. Notum facio presentibus et futuris quod Robertus et Laurentius filii Ingerranni de nemore, de assensu et beneplacito Drogonis de Autegni et liberorum ejus Ausberti et Ysabel dederunt ecclesie et conventui beate Marie de Briostel in elemosinam perpetuam liberam penitus et quietam, quandam portionem terre in territorio de Autegni xi minas sementis capientem, nichil in eodem territorio vel in eadem terra sibi vel heredibus suis reservantes preter campartum, fidei etiam interposito sacramento juraverunt quod neque per se neque per aliam personam ecclesiam de

---

(1) Auteigny, lieu aujourd'hui détruit, entre Riffln, commune de Songeons, et Beaulieu.

Briostel super hoc deinceps molestarent. Hanc donationem ego Philippus in feodo predicte portionis terre dominus laudavi et concessi et ad petitionem partium presentem cartam sigillo meo confirmavi. Actum anno incarnationis dominice millesimo ducentesimo duodecimo.   (Arch. de l'Oise : *Abb. de Lannoy*, n° 5.)

CLXXXIX. — An 1212. — *Confirmation par Philippe de Saint-Deniscourt de la donation faite par Drogon de Corbeauval de dix-huit mines de terre à Auteigny.*

Ego Philippus de Sancti Dionisii curte. Notum facio omnibus hanc cartam inspecturis quod Drogo de Corbelval dedit, in elemosinam perpetuam liberam penitus et quietam, ecclesie et monachis beate Marie de Briostel unam portionem terre sitam in territorio d'Autengni capientem decem et octo minas sementis, nichil sibi vel heredibus suis in ea reservans nisi tamen modo campartum. Hanc donationem concessit Petronilla uxor dicti Drogonis et pueri eorum Aubertus et Elisabeth et Liegart soror Drogonis et Odo vir ejus. Ego vero qui dominus sum feodi et filii mei Ursio et Girardus benigne concessimus hanc donationem et presentem cartam sigilli mei munimine confirmatam predicte ecclesie in testimonium et robur perpetuum hujus elemosine tradidi. Actum anno Domini millesimo ducentesimo duodecimo.   (Arch. de l'Oise : *Abb. de Lannoy*, n° 11.)

CXC. — An 1213. — *Confirmation par Philippe de Saint-Deniscourt de la donation par Ernoult de Morvillers de quatre mines de terre à Auteigny.*

Ego Philippus de Sancti Dionisii curte notum facio tam presentibus quam futuris quod Ernoldus de Morviler cum Petronilla uxore sua in presentia nostra constitutus dedit, in elemosinam perpetuam liberam penitus et quietam, ecclesie et monachis Beate Marie de Briostel quandam portionem terre quam possidebat in territorio de Autengni, quatuor minas sementis capientem, nichil sibi vel heredibus suis omnino in ea reservans in perpetuum. Hanc donationem concessit Drogo de Autengni cum Petronilla uxore sua, salvo camparto suo quod deferent fratres del Fai, tempore messis, in grangiam del Fai sive a Loueus, nec cum expectabunt nec aliquem suorum, si presens non fuerit ad campartandum. Et quum sigillum non habebat predictus Drogo ad petitionem ipsius et predicti Ernoldi ego Philippus presentem cartam in robur et testimonium donationis facte coram me perpetuum, sigilli mei munimine roboratam predicte ecclesie tradidi. Actum anno incarnationis Domini millesimo ducentesimo tertiodecimo.   (Arch. de l'Oise : *Abb. de Lannoy*, n° 6.)

CXCI. — An 1213. — *Confirmation par Agnès, abbesse de Saint-Paul, d'un accord passé entre son abbaye et celle de Lannoy, au sujet de la dime de Montpertuis.*

Omnibus ad quos presens scriptum pervenerit A... dicta abbatissa ecclesie beate Marie de Sancto Paulo, totusque ejusdem loci conventus salutem in Domino. Noverit universitas vestra quod aliquanto tempore dissensio fuit inter ecclesiam nostram et conventus de Briostel, de quibusdam terris quas acquisierat infra fines decimationum nostrorum, de quibus nobis decimas reddere nolebant ex auctoritate privilegiorum suorum. Tandem vero mediantibus personis paci utriusque ecclesie providentibus, in hoc consensimus ut in omnibus terris quas acquisierunt sive acquisituri sunt intra fines decimationum nostrarum dimidium decimarum illarum, que ad nos pertinere noscebantur jure perpetuo possideant; ipsi vero nobis de no....... in predictis terris supradictam portionem decimarum concesserunt. Ut autem pactio ista inconcussa permaneat, presentem paginam auctoritate sigilli nostri munitam predicte ecclesie tradidimus. Actum anno Domini M° CC° XIII°.

(Arch. de l'Oise : *Abb. de Lannoy*, n° 296.)

CXCII. — An 1214. — *Donation par Drogon d'Auteigny de trois mines de terre sises au territoire d'Auteigny, et par Roger de Golencourt de trois autres mines au même lieu.*

Notum sit omnibus presentem scripturam inspecturis quod ego Drogo de Autengni, assensu et voluntate Petronille uxoris mee et puerorum meorum Auberti et Isabel, dedi ecclesie beate Marie de Briostel, in elemosinam perpetuam liberam penitus et quietam, quandam portionem terre sitam in territorio d'Autegni, que tribus minis sementis seritur. Item sciendum quod Rogerus de Goislencort cum Eremburge uxore sua dedit predicte ecclesie in elemosinam perpetuam quandam portionem terre sitam in predicto territorio, capientem tres minas sementis. In hiis duobus portionibus terre campartum mihi et heredibus meis retinui. Quod campartum tempore messis deferri fratres del Fai facient in grangiam del Fai, vel ad villam de Loueuses, si mihi melius placuerit, nec me expectabunt ad campartandum si presens non fuero. Hec autem omnia in presentia domini Philippi de Sancti Dionisii curte facta sunt, qui presentem cartam in perhennem memoriam et robur perpetuum sigilli sui munimine confirmavit. Actum anno Domini millesimo ducentesimo quartodecimo.

(Arch. de l'Oise : *Abb. de Lannoy*, n° 12

CXCIII. — An 1214. — *Donation par Gérard d'Epaux de quatre muids huit mines de terre sis au terroir de Gerberoy, lieudit la Bucaille.*

Ego Girardus de Pascuis omnibus presentes litteras visuris notum et certum facio quod ego dedi, in puram elemosinam liberam penitus et quietam, ecclesie et monachis beate Marie de Briostel terram in territorio de la Buschalle duos modios sementis capientem, ea intentione et conditione quod quicquid utilitatis ex his duobus modiis pervenerit, in die anniversaria obitus nobilis matrone Agnetis de Pascuis matris mee et in die anniversarii mei in usus conventus et beneficium integre et fideliter singulis annis expendatur. Preterea donavi prescriptis monachis in eodem territorio aliam portionem terre ad duorum modiorum et octo minarum seminaturam, pro qua excambiaverunt michi terram equalis mensure his videlicet in locis, in territorio de Omercurt ad unius modii seminaturam, reliquas viginti minas in territorio de Feuchieres. Verum quum medietas terre mee de Gerborredo ad dotalicium Albrede uxoris mee pertinebat, assignavi ei, ex voluntate sua, pro recompensatione dotis sue, terram illam quam michi abbas et conventus excambiaverunt. Ipsa vero fide sua interposita hoc totum voluit et benigne concessit et quicquid habebat vel habere poterat in predictis omnibus, in manu domini Joldi decani de Fontibus resignavit, qui de his ad petitionem nostram ecclesiam de Briostel investivit. Sciendum etiam quod ego dedi jam dictis fratribus duos modios et dimidium, medietatem frumenti et medietatem avene, duos modios ad opus capelle infirmorum, et dimidium pro anima Odonis fratris mei, quos in festo Sancti Remigii de decima mea de Corchelles, ad mensuram Gerborredi, singulis annis recipient in perpetuum. Hoc totum voluit et laudavit Petrus Havot dominus meus, ita quod nichil omnino juris vel contradictionis sibi vel heredibus in premissis omnibus voluit reservare. Et ut hoc ratum sit et firmum ad majorem securitatem litteris fecimus annotari et sigilli nostri appensione muniri. Actum est hoc anno Domini millesimo ducentesimo quartodecimo.

(Arch. de l'Oise : *Abb. de Lannoy*, n° 346.).

CXCIV. — An 1214. — *Vente par Jean Hubert de cinq arpents de vigne et d'une maison à Brulet.*

Johannes Dei permissione Belvacensis decanus omnibus presentem paginam inspecturis eternam in Domino salutem. Noverit universitas vestra quod Johannes Hubertus et Agnes uxor ejus et liberi eorum

Agnes, Odelina, Genovefa, Petrus, Vidria, in presentia nostra constituti recognoverunt se vendidisse ecclesie de Briostel et monachis ibidem Domino servientibus quicquid vinearum possidebant in territorio de Bruilet, videlicet quinque arpennos et si quid ultra ibidem haberent cum domo et vasis ibi existentibus, precio c et vi librarum parisiensium. Sacramentum etiam prestiterunt fidei quod nullam deinceps predicte ecclesie molestiam propter ipsam possessionem aut per se aut per aliam personam inferre presumerent. Agnes vero predicta recognovit coram nobis quod nullam dotem in predicta possessione unquam habuerat, et hoc fide interposita firmavit, et quod sine vi, sine dolo, sponte et propria inspecta utilitate et liberorum suorum prefate venditioni consensum adhibuit. Quia vero hec omnia in presentia nostra facta sunt et sigillatim expressa, ad petitionem predictorum Johannis et uxoris ejus Agnetis et liberorum ipsorum presentem cartam sigilli nostri auctoritate confirmavimus et ecclesie de Briostel per manum ipsorum tradidimus in perpetuum profuturam. Actum anno Domini m° cc° quartodecimo. Mense maio.

(Arch. de l'Oise : *Abb. de Lannoy*, n° 66.)

CXCV. — An 1214. — *Donation par Gilon d'Hodenc d'un courtil à Montreuil.*

Ego Gilo de Hosdenc notum facio presentibus et futuris quod ego, assensu et voluntate Petronille uxoris mee, tradidi ecclesie et conventui de Briostel mutuo unum curticulum, qui est inter ipsorum ortum et vetus manerium et dicitur Les Eres Curie. Hunc curticulum monachi tamdiu libere et quiete possidebunt, donec michi vel alicui de heredibus meis ipsum manerium cum effectu placuerit reedificare. Actum anno Domini millesimo ducentesimo quartodecimo.

(Arch. de l'Oise : *Abb. de Lannoy*, n° 390.)

CXCVI. — An 1212. — *Confirmation par Gilon d'Hodene de la donation par Odon de Therdonne de la moitié d'un courtil à Montreuil, et des donations de Guillaume de Caurigny et de Simon de Therdonne.*

Ego Gilo de Hosdenc omnibus presentis scripti noticiam habituris notum facio quod Odo de Tardonne, assensu et voluntate uxoris sue Emeline et fratrum suorum Walteri et Helberti et sororis sue Odeline, contulit in perpetuam et puram elemosinam apud Mosteroel ecclesie et conventui beate Marie de Briostel, totam portionem suam videlicet medietatem curticuli, qui est ante portam domus monachorum, juxta fontem, quem de me tenebat sub annuo censu sex denariorum et unius oboli. Monachi vero ut illam medietatem curticuli libere et absolute et absque aliqua exactione possideant, decem et octo denarios et obolum, in festo Sancti Johannis Baptiste, michi et heredibus meis reddent in perpetuum. Preterea concessi eis quandam avesnam quam dedit eis Willelmus de Cauveigni, assensu et voluntate uxoris sue Agnetis et fratris sui Balduini, pro qua michi singulis annis octo denarii reddebantur. Monachi vero pro eadem michi et heredibus meis duodecim denarios reddent in perpetuum, in festo Sancti Johannis Baptiste. Sciendum etiam quod ego concessi eis aliam avesnam, que dicitur avesna Goisberti, quam dedit eis Symon de Tardone, assensu et voluntate Bernerii fratris sui, majoris de Mosteroel, salvo tantum censu trium denariorum, qui michi et heredibus meis pro jam dicta avesna singulis annis persolventur. Hee donationes et concessiones facte sunt assensu et voluntate Petronille uxoris mee et filiorum nostrorum Willelmi et Johannis. Nos autem paci monachorum providentes et quieti omnia premissa presenti scripto et sigillo nostro confirmavimus, et ad perpetuam et fidelem garantizationem nos et heredes nostros in posterum obligamus. Actum anno gratie millesimo ducentesimo quartodecimo.

(Arch. de l'Oise : *Abb. de Lannoy*, n° 389.)

CXCVII. — An 1214. — *Confirmation par Gilon d'Hodenc de la donation par Jean Le Vavasseur de Montreuil d'un verger sis à Montreuil.*

Ego Gilo de Hosdenc notum facio presentibus et futuris quod Johannes le Vavassor de Mosterol et uxor ejus Cezilla donaverunt ecclesie beate Marie de Briostel et monachis ibidem Deo servientibus, in elemosinam perpetuam, liberam penitus et quietam, totum pomerium suum de Mosterol cum masura, nichil sibi vel heredibus suis inde retinentes preter unum denarium, in medio marcio, illis et heredibus eorum annuatim persolvendum. Idem vero Johannes quia dimidium ejusdem pomerii antea donaverat in dotalicium Cezille uxori sue, pro eadem medietate excambiavit eidem Cezille medietatem terre sue de Ervals, et illa jamdictam medietatem pomerii reddidit in manu Philippi presbiteri de Mosterol, qui ecclesiam et fratres de Briostel ex toto pomerio investivit et saisivit, tali tamen conditione, quod si aliqua molestia vel querela pro eodem pomerio et masura adversus eosdem fratres insurrexerit, Johannes et uxor ejus Cezilla hanc elemosinam monachis garandizabunt pro posse suo. Si autem garandire non poterunt, tradent eisdem monachis in vadium plantam suam de Ervals quam ipsi tenebunt et colent usquedum pomerium cum masura fuerit eis in priori libertate restitutum. Hanc elemosinam sollempniter factam concesserunt et approbaverunt filii ipsorum Garinus et Petrus et Maria soror eorumdem, fratres quoque jamdicti Johannis, Aubertus, et Petrus et Johannes nepos ejus. Sciendum preterea quod monachi prescripti, quando hanc elemosinam receperunt, donaverunt de karitate ecclesie prenominato Johanni et Cezille uxori sue ix libras Belvacensium. Ego igitur et Petronilla uxor mea, volentes eam esse firmam et inviolabilem in perpetuum, benigne monachis eam concessimus et presenti scripto et sigillo meo eis confirmavimus. Testes : Philippus sacerdos, Bernerius maior, Adam de Cressi, Theboldus, Garnerius Fobert, Laurentius frater ejus.

(Arch. de l'Oise : *Abb. de Lannoy*, n° 385.)

CXCVIII. — An 1214. — *Donation par Simon dit le Pauvre du champ Lancelin, sis à Hez.*

Sciant omnes tam futuri quam presentes quod ego Symon miles cognomento Pauper, assensu et voluntate Beatricis uxoris mee et liberorum meorum Manasserii, Johannis, Eustachii, Petronille, Sare, dedi ecclesie et monachis beate Marie de Briostel in elemosinam perpetuam, liberam penitus et quietam, quandam portionem terre, que vocatur Campus Lancelini, sub annuo censu quatuor denariorum in medio marcio reddendorum, nichil amplius in ea michi vel heredibus meis in perpetuum reservans, et hoc feci pro recompensatione cujusdam nemoris, quod dederat frater meus Nevelonus ecclesie de Briostel, sed quia minus utile erat illi, dedi illud ecclesie de Fresmont, assensu et voluntate monachorum de Briostel. Et sciendum quod terram illam, quam diximus Campum Lancelini possederat quidam homo nomine Giroldus Rufus et postea filius ejus Albericus Harbollie, sed quia non placebat illi possessio illius terre spontaneus resignavit eam in manu mea multis astantibus et videntibus. Hoc autem ad cautelam scribi volui, ne ipse vel heredes ejus causam habeant malignandi contra domum de Briostel. Ut autem ista donatio rata et inconcussa permaneat, presentem cartam sigilli mei munimine confirmavi et elemosinam istam contra omnes homines garandire teneor ego et heredes mei. Actum anno Dominice incarnationis millesimo ducentesimo quartodecimo. Mense novembri.

(Arch. de l'Oise : *Abb. de Lannoy*, n° 185.)

CXCIX. — An 1214. — *Confirmation par Jean, doyen de Beauvais, de la concession par Hugues de Cans dit le Prêtre de la donation par Hugues, son frère, de son fief du Mesnil.*

Johannes Dei miseratione Belvacensis decanus. Omnibus presentes litteras visuris salutem in perpetuum. Universitati vestre notum facimus quod Hugo de Cans cognomento presbiter in presentia nostra constitutus benigne et karitative concessit in perpetuum ecclesie beate Marie de Briostel elemòsinam quam Hugo frater suus eidem ecclesie contulerat, videlicet totum feodum de Mesniz tam in plano quam in bosco, nichil sibi vel heredibus suis in predicto feodo retinens, preter unum modium frumenti, ad mensuram Gerborredi, qui fratri suo reddebatur, propter hoc territorium, in festo Sancti Remigii persolvendum. Sciendum preterea quod Renoldus clericus de Songons dedit per manum nostram jam dicte ecclesie quandam portionem terre cum nemore adjacente, que sita est juxta territorium d'Autengni, que viginti et una mina sementis seritur. Hanc donationem concessit filius ejus Johannes, et Eufemia Sagalonis de Rotengi quondam uxor, feodi domina, nichil sibi vel heredibus suis omnino reservans preter censum sex denariorum Belvacensium singulis annis in Cena Domini persolvendorum. Quod si ad prefixum terminum persolutum non fuerit nichil ..... ada nisi unum sextarium vini proclamare poterit. Ut autem hec omnia firma et integra ecclesie de Briostel perseverent, presentem cartam ad petitionem partium sigilli nostri munimine roboravimus. Actum anno Domini millesimo ducentesimo quartodecimo.

(Arch. de l'Oise : *Abb. de Lannoy*, n° 264.)

CC. — An 1214. — *Confirmation par Girard, abbé de Saint-Germer, de la donation par Eustache, abbé dudit Saint-Germer, d'une pièce de terre à Montpertuis.*

Girardus Dei permissione Flaviacensis abbas. Omnibus presentem paginam inspecturis eternam in Domino salutem. Noverit universitas vestra quod pie memorie predecessor noster domnus Eustachius abbas Flaviacensis, assensu et voluntate totius capituli nostri, contulit ecclesie beate Marie de Briostel, quandam portionem terre que contigua erat grangie de Malpertuis, quibusdam conditionibus inter se nominatis. Processu vero temporis quidam homines predictam domum de Briostel molestare ceperunt pro predicta terre portione, proclamantes in ea donum frugum, quod moris est in quibusdam terris, que reddere campartum consueverunt. Nomina autem illorum qui hoc proclamabant ista erant : Hugo de Moslencort, Martina uxor ejus, Radulfus et Hermengart pueri eorum, Garnerius Bosket, Aeliz Bosket soror ejus, Galterus et Rogerus filii ejus. Qui postea in concordiam prefate ecclesie venientes, omne jus quod in predicta terra proclamabant, quittaverunt in perpetuum. In hujus rei testimonium et memoriam perpetuam presentes litteras conscripsimus et sigilli nostri auctoritate munitas ecclesie de Briostel tradidimus. Actum anno Domini M° cc° quartodecimo. (A. de l'Oise : *Ib.*, n° 297.)

CCI. — An 1215. — *Confirmation par Hugues de Merlemont de la donation par Aubert Resgier de deux arpents de bois à Montreuil.*

Ego Hugo, miles et dominus de Mellemont, notum facio presentibus et futuris quod Aubertus Resgier dedit ecclesie et monachis beate Marie de Briostel duo arpenta nemoris, in elemosinam perpetuam, liberam penitus et quietam, salvo tamen censu duodecim denariorum, qui michi vel heredibus meis reddetur, in festo Sancti Remigii, annis singulis. Hanc donationem concesserunt pueri ejus, videlicet Gibertus, Odelina et Lieca. Ad petitionem vero utriusque partis hanc elemosinam benigne concessi et presentem paginam sigilli mei munimine confirmatam predicte ecclesie in robur perpetuum tradidi. Actum anno Domini M° cc° xv°. (Arch. de l'Oise : *Ib.*, n° 383.)

CCII. — An 1216. — *Donation par Jean de Songeons de trois mines de terre sises au terroir de Groscourt.*

Notum sit omnibus presentibus et futuris quod ego Johannes de Sonjuns, miles, dedi, in perpetuam et puram elemosinam, ecclesie et conventui Beate Marie de Briostel, quandam portionem terre tres minas sementis vel plus capientem, sicut mete et divisiones ibi posite demonstrant, scilicet nemus cum fundo terre, que sita est juxta nemus monachorum, quod ex dono meo possident in territorio de Geroucort; ita quod nichil omnino juris vel proprietatis michi vel heredibus meis in ea retinui, nec non et usagium vel herbagium hominibus meis de Geroucort. Hanc donationem voluit et benigne concessit, et fidei sue data cautione firmavit uxor mea Aelez. Et quia medietas terre ad ejus dotalicium pertinebat, assignavi ei, ex voluntate sua, terram ad valentiam predicte donationis, in territorio de Geroucort. Et quum volo ut hoc totum ratum et stabile permaneat, presens scriptum sigillo meo confirmavi. Actum anno gratie millesimo ducentesimo sextodecimo. (Arch. de l'Oise : *Ib.*, n° 118.)

CCIII. — An 1216. — *Confirmation par Jean de Songeons de plusieurs donations de terre et bois à Montpertuis faites par lui.*

Notum sit omnibus tam presentibus quam futuris quod ego Johannes de Sonjuns miles, assensu et voluntate domini et fratris mei Galteri de Sonjuns, dedi, in perpetuam et puram elemosinam, liberam penitus et absolutam, ecclesie et conventui Beate Marie de

Briostel, quasdam portiones terre, his videlicet temporibus et his locis : anno gratie millesimo ducentesimo decimo, dedi eis terram cum nemore inter grangiam de Malpertuis et villam de Geroucort, quatuor modios sementis capientem. Dedi etiam eis, anno incarnationis Dominice millesimo ducentesimo duodecimo, aliam portionem terre inter grangiam de Malpertuis et nemus quod ex dono meo possident, decem minas et unum boissellum sementis capientem. Et sciendum quod has prescriptas donationes; tempore quo eas feci, carta mea et sigillo proprio dicte ecclesie confirmavi; verum quum sigillum, quod habebam tunc temporis renovavi, et ne inter me et monachos aliqua dubietatis vel contradictionis, propter diversitatem sigillorum, suboriri posset occasio, eas iterum carta et sigillo presenti, propter pacem monachorum et quietem perpetuam, volui confirmare. Preterea dedi eis aliam portionem terre tres minas sementis capientem vel plus, sicut via et divisiones ibi posite demonstrant, scilicet nemus cum fundo terre, que sita est juxta nemus, quod ex dono meo possident, in territorio de Geroucort. Ita quod nichil omnino contradictionis vel reclamationis, juris vel proprietatis, michi vel heredibus in his omnibus retinui, nec usagium vel herbagium hominibus meis de Geroucort. Hanc donationem trium minarum voluit et benigne concessit, et etiam data fidei sue cautione firmavit uxor mea Aelez. Et quum medietas terre mee ad ipsius dotalicium pertinebat, assignavi ei, ex voluntate sua, terram ad valentiam predicte donationis, in territorio de Geroucort. Et quia volo ut premissa omnia ratum et inviolabilem firmitatem obtineant, presentem cartam sigilli mei appensione roboravi, ad fidelem et legitimam guarandiam omnium premissorum, me et heredes meos obligans in perpetuum. Actum anno gratie millesimo ducentesimo sextodecimo.

(Arch. de l'Oise : *Abb. de Lannoy*, n° 298.)

CCIV. — An 1216. — *Confirmation par Girard d'Epaux de la donation par Wtard de Haucourt d'un demi-muid de blé de rente.*

Ego Girardus de Pascuis, miles, omnibus ad quos scriptum presens pervenerit, notum facio quod Wiardus de Houcort, ordinato testamento, ante diem obitus sui, dedit, pro salute anime sue, ecclesie et conventui Beate Marie de Briostel dimidium modium frumenti, quem eidem singulis annis dicta ecclesia reddere tenebatur. Hec donatio facta est concessione domine Burge de Reio et domine Aeline de Mota et filiorum earumdem Gervasii et Reinaldi, ad quorum dominium tres de predictis sex minis pertinebant. Ego etiam Girardus in reliquis tribus minis principaliter dominus et ad cujus feodum omnes sex mine spectabant, hoc totum volui et benigne concessi. Et ut hoc totum ecclesia de Briostel libere et quiete et absque ulla contradictione vel reclamatione possideat, ad majorem securitatem et firmitatem, presentem cartam sigilli mei impressione roboravi Actum anno Domini millesimo ducentesimo sextodecimo.

(Arch. de l'Oise : *Abb. de Lannoy,* n° 186.)

CCV. — An 1216. — *Donation par Simon de Beausaut d'une charruée de terre à Monceaux.*

Ego Symon de Bello Saltu, omnibus presentes litteras visuris, notum facio quod ego, pro salute anime mee et Clementie uxoris mee et Gaufridi filii mei et omnium antecessorum meorum, dedi et concessi absque ulla retentione, in puram, liberam et perpetuam elemosinam, ecclesie et conventui beate Marie de Briostel, terram quandam continentem unam carrucatam terre quam ipsi ex dono domini Johannis de Mouxures militis et Hugonis filii ejus possident, salva tantummodo modiatione trium modiorum bladi et trium avene, que pro ea monachi reddunt annuatim. Preterea dedi eis et concessi ut faciant pasticium sufficiens ad opus animalium suorum inter districtum de Moncellis et villam de Feucheres, ab omnibus hominibus meis et omnibus eorum animalibus liberum penitus et quietum, et pasturam per totam terram meam de Montania, etiam in terris de Formeries, exceptis nemoribus meis et curticulis censualibus. Hoc autem totum feci, assensu et voluntate Clementie uxoris mee et filiorum meorum Willermi et Symonis, nichil omnino juris vel reclamationis michi vel heredibus meis in his omnibus retinens, vel propter hoc exigens, preter orationes. Adnexum est etiam quod omnia predicta monachis contra omnes, pro posse meo, ego et heredes mei tenemur guarantizare. Et quia volo ut omnis in posterum inter me et ecclesiam de Briostel contentionis et perturbationis subtrahatur occasio, presentem cartam sigillo meo confirmavi. Actum anno dominice incarnationis millesimo ducentesimo sexto decimo.

(Arch. de l'Oise : *Abb. de Lannoy,* n° 347.)

CCVI. — An 1216. — *Confirmation, pardevant Joldus, curé de Fontaine et doyen de Montagne, par Emeline, femme de Roger Ballet, Eremburge, femme de Gautier de Angulo, Eremburge, femme de Thomas de Angulo, Mathilde, femme de Gautier d'Escames, Marie, femme de Jean l'Anglais, et les veuves Alix et Albrede, des donations faites par leurs maris et par Gautier de Songeons de terres à Riffin.*

Ego Joldus, decanus de Fontibus, notum facio omnibus presentes litteras visuris quod Emelina uxor Rogeri Ballet, Eremburgis uxor Galteri de Angulo, Eremburgis uxor Thome de Angulo, Matildis uxor Galteri de Escames, Maria uxor Johannis Anglici, Aelix vidua, Albredis vidua, mulieres de Riefain, quicquid in terris, quas, ex dono viri nobilis Galteri de Sonjuns et ex dono maritorum predictarum mulierum, abbas et conventus Beate Marie de Briostel in territorio de Riefain possident, jure dotalicii proclamabant, in manus nostras et in manus venerabilis Bartholomei sacerdotis de Sonjuns, quibus auctoritate officialium domini Belvacensis episcopi commissa fuerat hujus rei cognitio, sponte et absque violentia resignaverunt. Et preterea tactis sacrosanctis se constrinxerunt quod nunquam, per se vel personam aliam, ecclesiam de Briostel, super hoc deinceps molestabunt, sed et, si ab aliquo molestari cognoverint, pro posse suo fideli et legitimo, monachis guarandiam prestabunt. Sciendum vero quod predictarum mariti mulierum eis in residuo terrarum suarum terram ad valentiam dotalicii sui excambiaverunt. Et quia volumus ut omnis in posterum reclamationis et dubietatis precidatur occasio, presentes litteras sigillo nostro fecimus communiri. Actum anno gratie millesimo cc° sextodecimo.

(Arch. de l'Oise : *Abb. de Lannoy*, n° 474.)

CCVII. — An 1216. — *Confirmation, pardevant Dieudonné et Godefroy, officiaux de l'évêque de Beauvais, par Emeline, femme de Roger Ballet, Eremburge, femme de Gautier de Angulo, Eremburge, femme de Thomas de Angulo, Mathilde, femme de Gautier d'Escames, Marie, femme de Jean l'Anglais, et les veuves Alix et Albrede, de toutes les donations de terres à Riffin faites par Gautier de Songeons et leurs maris.*

Magister Deodenus canonicus et magister Godefridus domini Belvacensis episcopi officiales. Omnibus presentes litteras visuris salutem in perpetuum. Universitati vestre notum et certum facimus quod Emelina uxor Rogeri Ballet, Eremburgis uxor Galteri de Angulo, Eremburgis uxor Thome de Angulo, Matildis uxor Galteri de Escames, Maria uxor Johannis Anglici, Aeliz vidua, Albredis vidua, mulieres de Riefain, quicquid in terris quas ex dono viri nobilis Galteri de Sonjuns, et ex dono maritorum predictarum mulierum, abbas et conventus Beate Marie de Briostel, in territorio de Riefain possident, jure dotalicii proclamabant, in manus venerabilium virorum domini Joldi decani de Fontibus et domini Bartholomei sacerdotis de Sonjuns, quibus hujus rei cognitionem auctoritate domini Belvacensis episcopi commisimus, sicut cognovimus eorum testimonio, sponte et absque violentia resignaverunt. Et preterea tactis sacrosanctis se constrinxerunt quod nunquam, per se vel personam aliam, ecclesiam de Briostel super hoc deinceps molestabunt, sed et, si ab aliquo molestari cognoverint, pro posse suo fideli et legitimo, monachis guarandiam prestabunt. Sciendum vero quod predictarum mariti mulierum eis in residuo terrarum suarum terram ad valentiam dotalicii excambiaverunt. Et quia volumus ut omnis in posterum reclamationis materia excludatur, presentes litteras sigillo Belvacensis curie fecimus communiri. Actum anno gratie M° CC° sextodecimo. (Arch. de l'Oise : *Abb. de Lannoy*, n° 471.)

CCVIII. — An 1217. — *Confirmation par Michel, seigneur de Candeville, de la donation par Baudoin Mileth, de Senantes, d'un muid de terre à Montpertuis.*

Ego Michael, miles et dominus de Candeville. Notum facio omnibus presentibus et futuris quod Balduinus Mileth de Sanentes, homo meus, de assensu et beneplacito Rocie uxoris sue, dedit, libere et absque ulla retentione sibi vel heredibus suis, in puram et perpetuam elemosinam, Deo et ecclesie Beate Marie de Briostel, quandam portionem terre, que est juxta grangiam de Malpertuiz, unum modium sementis capientem. Verum quum terra illa ad dotalicium dicte Rocie pertinebat, assignavit Balduinus vir suus, in residuo terre sue, terram ad valentiam prescripte portionis. Ipsa vero quicquid in ea habebat vel habere poterat, non vi, non coactione, sed propria et spontanea voluntate, in manu domini Roberti sacerdotis de Sanentes resignavit. Tactis etiam sacrosanctis juravit quod in eadem terra nichil deinceps dotalicii nomine vel alio modo proclamaret. Hanc donationem ego et fratres mei, videlicet Alermus, Drogo, Robertus et Eremburgis soror mea, ad quorum dominium predicta terra pertinebat, laudavimus et absque contradictione vel retentione aliqua, libere concessimus ecclesie supradicte, et eam contra omnes fideliter et legitime pro posse nostro tenemur guarandire. Et quia volo ut hoc totum monachi quiete possideant et pacifico, presentem cartam, pro me et pro fratribus meis, et pro heredibus nostris, sigillo meo confirmavi. Actum anno gratie millesimo ducentesimo septimo decimo. Mense junio, in festo Sancti Barnabe, apostoli.
(Arch. de l'Oise : *Abb. de Lannoy*, n° 279.)

CCIX. — An 1217. — *Donation par Guillaume de Monceaux de trois muids deux mines de terre entre Lanlu et Montpertuis.*

Universis Christi fidelibus presentes litteras visuris Willermus de Moncellis miles salutem in Domino. Universitati vestre notum facio quod ego dedi, in puram et perpetuam elemosinam, ecclesie et conventui Beate Marie de Briostel, quandam portionem terre, que est inter grangiam de Malpertuiz et villam de Lanlu, tres modios et duos minas sementis capientem, nichil omnino in eadem michi vel heredibus meis retinens, preter campartum. Tempore vero messis mittent fratres de Malpertuiz ad me, ad domum meam de Capella, vel ad quem primum de familia mea invenire poterunt, ut segetes terre illius veniam campartare. Quod si infra terciam sequentis diei post eorum submonitionem mittere vel venire distulero, dicti fratres garbas suas absque forisfacto campartabunt et campartum apud Wambasium deferent. Hoc totum non vi, non coactione, sed propria et spontanea concessit voluntate Ermengardis uxor mea, ad cujus hereditatem predicta terra pertinebat, et liberi nostri videlicet Johannes, Willermus, Nicholaus, Petrus, Aeliz. Hanc donationem fideliter et legitime contra omnes, pro posse nostro, ego et heredes mei dicte ecclesie tenemur guarandire. Ut igitur ista donatio firma semper et inconcussa permaneat, presentem cartam sigillo meo confirmavi in testimonium veritatis. Actum anno gracie millesimo ducentesimo septodecimo. (Arch. de l'Oise : *Abb. de Lannoy*, n° 300.)

CCX. — An 1217. — *Confirmation par Galon de Houssoy de la donation par Guillaume de Monceaux de trois muids deux mines de terre à Montpertuis.*

Universis Christi fidelibus presentes litteras visuris Galo de Houscio miles salutem in perpetuum. Universitati vestre notum et certum facimus quod accedens ad presentiam nostram Willermus de Moncellis miles, de assensu et beneplacito uxoris sue Ermengardis, que aderat, astante et consentiente in idipsum Johanne filio suo, dedit, in propriam et perpetuam elemosinam, ecclesie et conventui Beate Marie de Briostel quandam terram, quam de me tenebat, que est inter grangiam de Malpertuiz et villam de Lonlu, tres modios et duas minas sementis capientem, nichil omnino in eadem sibi vel heredibus suis retinens preter campartum. Tempore vero messis mittent fratres de Malpertuiz ad dictum Willermum ad domum suam de Capella, vel ad quem primum de familia ipsius invenire poterunt ut segetes terre illius veniant campartare. Quod si venire noluerint vel distulerint, dicti fratres garbas suas absque forisfacto campartabunt. Hanc donationem ego Galo ad cujus dominicum predicta terra pertinebat, laudavi, volui et concessi, nichil in ea michi vel heredibus meis retinens preter camparti dominatum. Sciendum vero quod si dictus Willermus vel ipsius heredes a servicio michi debito se subtraxerint, territoriis et rebus monachorum in pace et quiete manentibus, ego xv diebus ante messem campartum saisire potero, et in manu mea tenere donec de subtracto michi servicio fuerit satisfactum, et tunc in grangia de Malpertuiz deportabitur custodiendum, donec quis eum habere debeat rationabiliter fuerit diffinitum. Ut igitur ista donatio firma in posterum et inconcussa permaneat, eam ad petitionem sepedicti Willermi et uxoris sue Ermengardis et prescripti filii sui Johannis duraturis apicibus annotari feci et sigilli mei patrocinio communiri. Actum anno gracie millesimo ducentesimo septimo decimo. Mense julio.

(Arch. de l'Oise : *Abb. de Lannoy*, n° 301.)

CCXI. — An 1217. — *Confirmation par Drogon de Fontaine et Eremburge de La Motte, veuve de Guillaume de Saint-Paul, de la donation par Galeran du Mesnil de treize mines et demie de terre, sises entre Roy et Le Mesnil.*

Universis Christi fidelibus presentes litteras visuris Drogo de Fontibus miles et Eremburgis de Mota, viri nobilis Willelmi de Sancto Paulo relicta vidua, salutem in perpetuum. Ad universorum noticiam scripti presentis attestatione transmittimus quod in nostra constitutus presentia Galerannus de Mesnil, cum liberis suis videlicet Petro, Ogero, Acliz et Johanna, dederunt et concesserunt, absque ulla retentione, in puram et liberam et perpetuam elemosinam, Deo et ecclesie beate Marie de Briostel, proprie ad portam, ut in usus et beneficium pauperum ibi integre et fideliter expendatur, quandam portionem terre, que sita est inter villam de Roio et villam de Mesnil, tredecim minas et dimidiam sementis capientem. Hanc donationem nos et liberi nostri scilicet Johannes, Radulfus, Reinaldus et Ermengardis, ad quorum dominium predicta terre portio pertinebat, volumus et benigne concessimus et de ea volente idipsum et postulante Galeranno cum liberis suis, Matheum portarium investivimus, nichil in eadem juris vel dominii nobis vel heredibus nostris retinentes, nisi tantummodo medietatem doni, scilicet duas garbas et medietatem camparti, que domine Eremburgi de Mota reddetur. Ego enim Drogo aliam medietatem, que ad me pertinebat, dedi in elemosinam puram et perpetuam prescripte ecclesie, proprie ad luminare capelle infirmorum. Adnexum est etiam quod hanc donationem nos et heredes nostri fideliter et legitime tenemur guarandire. Et quia volumus ut hoc totum ratum et inviolabilem firmitatem obtineat, presentem cartam sigillorum nostrorum impressione fecimus roborari. Actum anno gracie millesimo ducentesimo septimo decimo.

(Arch. de l'Oise : *Abb. de Lannoy*, n° 497.)

CCXII. — An 1216. — *Confimation par les officiaux de l'évêque de Beauvais de la donation faite par Drogon d'Auteigny et Pétronille, sa femme, de la moitié du territoire d'Auteigny.*

Omnibus ad quos littere presentes pervenerint magister Deodatus et magister Godefridus domini Belvacensis episcopi officiales salutem in perpetuum. Ad universorum noticiam scripti presentis auctoritate transmittimus quod coram me magistro Deodato constituta Petronilla mulier cum viro suo Drogone de Autegni benigne concessit et absque violentia ecclesie et conventui Beate Marie de Briostel quicquid adquisierant vel adquisiti erant ex dono viri sui in territorio de Autegni. Concessit etiam quicquid ad dotalicium suum pertinebat, scilicet medietatem dicti territorii tam in feodo quam in dominio, ita quod pro recompensatione dotalicii sui medietatem talis redditus qualem pro terra illa monachi reddent, libere et absolute recipiet. Data etiam fidei sue cautione, promisit quod nunquam per se vel alium aliquem ecclesiam de Briostel super hoc deinceps molestabit, sed pro posse suo omnia predicta legitime et fideliter dictis monachis garantizabit. Et ut hoc ratum sit et firmum presentes literas sigillo Belvacensis curie fecimus ad peticionem Willelmi abbatis et predictorum Drogonis et Petronille roborari. Actum anno gratie millesimo ducentesimo sexto decimo.

(Arch. de l'Oise : *Abb. de Lannoy*, n° 7.)

CCXIII. — An 1218. — *Confirmation par Jean, doyen de Beauvais, de la vente faite par Guillaume, fils de Renold, clerc de Songeons, de tout ce qui lui appartenait à titre de champart, donation ou domaine, au terroir d'Auteigny.*

Johannes divina permissione decanus Belvacensis, universis Christi fidelibus presentes litteras visuris eternam in Domino gratiam et salutem. Noverit universitas vestra quod in nostra constitutus presentia Willelmus filius Reinoldi clerici de Sonjuns recognovit se vendidisse ecclesie et conventui Beate Marie de Briostel, quicquid habebat in quadam portione terre, que est juxta districtium de Autegni, videlicet campartum donum et dominium, que portio capit tres modios sementis. Ita quod in his omnibus nichil omnino juris vel reclamationis sibi vel heredibus suis retinuit. De hujus autem venditionis garandia fidem dedit corporaliter et ad hoc et in suum obligavit heredem. Nos igitur volentes venditionem istam coram nobis taliter ordinatam ratam et firmam observari in perpetuum presentem cartam sigillo nostro fecimus communiri in testimonium veritatis. Actum anno gratie millesimo ducentesimo octavo decimo.

(Arch. de l'Oise : *Abb. de Lannoy*, n° 13.)

CCXIV. — An 1218. — *Confirmation par Jean de Pierrepont, doyen de Beauvais, de l'approbation, par les neveux de Gautier de Crècecœur, de la donation que ledit Gautier avait faite d'un demi-muid de blé de rente.*

Johannes Dei permissione decanus ecclesie beati Petri Belvacensis universis Christi fidelibus presentem paginam inspecturis salutem in Domino sempiternam. Noverint omnes tam presentes quam futuri quod Petrus, Guido et Girardus et Clementia soror eorum, nepotes Galteri de Crievecuer, in presentia nostra constituti, benigne et spontanea voluntate concesserunt dimidium frumenti modium, quod Galterus de Crievecuer in granchia de Briostel recipiebat et, pro remedio anime sue, ecclesie beate Marie de Briostel in elemosinam perpetuam contulerat, Ad majorem vero hujus donationis confirmationem, presentem paginam sigilli nostri munimine dignum duximus roborari. Actum anno Verbi incarnati millesimo ducentesimo octavo decimo. (Arch. de l'Oise : *Abb. de Lannoy*, n° 190.)

CCXV. — An 1218. — *Confirmation par le doyen de Beauvais de la reconnaissance par Jean Le Roux, de Godenvillers, d'une rente de six mines de blé et d'une masure.*

Universis Christi fidelibus presentes litteras visuris Johannes decanus, Bernerus archidiaconus et magister Deodatus de Britolio canonicus Sancti Petri Belvacensis eternam in Domino gratiam et salutem. Noverit universitas vestra quod cum inter abbatem et conventum beate Marie de Briostel ex una parte et Johannem Rufum de Gundeviler ex altera, super sex minis frumenti annui redditus et quadam masura, que idem Johannes dictis monachis pro anima patris sui in perpetuam donaverat elemosinam, coram nobis auctoritate apostolica, lis et contentio verteretur, tandem dictus Johannes meliori et saniori consilio adquiescens donationem illam coram nobis recognovit; fidem etiam dedit corporaliter quod illas sex minas frumenti, ecclesie et conventui de Briostel, singulis annis, integre et absque ulla retentione redderet in perpetuum, et de masura eis in villa de Gundovilor sufficiens faceret assignamentum, et ad hoc suum obligavit heredem. Et quia volumus ut omnis in posterum discordie et contentionis precidatur occasio, presentes litteras sigillorum nostrorum munimine roboratas ecclesie et conventui de Briostel tradidimus in testimonium veritatis. Actum anno gratie millesimo ducentesimo octavo decimo.

(Arch. de l'Oise : *Abb. de Lannoy*, n° 188.)

CCXVI. — An 1218. — *Confirmation par Milon de Nanteuil, évêque élu de Beauvais, d'une maison sise au faubourg Saint-André de Beauvais.*

Milo Dei gratia Belvacensis electus. Omnibus presentes litteras inspecturis in Domino salutem. Noverit universitas vestra quod nos domum quam habet abbacia de Briostel apud Belvacum, in vico Sancti Andree, dicte abbacie cum omnibus appendiciis ipsius domus pacifice et quiete possidendam in perpetuum confirmamus. Ne autem dicta abbacia ab aliquo supra dicta domo et suis appendiciis in posterum valeat molestari, presentem paginam memorate abbacie in testimonium dedimus, sigilli nostri munimine roboratam. Actum anno gratie M° CC° octavo decimo. Mense martio.

(Arch. de l'Oise : *Abb. de Lannoy*, n° 20.)

CCXVII. — An 1218. — *Donation par Evrard Morath de la moitié de ses vignes de Goincourt.*

Ego Euvrardus Morath, civis Belvaci, notum facio universis presentibus et futuris, quod ego, pro salute anime mee, dedi in puram et perpetuam elemosinam ecclesie et conventui beate Marie de Briostel, post decessum Eufemie uxoris mee, medietatem omnium vinearum mearum, quas habebam in territorio de Goincort. Hanc donationem feci, de assensu et beneplacito domini Deodati sacerdotis cognati mei et Thome Morath. Ut igitur ista donatio firma in posterum et inconcussa permaneat, presentem cartam sigillo meo confirmavi. Actum anno gracie millesimo CC° octavo decimo. Mense aprili.

(Arch. de l'Oise : *Abb. de Lannoy*, n° 125.)

CCXVIII. — An 1218. — *Confirmation par Jean de Pierrepont, doyen de Beauvais, de la donation précédente.*

Johannes divina miseratione decanus Belvacensis, omnibus sancte matris ecclesie fidelibus eternam in Domino graciam et salutem.

Noverit universitas vestra, quod in nostra constitutus presentia Euvrardus Morat..... *(Comme la précédente.)* Ut igitur ista donatio firma in posterum et inconcussa permaneat, ad preces et peticionem supradicti Euvrardi, presentem cartam sigilli nostri patrocinio fecimus communiri. Actum anno gracie millesimo cc° octavo decimo. Mense aprili. (Arch. de l'Oise : *Abb. de Lanoy*, n° 125.)

CCXIX. — An 1218. — *Confirmation par Simon Le Pauvre, seignear de Hez, de la vente par les enfants de Pierre de Hez d'un bois sis à Hez.*

Ego Symon cognomento Pauper, dominus de Hez, notum facio presentibus et futuris, quod in mea constituti presentia, Johannes, Bernardus, Petrus, Johannes, Hugo, filii Petri de Hez, et Ada soror eorum vendiderunt, pro triginta sex libris et decem solidis Parisiensium, ecclesie et conventui beate Marie de Briostel quoddam nemus cum fundo terre, quod in territorio de Hez, juxta nemus monachorum de Briostel, de me jure hereditario tenebant, sicut mete ibi posite demonstrant, nichil in eo proprietatis vel reclamationis sibi vel heredibus suis retinentes in perpetuum. Hanc venditionem, non vi, non coactione, sed propria et spontanea concessit voluntate Emelina mater predictorum, asserens et sub fidei sacramento testificans, quod in predicto bosco nunquam dotalitium habuerat, sed et quicquid in eo habebat, tam ipsa quam ipsius liberi, in manu mea integre et absque ulla retentione, resignaverunt; qui etiam de guarandia fideli et legitima contra omnes, pro posse suo, fidem dederunt corporaliter. Ego vero, ad preces et peticiones ipsorum, abbatem et ecclesiam de Briostel, de bosco illo, tanquam feodi dominus, investivi. Hanc venditionem ego Symon, de assensu et beneplacito uxoris mee Beatricis et filiorum meorum Manaseri, Johannis, Extachii et filiarum Petronille et Sare, laudavi et concessi nichil in his omnibus michi vel heredibus meis vel hominibus meis retinens in perpetuum, nec usagium, nec pasturam, nec pasnagium, preter censum octo denariorum, qui in die Ascensionis michi et heredibus meis singulis annis persolventur. Et quia volo ut hec omnia rata in posterum et inconcussa permaneant, presentem cartam sigillo meo confirmavi, me et heredes meos ad legitimam et fidelem guarandiam prescripti nemoris obligans in perpetuum. Testes : Wiardus de Vilers, Garinus Biseto, Nicholaus de Hez, Petrus cementarius, Johannes filius Acardi, Claremboldus de Media Villa, Johannes Cayn et plures alii. Actum apud Mosterel anno incarnationis dominice millesimo ducentesimo octavo decimo, mense junio.

(Arch. de l'Oise : *Abb. de Lannoy*, n° 147.)

CCXX. — An 1218. — *Confirmation par Roger, abbé de Beaubec, de la renonciation par Girard d'Epaux à tout le vin que l'abbaye lui avait donné.*

Ego frater Rogerus, dictus abbas de Belbec, universis Christi fidelibus presens scriptum visuris salutem in perpetuum. Universitati vestre notum et certum facimus, quod karissimi nostri Willelmus abbas et humilis conventus de Briostel, ad petitionem dilecti et familiaris sui viri nobilis Gerardi de Pastis, pro quibusdam beneficiis, que ipsis contulerat, unanimi assensu et communicato consilio, donaverunt ei, libere et sine diminutione vel retentione aliqua, totum vinum quod crescet in vineis, quas habent et deinceps habituri sunt circa abbatiam suam, et apud Toyri, et totam medietatem vini quod crescet in vineis, quas habent et deinceps habituri sunt apud Belvacum, et apud Mosterel, quarum culturam sicut ceterarum cellerarius expensis domus tenebitur amministrare. Ipse autem Girardus, pro remedio anime sue predictum vinum in potum conventus assignavit et dedit in perpetuum singulis annis expendendum, predictis abbate videlicet et conventu hoc totum laudantibus et volentibus, et fideli promissione, tam Deo quam ipsi Girardo, se et successores suos obligantibus quod prefatam vini portionem non dabunt alicui, non vendent, non mutabunt, non minuent, nec in alios usus transferent, sed in potum conventus et personnarum ordinis tantummodo integre et fideliter expendetur. Sciendum vero quod si vinum quod crescet in vineis, quas habent vel habituri sunt circa abbatiam, ad potum conventus per annum integrum sufficerit, quod supra fuerit, cum consilio et voluntate abbatis, in communem domus utilitatem expendetur. Hec autem omnia, sicut superius coram nobis ordinata sunt, in virtute sancte obedientie, volumus et precipimus firmiter et irrevocabiliter in perpetuum observari, et in hujus rei robur et testimonium veritatis presentem cartam sigillo nostro et sigillo venerabilis Johannis abbatis de Fontibus fecimus consignari. Actum anno gratie millesimo cc° xviii°. Mense augusto. In crastino Sancti Laurentii.

(Arch. de l'Oise : *Abb. de Lannoy*, n° 187.)

CCXXI. — An 1218. — *Accord entre l'abbaye et les templiers de Sommereux au sujet d'un muid de grains de redevance sur la grange d'Orsimont.*

Omnibus tam presentibus quam futuris, frater Andreas de Colcors, domorum milicie Templi in Francia preceptor, salutem in Domino. Noverit universitas vestra, quod cum causa verteretur, coram delegatis judicibus auctoritate apostolica, inter nos, ex una parte, et abbatem et conventum de Alneto, ex altera, videlicet super uno modio bladi et duobus solidis annui redditus, que de elemosiná fratris Radulfi de Boscho Auberti possidebamus. Tandem de proborum virorum consilio terminata est in hunc modum : quod nos, singulis annis in festo sancti Remigii, apud domum dictorum monachorum de Oyssymonte, in perpetuum libere et absolute percipiemus duodecim denarios Parisiensium et unum modium bladi, videlicet medietatem frumenti et medietatem avene, de optimo blado valenti unum denarium minus de meliori, quod vendetur in foro de Gerberroi. Quod ut ratum et firmum permaneat, presentem cartam sigilli nostri munimine fecimus roborari. Actum anno Domini M° ducentesimo octavo decimo. Mense novembri.

(Arch. de l'Oise : *Abb. de Lannoy*, n° 189.)

CCXXII. — An 1218. — *Transaction arbitrale par laquelle l'Hôtel-Dieu de Beauvais cède à l'abbaye un moulin avec la chaussée et le vivier adjacents, sis à Roy-Boissy, contre dix muids de blé de rente que l'abbaye s'engage à lui payer annuellement.*

J. (Joscelinus), abbas Belli Prati et magistri Deodatus, et Godefridus et Radulphus de Moyaco, canonici, et Petrus Thome, civis Belvacensis, omnibus ad quos littere iste pervenerint, in Domino salutem. Ad universorum noticiam volumus pervenire, quod cum abbas et monachi de Briostel, Cisterciensis ordinis, traxissent in causam fratres et procuratores domus Majoris Hospitalarie Belvacensis, extra portam Santi Laurentii site, coram decano, archidiacono et thesaurario Suessionensibus, judicibus a domino Papa delegatis, super elevatione calceye et molendini, que habebant cum vivario adjacenti, juxta villam de Roy, ex dono bone memorie Roberti (1), quondam episcopi Laudunensi, pro redundatione aquarum, que fiebant super terram dictorum monachorum de Briostel, et molendinum, in prejudicium illorum et gravamen, tandem electis nobis arbitris, super predictis querelis amicabiliter inter partes predictas, de consilio virorum bonorum, per nos arbitros ab illis electos, compositum est. Ita quidem quod predicti procuratores et fratres prenominate hospitalarie Belvacensis cesserunt monachis de Briostel et ecclesie sue molendinum predictum, cum calceya et vivario et omni jure suo, quod habebant in eisdem jure perpetuo possidenda. Dicti

---

1) Robert de Châtillon, évêque de Laon (1210-1215).

vero monachi de Briostel, pro cessione hac et concessione, tenentur eisdem fratribus et hospitalarie memorate decem modios bladii, ad mensuram Gerboredensem, reddere, singulis annis in perpetuum, de moltura molendini, bona fide, sine aliqua pejoratione. Ita scilicet quod a prima die marcii incipient dicti fratres domus hospitalarie Belvacensis recipere bladium molture, de quindena in quindenam, usque ad perfectam et integram solutionem decem modiorum bladii, ad mensuram predictam. Si vero anno revoluto, perfectam solutionem decem modiorum bladii, ut dictum est, non receperint dicti fratres hospitalarie, extra portam Sancti Laurentii Belvacensis, de moltura molendini supradicti, prenominati monachi de Briostel, a prima die marcii infra quindecim dies, tenentur eisdem perficere summam suprascriptam decem modiorum, de bladio equivalenti molture, et reddere in domo sua de Briostel, fratribus sepedicte hospitalarie Belvacensis vel nuncio eorum. Si vero parum vel nichil luchri fecerit molendinum per annum, ipsi monachi quidem ad quemcumque statum vel casum deveniat molendinum illud, tenentur nichilominus reddere dictis fratribus et domui hospitalarie Belvacensi summam prescriptam decem modiorum, ad mensuram Gerboredensem, in domo sua de Briostel, de bladio ivernagio rationabiliter reddibili pro moltura. Si autem molendinum totum et vivarium totum per sententiam diffinitivam evinceretur, dicti monachi de Briostel a tota pensione predicta liberarentur. Sciendum est etiam quod dicta cessio et concessio predictorum molendini, calceye et vivarii facta fuit coram domino M. (Milone) electo Belvacensi, a dictis fratribus hospitalarie Belvacensis et multis aliis presentibus, et dominus electus Belvacensis ipsos monachos de Briostel, per manum Willelmi tunc illorum abbatis viri venerabilis, de predictis eis cessis et concessis, investivit. In cujus rei robur et testimonium, nos arbitri ad partium petitionem presentes litteras sigillorum nostrorum appensionibus fecimus communiri. Actum anno gratie M° CC° octavo decimo. Mense februario. (Arch. de l'Oise : *Abb. de Lannoy*, n° 498.)

CCXXIII. — An 1218. — *Confirmation par Milon de Nanteuil, évêque élu de Beauvais, de la transaction par laquelle l'Hôtel-Dieu de Beauvais cède à l'abbaye un moulin sis à Roy-Boissy, avec la chaussée et le vivier adjacents, à la charge de dix muids de blé de rente que l'abbaye s'engage à lui payer annuellement.*

Milo divina miseratione Belvacensis Electus, omnibus Christi fidelibus, ad quos presentium noticia pervenerit, in Domino salutem. Ad universorum noticiam volumus pervenire, quod abbas et monachi de Briostel, Cisterciensis ordinis... (*Comme la charte précédente.*) In cujus rei rob et testimonium ad peticionem partium presentes litteras sigilli nostri karactere fecimus communiri. Actum anno gratie M° CC° octavo decimo. Mense februario.

(Arch. de l'Oise : *Abb. de Lannoy*, n° 498.)

CCXXIV. — An 1219. — *Titre nouvel, pardevant Godefroy de Clermont, doyen de Beauvais, par Pierre de Songeons, d'une rente viagère de six muids de blé sur le moulin de Roy, à lui donnée par Robert de Châtillon, évêque de Laon.*

Gaufridus decanus Belvacensis, omnibus Christi fidelibus presentiam noticiam habituris eternam in Domino salutem. Noverit universitas vestra, quod constitutus in presentia nostra Petrus de Sonjons recognovit et etiam fide corporaliter prestita firmavit, quod dominus Robertus, pie memorie quondam Laudunensis episcopus, de rebus suis disponens, legavit eidem Petro sex modios bladi, singulis annis, quoad idem Petrus vixerit, in molendino de Reyo percipiendos. Post decessum vero ipsius Petri, si ipsum de conjugata heredem legitimum habuisse contigerit, heres ipsius duos tantummodo modios de sex proscriptis modiis habebit, reliquos vero quatuor ecclesia de Briostel, vel quicumque prefatum molendinum tenuerit, jure perpetuo possidebit; nec aliquis de aliis Petri heredibus, nisi ille, quem habuerit de conjugata, in predictis duobus modiis aliquid poterit proclamare. Et cum ipse heres, quem habuerit dictus Petrus de legitimo matrimonio, decesserit, predicti duo modii ad usus et ad utilitatem dicte ecclesie de Briostel libere et absolute et sine aliqua diminutione devenient. In cujus rei robur et testimonium presentes litteras sigillo nostro roboravimus. Actum anno gratie M° CC° nono decimo.

(Arch. de l'Oise : *Abb. de Lannoy*, n° 500.)

CCXXV. — An 1219. — *Confirmation par Philippe de Gaudechart de la vente à l'abbaye par Gautier Pekin de huit mines de terre à Gaudechart, et vente par lui d'une mine et demie de terre.*

Ego Philippus de Ghehoudessart notum facio omnibus tam presentibus quam futuris, quod Galterus Pekin, sororius meus, de consilio et voluntate Isabel uxoris sue et filiorum suorum, vendidit, precio centum solidorum Parisiensium, ecclesie et conventui Beate Marie de Briostel, terram quamdam in territorio de Ghehoudessart, contiguam terre monachorum de Briostel, octo minas sementis capientem, nichil idem sibi vel heredibus suis retinens, quam terram videlicet ei vendiderat Girardus Gardin, de assensu et consilio uxoris sue Bernuis, eo tempore quo perrexit ad terram sanctam causa peregrinationis. Hanc venditionem voluerunt et laudaverunt Anfridus Rufus, dicti Gerardi frater, et uxor ejus Emelina, qui medietatem predicte portionis terre jure hereditario possidebat, recepta prius alia terra, in territorio de Fontanis, in sufficientem excambiationem medietatis sue. Ego vero Philippus, in feodo predicte portionis terre dominus, hoc totum volui et ratum habui. Insuper medietatem camparti et quicquid juris vel dominii in eadem terra habebam predicte ecclesie de Briostel in perpetuam elemosinam concessi. Hanc venditionem Galterus Pekin, pro posse suo, contra omnes tenetur garandire. Preterea ego Philippus vendidi, precio viginti quinque solidorum, eidem ecclesie quamdam portionem terre, sitam juxta culturam monachorum de Teguleto, minam et dimidiam sementis capientem. Quia vero sigillum proprium non habebam, ad petitionem meam et ipsius Galteri Pekin, Drogo de Fontanis, dominus meus, in cujus presentia hec omnia facta sunt, in robur et testimonium veritatis presentem cartulam sigillo suo tradidit roboratam. Actum anno gratie M° CC° XIX°. (Arch. de l'Oise : *Ab. de Lannoy*, n° 115.)

CCXXVI. — An 1219. — *Donation par Euphémie de Beausault du champ d'Ibert Le Borigne.*

Notum sit omnibus presentibus et futuris, quod ego Eufemia de Bello Sastu quittavi Deo et beate Marie abbatie de Alneto, in perpetuam elemosinam, campum Iberti Le Borigne, in omnibus. Hoc autem actum est coram domino Symone de Bel Sast, de quo feodus movet, qui sigilli sui impositione tenetur garandire. Ut hoc autem ratum sit, ego Eufemia predicta presens scriptum sigilli mei impressione roboravi. Actum anno Verbi incarnati millesimo ducentesimo nono decimo. (Arch. de l'Oise : *Abb. de Lannoy*, n° 191.)

CCXXVII. — An 1219. — *Confirmation par Gilon d'Hodenc de la donation par Henri Charetée d'un arpent de terre à Montreuil.*

Ego Gilo miles, dominus de Houdench, notum facio omnibus presentibus et futuris, quod Henricus Charetéo dedit in perpetuam elemosinam ecclesie beate Marie de Briostel unum arpennum partim vinee partim terre excolende, quod est apud Mousteruel, nichil idem sibi vel heredibus retinendo, et hoc concessione filiarum suarum et maritorum filiarum ipsarum. Ego autem dominus terre illius ecclesiam ipsam de Briostel de arpenno supranominato revestivi et saisivi ita dumtaxat quod census michi vel heredibus meis persolventur annuatim. Ad cujus rei testimonium presentem paginulam sigilli mei munimine confirmavi. Actum anno gratie M° CC° nono decimo.

(Arch. de l'Oise : *Abb. de Lannoy*, n° 391.)

CCXXVIII. — An 1219. — *Accord entre Gilon d'Hodenc et l'abbaye au sujet de la garde des vignes de Montreuil.*

Ego Gilo miles, dominus de Houdench, notum facio omnibus tam presentibus quam futuris, quod cum homines mei de Mousteruel fratres de Briostel ibidem commorantes aliquantulum molestassent, custodiam in vineis eorum proclamantes, sicut in aliis vineis ejusdem ville, me, coram presentium hominum congregatione, disponente misericorditer et quiete, proclamatio in vineis dictorum fratrum in hunc modum ordinata est, quod fratres supranominati, pro custodia vinearum III solidos communitati ville solvent annuatim. Si vero decetero fratres in predicta villa, in vineis et terris contigerit excrevisse, ad consuetudinem aliarum vinearum et terrarum satisfacient hominibus ejusdem ville. In cujus rei robur et testimonium conventionem istam pro custodia vinearum sigilli mei munimine confirmavi. Actum anno gratie M° CC° XIX°.

(Arch. de l'Oise : *Abb. de Lannoy*, n° 392.)

CCXXIX. — An 1219. — *Confirmation par Gilon d'Hodenc de la donation par Gautier de Mouy de 4 sols de redevance annuelle sur ses vignes de Montreuil, et de toutes les propriétés de l'abbaye sises audit Montreuil.*

Ego Gilo de Hosdenc, miles, universis Christi fidelibus, ad quorum noticiam littere presentes pervenerint, notum facio, quod ego, pro salute anime mee et anime Petronille uxoris mee, dedi et concessi, in puram et perpetuam elemosinam, ecclesie et conventui Beate Marie de Briostel quatuor solidos annui redditus, quos eisdem antea vir nobilis dominus Galterus de Moy in elemosinam contulerat. Hos quatuor solidos recipient, singulis annis in perpetuum, de illis quatuor solidis et sex denariis, quos michi pro vineis suis de Mosterel reddere tenebantur. Preterea dedi eis et concessi ut quicquid in vineis, terris, pratis et nemoribus, in tempore meo et in temporibus antecessorum Petronille uxoris mee, usque ad annum incarnationis dominice millesimum cc nonum decimum, adquisierunt apud Mosterel, libere omnino et pacifice et absque aliqua seculari exactione, salvo tantummodo censu sex denariorum, qui michi et heredibus meis pro his omnibus reddentur, in perpetuum possideant. Hec omnia feci, de voluntate et consilio Petronille uxoris mee et filiorum meorum Willelmi, Johannis, Drogonis, Galteri et Petri. Et quia volo hec omnia, sicut superius ordinata sunt, a me et heredibus meis in posterum fideliter et firmiter observari, presentes litteras sigillo meo confirmavi, in robur et testimonium veritatis. Actum anno gratie millesimo cc° nono decimo, mense junio.

(Arch. de l'Oise : *Abb. de Lannoy*, n° 393.)

CCXXX. — An 1219. — *Confirmation par Evrard, évêque d'Amiens, de la donation par Jean de Monsures de deux muids de blé et deux muids d'avoine de rente dans la grange de Monceaux.*

E. Dei gratia Ambianensis ecclesie minister humilis, universis Christi fidelibus presentem paginam inspecturis eternam in Domino salutem. Noverit universitas vestra, quod Johannes de Monsules, in nostra presentia constitutus, dedit per manum nostram in perpetuam elemosinam ecclesie et conventui beate Marie de Briostel, duos modios frumenti et duos modios avene, ad mensuram Gerborredi, de illis decem modiis, quos eidem Johanni monachi de Briostel, in grangia sua de Moncellis, singulis annis reddere tenebantur. Hanc donationem nos auctoritate pontificali, sicut ad nostrum spectat officium, ecclesie prefate et conventui in perpetuum confirmamus, et ut prefata donatio majus robur sortiatur, presentem paginam sigilli nostri appositione roboramus. Actum anno gratie m° cc° nono decimo. (Arch. de l'Oise : *Abb. de Lannoy*, n° 348.)

CCXXXI. — An 1219. — *Confirmation par l'officialité de Beauvais de la vente par Robert du Mesnil d'un muid de grain de rente.*

Magistri Godefridus et Milo domini Milonis Belvacensis electi officiales, omnibus Christi fidelibus presentium noticiam habituris eternam in Domino salutem. Universitati vestre notum fieri volumus, quod Robertus del Mesnil et Richaldis ejus uxor, in presentia nostra constituti, vendiderunt in perpetuum, pari assensu et pro communi necessitate atque utilitate sua, ecclesie et monachis beate Marie de Briostel, cisterciensis ordinis, Belvacensis dyocesis, unum modium bladi, medietatem frumenti et medietatem avene, quem habebant annui redditus, in granchia ipsorum monachorum apud abbatiam sita, pro quatuordecim libris et quinque solidis Parisiensis monete, quos jam a dictis monachis perceperunt. Astantibus et istam venditionem laudantibus et ratam habentibus Johanne et Gerardo filiis et

Isabeldi sorore ejusdem Roberti et Philippo de Gohoutessart, a quo ipse Robertus cum alio feodo illum modium bladii tenebat in feodum; et de omni jure quod in ipso modio bladi habebant, in manu nostra, cum dictis venditoribus se desaisierunt in perpetuum, sub fide corporali interposita, quod nichil reclamabunt in eodem modio bladi vendito per se vel per alium de cetero contra dictos monachos, coram nobis firmiter craantantes. Dicta vero Richaldis uxor Roberti hujus bladi venditoris, in manu nostra spontanea voluntate, ut in presentia nostra fide interposita recognovit, quicquid dotalicii vel cujuscumque juris in ipso blado habebat, una cum ipso Roberto marito suo resignavit, facta sibi ab ipso Roberto marito suo sufficiente recompensatione dotalicii, ut ipsa confessa est, in campiparte ipsius Roberti, quam habet apud Saukeuses. Promiserunt etiam dicti Robertus et Philippus, sub fide corporaliter interposita coram nobis, dictis monachis de Briostel super sepedicto modio bladi legitimam ferre garandiam, Robertus scilicet ut rei venditor et Philippus ut dominus feodi. Quam quidem venditionem ratam habentes et laudantes, ad predictorum petitionem, presentes litteras exinde confectas sigillo curie Belvacensis fecimus communiri, absente ob causum peregrinationis in terram sanctam venerabili patre et domino nostro Milone Belvacensi electo, cujus vices gerimus. Actum anno gratie M° CC° nono decimo. Mense marcio.

(Arch. de l'Oise : *Abb. de Lannoy*, n° 192.)

CCXXXII. — An 1219. — *Transfert par Jean de Crèvecœur, sur la grange de Monceaux, de dix-huit mines de blé de rente à prendre auparavant sur le moulin d'Oudeuil.*

Ego Johannes de Crievecor notum facio tam presentibus quam futuris, quod cum Ingerrannus de Crievecor, pater meus, ob remedium anime sue, quondam contulisset ecclesie et conventui de Briostel decem et octo minas frumenti, ad mensuram Gerborredi, percipiendas singulis annis in molendino de Odorio, cujus medietas ad ipsum jure hereditario pertinebat, et domina Clementia mater mea, dicti Ingerranni uxor, post ipsius decessum, decem et octo minas frumenti, predictis ecclesie et monachis libere et integre diu persolvisset, postmodum ego Johannes dicti Ingerranni heres et filius, dictum donum patris mei approbavi et ratum habui ; paci quoque monachorum providens et quieti assignavi eis illas decem et octo minas frumenti percipiendas singulis annis, ad mensuram Gerborredi, in grangia sua de Moncellis, de redditu quem in grangia illa habebam. Ego vero et heredes mei a pensione dictarum decem et octo minarum in molendino predicto liberi romanebimus et quieti. Sciendum tamen quod si ecclesia de Briostel, casu aliquo contingente pro defectu guarandie mee vel heredum meorum, dampnum aliquod incurrerent aut gravamen, monachi illas decem et octo minas in molendino meo de Routengi libere et quiete percipient, quoadusque per guarandiam meam illas in grangia sua de Moncellis pacifice percipere possent et quiete. Hec autem observanda bona fide, fide prestita corporali coram magistris Godefrido et Milone officialibus Belvacensibus, firmavi. Hec omnia voluit et bona fide concessit Aelix uxor mea, fidem etiam dedit corporalem, quod in predictis decem et octo minis nullum unquam dotalitium preclamaret, sed et quicquid in eis habebat nomine dotis vel habere poterat, in manu Radulfi sacerdotis de Routengi resignavit, ita tamen quod in molendino meo de Routengi dotalicii sui sufficientem recipiet portionem. Et quia volo omnia hec, sicut superius ordinata sunt, firmiter in posterum et fideliter observari, literis presentibus sigillum meum apposui in robur et testimonium veritatis. Actum anno gratie millesimo ducentesimo nono decimo. Mense maio.

(Arch. de l'Oise : *Abb. de Lannoy*, n° 349)

CCXXXIII. — An 1219. — *Confirmation par Godefroy et Milon, officiaux de Beauvais, du transfert par Jean de Crèvecœur, sur la grange de Monceaux, d'une rente de dix-huit mines de blé que l'abbaye prenait jusque-là sur le moulin d'Oudeuil.*

Magistri Godefridus et Milo officiales domini Milonis electi Belvacensis, omnibus Christi fidelibus, ad quos presentium noticia pervenerit, salutem in Domino. Noverint universi, quod cum Ingerrannus de Crievecuer, miles.... *(Comme la charte précédente.)* In cujus rei robur et testimonium presentes litteras ad petitionem dicti Johannis prefatis monachis tradidimus sigillo curie Belvacensis communitas. Actum anno gracie M° CC° nono decimo. Mense mayo.

(Arch. de l'Oise : *Abb. de Lannoy*, n° 472.)

CCXXXIV. — An 1219. — *Titre nouvel, pardevant Godefroy de Clermont, doyen de Beauvais, par Regnier Lisiard, chanoine de Clermont, d'une rente viagère de cinq muids de blé et cinq muids de vin à prendre sur les dîmes de Ronquerolles et d'Agnetz, appartenant à l'abbaye.*

Gaufridus, divina permissione decanus Belvacensis, omnibus, ad quos presentium noticia pervenerit, salutem in Domino. Noverit universitas fidelium, quod Renerus Lisiard, canonicus Claromontis, coram nobis recognovit se nichil habere nisi tantum ad vitam suam, in pensione quinque modiorum frumenti et quinque modiorum vini, quam ei debent abbas et conventus Beate Marie de Briostel, reddendam singulis annis quoadvixerit infra festum Omnium Sanctorum. Sed illi quinque modii vini et quinque modii frumenti, quos ei debent de decima de Ronkeroles et de Aneth, quam habent ipsi monachi de Briostel ex dono bone memorie B. (Bernerii) (1), quondam archidiaconi Belvacensis, post decessum ipsius Renerii ad ipsos monachos libere et absolute devenient. In cujus rei testimonium ipsis monachis litteras istas dedimus sigillo nostro, ad petitionem dicti Reneri, communitas. Actum anno gratie M° CC° nono decimo. Mense mayo.

(Arch. de l'Oise : *Abb. de Lannoy*, n° 476.)

CCXXXV. — An 1219. — *Confirmation par Simon de Beausaut de la donation par Jean de Monsures de deux muids de blé et deux muids d'avoine de rente à prendre dans la grange de Monceaux.*

Ego Symon de Bello saltu, miles, notum facio omnibus tam presentibus quam futuris, quod vir nobilis Johannes de Monxeres, homo meus, dedit........ *(comme la charte* CCXXX). Hanc donationem voluerunt et concesserunt fratres dicti Johannis, Petrus videlicet et Guido, fidem etiam dederunt corporaliter tam Johannes quam fratres ipsius quod ecclesie de Briostel neque per se, neque per alium aliquem, pro hac donatione, molestiam aliquam inferre presumerent aut gravamen, sed eam contra omnes, pro posse suo, fideliter et legitime garantizarent. Hanc donationem ego Symon dominus feodi volui, laudavi et concessi, salvo servitio meo in reliquis sex modiis et in residuo feodi, quod tenet de me. Et quia idem Johannes sigillum non habebat, ad preces et petitionem ipsius, presentes litteras sigillo meo confirmavi, in robur et testimonium veritatis. Actum anno gratie M° CC° nono decimo. Mense junio.

(Arch. de l'Oise : *Abb. de Lannoy*, n° 348.)

CCXXXVI. — An 1219. — *Confirmation par Godefroy de Clermont, doyen de Beauvais, de l'abandon par Aumoez de Roy et ses enfants de tous les droits qu'ils pouvaient avoir sur le moulin de Roy.*

Gaufridus decanus Belvacensis, universis Christi fidelibus presentes litteras visuris eternam in Domino gratiam et salutem. Noverit

---

(1) Bernier de Ronquerolles, archidiacre de Beauvoisis en 1216.

universitas vestra quod in nostra constitutus presentia Aumoez de
Roy, cum filio suo Reinaldo et filiabus suis Avelina et Seburga, remiserunt ecclesie et conventui beate Marie de Briostel, et etiam in
manus nostras, ad opus dicte ecclesie, resignaverunt, absque ulla
retentione juris vel proprietatis, sibi vel heredibus suis, quicquid
reclamabant vel reclamare poterant in molendino de Roy, quod fuit
pie memorie domini R. (Roberti) quondam Laudunensis episcopi,
fide etiam coram nobis corporaliter prestita, firmaverunt quod nunquam super hac re, neque per se, neque per alium, ecclesiam de
Briostel deinceps molestarent, sed ipsum molendinum, quantum ad
eos pertinet, dictis monachis contra omnes fideliter, pro posse suo,
garandirent. Et quia volumus ut ecclesia et monachi de Briostel hec
omnia pacifice possideant, presentem cartam sigilli nostri munimine
confirmamus, in robur et testimonium veritatis. Actum anno incarnationis dominice millesimo ducentesimo nono decimo. Mense octobri.

(Arch. de l'Oise : *Abb. de Lannoy*, n° 499.)

CCXXXVII. — An 1219. — *Confirmation par Godefroy de Clermont
de Nesle, doyen de Beauvais, de la donation par Garnier de
Limermont de quatre muids de terre au terroir d'Auteigny.*

Gaufridus, divina miseratione decanus Belvacensis, universis
Christi fidelibus, ad quorum notitiam presens pagina pervenerit,
eternam in Domino gratiam et salutem. Noverit universitas vestra,
quod in nostra constitutus presentia. Garnerus de Limermont, clericus, de voluntate et consilio domini Roberti, militis, fratris sui,
dedit, per manum nostram, ecclesie et conventui beate Marie de
Briostel, in perpetuam elemosinam, quandam terram, quam adqui-
sierat in territorio de Auteigni, quatuor modios sementis capientem,
nichil in eadem sibi vel heredibus suis retinens, preter duos modios
bladii, quos eidem Garnero monachi singulis annis, ad mensuram
Gerboredi, reddent, ad festum Sancti Remigii, in grangia sua de
Fay, de meliori post sementem. Hanc terram dictus Garnerus monachis fideliter et legitime, pro posse suo, ubique garandizabit. Quod
si, pro defectu garandie ipsius, ecclesie de Briostel dampnum aliquid eveniret, dictam modiationem duorum modiorum non recipiet
donec per ipsius garandiam terram illam dampno reddito monachi
libere et pacifice possiderent. Hanc donationem laudaverunt et concesserunt Drogo de Autegni, in feodo predicte terre dominus, et
Petronilla ipsius uxor, et Aubert corumdem filius, fidem etiam dederunt corporaliter, tam Drogo quam ipsius uxor et Aubertus corumdem filius, quod in predicta terra nec jus aliquod, nec dotem nec
aliud aliquid de cetero proclamarent nisi tamen quod de quadam

portione terre illius decem et octo minas sementis capiente campartum recipient. Nos vero quia volumus hec omnia, sicut superius coram nobis ordinatum fuit, fideliter in perpetuum et firmiter observari, presentem cartam sigillo nostro confirmavimus, in robur et testimonium veritatis. Actum anno gratie M° CC° nono decimo. Mense julio.

(Arch. de l'Oise : *Abb. de Lannoy,* n° 8.)

CCXXXVIII. — An 1219. — *Bail à cens par l'abbaye à Drogon de Fontaine d'une masure sise à Marseille.*

Ego Drogo de Fontibus miles. Notum facio omnibus tam presentibus quam futuris quod abbas et conventus beate Marie de Briostel tradiderunt michi quandam masuram, quam habebant in atrio de Marselles, michi et heredibus meis in perpetuum possidendam, sub annuo censu trium solidorum ab eo qui in masura manserit in Natale Domini reddendorum. Si autem ad diem supra nominatum census non solveretur, pro censu et emenda abbas et conventus justiciam suam in masure hospitem exercerent. Si vero masuram illam vacuam remanere contingeret, predictus census a me vel heredibus meis, de censibus meis de Marselles ad prefixum terminum redderetur. Et quia volo rem taliter ordinatam a me et heredibus meis in posterum firmiter observari, presentem cartam sigillo meo confirmavi in robur et testimonium veritatis. Actum anno gratie M° CC° XIX° Mense januario.

(Arch. de l'Oise : *Abb. de Lannoy,* n° 284.)

CCXXXIX. — An 1219. — *Donation par Robert, vicomte de Poix, d'une masure à Dameraucourt.*

Ego Robertus, vicecomes de Poix, et dominus de Damenoiscort, notum facio universis tam presentibus quam futuris quod ego dedi Deo et conventui beate Marie de Briostel, pro anima mea et uxoris mee Aeliz et liberorum nostrorum et omnium antecessorum nostrorum in puram et perpetuam elemosinam liberam penitus et quietam quandam masuram in villa mea de Damenoiscort, ad decimam monachorum reponendam. Nichil mihi vel heredibus meis inde retinens preter orationes eorum. Et quia volo ut hec mea donatio perpetuum robur obtineat, presentem cartam sigilli mei patrocinio confirmavi in robur et testimonium veritatis. Actum anno incarnationis Dominice M° CC° nono decimo. Mense februario.

(Arch. de l'Oise : *Abb. de Lannoy,* n° 85.)

CCXL. — An 1220. — *Confirmation par Robert de La Tournelle, seigneur de Montataire, de la vente par Barthélemy de La Neuville-en-Hez d'une vigne sise à Rotheleu.*

Ego Robertus de Turricula, miles et dominus de Montatere. Universis Christi fidelibus tam presentibus quam futuris notum facio quod Bartholomeus de Nova Villa comitis et uxor ejus Maria, concessione filii sui Luciani et fratrum dicte mulieris, scilicet Petri Bourdin et Petri Chauvin, vendiderunt, precio quinquaginta quinque librarum Parisiensium, ecclesie et conventui beate Marie de Briostel, vineam quandam sicut mete ibi posite demonstrant, quam de me tenebant, in territorio de Rosteleu, que erat de hereditate mulieris, nulla mulieri coactione vel violentia super hoc irrogata. Fidem etiam de non repetendo corporaliter prestiterunt, et quod eam ecclesie et monachis de Briostel contra omnes garandirent. Hanc igitur venditionem spontanee et propter necessitatem vendentium, assensu et voluntate mea et uxoris mee Marie factam volumus et concedimus et eam, sicut in litteris continetur, ratam habentes, sigilli mei munimine confirmamus, ut dicti monachi vineam illam libere et quiete in perpetuum possideant, salvo michi et heredibus tantummodo censu unius modii vini et XVI denariis Parisiensium in festo beati Dionisii solvendorum. Actum anno gratie M° CC° vicesimo.

(Arch. de l'Oise : *Abb. de Lannoy*, n° 480.)

CCXLI. — An 1220. — *Donation par Nivelon de Ronqueroles de dix muids de vin de redevance annuelle sur son pressoir de Boran.*

Ego Nevelo de Ronkeroles miles notum facio universis Christi fidelibus tam presentibus quam futuris quod ego dedi in puram et perpetuam elemosinam liberam penitus et quietam, ad potum conventus beate Marie de Briostel, decem modios vini annui redditus, ad mensuram de Bosrenc, ab omni re et exactione seculari liberos penitus et absolutos, tempore vindemiarum sine mutatione et pejoratione aliqua percipiendos singulis annis in torcularibus meis que sunt infra curiam meam de Bosrenc vel in aliis torcularibus meis, si illa a loco quo sunt casu aliquo contigerit transportari, de primo vino quod in ipsis torcularibus fuerit pressoratum. Hoc autem sciendum est quod si abbas, vel quicumque aliis supradictos decem vini modios supradicti conventus potui subtraxerit, supradicti decem modii in manum meam et saisinam vel herodis mei, si me deesse contigerit, procul dubio revertentur, quoadusque ego vel heres meus certi fuerimus quod conventui, sicut preassignatum est, supradicti decem modii vini plene distribuentur. Hoc totum factum est de concessione et voluntate Domini mei Mathei de Trya, ad cujus dominium prescripti decem modii vini pertinebant. Hoc etiam voluit et concessit Idorea uxor mea, que de non repetendo vel reclamando nomine dotis vel alterius rei causa fidem dedit corporalem, sed in reliqua parte feodi dotis sue recipiet portionem. Hanc vero donationem Ecclesie et conventui de Briostel contra omnes teneor garandire et ad hoc etiam meum obligavi heredem. In hujus rei robur et testimonium presentes litteras sigillo meo confirmavi. Actum anno gratie M° CC° vicesimo. Mense augusti. (Arch. de l'Oise : *Abb. de Lannoy*, n° 56.)

CCXLII. — An 1220. — *Donation par Gervais de Saint-Arnoult de quatre muids de terre à Saint-Arnoult.*

Ego Gervasius de Sancto Arnulpho miles, universis Christi fidelibus tam presentibus quam futuris notum facio quod ego, de consilio et voluntate uxoris mee Beatricis et filiorum meorum Guidonis, Thome et Symonis, in perpetuam elemosinam contuli pleno jure ecclesie et conventui beate Marie de Briostel, quandam terram in territorio Sancti Arnulphi, juxta terras monachorum sitam, quatuor modios sementis capientem, quittam et liberam a campiparte, et ab omni alia consuetudine et justicia et jure, nichil omnino michi vel heredibus meis retinens in eadem. Sciendum etiam quod Beatrix uxor mea dotem, quam in ipsa terra habebat, fide de non reclamando corporaliter prestita, mea et spontanea voluntate resignavit in manu domini Galteri decani de Odorio, facta ei prius conpetenti reconpensatione dotis sue in alia terra mea. Nos vero et heredes nostri dictis monachis super eadem donatione contra omnes homines expensis nostris guarandiam legitimam portare tenemus. Si vero contra ecclesiam de Briostel super predictis aliqua questio vel molestia a domino feodi vel ab alio aliquo moveretur, ipsi retinerent quadraginta minas bladi penes se, quas singulis annis in grangia de Moncellis nobis debent, quousque de dampnis, laboribus et expensis et etiam de principali eis esset plenius satisfactum ; nec quadraginta minas superius dictas, quas michi et heredibus meis debent, amodo alienare, vel modo quolibet in alium transferre possum, nisi cum predicta obligatione in perpetuum duratura. Hoc autem coram officialibus Belvacensibus mediante juramento firmavimus in perpetuum fideliter et firmiter observandum. In hujus rei robur et testimonium presentes litteras sigillo meo confirmavi. Actum anno incarnationis dominice millesimo ducentesimo vicesimo. Mense novembri.

(Arch. de l'Oise : *Abb. de Lannoy*, n° 529.)

CCXLIII. — An 1220. — *Confirmation par Godefroy et Milon, officiaux de Milon de Nanteuil, évêque élu de Beauvais, de la donation par Gervais de Saint-Arnoult de quatre muids de terre au terroir de Saint-Arnoult.*

Magistri Godefridus et Milo domini M. (Milonis) Belvacensis Electi officiales, universis Christi fidelibus presentium noticiam habituris eternam in Domino salutem. Noverit universitas vestra quod dominus Gervasius de Sancto Arnulfo miles in presentia nostra constitutus de consilio et voluntate Beatricis uxoris sue et filiorum suorum Guidonis et Symonis, per manum nostram....... *(Comme la charte précédente.)* In cujus rei robur et testimonium ad petitionem dictorum Gervasii militis et filiorum suorum predictis monachis litteras istas tradidimus, salvo jure alieno, sigillo Curie Belvacensis communitas, absente ob causam peregrinationis in Terram Sanctam venerabili patre et domino nostro Milone Belvacensi electo, cujus vices gerimus. Actum anno gratie M° cc° vicesimo. Mense novembri.
(Arch. de l'Oise : *Abb. de Lannoy*, n° 529.)

CCXLIV. — An 1221. — *Confirmation par Baudoin de Roy de la vente par Guy et Girard de Crèvecœur d'une redevance d'un muid d'avoine sur la grange de Monperthuis.*

Ego Balduinus de Reyo miles notum facio presentibus et futuris quod Guido et Girardus fratres Petri de Crievecuer vendiderunt in perpetuum, pro decem libris Parisiensium, jam eisdem integre persolutis, ecclesie et conventui beate Marie de Briostel, presente Petro fratre eorum primogenito, a quo ipsi tenebant, et consentiente, unum modium avene, annui redditus, quem dictus Petrus fratre eorum primogenito, a quo ipsi tenebant, et consentiente, unum modium avene, annui redditus, quem dictus Petrus frater eorum pro partitione terre eisdem assignaverat in grangia de Malpertuiz. Hanc venditionem sine contradictione et reclamatione aliqua firmiter in perpetuum tenendam dicti venditores, tactis sacrosanctis, et uxores eorumdem Margareta et Aelina fide corporaliter prestita, creantaverunt; quo etiam quicquid dotis in ipso modio habebant, non vi, non coactione, sed spontanea voluntate, in manu domini Rogeri sacerdotis de Crievecuer resignaverunt. Super hac venditione fideliter observanda et de non reclamando in perpetuum neque per se, neque per alium, dominus Garinus miles, Willermus Patin, Adam de Boveroches et uxores eorumdem Ermengardis scilicet, Albereda et

Clementia fidem prestiterunt corporalem. Hanc igitur venditionem ego Balduinus summus feodi dominus volui, laudavi et concessi, nichil juris vel dominii vel rei alterius michi vel heredibus meis retinendo, sed in residuo feodi debitum michi servitium recipiam, et contra omnes pro posse meo legitimam ferre tenear garandiam. Sciendum preterea quod predicti fratres Petrus videlicet, Guido et Gerardus concesserunt et ratas habuerunt omnes alias donationes, elemosinas vel venditiones, quas ipsi vel eorum antecessores fecerunt ecclesie et conventui de Briostel. In hujus rei robur et testimonium ad petitionem predictorum presentes litteras sigillo meo confirmavi. Actum anno gratie M° CC° XXI°. Mense martio.

(Arch. de l'Oise : *Abb. de Lannoy*, n° 302.)

CCXLV. — An 1221. — *Confirmation par Godefroy de Clermont de Nesle, doyen de Beauvais, de la vente par Anseau de Doudeauville de dix-huit mines de terre à Bois-Aubert.*

Gaufridus, Dei permissione Belvacensis decanus, omnibus Christi fidelibus salutem. Noverit universitas vestra quod Anseidus de Doudelvilla in presentia nostra constitutus vendidit, precio sex librarum parisiensis monete, ecclesie et conventui beate Marie de Briostel, quasdam terras suas in territorio de Bosco Auberti sitas, decem et octo minas sementis capientes, liberas penitus et quietas in perpetuum possidendas, nichil in eis sibi vel heredibus suis retinendo. Ipse autem Anseidus et Andreas filius ejus, ad quem terrarum predictarum spectabat hereditas, fidem corporalem coram nobis prestiterunt, quod ipsi nec aliquis per ipsos in predictis terris nunquam de cetero aliquid reclamabunt, vel facient reclamari, sed illas bona fide ecclesie predicte contra omnes pro posse suo garandizabunt. In cujus rei robur et testimonium presentes litteras ad instantiam predicti Anseidi et Andree filii ejus dictis monachis tradidimus, sigilli nostri munimine roboratas. Actum anno gracie M° CC° XXI°. Mense aprili. (Arch. de l'Oise : *Abb. de Lannoy*, n° 51.)

CCXLVI. — An 1221. — *Confirmation par Godefroy de Clermont, doyen de Beauvais, de la vente par Garnier Le Caron d'un pré sis à Goincourt.*

Gaufridus decanus Belvacensis omnibus Christi fidelibus presentium noticiam habituris in Domino salutem. Noverint universi quod constituti coram magistro Thoma officiali nostro Garnerus Li Carons civis Belvacensis et Beatrix ejus uxor recognoverunt se vendidisse in perpetuum pari assensu et pro communi necessitate atque utilitate sua ecclesie et monachis beate Marie de Briostel, quoddam pratum situm de sub Goincort, pro tredecim libris Parisiensis monete, jam eisdem persolutis, ad sex denarios annui census exinde in festo Sancti Johannis Baptiste canonicis Sancti Quintini Belvacensis singulis annis reddendos. Recognovit etiam dicta Beatrix coram dicto officiali nostro, fide sua interposita, se in nullo coactam istam fecisse donationem, una cum dicto Garnero marito suo, et quicquid dotalicii in illo prato habebat vel cujuscumque juris, in manu dicti officialis nostri resignavit in perpetuum, facta prius eidem Beatrici a dicto Garnero marito suo sufficiente recompensatione dotalicii sui venditi, ut coram sepedicto officiali nostro fide interposita recognovit, de domo sua ab ipsis acquisita super aquam in parochia Sancti Salvatoris, juxta domum Petronille Cahote sita. In cujus rei robur et testimonium presentes litteras sigillo nostro fecimus communiri. Actum anno gracie M° CC° vicesimo primo. Mense aprili.

(Arch. de l'Oise : *Abb. de Lannoy*, n° 126.)

CCXLVII. — An 1221. — *Vente par Raoul de Longuacesne et consors de cinq mines de terre sises entre les deux bois du Fay.*

Ego Petrus Havoth miles notum facio presentibus et futuris quod Radulfus de Longa avesna et Johannes nepos suus et Margarita neptis sua vendiderunt, pro quatuor libris et quindecim solidis parisiensium, jam eisdem persolutis, ecclesie beate Marie de Briostel quamdam terram suam inter duos boscos de Fayaco sitam, quinque minas sementis capientem, quittam et liberam in perpetuum possidendam, quam terram videlicet tenebant de monachis de Briostel, nichil in ea sibi vel heredibus suis retinentes. Gila autem mater dicti Radulfi, Albereda uxor ipsius et Albereda mater Johannis et Margarite supradictorum quicquid in predicta terra, jure dotis, ad ipsas pertinebat, fide sua de non reclamando corporaliter prestita in manu domini Bernardi presbiteri de Eschamiis, non coacte sed spontanea resignarunt; dictus vero Bernardus Ecclesiam de Briostel investivit et saisivit. Omnes enim alii superius nominati fidem corporalem prestiterunt quod in predicta terra nichil de cetero reclamabunt nec facient reclamari, sed bona fide venditionem istam contra omnes pro posse suo tenentur legitime garandire. Si vero aliquem de predictis contigerit dictos monachos super venditione ista molestare, ego Petrus Havoth dominus eorum vel heredes mei quicquid possident tamdiu in manu nostra capiemus quousque predictis monachis de damnis et injuriis plene fuerit satisfactum. Hoc totum promisi me servaturum et heredem meum ad hoc idem obligavi. Ad majorem etiam hujus rei confirmationem ad petitionem dicti Radulfi et aliorum presentes litteras tradidimus monachis de Briostel sigilli nostri munimine roboratas. Actum anno gratie M° CC° XXI°. Mense maio.

(Arch. de l'Oiss : *Abb. de Lannoy*, n° 98.)

CCXLVIII. — An 1221. — *Confirmation par Baudoin de Roy, seigneur d'Omécourt, de la donation par Roger de Roy, son oncle, d'un muid de blé à prendre dans les quatre que l'abbaye lui devait.*

Ego Balduinus de Reyo miles et dominus de Homercourt. Notum facio universis presentes litteras inspecturis quod Rogerus de Reyo, avunculus, meus dedit ecclesie et conventui beate Marie de Briostel, in perpetuam elemosinam liberam penitus et quietam, unum modium frumenti de illis quatuor modiis, quos habebat in ecclesia supradicta. Hanc donationem ego B. (Balduinus) dominus dicti R. (Rogeri) avunculi mei, concessi benigne et approbavi, ita sane quod servitium meum in residua parte feodi percipiam. Donationem etiam istam pro posse meo contra omnes legitime teneor garandire. Ceterum ne super donatione ista in posterum a posteris aliqua suboriatur calumpnia, presentem paginam sigilli mei munimine confirmavi in robur et testimonium veritatis. Actum anno gratie M° CC° XXI°. Mense maio. (Arch. de l'Oise : *Abb. de Lannoy*, n° 502.)

CCXLIX. — An 1221. — *Confirmation par l'officialité de Beauvais de la vente par Renaud dit l'Anglais, de Saint-Deniscourt, de sept mines de terre sises au lieudit la Fresnoye.*

Omnibus Christi fidelibus presentium noticiam habituris, Magistri Leodegarius et Stephanus officiales curie Belvacensis salutem in Domino. Universitati vestre notum facimus quod Rainaldus Anglicus de Sancti Dyonisii curte et Cheausce ejus uxor, coram nobis in curia Belvacensis constituti, recognoverunt se vendidisse in perpetuum pari assensu et pro communi necessitate atque utilitate sua ecclesie et conventui beate Marie de Briostel, cisterciensis ordinis, septem minas terre sementis, quas simul acquisierant, sitas apud le Fresnaye, liberas et quietas ab omni redditu et consuetudine, preterquam campipartem et quatuor garbas de dono, laude et assensu Gileberti de Rotengi Anglici et Widre ejus uxoris, de quibus dictam terram ad campipartem et ad donum tenebant. Et ipse Gilebertus et Widra ejus uxor huic recognitioni venditionis coram nobis facte cum Waltero filio eorum presentes fuerunt et illam venditionem ratam et gratam habentes unanimiter concesserunt et voluerunt, et etiam coram nobis recognoverunt se vendidisse in perpetuum pro communi necessitate sua prenominatis ecclesie et conventui de Briostel, medietatem totius campipartis predictarum septem minarum terre sementis, et duas minas terre sementis predictis septem minis terre sementis contiguas, liberas et quittas ab omni redditu et censu sive consuetudine, et etiam octo denarios annui census, quos eis reddere solebat dicta ecclesia singulis annis de quadam terra sita ad tremees de Auteigni. Recognoverunt etiam prefate mulieres coram nobis fide interposita scilicet Causce et Widra ad quam dominium predictarum rerum venditarum sp ctabat, quod in nullo coacte nec fraude vel dolo ad hoc inducte, sed mera et spontanea voluntate istam fecerant venditionem, cum predictis Rainaldo et Gileberto maritis suis. Et tam predicti viri et mulieres quam prenominatus Walterus filius dictorum Gileberti et Widre ejus uxoris de dictis rebus venditis et de omni jure quod in illis habebant, in manu nostra se desaisierunt in perpetuum, et nos ad illorum petitionem de illis rebus venditis dictos monachos de Briostel investivimus. Insuper dicti Rainaldus et Gilebertus et Cheausce et Widra eorum uxores et Walterus filius dictorum Gileberti et Widre ejus uxoris, coram nobis, fidem prestiterunt corporalem quod in predictis rebus venditis per se vel per alium ratione alicujus juris de cetero nichil reclamarent, vel facerent reclamari et quod super illis rebus venditis dicte ecclesie de Briostel legitimam portarent garandiam. In cujus rei robur et testimonium litteras istas sigillo curie Belvacensis fecimus communiri. Actum anno gratie M° CC° vicesimo primo. Mense decembri.

(Arch. de l'Oise : *Abb. de Lannoy*, n° 153.)

CCL. — An 1221. — *Confirmation par Pierre de Roncherolles de la rente faite à l'abbaye par Pierre Tyart, de Chambly, d'un demi-arpent de vignes.*

Ego Petrus de Roncherolles miles presentibus et futuris notum facio quod Hugo de Furno vendidit Petro filio Renardi Tyart de Chambli dimidium arpennum vince, tribus virgis minus, et dictus Petrus vineam illam vendidit ecclesie et monachis Sancte Marie de Briostel libere et pacifice perpetuo possidendam. Hanc venditionem voluerunt et concesserunt Hersendis predicti Hugonis uxor et eorumdem liberi, qui de non repetendo vel reclamando et de legitima et fideli garandia fidem prestiterunt corporalem. Hoc totum ego Petrus feodi dominus volui et concessi, retentis michi tantummodo decem et octo denariis pro pressoragio, qui michi singulis annis in festo Sancti Remigii persolventur. Et quia volo ut ecclesia et monachi de

Briostel vineam illam in pace et libertate omnimodo in perpetuum possideant, presentes litteras sigillo meo confirmavi in robur et testimonium veritatis. Actum anno gratie M° CC° visesimo primo. Mense junio. (Arch. de l'Oise : *Abb. de Lannoy*, n° 501.)

CCLI. — An 1221. — *Confirmation par Pierre Havoth, chevalier, de la vente par Thomas de l'Angle et Gautier, son frère, d'une pièce de terre sise en la campagne de Beaulieu, et de celle par Raoul de la Porte de deux mines de terre au même lieu.*

Ego Petrus Havoth, miles, notum facio presentibus et futuris quod Thomas de Angulo et Galterus frater ejus vendiderunt ecclesie beate Marie de Briostel, pro centum et duodecim solidis Parisiensium jam eisdem persolutis, laude et assensu uxorum suarum, scilicet Eremburgis et Constantie, quandam pieciam terre, septem minas sementis capientem, in territorio de Campania sitam, quittam et liberam in perpetuum possidendam; ita sane quod singulis annis infra quindenam Natalis Domini, pro predicta terra, ab ecclesia de Briostel michi et heredibus meis duo capones et una mina frumenti, pro omni jure meo, tantummodo persolventur. Sciendum est quod Eremburgis uxor Thome de Angulo, et domina Albreda mater Galteri de Angulo, et Constantia uxor ipsius quicquid dotalicii vel juris in predicta terra habebant, fide sua de non reclamando corporaliter prestita, coram me non coacte sed spontanee quittaverunt, facta eis prius condigna reconpensatione dotis sue a dictis Thoma de Angulo et Galtero fratre ejus, in campo de Quercubus, ante portam de Bello Loco, fidem etiam corporalem prestiterunt dicti venditores quod ecclesiam de Briostel per se vel per alium de cetero nullatenus molestabunt supra venditione ista, sed ipsam contra omnes pro posse suo garandizabunt. Hanc venditionem ego Petrus Havoth predicte terre dominus volui pariter et laudavi et legitimam contra omnes ferre teneor garandiam. Item noverint universi quod Radulfus de Porta vendidit ecclesie beate Marie de Briostel quandam pieciam terre duas minas sementis capientem, juxta terras fratrum de Fayaco sitam, quittam et liberam in perpetuum possidendam, pro triginta et sex solidis Parisiensium jam eidem persolutis, retento tantummodo michi et heredibus meis camparto in piecia supradicta pro omni jure meo. Nec pretereundum est quod si abbas de Briostel, tempore messis, fratrem suum vel nuntium miserit ad domum meam vel ad domum heredis mei apud Longam avesnam, pro dicta terra campartanda, et ego vel heres meus venire vel mittere noluerimus, vel distulerimus, fratres de Briostel statim dictam terram bona fide campartabunt sine forisfacto, et partem suam portabunt in domum suam, campartum vero meum portabunt ad domum meam apud Longam avesnam vel ad domum heredis mei. Ad hoc totum observandum firmiter et tenendum, obligavi heredem meum. Ad majorem etiam hujus rei confirmationem, ad petitionem supra dictorum Thome de Angulo et Galteri fratris ejus et Radulfi de Porta presentem paginam sigilli mei munimine roboravi in munimen et testimonium veritatis. Actum anno gratie M° CC° XXI°. Mense augusti.

(Arch. de l'Oise : *Abb. de Lannoy*, n° 68.)

CCLII. — An 1221. — *Confirmation par Gautier de Songeons de la vente par Thomas de l'Angle et Gautier, son frère, d'une pièce de terre sise en la campagne de Beaulieu.*

Ego Galterus miles de Sonjons notum facio presentibus et futuris quod Thomas de Angulo et Galterus frater ejus vendiderunt ecclesie beate Marie de Briostel, laude et assensu uxorum suarum, videlicet Eremburgis et Constantie, pro sex libris et duodecim solidis Parisiensium jam eisdem persolutis, quandam picciam terre octo minas et unum quarterium sementis capientem, in territorio de Campania sitam, quittam et liberam in perpetuum possidendam, retento tantummodo mihi et heredibus meis camparto meo in terra supradicta, pro omni jure meo. Sciendum autem est quod Eremburgis uxor Thome de Angulo et domina Albreda mater Galteri de Angulo et Constantia uxor ipsius Galteri quicquid dotalicii vel alterius juris in predicta terra habebant, vel habere poterant, fide sua corporaliter prestita de non reclamando coram me, non coacte sed spontanee quittaverunt, facta eis prius condigna reconpensatione dotis sue a dictis Thoma de Angulo et Galtero fratre ejus in campo de Quercubus ante portam de Bello loco; fidem etiam corporalem prestiterunt dicti venditores coram me quod supra venditione ista ecclesiam de Briostel per se vel per alium de cetero nullatenus molestabunt, sed dictam venditionem pro posse suo contra omnes tenentur legitime garandire. Hanc venditionem ego Galterus de Sonjons, predicte terre dominus, benigne concessi, volui pariter et laudavi, et legitimam contra omnes pro posse meo ferre teneor garandiam. Nec pretereundum est quod si abbas de Briostel tempore messis fratrem suum vel nuntium miserit ad domum meam apud Sonjons, vel ad domum heredis mei pro predicta terra campartanda, et ego vel heres meus venire vel mittere noluerimus vel distulerimus, fratres de Briostel statim dictam terram bona fide campartabunt sine forisfacto et partem suam portabunt in domum suam; campartum vero meum portabunt ad domum meam apud Sonjons, vel ad domum heredis mei. Ad hoc totum observandum firmiter et tenendum obligavi heredem meum. Ad majorem etiam hujus rei confirmationem, ad petitionem supradictorum Thome de Angulo et Galteri fratris ejus presentes litteras sigilli mei munimine roboravi in munimen et testimonium veritatis. Actum anno gratie M° cc° xxi°. Mense augusti.

(Arch. de l'Oise : *Abb. de Lannoy,* n° 68.)

CCLIII. — An 1221. — *Donation par Gautier de Songeons du champart sur huit mines de terre vendues à l'abbaye par Thomas de l'Angle et son frère et d'une pièce de terre de sept mines, le tout sis en la campagne de Beaulieu.*

Ego Galterus de Sonjons miles notum facio presentibus et futuris quod Thomas de Angulo et Galterus frater ejus vendiderunt ecclesie beate Marie de Briostel, laude et assensu uxorum suorum videlicet Eremburgis et Constantie, pro sex libris et duodecim solidis Parisiensium jam eisdem persolutis, quandam pieciam terre octo minas et unum quarterium sementis capientem, in territorio de Campania sitam; campipartem etiam quam in dicta terra habebam, pro remedio anime mee et antecessorum meorum dicte ecclesie dedi et concessi, nichil juris vel proprietatis in dicta terra michi vel heredibus meis retinendo. Dedi etiam dicte ecclesie quandam portionem terre juxta predictam terram sitam, septem minas sementis capientem, quittam et liberam ab omni re in perpetuum possidendam, laude et assensu Agnetis uxoris mee, predictam terram datam a me quittavit spontanee et quicquid dotis vel juris in dicta terra habebat, vel habere poterat, libenter et benevole resignavit, facta ei prius condigna reconpensatione dotis sue in alia terra mea. Sciendum autem est quod Eremburgis uxor Thome de Angulo et domina Albreda mater Galteri de Angulo et Constantia uxor ipsius Galteri quicquid dotis vel juris alterius habebant vel habere poterant, fide sua corporaliter prestita de non reclamando, coram me non coacte sed spontanee quittaverunt, facta eis prius condigna reconpensatione dotis sue a dictis Thoma de Angulo et Galtero fratre ejus in campo de Quercubus ante portam de Fayaco; fidem etiam corporalem prestiterunt dicti venditores coram me quod supra venditione ista ecclesiam de Briostel per se vel per alios de cetero nullatenus molestabunt, sed dictam venditionem pro posse suo contra omnes tenentur legitime garandire. Hanc venditionem ego Galterus de Sonjons predicte terre dominus concessi, volui pariter et laudavi et legitimam contra omnes ferre teneor garandiam In terra vero quam dedi dicte ecclesie nichil juris vel proprietatis michi vel heredibus meis retinui, sed dictam terram quittam omnino et liberam dicta ecclesia de Briostel in perpetuum possidebit. Ad majorem hujus rei confirmationem, ad petitionem supradictorum Thome de Angulo et Galteri fratris ejus presentes litteras sigilli mei munimine roboravi. Actum anno gratie M° CC° XXI°. Mense decembri.

(Arch. de l'Oise : *Abb. de Lannoy*, n° 68.)

CCLIV. — An 1221. — *Donation par Nivelon de Roncherolles de deux arpents de vignes sis en son clos de Sailleville.*

Ego Nevelo de Roncherolles miles. Notum facio tam presentibus quam futuris, quod ego, de assensu et voluntate Ydoree uxoris mee, dedi in puram et perpetuam elemosinam liberam penitus et quietam, ecclesie et conventui beate Marie de Briostel duos arpennos vinearum, in clauso meo de Selleville sitos, nichil omnino proprietatis vel dominii michi vel heredibus meis in predictis arpennis retinens in perpetuum. Ad majorem autem hujus donationis confirmationem, presentes litteras sigillo meo confirmavi in robur et testimonium veritatis. Actum anno incarnationis dominice millesimo ducentesimo XX° primo. Mense novembri, in crastino Omnium Sanctorum.

(Arch. de l'Oise : *Abb. de Lannoy*, n° 503.)

CCLV. — An 1221. — *Donation par Pierre Havoth, chevalier, seigneur de Longuavesne, de dix mines de terre.*

Ego Petrus Havoth miles notum facio omnibus presentes litteras inspecturis quod dedi Ecclesie beate Marie de Briostel, laude et assensu Ysabel uxoris mee et heredum meorum, quamdam portionem terre decem minas sementis capientem, sitam juxta terram illam quam vendiderunt Thomas de Angulo et Galterus frater ejus ecclesie supradicte, quittam et liberam ab omni re in perpetuum possidendam, nichil juris vel proprietatis in dicta terra michi vel heredibus meis, preter campartum solummodo, retinendo. Sciendum autem est quod tempore messis fratres de Fayaco dictam terram bona fide campartabunt et campartum meum adducent apud Fayacum et ibi michi reddent. Ad majorem hujus donationis confirmationem presentes litteras sigilli mei munimine confirmavi. Actum anno gratie M° CC° XXI°. Mense decembri. (Arch. de l'Oise : *Abb. de Lannoy*, n° 99.)

CCLVI. — An 1221. — *Donation par Jean, comte de Beaumont, d'une pièce de vignes sise à Campagne.*

Ego Johannes comes Bellimontis notum facio omnibus presentibus pariter et futuris quod intuitu pietatis et pro remedio anime mee et omnium antecessorum meorum dedi in puram et perpetuam elemosinam ecclesie beate Marie de Briostel et fratribus ibidem Deo servientibus unum arpennum vinee situm apud Campanias. Quod, ut firmum et stabile sit, presentem cartam conscribi feci et sigillo meo confirmavi. Actum anno gratie M° CC° XX° primo.

(Arch. de l'Oise : *Abb. de Lannoy*, n° 69.)

CCLVII. — An 1223. — *Confirmation de cette donation par Ansold de Campagne.*

Ego Ansoldus de Campania miles notum facio tam presentibus quam futuris quod vir nobilis Johannes, quondam comes Bellimontis, de rebus suis disponens, dedit in puram et perpetuam elemosinam pro remedio anime sue ecclesie et conventui beate Marie de Briostel unum arpennum vinee apud Campaniam, in clauso domine Aye situm. Hanc donationem ego Ansoldus ad cujus feodum predicta vinea pertinebat, de consensu et voluntate Johannis filii mei, concessi et ratam habui in perpetuum, salvo jure meo. Sciendum etiam quod predictam vineam predictis monachis ego et heredes mei tenemur fideliter et legitime contra omnes garandire. In cujus rei robur et testimonium presentes litteras pro me et pro meis heredibus sigillo meo confirmavi. Actum anno gratie M° CC° XX° III°. Mense novembri, vigilia Sancte Katherine, virginis.

(Arch. de l'Oise : *Abb. de Lannoy*, n° 69.)

CCLVIII. — An 1222. — *Confirmation par Pierre Havoth de la vente faite par Robert de Longuavesne de sept mines de terre à Longuavesne.*

Ego Petrus Havoth miles notum facio presentibus et futuris quod Robertus de Longa Avesna, filius Petri de Porta, vendidit ecclesie beate Marie de Briostel, pro centum et quinque solidis Parisiensium jam eidem persolutis, quandam portionem terre, septem minas sementis capientem, in territorio de Longua Avesna sitam, quittam et liberam in perpetuum possidendam, nichil in dicta terra michi vel heredibus meis, preter campartum, pro omni jure meo, solummodo retinendo. Hanc venditionem benigne concessit, voluit et laudavit Margarita uxor dicti Roberti, facta ei prius condigna recompensatione dotis sue in alia terra, quam emit dictus Robertus, apud Bouvereches, de denariis supradictis. Dederunt etiam fidem corporalem dictus Robertus et Margarita uxor ejus quod super venditione ista dictam ecclesiam de Briostel per se vel per alios de cetero nullatenus molestabunt, sed ipsam venditionem contra omnes pro posse suo garandizabunt. Sciendum autem est quod si abbas de Briostel, tempore messis, fratrem suum vel nuntium miserit ad domum meam vel ad domum heredis mei, apud Longam Avesnam, pro dicta terra campartanda, et ego vel heres meus venire vel mittere noluimus vel distulimus, fratres de Briostel statim dictam terram bona fide campartabunt, sine forisfacto, et partem suam ducent in domum suam, campartum vero meum vel heredis mei ducent ad domum meam vel heredis mei apud Longam Avesnam. Ad hoc totum firmiter observandum et tenendum obligavi heredem meum. Ad majorem hujus rei confirmationem, ad petitionem dicti Roberti et Margarite uxoris ejusdem, presentem paginam sigilli mei appensione confirmavi in testimonium veritatis. Actum anno gratie M° CC° XXII°. Mense martio.

(Arch. de l'Oise : *Abb. de Lannoy*, n° 280.)

CCLIX. — An 1222. — *Lettre de protection accordée à l'abbaye pour les pâturages de sa grange de Monceaux contre les habitants de Bouvresse, par Milon de Nanteuil, évêque de Beauvais.*

Milo Dei miseratione Belvacensis episcopus omnibus presentes litteras inspecturis in Domino salutem. Noverint universi quod cum nos ecclesiam et conventum de Briostel sincera caritate diligere teneamur, promisimus quod abbatem et conventum de Briostel in possessione sua, quam habent in pascuis nemorum pertinentium ad domum de Moncellis, defendemus contra homines de Boveresches; et si ibi contra voluntatem monachorum de Briostel dicti homines de Boveresches peccora sua duxerint, vel miserint, vel aliquam violentiam intulerint, nos cum ab eisdem monachis vel eorum servientibus fuerimus requisiti, vim amoveri faciemus quamdiu voluerint stare juri coram nobis, nisi inhibitio domini proprii vel domini regis intervenerit. Has autem litteras ad preces ipsius abbatis et conventus et aliorum bonorum virorum ipsis dedimus, ut eas ballivis nostris ostendent quum nos extra partes Belvacenses esse contigerit, non enim semper sumus in partibus Belvacensibus. In cujus rei testimonium presentes litteras sigillo nostro fecimus communiri. Actum anno Domini M° CC° vicesimo secundo. Mense aprili.

(Arch. de l'Oise : *Abb. de Lannoy*, n° 350.)

CCLX. — An 1222. — *Abandon par Gautier de Songeons de tous les droits qu'il pouvait avoir sur les fossés creusés autour du bois du Fay.*

Ego Galterus de Sonjons miles notum facio tam presentibus quam futuris quod abbas et conventus beate Marie de Briostel, de voluntate mea et beneplacito meo et uxoris mee Agnetis et filiorum meorum Johannis, Petri et Balduini, fecerunt in terra mea fossata circa nemora sua de Fay, volumus etiam et concedimus in puram et perpetuam elemosinam tam ego quam uxor mea et filii mei ut fossata illa ad ostentionem metarum ibi de assensu nostro positarum, et quicquid infra metas continetur integre omnino libere et pacifice ecclesie et conventus de Briostel in perpetuum possideant. In hujus igitur rei robur et testimonium presentes litteras sigillo meo confirmavi. Actum anno gratie M° CC° XXII°. Mense maio.

(Arch. de l'Oise : *Abb. de Lannoy*, n° 100.)

CCLXI. — An 1222. — *Confirmation par Gautier de Songeons de la vente faite par Guillaume de Malicorne, de huit mines de terre à Longuavesne.*

Ego Galterus de Sonjons miles. Notum facio tam presentibus quam futuris quod Willermus de Malicorne et Matildis ejus uxor, pro communi utilitate et necessitate sua, laude et assensu Bartholomei de Longa Avesna, a quo ipsi tenebant, vendiderunt in perpetuum, absque ulla retentione sibi vel heredibus suis, ecclesie et conventui beate Marie de Briostel, pro sex libris Parisiensium, jam eis integre persolutis, quandam portionem terre, que sita est in territorio de Longa Avesna, octo minas sementis capientem. Et quia predicti Bartholomeus videlicet et Willermus sigillum non habebant, ego Galterus ad preces et petitiones ipsorum presentes litteras sigillo meo confirmavi in testimonium veritatis. Et sciendum quod predicti venditores de non reclamando in posterum et de legitima guarandia ferenda fidem prestiterunt corporalem. Actum anno gracie M° CC° vicesimo secundo. Mense maio.

(Arch. de l'Oise : *Abb. de Lannoy*, n° 281.)

CCLXII. — An 1222. — *Donation à l'abbaye par Pierre Havoth, chevalier, d'une mine de froment et de deux chapons de rente qu'elle lui devait, du tiers des bruyères du Val-du-Mesnil, et vente par le même des bruyères de la Becloie.*

Ego Petrus Havoth, miles, notum facio presentibus et futuris presentem paginam inspecturis quod ego pro remedio anime Ysabel uxoris mee dedi ecclesie et conventui beate Marie de Briostel, ubi sepulturam elegit et habuit, in puram et perpetuam elemosinam, unam minam frumenti et duos capones quos reddebant in singulis annis pro terra Thome de Angulo. Dedi etiam dicte ecclesie in perpetuum tertiam partem brochiarum de Valle Mesnillii, inter viam qua tendit de Sonjons apud Loweuses et boscum dicte ecclesie de Mesnilliis. Nichil in supradictis michi vel heredibus meis in perpetuum retinendo. Preterea vendidi sepe dicte ecclesie de Briostel brochiam de la Bieloie, septem minas et dimidiam sementis capientem pro centum solidis in plene persolutis. Hanc dictam brochiam de la Beeloie dicta ecclesia de Briostel quittam et liberam in perpetuum possidebit retento solummodo camparto mihi et heredibus meis. Sciendum autem est quod si tempore messis ecclesia de Briostel ad domum meam vel heredis mei miserit pro terra dicta de la Beeloie campartanda et ego vel heres meus venire vel mittere noluerimus vel distulimus, fratres de Fayaco dictam brochiam sine forisfacto bona fide campartabunt et partem suam portabunt ad domum suam, campartum vero meum vel heredis mei ducent apud Longam Avesnam vel apud Fayacum. Hoc totum factum est de consensu et voluntate Henricii primogeniti mei, Gerardi, Petri filiorum meorum. Ad majorem hujus rei confirmationem presentem paginam sigillo meo confirmavi. Actum anno gratie M° CC° XXII°. Mense maio.

(Arch. de l'Oise : *Abb. de Lannoy*, n° 14.)

CCLXIII. — An 1222. — *Confirmation par Joscelin, abbé de Beaupré, de la donation par Jean d'Ataincille de deux muids de blé de rente à prendre sur les moulins de Tolsac et du Vivier.*

Universis Christi fidelibus presentium litterarum noticiam habituris, frater J. (Joscelinus) dictus abbas de Prato salutem in Domino. Universitati vestre notum facimus quod ego et multi alii presentes eramus quando dominus Johannes de Atainville, in die qua duxit in uxorem Ysabel de Silli, coram Petro decano de Harmes, fide sua corporaliter prestita, benigne creantavit et concessit ecclesie de Briostel duos modios bladi percipiendos in perpetuum singulis annis in molendino de Tousac et molendino de Vivario, infra octavam Omnium Sanctorum. Predictos duos modios dicta ecclesia habebit in dictis molendinis pro anima domini Odonis de Silli et habebit in perpetuam. Hanc elemosinam voluit et concessit Ysabel uxor dicti Johannis de Atainville. Dictus autem Johannes de Atainville, fide sua interposita creantavit quod cum miles factus fuerit et sigillum habuerit, duos dictos modios elemosinatos dicte ecclesie de Briostel, sigilli sui munimine confirmabit. In cujus rei testimonium presentes litteras sigillo meo confirmavi. Actum anno gratie M° CC° vicesimo secundo.

(Arch. de l'Oise : *Abb. de Lannoy*, n° 193.)

CCLXIV. — An 1223. — *Confirmation par Pierre Havoth de la donation par la veuve Eufémie de 8 sols parisis de rente.*

Ego Petrus Havoth, miles, notum facio tam presentibus quam futuris quod Eufemia relicta Huberti Ad Matres, civis Belvacensis, de voluntate et assensu filiorum suorum Deodati et Petri, dedit in puram et perpetuam elemosinam ecclesie et conventui beate Marie de Briostel, octo solidos Parisiensium annui redditus, quos reddent singulis annis in perpetuum, in festo Sancti Remigii, scilicet Garnerus Orphanus quatuor solidos, et Hugo Cordubanarius quatuor solidos, vel heredes eorum; michi vero et heredibus meis reddent sex capones, que omnia dicte Eufemie annua reddere consueverant, pro quadam terra, quam de ipsa tenebant, que est inter Gerborredum e Caumont, prope viam qua itur ad Sonjuns. Si vero contingeret quod ad prefixum terminum census prescriptus non redderetur, dicti abbas et conventus terram illam saysirent et in manu sua tenerent, donec eis de octo solidis, michi vero de sex caponibus esset plenarie satisfactum. In hujus rei robur et testimonium presentes litteras sigillo meo confirmavi. Actum anno gratie millesimo ducentesimo vicesimo tercio.   (Arch. de l'Oise : *Abb. de Lannoy*, n° 119.)

CCLXV. — An 1223. — *Accord entre l'abbaye et le chapitre de Gerberoy, au sujet du moulin de Roy.*

Aubertus decanus totumque capitulum ecclesie beati Petri Gerborredi omnibus presentes litteras visuris salutem in perpetuum. Noverint universi quod cum causa verteretur inter nos ex una parte, et abbatem et conventum de Briostel ex altera, coram abbate Sancti Martini Pontisare et conjudicibus suis a domino Papa delegatis, super medietate molendini de Reio, quam dicebamus ad nos pertinere, ita quod unum modium habebamus in proprietate, residuum in feodo, et super manso quodam et medietate pratuli. Tandem composuimus in hunc modum quod ipsi recognoverunt ad nos pertinere unum modium in molendino. Et ut omnes querele inter nos et ipsos sopirentur, concesserunt nobis alium modium in eodem; ita quod singulis annis debemus percipere de molendino duos modios mistolii, unum modium in festo Omnium Sanctorum et alium in Pascha ; et nos omnes querelas coram dictis judicibus motas eisdem quittavimus, concedentes ut in perpetuum tam molendinum quam vivarium cum appendiciis suis pacifice possideant. Ut autem ista compositio rata in posterum et inviolabilis permaneat, presentem cartam sigillo nostro consignavimus in robur et testimonium veritatis. Actum anno gratie M° cc° xxiii°. Mense junio.   (Arch. de l'Oise : *Ib.*, n° 505.)

CCLXVI. — An 1223. — *Donation par Ansold de Roncherolles d'un arpent de vignes sis auprès de Neuilly.*

Notum sit omnibus tam presentibus quam futuris quod ego Ansoldus de Roncherolles miles et Johannes filius meus, pro remedio anime Hilesendis uxoris mee, dedimus in puram et perpetuam elemosinam, ecclesie et conventui beate Marie de Briostel, unum arpennum vinee apud Nuelly situm. Preterea dedimus et concessimus prescriptis monachis vineas apud Nuelli, quas Philippus filius meus, de rebus suis disponens, eis pro salute anime sue in perpetuam contulit elemosinam. Et quia volumus ut ecclesia et monachi de Briostel vineas prescriptas libere omnino et absolute in perpetuum possideant, presentes litteras sigillo meo confirmavi. Actum apud Roncherolles, anno gratie millesimo cc° vicesimo tercio. Mense Augusto.   (Arch. de l'Oise : *Abb. de Lannoy,* n° 417.)

CCLXVII. — An 1223. — *Confirmation par Ansold de Roncherolles et Jean, son fils, de la donation par Nivelon de Roncherolles de deux arpents de vignes à Sailleville, et de celle par Godefroy de Remi d'un arpent de vignes.*

Notum sit omnibus tam presentibus quam futuris quod ego Ansoldus de Roncherolles, miles, et Johannes filius meus concessimus et ratum habuimus in perpetuum donum quod fecit Nevelo frater meus ecclesie et conventui beate Marie de Briostel, de duobus arpennis vinearum in clauso suo de Selleville sitis. Preterea concessimus eis in perpetuum unnum arpennum vinee, quem de rebus suis disponens Gaufridus de Remi, nepos meus, ecclesie et conventui de Briostel in elemosinam contulit perpetuam. Et quia volumus ut omnes vineas superius annotatas libere omnino et pacifice in perpetuum possideant, ego Ansoldus presentes litteras pro me et pro meis heredibus sigillo meo confirmavi in robur et testimonium veritatis. Actum anno gratie m° cc° xx° tercio. Mense septembri.
   (Arch. de l'Oise : *Abb. de Lannoy,* n° 504.)

CCLXVIII. — An 1224. — *Donation par Eremburge d'Aumale de 10 sols parisis de rente sur Lucas de Blangy.*

Ego Eremburgis, filia domini Ingerranni vicecomitis Albemalle, notum facio tam presentibus quam futuris quod, de voluntate et consilio domini Ingerranni patris mei et Ingerranni filii mei primogeniti, contuli in puram et perpetuam elemosinam, pro remedio anime matris mee, ecclesie et conventui beate Marie de Briostel decem solidos parisienses annui redditus recipiendos singulis annis in festo Sancti Remigii apud Blangiel. Hos decem solidos reddet in perpetuum Lucas de Blangiel vel heres ipsius, vel quicumque dicte Luce possiderit tenementum. In hujus igitur rei robur et testimonium sigillo meo et sigillis predictorum scilicet domini Ingerranni patris mei et Ingerranni filii mei presentes litteras confirmavi, Actum anno gratie M° CC° XX° quarto. Mense januario. (A. de l'Oise : *Ib.*, n° 46.)

CCLXIX. — An 1224. — *Vente à l'abbaye, par Jean de Grosserce, de trois muids de grains de rente qu'il prenait annuellement dans la grange de Thieuloy, appartenant aux religieux.*

Ego Johannes de Grandi Silva notum facio tam presentibus quam futuris quod ego vendidi in perpetuum, fide mea interposita, ecclesie et conventui beate Marie de Briostel tres modios annui redditus, videlicet decem et octo minas frumenti et tolidem avene, quos michi dicta ecclesia singulis annis in grangia Teguleti reddere tenebatur, pro quadraginta et duabus libris Parisiensium. Hanc venditionem non vi, non coactione, sed propria et spontanea voluntate laudaverunt et concesserunt absque ulla retentione domina Haviz mater mea et Eufemia uxor mea, fratres mei Ingerrannus et Hugo, et sorores mee Ermengardis et Odelina, qui omnes de predicta venditione firmiter in perpetuum et fideliter observanda fidem dederunt corporalem, renuntiantes omni actioni et juri quod eis in posterum vel eorum heredibus valere posset ad reclamandum. Verum quia medietas terre mee ad dotalicium predicte Eufemie uxoris mee pertinebat, assignavi ei, de voluntate et beneplacito ipsius, in reconpensationem dotis quam habebat in predictis tribus modiis, totam terram meam de Haleyo. Hanc venditionem trium modiorum tenemur ego et heredes mei dicte ecclesie fideliter et legitime contra omnes guarandire. In cujus rei robur et testimonium presentes litteras sigillo meo confirmavi. Actum anno Incarnationis Dominice M° CC° vicesimo quarto. Mense februario. (Arch. de l'Oise : *Abb. de Lannoy*, n° 577.)

CCLXX. — An 1225. — *Transaction arbitrale, pardevant Guillaume, abbé de Beaubec, et Joscelin, abbé de Beaupré, entre l'abbaye et Dreux de Fontaine, au sujet du moulin neuf de Roy et de la chaussée que les religieux avaient construite.*

Universis Christi fidelibus ad quos presens scriptum pervenerit ego frater Willelmus de Bello Becco et ego frater Jocelinus de Prato dicti abbates salutem in Domino. Ad universitatis vestre noticiam volumus pervenire quod, cum controversia verteretur inter abbatem et conventum de Briostel ex una parte, et Drogonem militem dominum de Fontanis ex altera, super quodam novo molendino et quadam parva calceia subtus magnam calceiam, que dicti abbas et conventus apud Reium construxerant, et super quadam via que ducebat ad molendinum dicti Drogonis; tandem pro bono pacis in nos ab partibus fuit compromissum, sub pena viginti marcarum persolvendarum parti remanenti et arbitrio ab parte que ab nostro arbitrio resiliret. Nos vero super predictis arbitri ab partibus constituti, facta inquisitione et examinatione diligenti, de consilio bonorum virorum et jurisperitorum, pronuntiavimus dictum molendinum, cum omnibus ejus edificiis et porprisio adjacenti, in suo statu cum omni integritate, jure perpetuo dictis abbati et conventui debere permanere. De calceia autem parva, diximus quod dicti abbas et conventus eam cum ponte desertare sive deficere debeant, infra proximum Pascha, ab dicta ponte usque ad signa, que per nos, de communi assensu partium, ibi sunt designata. De via vero diximus quod ipsi abbas et conventus eam infra Pascha proximum debeant restaurare. Si vero super intellectu verborum comprehensorum in prescripto arbitrio vel de pena dubitatio fuerit inter partes, nos dictum nostrum secundum intentionem, quam in pronuntiando habuimus, debemus declarare, ut non aliter quam per nos pars ab parte petere possit penam. Quod ut ratum permaneat, nos ad petitionem partium presens scriptum sigillis nostris duximus communiri. Actum anno gratie M° CC° vicesimo quinto. Mense martio. (Arch. de l'Oise : *Ib.*, n° 506.)

CCLXXI. — An 1225. — *Renonciation par les abbayes de Lannoy et de Beaubec au bail à ferme perpétuel, à elles fait par l'abbaye du Bec, des terres de Blargies, Formerie et Bouvresse.*

R. (Ricardus) divina miseratione Ebroicensis episcopus, frater B. (Bernardus) dictus abbas Frigidimontis et Th. Decanus Rothomagensis universis presentes litteras inspecturis in Domino salutem. Noverit universitas vestra quod cum venerabiles et in Christo dilecti abbates et conventus Belli Becci et de Briostel, cysterciensis ordinis, recepissent ad perpetuam firmam a viris religiosis abbate et conventu Becci, Rothomagensis diocesis, manerium de Blargies, de Formeries et de Bovereches cum omnibus pertinentiis eorumdem, tandem cum dictum contractum utrique parti constaret esse dampnosum, prenominati abbates et conventus a dicto contractu penitus recesserunt et sese per acceptillationem ab invicem super eodem liberaverunt, renuntiantes omnibus dictis et scriptis super hoc confectis et omni a:tioni et juri sibi occasione dicti contractus competenti, salvo antiquo censu centum et quinque solidorum parisiensium, quos annuatim tenentur solvere abbates et conventus Belli Becci et de Briostel abbati et conventui Becci; pro hac tamen quitatione abbates et conventus Belli Becci et de Briostel solverunt abbati et conventui Becci centum libras parisienses, et ipsi abbas et conventus Becci promiserunt eis quod de cetero ipsi vel alius nomine suo nichil reclamabunt in nemoribus Belli Becci et de Briostel. Si vero homines sui aliquo tempore voluerint aliquid petere in dictis nemoribus, dicti abbas et conventus Becci inde non se intromittent per se vel per aliam interpositam personam, nisi ad testificandum et exhibendum instrumenta et testes, si necesse fuerit. Quod ut ratum et inconcussum permaneat, nos ante quos de querelis inter dictas part·s habitis fuerat compromissum, presentem paginam nostris et partium sigillis ad petitionem ipsorum fecimus communiri. Actum anno Domini M° CC° vicesimo quinto. Mense maio. (Arch. de l'Oise : *Abb. de Lannoy*, n° 48.)

CCLXXII. — An 1225. — *Confirmation par l'officialité de Beauvais de l'accord par lequel Jean d'Atainville reconnait devoir à l'abbaye une rente de deux muids de blé sur les moulins de Tolsac et du Vivier.*

Magistri P. canonicus et E. officiales Belvacenses omnibus presentes litteras inspecturis in Domino salutem. Noverit universitas vestra quod cum contraversia verteretur coram nobis inter abbatem et conventum de Briostel ex una parte, et dominum Johannem de Atteinvile militem ex altera, super eo quod ipsi abbas et conventus dicebant dictum dominum Johannem dedisse et concessisse, fide sua interposita, de assensu Isabeldis uxoris sue, die qua duxit eam in uxorem, dictis abbati et conventui de Briostel duos modios frumenti singulis annis percipiendos in molendino de Tousac et in molendino de Vivario, pro anima domini Odonis de Silliaco, et promisisse quod hoc sigillo suo confirmaret quando sigillum haberet. Dicto Johanne milite hec inficiante. Tandem lite super hiis contestata, testibus ex parte predictorum abbatis et conventus productis, et diligenter examinatis, depositionibus eorum publicatis et diligenter inspectis, auditis rationibus et allegationibus hinc inde propositis, die ad audiendam sententiam deffinitivam partibus assignata, dicto Johanne milite in propria persona, et procuratore dictorum abbatis et conventus coram nobis comparentibus, dictus Johannes miles recognovit coram nobis in jure se in dictis duobus modiis frumenti teneri dictis abbati et conventui de Briostel, et promisit, coram nobis fide interposita, quod ipse singulis annis eisdem abbati et conventui prefatos duos modios frumenti, in dictis molendinis de Tousac et de Vivario, nomine annui redditus persolvet, infra octabas Omnium Sanctorum ; super autem arreragisi dicti redditus et super expensis dictorum monachorum in lite factis, partes in nos conpromiserunt. Actum anno gratie M° CC° vicesimo quinto. Mense julio.

(Arch. de l'Oise : *Abb. de Lannoy*, n° 194.)

CCLXXIII. — An 1226. — *Donation par Florent, chanoine de Saint-Michel de Beauvais, d'un muid de grains de redevance annuelle, à prendre dans sa grange de Sauvillers.*

Ego Florentius, canonicus Sancti Michaelis Belvacensis. Notum facio tam presentibus quam futuris quod ego, ob remedium anime Reginaldi fratris mei, dedi in puram et perpetuam elemosinam ecclesie et conventui beate Marie de Briostel unum modium, medietatem frumenti et medietatem avene, ad mensuram Montisdesiderii, recipiendum singulis annis, in festo Sancti Remigii, in grangia mea de Saleiviler. Hanc donationem voluit et ratam habuit in perpetuum dominus Robertus, vicecomes de Poix, frater meus, feodi dominus, nichil omnino juris vel dominii in predicto modio sibi vel heredibus suis retinens in perpetuum. In cujus rei robur et testimonium, presentes litteras sigillo meo et sigillo domini Roberti fratris mei confirmavi. Actum anno gratie M° CC° vicesimo sexto. Mense aprili.

(Arch. de l'Oise : *Abb. de Lannoy*, n° 507.)

CCLXXIV. — An 1226. — *Confirmation par Hugues de Longpérier et Roger de Hausseline de l'échange par lequel Odon Lovel de Heaumeth, Emeline et Jeanne de Heaumeth cèdent à Gilon d'Hodene un muid de blé de rente à prendre dans la grange de Monceaux, contre un pareil muid de blé à prendre au moulin d'Haussez.*

Universis Christi fidelibus presentes litteras inspecturis Hugo de Longa piro et Rogerus de Hausseleines salutem in Domino. Noverit universitas vestra quod Odo Lovel de Heaumeth et Emelina et Johanna filie Clementis de Heaumeth, assensu et voluntate nostra, excambiaverunt domino Giloni de Houdench militi unum modium bladii annui redditus, quem de nobis tenebant et singulis annis recipiebant a monachis de Briostel in grangia de Moncellis, pro uno modio frumenti duobus denariis pejoris meliori, quem dictus Gilo predictis Odoni et Emeline et Johanne dedit in excambium singulis annis recipiendum in molendino suo de Hauseis, quicumque dictum teneat

molendinum. Ita sane quod nos videlicet Hugo de Longa piro et
Rogerus de Hausseleines, nec non et prefatus Odo cum dictis Emelina et Johanna, in predicto modio de Moncellis nichil omnino nobis
aut heredibus nostris retinuimus, sed tale jus et dominium quale
habebamus in predicto modio de Moncellis habebimus in modio
molendini de Hausseis. Ad majorem autem hujus rei securitatem
prenominatus Odo cum sepedictis Emelina et Johanna, pro se et
heredibus suis fidei sacramentum prestiterunt quod prefatum excambium firmiter et inviolabiliter in perpetuum observabunt et nichil
penitus per se vel per heredes suos in predicto modio de Moncellis
de cetero reclamabunt. Quod ut ratum et stabile permaneat, presentem cartam exinde fecimus annotari et sigillorum nostrorum munimine roborari. Actum anno Domini millesimo ducentesimo visesimo
sexto. Mense aprili.   (Arch. de l'Oise : *Abb. de Lannoy*, n° 351.)

CCLXXV. — An 1226. — *Vente par Gilon d'Hodenc d'un muid de
blé de rente dans la grange de Monceaux.*

Notum sit presentibus et futuris quod ego Gilo de Houdench, miles
excambiavi Odoni Lovel de Heaumeth et Emeline et Johanne, filiabus
Clementis de Heaumeth, unum modium frumenti duobus denariis pejoris meliori, singulis annis recipiendum in molendino de Hausseis,
quicumque dictum teneat molendinum, pro uno modio bladii redditus annui, quem dictus Odo cum prefatis Emelina et Johanna, singulis annis, recipiebant a monachis de Briostel in grangia de Moncellis ; ita sane quod dictus Odo cum prenominatis Emelina et Johanna, necnon et Hugo de Longa piro et Rogerus de Hauseleines,
quorum assensu et voluntate istud excambium factum fuit in predicto modio de Moncellis, nichil omnino sibi vel heredibus suis retinuerunt ; sed tale jus et dominium quale predicti Hugo et Rogerus
in predicto modio de Moncellis habebant, de cetero habebunt in illo
molendini de Hausseis. Ego vero dictus Gilo assensu et voluntate
Petronille uxoris mee et Guillelmi filii mei primogeniti, ceterorumque
liberorum nostrorum, predictum modium, quem in grangia Moncellorum in excambium a predictis Odone, Emelina et Johanna accepe-
ram, vendidi monachis de Briostel pro decem et octo libris Parisiensium, libere et quiete et pacifice in perpetuum possidendum.
Quem etiam modium eisdem monachis ego et heredes mei contra
omnes homines tenemur fideliter et firmiter in perpetuum garandire.
Quod ut ratum et inconcussum perpetuo perseveret, presentem cartam exinde conscriptam prefatis monachis contradidi, et sigilli mei
auctentico roboravi. Actum anno Domini millesimo ducentesimo
vicesimo sexto. Mense aprili.   (Arch. de l'Oise : *Ib.*, n° 354.)

CCLXXVI. — An 1226. — *Vente par Louis d'Hodenc, chevalier, de deux muids de grains et de quatre mines d'avoine de redevance annuelle.*

Ego Lodovicus de Hosdenc, miles. Notum facio tam presentibus quam futuris quod ego vendidi in perpetuum ecclesie et conventui beate Marie de Briostel, cisterciensis ordinis, pro triginta et octo libris Parisiensium jam michi integre persolutis, volentibus et inidipsum consentientibus domino meo Extachio de Milly, a quo ipse tenebam, et uxore mea Agnete, duos modios annui redditus, unum videlicet frumenti et alium avene, et ex alia parte quatuor minas avene, que michi in grangia Ursimontis, singulis annis, monachi de Briostel reddere solebant, nichil omnino juris, proprietatis, vel dominii michi vel heredibus meis in predictis retinens in perpetuum. Verum quia medietas terre nec ad dotalicium uxoris mee pertinebat, in excambiationem duorum illorum modiorum et quatuor minarum, dedi ei decem et octo minas frumenti et totidem avene annui redditus, quas michi singulis annis ecclesia de Fresmont reddere consuevit. Ipsa vero predictam venditionem pro communi necessitate nostra et utilitate factam, non vi, non coactione, sed voluntate spontanea laudavit et ratam habuit in perpetuum; fidem etiam tam ego quam ipsa dedimus corporalem, quod in predictis duobus modiis et quatuor minis nichil omnino reclamabimus vel faciemus reclamari, nec dampnum aliquod vel gravamen propter illam possessionem ecclesie de Briostel inferemus, sed eam bona fide pro posse nostro contra omnes et in omnibus locis garantizabimus. In hujus rei testimonium presentes litteras pro me et pro heredibus meis sigillo meo confirmavi. Actum anno gratie M° cc° vicesimo sexto. Mense maio.

(Arch. de l'Oise : *Abb. de Lannoy*, n° 435.)

CCLXXVII. — An 1226. — *Confirmation par Eustache de Milly de la vente par Louis d'Hodenc de deux muids de grains de redevance annuelle.*

Ego Eustachius miles de Milli. Notum facio tam presentibus quam futuris quod Leudovicus de Hodenc miles, homo meus, vendidit, absque ulla retencione sibi vel heredibus suis, ecclesie et conventui beate Marie de Briostel unum modium frumenti et unum avene, quos eidem dicta ecclesia singulis annis in grangia Ursimontis reddere tenebatur, pro triginta et octo libris Parisiensium. Hanc venditionem ego Eustachius feodi dominus, ad preces et petitionem dicti Leudovici volui, laudavi et concessi in perpetuum, nullum omnino jus vel dominium michi vel heredibus meis retinens in eadem, sed et ipsam venditionem, sacramentis prestitis sacrosanctis coram conventu super altare dicte ecclesie, contra omnes fideliter et legitime tenemur garantire. In cujus rei robur et testimonium, presens scriptum sigillo meo confirmavi. Actum anno Domini millesimo ducentesimo vicesimo sexto. Mense maio.

(Arch. de l'Oise : *Abb. de Lannoy,* n° 435.)

CCLXXVIII. — An 1226. — *Confirmation par Godefroy de Clermont de Nesle, doyen de Beauvais, de la vente par Louis d'Hodenc, chevalier, de deux muids de grains de redevance annuelle.*

Gaufridus decanus Belvacensis omnibus Christi fidelibus presentes litteras inspecturis in Domino salutem. Noverint universi quod dominus Ludovicus de Houdenc miles et domina Agnes ejus uxor coram nobis constituti recognoverunt et concesserunt se vendidisse in perpetuum pari assensu et pro communi necessitate atque utilitate sua abbati et conventui de Briostel, cisterciensis ordinis, unum modium bladi et sexdecim minas avene annui redditus, quos habebant singulis annis in grangia dictorum monachorum de Orsimon, pro triginta et octo libris Parisiensis monete, jam ipsis persolutis. Et dicta domina Agnes uxor prefati Ludovici militis, que in dictis blado et avena annui redditus venditis dotalicium habebat, in nullo coacta, ut coram nobis recognovit, sed mera et spontanea voluntate, quicquid dotalicii, sive cujuscumque juris in dicto redditu vendito habebat, prefatis monachis de Briostel coram nobis in perpetuum quittavit, et in manu nostra resignavit, recognoscens sepedictum Ludovicum militem maritum suum, pro dotalicio, quod in prefato annuo redditu bladi et avene vendito habebat, de tribus modiis bladi annui redditus, quos ei debent monachi de Frigido monte, sibi sufficientem fecisse recompensationem. Et tam sepedictus dominus Ludovicus miles de Houdenc, quam predicta Agnes ejus uxor coram nobis fidem prestiterunt corporalem quod per se vel per aliquem alium in dicto redditu bladi et avene ab ipsis vendito, occasione alicujus juris, de cetero nichil reclamabunt vel reclamari facient, et quod super illo redditu vendito dictis monachis legitimam portabunt garandiam. In cujus rei robur et testimonium, litteras istas sigillo nostro fecimus communiri. Actum anno gratie M° CC° vicesimo sexto. Mense augusto.

(Arch. de l'Oise : *Abb. de Lannoy,* n° 435.)

CCLXXIX. — An 1226. — *Confirmation par Henri de Dreux, trésorier de Beauvais, de la transaction entre l'abbaye et Odon des Patis, au sujet du bornage d'un petit pré situé contre les murs du monastère.*

Ego Henricus, Dei gratia Belvacensis thesaurarius, notum facio universis presentes litteras visuris vel audituris, quod cum inter abbatem et conventum de Briostel, Cisterciensis ordinis, ex una parte, et Odonem de Pascuis cum Widria uxore sua ex altera, quadam controversia verteretur, super quodam pratello infra murum monachorum incluso, quod pie memorie dominus Girardus de Pascuis frater dicte mulieris in elemosinam ipsis contulerat, sicut in ejus litteris vidimus contineri, quod prefata Widria de sua hereditate esse dicebat, et super quadam portione terre, quam prenominati Odo et uxor ejus extra murum monachorum possidebant, que monachorum esse debebat, sicut ipsi dicebant. Tandem pro bono pacis in viros fideles, dominum vid licet Gaufridum de Ploiz, militem, et Osmue de Marsiliis, partes compromiserunt, firmum et stabile habentes in perpetuum quicquid de supradictis per ipsos esset fideliter ordinatum. Ipsi fideli facta inquisitione et diligenti bonorum virorum et jurisperitorum consilio utentes, unicuique quod suum erat, juxta suam conscientiam, tribuentes, muro monachorum in illa parte destructo, et metis diligenter appositis, supradictis Odoni et uxori ejus sepedictum pratellum, monachis vero terra prefata reddiderunt. Ego autem quia ipsum pratellum ad meum dominium pertinebat, compositionem talem, fideliter et legitime factam, volui et concessi, et ad petitionem partium, presentes litteras sigilli mei munimine confirmavi, in robur et testimonium veritatis. Actum anno gratie millesimo ducentesimo vicesimo sexto. Mense julio.

(Arch. de l'Oise : *Abb. de Lannoy*, n° 195.)

CCLXXX. — An 1227. — *Confirmation par Milon de Nanteuil, évêque de Beauvais, de la donation par Philippe de Dreux, son prédécesseur, de la grange de Monpertuis et de la terre adjacente.*

Milo, Dei gratia Belvacensis episcopus, universis Christi fidelibus presentes litteras inspecturis salutem in Domino. Noverint universi quod cum nos traxissemus in causam viros religiosos abbatem et conventum de Briostel, cisterciensis ordinis, super situ grangie de Malpertuis et super quadam terra apud dictam grangiam sita, quam bone memorie Philippus quondam Belvacensis episcopus eisdem contulerat in recompensationem cujusdam terre site apud Goislencort, que vocatur Bugnescans. Tandem nos divine caritatis intuitu, et precum eorumdem monachorum et aliorum bonorum virorum interventu, causam illam eisdem omnino remittentes, prefatis monachis prefatum situm dicte grangie de Malpertuis et terram predictam et communia pascua dicte grangie adjacentia, que memoratus Philippus antecessor noster eisdem monachis concessit, et etiam omnia alia, que ad dictam grangiam pertinent tam in terris quam in nemoribus, pratis, pasturis et rebus aliis, concessimus in perpetuum libere et quiete possidenda. Et ne aliquorum versutia super his locum habeat malignandi, hec omnia supradicta sigilli nostri munimine dictis monachis confirmamus et approbamus. Actum anno incarnationis dominice millesimo ducentesimo vicesimo septimo. Mense februario. (Arch. de l'Oise : *Abb. de Lannoy*, n° 303.)

CCLXXXI. — An 1228. — *Accensement par Dreux de Fontaine aux religieux de Lannoy de la moitié du moulin de Roy.*

Ego Drogo de Fontibus, miles. Notum facio presentibus et futuris, quod ego dedi et concessi ecclesie et conventui beate Marie de Briostel medietatem molendini de Reyo, et medietatem calceye et vivarii cum omni jure et dominio quod habebam in eisdem, jure perpetuo possidenda, pro novem modiis bladi annui et perpetui redditus, de moutura dicti molendini, absque avena, ad mensuram Gerborredi, hiis terminis persolvendis : infra octavas Sancti Johannis Baptiste, tres modios, infra octavas Natalis Domini, tres modios, et infra octavas Pasche, tres modios. Et si forte medietas mouture aliquo anno novem modios non valuerit, dicti monachi defectum dictorum novem modiorum michi de blado equivalenti supplebunt. Et si ego vel heres meus de pejoratione mouture dubitaverimus, monachi prestito juramento illius qui custos fuerit molendini, sive conversus fuerit, sive secularis, deliberabuntur et in pace remanebunt. Sciendum vero quod si temporis siccitas aliquo anno evenerit ita quod molendinum illud pro defectu aque non moluerit, quantum hac de causa molere cessaverit, tantum cessabunt dicti monachi a solutione redditus memorati. Creantavi etiam quod per istos novem modios annui redditus, omnes homines manentes apud Fontanas cujuscumque sint hospites, et omnes hospites mei de Reyo, in perpetuum erunt banarii ad dictum molendinum. Hoc autem retinui michi et heredi meo post me, quod medietatem bladi, que expendetur in usus domus mee apud Fontanas, vel ubicumque mansero, infra castellariam Gerborredi, libere molam et primus post illum cujus bladum in tremuya invenero. Et si forte aliquo tempore totum molendinum jure perpetuo habuerint, ex tunc totum bladum quod expendetur in usus supradictos libere molam. Sacerdos etiam et vavassores de Fontanis molent primi post illum cujus bladum in tremuya invenerint et tres minas pro uno boissello. Villani vero et advenientes molent sicut antiquitus molere consueverunt, scilicet duas minas pro uno boissello, et inter duos banarios debet molere unus adveniens. Et si aliquis de dictis banariis ierit ad aliud molendinum, et dicti monachi, vel eorum servientes illum ceperint, si captus vim fecerit, ego et heres meus post me vim tenemur anmovere, et faciemus dictis monachis habere emendam usualem, et in illa emenda habebimus medietatem, et dicti monachi aliam medietatem. Hec autem omnia, sicut superius annotata sunt et expressa, voluerunt, laudaverunt et approbaverunt Ysabel uxor mea et filii mei Johannes, Radulfus et Petrus, et filie videlicet Agnes, Helvildis, Petronilla, ceterique filii nostri et filie. Et de his omnibus firmiter et fideliter tenendis bona fide et observandis in perpetuum, et de legitima et plena garandia ferenda dictis monachis in omnibus locis et contra omnes, tam ego quam predicta uxor mea et liberi nostri fidem prestitimus corporalem; renuntiantes omnibus aliis conventionibus et exceptionibus, atque omni alio juri nobis competenti. In cujus rei robur et testimonium, presentes litteras sigillo meo confirmavi. Actum anno gratie millesimo ducentesimo vicesimo octavo. Mense maio.

(Arch. de l'Oise : *Abb. de Lannoy*, n° 509.)

CCLXXXII. — An 1228. — *Confirmation par Milon de Nanteuil, évêque de Beauvais, de l'accensement par Dreux de Fontaine aux religieux de Lannoy de la moitié du moulin de Roy.*

Milo, divina miseratione Belvacensis episcopus, omnibus presentes litteras inspecturis in Domino salutem. Noverint universi quod constitutus in presentia nostra dominus Drogo de Fontanis, miles, recognovit et concessit se dedisse et concessisse abbati et conventui beate Marie de Briostel.... *(Comme dans la charte précédente.)* Et nos de cujus feodo predictum molendinum cum pertinentiis suis supradictis existit, prefatas conventiones volumus, concedimus et approbamus, et ad petitionem partium presentium auctoritate confirmamus. Ita quod dicti novem modii bladi de nostro feodo sunt, sicut et dictum molendinum erat ante, et eos tanquam dominus pro defectu dicti Drogonis vel heredum suorum saisire poterimus. Actum anno Domini millesimo ducentesimo vicesimo octavo.

(Arch. de l'Oise : *Abb. de Lannoy*, n° 509.)

CCLXXXIII. — An 1228. — *Confirmation par Simon, abbé de Beaubec, de la transaction passée entre l'abbaye et Dreux de Fontaine, au sujet du moulin de Roy.*

Universis Christi fidelibus presentes litteras inspecturis, frater Symon dictus abbas de Belbech salutem in Domino sempiternam. Noverint universi quod nos compositionem factam de Molendino de Roi, inter abbatem et conventum beate Marie de Briostel, ex una parte, et dominum Drogonem de Fontanis militem, ex altera parte, sicut in litteris super hoc ab utraque parte habitis et a domino Milone Belvacensi episcopo confirmatis, continetur, sicut pater abbas predicte domus volumus, laudamus et concedimus in perpetuum et super hoc, si necessarium fuerit, prout potuerimus, plenam feremus garandiam. In cujus rei testimonium, presentes litteras sigilli nostri munimine confirmamus. Actum anno gratie millesimo ducentesimo vicesimo octavo. Mense julio.

(Arch. de l'Oise : *Abb. de Lannoy*, n° 508.)

CCLXXXIV. — An 1228. — *Confirmation par Godefroy de Clermont, doyen de Beauvais, de l'accord entre l'abbaye et Robert Morel de Montaubert, au sujet d'une masure et d'une pièce de terre sises au Hamel*

Gaufridus Decanus Belvacensis, omnibus litteras istas inspecturis in Domino salutem. Noverint universi quod cum querela verteretur coram nobis inter monachos de Briostel, ex una parte, et Robertum Morel de Montobert ex altera, super quadam masura et terra adjacente sita au Hamel; tandem mediantibus bonis viris inter ipsos amicabiliter compositum fuit sub hac forma, videlicet quod dictus Robertus, coram nobis et in manu nostra, resignavit quicquid juris habebat vel dicebat se habere in masura et terra memoratis, et dictis monachis de Briostel in perpetuum quittavit, fidem prestans corporalem quod per se vel per aliquem alium in dictis masura et terra adjacente, occasione alicujus juris de cetero nichil reclamabit vel faciet reclamari. Pro cujusmodi quittatione dicti monachi de Briostel de caritate domus sue triginta solidos Parisiensium prefato Roberto donaverunt. In cujus rei testimonium, litteras istas sigillo nostro fecimus roborari. Actum anno Domini M° cc° xx° octavo. Mense decembri.

(Arch. de l'Oise : *Abb. de Lannoy*, n° 255.)

CCLXXXV. — An 1228. — *Confirmation par Jean de Dargies de la donation par Sennold, clerc de Saint-Germer, d'une terre à Boiauville et du pré de Tronchei.*

Notum sit omnibus tam presentibus quam futuris quod ego Johannes de Agya, miles, concessi et confirmavi in perpetuam et puram elemosinam ecclesie et conventui beate Marie de Briostel donum quod fecerat eis Sennoldus clericus de Sancto Geremaro de quadam portione terre, que sita est in territorio de Boiauvile, et quodam prato quod dicitur pratum de Tronchei. Ita quod in ista donatione nichil omnino mihi vel heredibus meis retinui preter campartum terre et sex denarios pro prato, de quibus sex denariis mihi quatuor et duo domino Adam de Sancto Sirio singulis annis in nativitate Sancti Joannis Baptiste reddentur. Hanc autem donationem ego Johannes et heredes mei post me contra omnes fideliter garrantizabimus imperpetuum. In hujus igitur robur rei et testimonium, presentes litteras pro me et pro heredibus meis sigillo meo confirmavi. Actum anno Domini M° CC° XX° octavo. Mense februario.

(Arch. de l'Oise : *Abb. de Lannoy*, n° 55.)

CCLXXXVI. — An 1229. — *Confirmation par Godefroi de Clermont, doyen de Beauvais, de la donation par Jean de Boullincourt et Raoul, son fils, de trois mines de terre à Monpertuis.*

Gaufridus Decanus Belvacensis omnibus presentes litteras inspecturis in Domino salutem. Noverint universi quod dominus Johannes de Boulloncort miles et Radulfus filius ejus coram nobis constituti recognoverunt se contulisse, et etiam coram nobis pari assensu suo, ob remedium animarum suarum et predecessorum suorum, in puram et perpetuam elemosinam contulerunt ecclesie et conventui beate Marie de Briostel tres minas terre sementis, sitas inter Maupertuis et Nemus Auberti, cum omni justicia, jure et dominio, que in illa terra habebant; nichil penitus sibi vel heredibus suis in illa retinentes. Et de illa terra et de omni jure quod in illa habebant, in manu nostra se desaisierunt, et nos de ipsa terra ad illorum petitionem, nomine elemosine perpetue, monachos de Briostel investivimus. In cujus rei robur et testimonium, litteras istas sigillo nostro fecimus communiri. Actum anno Domini M° CC° XX° nono. Mense martio.

(Arch. de l'Oise : *Abb. de Lannoy*, n° 304.)

CCLXXXVI bis. — An 1229. — *Confirmation par Godefroy de Clermont, doyen de Beauvais, de la vente à l'abbaye par Jean Porée, d'une pièce de terre au terroir d'Anteigny.*

Gaufridus decanus Belvacensis omnibus presentes litteras inspecturis in Domino salutem. Noverint universi quod Johannes Poree et Ricaudis ejus uxor, coram nobis constituti, recognoverunt et concesserunt se vendidisse in perpetuum, pari assensu et pro communi necessitate, abbati et conventui beate Marie de Briostel, cisterciensis ordinis, quamdam portionem terre in territorio de Autegni, videlicet quicquid tenebant in eodem territorio de Drogone de Autegni, pro viginti libris parisiensium, de quibus eis satisfactum est. Et tam dictus Johannes quam prefata Ricaudis ejus uxor, ad quam dicta terra jure hereditario spectabat, et Balduinus filius eorum, dictam terram venditam cum omni jure, quod in illa habebant, in manu nostra resignaverunt. Et tam ipsi quam Guerricus, Droardus et Radulfus filii Ursionis Coweron, consanguinei dicte Ricaudis, dictam venditionem coram nobis volentes et approbantes, fidem prestiterunt coram nobis corporalem, quod per se, vel per aliquem alium, in dicta terra vendita occasione alicujus juris de cetero nichil reclamabunt vel facient reclamari, ita quod illam terram quantum ad ipsos attinet, dictis abbati et conventui de Briostel legitime garandizabunt. Preterea Drogo de Autegni, dominus fundi terre memorate, et Petronilla ejus uxor et Aubertus eorum filius, retentis sibi et heredibus suis tantummodo duabus minis bladi annui redditus, ad mensuram Gerborredi, in festo Sancti Remigii reddendis, dicte terre venditionem coram nobis voluerunt, approbaverunt et concesserunt, atque in manu nostra quicquid juris in illa terra habebant resignantes, dictis abbati et conventui de Briostel, sub fide interposita de non reclamando super illa terra, ut domini fundi illius, se legitimam garandiam portare promiserunt. In cujus rei robur et testimonium, litteras istas sigillo nostro fecimus roborari. Actum anno gratie M° CC° XX° nono. Mense martio.   (Arch. de l'Oise : *Ib.*, n° 15.)

CCLXXXVII. — An 1229. — *Donation par Guy de Saint-Arnoult de trois mines de blé de rente sur la grange de Monceaux, et d'un chemin à travers la callée Nicole.*

Ego Guido de Sancto Arnulpho, miles, notum facio tam presentibus quam futuris quod ego, pro salute anime patris mei et omnium antecessorum meorum, dedi in puram et perpetuam elemosinam liberam penitus et quietam ecclesie et conventui beate Marie de Briostel, tres minas frumenti de illis videlicet quadraginta minis, quas in grangia sua de Moncellis singulis annis michi consueverant reddere. Preterea dedi eis, in elemosinam perpetuam liberam penitus et absolutam, viam per terram meam, que vocatur Vallis Nicholae filie Renoldi Folie; ita quod in eadem via due quadrige sibi invicem competenter valeant obviare. Hec autem omnia voluerunt et benigne concesserunt Beatrix mater mea Thomas et Symon fratres mei, Aeliz uxor mea, Petrus, Wibertus et Gervasius filii mei; nichil omnino proprietatis, juris vel dominii sibi vel heredibus suis in predictis omnibus retinentes. Et quia volumus ut ecclesia et monachi de Briostel omnia predicta pacifice et absque aliqua contradictione in perpetuum possideant, presentes litteras sigillo meo confirmavi. Actum anno gratie M° CC° XX° nono.

(Arch. de l'Oise : *Abb. de Lannoy*, n° 352.)

CCLXXXVIII. — An 1229. — *Accord entre les abbayes de Lannoy et de Beaupré au sujet des acquisitions qu'elles pourraient faire entre Songeons, Longuavesne et Beaulieu.*

Universis Sancte Matris ecclesie filiis tam presentibus quam futuris presentis cyrographi noticiam habituris, de Prato et de Briostel abbates et conventus eternam in Domino salutem. Noverit universitas vestra quod nos, de communicato consilio et assensu unanimi, pro bono pacis et concordie, composuimus, statuimus et firmavimus inter nos, quod a via, que tendit a villa de Loueuses per villam de Riefain ad villam de Sonjons, versus grangiam de Prato, que vocatur Longavesne, de cetero poterunt dicti abbas et conventus de Prato acquirere quolibet modo, sine contradictione, reclamatione et consortio dictorum abbatis et conventus de Briostel. Similiter prefati abbas et conventus de Briostel ab eadem via versus grangiam suam, que appellatur Pulcher Locus del Fai, de cetero poterunt acquirere quolibet modo sine contradictione, reclamatione et societate dictorum abbatis et conventus de Prato. Excepto quod si de terris ad territorium de Longavesne pertinentibus inter supradictam viam et memoratam grangiam et nemus de Briostel sitis, prefati abbas et conventus de Prato per emptionem acquisierint, prenominati abbas et conventus de Briostel medietatem habebunt. Similiter abbas et conventus de Prato in eisdem terris, inter prescriptam viam et dictam grangiam et nemus de Briostel sitis, ad territorium de Longavesne pertinentibus, medietatem habebunt, si dicti abbas et conventus de Briostel per emptionem eas acquisierint. Et sciendum quod si in puram et sanam elemosinam, absque fallacia, dictis abbati et conventui de Prato, infra dictos terminos abbatis et conventus de

Briostel, aliquid datum fuerit, vel abbati et conventui de Briostel infra dictos terminos abbatis et conventus de Prato, pars, cui datum fuerit, proprium habebit, nec aliquid in eo pars altera reclamabit. Actum anno gratie millesimo ducentesimo vicesimo nono. Mense junio. (Arch. de l'Oise : *Abb. de Lannoy*, n° 557.)

CCLXXXIX. — An 1229. — *Donation par Regnault, tonloyer de Beauvais, de deux muids de grains, moitié blé et moitié avoine, sur la grange de Monceaux.*

Ego Reginaldus, thelonearius Belvacensis, notum facio universis presentes litteras inspecturis, quod cum ego et antecessores mei habuerimus et ex antiquo receperimus in granchia monachorum de Briostel, que vocatur Monceaus, quatuor modios annui redditus, medietatem frumenti et medietatem avene, ad mensuram Gerboredi, ego, ob remedium anime mee et anime Ermengardis uxoris mee et etiam animarum predecessorum meorum, confero, et in puram et perpetuam elemosinam concedo, et remitto dictis monachis de Briostel duos modios de dictis quatuor modiis, unum scilicet frumenti et alium avene, ad mensuram memoratam, ad pitanciam faciendam dictis fratribus de Briostel, singulis annis in perpetuum, in die anniversarii mei; tantummodo michi et heredibus meis de dictis quatuor modiis duos modios annui redditus, medietatem frumenti et medietatem avene, ad mensuram predictam, in perpetuum retinens, in granchia memorata. Quod ut ratum sit et firmum, litteras istas sigillo meo roboravi. Actum anno Domini M° CC° XX° nono. Mense januario. (Arch. de l'Oise : *Abb. de Lannoy*, n° 853.)

CCXC. — An 1230. — *Confirmation par Godefroy de Clermont de Nesle, doyen de Beauvais, de la vente faite à l'abbaye par Gauthier de Marseille, médecin, d'une grange avec la terre adjacente, sise à Marseille.*

Gaufridus decanus Belvacensis omnibus litteras istas inspecturis in Domino salutem. Noverint universi quod Galterus medicus de Marseilles, et Maria ejus uxor, coram nobis constituti recognoverunt et concesserunt se vendidisse in perpetuum, pari assensu et pro communi necessitate atque utilitate sua, ecclesie et conventui beate Marie de Briostel, grangiam suam sitam apud Marseilles, quam de domino Drogone de Fontaines milite tenebant, cum terra eidem grangie adjacente, sicut mete, de assensu dicti domini Drogonis militis et prenominatorum Galteri et Marie ejus uxoris et monachorum de Briostel, ibi posite, demonstrant, pro septem libris Parisiensium, de quibus eis satisfactum est. Et tam ipsa Maria quam dictus Galterus medicus ejus maritus, de dictis grangia et terra venditis et de omni jure quod in illis habebant, in manu nostra se desaisierunt, et illas grangiam scilicet et terram prefatis ecclesie et conventui beate Marie de Briostel, coram nobis, in perpetuum quittaverunt, fidem prestantes corporalem quod per se vel per aliquem alium, in dictis grangia et terra venditis, occasione alicujus juris, de cetero nichil reclamabunt vel facient reclamari, et quod illas grangiam et terram venditas predictis ecclesie et monachis de Briostel, contra omnes, pro posse suo firmiter et fideliter garandizabunt. Hanc autem venditionem voluerunt, approbaverunt et concesserunt coram nobis, sub fide interposita de non reclamando ratione alicujus juris, aliquo tempore, Thomas et Jacobus filii dictorum Galteri medici et Marie ejus uxoris. In cujus rei testimonium et munimen, litteras istas sigillo nostro fecimus roborari. Actum anno Domini M° CC° tricesimo. Mense maii. (Arch. de l'Oise : *Abb. de Lannoy*, n° 285.)

CCXCI. — An 1230. — *Confirmation par Drogon de Fontaine de la vente faite à l'abbaye par le médecin Gauthier de Marseille, d'une grange avec la terre adjacente, sise à Marseille.*

Ego Drogo de Fontibus, miles. Notum facio tam presentibus quam futuris quod Galterus medicus et uxor ejus Maria, pro communi necessitate et utilitate sua, vendiderunt in perpetuum, pro septem libris Parisiensium, ecclesie et conventui beate Marie de Briostel grangiam suam, quam de me tenebant apud Marselles, cum terra eidem grangie adjacenti, sicut mete, de assensu meo et de assensu partium ibi posite, plenius demonstrant. Hanc venditionem voluerunt et approbaverunt Thomas et Jacobus predicti Galteri filii et filia Aeliz et maritus ipsius Robertus. Qui omnes tam Galterus quam ejus uxor et omnes alii superius nominati fidem coram nobis prestiterunt corporalem quod in predictis rebus venditis nichil omnino, occasione cujusquam juris, de cetero reclamabunt vel per alium facient reclamari, sed ea ecclesie et conventui de Briostel contra omnes fideliter et legitime guarantizabunt. Hec autem omnia ego Drogo feodi dominus et uxor mea Isabel et filii mei Johannes et Radulfus dictis monachis, absque ulla retentione proprietatis, juris vel dominii, concessimus, libere et pacifice in perpetuum possidenda. Sciendum etiam quod predictam venditionem dictis monachis ego et heredes mei, tanquam domini feodi, tenemur contra omnes fideliter et legitime guarandire. In cujus rei robus et testimonium, presentes litteras sigillo meo confirmavi. Actum anno gratie M° CC° tricesimo. Mense junio.

(Arch. de l'Oise : *Abb. de Lannoy*, n° 285.)

CCXCII. — An 1230. — *Confirmation par Barthélemy, abbé de Royaumont, de la vente faite au roi saint Louis par l'abbaye, de toutes ses propriétés sises à Nointel.*

Frater B. (Bartholomeus) dictus abbas et conventus Regalis Montis universis Christi fidelibus presentes litteras inspecturis salutem in Domino. Ad universitatis vestre noticiam volumus pervenire, quod abbas et conventus de Briotello karissimo domino nostro Ludovico, Dei gratia illustri Regi Francorum, vendiderunt, pro ducentis et viginti libris Parisiensium, eis jam plene solutis, omnes vineas suas quas habebant apud Noctellum, cum domo et vasis vacuis et omnibus pertinentiis et honoribus suis, in possessionem, proprietatem et dominium perpetuum, abbatie Regalis Montis, Cisterciensis ordinis, quam idem dominus Rex fundavit, convertenda, nichil sibi vel suis posteris in aliquo predictorum juris vel consuetudinis retinentes. Et sciendum quod super omnibus predictis rebus venditis, dicti abbas et conventus de Briotello, nullam nobis in posterum contra quoslibet reclamantes tenentur portare garandiam. Quod ut ratum et stabile permaneat, presentem paginam sigillo nostro fecimus communiri. Actum anno Domini millesimo ducentesimo tricesimo. Mense februario. (Arch. de l'Oise : *Abb. de Lannoy*, n° 418.)

CCXCIII. — An 1221. - *Confirmation par Godefroy de Clermont, doyen de Beauvais, de la vente par Baudoin, clerc de Roy, de trois mines de terre sises à Roy, lieudit l'Esclatel.*

Gaufridus decanus Belvacensis omnibus litteras istas inspecturis in Domino salutem. Noverint universi quod Balduinus clericus de Roy et Eufemia ejus uxor, coram nobis constituti, recognoverunt et concessserunt se vendidisse in perpetuum, pari assensu et pro communi necessitate sua, abbati et conventui beate Marie de Briostel, cisterciensis ordinis, tres minas terre sementis, sitas in territorio quod vocatur Lesclatel, pro sexaginta solidis Parisiensium, de quibus eis satisfactum est. Et dicta Eufemia, in nullo coacta sed mera et spontanea voluntate sua, dictam terram venditam, cum omni dote sive alio quocumque jure, quod in illa habebat, in manu nostra resignavit et dictis fratribus de Briostel coram nobis in perpetuum quittavit. Et tam ipsa Eufemia quam prenominatus Balduinus ejus maritus coram nobis fidem prestiterunt corporalem, quod per se vel per aliquem alium in dicta terra vendita, ratione alicujus juris, de cetero nichil reclamabunt vel facient reclamari, et quod illam terram dictis fratribus de Briostel legitime garandizabunt. Hanc autem ven-

ditionem voluerunt et approbaverunt, atque sub fide sua interposita
de non reclamando aliquo tempore concesserunt, coram nobis, Petrus, Odo et Ogerus fratres Balduini supradicti. In cujus rei testimonium litteras istas sigillo nostro fecimus roborari. Actum anno Domini
M° cc° xxx° primo. Mense martio. (Arch. de l'Oise : *Ib.*, n° 90.)

CCXCIV. — An 1231. — *Confirmation par Godefroy de Clermont,
doyen de Beauvais, de la vente par dame Aline de quatre mines
de terre sises au lieudit l'Esclatel.*

Gaufridus decanus Belvacensis omnibus presentes litteras inspecturis in domino salutem. Noverint universi quod Aalina vidua, filia quondam Berengerii Fullonis de Roy, coram nobis constituta, recognovit et concessit se vendidisse in perpetuum, pro necessitate sua, abbati et conventui beate Marie de Briostel, cisterciensis ordinis, quatuor minas terre sementis, sitas versus calceyam de Fontanis, in loco qui dicitur Lesclatel, pro sexaginta solidis Parisiensium, de quibus ei satisfactum est; et dictam terram venditam, cum omni jure quod in illa habebat, dicta Aalina in manu nostra resignavit et predictis abbati et conventui de Briostel coram nobis in perpetuum quittavit, fidem prestans corporalem quod per se vel per aliquem alium in dicta terra vendita, ratione alicujus juris, de cetero nichil reclamabit, vel faciet reclamari, et quod illam terram dictis monachis de Briostel, ad usus et consuetudines patrie, garandizabit. Hanc autem venditionem voluerunt et approbaverunt et, sub fide sua interposita de non reclamando per se vel per aliquem alium, ratione alicujus juris, concesserunt coram nobis Emengardis et Helena sorores dicte Aaline, et Ricardus et Petrus earum mariti. Voluit etiam et benigne concessit coram nobis hujusmodi venditionem Johannes de Recule, miles, salva campiparte sua illius terre. In cujus rei testimonium presentes litteras sigillo nostro fecimus communiri. Actum anno Domini M° cc° tricesimo primo. Mense decembri.

(Arch. de l'Oise : *Abb. de Lannoy*, n° 103.)

CCXCV. — An 1231. — *Vente par Hélène et Pierre, son mari, de
quatre mines de terre sises au terroir de Roy, lieudit le Champ
de la Croix.*

Gaufridus decanus Belvacensis omnibus presentes litteras inspecturis in Domino salutem. Noverint universi quod Helena, filia quondam Berengarii Fullonis de Roy, et Petrus ejus maritus, coram nobis constituti, recognoverunt et concesserunt se vendidisse in perpetuum, pari assensu et pro communi necessitate sua, abbati et conventui beate Marie de Briostel, Cisterciensis ordinis, circiter quatuor minas terre sementis, sitas ad campum de cruce, versus Meisnillium, pro quatuor libris Parisiensium, de quibus eis satisfactum est. Et tam dictus Petrus, quam dicta Helena ejus uxor, ad quam dicta terra jure hereditario spectabat, in nullo coacta, sed spontanea voluntate sua, dictam venditam terram, cum omni jure, quod in illa habebant, in manu nostra resignaverunt et dictis monachis de Briostel in perpetuum quittaverunt, fidem prestantes corporalem quod per se, vel per aliquem alium, in dicta terra vendita, ratione alicujus juris, de cetero nichil reclamabunt, vel facient reclamari, et quod illam terram dictis monachis de Briostel, ad usus et consuetudines patrie, bona fide garandizabunt. Quam venditionem voluerunt et approbaverunt coram nobis, atque sub fide interposita de non reclamando per se, vel per alium, ratione alicujus juris, concesserunt Aalina et Emengardis sorores dicte Helene, et Ricardus maritus dicte Emengardis; insuper venditionem eamdem voluit, concessit et benigne approbavit dominus Johannes de Recule, miles, salva campiparte sua illius terre. In cujus rei testimonium litteras istas sigillo nostro fecimus roborari. Actum anno Domini M° CC° XXX° primo. Mense decembri. (Arch. de l'Oise : *Abb. de Lannoy*, n° 510.)

CCXCVI. — An 1231. — *Confirmation par Hugues de Beauchêne, official d'Amiens, de la vente par Gautier, Robert et Regnault frères, de quatre journaux de terre à Belval.*

Magister Hugo de Bella Quercu, canonicus et officialis Ambianensis, omnibus presentes litteras inspecturis in domino salutem. Noverit universitas vestra quod Walterus, Robertus et Reginaldus fratres, in nostra presentia constituti, recognoverunt se vendidisse viris religiosis abbati et fratribus de Alneto quatuor jornalia terre, site in territorio de Moiliens, in quodam loco qui vocatur Belvalet, pro sex libris Parisiensium sibi numeratis. Cui venditioni Emmelina et Agnes uxores dictorum Roberti et Reginaldi fratrum, coram dilecto nostro decano de Piccio, benignum prebuerunt assensum, sicut in litteris ejusdem decani vidimus contineri, promittentes juramento prestito tam dicte uxores coram predicto decano de Piccio, quam Robertus et Reginaldus mariti earumdem et Walterus frater dictorum fratrum coram nobis, quod in dicta terra vendita, nomine dotalicii seu aliquo alio nomine, aliquid de cetero non reclamabunt, neque dictos abbatem et fratres super ea, per se vel per alium, aliquatenus molestabunt. Huic autem venditioni Matheus et Nicholaus liberi dictorum Roberti et Reginaldi fratrum, Emmeline et Agnetis uxorum eorumdem benignum prebuerunt assensum, coram nobis promittentes juramento prestito se dictam vendicionem de cetero inviolabiliter observaturos. In cujus rei testimonium presentes litteras confici fecimus et sigillo curie Ambianensis roborari. Actum anno Domini M° CC° XXX° primo. Mense novembri.

(Arch. de l'Oise : *Abb. de Lannoy*, n° 42.)

CCXCVII. — An 1231. — *Vente par Garnier d'Ernemont d'un muid de terre à Monpertuis.*

Ego Garnerus de Ernomont notum facio presentibus et futuris quod ego et Eremburgis uxor mea, pro communi utilitate et necessitate nostra, laude quoque et concessione omnium liberorum nostorum, Girardi scilicet, Johannis, Injolranni, Wermundi, Bartholomei, Odonis, Agnetis, vendidimus imperpetuum Ecclesie et conventui beate Marie de Briostel, quandam portionem terre, unius modii sementem capientem, sitam juxta terras de Maupertuis, in territorio de Praiaus, nichil omnino proprietatis vel dominii nobis, vel heredibus nostris in eadem terra retinentes. Hanc autem venditionem approbavit et ratam habuit Henricus Havoth dominus meus, ad cujus feodum et dominium predicta terra pertinebat, nichil omnino, ratione cujusquam juris, sibi vel heredibus suis in eadem terra retinens imperpetuum ; qui etiam dictam terram dicto ecclesie de Briostel tenetur fideliter et legitime garandire. Ego etiam Garnerus et dicta Eremburgis uxor mea et omnes prenominati liberi nostri, de non reclamando et de legitima et fideli garandia portanda super predicta terra vendita imperpetuum, fidem dedimus corporalem, renuntiantes omni juri et actioni quod nobis et heredibus nostris in posterum valere posset ad reclamandum. In cujus rei robur et testimonium presentes litteras sigillo meo et sigillo Henrici Havoth domini mei fecimus roborari. Actum anno gratie M° CC° XXXI°. Mense junio.

(Arch. de l'Oise : *Abb. de Lannoy*, n° 305.)

CCXCVIII. — An 1231. — *Confirmation par Baudoin de Roy de la donation par Pierre de Crécecœur d'une rente de neuf mines de blé et trois mines d'avoine que l'abbaye lui payait sur sa grange de Monpertuis.*

Ego Balduinus miles de Rei notum facio omnibus presentibus et futuris presens scriptum inspecturis, quod Petrus de Crepicordio homo meus, de assensu et voluntate Aeline uxoris sue, et fratres ejusdem Petri videlicet Guido et Gerardus, et Clementia soror eorumdem dederunt ecclesie beate Marie de Briostel, in perpetuam elemosinam, liberam penitus et quietam, novem minas frumenti et tres avene, ad mensuram Gerborredi, singulis annis percipiendas in granchia de Malpertuis, quas minas monachi ecclesie beate Marie de Briostel de annuo redditu supradicto Petro et fratibus ejus apud Malpertuis reddere tenebantur. Hanc autem elemosinam super altare predicte ecclesie per manus suas afferentes, nichil inde sibi vel heredibus suis retinentes, juraverunt fideliter quod super ista elemosina pro posse suo contra omnes garandiam ferrent, non per se, non per alios predictam ecclesiam de cetero molestarent. Ego vero dominus feodi hanc elemosinam approbavi et ratam habui, in ea nichil michi vel heredibus meis retinens, et sigillum meum apposui in robur et testimonium veritatis. Actum anno gratie M° CC° XXX° primo. (Arch. de l'Oise : *Abb. de Lannoy*, n° 288.)

CCXCIX. — An 1231. — *Donation par Guillaume d'Aigle de trois mines de terre au Hamel pour le service de la porte de l'abbaye.*

Fidelibus universis ad quos littere presentes devenerint Willermus de Aigle salutem in Domino. Universitati vestre manifestum fiat quod ego Willermus de Aigle dedi et concessi quamdam terram tres minas sementis capientem, in territorio de Hamel, quam tenebam de domino Theobaldo milite de Tilloi, in helemosinam perpetuam, porte domus beate Marie de Briostel, quod si aliquis reclamare ausus fuerit, ego contra omnes pro posse meo predictam terram garandizabo; et hoc factum est voluntate et assensu fratrum meorum Petri de Aigle, Berengier de Aigle, Gaufredi de Aigle, domini Alani militis et Gilonis de Aigle. In hujus autem rei robur et confirmationem presentibus litteris sigillum meum apposui. Actum anno Domini M° CC° XXX° I°. Mense julio. (Arch. de l'Oise : *Ib.*, n° 256.)

CCC. — An 1231. — *Vente par Odon de Morvillers de six mines de grains de rente, moitié blé, moitié avoine, qu'il percevait annuellement sur la grange de Monceaux.*

Notum sit omnibus tam presentibus quam futuris quod ego Odo de Morviler et Odelina uxor mea, de communi assensu et pro communi utilitate et necessitate nostra, vendidimus in perpetuum ecclesie et conventui beate Marie de Briostel, pro septem libris Parisiensium jam nobis plene et integre persolutis, sex minas annui redditus, medietatem scilicet frumenti et medietatem avene, quas in grangia sua de Moncellis nobis reddere tenebantur, nichil omnino nobis vel heredibus nostris in predictis sex minis retinentes in perpetuum. Hanc autem venditionem voluerunt et ratam habuerunt Johannes de Sancto Arnulpho, ad cujus dominium predicte sex mine pertinebant, et Johanna uxor ejus et filius eorumdem Johannes nichil omnino juris vel dominii in predicta venditione sibi vel heredibus suis reservantes. Promisimus etiam tam ego quam predictus Johannes dominus meus quod predictas sex minas venditas ecclesie et conventui de Briostel fideliter et legitime contra omnes bona fide guarandizabimus. Et quia ego sigillum non habebam, dictus Johannes dominus meus ad peticionem meam presenti scripto sigillum suum apposuit in robur et testimonium veritatis. Actum anno gratie M° CC° XXX° primo. Mense decembri.   (Arch. de l'Oise : *Abb. de Lannoy*, n° 354.)

CCCI. — An 1232. — *Confirmation par Godefroy de Clermont, doyen de Beauvais, de l'abandon par Risende, veuve de Davoud de Marseille, des droits qu'elle prétendait avoir sur le moulin de Roy.*

Gaufridus decanus Belvacensis omnibus presentes litteras inspecturis in Domino salutem. Noverint universi quod cum contentio mota fuisset inter Risendim, relictam Davoudi de Marseilles ex una parte, et monachos de Briostel ex altera, super quodam annuo redditu bladi, quem dicebat eadem Risendis se habere in molendino eorumdem monachorum de Roy, ex dono bone memorie domini Roberti quondam Laudunensis episcopi; tandem mediantibus bonis viris, ita compositum fuit inter eos, videlicet quod predicta Risendis, mera et spontanea voluntate sua in manu nostra resignavit et sub fide interposita de non reclamando, aliquo tempore, per se, vel per alium, ratione alicujus juris, dictis monachis de Briostel coram nobis in perpetuum quittavit quicquid redditus, sive cujuscumque juris habebat, vel quoquomodo dicebat se habere in dicto molendino, renuncians in perpetuum, sub fide sua coram nobis, omnibus actionibus, petitionibus, exceptionibus, et omni juri, atque omnibus scriptis ipsi super dicto redditu competentibus, vel que ei competere possent. In cujus rei testimonium presentes litteras sigillo nostro fecimus roborari. Actum anno Domini M° CC° XXX° secundo. Mense martio.
(Arch. de l'Oise : *Abb. de Lannoy*, n° 511.)

CCCII. — An 1232. — *Confirmation par Jean de Ferrières de la donation par Raoul de Ferrières, son père, de deux muids de blé de rente à prendre sur ses rentes de Ferrières.*

Notum sit omnibus tam presentibus quam futuris quod ego Johannes, miles et dominus de Ferrariis, dedi et concessi ecclesie et conventui beato Marie de Briostel, in puram et perpetuam elemosinam, liberam penitus et quietam, duos modios frumenti, quos eis antea elemosinaverat Radulfus de Ferrariis, pater meus. Hos duos modios assignavi predictis monachis percipiendos in redditibus meis, quos michi debent majores mei de Ferrariis, et hos reddent quicumque fuerlnt majores, in festo Sancti Remigii. Hanc autem donationem voluerunt et approbaverunt Erma uxor mea et liberi nostri Johannes et Aelicia. Sciendum etiam quod ego, uxor mea et predicti liberi nostri de non reclamando et de perpetua et legitima garandia ferenda dictis monachis supra predictis, fidem prestitimus corporalem. Ut autem hec omnia rata in perpetuum et inconcussa permaneant, presentem cartam sigillo meo confirmavi. Actum anno gratie m° cc° tricesimo secundo. Mense novembri. In festo beate Cecilie virginis. (Arch. de l'Oise : *Abb. de Lannoy*, n° 196.)

CCCIII. — An 1233. — *Confirmation par Jean de Ferrières et Jean de Préaux de la donation par Raoul de Ferrières de deux muids de blé de rente sur les revenus de Ferrières.*

Ego Johannes, miles et dominus de Ferrariis, notum facio tam presentibus quam futuris quod ego dedi et concessi..... *(Comme la charte précédente.)* Hoc totum sicut superius annotatum est, voluit et ratum habuit dominus meus Johannes de Pratellis, feodi dominus, qui etiam ad peticionem meam presentibus litteris sigillum suum cum sigillo meo apposuit in robur et testimonium perpetue veritatis. Et sciendum quod tam ipse quam heredes sui post se, dictam elemosinam dictis monachis, tanquam feodi dominus, tenetur in perpetuum guarandire. Actum anno gratie m° cc° tricesimo tercio. Mense februario. (Arch. de l'Oise : *Abb. de Lannoy*, n° 196.)

CCCIV. — An 1232. — *Vente par Jean de Saint-Arnoult de trois mines de bois à Monceaux.*

Ego Johannes de Sancto Arnulfo, filius quondam domini Galteri de Cokerel, militis, notum facio universis presentes litteras inspecturis quod ego et Johanna uxor mea, de assensu et voluntate Johannis filii nostri, et Bernardi fratris mei, vendidimus in perpetuum, pari assensu nostro, abbati et conventui de Briostel, Cisterciensis ordinis, pro centum solidis Parisiensium, jam nobis integre persolutis, quamdam portionem nemoris, cum fundo terre, tres minas sementis capientem, sitam juxta nemora dictorum monachorum pertinentia ad grangiam de Moncellis, in loco cui dicitur le Montcoir, cum omni jure, justicia, et dominio, quo in illo nemore habebamus. Et de illa portione nemoris et omni jure, justicia, et dominio, que in illa habebamus, dictos monachos de Briostel saisivimus, fidem prestantes corporalem tam nos quam predicti Johannes filius noster et Bernardus frater meus, quod per nos vel per aliquem alium, in dicto nemore vendito, ratione alicujus juris, de cetero nichil reclamabimus vel reclamari faciemus, et quod illud nemus venditum predictis monachis de Briostel contra omnes legitime garandizabimus. Quod ut ratum sit et firmum, presentes litteras sigillo meo roboravi ego Johannes supradictus de Sancto Arnulfo. Actum anno Domini M° CC° XXX° secundo. Mense maii. (Arch. de l'Oise : *Ib.*, n° 355.)

CCCV. — An 1231. — *Confirmation par Guillaume de Coquerel de la vente par Jean de Saint-Arnoult de trois mines de bois à Monceaux.*

Ego Willelmus de Cokerel, miles, notum facio presentibus et futuris quod vir nobilis Johannes de Sancto Arnulpho, de voluntate et beneplacito Johanne uxoris sue et filii sui Johannis et fratris sui Bernardi, vendidit in perpetuum ecclesie et conventui beate Marie de Briostel, quandam portionem nemoris cum fundo terre, quod conjungitur nemoribus monachorum pertinentibus ad grangiam de Moncellis, tres minas sementis capientem que vocatur le montoeur, pro centum solidis Parisiensium jam eis integre persolutis, nichil omnino sibi vel heredibus suis in predicta re vendita ratione cujuscumque juris in posterum retinentes. Hanc autem venditionem ego Willelmus feodi dominus dictis monachis teneor in perpetuum fideliter et legitime guarandire. In cujus rei robur et testimonium, presentes litteras, ad peticionem predicti Johannis, sigillo meo confirmavi. Actum anno gratie M° CC° tricesimo primo. Mense januario.

(Arch. de l'Oise : *Abb. de Lannoy*, n° 355.)

CCCVI. — An 1232. — *Confirmation par Godefroy de Clermont, doyen de Beauvais, de la vente par Jean de Saint-Arnoult, de trois mines de bois à Monceaux.*

Gaufridus decanus Belvacensis omnibus presentes litteras inspecturis in Domino salutem. Noverint universi quod Johannes de Sancto Arnulfo, filius quondam domini Galteri de Cokerel, militis, et Johanna ejus uxor coram nobis constituti recognoverunt et concesserunt se vendidisse in perpetuum, pari assensu et pro communi necessitate sua, abbati et conventui de Briostel, Cisterciensis ordinis, quandam portionem nemoris, cum fundo terre ipsius nemoris, cum omni jure, justicia et dominio, que in illo nemore habebant, pro centum solidis Parisiensium, de quibus eis satisfactum est, que portio nemoris dicitur le monteoir, tres minas sementis continens, et est sita juxta nemora dictorum monachorum de Briostel ad grangiam de Moncellis pertinentia. Recognovit etiam dicta Johanna nichil dotis se in dicta portione nemoris habere vel aliquando habuisse. Et si forte aliquid jus, sive ratione dotis, sive cujuscumque alterius juris, in illa portione nemoris habebat, mera et spontanea voluntate sua, in manu nostra resignavit, et dictis monachis de Briostel coram nobis in perpetuum quittavit. Et tam ipsa Johanna quam prefatus Johannes ejus maritus, coram nobis, fidem prestiterunt corporalem quod per se vel per aliquem alium, in dicta portione nemoris vendita, ratione alicujus juris, de cetero nichil reclamabunt vel facient reclamari, et quod illam portionem nemoris venditam prenominatis monachis de Briostel contra omnes legitime garandizabunt. In cujus rei testimonium litteras istas sigillo nostro fecimus roborari. Actum anno Domini m° cc° xxx° secundo. Mense maii.

CCCVII. — An 1232. — *Confirmation par Godefroy de Clermont, doyen de Beauvais, de la donation par dame Hilaire de Moliens de trois mines de terre au terroir de Belval.*

Gaufridus decanus Belvacensis omnibus presentes litteras inspecturis in Domino salutem. Noverint universi quod Hylaria de Moylliens, coram nobis constituta, recognovit et concessit se contulisse in perpetuam elemosinam ecclesie beate Marie de Briostel, Cisterciensis ordinis, tres minas terre sementis, sitas in territorio de Belvalet, juxta viam que ducit ad puteum de Belvalet, quam terram tenebat eadem Hylaria de dicta ecclesia de Briostel. Ita tamen quod dicta Hylaria habebit singulis annis, dum ipsa vixerit, minam et dimidiam bladi ad sustentationem corporis sui, tali tamen tenore adjuncto quod post decessum ejusdem Hylarie, aliquis de heredibus suis in illa terra, vel in dicta pensione bladi, nichil poterit reclamare. In cujus rei testimonium litteras istas sigillo nostro fecimus roborari. Actum anno Domini m° cc° xxx° secundo. Mense februario.

(Arch. de l'Oise : *Abb. de Lannoy*, n° 43.)

CCCVIII. — An 1233. — *Confirmation par Geoffroy d'Eu, évêque d'Amiens, de la donation par Gautier d'Offoy d'un muid de grains de rente sur sa terre de Compuis.*

G. Dei permissione Ambianensis ecclesie minister humilis, omnibus presentes litteras inspecturis eternam in Domino salutem. Noverit universitas vestra quod Walterus d'Aufay, frater et heres bone memorie Stephani d'Aufay, coram nobis constitutus, recognovit spontaneus quod prefatus Stephanus frater suus laborans in extremis in perpetuam elemosinam legaverat monasterio de Briostel, cisterciensis ordinis, unum modium bladi, medietatem videlicet et medietatem avene, ad mensuram de Cenpuis, super terram dicti Stephani de Cenpuis, singulis annis in festo Sancti Remigii capiendum, et ad majorem securitatem et cautelam, prefatus Walterus volens ipsi monasterio jus suum conservari in posterum super hoc illibatum, coram nobis concessit dictam elemosinam et etiam approbavit, promittens tanquam heres ipsius Stephani et successor ejus dictum modium se specialiter, prout dictum est, quandiu vixerit supradicto monasterio efficaciter garandire. Nos ad petitionem ipsius Walteri de prefato modio nomine elemosine monasterium investivimus, hanc elemosinam ipsius auctoritate pontificali nihilominus confirmantes. In cujus rei testimonium, presentes litteras sigilli nostri munimine roboravimus. Actum anno gratie m° cc° trigesimo tercio. Mense marcio. (Arch. de l'Oise : *Abb. de Lannoy*, n° 197.)

CCCIX. — An 1233. — *Vente à l'abbaye par Dreux de Fontaine de neuf muids de blé de rente, qu'il prenait sur le moulin de Roy.*

Ego Drogo de Fontanis, miles. Notum facio tam presentibus quam futuris quod ego et Ysabel uxor mea pari assensu vendidimus in perpetuum ecclesie beate Marie de Briostel, cisterciensis ordinis, pro centum et sexaginta libris Parisiensium, jam nobis plene solutis, novem modios bladi annui et perpetui redditus, quos dicti monachi de Briostel nobis et heredibus nostris, pro parte nostra molendini de Reio, annuatim reddere tenebantur. Et dicta Ysabel uxor mea in nullo coacta, sed mera et spontanea voluntate sua, dictos novem modios bladi venditos, cum omni dote, sive alio quocumque jure, quod in illis habebat, vel quoquo modo habere posset, dicte ecclesie de Briostel in perpetuum quittavit. Ego vero pro dote, quam in dicto redditu bladi vendito habuerat, de quatuor modiis et dimidio bladi percipiendis singulis annis in campiparte de Fontanis, sufficientem et ad voluntatem ipsius eidem feci recompensationem. Hanc autem venditionem, sicut superius est expressa, voluerunt, laudaverunt et approbaverunt liberi nostri, scilicet Johannes, Radulfus, Petrus, Agnes, Helvis, et Johannes predicte Agnetis maritus, firmiter promittentes se deinceps per se, vel per alium non contravenire. Et de predictis omnibus firmiter et fideliter tenendis et observandis in perpetuum bona fide, et de non reclamando aliquo tempore per nos, vel per alium, ratione alicujus juris, et de legitima garandia ferenda dicte ecclesie contra omnes et in omnibus locis, tam ego Drogo, quam Ysabel uxor mea et liberi nostri prenominati fidem prestitimus corporalem, renuntiantes omni juris auxilio, si quod nobis competere poterat in premissis. Adnexum est etiam quod si, pro defectu garandie nostre vel heredum nostrorum, dicta ecclesia de Briostel, super novem modiis bladi venditis dampnum aliquod incurreret, aut gravamen, nos omnia dampna, gravamina, et expensas dicte ecclesie plene et sufficienter tenemur restaurare. In cujus rei robur et testimonium, presentes litteras sigillo meo confirmavi. Actum anno gratie M° CC° XXX° tercio. Mense martio. (Arch. de l'Oise : *Ib.*, n° 512.)

CCCX. — An 1233. — *Confirmation par Godefroy de Clermont de la vente par Dreux de Fontaine des neuf muids de blé de rente qu'il prenait sur le moulin de Roy.*

Gaufridus decanus Belvacensis, omnibus presentes litteras inspecturis in Domino salutem. Noverint universi quod dominus Drogo de Fontanis, miles, et domina Isabeldis ejus uxor coram nobis constituti recognoverunt et concesserunt se vendidisse...... (*Comme la charte précédente.*) In cujus rei testimonium presentes litteras sigillo nostro fecimus roborari. Actum anno Domini M° CC° XXX° tertio. Mense martio.   (Arch. de l'Oise : *Abbaye de Lannoy*, n° 512.)

CCCXI. — An 1233. — *Vente par Guillaume de Chanchi, chevalier, de 6 mines de blé de rente sur la grange de Monceaux.*

Ego Willelmus de Chanchi, miles, notum facio presentibus et futuris, quod ego et Eva uxor mea vendidimus in perpetuum abbati et conventui beate Marie de Briostel, cisterciensis ordinis, pro septem libris et decem solidis Turonensium, jam nobis plene solutis, sex minas frumenti annui et perpetui redditus, quas nobis et heredibus nostris dicti monachi in grangia sua Moncellorum singulis annis reddere tenebantur. Hanc autem venditionem, sicut superius est expressa, voluerunt et approbaverunt filii nostri videlicet Willelmus, Petrus et Hugo, et de his omnibus firmiter et fideliter tenendis et observandis bona fide in perpetuum, et de legitima et plena predictis monachis ferenda guarandia, in omnibus locis et contra omnes, tam ego Willelmus quam Eva uxor mea et filii nostri predicti firmiter promisimus, et ad hoc fidem nostram corporaliter interposuimus, renuntiantes omni juris auxilio, si quod nobis competere poterat in premissis. Quod ut ratum permaneat, presentes litteras sigillo meo et sigillo Eve uxoris mee et sigillo Willelmi filii nostri fecimus roborari. Actum anno gratie M° CC° XXX° tercio. Vigilia Sancti Johannis Baptiste. (Arch. de l'Oise : Abb. de Lannoy, n° 112.)

CCCXII. — An 1233. — *Vente à Simon de Beausault par Guillaume de Chanchi d'une rente d'un muid d'avoine à prendre dans la grange de Monceaux.*

Ego Willermus de Chanchi, miles, notum facio universis presentes litteras inspecturis quod ego et Eva uxor mea, de voluntate et consilio filiorum nostrorum Willermi, Petri et Hugonis, vendidimus domino Symoni de Bello Saltu, domino nostro, pro decem libris Turonensium, jam nobis plene persolutis, unum modium avene, quem de ipso tenebamus, quem nobis reddere tenebantur singulis annis abbas et conventus de Briostel, in grangia sua de Moncellis; tali facta conditione quod si dictus Symon pro dicto modio avene aliquod dampnum incurreret, ego et heredes mei totum dampnum restaurare teneremur. Ut autem ista venditio ratam et firmam imperpetuum optineat securitatem, presentes sigillis nostris, mei videlicet et dicte Eve uxoris mee et Willermi filii mei majoris natu et heredis, fecimus munimine roborari. Actum anno Domini millesimo ducentesimo tricesimo tertio. Mense junio, in die nativitatis Sancti Johannis Baptiste. (Arch. de l'Oise : *Abb. de Lannoy,* n° 356)

CCCXIII. — An 1233. — *Donation par Simon de Beausault d'un muid d'avoine de redevance, et vente par Guillaume de Chanchi de six mines de blé de redevance annuelle, le tout à prendre dans la grange de Monceaux.*

Ego Symon de Bello Saltu, miles, notum facio tam presentibus quam futuris quod ego dedi in puram et perpetuam elemosinam abbati et conventui beate Marie de Briostel, cisterciensis ordinis, unum modium avene, quem vendidit michi in perpetuum Willermus, de Chanchi, miles, assensu et voluntate uxoris sue Eve et filiorum suorum Willermi, Petri et Hugonis, pro decem libris Turonensium jam eis plene solutis, quem modium avene dicti monachi de Briostel dicto Willermo militi singulis annis in grangia Moncellorum reddere tenebantur. Preterea sciendum quod idem Willermus, miles, assensu et voluntate predicto Eve uxoris sue et filiorum suorum predictorum, vendidit in perpetuum dicte ecclesie de Briostel sex minas frumenti annui et perpetui redditus, quas eidem Willermo et heredibus suis dicti monachi in grangia Moncellorum reddere tenebantur, pro septem libris et decem solidis Turonensium jam eis plene solutis. De his omnibus firmiter et fideliter tenendis et observandis bona fide et de legitima guarandia ferenda tam michi super modio avene vendito, quam dictis monachis super sex minis frumenti venditis, contra omnes et in omnibus locis tam dictus Willermus, miles, quam Eva uxor ejus et eorum filii predicti fidem prestiterunt corporalem, renuntiantes omni juris auxilio quod eis valere posset et reclamaret. Sciendum etiam quod si pro defectu guarandie mee dicti monachi pro modio avene eis collato dampnum aliquod incurrerent aut gravamen, vel etiam ipso modio avene lite vel judicio privarentur, ego eis de redditibus meis de Blargies, totum defectum teneor restaurare. In cujus rei robur et testimonium presentes litteras sigillo meo confirmavi. Actum anno gratie M° CC° tricesimo tercio. Mense junio. Ipso die Sancti Johannis Baptiste.

(Arch. de l'Oise : *Abb. de Lannoy*, n° 357.)

CCCXIV. — An 1233. — *Confirmation par Godefroy de Clermont, doyen de Beauvais, de la vente par Gervais de Roy de cinq mines de terre à Roy-Boissy.*

Gaufridus decanus Belvacensis omnibus presentes litteras inspecturis salutem in Domino. Noverint universi quod Gervasius de Roy, maior domini Johannis de Recule, militis, et Berta ejus uxor, coram nobis constituti, recognoverunt et concesserunt se vendidisse in perpetuum, pari assensu et pro communi necessitate sua, ecclesie et fratribus beate Marie de Briostel, quinque minas terre sementis, sitas in campo suo qui dicitur Poinlievre, contiguas terre quam ibidem habent dicti fratres de Briostel, pro sexaginta solidis Parisiensium, de quibus eis satisfactum est. Et dicta Berta uxor prefati Gervasii, in nullo coacta sed mera et spontanea voluntate sua, quicquid dotis, sive cujuscumque alterius juris habebat, vel quoquo modo habere posset in terra supradicta in manu nostra resignavit, et dictis ecclesie et fratribus de Briostel coram nobis in perpetuum quittavit, recognoscens dictum Gervasium maritum suum, pro dicta dote sua vendita, in campo suo, qui dicitur Hugi, sibi sufficientem fecisse recompensationem. Et tam ipsa Berta quam dictus Gervasius ejus maritus coram nobis fidem prestiterunt corporalem, quod per se, vel per aliquem alium in dicta terra vendita, ratione alicujus juris, de cetero nichil reclamabunt vel facient reclamari. Hanc autem venditionem voluerunt et approbaverunt coram nobis, salvo jure suo, dominus Johannes de Recule, miles, dominus fundi terre predicte et Johannes filius ejus prior natu, promittentes se super illa terra, ut domini fundi, dictis ecclesie et fratribus de Briostel legitimam et perpetuam portare garandiam. In cujus rei testimonium, presentes litteras sigillo nostro fecimus roborari, recepta prius fidei cautione a Masa sorore et Balduino filio dicti Gervasii, qui istam venditionem concesserunt coram nobis, quod in illa terra de cetero nichil reclamabunt. Actum anno Domini M° cc° xxx° tercio. Mense aprilis.

(Arch. de l'Oise : *Abb. de Lannoy*, n° 198.)

CCCXV. — An 1233. — *Confirmation par Guy de Saint-Arnoult de la donation par Thomas de Saint-Arnoult, son frère, de sa part dans le champart de la lande de Saint-Arnoult.*

Ego Guido de Sancto Arnulfo, miles. Notum facio universis presentibus et futuris quod dominus Thomas de Sancto Arnulfo, miles, frater meus, dedit et concessit in puram et perpetuam elemosinam ecclesie et conventui beate Marie de Briostel totam partem suam, quam habebat in camparto de Landa. Hanc elemosinam fecit dictus Thomas, miles, eidem ecclesie, assensu et voluntate domine Agnetis uxoris sue et liberorum suorum Symonis, Johannis et Margarethe, in presentia domini Bartholomei presbiteri Sancti Arnulfi, fratris dicte Agnetis uxoris sepedicti Thome, militis, et in presentia mea et plurimorum aliorum. Hanc etiam elemosinam ego Guido, ad cujus dominium dictum campartum pertinebat, volui, laudavi et concessi, et ad majorem securitatem et perhennem memoriam, presentes litteras sigillo meo et sigillo domini Bartholomei presbiteri Sancti Arnulfi confirmavi, in robur et testimonium veritatis. Actum anno Domini M° cc° tricesimo tercio. Mense januario.

(Arch. de l'Oise : *Abb. de Lannoy*, n° 530.)

CCCXVI. — An 1234. — *Donation par Guillaume de Chanchi, chevalier, de six mines d'avoine de redevance, à prendre sur le champart de Formerie.*

Ego Willelmus de Chanchi, miles, notum facio tam presentibus quam futuris quod ego, de assensu et consilio Eve uxoris mee, dedi et concessi abbati et conventui beate Marie de Briostel, cisterciensis ordinis, sex minas avene recipiendas singulis annis in festo Sancti Remigii, ad mensuram Gerborredi, quamdiu vixerit Radulfus, presbiter de Longo Mesnil, filius meus, de portione campipartis de Formeries me ex parte dicte uxoris mee contingente. Si vero dictus presbiter infra quatuor aut quinque annos decesserit, dicti monachi de Briostel dictas sex minas avene recipient, donec de quinquaginta solidis Parisiensium plenam habuerint solutionem. Hujus conven-

tionis firmiter observande, plegium se constituit dominus Symon de
Bello saltu, miles, ad cujus feodum et dominium predicte sex mine
pertinebant. In cujus rei robur et testimonium, dictus Symon, ad
peticionem nostram, sigilli nostri impressione cum appositione sigilli
mei presentes litteras confirmavit. Actum anno gratie m° cc° trice-
sims quarto. Mense martio. (Arch. de l'Oise : *Ib.*, n° 112.)

CCCXVII. — An 1234. — *Confirmation par Regnault, tonloyer de
Beauvais, d'une donation faite par lui de deux muids de grains
de rente sur la grange de Monceaux, et donation nouvelle de
trois quartiers de froment de rente sur la même grange, pour
faire des hosties.*

Ego Reginaldus, thelonearius Belvacensis. Notum facio omnibus
presentibus et futuris quod ego, ob remedium anime mee et anime
Ermengardis uxoris mee et etiam animarum omnium predecessorum
meorum, contuli in puram et perpetuam elemosinam abbati et conventui beate Marie de Briostel, cirterciensis ordinis, duos modios,
unum scilicet frumenti et alium avene, ad mensuram Gerborredi, de
modiatione mea, quam in grangia sua de Moncellis michi et antecessoribus meis reddere consueverant, ad faciendam pitantiam dicto
conventui, in die anniversarii mei, singulis annis in perpetuum. Hanc
autem donationem concessit et ratam habuit Ermengardis uxor mea.
Preterea dedi predictis abbati et conventui de Briostel tria quarteria
frumenti, in perpetuam elemosinam, ad faciendas hostias, que recipient singulis annis in residuo modiationis mee in grangia sua de
Moncellis. In cujus rei robur et testimonium, presentes litteras sigillo
meo confirmavi. Actum anno gratie m° cc° xxx° quarto. Mense februario. (Arch. de l'Oise : *Abb. de Lannoy*, n° 353.)

CCCXVIII. — An 1234. — *Confirmation par l'official de Beauvais
de la donation par Evrard Morard de deux arpents de terre et
vignes à la Trepinière, et par Jean de Sénéfontaine de 2 deniers
de cens sur ladite terre.*

Omnibus presentes litteras inspecturis, officialis curie Belvacensis
in Domino salutem. Noverint universi quod Berengerus Teroude,
civis Belvacensis et Hylvidis ejus uxor coram nobis constituti recognoverunt se vendidisse in perpetuum pari assensu et pro communi
necessitate sua Everardo Morardi, civi Belvacensi, et Eufemie ejus
uxori, duo arpenna tum vinee, tum terre vacue, que habebant de
hereditate dicte Hylvydis, sita in territorio quod dicitur la Torpiniere,
ante rogum, qui est ante grangiam hospitalarie Pauperum Clerico-

rum Sancti Thome Belvacensis, pro viginti quinque libris Parisiensium, de quibus contulerunt in elemosinam ecclesie et monachis de Briostel, cisterciensis ordinis, centum solidos, de residuisque viginti libris Parisiensium eis satisfactum est. Et tam ipse Berengerus quam dicta Helvydis ejus uxor, mera et spontanea voluntate sua, coram nobis, fidem prestiterunt corporalem quod per se, vel per aliquem alium in dictis vinea et terra venditis, ratione alicujus juris, de cetero nichil reclamabunt, vel facient reclamari, promittentes se super illis vinea et terra, ad usus et consuetudines Belvaci, legitimam portare garandiam. Que duo arpenna vinee et terre empta contulerunt dicti Everardus et Eufemia ejus uxor, coram nobis, in puram et perpetuam elemosinam dictis ecclesie et monachis de Briostel. Et cum dominus Johannes de Scrifontaine, miles, haberet in dictis vinea et terra venditis duos denarios annui census de fundo terre, ut dicebat, ipse Johannes, miles, eisdem ecclesie et monachis de Briostel, coram nobis, in perpetuam contulit elemosinam dictos duos denarios annui census, cum omni jure, justitia et dominio, que in illis censu scilicet, vinea et terra habebat, vel habere posset, promittens sub fide sua interposita se fundum terre dictarum vince et terre predictis ecclesie et monachis de Briostel contra omnes legitime garandizaturam. In cujus rei testimonium, presentes litteras sigillo curie Belvacensis fecimus roborari. Actum anno Domini M° CC° XXX° quarto. Mense novembris.

(Arch. de l'Oise : *Abb. de Lannoy*, n° 249.)

CCCXIX. — An 1234. — *Vente à l'abbaye par Bernier et Emeline, enfants d'Adam Tanckien, d'un tènement sis à Beauvais, paroisse de la Madeleine.*

Gaufridus decanus Belvacensis omnibus presentes litteras inspecturis in Domino salutem. Noverint universi quod Bernerus et Emelina liberi quondam Ade Tanckien et Marie ejus uxoris, civium Belvacensium, coram nobis constituti recognoverunt et concesserunt se vendidisse in perpetuum, pari assensu et pro communi necessitate atque utilitate sua, abbati et conventui ecclesie beate Marie de Briostel, cisterciensis ordinis, tenementum quod habebant situm in parrochia beate Marie Magdalene Belvacensis, inter domum Johannis Bequet et domum de Alneto, sicuti se habet, a vico de Alneto usque ad vicum Joscelini, cum omni censu, qui de illo tenemento eis debebatur, pro quadraginta libris parisiensium, de quibus eis satisfactum est, prout coram nobis recognoverunt, ad centum solidos annui census. Et dictum tenementum, cum omni eo quod in illo habebant vel quoquomodo habere possent, dicti Bernerus et

Emelina, soror sua, sponte non coacti in manu nostra resignaverunt, et sub fide interposita de non reclamando aliquo tempore per se vel per alium, ratione alicujus juris, dictis monachis de Briostel coram nobis in perpetuum quittaverunt. Promisit etiam dictus Bernerus sub fide interposita coram nobis et sub omni eo quod possidet se super dicto tenemento prefatis monachis, ad usus et consuetudines Belvaci, legitimam portare garandiam. Quam quidem venditionem voluerunt, approbaverunt et concesserunt, coram nobis sub fide interposita de non reclamando per se vel per alium, Bernerus de Montiaco, avunculus, et Stephanus Caillous, consanguineus eorumdem Berneri et Emeline. In cujus rei testimonium, presentes litteras sigillo nostro fecimus roborari. Actum anno Domini M° CC° XXX° quarto. Mense aprilis. (Arch. de l'Oise : *Ib.*, n° 21.)

CCCXX. — An 1234. — *Vente par Pierre de Bracheux, seigneur de Merlemont, de son clos de vignes de Montreuil, appelé le Clos des Plants.*

Ego Petrus de Braicel, miles, dominus de Merlemont, notum facio universis presentes litteras inspecturis, quod ego vendidi in perpetuum ecclesie et monachis beate Marie de Briostel, cisterciensis ordinis, pro triginta libris Parisiensium, quas jam ab ipsis monachis integre recepi, vineam meam de Mosteruel, scilicet clausum meum de Plantis in longitudine et latitudine sicut se perportat et ibi mete hinc et inde facte demonstrant, cum omni dominio et libertatibus suis, que tales sunt videlicet quod dicti monachi vineam suam predictam, quando eis placuerit, intrabunnt et vindemiabunt, nec poterit aliquis de dicta villa de Mosteruel vineas suas ad feodum meum pertinentes vindemiare, donec dicti monachi predicti vindemiare inceperint vineam supradictam. Et est sciendum quod ego et heredes mei venditionem istam tenemur garandire monachis supradictis, locis omnibus et contra omnes dominos et parentes, et ipsi monachi vineam illam tenebunt libere, pacifice et quiete, et si forte aliquis processu temporis vineam illam a dictis monachis extorserit, vel aliquo modo, vel aliquo jure in illa vinea aliquid poterit reclamare, et ipsi monachi ob hoc vel pro defectu garandie mee aliquod dampnum incurrerint, ego et heredes mei eisdem monachis dampnum illud reddere tenemur et restaurare in sola pecunia usque ad valorem quinquaginta librarum Parisiensium, vel ipsis monachis excambium facere in residuo feodi mei ad valentiam secundum estimationem abbatis Frigidi montis et duorum aliorum bonorum virorum. Preterea sciendum est quod ego volo et concedo quod dicti monachi in perpetuum et jure perpetuo possideant pacifice omnia que habent, que ad feodum meum pertinent, tam in terris quam in vineis et nemoribus. Et de predictis omnibus firmiter et fideliter tenendis et observandis fidem prestiti corporalem. Quod ut ratum et firmum permaneat in perpetuum, presentes litteras sigillo meo roboravi. Actum anno Domini M° cc° tricesimo quarto. Mense novembris.

(Arch. de l'Oise : *Abb. de Lannoy*, n° 394.)

CCCXXI. — An 1234. — *Confirmation par l'official de Beauvais de la vente par Pierre de Bracheux d'une vigne à Montreuil, dite le Clos des Plants.*

Omnibus Christi fidelibus presentes litteras inspecturis officialis curie Belvacensis in Domino salutem. Noverint universi quod dominus Petrus de Braicel, miles, dominus de Merlemont, coram nobis constitutus, recognovit et concessit se vendidisse.... *(Comme la charte précédente.)* In cujus rei testimonium, presentes litteras sigillo curie Belvacensis fecimus roborari. Actum anno Domini M° cc° tricesimo quarto. Mense novembris.

(Arch. de l'Oise : *Abb. de Lannoy*, n° 394.)

CCCXXII. — An 1234. — *Permisssion par Pierre de Bracheux, seigneur de Merlemont, aux religieux de Lannoy d'acquérir dans son fief jusqu'à concurrence de 100 sols.*

Ego Petrus de Braicel, miles, dominus de Merlemont, notum facio universis presentes litteras inspecturis, quod ego volo et concedo quod monachi de Briostel, cisterciensis ordinis, possint acquirere in feodo meo usque ad valentiam centum solidorum Parisiensium, et quod illud pacifice possideant in perpetuum, cum aliis acquisitis suis, in feodo meo. Quod ut ratum sit et firmum litteras istas sigillo meo roboravi. Actum anno Domini M° cc° xxx° quarto. Mense novembris.

(Arch. de l'Oise : *Abb. de Lannoy*, n° 313.)

CCCXXIII. — An 1235. — *Vente à l'abbaye par Gerold Gernon de Cempuis de deux mines de blé de rente qu'il prenait annuellement dans la grange de l'abbaye, à Thieuloy.*

Omnibus presentes litteras inspecturis officialis Belvacensis in Domino salutem. Noveritis quod in nostra constituti presentia Geroldus Gernon de Centum puteis et Ermengardis ejus uxor recognoverunt se vendidisse in perpetuum pari assensu et quittasse ecclesie beate Marie de Briostel, cisterciensis ordinis, duas minas bladi annui redditus, quas habebant de escaemento fratris Radulfi, quondam fratris dicte Ermengardis, et quicquid ad ipsos vel heredes eorum pertinebat ratione dicti escaementi, et devenire poterat ratione alicujus juris, quas percipiebant in grangia dicte ecclesie de Tyuloi, et tenebant in feodum a jam dicta ecclesia, pro quadraginta solidis Parisiensium, sibi plene et integre persolutis, ut coram nobis recognoverunt, fidem prestantes corporalem quod de cetero in dicto blado, ratione alicujus juris, nichil omnino reclamabunt, vel facient reclamari, sed ipsum dicte ecclesie legitime ad usus et consuetudines patrie garandizabunt. In cujus rei testimonium, presentes litteras sigillo curie Belvacensis fecimus communiri. Actum anno Domini M° CC° XXX° quinto. Mense novembri.

(Arch. de l'Oise : *Abb. de Lannoy*, n° 578.)

CCCXXIV. — An 1236. — *Transaction entre l'abbaye de Lannoy et celle de Charroux, au sujet des droits de pâturages dans les bois de Monceaux et de Bouvresse.*

Universis Christi fidelibus presentes litteras inspecturis, Jordanus Dei gratia Karrofensis abbas totusque ejusdem loci conventus salutem in Domino. Noverit universitas vestra quod cum causa verteretur inter nos, ex una parte, et viros religiosos abbatem et conventum de Briostel, cisterciensis ordinis, ex altera, super hoc quod nos dicebamus habere herbagia, pascua et pasturas ad opus animalium nostrorum, et usagium in nemoribus predictorum abbatis et conventus de Briostel, ad grangiam suam Moncellorum pertinentibus, mortuorum scilicet ad comburendum et viride ad edificandum. Tandem mediantibus viris venerabilibus de Prato et de Albemarle abbatibus, quadraginta libras Parisiensium ad amplificandos redditus domus nostre de Bovereciis, pro quittatione predictorum jurium, nos profitemur recepisse, et in perpetuum quittasse predictis abbati et conventui de Briostel quicquid petebamus tam in terris, quam in nemoribus, in pasturis, pascuis et usagiis supradictis, et omni juri nobis in eisdem rebus conpetenti renonciavimus, excepta communitate pasturarum et viarum in terris hinc inde, secundum communes patrie consuetudines promittentes bona fide, quod in predictis terris et nemoribus nichil omnino, ratione cujuscunque juris, nec pro nobis, nec pro hominibus nostris, de cetero reclamabimus, nec per alium faciemus reclamari, nec alicui, nec aliquibus super predictis querimoniis dictos abbatem et conventum de Briostel de cetero molestantibus consilium unquam prestabimus vel auxilium, vel favorem. Omni juris auxilio tam canonico quam civili nobis super predictarum rerum quittatione conpetente vel conpetituro penitus renuntiantes, omnibus et cartis et instrumentis super hoc inde nostris confectis, predictas querimonias tangentibus, quantum ad abbatem et conventum de Briostel pertinet, nichilominus renunciando. In hujus autem rei testimonium, presentes litteras sigillorum nostrorum munimine fecimus roborari.

(Arch. de l'Oise : *Abb. de Lannoy*, n° 324.)

CCCXXV. — An 1236. — *Confirmation par l'official de Beaucais de la donation par Hugues de Sanques et Guillaume de la Fromenterie de huit arpents de vignes en deux pièces, sis à La Trépinière.*

Omnibus presentes litteras inspecturis officialis Belvacensis salutem in Domino. Noverint universi quod constituti coram nobis Hugo de Sanques, clericus, Willermus de Frumentaria, civis Belvacensis, et eorum uxores recognoverunt se contulisse, de voluntate et assensu domini Johannis de Sereno fonte, militis, qui est dominus fundi, ut dicitur, ecclesie beate Marie de Briostel in puram et perpetuam elemosinam, ob remedium et salutem animarum eorum et antecessorum suorum, sex arpenna vinee, que ipsi comparaverant a Philippo Milon, cive Belvacensi, et Maria ejus uxore, sita supra castrum Marisci, que vinea vocatur Le Torpiniere, et Le Cornoilloie, cum quodam pressorio sito in dicta vinea, et vasis contentis in eo, et cum viginti duobus solidis censualibus, quos habebant super duo arpenna vinee sita inter illa sex arpenna et duo arpenna vinee que fuerunt Berengeri Teroude. Recognoverunt etiam coram nobis se contulisse in perpetuam et puram elemosinam dicte ecclesie, pro remedio animarum suarum et antecesssorum suorum, duo arpenna vinee, site supra Castrum Marisci, inter dicta sex arpenna et duo arpenna que fuerunt Berengeri Teroude, super que ipsi Hugo et Willermus et eorum uxores habebant dictos viginti duos solidos censuales legatos dicte ecclesie, que recognoverunt coram nobis se comparasse a Waltero parvo, a Wiberto fratre suo, a Hugone Frameri, ab Andrea Pylate et eorum uxoribus. Hanc autem elemosinam recognoverunt coram nobis dicti Hugo et Willermus et eorum uxores se fecisse dicte ecclesie, de voluntate et assensu domini Johannis de Sereno fonte, militis, qui est dominus fundi vinearum predictarum, ut dicitur. Promiserunt etiam coram nobis ipsi Hugo et Willermus et eorum uxores se non venturos contra dictam elemosinam factam ab ipsis ecclesie memorate. In cujus rei testimonium, presentes litteras sigillo curie Belvacensis fecimus communiri. Actum anno Domini M° CC° tricesimo sexto. Mense aprili. Die Sancti Ambrosii.

(Arch. de l'Oise : *Abb. de Lannoy*, n° 250.)

CCCXVI. — An 1236. — *Confirmation par l'official de Beauvais de la vente par Richer de Reuil d'un quartier de vignes à Merlemont.*

Omnibus presentes litteras inspecturis officialis Belvacensis in Domino salutem. Noverint universi quod in nostra constituti presentia Richerus de Ruel et Aelidis ejus uxor recognoverunt et concesserunt se vendidisse in perpetuum, pari assensu et pro communi necessitate atque utilitate sua, ecclesie beate Marie de Alneto, unum quarterium vinee site in territorio domini Petri de Mellemont, militis, in loco qui vocatur Les Plantes, pro sexaginta et decem solidis Parisiensium, de quibus recognoverunt ipsi Richerus et Aelidis ejus uxor sibi plenarie fuisse satisfactum. Dicta vero Aelidis in nullo coacta, ut coram nobis recognovit, sed mera atque spontanea voluntate sua, quicquid dotis, sive cujuscumque juris, quod in dicto quarterio vinee habebat, dicte ecclesie in perpetuum quitavit, et in manu nostra resignavit. Dictus vero Richerus coram nobis donavit dicte Aelidi totum manerium, in quo ipsi manent ad presens, quod tenent de capitulo beate Marie de Monchiaco, in recompensationem dotis, quam ipsa habebat in predicto quarterio vinee vendito. Quam recompensationem ipsa Aelidis voluit et gratanter recepit et pro dote sua sufficere recognovit. Et tam ipsa Aelidis quam prefatus Richerus ejus maritus fidem prestiterunt corporalem quod nichil de cetero per se, vel per alium, in predicto quarterio vinee vendite reclamabunt vel facient reclamari, sed illud sepedicte ecclesie bona fide contra omnes garandizabunt, salvo jure alieno. In cujus rei testimonium, presentes litteras sigillo curie Belvacensis fecimus communiri. Actum anno Domini M° CC° XXX° sexto. (Arch. de l'Oise : *Ib.*, n° 314.)

CCCXXVII. — An 1236. — *Confirmation par l'official de Beauvais de la vente par Pierre de Reuil d'un demi-arpent de vigne a Merlemont, et de la donation d'un autre demi-arpent au même lieu.*

Omnibus presentes litteras inspecturis officialis curie Belvacensis salutem in Domino. Universitati vestre notum facimus quod in nostra constituti presentia Petrus de Ruel et Margareta ejus uxor de Mosterolio recognoverunt se vendidisse in perpetuum, pari assensu et pro communi utilitate ac necessitate sua, ecclesie de Briostel dimidium arpentum vinee, quod habebant apud Mellemont, situm in Plantis, juxta vineam Rogeri Vavassoris, pro undecim libris Parisiensium, sibi persolutis, et coram nobis recognoverunt. Insuper recognoverunt se contulisse eidem ecclesie in puram et perpetuam elemosinam, ob remedium animarum suarum et antecessorum suorum, aliud dimidium arpentum vinee, quam habebant sitam in Plantis de Mellemont, juxta vineam Richeri fratris ipsius Petri. Et quia dicta Margareta in jam dictis vineis dotem habebat, ipsa in nullo coacta sed spontanea voluntate sua, ut coram nobis recognovit, quicquid dotis vel alterius juris in dictis vineis habebat, una cum dicto Petro marito suo, in manu nostra resignavit, et dicte ecclesie in perpetuum quittavit. Dictus autem Petrus eidem Margarete uxori sue in recompensationem dotis, quam in dictis vineis habebat, quemdam curticulum quem habebat apud Mosterolium, qui vocatur Curticulus Robini, coram nobis donavit; quam recompensationem dicta Margareta gratanter recepit et pro dote supradicta sibi bene sufficere dicebat. Et tam ipsa Margareta quam Petrus ejus maritus fidem coram nobis prestiterunt corporalem quod de cetero in dictis vineis nichil reclamabunt vel reclamari facient per se vel per alium, ratione alicujus juris, sed ipsas prefate ecclesie contra omnes, ad usus et consuetudines patrie, garandizabunt. In cujus rei testimonium, presentes litteras sigillo curie Belvacensis fecimus communiri. Actum anno Domini M° CC° XXX° sexto. Mense januario.

(Arch. de l'Oise : *Abb. de Lannoy*, n° 315.)

CCCXXVIII. — An 1237. — *Donation par Girard du Ply d'un muid de blé de redevance annuelle à prendre à Brombos, sur la grange des religieux de Beaupré.*

Omnibus Christi fidelibus presentes litteras inspecturis officialis Belvacensis in Domino salutem. Noverint universi quod constituti coram nobis Girardus del Pleiez et Agnes ejus uxor recognoverunt se contutisse et concessisse ecclesie et conventui beate Marie de Briostel, in puram et perpetuam elemosinam, unum modium bladi annui et perpetui redditus, singulis annis percipiendum in granchia de Bruno bosco, quem monachi de Prato eidem Girardo et ejus heredibus annuatim, ut dicitur, reddere tenebantur. Et quum dicta Agnes uxor prefati Girardi in illo modio bladi dotem habebat, ipsa in nullo coacta sed mera et spontanea voluntate sua, in manu nostra resignavit quicquid dotis sive cujuscumque alterius juris habebat, vel quoquo modo habere poterat, in modio bladi supradicto, recepta, ut dicebat, a dicto Girardo marito suo sufficiente recompensatione pro dote, quam in illo modio bladi habebat, in molendino juxta castrum de Terines. Quam utique recompensationem ipsa Agnes sibi bone sufficere et placere coram nobis recognovit. Et tam dicti Girardus et Agnes ejus uxor quam Petrus del Ploeiz frater ejusdem Girardi, qui dictam elemosinam laudavit, voluit, concessit et approbavit coram nobis fidem prestiterunt corporalem quod per se vel per aliquem alium, occasione dicti modii bladi, ratione alicujus juris, ecclesiam vel conventum de Briostel de cetero non molestabunt vel molestari procurabunt, nec etiam in illo modio bladi aliquid reclamabunt. In cujus rei testimonium, presentes litteras sigillo curie Belvacensis fecimus roborari. Actum anno Domini m° cc° xxx° septimo. Mense decembris. (Arch. de l'Oise : *Abb. de Lannoy*, n° 64.)

CCCXXIX. — An 1237. — *Confirmation par l'officialité de Beauvais de la ratification et concession par Girard d'Ernemont de la donation par Girard du Ply d'un muid de blé de redevance, à prendre dans la grange des religieux de Beaupré, à Brombos.*

Omnibus Christi fidelibus presentes litteras inspecturis officialis Belvacensis in Domino salutem. Universis notum facimus quod constitutus coram nobis Girardus de Arnulfi monte concessit voluit et laudavit elemosinam quam contulerunt ecclesie de Briostel Girardus et Petrus de Ploiz fratres et Agnes uxor ipsius Girardi du Ploiz, hoc est unum modium bladi in grangia de Bruno bosco, qui de ipso tenebatur. Insuper predictus Girardus de Arnulfi monte coram nobis dedit et quitavit libere et absolute ecclesie et conventui beate Marie de Briostel quicquid juris vel dominii in predicto modio bladi de Bruno bosco habebat, vel quocumque modo habere poterat, nichil in eo penitus sibi vel heredibus suis in perpetuum retinens vel reservans; fidem etiam corporalem dedit in presentia nostra dictus Girardus de Arnulfi monte, quod de cetero in predicto modio nichil ratione dominii vel alicujus juris per se vel per alium reclamabit. Quod si processu temporis presumpserit quisquam occasione dicti modii bladi ecclesiam de Briostel molestare, vel in causam trahere, dictus Girardus de Arnulfi monte cum omnibus heredibus suis tenebitur fideliter ubique et contra omnes garandire. In cujus rei testimonium, presentem cartam sigillo curie Belvacensis fecimus roborari. Actum anno Domini m° cc° xxx° septimo. Mense decembri.
(Arch. de l'Oise : *Abb. de Lannoy*, n° 63.)

CCCXXX. — An 1237. — *Cession par Drogon de Saint-Just en faveur de l'abbaye, de ses droits sur une vigne sise à Boulincourt, près Clermont.*

Christianus, presbiter et decanus christianitatis de Claromonte, universis presentes litteras inspecturis salutem in Domino. Noverit universitas vestra quod cum inter abbatem et conventum de Briostel, ex una parte, et dominum Drogonem de Sancto Justo, presbiterum, ex altera, orta esset contentio supra impetitione cujusdam vinee, site in territorio de Boullaincourt, juxta vineam Thome Busk t et Berneri de Valle, que vinea vocatur Claustrovallis, quam vineam abbas et conventus prenotati tenent in feodo a dicto Drogone, ut ipse dicebat tandem dictus Drogo, de consilio bonorum virorum, quicquid juris habebat vel habere poterat in vinea memorata, contulit penitus in perpetuam elemosinam, et resignavit, pro salute anime sue, abbati et conventui supradictis. Hoc notato quod abbas et conventus prenotati tenentur reddere singulis annis sex denarios censuales, ad festum Sancti Remigii, pro tenentia dicte vinee, dicto Drogoni et heredibus suis. In cujus rei testimonium et munimen, presentes litteras sigilli nostri munimine roboravimus, ad petitionem partium predictarum. Actum anno Domini m° cc° xxx° septimo. Mense februario. (Arch. de l'Oise : *Abb. de Lannoy*, n° 58.)

CCCXXXI. — An 1237. — *Vente par Guy de Francastel de huit mines de blé de rente qu'il prenait dans la grange de l'abbaye.*

Ego Guido de Franco Castello, miles, notum facio tam presentibus quam futuris quod ego et Aeles uxor mea, pro communi utilitate et necessitate nostra, vendidimus in perpetuum ecclesie et conventui beate Marie de Briostel, pro quindecim libris Parisiensium, jam nobis integre persolutis, octo minas frumenti annui redditus, quas nobis dicti monachi in grangia sua de abbatia reddere tenebantur. Super ista venditione tenenda firmiter et observanda fideliter, et de perpetua et fideli guarandia ferenda dictis monachis, ego Guido et Aeles uxor mea fidem prestitimus corporalem, renuntiantes omni actioni et juri quod nobis et heredibus nostris valere posset ad reclamandum. In cujus rei robur et testimonium, presentes litteras sigillo meo confirmavi. Actum anno incarnati Verbi millesimo ducentesimo tricesimo septimo. Mense augusti.

(Arch. de l'Oise : *Abb. de Lannoy*, n° 199.)

CCCXXXII. — An 1237. — *Confirmation par Jean de Crèvecœur et Jean de Monsures de la vente par Guy de Francastel de huit mines de blé de rente.*

Ego Johannes de Cropicordio et ego Johannes de Monxures milites notum facimus universis tam presentibus quam futuris presentes litteras inspecturis quod dominus Guido de Franco castello miles et

domina Aeleis ejus uxor, pro communi utilitate et necessitate sua'
vendiderunt in perpetuum ecclesie et conventui beate Marie de Briostel octo minas bladi annui redditus, quas, in grangia eorumdem
monachorum apud abbatiam, singulis annis percipiebant, pro quindecim libris Parisiensium, de quibus dicti monachi predicto domino
Guidoni plenam fecerunt solutionem. Hujus autem venditionis a dicto
domino Guidone et ejus uxore tenende firmiter et fideliter observande
in perpetuum, ad preces et petitiones predictorum domini Guidonis
et Aeleis ejus uxoris fide nostra interposita plegios nos constituimus,
ita quod uterque nostrum in solidum, sub tali forma, quod si predicti monachi de dictis octo minis bladi annui redditus venditis, vel
pro illis octo minis sumptus vel dampna aliqua incurrerent, ipsi de
modiatione quam nobis reddunt apud Moncellos, quitte et absolute
tantum retinerent, in quantum de dictis octo minis vel pro illis cus-
tamenta vel dampna sustinerent, usque ad summam octo minarum.
Quod ut ratum sit et firmum, litteras istas sigillis nostris roboravimus. Actum anno Domini M° cc° xxx° septimo. Mense augusti.

(Arch. de l'Oise : *Abb. de Lannoy*, n° 199.)

CCCXXXIII. — An 1237. — *Confirmation par l'officialité de Beauvais de la vente par Hugues du Four, du champart lui appartenant dans la lande de Saint-Arnoult.*

Omnibus presentes litteras inspecturis officialis Belvacensis salutem in Domino. Universitati vestre notum facimus quod in nostra
constituti presentia Hugo de Furno et Widria ejus uxor de Terines
recognoverunt se vendidisse, et imperpetuum quittasse ecclesie de
Briostel, totam campipartem, quam habebant in terra ejusdem ecclesie, que dicitur landa Sancti Arnulfi, provenientem ex hereditate
dicte Widrie, pro sex libris Parisiensium sibi persolutis, ut coram
nobis recognoverunt. Dicta vero Widria se in dicta campiparte nichil
dotis habere vel aliquam habuisse coram nobis recognovit, et si quid
dotis, vel alterius juris in ipsa habebat, illud in manu nostra, una
cum Hugone marito suo, resignavit et dicte ecclesie imperpetuum
quittavit. Hanc autem venditionem coram nobis constituti Odo de
Morvilier et Odelina ejus uxor, de quorum dominio dicta campipars
movebat, ut dicebant, voluerunt, laudaverunt et benigne fieri concesserunt, nichil juris, justicie, sive dominii, sibi vel heredibus suis
de cetero in eadem campiparte retinentes; fidem etiam coram nobis
prestiterunt tam Hugo et Odo, quam Widria et Odelina eorum uxores, quod de cetero in dicta campiparte nichil reclamabunt, vel reclamari facient, per se, vel per alium, ratione alicujus juris, sed
ipsam dicte ecclesie legitime contra omnes, ad usus et consuetudines

patrie, garandizabunt. In cujus rei testimonium, presentes litteras sigillo curie Belvacensis fecimus communiri. Actum anno Domini M° CC° XXX° septimo. Feria sexta post festum Sancti Andree aspostoli.

(Arch. de l'Oise : *Abb. de Lannoy*, n° 531.)

CCCXXXIV. — An 1237. — *Donation par Jean de Monsures de deux muids de grains, moitié blé, moitié avoine, à prendre dans la grange de Monceaux.*

Notum sit omnibus tam presentibus quam futuris quod ego Johannes de Monxures, miles, pro salute et remedio anime mee, dedi et quittavi in perpetuum ecclesie et conventui beate Marie de Briostel duos modios, unum videlicet frumenti et alterum avene, de illis sex modiis quos dicti monachi singulis annis in grangia Mon ellorum michi reddere tenebantur. Hanc autem donationem laudaverunt et concesserunt Petrus frater meus et Agnes uxor mea, que, in nullo coacta, sed de bona et spontanea voluntate sua, quicquid dotis, nomine dotis, in dictis duobus modiis habebat, vel quicquid ad eam casu aliquo contingente devenire posset in posterum, in manus domini Andree sacerdotis de Blargies, libere et absolute resignavit, assignata prius eidem grata sibi et sufficienti recompensatione dotis sue, scilicet ad duos modios, scilicet unum frumenti et alterum avene, quos percipiet in residuo predicte modiationis ; fidem etiam prestitit corporalem, quod in predictis duobus modiis elemosinatis nichil omnino reclamabit inposterum, neque per alium faciet reclamari. Et quia volo ut predicta donatio perpetuam et inviolabilem firmitatem obtineat, presentem cartam sigillo meo confirmavi, in robur et testimonium veritatis. Actum anno gratie millesimo ducentesimo tricesimo septimo. Mense januario.   (Arch. de l'Oise : *Ib.*, n° 358).

CCCXXXV. — An 1238. — *Vente par Jean de Songeons, chevalier, d'un muid d'avoine de redevance et d'un pré à Groscourt.*

Ego Johannes de Sonjons, miles, frater domini Galteri de Sonjons, notum facio universis presentibus et futuris quod ego vendidi ecclesie et monachis beate Marie de Briostel in perpetuum, unum modium avene in villa de Gerolcort, cum omni libertate et dominio, quod in eo habebam, nichil mei vel heredibus meis ibi retinens, vel reservans. Hunc autem modium avene reddent predictis monachis, per singulos annos ad Nathale Domini, homines isti de Gerolcort et heredes eorum ; scilicet Odo filius Geroldi quatuor minas, Hermensent duas minas, Walterus filius Renerii duas minas, Wibertus duas minas, Odo Fagoteor duas minas, ad mensuram Gerborreti, sicut antea michi reddebatur. Si autem prescripti homines redditum istum, ad terminum statutum, sufficientem non persolvunt, predicti monachi mansuras et curticulos eorum, absque offensa, saisire poterunt et retinere, donec de redditu et etiam de emenda, plenariam habuerint solutionem. Similiter ego prefatus Johannes, miles, pro necessitate mea, vendidi in perpetuum predicte ecclesie de Briostel pratum unum juxta Gerolcort, habens circiter tres minas, cujus longitudo incipit a quodam pontello, sive ponte parvo et tendit usque ad pratum et terram Odonis filii Geroldi, latitudo autem ejus extenditur a terra Hugonis Ruffi usque ad terram Odonis Fagoteor, sicut per metas ibi positas melius demonstratur. Sciendum autem quod homines mei de Gerolcort predictum pratum tenentur expensis suis fenare, ad admonitionem conversorum de Malpertuis, et per terras suas viam prebere sufficientem, per quam fenum adducatur, et quicquid dominii in predicto prato habebam, monachi de cetero possidebunt. Has autem venditiones feci, voluntate et assensu domini Galteri de Sonjons, fratris mei et domini mei, et voluntate domini Johannis de Sonjons, militis, et nepotis mei, et de non reclamando in perpetuum et de legitima garandia ferenda super predictis rebus venditis, ubique et contra omnes, fidem posui corporalem. In cujus rei testimonium, presentem cartam sigillo meo confirmavi. Actum anno Domini M° CC° XXX° octavo. Mense martio. (Arch. de l'Oise : *Ib.* n° 135.)

CCCXXXVI. — An 1238. — *Confirmation par Thibault de Torcy de la donation par Odeline de Bonnières, de Hugues de Torcy, son serf, d'une masure avec courtil et droits, à Torcy.*

Ego Theobaldus de Torchi. Notum facio universis presentibus et futuris quod Odelina de Boneriis dedit condam ecclesie Sancte Marie de Briostel, pro salute anime sue, in puram et perpetuam elemosinam, Hugonem de Torchi et quicquid de ipsa tenebat, scilicet masuram et curticulum, cum omni dominio, quod habebat in eo, et quicquid predictus Hugo predicte Odeline pro toto masagio suo reddebat, totum monachi de Briostel de cetero percipient libere et quiete. Nec heredes ejusdem Odeline in predicta elemosina quicquam poterunt reclamare. Hanc autem elemosinam, sicut superius descripta est, ego dictus Theobaldus, predicti feodi capitalis dominus, volui, benigne concessi, et in perpetuum ratam habui, et quicquid ad me, vel ad heredes meos in premissis rebus pertinebat, vel quocumque modo poterat pertinere, predicte ecclesie dedi et penitus quittavi, ac in perpetuum remisi, nichil omnino michi vel heredibus meis retinens ibi vel reservans. Sciendum etiam quod ego dictus Theobaldus ibidem, fidei meo sacramento, elemosinam istam predicte ecclesie, ubique et contra omnes, sicut dominus principalis feodi, teneor semper garandire et heredes mei similiter, et predictum Hugonem, vel heredes mei similiter, et predictum Hugonem, vel heredes ejus tueri pro posse meo et adjuvare. Ut autem hec donatio sollempniter facta, rata semper et stabilis perseveret, presentem cartam sigillo meo confirmavi. Actum anno Domini M° CC° XXX° octavo. Mense octobri.

(Arch. de l'Oise : *Abb. de Lannoy*, n° 587.)

CCCXXXVII. — An 1238. — *Donation par Odon de Ronquerolles, seigneur de Saint-Deniscourt, de vingt mines de terre à Auteigny, et vente de champart et de rente sur la grange de Beaulieu par Drogon et Aubert d'Auteigny.*

Ego Odo de Ronkerolis, miles et dominus de Sancti Dionisii curte, et domina Eufemia, uxor mea, notum facimus universis tam presentibus quam futuris, quod nos dedimus, communi assensu et unanimi voluntate nostra, in puram, perpetuam et irrevocabilem elemosinam, ob remedium animarum nostrarum et antecessorum nostrorum, domui et ecclesie beate Marie de Briostel, tres piecias terre, circiter viginti minas sementis continentes, quas habebamus in territorio de Autegni sitas, in tribus pieclis, quarum una sita est in valle de la Bataille et alie due ibi prope a dextris et a sinistris terre Huberti de Saint Deniscort, nichil dominii, juris, sive justicie nobis vel heredibus nostris retinentes in terris memoratis. Preterea sciendum est quod Drogo de Autegni et Ausbertus filius ejus vendiderunt in perpetuum predicte ecclesie de Briostel et in manu nostra resignaverunt totam campipartem quam habebant in terris pertinentibus ad grangiam dicte ecclesie, que dicitur le Fay, que site sunt in territorio de Autegni, et duas minas bladi annui redditus quas habebant dicti Drogo et Ausbertus in dicta grangia de Fay, pro terra Johannis Porée, nichil sibi vel heredibus suis in predictis campiparte, duabus minis bladi et in predicta grangia penitus retinentes. Quia vero supradicta ad nostrum feodum pertinebant, venditionem istam voluimus, laudavimus et ratam habuimus et dominium per abbatem dicte ecclesie de predicta campiparte et duabus minis bladi saisivimus, nichil omnino juris vel dominii nobis vel heredibus nostris in predictis retinentes, sed omni juri et feodo penitus renunciantes. Insuper fidem dedimus corporalem quod de cetero in omnibus supradictis nichil omnino reclamabimus vel faciemus reclamari, ratione alicujus juris, sed ipsa omnia supradicta contra omnes et ubique, predicte ecclesie tenemur fideliter garandire. Et sciendum quod si predicti Drogo et Ausbertus debita mihi servicia non reddiderint, vel alicujus offense coram me rei fuerint, nichil de hiis que ad monachos pertinent poterimus tangere vel impedire. Ut autem omnia supradicta rata in perpetuum et inconcussa permaneant, presentem cartam sigillis nostris fecimus roborari. Actum anno Domini M° CC° tricesimo octavo. Mense octobri.

(Arch. de l'Oise : *Abb. de Lannoy*, n° 16.)

CCCXXXVIII. — An 1238. — *Confirmation par l'officialité de Beauvais de la donation par Odon de Ronquerolles de vingt mines de terre à Auteigny.*

Omnibus presentes litteras inspecturis officialis Belvacensis salutem in Domino. Universitati vestre notum facimus quod in nostra constituti presentia dominus Odo de Ronkerol, miles, et domina Eufemia ejus uxor..... *(Comme dans la charte précédente.)* Recognoverunt insuper quod dicta domina Eufemia in supradictis nichil dotis habebat, vel aliquando habuerat, et quod predicta omnia ex hereditate dicte domine proveniebant. Dicta vero ecclesie dicti beneficii non immemor dicte domine Eufemie sexaginta solidos Parisiensium de karitate domus coram nobis donavit, quia supradictis omnibus benignum prebuit assensum. In cujus rei testimonium presentes litteras sigillo curie Belvacensis fecimus communiri. Actum anno Domini M° CC° XXX° octavo. Mense octobri, feria quinta post festum Sancti Justi. (Arch. de l'Oise : *Abb. de Lannoy*, n° 9.)

CCCXXXIX. — An 1239. — *Confirmation par l'official de Beauvais de la donation par Barthélemy Le Linger de trois pièces de vignes et d'une pièce de terre labourable à Montreuil.*

Omnibus presentes litteras inspecturis officialis Belvacensis salutem in Domino. Universitati vestre notum facimus quod constituti in presentia nostra Bartholomeus Lingerius et Eremburgis uxor ejus, cives Belvacenses, contulerunt in puram, perpetuam et irrevocabilem elemosinam, ob remedium animarum suarum et antecessorum suorum, Deo et ecclesie beate Marie de Briostel, quandam petiam vinee site apud Mosterolium, in colle, inter vineam Frigidi montis et viam que fuit Renaudi de Ruella; alteram petiam vinee sitam inter vineam de Briostel et viam que ducit a Mellemont usque ad Mosterolium, que fuit Bernerii de Monasterio et Aelidis uxoris sue; tertiam petiam vinee sitam ad fossam Lovereche, que fuit Johannis Lapostre, Aelidis uxoris sue, Isembardi et Garini fratrum dicte Aelidis, et quandam petiam terre sitam in loco qui dicitur Hastez, que fuit Hermanni de Mesonceles de Puteo; inter viam de Hastez et terram Arnulfi de Mara, que omnia insimul acquisierant, ut coram nobis recognoverunt. In cujus rei testimonium, presentes litteras, ad petitionem dictorum Bartholomei et Eremburgis, sigillo curie Belvacensis fecimus communiri. Actum anno Domini M° CC° XXX° nono. (Arch. de l'Oise : *Abb. de Lannoy*, n° 395.)

CCCXL. — An 1239. — *Donation par Drogon de Fontaine de tout ce que Pierre Engelier tenait de lui à Marseille.*

Ego Drogo de Fontibus, miles. Notum facio universis presentibus et futuris quod ego dedi et concessi, tribus annis jam evolutis, ecclesie et conventui beate Marie de Briostel, in puram et perpetuam elemosinam, quicquid Petrus Engelier tenebat de me apud Marsellias, in villa et in agro, scilicet masuram cum domo que sita est inter domum Drogonis Wicaire et domum Girardi Suttoris, et campartum terre ad quinque minarum seminaturam, cum omni jure et dominio, quod in prefatis rebus michi vel heredibus meis quocumque modo conpetebat. Similiter ego prefatus Drogo de Fontibus, miles, dedi penitus et concessi in puram et perpetuam elemosinam prefate ecclesie de Briostel et conventui ejusdem loci quandam grangiam apud Marsellias, sitam inter grangiam ecclesie de Briostel et fontem de Prato, cum omnibus pertinenciis suis, in longitudine et latitudine, sicut mete ibi posite circumquaque demonstrant. Sciendum autem quod predicti monachi singulis annis hujusmodi censum pro predicta grangia debent percipere, ad Nathale Domini, scilicet duodecim denarios et duos capones, quinque denarios de viatoria, insuper tres corveias per annum, ad arbitrium predictorum monachorum solvendas, cum omni justicia, jure et dominio. Has autem elemosinas in presenti pagina notatas feci voluntate et assensu Isabelis uxoris mee, que in nullo coacta, sed spontanea quicquid dotis vel alterius juris habebat vel habere poterat in premissis, predicte ecclesie de Briostel, corporali fide prestita, quittavit in perpetuum et remisit, accepto prius a me sufficienti sue dotis excambio, pro sua voluntate. Hec omnia siquidem voluerunt et concesserunt Johannes scilicet et Radulfus liberi nostri cum ceteris, fidem prestantes corporalem quod in premissis rebus nichil penitus de cetero per se vel per alium reclamabunt, sed ubique et contra omnes ecclesie de Briostel legitime garandie portabunt tuicionem. Hoc idem ego prefatus Drogo, quoadusque vixero ibidem fide mea firmiter teneor observare. Ut igitur ecclesia de Briostel hec omnia in summa libertate et pace possideat, presentem cartam sigilli mei munimine roboravi. Actum anno Domini M° CC° XXX° nono. Mense junio. (Arch. de l'Oise : *Abb. de Lannoy*, n° 286.)

CCCXLI. — An 1239. — *Vente par Pierre Bouvet et Odeline, sa femme, d'une maison sise à Beauvais, faubourg Saint-André.*

Officialis Belvacensis omnibus presentes litteras inspecturis in Domino salutem. Noverint universi quod constituti coram nobis Petrus Bouveht et Odelina ejus uxor, cives Belvacenses, recognoverunt se vendidisse in perpetuum, pari assensu pro communi utilitate et necessitate sua, ecclesie et conventui beate Marie de Briostel, manerium suum cum domo, situm in vico Sancti Andree, contiguum domui predicte ecclesie de Briostel, pro triginta libris Parisiensium, jam sibi integre persolutis. Et quum predicta Odelina in supradictis rebus venditis dotem habebat, in nullo coacta, sed spontanea quicquid dotis vel alterius cujusque juris ibi habebat, vel quocumque modo habere poterat, in manu nostra resignavit, accepta prius a marito suo sufficienti recompensatione dotis sue, duodecim libris Parisiensium de primis mobilibus suis, quam sibi coram nobis sufficere recognovit. Insuper tam predictus Petrus, quam predicta Odelina ejus uxor, prestito fidei sacramento, coram nobis promiserunt quod in predictis rebus venditis nichil de cetero per se vel per alium reclamabunt ratione aliqua vel facient reclamari, sed contra omnes, ad usus et consuetudines Belvacenses, legitimam portabunt garandiam. Quia autem volumus ut ecclesia de Briostel hec omnia pacifice possideat, presentem cartam sigillo curie Belvacensis fecimus roborari. Actum anno Domini M° CC° XXX° nono. Mense aprili.

(Arch. de l'Oise : *Abb. de Lannoy*, n° 22.)

CCCXLII. — An 1239. — *Sentence arbitrale rendue par Nicolas Arrode, garde pour le roi des droits régaliens du Beauvaisis, au profit de l'abbaye, contre Simon de Beausault et les habitants de Formerie, pour le droit de pâturage dans les bois de Monceaux.*

Ego Nicholaus Arrodes, custos regalium Belvacensium ex parte domini Regis, notum facio universis tam presentibus quam futuris quod cum abbas et conventus de Briostel, ex una parte, et nobilis vir dominus Symon de Bello saltu, miles, et duo filii ejus milites scilicet Guillermus et Symon, ex altera, pro se et pro hominibus suis de Formeries, compromississent in me, in presentia domini Regis, super quadam contentione, que inter predictos abbatem et conventum et dictum dominum Symonem et filios ejus et homines suos de Formeries vertebatur, super eo videlicet quod prefati homines dicebant se habere pasturam et pasnagium, ad opus animalium suorum, in nemoribus Moncellorum, Meisnillorum et Vaccariarum, in quibus idem Symon non pro se pasturam sive pasnagium reclamabat, sed pro suis hominibus. Cum e contrario dicti abbas et conventus dicerent prefatos Symonem, filios ejus et eorum homines in jam dictis nemoribus neque pasturam, neque pasnagium habere. Super eo etiam quod predicti abbas et conventus conquerebantur de predicto Symone de Bello Saltu, eo quod nampta eorum et homines suos in locis suis violenter capi fecerat, quod nec potest, nec debet, sicut dicunt. Super eo etiam quod porcos eorum et pecora in elemosinis suis et in pasturis suis multociens capi fecerat. Ego Nicholaus predictus juxta compromissi tenorem, de omnibus jam dictis querelis veritate per cartas et testes plenius inquisita et cognita, cum dicti homines, sub sacramento suo coram me prestito, recognovissent se nunquam redditum aliquem sive consuetudinem aliquam, pro dictis pastura et pasnagio que reclamabant, solvisse, de bonorum et juris peritorum consilio, per sententiam diffinitivam pronuntiavi res omnes prenominatas de quibus questio inter partes movebatur, pleno jure videlicet quoad possessionem et proprietatem abbatis et conventus de Briostel indubitanter esse et ad ipsos modis omnibus pertinere; prenominatos autem Symonem et filios ejus hominesque eorum neque suo, neque alieno nomine aliquid juris pasture vel pasnagii habere in premissis rebus; eisdem militibus et hominibus, suisque heredibus super jam dictis rebus et querelis perpetuum silentium imponendo. Porro si predictus Symon vel homines sui in prefatis nemoribus quicquam hactenus habuerunt, non de jure fuit, sed per violentiam contra tenorem cartarum dictorum abbatis et conventus de Briostel, et contra ipsorum prohibitionem. Insuper homines dictorum monachorum et nampta eorum et omnia que ad ipsos pertinent, ab omni potestate et subjectione predictorum militum de Bello Saltu per dictum meum imperpetuum exemi et absolvi, nec poterunt porcos monachorum seu pecora in elemosinis vel in pasturis suis quacumque occasione capere, nec contra homines seu res eorum aliquam violentiam exercere. Preterea predictos Symonem, hominesque suos, sententia rata manente, in ducentis libris Parisiensium pro injuriis et dampnis, que prefati abbas et conventus sustinuerunt ab adversariis suis prenominatis et expensis quas fecerunt occasione istarum querelarum, eisdem abbati et conventui sententialiter condempnavi. Hoc dictum protuli ego Nicholaus Arrode. Et ut hoc ratum et inconcussum permaneat, presentes litteras sigillo meo confirmavi. Actum anno Domini M° CC° XXX° nono. Mense aprili, die Sancti Vitalis martyris.

(Arch. de l'Oise : *Abb. de Lannoy*, n° 359.)

CCCXLIII. — An 1239. — *Confirmation par le roi Louis IX de l'accord entre l'abbaye et Simon de Beausault, seigneur de Formerie, au sujet du droit de pâturage dans les bois de Monceaux.*

Ludovicus Dei gratia Francorum rex, notum facimus quod cum dilecti nostri abbas et conventus de Briostel et dilecti et fideles nostri Symon de Bello Saltu et duo filii ejus milites scilicet Guillelmus et Symon pro se et hominibus suis de Formeries in nostra presentia constituti compromississent in Nicholaum Arrode servientem nostrum super quadam contentione.... *(Comme dans la charte précédente.)*

(Bibl. Nation. : Collect. Moreau, t. 156, f° 118.)

CCCXLIV. — An 1239. — *Confirmation par l'officialité de Beauvais de la vente par André Bequet de 8 sols de cens annuel sur plusieurs maisons sises à Beauvais.*

Omnibus presentes litteras inspecturis officialis Belvacensis salutem in Domino. Universitati vestre notum facimus quod constituti coram nobis Andreas Bequet et Maria ejus uxor, cives Belvacenses, recognoverunt se vendidisse et in perpetuum quittasse abbati et conventui beate Marie de Briostel, cisterciensis ordinis, octo solidos annui census, pari assensu et pro communi utilitate atque necessitate sua, quos reddere eis solebant dicti abbas et conventus, ut dicebant, scilicet super domo Radulfi de Braichel, sita in vico molendini ad equum, quinque solidos de fundo terre, de domo Marie Bovette, sita in vico Sancti Andree juxta ruellam Warini de Gornaco, duodecim denarios, et de gardino dictorum abbatis et conventus sito retro domum eorum, quod fuit Ade Tannekien, in vico Sancti Andree, duos solidos, pro septem libris Parisiensium sibi plene et integre persolutis, ut coram nobis recognoverunt, fidem prestantes corporalem quod de cetero in dicto censu vendito et quittato nichil reclamabunt vel reclamari facient, per se vel per alium, ratione alicujus juris, sed ipsum dictis abbati et conventui legitimo, ad usus et consuetudines civitatis Belvacensis, garandizabunt. Recognovit autem dicta Maria quod dictus census movebat ex hereditate sua et quod nichil dotis in ipso habebat vel aliquando habuerat. In cujus rei testimonium presentes litteras sigillo curie Belvacensis fecimus communiri. Actum anno Domini m° cc° xxx° nono. In vigilia Ascensionis. Mense mayo.

(Arch. de l'Oise : Abb. de Lannoy, n° 200.)

CCCXLV. — An 1240. — *Confirmation par Henri de Thoix de la donation faite par Jean de Thoix, son frère, de sa terre d'Ecornecat.*

Ego Henricus de Toiz, miles, notum facio universis presentibus et futuris quod bone memorie Johannes de Toiz, quondam miles, frater meus, dedit et concessit in perpetuam et liberam elemosinam Deo et ecclesie beate Marie de Briostel, ubi sepulturam elegit et accepit, totam terram suam de Escornecat, pro salute anime sue, nichil in ea sibi vel heredibus suis retinens aut reservans. Ego vero dictus Henricus, frater ejus et heres, elemosinam istam libenter volui et benigne concessi, et eam super sanctum altare beate Marie Virginis in abbacia de Briostel, astante toto conventu et plurima turba militum diversique populi, propriis manibus obtuli, et ad majorem securitatem, presenti carta sigillo meo munita, eam dicte ecclesie et fratribus qui ibi Deo serviunt confirmavi. Facta autem fuit donatio ista monachis de Briostel et ab ipsis legitime pacificeque possessa anno quo obiit idem Johannes, quondam frater meus, videlicet anno Verbi incarnati M° CC° XL°.

(Arch. de l'Oise : *Abb. de Lannoy*, n° 92.)

CCCXLVI. — An 1240. — *Confirmation par l'officialité de Beauvais de la transaction par laquelle Guy de Saint-Arnoult se reconnait débiteur envers l'abbaye de huit mines de blé de rente sur sa grange de Saint-Arnoult.*

Omnibus presentes litteras inspecturis, magister Guillelmus de Gressio, officialis Belvacensis, in Domino salutem. Noverint universi quod cum inter viros religiosos abbatem et conventum beate Marie de Briostel, ex una parte, et dominum Guidonem de Sancto Arnulfo, militem, ex altera, coram nobis questio verteretur, super eo quod dicti abbas et conventus petebant ab eodem milite unum modium bladi, ad mensuram Gerborredensem, annui redditus, quem dominus Gervasius de Sancto Arnulfo, quondam pater ejus, pro anima Bernardi filii sui primogeniti, ecclesie beate Marie de Briostel in elemosinam contulerat et perpetuo concesserat, in sua grangia de Sancto Arnulfo capiendum, et usque ad diffinitivam sentenciam audiendam processum esset inter partes in querela. Tandem memoratus miles in nostra presentia constitutus, asseruit se tenere tantummodo duas partes hereditatis domini Gervasii patris sui, et promisit se redditurum annis singulis dictis abbati et conventui de cetero, in grangia sua de Sancto Arnulfo, et super ad eam pertinentia octo minas bladi, ad mensuram Gerborredi, in festo beati Remigii, et ad hoc coram nobis in perpetuum suos obligavit heredes. Actum anno Domini M° cc° XL°. In octavis Inventionis Sancte Crucis.

(Arch. de l'Oise : *Abb. de Lannoy*, n° 532.)

CCCXLVII. — An 1240. — *Confirmation par Philippe de Belcincourt, bailli de Beauvais, de la ratification par Bernier, Foulques, Gilon et Agnès Bocet, de la vente par Pierre Bocet, leur frère, d'une maison sise au faubourg Saint-André.*

Ego Philippus de Belcincort, miles, baillivus domini Belvacensis. Omnibus presentibus pariter et futuris notum facio quod coram me constituti Bernerus, Fulco, Gilo et Agnes liberi quondam Godefridi Bovet, civis Belvacensis, venditionem factam a Petro Boyet, fratre eorum et Odelina uxore sua abbati et conventui de Briostel, de quadam domo, sita in vico Sancti Andree Belvacensis, contigua domui de Briostel, voluerunt et approbaverunt et se de omni jure quod in domo illa habebant et habere poterant in manu mea, tanquam in manu justicie, desaisiverunt, recognoscentes quod tam ipsi quam frater eorum predictus triginta et quinque libras Parisiensium pro domo predicta receperant. Et ego tanquam justitia dictos abbatem et conventum de domo predicta ad petitionem predictorum liberorum saisivi. Insuper Andreas Pressoer et Maria uxor ejus, mater dictorum liberorum, se plegios obligaverunt erga dictos abbatem et conventum pro liberis predictis, ita videlicet quod si aliquis dictorum liberorum contra hoc venire presumpserit, jus aliquod in dicta domo sibi vendicando, ipsi dictos abbatem et conventum super hoc deliberabunt et indempnes servabunt. Et ad hoc faciendum totam domum suam ubi manent, in vico Sancti Andree, prefatis abbati et conventui obligaverunt et in contraplegium posuerunt. Quod ut ratum sit et firmum, presentes litteras ad petitionem dictorum liberorum presentes litteras sigilli mei appensione confirmavi. Actum anno Domini M° cc° quadragesimo. Mense septembri.

(Arch. de l'Oise : *Abb. de Lannoy*, n° 24.)

CCCXLVIII. — An 1240. — *Confirmation par l'official de Beauvais de la donation par Alain, fils d'Hébert Reigier, de deux pièces de terre sises à Montreuil, lieudit les Plantes.*

Magister Guillelmus de Gressio, officialis Belvacensis, omnibus presentes litteras inspecturis in domino salutem. Universitati vestre notum facimus quod constituti in presentia nostra Alelmus, filius

Aiberti Reigier, et l'ascha, uxor ejus, de Mosterolio juxta Mellemont, contulerunt pariter, ob remedium animarum suarum, et antecessorum suorum, Deo et ecclesie beate Marie de Briostel, quandam petiam terre arabilis et quandam petiam vinee dicte terre contiguam, in territorio des Plantes, apud Mosterolium, inter vineas dicte ecclesie et unam petiam nemoris, quam habebant apud Mosterolium, in essartis, juxta nemus ejusdem ecclesie, in puram, perpetuam et irrevocabilem elemosinam, nichil omnino de cetero in dictis terra, vinea et bosco sibi vel heredibus suis retinentes. Huic autem elemosine et collationi dicta Pascha benignum prebens assensum, doti sue, si quam in predictis habebat et habere poterat, sponte et expresse renuntiavit, recognoscens quod a dicto Alelmo marito suo alibi pro dote illa sufficientem receperat recompensationem, et hoc observando bona fide, quod nullo tempore contra hoc in aliquo venire presumeret, dicti Alelmus et Pascha fidem coram nobis prestiterunt corporalem. In cujus rei testimonium, presentes litteras sigillo curie Belvacensis fecimus communiri. Actum anno Domini M° CC° XL°. Mense decembri. In vigilia Sancti Thome apostoli.

(Arch. de l'Oise : *Abb. de Lannoy*, n° 396.)

CCCXLIX. — An 1241. — *Confirmation par Robert de Cressonsacq, évêque de Beauvais, de toutes les possessions de l'abbaye situées dans les fiefs et sous la dépendance de l'église de Beauvais.*

Robertus, Dei gratia Belvacensis episcopus, universis presentes litteras inspecturis in Domino salutem. Noverint universi quod nos dilectis filiis nostris abbati et conventui de Briostel concedimus et confirmamus caritative quicquid habent et possident in dominio et feodo nostro et hominum nostrorum, videlicet quicquid acquisierunt, tempore nostro et temporibus antecessorum nostrorum episcoporum Belvacensium, ex dono, vel elemosina, sive etiam venditione, eo tenore quod in dominio et feodo nostro et hominum nostrorum de cetero tempore nostro nichil acquirere poterunt sine nostra licentia speciali. Et ad majorem securitatem hujus rei, presentes litteras sigilli nostri fecimus appensione roborari. Actum anno Domini M° CC° quadragesimo primo. Mense aprili. (Arch. de l'Oise : *Ib.*, n° 25.)

CCCL. — An 1241. — *Confirmation par les doyen et chapitre de Beauvais des possessions de l'abbaye situées dans la mouvance de l'église de Beauvais.*

A. (Adam de Anolio) decanus et capitulum Belvacense omnibus presentes litteras inspecturis in Domino salutem. Universitati vestre notum facimus nos anno Domini M° CC° XL° primo, in crastino Ramorum palmarum, litteras venerabilis patris R. (Roberti) Dei gratia Belvacensis episcopi, non cancellatas, non abolitas, nec in aliqua parte sui viciatas vidisse et legisse sub hac forma : Robertus, Dei gratia Belvacensis episcopus..... *(Comme la charte précédente.)* Nos autem hujusmodi concessioni et confirmationi, ad petitionem dictorum abbatis et conventus, nostrum libere prebemus assensum et presentes litteras sigilli nostri munimine confirmamus. Actum anno, mense et die supradictis.

(Arch. de l'Oise : *Abb. de Lannoy*, n° 25.)

CCCLI. — An 1241. — *Confirmation par Adam d'Auneuil, doyen de Beauvais, de la transaction par laquelle Odon Guilain reconnait devoir 24 sols de cens annuel à l'abbaye pour une maison sise à Beauvais, rue de la Taillerie.*

Universis presentes litteras inspecturis, A. (Adam) decanus Belvacensis salutem in Domino. Notum vobis facimus quod cum abbas et conventus de Briostel coram nobis traxissent in causam Odonem Guilain, proposuerunt contra ipsum quod cum Robertus Guilain dedisset et legasset in elemosinam dictis abbati et conventui, ob remedium anime sue, viginti quatuor solidos annui census quolibet anno percipiendos super quamdam masuram dicti Roberti, sitam in tailleria Belvacensi, juxta quamdam domum, que fuit quondam Berneri Lescuier, quam masuram dictus O. (Odo) tenet et possidet, et ipse O. (Odo) dictum censum per quindecim annos cessaverit solvere eisdem abbati et conventui, ut dicebant, petebant ipsum Odonem compelli ad reddendum eisdem abbati et conventui de cetero dictum censum super dictam masuram, quolibet anno, terminis in civitate Belvacensi usitatis, cum arreragiis dictorum quindecim annorum. Lite super hoc legitime contestata, juratis de calumpnia auditis, huic inde perponderatis rationibus et allegationibus, confessionibus partium plenius intellectis, juris ordine per omnia observato, consideratis omnibus, que nos possent et debent movere, die assignata ad judicandum, dicto Odone et procuratore dictorum abbatis et conventus presentibus et sententiam ferre petentibus, convocato bonorum virorum consilio, dictum Odonem ad reddendum decetero annuatim viginti quatuor solidos censuales dictis abbati et conventui, super dictam masuram, cum arreragiis novem annorum duximus condemnandum. Datum anno Domini M° CC° XL° primo, sabbato post festum Sancti Barnabe apostoli.

(Arch. de l'Oise : *Abb. de Lannoy*, n° 26.)

CCCLII. — An 1241. — *Confirmation par Jean d'Erquinvilliers de la donation par Isabelle, sa mère, et Lancelin, son frère, de chacun un demi-muid de blé de redevance annuelle sur le moulin d'Etouy.*

Ego Johannes de Erkinvilier notum facio universis presentes litteras inspecturis, quod abbas et conventus beate Marie de Briostel habent, ex dono et elemosina domine Isabelle matris mee, dimidium modium bladi, et, ex dono et elemosina Lancelini fratris mei, defunctorum, qui ibidem sepulturam suam assumpserunt, alium dimidium modium bladj annui et perpetui redditus, in molendino meo de Estoy. Quam quidem elemosinam approbo et confirmo, volens et concedens ut quicumque de cetero dictum molendinum tenuerit prefati abbas et conventus dictum modium bladi in predicto molendino, ad festum Sancti Remigii, de primo blado qui tunc in molendino erit, annuatim quitte et pacifice percipiant. Promitto autem et teneor elemosinam istam sepedictis abbati et conventui contra omnes, qui juri et legi parere voluerint, imperpetuum garandire, heredes meos ad hoc ipsum in posterum obligans. Quod ut ratum sit et firmum, presentes litteras sigilli mei appensione confirmavi. Actum anno Domini M° CC° XL° primo. Mense julio.

(Arch. de l'Oise : *Abb. de Lannoy*, n° 96.)

CCCLIII. — An 1241. — *Confirmation par l'official de Beauvais de la ratification par Jean d'Erquinvilliers de la donation par Isabelle, sa mère, et Lancelin, son frère, de chacun un demi-muid de blé de rente sur le moulin d'Etouy.*

Omnibus presentes litteras inspecturis magister Guillelmus de Gressio, officialis Belvacensis, salutem in Domino. Universitati vestre notum facimus quod in nostra constitutus presentia Johannes de Erkinvilier recognovit quod abbas et conventus beate Marie de Briostel habebant dimidium modium bladi ex dono et elemosina domine Isabelle matris sue, et dimidium modium alium bladi ex dono et elemosina Lancelini fratris sui .... *(Comme dans la charte précédente.)* In cujus rei testimonium, presentes litteras curie Belvacensis fecimus roborari. Actum anno Domini M° CC° XL° primo. Mense julio in octava Apostolorum Petri et Pauli.

(Arch. de l'Oise : *Abb. de Lannoy*, n° 95.)

CCCLIV. — An 1242. — *Confirmation par l'officialité de Beauvais de la concession faite par Jean de Berneuil et sa femme, de la donation par Aubert de Buri d'une maison et ses dépendances sises à Hodenc.*

Omnibus presentes litteras inspecturis officialis Belvacensis salutem in Domino. Universitati vestre notum facimus quod in nostra constituti presentia Johannes dictus de Banneu et domicella Maria, uxor ejus de Cressi, elemosinam factam fratribus de Briostel ab Auberto de Buri et Odelina uxore sua, de quadam domo sita apud Hodanc, cum curticulo et pertinentiis suis, prope ecclesiam de Hodanc, voluerunt, laudaverunt et ratam habuerunt et ipsam prefatis fratribus perpetuo possidendam concesserunt, salvo sibi et heredibus suis censu, qui de predicta domo debetur, scilicet quinque denarii ad festum Sancti Remigii, ad Natale unus capo, duo panes et duo denarii; fidem prestantes corporalem quod de cetero contra hoc venire non presument, et quod dictam domum prefatis fratribus, preter censum predictum, tanquam domini de cetero garandizabunt. In cujus rei testimonium presentes litteras sigillo curie Belvacensis fecimus communiri. Actum anno Domini M° CC° XL° secundo. Mense mayo. (Arch. de l'Oise : *Abb. de Lannoy*, n° 149.)

CCCLV. — An 1242. — *Confirmation par l'official de Beauvais de l'abandon par Marie, veuve de Pierre de Bracheux, de tous les droits lui appartenant en une vigne sise à Montreuil.*

Officialis Belvacensis omnibus presentes litteras inspecturis in Domino salutem. Universitati vestre notum facimus quod cum domina Maria, relicta Domini Petri de Braiscel, militis, coram nobis impeteret fratres de Briostel, super dimidio arpento vinee site in Plantis de Mosterolio, apud Mosterolium, contiguo vinee, que fuit Berneri de Monasterio, quod dimidium arpentum vinee petebat dicta domina Maria a prefatis fratribus sibi deliberari, ratione dotis sue, ex parte dicti Domini Petri defuncti, cum fructibus ejusdem vinee quatuor annorum. Tandem dicta domina Maria coram nobis constituta recognovit, quod talis compositio inter ipsam et fratres predictos intervenerat, videlicet quod ipsa quicquid juris in vinea predicta vendicabat et in ipsa habere posset, prefatis fratribus remisit et imperpetuum quittavit, quittans etiam eosdem de omnibus de quibus actionem contra ipsos habebat et habere posset usque ad presentem diem, mediantibus sexaginta solidis Parisiensium, quos a dictis fratribus se ob hoc recepisse recognovit; fidem prestans corporalem quod de cetero contra hec venire non presumet per se vel per alium ratione alicujus juris. In cujus rei testimonium presentes litteras, ad petitionem dicte domine Marie, sigillo curie Belvacensis fecimus communiri. Actum anno Domini m° cc° xl° secundo. Mense septembris, die Jovis ante Nativitatem beate Virginis Marie.

(Arch. de l'Oise : *Abb. de Lannoy*, n° 399.)

CCCLVI. — An 1242. — *Confirmation par l'official de Beauvais de la transaction entre Philippe, dit Lemoine, et l'abbaye, au sujet de 4 sols de cens sur une vigne sise à Montreuil.*

Omnibus presentes litteras inspecturis officialis Belvacensis salutem in Domino. Noverint universi quod cum Philippus dictus monachus coram nobis traxisset in causam abbatem et conventum de Alneto, super eo quod dicebat se habere quatuor solidos annui censsus, super quamdam vineam sitam apud Mostrolium, que fuit Petri de Rue, quam vineam dicti abbas et conventus tenent et possident et peteret ipsos compelli ad reddendum ei dictum censum cum arreragiis triennii. Tandem dicte partes, mediante bonorum consilio, ad invicem composuerunt in hunc modum, videlicet quod dictus Philippus et Johannes frater ejus coram nobis constituti quittaverunt in perpetuum dictis abbati et conventui, penitus et expresse, totum censum supradictum cum arreragiis petitis et omne jus quod in eo sive in dicta vinea habebant, vel quocumque modo habere possent, mediantibus sexaginta solidis, quos dicti abbas et conventus dictis fratribus ob hoc dederunt, de quibus sexaginta solidis dicti fratres recognoverunt sibi plene et integre fuisse satisfactum; fidem prestantes coram nobis corporalem quod de cetero in dicto censu sive in arreragiis, sive etiam in dicta vinea, per se vel per alios, nichil reclamabunt vel facient reclamari, ratione alicujus juris. In cujus rei testimonium presentes litteras sigillo curie Belvacensis fecimus sigillari. Actum in crastino Nativitatis beate Virginis. Anno Domini m° cc° quadragesimo secundo. (Arch. de l'Oise : *Ib.*, n° 398.)

CCCLVII. — An 1242. — *Confirmation par l'officialité de Beauvais de la donation par Drogon Agolant d'une vigne à Montreuil.*

Omnibus presentes litteras inspecturis officialis Belvacensis salutem in Domino. Universitati vestre notum facimus quod in nostra constituti presentia Drogo Agolant, filius quondam Henrici Agolant, de Merlemont, contulit in puram, perpetuam et irrevocabilem elemosinam Deo et ecclesie beate Marie de Briostel quandam vineam, quam habebat et possidebat apud Mosterolium, sitam supra ecclesiam de Mosterolio, inter vineam Richeri de le Kiese et vineam Sancti Symphoriani, fidem prestans corporalem quod de cetero contra elemosinam istam venire non presumet aliquid in dicta vinea sibi vendicando. In cujus rei testimonium presentes litteras sigillo curie Belvacensis fecimus communiri. Actum anno Domini M° CC° XL° secundo. Mense decembri. (Arch. de l'Oise : *Ib.*, n° 384.)

CCCLVIII. — An 1242. — *Confirmation par Pétronille de Somont, jadis femme de Gilon d'Hodenc, des donations et vente par Garin Grimète d'un demi-arpent de bois sis à Montreuil, lieudit Lardière, et par Guillaume et Jean de Reuil, d'un tiers d'arpent de bois.*

Ego domina Petronilla de Soemont, quondam uxor domini Gylonis de Hodenc defuncti, notum facio omnibus presentes litteras inspecturis quod ego tanquam domina volo, laudo et approbo elemosinam, donum, et venditionem, quas fecerunt Deo et ecclesie beate Marie de Briostello Garinus Grimete et Ada ejus uxor, de dimidio arpento nemoris siti apud Mostrolium, in loco qui vocatur le Lardiere, et Guillermus et Johannes filii Petri de Ruello de tertia parte unius arpenti nemoris contigui dicto dimidio arpenno, promittens bona fide quod de cetero contra dictam elemosinam et donum sive venditionem dicte ecclesie factam non veniam, sed tanquam domina secularis dictorum nemorum ipsi ecclesie tam elemosinam quam venditionem garandizabo contra omnes. In cujus rei testimonium presentes litteras sigillo meo roboravi et dicte ecclesie tradidi communitas. Actum anno Domini M° CC° quadragesimo secundo. Mense februario.

(Arch. de l'Oise : *Abb. de Lannoy*, n° 397.)

CCCLIX. — An 1243. — *Confirmation par Jean de Boulincourt de toutes les possessions de l'abbaye à Merlemont et Montreuil.*

Omnibus presentes litteras inspecturis officialis Belvacensis salutem in Domino. Notum facimus universitati vestre quod Johannes de Boulencort et domicella Matildis uxor ejus recognoverunt coram nobis, assensu unanimi et concordi, quod ipsi volebant et in hoc consentiebant et etiam concesserunt coram nobis quod abbas et conventus de Briostel in perpetuum possideant quicquid dicti abbas et conventus usque modo acquisierant et possidebant ex acquisito, apud Mosterolium et Merlemont et in territoriis dictorum locorum, ad reditus quos pro acquisitis predictis consueverant persolvere possessores eorum ; quittaverunt etiam coram nobis dicti Johannes et ejus uxor quicquid domini de Merlemont quittaverunt dictis abbati et conventui in acquisitis, in locis supradictis, in feodo de Merlemont et de Mosterolio sitis, quantum pertinet ad eosdem, salvis redditibus qui in predictis omnibus debebantur. Promiserunt autem dicti Johannes et domicella Matildis ejus uxor, fide prestita corporali, quod contra premissa non venient in futurum, et quod contra dictam ecclesiam, in predictis omnibus, aliqua ratione nichil de cetero reclamabunt vel per alium facient reclamari, sed eandem ecclesiam, ut predictum est, omnia predicta permittent, quantum in ipsis est, in perpetuum possidere, se ad hoc et suos heredes coram nobis in perpetuum obligantes. Actum anno gratie M° CC° XL° tertio. Vigilia Pasche. (Arch. de l'Oise : *Abb. de Lannoy*, n° 316.)

CCCLX. — An 1243. — *Confirmation par l'officialité d'Amiens de l'engagement pris par Jean de Caisin de payer annuellement un demi-muid de blé de rente à l'abbaye iusqu'à ce qu'il se soit libéré envers elle de 60 sols parisis qu'il lui doit.*

Magister Theobaldus Carnotensis, canonicus et officialis Ambianensis, universis presentes litteras inspecturis in Domino salutem. Noverit universitas vestra quod Johannes de Caisin promisit se redditurum ecclesie de Alneto, cisterciensis ordinis, singulis annis, in festo beati Remigii, dimidium modium bladi, ad mensuram de Catheu, quousque predictus Johannes vel ejus heres dictum dimidium modium bladi, erga dictam ecclesiam de sexaginta solidis Parisiensium eidem ecclesie solvendis redemerit ad plenum, et de hoc predictus Johannes dictam ecclesiam ad redditum suum, quem habet apud Monsules assignavit coram nobis, nec est omittendum quod dictus Johannes recognovit coram nobis se teneri eidem ecclesie in tribus modiis bladi de arreragiis, ad eandem mensuram, eidem ecclesie ad submonitionem suam reddendis. In cujus rei testimonium presentes litteras confici fecimus et sigillo curie Ambianensis roborari. Actum anno Domini M° CC° XL° tercio. Mense maio.

(Arch. de l'Oise : *Abb. de Lannoy*, n° 201.)

CCCLXI. — An 1241. — *Confirmation par l'official de Beauvais de la vente par Jean de Senéfontaine, chevalier, d'un demi-muid de terre à la Trépinière, et de 9 sols 2 deniers de cens sur deux maisons à Beauvais.*

Omnibus presentes litteras inspecturis officialis Belvacensis salutem in Domino. Noverint universi quod in nostra presentia constituti dominus Johannes de Serenofonte, miles, et Matildis ejus uxor et Drogo eorum filius primogenitus, recognoverunt se vendidisse in perpetuum, pari assensu et pro communi eorum utilitate ac necessitate, abbati et conventui de Briostel, quandam petiam terre sementis, circiter dimidium modium continentis, sitam apud Torpiniere, ante granchiam beati Thome pauperum clericorum, contiguam vineis eorumdem abbatis et conventus, et novem solidos et duos denarios annui census, quos habebant, ut dicebant, videlicet super duabus domibus sitis in vico de Alneto, juxta domum que fuit magistri Hemerici Carpentarii, sex solidos quatuor denariis minus; et super domum, que fuit Gaugeri Piscionarii, sitam in vico Sancti Martini, tres solidos et dimidium, pro novem libris Parisiensium sibi à dictis abbate et conventu integre persolutis, ut coram nobis recognoverunt. Et fidem coram nobis prestiterunt corporalem dictus dominus Johannes et domina Matildis uxor sua, non coacta, sed mera et spontanea voluntate sua, ut dicebat, et Drogo eorumdem filius, quod ipsi de cetero ratione dotis, sive alicujus alterius juris, in dictis terra et censu venditis nichil reclamabunt, vel facient reclamari per se vel per alium, sed censum et terram predictam dictis abbati et conventui, contra omnes, ad usus et consuetudines patrie, garandizabunt. In cujus rei testimonium presentes litteras sigillo curie Belvacensis fecimus communiri. Datum anno Domini M° CC° XL° quarto. Die Martis post Ramos palmarum.

(Arch. de l'Oise : *Abb. de Lannoy*, n° 251.)

CCCLXII. — An 1244. — *Confirmation par l'officialité de Beauvais de la vente par Robert Lisiard de sept mines de terre sises entre Agnetz et Clermont.*

Omnibus presentes litteras inspecturis, officialis Belvacensis salutem in Domino. Universitati vestre notum facimus quod in nostra constituti presentia Robertus Lisiardis et Aelidis uxor ejus de Claromonte recognoverunt se vendidisse imperpetuum, pari assensu et pro communi utilitate atque necessitate sua, fratribus de Briostel, Belvacensis dyocesis, cisterciensis ordinis, quandam peciam terre circiter septem minas sementis continentem, quam habebant, ut dicebant, sitam inter Anet et domum dictorum fratrum, contiguam terre domine Claricie de Claromonte, pro sexdecim libris Parisiensium, sibi plene et integre persolutis in pecunia numerata, ut coram nobis recognoverunt, preter ventas. Dicta vero Aelidis doti sue et omni juri, quod in dicta terra habebat, sponte et expresse renuntiavit, facta sibi prius sufficienti recompensatione pro dote et jure, quod in terra illa habebat, a Roberto marito suo, prout uterque coram nobis recognovit, ad vineam ipsius Roberti, que dicitur vinea dou fresne. Et tam ipsa Aelidis quam Robertus maritus ejus fidem coram nobis prestiterunt corporalem, quod de cetero in dicta terra ab ipsis vendita nichil reclamabunt vel reclamari facient, sed ipsam dictis fratribus contra omnes legitime garandizabunt. Insuper promiserunt dicti Robertus et Aelidis, quod si abbatissa et conventus de Scala, aquibus predicta terra tenetur ad sex denarios annui census, contra venditionem istam venire presumpserint, non permittentes dictos fratres terram supradictam pacifice possidere, et ipsi fratres ob hoc dampna aliqua incurrerint, ipsi Robertus et Aelidis omnia dampna illa dictis fratribus restaurabunt, heredes suos ad hoc ipsum obligantes. In cujus rei testimonium presentes litteras sigillo curie Belvacensis fecimus communiri. Actum anno Domini M° CC° XL.° quarto. Mense junio. Sabbato post Trinitatem.

(Arch. de l'Oise : *Abb. de Lannoy*, n° 202.)

CCCLXIII. — An 1244. — *Confirmation par Pétronille de Somont, veuve de Gilon d'Hodenc, de la donation par Drogon de Merlemont d'une vigne près de l'église de Montreuil*

Ego Petronilla de Soomont, relicta Gilonis de Hodanc, militis, omnibus hec visuris notum facio quod elemosinam factam ecclesie beate Marie de Briostel, cisterciensis ordinis, a Drogone de Mellemont de tota vinea, quam tenebat a me, juxta ecclesiam de Mosterolio, volo, concedo et ratam habeo et dictam elemosinam predicte ecclesie de Briostel perpetuo possidendam confirmo, salvo michi censu meo, qui de dicta vinea michi debetur, videlicet quatuor denariis per annum. Quod ut ratum sit et firmum, litteras istas sigilli mei appensione confirmavi. Actum anno Domini M° CC° XL° quarto. Mense novembri. (Arch. de l'Oise : *Abb. de Lannoy*, n° 400.)

CCCLXIV. — An 1246. — *Confirmation par Pétronille de Somont, dame de Montreuil, des donations et ventes faites à l'abbaye par Richer du Vivier, Durand et Warin Grimette, de différentes parcelles de bois à Montreuil.*

Ego Petronilla de Soomunt, domina de Monsterolio. Notum facio omnibus presentibus et futuris litteras presentes inspecturis quod in presentia mea constituti Richerus de Vivario, de Monsterolio, et Aelidis ejus uxor recognoverunt se contulisse in puram, perpetuam et irrevocabilem elemosinam ecclesie beate Marie de Briostel, cisterciensis ordinis, pro salute anime sue et antecessorum suorum, quintam partem tertie partis cujusdam arpenti nemoris, quam habebant, sitam in Larderia, in extremitate vinee domini Warini. Recognoverunt etiam iidem Richerus et Aelidis ejus uxor se vendidisse imperpetuum, pari assensu et pro communi eorum utilitate ac necessitate, abbati et conventui predicti monasterii de Briostel quatuor partes predicte tertie partis arpenti nemoris residuas, pro viginti et octo solidis Parisiensium sibi persolutis, ut coram me recognoverunt. Et fidem in manu mea prestiterunt corporalem tam dicti Richerus et Aelidis ejus uxor, quam Willelmus, Petrus et Warinus eorum filii, quod ipsi de cetero ratione cujuscumque juris contra predictam elemosine collationem seu nemoris venditionem per se vel per alium quoquomodo venire non presument. Durandus etiam de Monsterolio et Maria ejus uxor in presentia mea constituti recognoverunt se contulisse in puram, perpetuam et irrevocabilem elemosinam ecclesie beate Marie de Briostel antedicte, pro salute anime sue et antecessorum suorum, quintam partem tertie partis unius arpenti nemoris contigui nemori predicto vendito et in elemosinam collato, quam habebant ibidem. Recognoverunt etiam se in perpetuum vendidisse, pari assensu et pro communi eorum utilitate ac necessitate, abbati et conventui ecclesie beate Marie de Briostel supradictis, quatuor partes predicte tertie partis arpenti nemoris residuas, pro viginti et octo solidis Parisiensium, sibi plene persolutis, ut coram me recognoverunt; fidem in manu mea prestantes corporalem prefati Durandus et Maria ejus uxor, quod ipsi de cetero, ratione cujuscumque juris, contra elemosine donationem seu venditionem supradictas per se vel per alium quoquomodo venire non presument. Petrus vero Vavassorius de Cressy, qui nemora predicta de me tenet in feodum, venditiones et elemosine donationes supradictas coram me voluit et approbavit, promittens quod nemora predicta dictis abbati et conventui, ad duos denarios annui census tantum modo sibi et heredibus suis, in festo Sancti Martini hyemalis, reddendos, contra omnes garandizabit. — Warinus siquidem Grimette et Ada ejus uxor in presentia mea similiter constituti recognoverunt se contulisse in puram, perpetuam et irrevocabilem elemosinam, pro suorum salute animarum et antecessorum suorum, quintam partem unius quarterii nemoris, quod de me tenebant, siti in Larderia, in extremitate vinee Domini Warini. Recognoverunt etiam se imperpetuum vendidisse quatuor partes illius quarterii nemoris ecclesie de Briostel supradicte et abbati et conventui ejusdem loci, pro viginti sex solidis, sibi persolutis; fidem in manu mea prestantes corporalem, quod contra predictas elemosinam seu venditionem venire non presument; que omnia coram me voluerunt et rata habuerunt Willermus et Petrus eorum filii et Potrus eorum gener, fidem prestantes de non reclamando seu contraveniendo. — Ego vero prefata Petronilla omnia supradicta volo et concedo et tanquam domina capitalis garandizare promitto, per unum denarium annui census, qui michi debetur de dicto quarterio nemoris, in festo Sancti Martini hyemalis. Que omnia ut rata permaneant in futurum presentes litteras ad petitionem predictorum sigilli mei appensione confirmavi. Actum anno Domini M° CC° XL° sexto. Mense martio. (Arch. de l'Oise : *Ib.*, n° 402.)

CCCLXV. — An 1246. — *Consentement par Pétronille de Somont, dame de Montreuil, à ce que l'abbaye fasse faire une porte sur le chemin qui traverse sa propriété.*

Ego Petronilla de Soomont, domina de Monsterolio. Notum facio omnibus presentes litteras inspecturis quod ego, utilitatem ecclesie beate Marie de Briostel in hoc attendens et anime mee salutem, volo et benigne concedo ut abbas et conventus ecclesie beate Marie de Briostel supradicte portam seu posticium faciant in introitu vie, que se extendit per medium clausum dictorum abbatis et conventus de Monsterolio, in loco in qua ipsa via cadit in ruellam, que vulgariter appellatur ruella Ermelincyn, ubi dicti abbas et conventus hesam quamdam facere consueverunt, salvo tamen jure illorum qui jus habent in illa via, eundi et redeundi per mediam portam seu posticium dictorum monachorum, heredes meos ad hoc obligans in futurum. Quod ut ratum et stabile permaneat in perpetuum presentes litteras sigilli mei appensione dictis abbati et conventui tradidi sigillatas. Actum anno Domini M° CC° XL° sexto. Mense martio.
(Arch. de l'Oise : *Abb. de Lannoy*, n° 405.)

CCCLXVI. — An 1246. — *Confirmation par Pétronille de Somont, dame de Montreuil, de la donation par Odon Boistel d'une portion de bois à Montreuil et de la cente par le même du reste dudit bois.*

Ego Petronilla de Soomont, domina de Monsterolio. Notum facio omnibus presentes litteras inspecturis quod in presentia mea constituti Odo Boistel et Emelina ejus uxor recognoverunt se contulisse in puram, perpetuam et irrevocabilem elemosinam ecclesie beate Marie de Briostel, cisterciensis ordinis, pro salute animarum suarum et antecessorum suorum, quintam partem dimidii arpenti nemoris, quod de me tenebant, siti apud Monsterolium, in Lardieres, in extremitate vinee monachorum de Villaribus Sancti Sepulcri. Recognoverunt etiam predicti Odo Boistel et Emelina ejus uxor se vendidisse in perpetuum, pari assensu et pro communi eorum utilitate ac necessitate, abbati et conventui ecclesie beate Marie de Briostel supradicte quatuor partes prefati dimidii arpenti nemoris residuas, cum omni jure quod in dicto dimidio arpento nemoris habebant vel habere poterant, pro triginta duobus solidis Parisiensium, sibi plene et integre persolutis, ut coram me recognoverunt. Et fidem in manu mea prestiterunt corporalem predicti Odo et Emelina ejus uxor quod ipsi de cetero contra dictam elemosine donationem seu venditionem per se vel per alium venire non presument. Ego vero predictas elemosine collationem ac venditionem volo, laudo, approbo et confirmo et tanquam domina dictis abbati et conventui garandizare promitto, ad duos denarios annui census tantummodo michi et heredibus meis singulis annis in festo Sancti Martini hyemalis reddendos. Quod ut ratum et stabile permaneat in perpetuum, presentes litteras, ad petitionem dictorum Odonis et ejus uxoris, dictis abbati et conventui sigillo meo tradidi sigillatas. Actum anno Domini M° CC° XL.° sexto. Mense martio.

(Arch. de l'Oise : *Abb. de Lannoy*, n° 403.)

CCCLXVII. — An 1246. — *Confirmation par Pétronille de Somont, dame de Montreuil, des donations par Foulques Broueret d'un quartier de vignes sis à la Croix de Montreuil, et par Eremburge la Lingère de trois quartiers de vignes au même lieu.*

Ego Petronilla de Soomont, domina de Monsterolio. Notum facio universis presentes litteras inspecturis, quod cum Fulco Broueret unum quarterium vinee, situm ad crucem de Monsterolio, ecclesie beate Marie de Briostel, diu est, in puram, perpetuam et irrevocabilem elemosinam contulisset, ad tres obolos annui census tantummodo michi et heredibus meis singulis annis, in medio martio, reddendos; et Eremburgis la Lingere prefate ecclesie beate Marie de Briostel tria quarteria vinee, que ipsa emerat a Renaudo filio Warneri de Ruella, similiter in puram, perpetuam et irrevocabilem elemosinam, diu est, contulisset, ad sex denarios annui census michi et heredibus meis ad terminum supradictum reddendos. Ego predictas elemosine collationes volo, laudo et concedo, et vineas predictas ecclesie supradicte, ad censum predictum tantummodo, contra omnes tanquam domina garandizare promitto, heredes meos ad hoc idem obligans in futurum. Quod ut ratum et stabile permaneat in perpetuum, presentes litteras sigilli mei appensione confirmavi. Actum anno Domini M° CC° XL.° sexto. Mense martio.

(Arch. de l'Oise : *Abb. de Lannoy*, n° 406.)

CCCLXVIII. — An 1246. — *Confirmation par Pétronille de Somont, dame de Montreuil, de la donation par Pierre dit le Jeune de Mancilly, d'une pièce de bois à Montreuil.*

Ego Petronilla de Soomunt, domina de Mosterolio. Notum facio omnibus presentes litteras inspecturis quod in presentia mea constitutus Petrus dictus Juvenis de Maunchillies recognovit se contulisse in puram, perpetuam et irrevocabilem elemosinam, pro salute anime sue et antecessorum suorum, abbati et conventui de Briostel, cisterciensis ordinis, quintam partem dimidii arpenti nemoris, quod de me tenebat, siti apud Mosterolium, juxta nemus dictorum abbatis et conventus in extremitate vinee monachorum de Villaribus Sancti Sepulcri. Recognovit etiam idem Petrus se vendidisse in perpetuum, pro utilitate sua propria, predictis abbati et conventui de Briostel quatuor partes prefati dimidii arpenti nemoris residuas et viam suam quam habebat per medium clausum dictorum abbatis et conventus, cum omni jure quod in predictis nemore et via habebat vel habere poterat, pro quinquaginta et tribus solidis Parisiensium sibi integre et plene persolutis, ut coram me recognovit. Et fidem in manu mea prestitit corporalem dictus Petrus quod ipse contra dictam elemosine donationem sive venditionem per se vel per alium de cetero quoquomodo venire non presumet. Ego vero predictas elemosine donationem ac venditionem volo, laudo, approbo et confirmo, et tanquam domina dictis abbati et conventui garandizare promitto, ad duos denarios annui census tantummodo michi et heredibus meis annuatim in perpetuum reddendos in festo Sancti Martini hyemalis. Quod ut ratum sit et firmum in posterum, presentes litteras, ad petitionem dicti Petri, dictis abbati et conventui sigillo meo tradidi sigillatas. Actum anno Domini M° CC° XL° sexto. Die Sancti Martini hyemalis.

(Arch. de l'Oise : *Abb. de Lannoy*, n° 401.)

CCCLXIX. — An 1247. — *Confirmation par Adam d'Auneuil, doyen de Beauvais, de la donation par Barthélemy le Linger et Eremburge, sa femme, de toutes les vignes qu'ils possédaient à Merlemont, Montreuil et Le Caillou.*

Omnibus presentes litteras inspecturis A.... Decanus Belvacensis in Domino salutem. Noverint universi quod in nostra constituti presentia Bartholomeus Le Linger et Eremburgis ejus uxor, cives Belvacenses, recognoverunt se contulisse et coram nobis etiam contulerunt et concesserunt in puram, perpetuam et irrevocabilem elemosinam, abbati et conventui de Briostel, omnes vineas, quas habent et possident in territorio dominorum de Mellemont et in territorio dominorum de Monsterolio et in territorio quod vocatur Le Caillou, post decessum ipsorum Bartholomei et Eremburgis in perpetuum possidendas, ita quod quis eorum alterum supervixerit, totam medietatem suam quoad vixerit tenebit, et post illius decessum eadem medietas ad dictos abbatem et conventum deveniet absolute. Vinum autem dicte vinee dou Caillou habebit conventus loci predicti, pro anniversario ipsorum Bartholomei et Eremburgis, singulis annis, in perpetuum faciendo. Et fidem coram nobis prestiterunt corporalem dicti Bartholomeus et Eremburgis ejus uxor sponte et expresse, quod ipsi contra predictam elemosine collationem per se vel per alium quoquomodo non venient in futurum. In cujus rei testimonium et munimen, presentes litteras, ad instantiam dictorum Bartholomei et Eremburgis, sigillo curie nostre fecimus communiri. Actum anno Domini M° cc° xl.° septimo. Mense octobri.

(Arch. de l'Oise : *Abb. de Lannoy*, n° 317.)

CCCLXX. — An 1248. — *Confirmation par Pétronille de Somont, dame de Montreuil, de toutes les acquisitions faites par l'abbaye dans l'étendue de son fief de Montreuil.*

Ego Petronilla de Soomound, domina de Monsterolio. Notum facio universis presentibus et futuris presentes litteras inspecturis quod ego omnia acquisita, que fecerunt viri religiosi abbas et conventus de Briostel, cysterciensis ordinis, in toto dominio meo de Monsterolio et in territorio ejusdem ville, quocumque modo et a quibuscumque ea acquisierint, volo, concedo, rata habeo, approbo et confirmo, ita quod ego vel heredes mei in posterum supra eorum acquisitis nichil omnino reclamare possimus, preterquam rectum censum de illis acquisitis debitum. Volo insuper et concedo ut predicti abbas et conventus de Briostel, ob remedium anime mee et antecessorum meorum, adhuc acquirant in feodo meo et dominio de Monsterolio usque ad quinque arpenta terre vel vinee, vel prati, vel nemoris, et ea libere possideant et teneant de me et heredibus meis ad rectum censum ex inde debitum, heredes meos ad omnia predicta tenenda et observenda obligans in futurum. Quod ut ratum et firmum permaneat imperpetuum, presentes litteras sigilli mei appensione confirmavi. Actum anno Domini M° cc° quadragesimo octavo. Mense decembri.

(Arch. de l'Oise : *Abb. de Lannoy*, n° 407.)

CCCLXXI. — An 1250. — *Ratification par Jean d'Hodenc de la confirmation faite par Pétronille de Somont, sa mère, des biens de l'abbaye acquis dans son fief de Montreuil.*

Notum sit omnibus presentibus et futuris quod ego Johannes de Hodenc, miles, volo, concedo et gratam habeo in perpetuum concessionem quam fecit venerabilis mater mea Petronilla de Soemont, domina de Mosterolio, ecclesie et conventui beate Marie de Briostel de omnibus acquisitis, que fecerunt in feodo et dominio suo, in erritorio de Mosterolio, et etiam de acquirendis adhuc quinque arpennis terre vel vinee, seu prati vel bosci, in feodo et dominio suo in territorio ejusdem ville, ubi et quando sibi viderint expedire, plane concedo et confirmo predictis monachis, pro salute anime mee et omnium antecessorum meorum, omnes donationes et libertates quas caritative contulit eis predicta domina Petronilla mater mea, prout in carta ipsius, quam habent dicti monachi, plenius continetur. In cujus rei robur et testimonium presentem cartam sigillo meo confirmavi. Actum anno Domini M° cc° quinquagesimo, mense aprili, sexto die ejusdem mensis, feria quinta ante dominicam in Ramis palmarum. (Arch. de l'Oise : *Abb. de Lannoy*, n° 408.)

CCCLXXII. — An 1245. — *Transaction par laquelle Pierre du Ply, chevalier, renonce à toutes les prétentions qu'il avait élevées sur le muid de blé donné à l'abbaye par Girard du Ply, son frère.*

Ego Petrus de Pleiz, miles. Notum facio universis presentibus et futuris, quod cum movissem contentionem contra abbatem et conventum beate Marie de Briostel, occasione cujusdam modii bladi, quem Girardus de Ploiz, quondam frater meus, vendidit eis, octo annis jam elapsis, in grangia de Bruno bosco, tandem saniori acquiescens consilio remisi penitus totam contentionem illam, et hominium, quod de dicto modio bladi feceram, in manus dominorum meorum resignavi, et de illo dictam ecclesiam de Briostel saisire feci, concedens, volens et precipiens ut prefati monachi prefatum modium bladi singulis annis libere et quiete percipiant in perpetuum in dicta grangia de Bruno bosco, ad festum Sancti Remigii, ad mensuram Gelboredi. Sciendum autem quod ego et heredes mei nichil proprietatis, dominii, sive cujuscumque juris in prefato modio bladi poterimus in perpetuum reclamare, sed ipsum tenemur dictis monachis bona fide contra omnes garandire. Ne qua igitur processu temporis super hoc contentionis oriatur occasio, in testimonium et munimen tradidi eis presentem cartam sigillo meo confirmatam. Actum anno Domini m° cc° quadragesimo quinto. Mense decembri.

(Arch. de l'Oise : *Abb. de Lannoy*, n° 65.)

CCCLXXIII. — An 1245. — *Vente par Reynault de Crèvecœur de quinze mines un quartier de blé et deux muids d'avoine de rente sur la grange de Monceaux.*

Ego Reginaldus de Crepicordio notum facio universis presentibus et futuris quod ego vendidi in perpetuum abbati et conventui beate Marie de Briostel, pro necessitate et utilitate mea, totam modiationem quam habebam singulis annis in grangia eorum de Moncellis, scilicet quinque minas bladi et unum quartarium, et duos modios avene, ad mensuram Gerborredi, ita quod in dicta modiatione nichil proprietatis vel dominii sive alterius cujuscumque juris michi vel heredibus meis retinui vel reservavi. Si vero processu temporis presumpserit aliquis prefatos monachos, occasione prenominate modiationis, disturbare, vel in aliquo molestare, ego et heredes mei tenemur eis ubique et contra omnes legitimam portare garandiam. In cujus rei robur et testimonium presentem cartam sigillo meo feci communiri. Actum anno Domini m° cc° xl° quinto. Mense decembri.

(Arch. de l'Oise : *Abb. de Lannoy*, n° 360.)

CCCLXXIV. — An 1245. — *Confirmation par Girard, vidame de Pecquigny, de la vente par Reynault de Crèvecœur, de cinq mines un quartier de blé et de deux muids d'avoine de rente sur la grange de Monceaux.*

Ego Girardus vicedominus et dominus Pinconii notum facio universis presentibus et futuris quod ego benigne concessi et tanquam dominus confirmavi venditionem, quam Reginaldus de Crepicordio homo meus fecit ecclesie et monachis beate Marie de Briostel de quinque minis et uno quarterio bladi et duobus modiis avene, que percipiebat singulis annis in grangia eorum de Moncellis ; ita quod in dictis blado et avena venditis, nichil omnino michi vel heredibus meis reservari, sed quicquid in eis habebam vel habere poteram dicte ecclesie beate Marie de Briostel in elemosinam dedi liberam et perpetuam. In cujus rei testimonium presentes litteras sigillo meo confirmavi. Actum anno Domini m° cc° xl° quinto.

(Arch. de l'Oise : *Abb. de Lannoy*, n° 360.)

CCCLXXV. — An 1246. — *Transaction par laquelle l'abbaye transporte sur sa grange de Thieuloy une rente de six mines d'avoine que la commanderie de Sommereux prenait dans la grange d'Orsimont, et Robert, chevalier du Temple, commandeur de Sommereux, lui quitte une rente de 12 deniers sur la grange d'Orsimont.*

Omnibus tam presentibus quam futuris presentes litteras inspecturis frater Robertus, militie Templi preceptor ballivie de Sommereus, salutem in Domino. Noverit universitas vestra quod cum haberemus in domo virorum religiosorum abbatis et conventus de Briostel, scilicet in granchia de Ursimonte, unum modium annui redditus, medietatem videlicet frumenti et medietatem avene, in festo Sancti Remigii, et duodecim denarios Parisiensium; quia domus illa remotior est a domo nostra et grave et honerosum nobis videbatur dictum redditum tam longe querere, dictos viros religiosos scilicet abbatem et conventum de Briostel requisivimus ut dictum redditum nobis in aliqua domo sua, que nobis propinquior esset, assignarent. Ipsi vero petitioni nostre benigne acquiescentes concesserunt ut pro predicto redditu, quem in granchia ipsorum de Ursimonte recipiebamus, de cetero in perpetuum in granchia sua Tyoleti, sex minas frumenti et sex avene recipiamus, tali tenore adjuncto quod nos in reconpensationem benignitatis eorum predictos duodecim denarios, quos nobis annuatim reddere solebant in perpetuum eisdem quitavimus. Quod ut ratum sit et stabile, presentes litteras sigilli fratris nostri capellani curati parrochie de Sommereus munimine fecimus roborari. Actum anno incarnati Verbi millesimo ducentesimo quadragesimo sexto. Mense maio. (Arch. de l'Oise : *Abb. de Lannoy*, n° 579.)

CCCLXXVI. — An 1246. — *Accensement à l'abbaye par Pierre de Saint-Arnoult de la part de champart qu'il avait dans la lande de Saint-Arnoult.*

Ego Petrus de Sancto Arnulpho, armiger, notum facio omnibus tam presentibus quam futuris quod quitto in perpetuum abbati et conventui de Briostel, de assensu et voluntate Maure uxoris mee, totam partem camparti mei, quod jure hereditario in cultura dictorum abbatis et conventus, que dicitur Landa Sancti Arnulphi, possidebam, pro septem minis, medietatis avene et medietatis bladi, michi et heredibus meis annuatim, in festo Omnium Sanctorum, persolvendis, nichil juris, dominii, justicie, vel aliquod aliud in dicta cultura michi vel heredibus meis retinens vel reservans, sed contra omnes et ubique, quantum ad me pertinet, teneor garandire. In cujus rei robur et testimonium presentes litteras feci sigilli mei munimine roborari. Actum anno Domini millesimo ducentesimo quadragesimo sexto. Mense novembri. (Arch. de l'Oise : *Ib.*, n° 533.)

CCCLXXVII. — An 1246. — *Accensement à l'abbaye, par Simon de Saint-Arnoult, de la part de champart qui lui appartenait dans la lande de Saint-Arnoult.*

Ego Symon de Sancto Arnulpho, miles. Notum facio omnibus tam presentibus quam futuris quod quitto in perpetuum abbati et conventui de Briostel, de assensu et voluntate Odeline uxoris mee, totam partem camparti mei, quod jure hereditario in cultura dictorum abbatis et conventus, que dicitur lauda Sancti Arnulphi, possidebam, pro quinque minis medietatis avene et medietats bladi, michi et heredibus meis annuatim, in festo Omnium Sanctorum, persolvendis; nichil michi vel heredibus meis juris, dominii, justicie, sive aliquod aliud retinens vel reservans, sed contra omnes et ubique teneor garandire. In cujus rei robur et testimonium, presentes litteras feci sigilli mei munimine roborari. Actum anno Domini millesimo ducentesimo quadragesimo sexto. Mense novembri.

(Arch. de l'Oise : *Abb. de Lannoy*, n° 533.)

CCCLXXVIII. — An 1246. — *Donation par Jean, seigneur de Fontaine, d'un demi-muid d'avoine de rente à prendre au Hamel.*

Notum sit omnibus tam presentibus quam futuris quod ego Johannes, miles et dominus de Fontibus, pro salute anime mee et pro anima Radulfi de Fontibus fratris mei jam defuncti, et omnium antecessorum meorum, dedi et concessi in puram et perpetuam elemosinam ecclesie et conventui beate Marie de Briostel, dimidium modium avene annui et perpetui redditus, ad pitantiam totius conventus, in die anniversarii Radulfi fratris mei predicti, quem prefati monachi percipient singulis annis apud Hamellum, de duobus modiis avene annui redditus, in die Nativitatis Domini, jure sempiterno. Hanc autem elemosinam ego Johannes prefatus et heredes mei singulis annis, ad terminum jam memoratum, persolvere tenemur; et eam contra omnes et ubique garandire. Ut autem hec donatio rata et stabilis semper permaneat, presentes litteras sigillo meo confirmavi. Actum anno Domini m° cc° xl.° vi°. Mense novembri.

(Arch. de l'Oise : *Abb. de Lannoy*, n° 257.)

CCCLXXIX. — An 1247. — *Donation par Renaud de La Tournelle, seigneur de Montataire, d'un pressoir à Rotheleu.*

Jou Renaus de le Tornele, chevaliers sires de Monttatere, fas savoir a atous qui ches letres verront que jou ai doné et laissié en aumosne por faire men anniversaire chascun an au couvent de Launoi, un pressoir iretaulement a Rosteleu que jou ai acaté en che meisme liu, et por chou que chou soit ferme chose et estaube ai jou ches letres scélées de men seel. Chou fu fait en l'an de l'Incarnation Nostre Seignour mil ans et II° XLVII, el mois de mars.

(Arch. de l'Oise : *Abb. de Lannoy*, n° 377.)

CCCLXXXI. — An 1248. — *Vente par André Pressoir et Marie Bouvet, sa femme, à l'abbaye, d'une maison sise à Beauvais, faubourg Saint-André.*

Adam decanus Belvacensis universis presentes litteras inspecturis in Domino salutem. Universitati vestre notum facimus quod in nostra presentia constituti Andreas Pressoir et Maria Bouvete ejus uxor, cives Belvacenses, recognoverunt se vendidisse in perpetuum, pro communi utilitate et necessitate sua, ecclesie et fratribus de Briostel, domum suam sitam in vico Sancti Andree Belvacensis, juxta domum Hawidis molendinarie, prope manerium dictorum monachorum, pro viginti libris parisiensium, sibi jam in integrum persolutis, et pro quittatione quatuor librarum parisiensium, in quibus ipsi dictis monachis pro arreragiis cujusdam census tenebantur et pro decem et octo solidis annui census, quem monachi habebant singulis annis cum sex denariis super domum eorum in qua manent, que sita est in vico Sancti Andree econtra, quem monachi pro dicta domo eis in perpetuum quittaverunt. Hanc autem venditionem voluerunt et benigne concesserunt Petrus Bovet et Bernerus frater ejus filii prefate Marie, fidem prestantes corporalem quod in dicta domo vendita nichil per se amodo reclamabunt vel per alium facient reclamari..... Actum anno Domini M° CC° XL° octavo. Mense maio.

(Arch. de l'Oise : *Abb. de Lannoy*, n° 37.)

CCCLXXXII. — An 1251. — *Donation à l'abbaye par Jean, fils de Pierre de La Folie, de lui-même et de ses biens sis à Beauvais.*

Omnibus presentes litteras inspecturis officialis Belvacensis salutem in Domino. Noverint universi quod Johannes clericus filius Odeline de Foleya et Petri de Foleya, quondam ejus mariti, in presentia nostra constitutus contulit se et sua omnia immobilia, ipsum Johannem, tam ex parte patris quam ex parte matris contingentia, hereditaria et acquisita, ecclesie beate Marie de Briostel, cysterciensis ordinis, videlicet domum, que fuit dicti Petri de Foleya quondam patris ipsius Johannis, sitam in vico Sancti Thome apostoli Belvacensis, inter domum Petri Richabier et domum Thome de Turonibus cum quinque pentoriis retro dictam domum sitis et omnibus aliis appendiciis, sicut se habet ante et retro, vacuam et edificatam, et quendam curticulum seu gardinum si'um ad Foleyam, extra portam per quam itur apud Sanctum Lazarum, inter gardinum magistri Mathei clerici communie Belvacensis et gardinum Symonis Normanni, et undecim solidos annui census quos habebant dicti Petrus et Odelina de Foleya, pater et mater ipsius Johannis clerici, super duas domos sitas in greva, et quatuor solidos censuales, quos habebant dicti pater et mater Johannis clerici predicti ex suo acquisito, ut dicitur, super vineas quas tenet Rogerus Pilet ab ecclesia Sancti Symphoriani Belvacensis, salvo tamen dicte Odeline matris ipsius Johannis clerici in predictis immobilibus, quamdiu vixerit tantum modo, usufructu. Quam collationem Odelina predicta mater dicti Johannis clerici, de voluntate et assensu Arnulphi Richebier ad presens mariti sui, coram nobis voluit, laudavit et approbavit et etiam omnia acquisita sua facta ab ipsa et dicto Petro quondam ejus marito, constante matrimonio inter ipsos, de assensu dicti Arnulphi ad presens mariti sui, prefate ecclesie de Briostel in puram, perpetuam et irrevocabilem elemosinam, coram nobis, contulit et concessit, salvo tamen eidem Odeline in predictis immobilibus, quamdiu vixerit tantummodo, ut dictum est, usufructu. Et fidem in manu nostra prestiterunt corporalem dicti Johannes clericus, Odelina mater ejus, nec non et Arnulphus maritus ad presens dicte Odeline sponte et expresse quod ipsi aliquo tempore, per se vel per alium, contra collationem rerum seu possessionum predictarum, prout superius est expressum, venire non presument. In cujus rei testimonium presentes litteras sigillo curie Belvacensis fecimus communiri. Actum anno Domini M° cc° quinquagesimo primo. Die mercurii post Purificationem beate Virginis. (Arch. de l'Oise : *Abb. de Lannoy*, n° 28.)

CCCLXXXIII. — An 1248. — *Confirmation par Odon de Ronquerolles, seigneur de Saint-Deniscourt, de la vente par Simon de Gouvix de Saint-Arnoult d'un muid de blé de rente sur la grange de Monceaux.*

Ego Odo de Ronkeroles, miles et dominus de Sancti Dyonisii curte, notum facio universis presentibus et futuris quod Symon de

Gouvix de Sancto Arnulfo et Agnes uxor ejus recognoverunt in presentia mea se vendidisse in perpetuum, pro communi necessitate et utilitate sua, ecclesie et conventui beate Marie de Briostel, cisterciensis ordinis, unum modium bladi annui redditus, quem de me tenebant, in grangia Moncellorum. Hoc autem voluit et sponte concessit Odelina mater prefate Agnetis, que coram me renuntiavit sponte et benigne omni juri, quod in dicto modio bladi ad se pertinebat, vel quocumque modo posset in posterum pertinere. Sciendum autem quod prefati Symon et Agnes uxor ejus predictum modium bladi in manu mea sponte resignaverunt, petentes et rogantes ut de illo ecclesiam et fratres de Briostel saisirem et investirem. Insuper tam prefati Symon et Agnes uxor ejus, quam predicta Odelina coram me fidem corporalem prestiterunt de non reclamando in perpetuum per se vel per alios, et de portando, si necesse fuerit, dictis monachis ubique et contra omnes super predicto modio bladi legitimam garandiam. Nos autem videlicet prefatus Odo de Ronkeroles et Eufemia uxor ejus, ad quorum feodum dictus modius bladi spectare dinoscitur, venditionem istam volumus et benigne concessimus, et de prefato modio bladi, ecclesiam et fratres de Briostel investivimus, donantes eis et penitus quittantes in perpetuum quicquid dominii vel juris, ad nos et ad heredes nostros in predicto modio bladi pertinebat, vel quocumque modo posset in posterum pertinere. Si quis autem processu temporis predictos monachos occasione hujus modii bladi molestare vel vexare presumpserit, nos et heredes nostri tanquam domini feodi tenemur eis ubique et contra omnes fidelem portare garandiam. Ut igitur ecclesia beate Marie de Briostel et fratres ejusdem loci prefatum modium bladi in summa libertate et pace perpetuo possideant, ego dictus Odo de Ronkeroles et ego Eufemia uxor ejus de cujus parte movet feodus, presentem cartam sigillorum nostrorum appensione fecimus roborari. Actum anno Domini M° CC° XL° octavo. Mense octobri. Die beatissimorum Apostolorum Symonis et Jude. (Arch. de l'Oise : *Abb. de Lannoy*, n° 361.)

CCCLXXXIV. — An 1248. — *Confirmation par Renaud de Nanteuil, doyen de Beauvais, de l'abandon par Hugues Fournier de Bonnières des droits qu'il pouvait avoir en un muid de blé de rente vendu à l'abbaye par Guillaume d'Omécourt.*

R. (Reginaldus) decanus Belvacensis omnibus presentes litteras inspecturis salutem in Domino. Universitati vestre notum facimus quod constituti coram nobis Hugo furnarius de Boneriis et Mabilia, filia Radulfi quondam piscatoris uxor ejus, quittaverunt et remiserunt penitus quicquid clamabant, vel quocumque modo reclamare poterant in posterum in quodam modio bladi, quem dominus Guillelmus de Othmericuria, miles, vendidit abbati et conventui de Briostel, in grangia abbatie, quem utique modium bladi dicta Mabilia dicebat debere se ad se pertinere, ex escaamento Hawidis matris sue jam defuncte. Insuper tam dictus Hugo quam dicta Mabilia uxor ejus, coram nobis fidem prestiterunt corporalem de non reclamando quicquam in perpetuum in predicto modio bladi per se vel per alium, et de legitima contra omnes portanda garandia. Ad hoc etiam firmiter observandum, heredes suos obligaverunt. In cujus rei testimonium presentes litteras sigillo curie nostre fecimus roborari. Actum anno Domini M° CC° XL° octavo. Mense decembri, in die beati Eligii episcopi et confessoris. (Arch. de l'Oise : *Ib.*, n° 203.)

CCCLXXXV. — An 1248. — *Donation par Morel de Hodenc du bois Bordelle.*

Notum sit omnibus presentibus et futuris quod Ego Morellus de Hodenc, miles, dedi et concessi, pro salute anime mee, ecclesie et conventui beate Marie de Briostel, cisterciensis ordinis, totum nemus meum quod vocatur boscus Bordelli, cum fundo terre, in perpetuam et puram elemosinam, liberam penitus et quietam, ita quod nichil in eo michi vel heredibus meis retinui vel reservavi. Hanc autem elemosinam ego et heredes mei tenemur ubique et contra omnes dictis monachis garandire. In cujus rei robur et testimonium, presentem cartam sigillo meo confirmavi. Actum anno Domini M° CC° XL°ᵐᵒ octavo. Mense decembri, in crastino beate Lucie Virginis et Martyris. (Arch. de l'Oise : *Abb. de Lannoy*, n° 150.)

CCCLXXXVI. — An 1248. — *Notification par Renaud de Nanteuil, doyen de Beauvais, de la donation par Wiard de Séronville et Aelise de Fontaine, sa femme, de tous leurs biens meubles et immeubles sis à Séronville et Songeons.*

R. Decanus Belvacensis, universis presentes litteras inspecturis salutem in Domino. Universitati vestre notum facimus quod Wiardus de Seranvilla et Aelisia de Fonte, uxor ejus, in presentia nostra constituti, contulerunt Deo et ecclesie beate Marie de Briostel, cisterciensis ordinis, post decessum suum, omnia bona sua mobilia et immobilia, scilicet domum suam de Seranvilla, cum toto manerio et curticulo et ejus pertinenciis, et quicquid habent vel in posterum habere poterunt in villa de Sonjons et in territorio ejus, vel in quocumque alio loco, in terris, pratis, cressonariis, vel rebus aliis ; ita quod nichil inde dare poterunt, aut alienare. Sed cum alter eorum decesserit, dimidia pars integra mobilium et immobilium ad manum deveniet monachorum. Cum vero ambo migraverunt a seculo, tota simul hereditas, cum omnibus mobilibus dictorum Wiardi et Aelisie in jus et proprietatem dicte ecclesie de Briostel transibit et omnia quecumque fuerunt illorum predicti monachi libere et quiete perpetuo possidebunt. Si autem dictum Wiardum prius de medio tolli contigerit, dicta Aelisia uxor ejus, coram nobis, quittavit penitus et remisit quicquid dotis habebat, vel habere poterat in premissis. Hanc autem donationem dicti Wiardus et Aelisia communi assensu fecerunt, pro remedio animarum suarum, nichil in omnibus hiis post se suis heredibus reservantes, sed promittentes, fide prestita corporali quod nullam fraudem inde dicte ecclesie facient, vel fieri permittent. Nos autem paci et utilitati dicte ecclesie de Briostel providentes, elemosinam superius descriptam confirmamus et presentes litteras, in robur et testimonium veritatis, sigillo curie nostre communivimus. Actum anno Domini M° CC° XL° octavo. Mense januario. In crastino Circoncisionis Domini. (Arch. de l'Oise : *Ib.*, n° 558.)

CCCLXXXVII. — An 1248. — *Confirmation par Renaud de Nanteuil, doyen de Beauvais, de la donation par Jean dit Porée de Loueuse de tous ses biens sis à Loueuse.*

R. Decanus Belvacensis universis presentes litteras inspecturis salutem in Domino. Universitati vestre notum facimus quod constituti coram nobis Johannes dictus Porce de Loueuses et Ricaldis uxor ejus contulerunt in puram et perpetuam elemosinam, pro remedio animarum suarum, ecclesie et conventui beate Marie de Briostel, cisterciensis ordinis, omnia bona sua mobilia et immobilia, videlicet domum suam de Loueuses, cum curticulo et omnihus appendiciis ejus, et quicquid habent in villa et in territorio de Loueuses et in nemoribus de Sapegnies, tam in terris quam in usuagiis, nichil in omnibus reservantes vel retinentes heredibus suis, sed neque sibi nisi quandiu vixerint victum simplicem et vestitum, ita quod nichil in eis dare poterunt aut alienare. Cum autem illi duo defuncti fuerint, tota eorum hereditas et omnis illorum possessio, tam mobilia quam immobilia, ad prefatam ecclesiam de Briostel jure perpetuo devenient et omnia quecumque fuerint illorum absque diminutione aliqua predicti monachi libere et pacifice possidebunt. Hanc autem donationem predicti Johannes et Ricaldis coram nobis communi assensu fecerunt, fidem prestantes corporalem quod de cetero contra non venient, sed eam fideliter observabunt. Notandum etiam quod predicta Ricaldis quicquid dotis habebat vel habere poterat in premissis coram nobis quittavit penitus et remisit. In cujus rei robur et testimonium presentes litteras sigillo curie nostre fecimus roborari. Actum anno Domini M° CC° XL.™° octavo. Mense januario, in crastino Circoncisionis Domini. (Arch. de l'Oise : *Abb. de Lannoy*, n° 282.)

CCCLXXXVIII. — An 1249. — *Confirmation par l'official de Beauvais de la vente par Pierre de La Fromenterie, chanoine de Saint-Barthélemy de Beauvais, d'une pièce de vignes sise au lieudit Destoylebuef.*

Omnibus presentes litteras inspecturis, officialis Belvacensis salutem in Domino. Noverint universi quod in presentia nostra constitutus dominus Petrus de Frumentaria, canonicus Sancti Bartholomei Belvacensis, recognovit se in perpetuum vendidisse pro utilitate sua propria viris religiosis abbati et conventui de Briostel, cysterciensis ordinis, quamdam peciam vinee, quam habebat sitam in Destoylebuef, unum arpentum vel circiter continentem, quam emit, ut dicebat, ab executoribus Theobaldi clerici filii quondam Balduini Gobis, contiguam vineis Johannis Gobis, fratris dicti Theobaldi defuncti, pro viginti libris Parisiensium, sibi a dictis abbate et conventu plene et integre in pecunia numerata persolutis, ut idem dominus Petrus coram nobis recognovit, fidem in manu nostra prestans corporalem dictus dominus Petrus de Frumentaria quod ipse de cetero ratione cujuscumque juris in dicta pecia vinee vendita per se, vel per alium nichil reclamabit, vel faciet reclamari, et quod super eadem pecia vinee vendita dictis abbati et conventui de Briostel contra omnes, ad usus et consuetudines Belvaci, legitimam portabit garandiam. In cujus rei testimonium presentes litteras sigillo curie Belvacensis fecimus communiri. Actum anno Domini M° CC° XL° nono. Mense martio. Die mercurii ante Letare Jerusalem.

(Arch. de l'Oise : *Abb. de Lannoy*, n° 207.)

CCCLXXXIX. — An 1249. — *Confirmation par Pierre de Coudroi, écuyer, de la vente par Pierre du Bois de Goincourt d'un pré sis à Goincourt.*

Ego Petrus de Coudroi, armiger, filius quondam domini Petri de Coudroi militis, notum facio universis presentes litteras inspecturis quod constituti coram me Petrus de Bosco de Goincort et Aelidis ejus uxor recognoverunt et concesserunt se vendidisse in perpetuum pari assensu et pro communi necessitate sua, abbati et conventui de Briostel quamdam pleciam prati quam habebant et de me tenebant, sitam in prateria de Goincort in fine prati dictorum abbatis et conventus de Briostel, inter aquam et terram arabilem, sicuti se perportat in longitudine et latitudine, pro triginta solidis Parisiensium, de quibus, ut dicebant, eis satisfactum est, ad unum denarium annui census, in medio martio, ex inde eidem Petro de Bosco et ejus heredibus reddendum. Et de illo prato vendito se dicti Petrus de Bosco et Aelidis ejus uxor in manu mea desaisierunt et illud pratum sub fide interposita de non reclamando ratione dotis, sive alterius juris, dictis monachis de Briostel in perpetuum promittentes quod per censum predictum dictis monachis illud pratum tanquam venditores legitime garandizabunt. Et ego ad instantiam dictorum Petri et Aelidis ejus uxoris illam venditionem approbo, volo et concedo atque dictis monachis tanquam dominus fundi in perpetuum confirmo et garandire promitto. Quod ut ratum sit et firmum litteras istas sigillo meo roboravi. Actum anno Domini M° CC° XL° nono. Mense maio.

(Arch. de l'Oise : *Abb. de Lannoy*, n° 127.)

CCCXC. — An 1249. — *Donation par Pierre de Cempuis de tous les droits qu'il pouvait avoir dans une pièce de terre sise à Thiculoy, qui fut jadis à Gautier de Fontaine.*

Notum sit omnibus tam presentibus quam futuris quod ego Petrus de Centum puteis, miles, dedi et concessi pro salute anime mee et omnium antecessorum meorum ecclesie et conventui beate Marie de Briostel, cisterciensis ordinis, in puram et perpetuam elemosinam, quicquid habebam, vel quocumque modo habere poteram, in quadam terra, que fuit quondam Galteri de Fontibus, militis, que immediate conjuncta est culture eorum de Teguleto. Hec sunt autem que habebam in predicta terra et que libere dedi prefate ecclesie et monachis, scilicet mediam partem camparti, totum dominium, cum homagio ligio et ejus pertinenciis, ita quod quicumque terram illam de cetero jure hereditario possederit, ipsam sicut se habet in longum et in latum, de dicta ecclesia de Briostel tenebit, sicut de me antea tenebatur, et omnia servicia, relevamenta, seu quelibet alia jura, pro terra illa reddentur amodo prefatis monachis, prout michi antea reddebantur. Hanc autem elemosinam feci eis voluntate et assensu Agnetis uxoris mee et filii mei primogeniti Petri et aliorum liberorum meorum, et eam super sacrosanctum altare beate et gloriose Virginis Marie de Briostel, assistente toto conventu, sollemniter propriis manibus optuli, nichil proprietatis, dominii, vel alterius cujuscumque juris, in tota terra illa, michi vel heredibus meis in perpetuum retinens, aut reservans. Si quis autem processu temporis elemosinam istam subtrahere, minuere, vel propter hoc ecclesiam e fratres de Briostel inquietare presumpserit, ego et heredes mei tenemur eam ubique et contra omnes fideliter et firmiter prefatis monachis garandire. Ut igitur ecclesia de Briostel et fratres qui ibi Deo serviunt, elemosinam predictam in perpetua pace et libertate semper possideant, presentem cartam eis tradidi sigillo meo roboratam. Actum anno Domini M° CC° XL° nono. Mense decembri, feria VI^a post festum beate Lucie virginis et martyris.

(Arch. de l'Oise : *Abb. de Lannoy*, n° 580.)

CCCXCI. — An 1249. — *Notification par Renaud de Nanteuil, doyen de Beauvais, de la donation faite à l'abbaye par Adam l'Anglais de Songeons et Emeline, sa femme, d'eux-mêmes et de tous leurs biens meubles et immeubles, présents et avenir.*

Omnibus presentes litteras inspecturis R. Decanus Belvacensis salutem in Domino. Noverit universitas vestra quod in nostra constitutus presentia Adam Anglicus de Songons recognovit se et Eufemiam quondam uxorem suam defunctam, se et sua tam mobilia quam immobilia, duobus annis elapsis, in perpetuam et in irrevocabilem elemosinam dedisse, et concessisse et dedicasse ecelesie beate Marie de Briostel, et etiam se et dictam Eufemiam, dum vivebat, duobus annis elapsis solempniter per manus abbatis dicte ecclesie, in fratrem et sororem dicte ecclesie receptos fuisse. In cujus rei testimonium presentes litteras ad instantiam ipsius Adam sigillo nostro fecimus communiri. Datum anno Domini M° CC° XL° nono. Die mercurii ante festum Sancti Mauri (1). (Arch. de l'Oise : *Ib.*, n° 557.)

CCCXCII. — An 1250. — *Compromis nommant les abbés de Beaubec et de Froidmont pour terminer la contestation d'entre les abbayes de Beaupré et de Lannoy, au sujet des pâturages de Briot et de Thieuloy.*

Universis presentes litteras visuris vel audituris frater A (Arnulfus) et frater P. (Petrus) de Briostel dicti abbates eorumque conventus salutem in Domino sempiternam. Noveritis quod cum rixa orta esset inter pastores nostros de Briost et de Tyuloi, occasione quarumdam pasturarum, adeoquod aliqui de familia grangie de Tyuloi vulnerati fuerunt, et quidam alii verberati et etiam quidam conversi super hoc dicuntur culpabiles. Super hiis omnibus communi assensu

---

1) L'authenticité de cette charte me paraît fort douteuse.

compromissimus sub pena quinquaginta librarum, in venerabiles patres Belli becci et Frigidi montes abbates ; qui inquisita super hiis omnibus plenius veritate, dictam discordiam debent infra sequens generale capitulum, pace vel judicio terminare. Quos si quid, absit, contigerit in alio discordare, iidem abbatem Regalis montis poterunt advocare, ut quod tunc duobus placuerit, irrefragabiliter a partibus observetur. Et quia occasione dictarum pasturarum discordia dicta in scandalum ordinis orta fuit, dicti abbates de dictis pasturis et de monachis et conversis nostris discordiam disseminantibus inter nos, pro voluntate sua poterunt ordinare, prout magis crediderint expedire, sub forma predicta, si necesse fuerit, tercium advocandi. In cujus rei robur et testimonium presentem paginam sigillis nostris fecimus communiri. Actum anno Domini M° CC° L°, feria secunda post festum beati Barnabe apostoli.

(Arch. de l'Oise : *Abb. de Lannoy*, n° 62.)

CCCXCIII. — An 1250. — *Notification par Hugues de Lormaison, official de Beauvais, de la donation par Adam l'Anglais de Songeons, d'un manoir sis à Songeons, et de dix-huit mines de terre sises au terroir du même lieu.*

Omnibus presentes litteras inspecturis magister Hugo de Lupidomibus canonicus et officialis Belvacensis salutem in Domino. Noverint universi quod in presentia nostra constitutus Adam Anglicus de Sonions contulit et concessit, pro salute anime sue, in puram, perpetuam et irrevocabilem elemosinam, ecclesie beate Marie de Briostel, cisterciensis ordinis, manerium suum situm apud Sonions, inter domum Jacobi de Valle et domum Bernardi de Valle, sicuti se habet ante et retro cum appendiciis, quod quidem manerium tenetur a domino rege, ad sex solidos annui census. Item quatuor pecias terre sementis, quas tenet a dicto domino rege ad campipartem, octodecim minas vel circiter continentes, quarum una sita est in loco qui dicitur le Perreus, secunda pecia inter Baaleu et Sonions, tercia vero inter terram Renoldi Vavassoris et terram Regis, et quarta inter terram Johannis Morel et terram Leprosorum. Et fidem prestitit dictus Adam in manu nostra corporalem sponte et expresse quod ipse de cetero ratione cujuscumque juris contra collationem et concessionem predictas per se vel per alium venire non presumet. In cujus rei testimonium presentes litteras sigillo curie Belvacensis fecimus communiri. Actum anno Domini M° CC° quinquagesimo.

(Arch. de l'Oise : *Abb. de Lannoy*, n° 557.)

CCCXCIV. — An 1250. — *Notification par l'official de Beauvais de la donation par Adam l'Anglais de Songeons, de lui-même et de tous ses biens meubles et immeubles présents et avenir, quelque part qu'ils se trouvent.*

Omnibus presentes litteras inspecturis officialis Belvacensis salutem in Domino. Noverint universi quod in presentia nostra constitutus Adam Anglicus de Sonions contulit et concessit in perpetuum ecclesie beate Marie de Briostel, cysterciensis ordinis, se et sua omnia mobilia et immobilia, acquisita et acquirenda ubicumque et in quibuscumque consistant, tam in manerio suo de Sonions, domibus, curticulis, terris arabilibus, quam omnibus aliis; fidem in manu nostra prestans corporalem dictus Adam Anglicus sponte et expresse, quod ipse de cetero ratione cujuscumque juris contra collationem et concessionem predictas per se vel per alium quoquomodo venire non presumet. In cujus rei testimonium presentes litteras sigillo curie Belvacensis fecimus communiri. Actum anno Domini M° CC° quinquagesimo. In crastino beati Mathie apostoli.

(Arch. de l'Oise : *Abb. de Lannoy,* n° 557.)

CCCXCV. — An 1250. — *Notification par l'official de Beauvais de la renonciation par Jeanne, fille d'Adam l'Anglais de Songeons, au profit de son père, de ses droits dans la succession de sa mère Emeline.*

Omnibus presentes litteras inspecturis officialis Belvacensis salutem in Domino. Noverint universi quod in presentia nostra constituti Johanna filia Ade Anglici de Sonnions et Eufemie quondam ejus uxoris, et Petrus Vaillant maritus dicte Johanne recognoverunt se quittasse et concessisse, et coram nobis etiam sponte et expresse quittaverunt in perpetuum dicto Ade Anglico de Sonions quicquid eis acciderat ex caduco dicte Eufemie, matris quondam dicte Johanne, si quid eis acciderat in acquisitis que simul fecerunt dicti Adam Anglicus et Eufemia, pater et mater quondam dicte Johanne, in quibuscumque consistant, tam in manerio quam in terris arabilibus et omnibus aliis, pro duodecim libris Parisiensium, de quibus eisdem Johanne et Petro Vaillant ejus marito plene et integre satisfactum est, ut coram nobis recognoverunt; exceptioni non numerate et non recepto pecunie quoad hoc renuntiantes. Et fidem in manu nostra prestiterunt corporalem dicti Petrus Vaillant et Johanna, ejus uxor, sponte et expresse quod ipsi de cetero, ratione cujuscumque juris, contra quittationem istam quoquomodo per se vel per alium venire non presument. In cujus rei testimonium presentes litteras sigillo curie Belvacensis fecimus communiri. Actum anno Domini M° CC° quinquagesimo. Mense februario. Die beati Valentini martiris.

(Arch. de l'Oise : *Abb. de Lannoy*, n° 557.)

CCCXCVI. — An 1252. — *Confirmation par Pierre Boulate de la donation par Adam l'Anglais de Songeons d'une masure sise à Songeons.*

Ego Petrus Boulate, filius quondam Garneri Boulate. Notum facio universis presntibus et futuris quod ego concessi abbati et conventui beate Marie de Briostel ut habeant et in perpetuum possideant, libere et quiete, quandam masuram sitam apud Sonions, juxta masuram Ricardi Le Barbier, ex una parte, et juxta curticulum Laurencii filii Humonis, ex altera, quam Adam de Sonions Anglicus dedit eis in elemosinam perpetuam, qui de me tenebat eam per octo denarios censuales. Quos octo denarios annui census, ego dictus Petrus Boulate, pro anima patris mei, quittavi penitus dictis monachis et remisi ; volo itaque et concedo quod predicti monachi teneant in perpetuum predictam masuram libere et quiete, absque omni censu et absque omni laicali et seculari consuetudine, et faciant ibi omnia aisiamenta sua. Ita quod nec ego, nec heredes mei quicquid juris, seu quicquam justicie et dominii, in dicta masura, poterimus de cetero reclamare. Si quis autem huic concessioni nostre contravenire presumpserit, ego et heredes mei tenemur dictis fratribus ubique et contra omnes, super hoc legitimam portare garandiam. In cujus rei robur et testimonium presentem cartam sigillo meo confirmavi. Actum anno Domini M° CC° L°mo secundo. Mense novembri. Die Sancte Catharine virginis et martyris.

(Arch. de l'Oise : *Abb. de Lannoy*, n° 560.)

CCCXCVII. — An 1256. — *Confirmation par le roi saint Louis de la donation par Adam l'Anglais de Songeons d'un manoir sis audit Songeons, et de dix-huit mines de terre au terroir du même lieu.*

Ludovicus Dei gratia Francorum rex. Noverint universi presentes pariter et futuri quod nos donationem factam ab Adam Anglico de Sonyons ecclesie beate Marie de Briostel, cysterciensis ordinis, de quadam manerio suo sito apud Sonyons, inter domum Jacobi de Valle et domum Bernardi de Valle, sicuti se habet ante et retro, cum appendiciis ; quod quidem manerium tenetur a nobis ad sex solidos

annui census. Item donationem factam ab eodem Adam predicte
ecclesie de quatuor peciis terre sementis, que tenentur a nobis ad
campipartem, octodecim minas vel circiter continentibus, quarum
una sita est in loco qui dicitur Le Perreus, secunda pecia inter
Baaleu et Sonyons, tertia inter terram Renoldi Vavassoris et terram
nostram, et quarta inter terram Johannis Morel et terram Leprosorum,
volumus, concedimus et etiam approbamus ; concedentes monachis
predicte ecclesie de Briostel quod ipsi dictum manerium et dictas
quatuor pecias terre ex nunc imperpetuum in manu mortua tenere
possint, salvo jure nostro et etiam alieno. Quod ut ratum et stabile
permaneat in futurum presentes litteras sigilli nostri fecimus impressione muniri. Actum apud Compendium anno Domini M° CC° quinquagesimo sexto. Mense januario.

(Arch. de l'Oise : *Abb. de Lannoy*, n° 557.)

CCCXCVIII. — An 1257. — *Notification par l'official de Beauvais de la ratification faite par Marguerite, fille d'Adam l'Anglais de Songeons, et par Drogon, son mari, de la donation par Adam l'Anglais, son père, d'un manoir sis à Songeons et de tous ses biens.*

Omnibus presentes litteras inspecturis officialis Belvacensis salutem in Domino. Noverint universi quod constituti coram Rogero de
Espauboure, clerico jurato nostro ad hoc a nobis specialiter destinato, Droco sutor de Sonions et Marguareta ejus uxor, filia Ade
Anglici et Eufemie quondam ejus uxoris, elemosine collationem,
quam dicti Adam et Eufemia fecerunt religiosis viris abbati et conventu de Alneto, de quodam manerio cum curticulo appendenti sito
in villa de Sonions, de terris arabilibus et de omnibus aliis bonis
mobilibus et immobilibus, quecumque sint et ubicumque consistant,
voluerunt, concesserunt et approbaverunt coram ipso Rogero, promittentes, fide data corporali in manu dicti Rogeri, prefati Droco et
Marguareta ejus uxor sponte et expresse, quod in predictis manerio,
curticulo, terris et aliis bonis mobilibus et immobilibus, que quondam fuerunt dictorum Ade et Eufemie, dictis abbati et conventui, ut
dictum est, in elemosinam collatis, nichil de cetero reclamabunt per
se vel per alium facient reclamari. In cujus rei testimonium presentes
litteras sigillo curie Belvacensis fecimus communiri. Datum anno
Domini M° CC° quinquagesimo septimo. Mense julio.

(Arch. de l'Oise : *Abb. de Lannoy*, n° 560.)

CCCXCIX. — An 1251. — *Confirmation par l'official de Beauvais de la donation par Eustache de Gerberoy d'une maison sise à Gerberoy.*

Omnibus presentes litteras inspecturis officialis Belvacensis salutem in Domino. Noverint universi quod Eustachius quondam serviens Gerborredensis et Floria ejus uxor, coram Luca clerico jurato nostro, a nobis ad hoc specialiter destinato, constituti, contulerunt et concesserunt, pro remedio et salute animarum suarum, in puram, perpetuam et irrevocabilem elemosinam ecclesie beate Marie de Briostel, cysterciensis ordinis, domum quandam, quam emerunt, ut asserebant, a domino Thoma presbitero de Seindenicort, sitam apud Gerborredum, juxta furnum quem tenent ad presens, ut dicitur, heredes domini Bartholomei de Fretoy quondam militis, sicut se habet cum suis appendiciis ante et retro vacuam et edificatam. Contulerunt etiam et concesserunt dicti Eustachius et Floria ejus uxor, coram dicto Luca clerico nostro prefate ecclesie introitum et exitum hominibus et quadrigis per portam manerii sui in quo manent, eundo et redeundo ad domum supradictam et ad cellarium ejusdem domus; fidem coram dicto Luca clerico nostro prestantes corporalem dicti Eustachius et Floria ejus uxor sponte et expresse quod ipsi de cetero, ratione cujuscumque juris, contra predictam elemosine collationem per se vel per alium venire non presument. In cujus rei testimonium presentes litteras sigillo curie Belvacensis fecimus communiri. Actum anno Domini M° CC° quinquagesimo primo. Die beati Thome martyris.
(Arch. de l'Oise : *Abb. de Lannoy*, n° 120.)

CD. — An 1250. — *Confirmation et concession par Jean de Montel et Isabelle, sa femme, de toutes les possessions de l'abbaye sises à Merlemont.*

Ego Johannes de Montellis, miles, et ego Ysabellis uxor ejus notum facimus universis presentibus et futuris, quod nos, pari assensu et communi voluntate, concedimus et confirmamus ecclesie beate Marie de Briostel, cisterciensis ordinis, et fratribus ibi Deo servientibus, pro salute animarum nostrarum, quicquid habent et possident de feodo et dominio nostro, in territorio de Mellemont, scilicet terras, vineas, boscos seu quascumque possessiones alias quoquo modo eas acquisierint de nobis et heredibus nostris, per census usitatos, firma et inconcussa libertate in perpetuum tenendas et libere possidendas. Hanc autem concessionem benigne voluit Godefridus filius noster primogenitus et spontaneus approbavit. Sciendum autem quod nos et heredes nostri in omnibus predictis dictorum monachorum acquisitis, nichil omnino juris vel dominii retinuimus, nec quicquid ibi reclamare poterimus, preter census usuales. Si quis autem huic concessioni nostre contraire, vel propter hoc ecclesiam et conventum predicte ecclesie de Briostel molestare presumpserit, nos et heredes nostri tenemur, super omnibus hiis ubique et contra omnes, dictis monachis legitimam portare garandiam, salvo jure dominorum nostrorum. Ego vero Godefridus de Montellis, filius eorum major natu, concessionem et quittationem istam, quam pater meus et mater mea fecerunt ecclesie Sancte Marie de Briostel, volui et concessi et sigilli mei appensione confirmavi. Ut igitur abbas et conventus predicte ecclesie beate Marie de Briostel omnia supradicta, scilicet terras, vineas, boscos seu possessiones alias, in puram et perpetuam elemosinam quiete et pacifice semper, preter census antiquos, teneant et possideant, nos videlicet Johannes de Montellis miles et Ysabellis uxor ejus et Godefridus filius eorum primogenitus presentem cartam sigillis nostris fecimus roborari. Actum anno Domini M° CC° L°. Feria quarta post Oculi mei.   (Arch. de l'Oise : *Abb. de Lannoy*, n° 318.)

CDI. — An 1250. — *Confirmation par Beaudoin de Forsignies de toutes les acquisitions faites par l'abbaye dans son fief de Merlemont.*

Notum sit presentibus et futuris quod Ego Balduinus de Forsegnies, miles, et ego Petrus filius ejus armiger, concedimus et confirmamus in perpetuum, pro salute animarum nostrarum, abbati et conventui Sancte Marie de Briostel, cisterciensis ordinis, quicquid acquisierunt in feodo et dominio nostro in territorio de Mellemont, scilicet terras, vineas, boscos et quascumque possessiones alias, de nobis et heredibus nostris, per census usitatos, libere et absque contradictione aliqua de cetero imperpetuum tenendas et firma libertate possidendas. Sciendum autem quod nos et heredes nostri, in prefatis terris, vineis, boscis, seu aliis dictorum monachorum acquisitis, nichil de cetero, preter census antiquos, poterimus exigere vel reclamare. Si quis autem huic concessioni nostre contraire, vel predictos fratres de Briostel super hiis molestare presumpserit, nos et heredes nostri ubique et contra omnes, prout ratio dictaverit, tenemur eis legitimam portare garandiam, salvo jure dominorum nostrorum. Ut igitur predicta ecclesia beate Marie de Briostel et fratres, qui ibi Deo serviunt, omnia supradicta inconcussa libertate et perpetua securitate possideant, presentem cartam sigillis nostris fecimus communiri. Actum anno Domini M° CC° quinquagesimo. Mense septembri. Die beati Michaelis Archangeli.   (A. de l'Oise : *Ib.*, n° 319.)

CDII. — An 1251. — *Confirmation par Jean de Boulincourt et Mathilde, sa femme, de toutes les acquisitions faites par l'abbaye dans leur fief de Merlemont.*

Ego Johannes de Boullaincort, armiger, et ego Mathildis ejus uxor. Notum facimus universis presentibus et futuris quod nos pari assensu et communi voluntate nostra concessimus et presenti scripto confirmavimus ecclesie beate Marie de Briostel, cistertiensis ordinis, et fratribus ibidem Deo servientibus, pro salute animarum nostrarum, quicquid habent et possident de feodo et dominio nostro, in territorio de Merlemont, scilicet terras, vineas, boscos seu quascumque possessiones alias, quocumque modo eas acquisierunt, de nobis et heredibus nostris per census usitatos, firma et inconcussa libertate in perpetuum tenendas et pacifice possidendas. Sciendum autem quod nos et heredes nostri in omnibus predictis dictorum monachorum acquisitis nichil omnino juris sive dominii retinuimus, nec quicquam ibi reclamare poterimus preter census usuales. Si quis autem huic concessioni nostre contraire, vel propter hoc ecclesiam et conventum predicte ecclesie de Briostel molestare presumpserit, nos et heredes nostri tenemur, super omnibus hiis ubique et contra omnes, dictis monachis legitimam portare garandiam, fidem prestantes corporalem, et ad hoc firmiter conservandum omnes heredes nostros obligamus, salvo tamen jure dominorum nostrorum. Ut igitur abbas et conventus dicte ecclesie beate Marie de Briostel quiete et pacifice omnia supradicta, videlicet terras, vineas, boscos seu possessiones alias in puram et perpetuam elemosinam in perpetuum, per census antiquos, teneant et possideant, ego Johannes de Boullaincort jam dictus armiger, et ego Mathildis ejus uxor prenominata presentem cartam sigillis nostris fecimus roborari. Actum anno Domini m° cc° quinquagesimo primo. Mense septembri. (Arch. de l'Oise : *Ib.*, n° 320.)

CDIII. — An 1252. — *Confirmation par Gasce de Poissy des acquisitions faites par l'abbaye dans son fief de Merlemont, jusqu'à concurrence de quatorze arpents.*

Ego Gascio de Pissiaco, armiger, notum facio universis presentibus et futuris quod Ego concessi et confirmavi abbati et conventui beate Marie de Briostel, ut habeant et possideant in perpetuum libere et quiete, omnia adquisita que ipsi fecerunt, in feodo et dominio meo, in territorio de Mellimonte, in vineis, terris, boscis, usque ad quatuordecim arpenta, ita quod nichil juris et dominii retinui michi et heredibus meis in perpetuum in possessionibus supradictis. Sciendum etiam quod ego dictus Gascio, teneor predictas possessiones, scilicet vineas, terras, boscos usque ad predictam summam quatuordecim arpennorum, contra omnes fratres meos et sorores, et contra novercam meam et virum ejus bona fide firmiter dictis monachis perperpetuo garandire. In cujus rei robur et testimonium presentem cartam sigillo meo roboravi. Actum anno Domini m° cc° quinquagesimo secundo. Mense decembri. Die beati Nicholai archiepiscopi et confessoris egregii.

(Arch. de l'Oise : *Abb. de Lannoy*, n° 321.)

CDIV. — An 1251. — *Notification par Renaud de Nanteuil, doyen de Beauvais, du legs fait à l'abbaye par Barthélemy dit le Linger de deux prés sis auprès de Saint-Paul.*

Omnibus presentes litteras inspecturis R. decanus Belvacensis salutem in Domino. Noverint universi quod Bartholomeus dictus le Lingier, in ultima voluntate sua, pro anime sue et antecessorum suorum salute, legavit et dedit coram nobis abbati et conventui beate Marie de Briostel, cisterciensis ordinis, duo prata, que habebat, ut dicebat, apud Sanctum Paulum, quorum pratorum unum fuit Johannis de Villa, quondam situm inter pratum Renaudi de Roy militis et pratum Marie Bequete ; et aliud pratum, quod fuit Morardi, quod emerat a viris religiosis abbate et conventu de Prato, cisterciensis ordinis, ut dicebat, nichil sibi vel heredibus suis in perpetuum retinens in predictis ; promittens fide data in manu nostra, quod contra istud legatum de cetero non veniet, nec in predictis aliquid de cetero reclamabit, vel faciet reclamari. In cujus rei robur et testimonium presentes litteras, ad petitionem dicti Bartholomei, sigillo curie nostre fecimus communiri. Datum anno Domini m° cc° quinquagesimo primo. Die Magdalenes.

(Arch. de l'Oise : *Abb. de Lannoy*, n° 556.)

CDV. — An 1234. — *Confirmation par Guillaume d'Omécourt de la vente par Jean, maire de Fontaine, de deux muids de blé de rente qu'il percevait dans la grange de l'abbaye.*

Ego Guillermus de Omecort, miles, notum facio universis presentibus et futuris quod Johannes, maior de Fontibus, homo meus, et Matildis uxor ejus vendiderunt in perpetuum abbati et conventui beate Marie de Briostel, cisterciensis ordinis, pari assensu, pro necessitate sua et utilitate duos modios bladi annui redditus quos habebant in grangia dictorum abbatis et conventus et quos de me tenebant in feodum, qui quidem dicti duo modii bladi devenerant ad ipsos Johannem et Matildim ex jure hereditario dicte Matildis, pro quinquaginta septem libris Parisiensium, jam sibi plene et integre persolutis. Hanc autem venditionem ego prefatus Guillermus, miles, volui, laudavi et concessi tanquam dominus ad cujus feodum dicti duo modii bladi pertinebant. Ita quod nichil reclamationis, juris seu domini in dictis duobus modiis bladi annui redditus venditis michi et heredibus meis retinui in posterum vel reservavi, sed quicquid in prenominatis duobus modiis bladi annui redditus michi et heredibus meis conpetebat, vel quocumque modo conpetere posset, dictis abbati et conventui pro salute anime mee penitus et in perpetuum remisi. Sciendum etiam quod ego et heredes mei predictos duos modios bladi annui redditus sic venditos ubique et contra omnes, prout equitatis ratio dictaverit, teneor dictis abbati et conventui in perpetuum bona fide garandizare, salvo tamen jure capitalium dominorum. In cujus rei testimonium presentem cartam sigilli mei appensione roboravi. Actum anno Domini M° CC° quinquagesimo primo; die Sancti Petri ad vincula.

(Arch. de l'Oise : *Abb. de Lannoy*, n° 204.)

CDVI. — An 1252. — *Concession par Barthélemy Coispel de Songeons de deux mines de terre auprès de Beaulieu.*

Notum sit omnibus presentibus et futuris quod Ego Bartholomeus Coispel de Sonions concessi abbati et conventui beate Marie de Briostel, ut habeant et possideant in perpetuum, libere et quiete quandam peciam terre duas minas sementis capientem, sitam juxta terras eorum de Fay, quam contulit eis in elemosinam Reginaldus de Gremevillari, qui de me eam tenebat, et quittavi etiam eis in perpetuum quicquid ad me et ad heredes meos in dicta terra pertinebat, et quocumque modo posset in posterum pertinere, ita quod nichil retinui penitus in dicta pecia terre, et elemosinam istam a predicto Reginaldo dictis monachis pie collatam volui, concessi et approbavi, et quicquid in dicta terra juris habebam, vel habere poteram ecclesie predicte de Briostel quittavi penitus et remisi; nequis autem ex parte Reginaldi elemosinam istam processu temporis unquam cupiditate succensus auferre, minuere aut predictos fratres molestare presumpserit, nos videlicet Bartholomeus Coispel tenemur dictos monachos fideliter garandire. In cujus rei robur et testimonium predictas litteras nostris sigillis fecimus communiri. Actum anno Domini M° CC° L° secundo, Mense mayo. Die festo Sancti Petri archiepiscopi, vigilia Ascensionis Domini nostri Jhesu Christi.

(Arch. de l'Oise : *Abb. de Lannoy*, n° 559.)

CDVII. — An 1252. — *Confirmation par Guillaume d'Omécourt de diverses donations faites à l'abbaye par ses parents et autres, de terres et redevances à Roy.*

Ego Guillelmus de Omericuria, miles. Notum facio universis presentes litteras inspecturis quod ego concessi in perpetuum, libere et quiete, ecclesie et conventui beate Marie de Briostel, elemosinam quam fecit eis Balduinus quondam miles pater meus, qui apud eos sepultus est, scilicet totum censivum, quod tenebat de eo Henricus de Roi, cum omnibus pertinenciis suis. Item concessi eis in perpetuum libere et quiete duas minatas terre, quas dedit eis in elemosinam Berta soror Rogeri Boucher, cum camparto et dono et omni alio jure, quod in dictis duabus minatis terre habebam, vel habere poteram, pro cujus terre concessione quittaverunt michi penitus in perpetuum duos solidos et sex denarios, quos legavit eis in elemosinam Thomas frater meus, quia apud eos sepultus requiescit. Simili modo quittavi eis et concessi in perpetuum duas minatas terre sitas in territorio de Campis, quas contulit eis Reginaldus de Grumerviller in elemosinam perpetuam liberam penitus et quietam. Item concessi eis in perpetuum, sub forma qua prius, tres minatas terre, quas vendidit ecclesie et conventui de Briostel Johannes frater meus, sitas in monte Rivarie, ante portam Mallart; nichil proprietatis, dominii, seu alterius cujuscumque juris, michi et heredibus meis, in omnibus premissis portionibus, ex dono, seu venditione, a dictis fratribus acquisitis, retinens in perpetuum aut reservans. Item concessi dicte ecclesie de Briostel et conventui dimidiam minatam terre, sitam in territorio de Fossamelot, quam habent ex dono Thome de Angulo, cujus media pars tenetur de me immediate, altera pars mediate, in parte, que de me tenetur in capite, nichil retinui pretor campartum, illam vero partem, que ad feodum meum respicit, quittavi eis penitus et concessi, si potuerint eam liberare apud illum, qui de me illam tenet. Has autem concessiones feci predicte ecclesie beate Marie de Briostel, pro salute anime mee et omnium antecessorum meorum, liberas penitus et quietas, quas ego et heredes mei, contra omnes ex adverso venientes, prout ratio dictaverit, tenemur dictis monachis garandire, salvo jure majorum dominorum. In cujus rei testimonium et robur perpetuum presentem cartam sigillo meo confirmavi. Actum anno Domini M° cc° quinquagesimo secundo. Mense augusto.

(Arch. de l'Oise : *Abb. de Lannoy*, n° 515.)

CDVIII. — An 1252. — *Vente à l'abbaye par Jean d'Omécourt de trois mines de terre au terroir de Roy.*

Ego Johannes de Othmercuria, armiger. Notum facio universis presentes litteras inspecturis, quod ego vendidi in perpetuum, pro necessitate mea, abbati et conventui beate Marie de Briostel, quamdam portionem terre, circiter tres minas sementis capientem, sitam in territorio de Roy, in monte Rivarie, liberam penitus et quietam ab omni camparto et dono, et ab omni alia consuetudine, quam teneor ubique dictis monachis contra omnes, prout ratio dictaverit, garandire. In cujus rei testimonium presentem cartam sigillo meo confirmavi. Actum anno Domini M° CC° quinquagesimo secundo. Mense augusto.   (Arch. de l'Oise : *Abb. de Lannoy*, n° 514.)

CDIX. — An 1252. — *Confirmation par Guillaume d'Omécourt de la vente par Raoul Le Cordier de six mines de terre sises au terroir de Roy-Boissy.*

Ego Guillelmus de Othmercuria, miles. Notum facio universis presentibus et futuris quod Radulfus Cordarius de Reio, natione Anglicus, et Ricaldis ejus uxor vendiderunt in perpetuum, pro necessitate et utilitate sua communi, ecclesie et conventui beate Marie de Briostel, unam pietiam terre, circiter sex minas sementis capientem, sitam in territorio de Reio, de feodo et dominio meo moventem, pro XL et VIII solidis parisiensium, sibi jam plenarie persolutis. Quam portionem terre Robertus de Ulmo et Isabellis uxor ejus dederunt Martino Luce in matrimonium, quum duxit filiam eorum in uxorem. Qui Martinus Luce et ejus uxor vendiderunt eam, processu temporis, pro communi necessitate et utilitate sua, Radulfo Cordario et Ricaldi ejus uxori, qui videlicet Radulfus Cordarius et Ricaldis uxor ejus vendiderunt eam, ut supra dictum est, abbati et conventui de Briostel, in perpetuum, absque ulla retentione sibi et heredibus suis, et absque ulla deinceps reclamatione. Ego vero dictus Guillelmus de Othmercuria, miles, ad cujus feodum predicta terra spectare dinoscitur, venditionem istam volui et benigne concessi, nichil omnino juris seu dominii michi et heredibus meis retinens, aut reservans in eadem, preter duas garbas de dono et campartum. Si quis autem venditioni isti contravenire, aut propter hoc predictos fratres de Briostel inquietare presumpserit, ego et heredes mei tenemur eis super hoc legitime portare garandiam. In cujus rei testimonium presentes litteras sigillo meo confirmavi. Actum anno Domini M° CC° quinquagesimo secundo. Mense augusto. Die beati Bartholomei apostoli.   (Arch. de l'Oise : *Abb. de Lannoy*, n° 513.)

CDX. — An 1252. — *Confirmation et amortissement par Pierre de Monsures de toutes les propriétés de l'abbaye sises dans l'étendue de ses fiefs.*

Ego Petrus de Moxures, miles, notum facio universis tam præsentibus quam futuris quod ego, pro salute anime mee et omnium antecessorum meorum, concessi abbati et conventui beate Marie de Briostel, ut habeant et in perpetuum possideant libere et quiete quicquid acquisierunt in feodo et dominio meo, tempore meo et tempore antecessorum meorum, sive ex elemosina, sive ex vendicione, vel quocumque alio modo acquisierint; ita quod nichil penitus juris et dominii retinui vel reservavi michi et heredibus meis in perpetuum, in omnibus eorum acquisitis. Si quis autem occasione acquisitorum, que predicti fratres fecerunt in feodo et dominico seu dominio meo, eos molestare aut inquietare presumpserit, ego et heredes mei tenemur eis, ad usus et consuetudines patrie, bona fide contra omnes garandire. In cujus rei robur et testimonium presentem cartam sigillo meo confirmavi. Actum anno Domini m° cc° quinquagesimo secundo. Mense novembri. Die beati Ethmundi archiepiscopi et confessoris. (Arch. de l'Oise : *Abb. de Lannoy*, n° 362.)

CDXI. — An 1254. — *Confirmation par Henri, seigneur de Lihus, de tous les biens acquis par l'abbaye dans l'étendue de ses fiefs et de ceux de ses vassaux.*

Ego Henricus, miles et dominus de Lihus. Notum facio tam presentibus quam futuris quod ego concessi et confirmavi in perpetuum abbati et conventui beate Marie de Briostel, universa que de feodo meo et de feodis hominum meorum, usque ad presentem diem, acquisierunt, in terris, in nemoribus, in decimis, in modiationibus et in redditibus quibuscumque, ubicumque vel quocumque modo ea acquisierunt. Nichil omnino juris, proprietatis vel dominii sive justicie michi vel heredibus meis videlicet Johanni primogenito meo militi et omnibus aliis retinens in predictis. Hec autem omnia, sicut superius atnotata sunt et expressa ego et heredes mei scilicet Johannes primogenitus meus miles et omnes alii, dictis abbati et conventui de Briostel legitime et bona fide tenemur in perpetuum garantire, renunciantes omnis juris auxilio quod nobis valere posset ad reclamandum. In cujus rei testimonium presentes litteras sigillo meo confirmavi. Actum anno gratie m° cc° quinquagesimo quarto. Mense maio. (Arch. de l'Oise : *Abb. de Lannoy*, n° 278.)

CDXII. — An 1255. — *Donation par Simon de Saint-Arnoult de cinq mines de grains, moitié blé et moitié avoine, de rente sur la grange de Monceaux.*

Ego Symon de Sancto Arnulfo, miles, notum facio universis presentibus et futuris quod ego dedi et concessi, pro salute anime mee, abbati et conventui beate Marie de Briostel, cisterciensis ordinis, in puram et perpetuam elemosinam, liberam, penitus et quietam, quinque minas, medietatem bladi et medietatem avene, quas michi debebant singulis annis, in grangia sua de Moncellis, ad mensuram Gerborredi, pro camparto de Landa, tali condicione quod ego tenebo et recipiam predictas quinque minas quamdiu vixero, si michi placuerit; post decessum autem meum, predicti abbas et conventus beate Marie de Briostel eas libere et quiete retinebunt et in perpetuum possidebunt, nec aliquis de heredibus meis quicquam in predictis quinque minis poterit reclamare. Sed quicumque ad hereditatem meam, post obitum meum, devenire voluerit, obligavi eum ad elemosinam istam tenendam et firmiter in perpetuum observandam et ad portandam super hoc dictis monachis legitimam contra omnes garandiam. Insuper domina Odelina, uxor mea, quicquid dotis in predictis quinque minis habere poterat, quittavit penitus et in manu domini Bartholomei presbiteri de Sancto Arnulfo resignavit, recepta prius sufficienti excambiatione dotis sue pro sua volun'ate. In cujus rei testimonium presentem cartam sigillo meo confirmavi. Actum anno Domini M° CC° L.° quinto. Vigilia beatorum martirum Fabiani et Sebastiani. (Arch. de l'Oise : *Abb. de Lannoy*, n° 363.)

CDXIII. — An 1255. — *Vente par Simon de Gouvieux de Saint-Arnoul de neuf mines de blé de rente sur la grange de Monceaux.*

Ego Symon de Gouvix de Sancto Arnulfo, armiger, notum facio universis presentibus et futuris quod ego vendidi in perpetuum, pro necessitate et utilitate domus mee, abbati et conventui beate Marie de Briostel, novem minas bladi annui et perpetui redditus in grangia eorum de Moncellis. Hanc autem venditionem feci eis libera voluntate et benigno assensu Agnetis uxoris mee, de cujus hereditate predicte novem mine bladi movebant. Et tam ego, quam ipsa promisimus, fide corporaliter prestita, quod in eis nichil de cetero reclamabimus vel per alium faciemus reclamari. Si quis autem, processu temporis, abbatem et conventum de Briostel, occasione hujus venditionis, vexare, aut aliquo modo molestare presumpserit, ego predictus Symon et predicta Agnes, uxor mea, et heredes nostri tenemur eis, ad usus et consuetudines patrie, super hoc legitimam portare garandiam. Ut igitur predicta ecclesia de Briostel, predictas novem sibi venditas minas in perpetuum libere et quiete possideat, ego et uxor mea presentem cartam sigillis nostris fecimus roborari. Actum anno Domini M° cc° L° quinto. (Arch. de l'Oise : *Ib.*, n° 364.)

CDXIV. — An 1255. — *Confirmation par Baudoin de Moliens de la vente par Simon de Gouvieux de Saint-Arnoult de neuf mines de blé de rente sur la grange de Monceaux.*

Ego Balduinus de Moyliens, armiger, notum facio omnibus presentibus et futuris quod ego concessi et greantavi abbati et conventui beate Marie de Briostel, cisterciensis ordinis, ut habeant et in perpetuum teneant et possideant libere et quiete, absque ulla contradictione mei vel meorum, novem minas bladi, annui et perpetui redditus, quas Symon Gouvion de Sancto Arnulfo vendidit eis in perpetuum, in grangia eorum de Moncellis. Insuper ego predictus Balduinus de Moyliens, ad cujus feodum predicte novem mine bladi vendite pertinebant, quittavi penitus et remisi et etiam donavi, pro salute anime mee et omnium antecessorum meorum, predictis abbati et conventui quicquid dominii et juris michi et heredibus meis in eis pertinebat, vel quocumque modo poterat in perpetuum amodo pertinere. In cujus rei testimonium presentes litteras sigillo meo confirmavi. Actum anno Domini M° cc° L° quinto.
(Arch. de l'Oise : *Abb. de Lannoy*, n° 364.)

CDXV. — An 1255. — *Confirmation par Hugues de Lormaison, official de Beaurais, de la donation par Foulques Du Val, de Songeons, de lui-même et de tous ses biens meubles présents et à venir.*

Omnibus presentes litteras inspecturis, magister Hugo de Lupidomibus, canonicus et officialis Belvacensis, salutem in Domino. Noverint universi quod Fulco de Valle de Sonjons in presentia nostra constitutus contulit et concessit se et sua mobilia omnia presentia et futura ubicumque possint inveniri, ecclesie beate Marie de Briostel, cysterciensis ordinis, tam ad vitam quam ad mortem; decem solidis tantummodo exceptis, de quibus ecclesie de Sonjons quinque solidos, et presbitero ejusdem loci quinque solidos coram nobis contulit et legavit, fidem prestans coram nobis corporalem idem Fulco quod ipse de cetero ratione quacumque contra collationem et concessionem predictas per se vel per alium venire non presumet. In cujus rei testimonium presentes litteras ad petitionem dicti Fulconis sigillo curie Belvacensis fecimus communiri. Actum anno Domini M° CC° quinquagesimo quinto. In crastino Purificationis beate Virginis.

(Arch. de l'Oise : *Abb. de Lannoy*, n° 205.)

CDXVI. — An 1255. — *Confirmation par l'official de Beauvais de la reconnaissance par Lambert d'Hemermont d'Escames de la possession d'une masure sise à Escames, tenue par lui de l'abbaye de Lannoy, à foi et hommage de 60 sols de redevance payables à chaque mutation de possesseur, et de la donation par ledit Lambert de 10 sols de redevance annuelle sur ladite masure.*

Omnibus presentes litteras inspecturis officialis Belvacensis salutem in Domino. Noverint universi quod Lambertus de Hemermont de Scamis in presentia nostra constitutus recognovit se tenere masuram suam de Scamis, cum appendiciis, a viris religiosis abbate et conventu de Briostel, cysterciensis ordinis, in feodum et homagium ad unum rovicinum sexaginta solidorum de servicio eisdem religiosis de herede in heredem reddendum, et supra eadem masura contulit coram nobis et concessit dictus Lambertus, ob remedium anime sue et antecessorum suorum, in puram, perpetuam et irrevocabilem elemosinam ecclesie de Briostel supradicte, decem solidos Parisiensium annui et perpetui redditus, ecclesie predicte duobus terminis annuatim reddendos, videlicet in festo Sancti Remigii quinque solidos et in Natale Domini quinque solidos; promittens dictus Lambertus coram nobis, fide interposita corporali, quod ipse de cetero contra predictam elemosine collationem per se vel per alium venire non presumet; heredes suos et dicte masure possessores ad predicta omnia in posterum observanda obligans in futurum. Willelmus vero filius dicti Lamberti primogenitus omnia supradicta coram nobis recognovit et dictam elemosine collationem coram nobis voluit, laudavit et approbavit; fidem prestans corporalem de non contraveniendo aliquo tempore per se vel per alium. In cujus rei testimonium presentes litteras ad petitionem dictorum Lamberti et Willelmi ejus filii sigillo curie Belvacensis fecimus communiri. Actum anno Domini M° CC° quinquagesimo quinto, die apostolorum Philippi et Jacobi.

(Arch. de l'Oise : *Abb. de Lannoy*, n° 94.)

CDXVII. — An 1255. — *Affectation par l'abbé Gilbert, au service de la porte de son monastère de Lannoy et des pauvres, de huit mines de terre à Fontaine.*

Universis presentes litteras inspecturis frater G. dictus abbas et humilis conventus beate Marie de Briostel eternam in Domino salutem. Universitati vestre notum facimus quod frater Robertus dictus Pylon monachus et portarius domus nostre emit et acquisivit de facultatibus porte quandam pieciam terre sitam in territorio de Fontibus, juxta terram Johannis Pekin de feodo nostro moventem, circiter octo minas sementis capientem. Unde nos prefatam terram ad proprios usus porte et pauperum assignamus in perpetuum, volentes et concedentes ut predictus frater Robertus Pylon quamdiu officium porte precaverit et omnes alii monachi qui ei in predictum officium portarii successuri sunt, predictam terram colant semper et possideant et omnes fructus illius percipiant libere et quiete. In cujus rei testimonium presentes litteras sigillo nostro fecimus communiri. Actum anno Domini M° cc° L° quinto. Mense februario. (*Ib.* n° 104.)

CDXVIII. — An 1255. — *Confirmation par Hugues, curé de Fontaine, et Jean, chevalier, seigneur de Fontaine, de la vente à l'abbaye par Agnès et Basilie de Fontaine de huit mines de terre audit lieu.*

Nos videlicet Hugo, rector ecclesie de Fontibus, et Johannes de Fontibus, miles et dominus ejusdem ville, notum facimus universis presentes litteras inspecturis quod Agnès et Basilla de Fontibus sorores et Johannes maritus predicte Agnetis recognoverunt coram nobis et coram parrochia de Fontibus se vendidisse in perpetuum pro necessitate et voluntate sua abbati et conventui beate Marie de Briostel, cisterciensis ordinis, quamdam peciam terre, quam de ipsis tenebant, sitam in territorio de Fontibus, inter terram Johannis Pekin ex una parte et terram dictorum monachorum ex altera, circiter octo minas sementis capientem pro CII solidis parisiensium et una mina bladi et duabus gannachiis, de quibus coram nobis et coram parrochia de Fontibus tenuerunt se pro pagatis. Sciendum autem quod tam predicte Agnes et Basilla sorores, quam predictus Johannes maritus dicte Agnetis juraverunt super sacrosanctum altare in ecclesia de Fontibus quod in predicta terra vendita nichil amodo per se reclamabunt vel per alium facient reclamari. In cujus rei testimonium presentes litteras sigillis nostris fecimus roborari. Actum anno Domini M° cc° quinquagesimo quinto. Mense februario.

(Arch. de l'Oise : *Abb. de Lannoy*, n° 102.)

CDXIX. — An 1256. — *Confirmation par l'officialité de Beauvais de la vente par Guillaume Bouffé d'une masure sise à Beauvais, faubourg Saint-André.*

Omnibus presentes litteras inspecturis officialis Belvacensis salutem in Domino. Noverint universi quod Willelmus dictus Bouffé, civis Belvacensis, in presentia nostra constitutus recognovit se vendidisse in perpetuum, pro utilitate sua ac necessitate, viris religiosis abbati et conventui de Briostel, cysterciensis ordinis, totam masuram suam sitam in vico Sancti Andree Belvacensis, inter domum dictorum religiosorum et ruellam Hugonis Cordarii, que fuit predicti Willelmi Bouffe, sicut se preportat a pavimento ante usque ad curticulum dicti Hugonis, qui fuit dicti Willelmi Bouffe, ad septem solidos annui census tantum, pro viginti libris Parisiensium de quibus recognovit dictus Willelmus Bouffe sibi a dictis religiosis plene et integre fuisse satisfactum, exceptioni non munerate et non solute pecunie renuntians in hoc facto. Et promisit coram nobis idem Willelmus Bouffe fide prestita corporali quod ipse de cetero ratione cujuscumque juris in dicta masura vendita, per se vel per alium nichil reclamabit vel faciet reclamari, et quod super eadem masura vendita dictis religiosis contra omnes, ad usus et consuetudines Belvaci, legitimam portabit garandiam ad censum supradictum. In cujus rei testimonium presentes litteras sigillo curie Belvacensis fecimus communiri. Actum anno Domini M° cc° quinquagesimo sexto. In crastino Inventionis Sancte Crucis. (Arch. de l'Oise : *Ib.*, n° 29.)

CDXX. — An 1256. — *Confirmation par Hugues de Lormaison, official de Beauvais, de l'échange par lequel Chrétien, curé d'Hannaches, cède à l'abbaye un pré sis auprès du bois d'Orsimont, et un autre petit pré, contre deux mines de terre sises au territoire d'Hannaches.*

Omnibus presentes litteras inspecturis magister Hugo de Lupidomibus, canonicus et officialis Belvacensis, salutem in Domino. Noverint universi quod dominus Christianus presbiter de Hanaches in presentia nostra constitutus recognovit se commutasse et in perpetuum excambium concessisse ecclesie et conventui beate Marie de Briostel, cysterciensis ordinis, pro utilitate presbiteratus sui de Hanaches, quoddam pratum situm in bosco Ursimontis et tertiam partem cujusdam pratelli siti in praoriiis, ad presbiteratum de Hanaches quondam pertinentia, pro quadam portione terre circiter duas minas sementis capientis, site in territorio de Hanaches, inter Basincort et mortuam silvam juxta corveyas episcopi, eidem presbitero a dictis abbate et conventu de Briostel in excambium perpetuum pro predictis ad opus dicti presbiteratus concessis, ut idem presbiter coram nobis recognovit. Promittens coram nobis dictus dominus Christianus presbiter in verbo sacerdotis quod ipse de cetero contra predictam commutationem per se vel per alium venire non presumet.

Nos vero utilitatem dictarum ecclesiarum, per inquisitionem decani de Brayo per nos et de mandato nostro super hoc factam, considerantes in commutationem predictam, eandem volumus, laudamus et quantum in nobis est approbamus. In cujus rei testimonium et munimem presentes litteras sigillo curie Belvacensis fecimus communiri Actm anno Domini m° cc° quinquagesimo sexto. Mense mayo.

(Arch. de l'Oise : *Abb. de Lannoy*, n° 436.)

CDXXI. — An 1256. — *Confirmation par Hugues de Lormaison, official de Beauvais, de la ratification par Théophaine, femme de Robert de Gannes, de la donation par son mari de tous ses droits sur le territoire d'Ecornecat.*

Universis presentes litteras inspecturis magister Hugo de Lupidomibus, canonicus et officialis Belvacensis, salutem in Domino. Noverint universi quod domina Theophania, uxor domini Roberti de Gannes, dicti Tassel, militis, in nostra constituta presentia, pacem et quittationem quas fecerunt dictus dominus Robertus, miles, et Johannes, armiger, ejus filius, viris religiosis abbati et conventui de Briostel, de omni jure quod habebant vel habere poterant in toto territorio de Escornecat, ratione agriculture seu alia quacumque ratione, prout in litteris dictorum domini Roberti et Johannis ejus filii super hoc confectis, plenius continetur, voluit, laudavit et approbavit, et coram nobis dicta domina Theophania sponte et expresse fide prestita corporali, ratione dotalicii, seu alia quacumque ratione in dicto territorio de Escornecat semetipsa nichil reclamabit vel faciet reclamari. In cujus rei testimonium presentes litteras sigillo curie Belvacensis fecimus communiri. Actum anno Domini m° cc° quinquagesimo septo. Mense decembri.

(Arch. de l'Oise : *Abb. de Lannoy*, n° 206.)

CDXXII. — An 1256. — *Confirmation par Jean de Fontaine de la vente par Jean, maire de Fontaine, de sept mines de terre sises au terroir de Fontaine.*

Ego Johannes de Fontibus, miles, notum facio universis presentibus et futuris quod Johannes maior de Fontibus et Matyldis uxor ejus vendiderunt in perpetuum, pro necessitate et utilitate sua, viris religiosis abbati et conventui de Briostel, circiter septem minas terre in territorio de Fontibus sitas. Hanc autem venditionem ego dictus Johannes, miles et dominus de Fontibus, concessi et approbavi et totum campartum et donum, totumque jus et dominium, que in predicta terra habebam et habere poteram, quittavi penitus in perpetuum predictis monachis et remisi, ita quod ego et heredes mei nichil omnino in predicta terra poterimus reclamare, set eam predictis monachis de Briostel, ad usum porte propter pauperes, tenebimur ubique et contra omnes legitime garandire. Ut igitur ecclesia beate Marie de Briostel prefatas circiter septem minatas terre in perpetua pace et summa libertate possideat, ad petitionem predictorum Johannis maioris et Matyldis uxoris ejus, predictos monachos de predicta terra saisivi et presentem cartam sigillo meo confirmavi. Actum anno Domini M° CC° quinquagesimo sexto. Mense decembri.

(Arch. de l'Oise : *Abb. de Lannoy*, n° 106.)

CDXXIII. — An 1256. — *Confirmation par Hugues de Lormaison, official de Beauvais, de la vente par Jean, maire de Fontaine, de sept mines de terre sises au terroir de Fontaine.*

Omnibus presentes litteras inspecturis magister Hugo de Lupidomibus, canonicus et officialis Belvacensis, salutem in Domino. Noverint universi quod Johannes maior de Fontanis Lavagan et Matildis ejus uxor in presentia nostra constituti recognoverunt se in perpetuum vendidisse, pari assensu et pro communi eorum utilitate ac necessitate, viris religiosis abbati et conventui de Briostel, cysterciensis ordinis, ad opus et usagium janue ecclesie ejusdem, quamdam peciam terre arabilis septem minas sementis vel circiter continentem, ad minam Gerborredi, de acquisito suo legitimo, ut asserebant, moventem, sitam inter terram presbiteri de Fontanis et terram Luciani, que terra Campus Fiedefer vulgaliter nuncupatur, pro septem libris Parisiensium, de quibus recognoverunt dicti Johannes maior et Matildis ejus uxor sibi a dictis religiosis plene et integre fuisse satisfactum, exceptioni non numerate et non solute pecunie quoad hoc renuntiantes. Et promiserunt coram nobis dicti Johannes maior et Matildis ejus uxor sponte et expresse, fide prestita corporali, quod ipsi de cetero, ratione cujuscumque juris, in dicta terra vendita per se vel per alium nichil reclamabunt vel facient reclamari, et quod super eadem terra vendita dictis religiosis contra omnes legitimam portabunt garandiam. Quam venditionem Radulfus filius et Helvidis filia dictorum Johannis et Matildis coram nobis voluerunt, concesserunt et approbaverunt et fidem dederunt de non contraveniendo seu reclamando aliquo tempore, per se vel per alium. In cujus rei testimonium presentes litteras sigillo curie Belvacensis fecimus communiri. Actum anno Domini M° CC° quinquagesimo sexto. In crastino Circumcisionis Domini.

(Arch. de l'Oise : *Abb. de Lannoy*, n° 106.)

CDXXIV. — An 1257. — *Confirmation par Hugues de Lormaison, official de Beauvais, de la donation par Robert dit Rabache, de son manoir de Gerberoy, de huit mines de terre et d'une partie de ses biens meubles et immeubles.*

Omnibus presentes litteras inspecturis magister Hugo de Lupidomibus, canonicus et officialis Belvacensis, salutem in Domino. Noverint universi quod Robertus dictus Rabache et Maria ejus uxor, de Gerborredo, coram nobis constituti contulerunt et concesserunt ecclesie beate Marie de Briostel, cysterciensis ordinis, in puram, perpetuam et irrevocabilem elemosinam, totum manerium suum situm apud Gerborredum, inter domum Jacobi Gybolet et furnum, sicut se habet subtus et supra, ante et retro, vacuum et edificatum, ad quatuor solidos annui census tantum, et octo minas terre sementis, quorum due site sunt inter terram Wiardi le Filascher et terram Andree de Ruepierre; tres mine et dimidia in parvo clauso, et tres mine et unum quarterium in loco ubi venduntur ludentes in nundinis Gerborredensibus, que omnia movent de acquisito ipsorum communi, ut asserebant, salvo utriusque eorum, quamdiu vixerint, vel unius eorum vixerit, in omnibus premissis tantummodo usufructu. Item dictus Robertus coram nobis contulit et concessit in puram, perpetuam et irrevocabilem elemosinam prefate ecclesie totam partem suam omnium bonorum suorum mobilium et immobilium acquisitorum et acquirendorum ubicumque possint inveniri, exceptis centum solidis Parisiensium, quos sibi retinuit, de quibus in suo testamento, pro suo voluntatis arbitrio poterit ordinare. Et promiserunt coram nobis dicti Robertus et Maria ejus uxor sponte et expresse, fide prestita corporali, quod ipsi contra predictas elemosine collationes de cetero venire non presument. In cujus rei testimonium presentes litteras sigillo curie Belvacensis fecimus communiri. Actum anno Domini m° cc° quinquagesimo septimo. Sabbato ante Misericordias Domini.   (Arch. de l'Oise : *Abb. de Lannoy*, n° 121.)

CDXXV. — An 1258. — *Confirmation par Barthélemy de Cannettecourt de la donation par Marie, sa sœur, de 18 sols parisis de rente.*

Ego Bartholomeus de Canethecort, miles, notum facio universis presentes litteras inspecturis, quod domina Maria, quondam uxor domini Reginaldi de Roy militis, soror mea, de rebus suis in ultima voluntate disponens, dedit et legavit pro salute anime sue in puram perpetuam elemosinam ecclesie et conventui beate Marie de Briostel, ubi sepulturam suam elegit et accepit, decem et octo solidos Parisiensium percipiendos singulis annis super redditum suum, quem ei dederam pro portione terre in matrimonium. Quia vero dicta Maria soror mea heredem de corpore suo non habuit, et tota hereditas, quam ei dederam, ad me quasi primogenitorem heredem rediit, predictam elemosinam volui et concessi et promisi me dictos decem et octo solidos imperpetuum dicte ecclesie libere et quiete redditurum singulis annis in festo Omnium sanctorum, super omnes redditus et proventus totius terre mee de Canethecort, in terris, vineis, censibus, vinis, bladis et rebus aliis, quocumque modo possint pervenire, et ad eandem elemosinam reddendam dicto loco et dicto termino heredes meos post me imperpetuum obligavi. Pro hac autem concessione accepi de caritate ecclesie sex libras Parisiensium de quibus me teneo pro pagato. Si autem dicti monachi plusquam bis, propter dictam elemosinam repetendam per defectum meum, venerint vel miserint, omnes expensas quas propter hoc eundo vel redeundo fecerint, ego et heredes mei tenemur eis ad plenum restaurare per solum verbum eorum absque alia probatione. De hiis autem omnibus fideliter observandis, omnia bona mea mobilia et immobilia ubicumque potuerint inveniri, spontaneus obligavi. In cujus rei testimonium presentes litteras sigillo meo confirmavi. Actum anno Domini M° CC° quinquagesimo octavo. Sabbato post Epiphaniam Domini.

(Arch. de l'Oise : *Abb. de Lannoy*, n° 70.)

CDXXVI. — An 1258. — *Transaction arbitrale par laquelle Pierre des Moulins abandonne à l'abbaye une maison sise sous Saint-Germer, à la charge par l'abbaye de lui payer une rente de 20 sols tournois.*

Omnibus presentes litteras inspecturis, magister Girardus de Grandvilla, canonicus et officialis Belvacensis, salutem in Domino. Notum facimus quod cum contencio verteretur coram nobis, inter ecclesiam de Briostel ex una parte, et Petrum de Molendinis et Aelipdim ejus uxorem, ex alia, super domo que fuit, ut dicitur, Guillelmi dicti Pilevache et ejus uxoris, sita subtus Sanctum Geremarum. Quam domum procurator dicte ecclesie, dicebat nomine ejusdem ecclesie, dictum Guillermum et ejus uxorem, eidem ecclesie in puram, perpetuam et irrevocabilem elemosinam contulisse, sicut se habet ante et retro, vacuam et edificatam ; quare petebat dictus precator dictos Petrum et ejus uxorem condempnari et conpelli ad deliberandum sibi dictam domum. Tandem dicti Petrus et ejus uxor et Lucas procurator dicte ecclesie habens potestatem paciscendi et compromittendi per litteras abbatis et conventus ecclesie supradicte, in nostra presentia constituti, pari assensu supposuerunt se super premissis ordinationi nostre, promittentes fide data quod quicquid super predictis alte et basse duceremus ordinandum irrevocabiliter observarent. Nos vero meritis cause diligenter inspectis, partibus presentibus coram nobis, pro bono pacis, de premissis ordinavimus et pronunciamus in hunc modum videlicet quod dictus procurator, nomine dicte ecclesie, reddat dictis Petro et ejus uxori viginti solidos Turonensium, ita quod in dicta domo tota, sicut se habet ante et retro, dictus Petrus et ejus uxor aliquid de cetero non poterunt reclamare; dictus vero procurator coram nobis ibidem solvit predictis Petro et ejus uxori dictos viginti solidos Turonensium, in pecunia numerata, de quibus dicti Petrus et ejus uxor tenuerunt se in nostra presentia pro pagatis. In cujus rei testimonium presentes litteras ad petitionem dicti procuratoris sigillo curie fecimus sigillari. Actum anno Domini millesimo ducentesimo quinquagesimo octavo. Die veneris ante festum Sancti Arnulphi martiris.

(Arch. de l'Oiss : *Abb. de Lannoy*, n° 539.)

CDXXVII. — An 1259. — *Confirmation par l'officialité de Beauvais de la vente par Jean de Breteuil d'une maison sise au faubourg Saint-André de Beauvais.*

Omnibus presentes litteras inspecturis officialis Belvacensis salutem in Domino. Noverint universi quod constitutus in presentia nostra magister Johannes de Brithulio clericus recognovit se in perpetuum vendidisse, pro utilitate sua propria, viris religiosis abbati et conventui de Briostel quamdam domum quam habebat, ut dicebat, sitam in vico Sancti Andree, juxta domum magistri Johannis medici, prope domum eorumdem abbati et conventus, vacuam et edificatam sicut se habet ante et retro, cum appendiciis ejusdem domus et cum pratello sito retro dictam domum, et via per quam itur ad dictum pratellum, pro viginti quinque libris Parisiensium solutis in pecunia numerata dicto magistro Johanni de Brithulio, ut ipse coram nobis recognovit. Et promisit idem magister Johannes fide prestita corporali in manu nostra, quod contra istam venditionem per se vel per alium, ratione cujuscumque juris, non veniet in futurum, nec aliquid amodo in dicta domo et ejus appendiciis reclamabit, vel faciet reclamari, set dictam domum cum appendiciis predictis eisdem abbati et conventui contra omnes legitime garandizabit, bona sua omnia et se ipsum ad hoc obligans specialiter et expresso. In cujus rei testimonium presentes litteras sigillo curie Belvacensis fecimus communiri. Datum anno Domini m° cc° l° nono, die cinerum.

(Arch. de l'Oise : *Abb. de Lannoy*, n° 30.)

CDXXVIII. — An 1260. — *Donation par Robert d'Iquelonde de deux mines et demie de terre à Monpertuis.*

Ego Robertus de Ykelonde, armiger, notum facio universis presentibus et futuris quod ego dedi ecclesie et conventui beate Marie de Briostel, cisterciensis ordinis, pro anima Hylesendis quondam uxoris mee, que ibi sepulta requiescit, terram circiter duas minas et dimidiam sementis capientem, juxta terram eorum que vocatur Moncellorum, prope grangiam de Malpertuiz, sicut mete ibi posite demonstrant, tenendam ab eis libere et quiete, ita quod nec ego, nec Egydius filius meus primogenitus, nec aliquis de heredibus meis quicquam proprietatis et juris, in terra predicta poterimus reclamare, set tenebimur eam predictis monachis, ubique et contra omnes in perpetuum legitime garandire. Ut igitur predicti monachi de Briostel prefatam terram liberam et quietam a camparto et dono et ab omni alia seculari consuetudine semper possideant, presentem cartam sigillo meo et sigillo Egydii filii mei primogeniti, qui hanc elemosinam concessit, feci roborari. Actum anno Domini M° CC° LX°. Mense marcio. Die beati Gregorii pape. (Arch. de l'Oise : *Ib.*, n° 365.)

CDXXIX. — An 1260. — *Confirmation par Gautier de Songeons des donations de terres situées dans l'étendue de son fief de Songeons, faite par Aelise de Fontaine, veuve de Wiard de Seronville.*

Notum sit omnibus presentibus et futuris quod ego Galterus de Sonions, armiger, concessi et confirmavi, pro salute anime mee et omnium antecessorum meorum, abbati et conventui beate Marie de Briostel, ut ipsi teneant et in perpetuum possideant libere et quiete, quicquid habent de feodo et dominio meo, in territorio de Sonions, vel alibi, ex dono et elemosina Aelidis de Fonte, quondam uxoris Wiardi de Seranvilla, scilicet tres portiones terre, circiter duos modios sementis insimul capientes, quarum una vocatur Avesne de bosco Sancti Martini, altera sita est ad Petrosa, tercia sita est prope Riefain, et cressonariam, que dicitur Amoris, cum quodam prato, et quicquid habebam in alia cressonaria, que dicitur Marot, et in quodam curticulo juxta sito. Nichil juris, proprietatis, sive dominii, michi vel heredibus meis in omnibus premissis retinens in perpetuum, aut reservans, preter duodecim denarios censuales reddendos michi et heredibus meis annuatim ad festum Sancti Remigii. Si autem predicti duodecim denarii, ad predictum terminum, per ignorantiam aut oblivionem soluti non fuerint, dicti monachi propter hoc nullam emendam solvere tenebuntur. Hanc autem concessionem feci eis, voluntate et assensu Ysabellis uxoris mee et fratris mei Petri, qui hec omnia benigne et spontanee concesserunt. Sciendum autem, quod ego et heredes mei elemosinam et donationem superius descriptam tenemur ubique et contra omnes, ad usus et consuetudines patrie, dictis monachis legittime garandire. Si autem processu temporis, pro defectu garandie mee vel heredum meorum, dicti monachi in predictis omnibus disturbari fuerint et dampna incurrerint, aut expensas fecerint, tenemur eis ad pleaum restaurare. Ut igitur predicta ecclesia de Briostel predicta omnia in summa libertate et securitate perpetua possideat, presentem cartam sigilli mei munimine roboravi. Actum anno Domini M° CC° sexagesimo. Mense decembri. Die beati Thome archiepiscopi et martyris. (Arch. de l'Oise : *Ib.*, n° 561.)

CDXXX. — An 1260. — *Confirmation par Eremburge du Bois, Gilbert Plus Aisé, son mari, et Jean du Bois, son frère, de la donation faite par Alix de Fontaine, dame de Seronville, de terres sises au territoire de Songeons.*

Universis presentes litteras inspecturis officialis Belvacensis salutem in Domino. Noveritis quod Eremburgis filia quondam Rogeri de Bosco et Hiescie ejus uxoris, Gillebertus Plus Aysie ejus maritus, Johannes frater dicte Eremburgis in presentia nostra constituti quittaverunt et concesserunt in perpetuum, viris religiosis abbati et conventui de Briostel, quicquid Aelidis de Fontana de Seranvile predictis religiosis in elemosinam contulerat, ubicumque et in quibuscumque consistat, tam in pratis, cressonariis, terris arabilibus, quam omnibus aliis. Promittentes coram nobis dicti Eremburgis, Gillebertus ejus maritus et Johannes frater ipsius Eremburgis sponte et expresse, fide prestita corporali, quod ipsi de cetero ratione cujuscumque juris, in hiis que dicta Aelidis dictis religiosis contulit in elemosinam et concessit, per se vel per alium nichil reclamabunt vel facient reclamari. In cujus rei testimonium presentes litteras sigillo curie Belvacensis fecimus communiri. Datum anno Domini M° CC° sexagesimo. Sabbato post festum beati Mathie apostoli.
(Arch. de l'Oise : *Abb. de Lannoy*, n° 562.)

CDXXXI. — An 1260. — *Confirmation par Jean de Lihus de la donation par Alix de Fontaine, veuve de Wiard de Seronville, de terres au territoire de Songeons, et abandon par lui de tous les droits qu'il pouvait avoir sur ces terres.*

Ego Johannes, miles et dominus de Lihus. Notum facio universis presentibus et futuris quod ego dedi et quittavi in perpetuum ecclesie beate Marie de Briostel et monachis ibi Deo servientibus quicquid juris et dominii habebam vel habere poteram in omnibus possessionibus immobilibus de feodo meo moventibus, quas Aelidis de Fonte, quondam uxor Wiardi de Seranvilla, contulit eis in elemosinam, in territorio de Sonjons, sicut in litteris Galteri de Sonjons, armigeri, hominis mei, nominatim expresse sunt plenius et distincte. Quare volo et concedo quod dicti monachi predicta omnia libere et quiete in perpetuum possideant, cum duabus minatis terre, quas bone memorie Henricus, quondam pater meus, eis, pro salute anime sue, legavit in elemosinam, in territorio de Morviller, absque ulla mei vel heredum meorum contradictione vel reclamatione. In cujus rei testimonium presentem cartam eis tradidi sigilli mei munimine confirmatam. Actum anno Domini M° CC° sexagesimo. Mense februario.

(Arch. de l'Oise : *Abb. de Lannoy*, n° 562.)

CDXXXII. — An 1260. — *Confirmation par l'officialité de Beauvais de la donation par Raoul Barthélemy, de Villers-sur-Auchy, d'un pré appelé le Pré de la Rosière.*

Universis presentes litteras inspecturis officialis Belvacensis salutem in Domino. Noveritis quod Radulphus Bartholomei de Villaribus in Brayo juxta Ursimontem, in presentia nostra constitutus, contulit et concessit in puram, perpetuam et irrevocabilem elemosinam ecclesie beate Marie de Briostel, cysterciensis ordinis, quamdam peciam prati quod vocatur pratum de la Rosiere, quod tenebat, ut asserebat, ab abbate et conventu ecclesie supradicte, pratis et terris arabilibus dictorum religiosorum undique circumdatum. Promittens coram nobis dictus Radulphus Bartholomei, fide prestita corporali, quod ipse de cetero ratione quacumque contra predictam elemosine collationem per se, vel per alium venire non presumet. In cujus rei testimonium presentes litteras ad petitionem dicti Radulphi sigillo curie Belvacensis fecimus communiri. Datum anno Domini M° CC° sexagesimo. In crastino octabarum Epiphanie Domini.

(Arch. de l'Oise : *Abb. de Lannoy*, n° 437.)

CDXXXIII. — An 1261. — *Donation par Gautier, clerc de Fontaine, de quatorze mines de terre sises au terroir de Fontaine, lieudit le Val Notre-Dame.*

Ego Galterus, clericus de Fontibus Lavagan et avunculus domini Drogonis ejusdem ville, notum facio omnibus presentes litteras inspecturis quod ego tradidi et quittavi, pro salute anime mee et antecessorum meorum, abbati et conventui beate Marie de Briostel, cisterciencis ordinis, in excambiatione perpetua unam petiam terre que vocatur Vallis domine Marie, circiter quatuordecim minas sementis capientem et liberam ab omni camparto et ab omni dono, et absque ulla consuetudine et exactione seculari, sitam juxta calceiam de Fontibus ex una parte, pro quadam petia terre, quam dicti monachi habebant in territorio de Fontibus, juxta viam de Therines, que terra Renoldi vocatur. Volens et concedens quod predictam terram que vocatur Vallis domine Marie predicti monachi de cetero in perpetuam et puram elemosinam teneant et possideant; ita videlicet quod omnes fructus terre in usum cantoris et in emendationem armarii librorum et ad faciendum luminare in quatuor festis Sancte Marie, videlicet de duobus cereis ardentibus a prima Vespera usque in crastinum post Completorium, similiter et in duobus festis Sancti Johannis evangeliste penitus expendantur. Nec dicti monachi poterunt aliquid vel debebunt alienare. Et ego predictus Galterus clericus et heredes mei, pro salute animarum nostrarum, tenemur predictam terram predictis monachis contra omnes garandire. Et quod istud sit magis ratum et firmum, voluntate et assensu Drogonis domini mei presentem cartam sigillo meo confirmavi. Actum anno ab incarnatione Domini millesimo ducentesimo sexagesimo primo. Mense septembri.

(Arch. de l'Oise : *Abb. de Lannoy*, n° 107.)

CDXXXIII *bis*. — An 1261. — *Confirmation par Drogon de Fontaine de la donation par Gautier, clerc de Fontaine, de quatorze mines de terre au Val Notre-Dame.*

Ego Drogo, armiger et dominus de Fontanis Lavagan, notum facio omnibus presentes litteras inspecturis quod Galterus clericus avunculus meus tradidit et quittavit, pro salute anime sue et antecessorum suorum...... *(Comme dans la charte précédente.)* Notandum autem quod predictus Galterus avunculus meus, homo meus, sponte sua predictam terram in manu mea resignavit, et ego Drogo, armiger et dominus de Fontanis, assensu et voluntate domine Margarethe matris mee dictos abbatem et conventum beate Marie de Briostel, ad petitionem dicti Galteri, de ipsa petia terre, que vocatur Vallis Domine Marie, insaisivi et investivi. Et ego predictus Drogo et omnes heredes mei pro salute animarum nostrarum tenemur dictis monachis contra omnes garandire. Ut igitur prediti monachi predictam terram de cetero absque camparto et sine dono, et absque ulla consuetudine et exactione seculari in perpetuam elemosinam possideant, ego prefatus Drogo de Fontanis, armiger et dominus feodi, ad petitionem duarum partium presentes litteras sigillo meo confirmavi. Actum anno Domini millesimo ducentesimo sexagesimo primo. Mense septembri. (Arch. de l'Oise : *Abb. de Lannoy*, n° 108.)

CDXXXIV. — An 1261. — *Donation par Jean de Ronquerolles de deux muids de blé de redevance annuelle à prendre sur son moulin de Ronquerolles.*

Ego Johannes, dominus de Ronquerolis, notum facio omnibus presentes litteras inspecturis, quod ego dedi et concessi in puram et irrevocabilem elemosinam, pro salute anime mee, abbati et conventui beate Marie de Briostel, duos modios bladi annui redditus, percipiendos annis singulis in molendino meo, juxta domum capellani de Ronquerolis situm, quod est propinquius domui mee de Ronqueroles, ad pictanciam conventus quolibet anno die anniversarii mei. Ita quod dicti duo modii reddentur annis singulis in festo Sancti Remigii abbati et conventui memoratis. Quam elemosinam duo filii mei dominus Ansoldus et dominus Nevelo, milites, coram domino episcopo Belvacensi et coram multis aliis bonis viris et fide dignis, voluerunt et etiam concesserunt, promittentes, fide sua interposita, quod contra prefatam elemosinam non venient imposterum, per se, vel per alium, nec aliquid reclamabunt. In cujus rei testimonium presentes litteras sigillo meo prefatis abbati et conventui tradidi sigillatas. Actum anno Domini m° cc° lx° primo. Mense octobri.
(Arch. de l'Oise : *Abb. de Lannoy*, n° 478.)

CDXXXV. — An 1261. — *Confirmation par l'officialité de Beauvais de la reconnaissance par André de Ruepierre des arrérages d'une rente de 4 sols, constituée sur une pièce de terre sise sous le bois de Caumont.*

Omnibus presentes litteras inspecturis officialis Belvacensis salutem in Domino. Noverint universi quod coram nobis constitutus Andreas dictus de Ruepierre de Gerborredo recognovit se teneri abbati et conventui de Briostel, cisterciensis ordinis, Belvacensis diocesis, in sexdecim solidis Parisiensium de arreragiis quatuor solidorum Parisiensium, in quibus idem Andreas tenetur dictis abbati et conventui, annis singulis, de redditu, in festo Sancti Remigii, super quandam peciam terre sementis site subtus nemus de Caumont, juxta terram Wiardi Bolengarii et terram Roberti Rabasce, quam idem Andreas tenet de dictis abbate et conventu ad dictos quatuor solidos redditus, ut ipse coram nobis est confessus, quos quidem sexdecim solidos promisit, fide data, se reddere dictis abbati et conventui, hiis duobus terminis subnotatis, ad instantem mediam quadragesimam octo solidos, et ad Nativitatem Sancti Johannis alios octo solidos. Promisit etiam se reddere de cetero dictis abbati et conventui predictos quatuor solidos singulis annis in termino Sancti Remigii supradicto. Datum anno Domini M° cc° LX° primo, die sabbati post Circumdederunt me. (Arch. de l'Oise : *Ib.*, n° 71.)

CDXXXVI. — An 1262. — *Confirmation par Guillaume de Grès, évêque de Beauvais, de toutes les acquisitions de l'abbaye dans l'étendue du vidamé de Gerberoy, de la basse justice dans ses terres et de toutes ses propriétés dans la ville de Beauvais.*

Guillermus, dei gratia Belvacensis episcopus, omnibus presentem paginam inspecturis eternam in Domino salutem. Ad universorum notitiam presentium auctoritate transmittimus quod ecclesia de Briostel et dilecti filii nostri monachi qui ibi deo deserviunt multa bona nobis contulerunt et multa in nobis servitia impenderunt, timentes igitur ne a nobis in extremo examine omnia ista requirerentur, si irrecompensata relinqueremus, in recompensationem tantorum beneficiorum, predicte ecclesie de Briostel et monachis ibi Deo servientibus in elemosinam perpetuam liberam penitus et quietam concedimus et confirmamus quicquid habent et possident de dominio sive justitia nostra et feodo nostro et hominum nostrorum, videlicet quicquid acquisierunt in toto vicedominatu Gerboredi, tempore nostro et temporibus antecessorum nostrorum episcoporum Belvacensium, ex dono vel elemosina seu etiam venditione. Et ne lites sopite denuo suscitentur, omnem bassam justitiam in omnibus terris, pratis, pascuis, nemoribus et aquis predictorum religiosorum, que ad ipsos pertinet, prout per cartas et instrumenta eorumdem perfecte vidimus contineri, de discretorum virorum consilio absque aliqua de cetero reclamatione seu inquietatione predictis religiosis libere et absolute in perpetuum remittimus et quittamus. Et insuper in civitate Belvacensi manerium quod fuit Petri Bovet et participem ejus in medietate contiguum domui dictorum religiosorum, cum omnibus pertinentiis predicti manerii in vico Sancte Andree. Et masuram similiter, que fuit Willelmi dicti Bouffe, sicut preportat se ante et retro in predicto vico, juncta manerio quod fuit predicti Petri Bovet, et contigua domui predictorum religiosorum. Quamdam domum similiter sitam in vico Sancti Andree, quam magister Johannes de Brithulio vendidit predictis abbati et conventui de Briostel, prope domum eorumdem abbatis et conventusi, vacuam et edificatam sicut se habet ante et retro, cum appendiciis ejusdem domus et cum pratello sito retro dictam domum et via per quam itur ad dictum pratellum. Nec non quicquid habent et possident in civitate Belvacensi,

in censibus, redditibus, plateis, domibus, ortis sive curticulis con
cedimus et confirmamus in perpetuum, volentes et concedentes quod
abbas et conventus predicte ecclesie beate Marie de Briostel omnia
supradicta teneant et possideant in perpetuum libere et quiete. Et ad
majorem securitatem hujus rei presentes litteras sigilli nostri fecimus appensione roborari. Datum anno Domini millesimo ducentesimo sexagesimo secundo. Mense novembri.

(Arch. de l'Oise : *Abb. de Lannoy*, n° 31.)

CDXXXVII. — An 1263. — *Donation par Agnès d'Esquennes, veuve
de Pierre de Cempuis, de deux muids de blé de rente à prendre
dans sa grange de Ville-en-Bray.*

Ego Agnes de Quercubus, relicta domini Petri de Centum Puteis
quondam militis. Notum facio universis presentibus et futuris quod
ego sana existens et incolumis et bene compos mentis mee dedi et
concessi in puram et perpetuam elemosinam ecclesie et conventui
beate Marie de Briestel, pro salute anime mee et pro animabus predicti viri mei et patris mei et omnium antecessorum meorum, duos
modios bladi annui et perpetui redditus percipiendos singulis annis,
in propria hereditate mea, scilicet in grangia mea de Villa in Brayo,
libere et quiete, ad mensuram Gerberoudi, de meliori post sementem,
infra festum Omnium Sanctorum. Si autem predicti monachi, occasione repetendi, vel requirendi predictos duos modios expensas fecerint, vel dampna incurrerint, teneor eis per solum verbum eorum
plenarie restaurare. Sciendum etiam quod ego dicta Agnes teneor
predictam elemosinam ubique et contra omnes dictis monachis legitime garandire. De hiis vero fideliter et firmiter observandis fidem
corporalem interposui, et omnia bona mea mobilia et immobilia,
spontanee et libenter exposui et heredes meos simili forma ad hoc
tenenda et observenda penitus obligavi. In cujus rei testimonium
presentes litteras sigillo meo roboravi. Actum anno Domini millesimo
ducentesimo sexagesimo tercio. Mense februario.

(Arch. de l'Oise : *Abb. de Lannoy*, n° 593.)

CDXXXVIII. — An 1266. — *Confirmation par Gillette de Tricot,
dame de Tricot, de la donation par Agnès d'Esquennes, veuve
de Pierre de Cempuis, de deux muids de blé de rente à prendre
dans sa grange de Ville-en-Bray.*

Ego Gylla de Triecoc, domina ejusdem ville. Notum facio universis
tam presentibus quam futuris, quod ego, pro salute anime mee et
omnium antecessorum meorum, concessi et confirmavi viris reli

giosis abbati et conventui beate Marie de Briostel, cisterciensis ordinis, duos modios bladi annui et perpetui redditus, ad mensuram Gerborredi, de feodo et dominio meo moventes, percipiendos singulis annis libere et quiete, ad festum Omnium Sanctorum, ex dono et elemosina domine Agnetis De Quercubus, relicte domini Petri de Centum Puteis, quondam militis, in grangia sua de Villa in Brayo, de meliori post sementem. Si vero dicta domina Agnes, vel heredes ejus a servitio michi vel heredibus debito se substraxerint, aut aliquem defectum apud nos incurrerint, predictos monachos de predictis duobus modiis bladi sibi in elemosinam collatis, quiete et libere in perpetuum gaudere promittemus, et in residuo feodi justiciam nostram plenarie faciemus. In cujus rei robur et testimonium presentem cartam sigilli mei munimine roboravi. Actum anno Domini M° CC^s LX° sexto. Mense julio. (Arch. de l'Oise : *Ib*., n° 593.)

CDXXXIX. — An 1264. — *Renonciation par Hugues Havoth, écuyer, aux prétentions qu'il avait contre l'abbaye, au sujet de la possession de huit mines de terre à Gerberoy, et à la redevance de six chapons que lui payait annuellement l'abbaye à cause de cette terre.*

Ego Hugo Havoth, scutifer, notum facio universis presentes litteras inspecturis quod ego, pro timore et amore Dei, de bonorum virorum consilio, quittavi penitus et remisi abbati et conventui beate Marie de Briostel totam contentionem et querelam quam minus juste movebam contra ipsos, pro quadam terra circiter octo minas sementis capiente, que sita est inter villam Gerboredi et boscum de Caumont, in qua reclamabam feodum, justitiam et dominium, cum nichil possem vel deberem in ea reclamare, preter sex capones annuatim consuales. Quicquid enim predicta terra debet, ultra dictos sex capones, ad feodum et dominium predicte ecclesie de Briostel, jure perpetuo, noscitur pertinere. Preterea ego predictus Hugo Havoth universis presentibus et futuris notum fieri volo quod ego, pro salute anime mee et antecessorum meorum dedi et concessi in puram et perpetuam elemosinam, voluntate et assensu Petri Havoth fratris mei predicte ecclesie beate Marie de Briostel et monachis ibi Deo servientibus predictos sex capones, qui michi pro predicta terra annuatim reddebantur, nichil penitus in eis michi vel heredibus meis retinens aut reservans ; promisi etiam fide mea corporaliter prestita, quod pro dominio predicte terre, quod non ad me, sed ad predictos monachos pertinet, de cetero querelam non movebo, nec faciam moveri, nec in predictis sex caponibus quicquam reclamabo, nec faciam reclamari. Insuper ad omnia que in presenti carta continentur enenda et servanda cunctos heredes meos in perpetuum obligavi. In cujus rei testimonium presentem cartam sigillo meo confirmavi. Actum anno Domini millesimo ducentesimo sexagesimo quarto. Sabbato quo cantatur officium Sitientes, in festo Sancti Benedicti abbatis. (Arch. de l'Oise : *Abb. de Lannoy*, n° 122.)

CDXL. — An 1264. — *Vente par Robert de Grémévillers, pour l'usage de l'infirmerie des pauvres, de trois mines et demie de terre sises au terroir de Fontaine, lieudit le Champ Notre-Dame.*

Ego Robertus, armiger de Gremeviler. Notum facio universis tam presentibus quam futuris quod ego vendidi in perpetuum, voluntate et assensu Ysabellis uxoris mee, pro necessitate et utilitate nostra, ecclesie et conventui beate Marie de Briostel, ad usum infirmitorii pauperum, campum unum in territorio de Fontibus situm, circiter tres minas et dimidiam sementis capientem, qui vocatur campus domine Marie, pro sexaginta solidis et decem Parisiensium, jam michi integre persolutis, tenendum ab eis libere penitus et quiete. Ita quod nec ego, nec heredes mei, neque uxor mea Ysabel ratione dotis vel alia quocumque causa dominii, proprietatis vel juris in predicto campo de cetero poterimus reclamare, sed tenebimur eum ubicumque et contra omnes, ad usus et consuetudines patrie, dictis monachis fideliter, fide mea corporaliter interposita, garandire. Hanc autem venditionem ego Drogo, armiger et dominus de Fontibus et de predicto campo, concessi, volui et quittavi predictis monachis quicquid in dicto campo vendito juris vel dominii habebam vel habere poteram, et de non reclamando quicquam in predicto campo in perpetuum per me, vel per alium, fidem meam interposui corporalem. Insuper et quod istud sit magis ratum et firmum huic presenti carte sigillum meum apposui cum sigillo Roberti avunculi mei predicti. Actum anno Domini m° cc° lx° iiii°. Mense marcii.

(Arch. de l'Oise : *Abb. de Lannoy*, n° 109.)

CDXLI. — An 1264. — *Vente par Drogon de Fontaine, pour l'usage de l'infirmerie des pauvres, de trois mines et demie de terre sises au terroir de Fontaine, lieudit le Champ Notre-Dame.*

Ego Drogo de Fontibus, armiger et dominus ejusdem ville, notum facio universis tam presentibus quam futuris quod ego vendidi in perpetuum, pro necessitate et utilitate nostra, ecclesie et conventui beate Marie de Briostel, ad usum infirmitorii pauperum, campum unum in territorio de Fontibus situm, circiter tres minas et dimidiam sementis capientem, qui vocatur Campus domine Marie, pro sexaginta solidis Parisiensium, jam michi integre persolutis, tenendum ab eis libere penitus et quiete; ita quod nec ego, nec heredes mei quicquam dominii proprietatis vel juris poterimus reclamare de cetero in predicto campo, sed tenebimur eum ubique et contra omnes, ad usus et consuetudines patrie, dictis monachis fideliter, fide mea corporaliter interposita, garandire. Hanc venditionem concessi et volui ego Margaretha mater predicti Drogonis, jus et quicquid juris in dicta terra vendita ratione dotis vel alia quacumque causa habebam vel habere poteram vendidi eis in perpetuum penitus et quitavi, et de non reclamando quicquam ibi in perpetuum per me vel per alium fidem interposui corporalem. Quia vero pretium venditionis hujus tam in usum meum quam in usum predicti filii Drogonis expensum fuit et solutum; et in testimonium et robur hujus rei presenti carte ego predicta Margaretha sigillum meum apposui, cum sigillo filii mei Drogonis supradicti. Actum anno Domini M° cc° LX° quarto. Die Sanctorum Innocentium. (Arch. de l'Oise : *Ib.*, n° 110.)

CDXLII. — An 1265. — *Donation par Agnès de Limermont d'un bois près d'Auteigny.*

Ego Agnes de Limermont, uxor domini Petri de Moxures, militis. Notum facio omnibus presentes litteras inspecturis, quod ego, pro salute anime mee et domini Petri mariti mei et omnium antecessorum meorum, dedi et concessi in puram, perpetuam et irrevocabilem elemosinam abbati et conventui beate Marie de Briostel, cisterciensis ordinis, quandam peciam nemoris dimidium modium sementis capientem vel circiter, siti in territorio de Auteigny inter terram Petri de Murelmont ex una parte et nemus domini Odonis de Ronquerolis ex altera, quod de propria hereditate mea movet, ad faciendum quolibet anno in dicta domo, ubi specialiter elegi sepulturam meam, anniversarium meum; volens et concedens, assensu et voluntate domini Petri mariti mei, quod predicti monachi de predicta pecia nemoris de cetero pacifice gaudeant, nichil michi juris aut proprietatis vel heredibus meis in predicto nemore retinens aut reservans. Et ego Bertaudus de Limermont, armiger, de cujus feodo et dominio predicta pecia nemoris movet, predictam elemosinam volo, concedo et confirmo predictis monachis imperpetuum, sicut dominus feodi, nichil in posterum michi vel heredibus meis juris, proprietatis, sive dominii in prefata elemosina retinens vel reservans. In cujus rei testimonium presentes litteras sigillo meo, cum sigillis domini Petri de Moxuris, militis, et domine Agnetis uxoris sue confirmavi. Actum anno Domini M° cc° LX° quinto. Vigilia apostolorum Philippi et Jachobi. (Arch. de l'Oise : *Abb. de Lannoy*, n° 279.)

CDXLIII. — An 1266. — *Confirmation par Gautier de Songeons de la donation par Agnès de Grémévillers, veuve de Pierre de Monsures, d'un demi-muid de bois à Auteigny.*

Ego Galterus de Sonjons, armiger. Notum facio universis presentes litteras inspecturis quod ego volo et concedo ut viri religiosi abbas et conventus beate Marie de Briostel, habeant et possideant in perpetuum libere et quiete circiter dimidium modium bosci cum fundo terre, siti in territorio de Auteigny, inter terram Petri de Murelmont, et nemus domini Odonis de Ronkerol, quod habent ex dono domine Agnetis de Gremervillers, quondam uxoris domini Petri de Moxures, militis, que apud ipsos accepit sepulturam. Sciendum autem quod ego nichil dominii vel juris in predicto bosco cum fundo terre michi vel heredibus meis in perpetuum retinui, set totum feodum et jus quod ibi habebam et habere poteram, pro salute anime mee, quittavi eis penitus et remisi. In cujus rei testimonium presentes litteras sigillo meo confirmavi. Actum anno Domini M° cc° sexagesimo sexto. Mense aprili. (Arch. de l'Oise : *Ib.*, n° 10.)

CDXLIV. — An 1275. — *Confirmation par Godefroy du Ply de la donation par Agnès de Grémévillers d'un demi-muid de bois à Auteigny.*

Ego Gaufridus du Pleis, armiger. Notum facio omnibus presentibus et futuris quod ego, ob remedium et salutem anime mee et omnium antecessorum meorum, concessi et confirmavi viris religiosis, abbati et conventui beate Marie de Briostel, dimidium modium bosci vel circiter cum fundo terre, siti in territorio de Auteigni, inter terram Petri de Murelmont, et nemus Oudardi de Saint Deniscourt, armigeri, quod habent ex dono et elemosina domine Agnetis de Gremeviller, quondam uxoris domini Petri de Monxures, militis, que apud ipsos accepit sepulturam. Sciendum autem quod ego dictus Gaufridus in dicto bosco cum fundo terre de proprio feodo et dominio meo movente, nichil dominii, juris vel proprietatis michi vel heredibus meis imperpetuum retinui, sed totum dominium, jus et proprietatem quod et quam in dicto bosco cum fundo terre habebam vel habere poteram, pro salute anime mee, quittavi eis imperpetuum et remisi, et ad omnia premissa tenenda et firmiter observanda me et heredes meos imperpetuum obligavi. In cujus rei testimonium presentes litteras sigillo meo confirmavi. Actum anno Domini M° cc° LXX° quinto. Mense julio.

(Arch. de l'Oise : *Abb. de Lannoy*, n° 10.)

CDXLV. — An 1265. — *Confirmation par Ansold de Ronquerolles de toutes les donations de terres, vignes et redevances que ses ancêtres avaient faites à l'abbaye, dans l'étendue de sa seigneurie.*

Ego Ansoldus, miles et dominus de Ronquerolles, notum facio universis presentes litteras inspecturis, quod ego, ob remedium et salutem anime mee et omnium antecessorum meorum, concessi et confirmavi viris religiosis abbati et conventui de Briostel, cisterciensis ordinis, quicquid habent et possident in feodo et dominio meo, ex dono patris et matris mee, et omnium aliorum antecessorum meorum, scilicet vineas, terras, redditus et omnia alia quecumque ipsi habent et possident in predicto feodo meo et specialiter duos modios bladi, quos dicti religiosi habent et possident super molendinum meum contiguum manerio meo, ex dono et elemosina bone memorie domini Johannis de Ronquerolles, quondam patris mei, volens et concedens quod predicti religiosi omnia premissa libere, quiete et sine contradictione seu exactione aliqua de cetero imperpetuum teneant et possideant, nichil juris, dominii, vel proprietatis michi vel heredibus meis retinens in premissis. In cujus rei robur et testimonium presentes litteras prefatis religiosis sigillo meo tradidi sigillatas. Actum anno Domini M° cc° Lx° quinto. Sabbato post festum beati Mathei apostoli.

(Arch. de l'Oise : *Abb. de Lannoy,* n° 477.)

CDXLVI. — An 1265. — *Vente par Paul, fils de Bense de Roy, de deux mines et demie de terre sises au terroir de Roy, lieudit le Val-Hunain.*

Omnibus presentes litteras inspecturis officialis Belvacensis salutem in Domino. Noverint universi quod in presentia nostra constituti Paulus, filius quondam Bensse de Roy, et Maria ejus uxor recognoverunt se vendidisse imperpetuum, pari assensu et pro communi eorum utilitate ac necessitate, viris religiosis abbati et conventui de Briostel, cysterciensis ordinis, quamdam peciam terre duas minas et dimidiam vel circiter continentem, sitam in valle Hunan, inter terras dictorum religiosorum, cum fructibus in eadem terra existentibus, pro sexaginta solidis Parisiensium, de quibus recognoverunt dicti Paulus et Maria ejus uxor sibi a dictis religiosis plene et integre fuisse satisfactum, exceptioni non numerate et non solute quo ad hoc renuntiantes, et promiserunt coram nobis dicti Paulus et Maria ejus uxor, sponte et expresse fide prestita corporaliter quod ipsi de cetero ratione cujuscumque juris, et specialiter dicta Maria jure dotalicii, cui quo ad hoc expresse coram nobis renuntiavit in dicta terra vendita cum fructibus, per se, vel per alium nichil reclamabunt, vel facient reclamari, et quod super eadem pecia terre cum fructibus vendita dictis religiosis contra omnes legittimam portabunt garandiam. In cujus rei testimonium presentes litteras sigillo curie Belvacensis fecimus communiri. Datum anno Domini M° CC° sexagesimo quinto. Die mercurii post Conversionem Sancti Pauli.

(Arch. de l'Oise : *Abb. de Lannoy*, n° 590.)

CDXLVII. — An 1265. — *Vente par Robert Le Tallierres, de Fontaine, pour l'usage de l'infirmerie des pauvres, de six mines de terre sises au terroir de Fontaine, lieudit le Champ des Encontres.*

Ego Robertus li Tallierres de Fontanis, notum facio omnibus presentes litteras inspecturis quod ego assensu et spontanea voluntate Aelidis uxoris mee, vendidi in perpetuum, pro necessitate et utilitate mea, ecclesie et conventui beate Marie de Briostel, cisterciensis ordinis, ad usum infirmitorii pauperum, unum campum terre situm in territorio de Fontanis, juxta terram Johannis Amoubert ex una parte et terram Eve de Marselliis ex altera, circiter sex minas sementis capientem, qui campus vocatur campus des Encontres, pro quatuor libris Parisiensium, jam michi ab ipsis integre persolutis, tenendum ab eis libere penitus et quiete. Ita quod nec ego nec heredes mei, quicquid dominii vel proprietatis vel cujuscumque juris poterimus in dicto campo de cetero reclamare, set tenebimur eum ubique et contra omnes, ad usus et consuetudines patrie, dictis monachis fideliter, fide mea corporali interposita, garandire. Hanc autem venditionem concessi et volui ego Aelidis uxor predicti Roberti, jus et quicquid juris in dicta terra vendita ratione dotis vel alia quacumque causa habebam, vel processu temporis habere poteram, vendidi eis in perpetuum penitus et quitavi, et de non reclamando quicquid per me vel per alium fidem meam interposui corporalem, quia pretium venditionis hujus tam in usum meum quam in usum predicti Roberti mariti mei expensum fuit et solutum. Ita tamen quod dicti monachi donum et campartum quod dicta terra debet Drogoni de Fontanis, armigero, dicte terre capitali domino, reddere tenebuntur. Ego autem dictus Drogo armiger et dominus de Fontanis, ad cujus feodum et dominium predicta terra pertinet et respicit, venditionem istam volui et benigne concessi et quicquid juris vel dominii in predicto campo michi vel heredibus meis competebat vel processu temporis competere poterat, dictis monachis donavi in perpetuum penitus et quittavi. Et de non reclamando quicquam in predicto campo in perpetuum, per me vel per alium fidem meam interposui corporalem, preter tantummodo dictum donum et campartum. In cujus rei testimonium ego dictus Drogo presentem cartam dictis monachis mei sigilli munimine tradidi roboratam. Actum anno Domini M° CC° sexagesimo quinto. II° idus januarii. (Arch. de l'Oise : *Ib.*, n° 111.)

CDLXVIII. — An 1266. — *Confirmation par Guillaume d'Omécourt de diverses possessions de l'abbaye, situées dans l'étendue de son fief de Roy.*

Ego Guillelmus de Othmericuria, miles. Notum facio universis presentibus et futuris quod ego volo et concedo ut viri religiosi abbas et conventus beate Marie de Briostel habeant et possideant in perpetuum, libere et quiete, diversas portiones terre quas acquisierunt diversis temporibus in feodo et dominio meo, in territorio de Royo, videlicet terram quam Berta prima uxor Ogeri clerici dedit eis in elemosinam perpetuam, et etiam circiter unam minatam terre, quam Ricardus faber dedit eis pro excambiatione alterius terre. Item circiter duas minatas terre, quas vendidit eis Radulfus telarius, sitas ad Coldroyum, inter terras eorum. Item circiter dimidium modium terre site super domum Radulfi Gaipin, ex utraque parte vie sicut itur Belvaco, quam vendidit eis Radulfus cordarius. Nichil proprietatis vel dominii seu alterius cujuscumque juris in predictis terris, michi vel heredibus meis retinens in perpetuum aut reservans. Hoc autem totum feci voluntate et assensu domine Johanne uxoris mee et Balduini filii mei primogeniti et aliorum liberorum meorum. Sciendum autem quod predicta Johanna uxor mea absque ulla coactione, spontanee penitus renunciavit omni juri dotalicii quod sibi in posterum in predictis terris posset contingere; recepta sufficienti excambiatione in modiatione, quam predicti monachi michi debent in molendino suo de Royo, quod excambium ei placuit et liberaliter acceptavit. Si vero processu temporis in predictis terris, relicto excambio suo, dotem reclamaverit, dicti monachi tantumdem de modiatione, quam michi debent in molendino suo de Royo, sibi retinent, quantum sufficeret ad valorem dotis, secundum justam estimationem. Et notandum quod ego dictus Guillelmus, miles, teneor predictas terras dictis monachis per fidem meam corporaliter prestitam, ad usus et consuetudines patrie, garandire; et ad hoc sub forma simili heredes meos in perpetuum obligavi. Pro hac autem concessione, accepi de caritate ecclesie decem libras et decem solidos Parisiensium, in pecunia probata et numerata. Quod ut ratum et stabile in perpetuum permaneat, presentes litteras sigillo meo confirmavi. Actum anno Domini M° CC° LX° sexto. Mense marcio. (*Ib.*, n° 516.)

CDXLIX. — An 1266. — *Confirmation par l'official de Beauvais de la vente par Jean, fils de Riquier, maire de Montreuil, Roger de Frocourt et Pierre Gascogne, d'un bois sis à Montreuil.*

Omnibus presentes litteras inspecturis officialis Belvacensis salutem in Domino. Noverint universi quod coram nobis constituti Johannes filius Riqueri maioris de Monsterolio, Johanna ejus uxor, Rogerus de Frocourt et Avicia ejus uxor, Petrus Gascogne et Aelidis ejus uxor recognoverunt se pari assensu in perpetuum vendidisse abbati et conventui de Briostel, cisterciensis ordinis, quandam peciam nemoris, quod habebant, ut dicebant, versus Monsterolium, quod nemus vocatur nemus de Larderia, movens de hereditate dictorum Johannis, Avicie et Aelidis sororum ejusdem Johannis, sicut se habet dictum nemus ante et retro, ad censum qui debetur de illo nemore domino de Monsterolio, pro quindecim libris Parisiensium solutis eisdem venditoribus in pecunia numerata, ut ipsi coram nobis recognoverunt. Dicta autem Johanna dotem, quam in dicto nemore habebat vel habere poterat, sponte et expresse in perpetuum quittavit et in manu nostra resignavit. Et tam ipsa quam predicti Johannes, Rogerus, Avicia, Petrus et Aelidis promiserunt fide data coram nobis quod in predicto nemore nichil de cetero reclamabunt vel facient reclamari, ratione cujuscumque juris et maxime dicta Johanna ratione dotis seu donationis propter nuptias, et quod dictum nemus venditum dictis religiosis contra omnes ad censum qui de eo debetur legitime garandizabunt. In cujus rei testimonium presentes litteras sigillo curie Belvacensis fecimus communiri. Datum anno Domini M° CC° LX° sexto, in crastino Ascensionis Domini.

(Arch. de l'Oise : *Abb. de Lannoy*, n° 404.)

CDL. — An 1267. — *Confirmation par l'officialité de Beauvais de l'abandon par Pierre dit Gascogne, Gilbert, Grégoire et Adie, ses frères et sœur, d'une pièce de bois dite le Bois de Lardière, sise à Montreuil, donnée par leur mère.*

Omnibus presentes litteras inspecturis officialis Belvacensis sedis vacantis salutem in Domino. Noverint universi quod constituti coram nobis Petrus dictus Gascogne, Gilebertus et Gregorius fratres dicti Petri et Adia eorum soror recognoverunt se quittasse et etiam coram nobis in perpetuum quittaverunt sponte et expresse abbati et conventui de Briostel quamdam peciam nemoris quod dicitur de Larderia, siti in territorio de Monsterolio, infra nemus dictorum monacorum, cum omni jure et actione que sibi competebant vel competere poterant in dicto nemore; quod quidem nemus Erenburgis quondam mater eorum dederat et legaverat in ultima voluntate sua dictis abbati et conventui, ut dicti fratres et eorum soror asserebant; fidem prestantes coram nobis corporalem de non contraveniendo et de non reclamando in futurum. In cujus rei testimonium presentes litteras sigillo curie Belvacensis fecimus communiri. Datum anno Domini M^o CC^o LX° septimo. Mense julio.

(Arch. de l'Oise : *Abb. de Lannoy*, n° 409.)

CDLI. — An 1267. — *Donation par Robert de La Planche, de Ronquerolles, d'une terre sise à Ronquerolles.*

Ego Robertus de Planca de Ronkeroles. Notum facio omnibus presentibus et futuris quod ego, voluntate et assensu Erme uxoris mee, dedi et concessi tribus annis jam evolutis, in puram et perpetuam et etiam irrevocabilem elemosinam, pro salute anime mee et omnium antecessorum meorum, viris religiosis abbati et conventui ecclesie beate Marie de Briostel, cysterciensis ordinis, Belvacensis dyocesis, unum campum terre mee, situm in territorio de Ronkeroles, juxta terram Johannis Le Merchier ex una parte, et terram Johannis Keuron ex altera, tres minas sementis vel circiter capientem, ita quod dicti religiosi predictum campum terre, ab hodierna die usque in perpetuum, libere et quiete possidebunt et poterunt dictum campum dare, vendere et in omnibus de illo voluntatem suam facere, absque ulla mei vel heredum meorum reclamatione. Ego vero dicta Erma uxor dicti Roberti hanc elemosinam a dicto Roberto marito devote et caritative factam, benigne et absque ulla coactione volui et quicquid juris in dicto campo terre ratione dotis vel alia quacumque causa habebam, vel processu temporis habere poteram, dictis religiosis, pro salute anime mee, in perpetuam donavi penitus et quittavi et de non reclamando aliquid ibi in perpetuum per me vel per alium fidem meam interposui corporalem. Ego quoque Odo, miles et dominus de Boullencourt, ad cujus feodum et dominium predictus campus terre pertinet et respicit, donationem istam caritative factam benigne volui et concedo predictum campum terre predictis religiosis in manu mortua possidendum; ita quod dicti religiosi tenebuntur reddere michi, vel heredibus meis, singulis annis, duas minas avene et duos capones et duos denarios ad Natale; promittens bona fide quod ego dictis religiosis predictum campum terre, tanquam dominus, contra omnes garandizabo, me et heredes meos ad hec omnia firmiter in perpetuum observanda specialiter obligando et ad petitionem dictorum Roberti de Planca et Erme uxoris ejusdem presenti carte sigillum meum decrevi apponendum. Preterea ego dictus Odo, miles et dominus de Boullencourt, volo et concedo dictis religiosis, pro salute anime mee et omnium antecessorum meorum, liberam potestatem se augendi et acquirendi in meo feodo et dominio usque ad quinque arpennos terre, vel vinearum, cum predicto campo terre in presenti pagina superius nominato. In cujus rei testimonium presentes litteras prefatis religiosis sigillo meo tradidi confirmatas. Actum anno Domini M° CC° sexagesimo septimo. Mense decembris, feria sexta ante Nativitatem Domini nostri Jhesu Christi.

(Arch. de l'Oise : *Abb. de Lannoy*, n° 479.)

CDLII. — An 1270. — *Vente à l'abbaye par Robert d'Iquelonde de onze mines de terre sises au terroir de Monperthuis.*

Ego Robertus Dyguelont, armiger. Notum facio universis presentium noticiam habituris quod ego, de spontaneo assensu et voluntate Gylonis primogeniti filii mei, omniumque liberorum meorum, pro necessitate et evidenti utilitate mea, vendidi et perpetue venditionis nomine concessi abbati et conventui beate Marie de Briostel quamdam peciam terre undecim minas sementis vel circiter capientem, quam habebam sitam inter boscum de Malpertuis et crucem et inter terram Galteri de Songyons et terram Drogonis de Lonclieu, armigerorum, pro viginti libris Parisiensium, michi ab eisdem abbate et conventu integre in legali pecunia persolutis. Pro hac pecia terre dictis religiosis vendita, ego dictus Robertus Dyquelont, armiger, feci equipollentem certamque recompensationem et sufficiens excambium filiabus meis, quod predictum excambium, pro quittatione venditionis premisse, utile satis valdeque fructuosum judicantes, gratanter et in nullo coacte receperunt. Sciendum preterea quod ego predictus Robertus, armiger, in vendita terre pecia nichil juris, proprietatis et dominii michi et heredibus meis retinui; sed, sine contradictione mei et heredum meorum aut reclamatione aliqua, tenebunt eam imperpetuum et possidebunt pacifice dicti religiosi et tanquam de propria, suam de cetero de ea poterunt facere voluntatem. Insuper ad legittimam et fidelem garandiam jamdicto terre sepedictis religiosis vendite, ad usus et consuetudines patrie, me et heredes meos ultroneus obligavi. Et in perpetuam quittationem liberam penitus et quietam, atque in testimonium hujus venditionis inviolabiliter de me et de meis heredibus observando, tradidi supradictis religiosis presentes litteras, quas sigillo meo confirmavi. Actum anno Domini M° CC° septuagesimo. Mense martii.

(Arch. de l'Oise : *Abb. de Lannoy*, n° 563.)

CDLIII. — An 1270. — *Confirmation par Gilon d'Iquelonde de la vente par Robert d'Iquelonde, son père, de onze mines de terre à Monperthuis.*

Noverint universi presentes et futuri quod Ego Gylo d'Yquelont, armiger, venditionem a patre meo Roberto d'Yquelont, armigero, pro necessitate sua factam viris religiosis abbati et conventui beate Marie de Briostel, de quadam pecia terre capiente undecim minas sementis vel circiter, quam habebat, sitam inter boscum de Malpertuis et crucem et inter terram Galteri de Sonsgions et terram Drogonis de Lonclieu, armigero, habita prius manibus certa pecunia, tunc temporis approbavi, volui, permisi et concessi. Promisi siquidem, ad hoc heredes meos obligans, quod contra dictam venditionem imperpetuum non veniam, nec super prefata terre pecia jamdictos religiosos molestabo, nec per alium faciam molestari nec permittam, sed de me et meis heredibus contra omnes habebunt super premissa venditione, secundum consuetudines et usus patrie, legitimam, securam et fidelem garandiam. Insuper in testimonium venditionis hujus et quittationem liberam penitus et quietam, cum litteris, quas a dicto patre meo penes se habent dicti religiosi, ego jamdictus Gylo d'Yquelont, armiger, sepedicti Roberti heres et primogenitus filius, tradidi eis presentem cartam sigillo meo confirmatam. Actum anno Domini M° CC° septuagesimo. Mense marcio.

(Arch. de l'Oise : *Abb. de Lannoy*, n° 307.)

CDLIV. — An 1270. — *Confirmation par l'official de Beauvais de la cession par Odeline et Isabelle d'Iquelonde d'une pièce de terre sise entre le bois de Monperthuis et la croix et la terre de Gautier de Songeons, vendue par Robert d'Iquelonde, leur père.*

Universis presentes litteras inspecturis..... Officialis Belvacensis salutem in Domino. Noverint universi quod in nostra presentia constitute. Odelina et Ysabellis filie Roberti de Yquelonde recognoverunt se quittasse et coram nobis in perpetuum quittaverunt specialiter et expresse, spontanea voluntate sua, absque ulla coactione, ut asserebant, religiosis viris abbati et conventui de Briostel, cystertiensis ordinis, quandam peciam terre sementis, site, ut dicitur, inter nemus de Malpertuis et crucem et terram Walteri de Sonjons, et terram Drogonis de Lonclieu, undecim minas terre sementis, ut dicitur, vel circiter continentem, et omne jus ac omnem actionem quod et quam habebant, vel habere poterant in eadem terra, tam jure hereditario, successionis, conquestus, quam alio quocumque jure. Quam quidem terram dictis religiosis a dictis sororibus quittatam dictus Robertus, ut dicebant dicte sorores, vendidit religiosis ante dictis. Cujusmodi terre vênditionem predicte Odelina et Ysabellis sorores voluerunt et assensum suum eidem venditioni prebuerunt coram nobis, promittentes coram nobis dicte sorores, fide ab ipsis prestita corporali, quod in dicta terra ab ipsis quittata et a dicto Roberto, patre suo, ut dicebant, vendita religiosis predictis nichil juris de cetero reclamabunt seu facient reclamari; et quod contra premissa vel aliquid premissorum quocumque jure per se, vel per alium non venient in futurum. Recognoscentes et confitentes coram nobis prefate sorores excambium sufficiens, certamque recompensationem eisdem sororibus factam fuisse a dicto Roberto patre suo ad aliam terram ipsius Roberti, pro parte quam habere exoptabant in terra supradicta. Quod predictum excambium pro quittatione dicte venditionis utile satis, valdeque fructuosum judicantes gratanter et in nullo coacte, ut dicebant, receperunt. In cujus rei testimonium et munimen ad instantiam et petitionem dictarum sororum presentibus litteris sigillum curie Belvacensis duximus apponendum. Datum anno Domini millesimo ducentesimo septuagesimo. Die lune post dominicam qua cantatur : Isti sunt dies.

(Arch. de l'Oise : *Abb. de Lannoy*, n° 306.)

CDLV. — An 1270. — *Confirmation par Jean des Marais et Gautier de Sonçons de la vente par Robert d'Iquelonde de onze mines de terre à Momperthuis.*

Nos videlicet Johannes de Mariscis et Walterus de Sonjons, armigeri, ad omnium noticiam volumus devenire quod venditionem quam Robertus d'Yquelont, armiger, fecit imperpetuum abbati et conventui beate Marie de Briostel, assensu Gylonis primogeniti filii sui, sicut in litteris quas de ipsis Roberto scilicet et Gylone dicti religiosi penes se conservant, plenius continetur, videlicet de quadam terre pecia undecim minas vel circiter sementis continente, sita inter boscum de Malpertuis et crucem et inter terram meam videlicet jamdicti Walteri de Sonsjons armigeri et terram Drogonis de Lonclieu armigeri, tanquam domini capitales, de quorum feodo predicta terre pecia directe movet, volumus et concedimus omnimodo confirmantes. Attamen in dicta terre pecia jamdictis religiosis pro tota summa pecunie vendita, nichil proprietatis, juris cujuscumque, sive dominii retinentes. Quantum ad unumquemque nostrum pertinet, assensu pari et concordi voluntate consentimus jam facte venditioni, ut de ipsa sine reclamatione nostri, vel heredum nostrorum gaudeant et eam de cetero libere et quiete possideant religiosi sepedicti, favorabiliter annuentes. In signum et certitudinem hujus venditionis et quittationis, quantum ad nos et heredes nostros, volumus presentes litteras sigillorum nostrorum munimine confirmari. Actum anno Domini M° CC° septuagesimo. Mense martio.

(Arch. de l'Oise : *Abb. de Lannoy*, n° 307.)

CDLVI. — An 1271. — *Confirmation par Simon, dit Govion, de Saint-Arnoult de la vente par Alesa, couturière à Saint-Arnoult, de deux mines de terre sises au terroir de Saint-Arnoult.*

Ego Symon dictus Govion de Sancto Arnulpho, armiger. Notum facio universis presentes litteras inspecturis quod Alesa couturaria de Sancto Arnulpho, relicta Huberti torticularii, pro inevittabili sua necessitate, communi assensu et voluntate omnium liberorum suorum, receptis pre manibus quadraginta quinque solidis Parisiensium, sicut coram me recognovit, pro eadem pecunie summa vendidit in perpetuum abbati et conventui beate Marie de Briostel, cisterciensis ordinis, unam petitiam terre arabilis, duas minas sementis vel circiter continentem, de feodo et dominio meo immediate moventem, sitam in territorio Sancti Arnulphi, juxta culturam dictorum monachorum ex una parte et juxta terras Willermi filii Everardi et Johannis Picardi. Huic venditioni consentientibus et omnino volentibus, sicut jam dictum est, liberis suis Johanne, Geremaro, et filia sua Beatrice. Siquidem ego jam dictus Symon, armiger, vendite terre dominus capitalis venditionem istam volui et approbavi, penitusque confirmavi; nichil michi et heredibus meis camparti, doni, vel alterius cujuscumque juris in sepedicta petia terre vendita reservans imperpetuum vel retinens, sed eam contra omnes ad usus et consuetudines patrie sepedictis monachis fideliter promisi et teneor garandire. Insuper ad hanc garandiam firmiter tenendam et inviolabiliter observandam omnes heredes meos obligavi. In cujus rei testimonium presentem super hoc confectam litteram sigillo meo confirmavi. Actum anno Domini M° CC° septuagesimo primo. Mense februarii. (Arch. de l'Oise : *Abb. de Lannoy*, n° 531.)

CDLVII. — An 1272. — *Confirmation par Gilles, dit Coispel, de Songeons, de la donation par Barthélemy Coispel, son père, d'une rente annuelle de 30 deniers parisis.*

Ego Gilo dictus Coispel de Sonions, armiger. Notum facio omnibus presentibus et futuris quod ego ex dono et elemosina, quam Bartholomeus dictus Coispel, armiger, quondam pater meus, pro salute anime sue et antecessorum suorum, fecit et legavit viris religiosis abbati et conventui beate Marie de Briostel, debeo et teneor eisdem annuatim et imperpetuum reddere triginta denarios Parisiensium percipiendos et habendos libere et expedite dictis religiosis a me et heredibus meis, super grangiam meam sitam in villa de Sonions, ad festum Sancti Remigii. Ut autem hec elemosina anime patris mei defuncti utilis permaneat et jugiter perseveret, et tam a me quam ab heredibus meis inviolabiliter observetur, ad reddendum predictos triginta denarios Parisiensium ad terminum superius nominatum me et heredes meos imperpetuum penitus obligavi. In cujus rei testimonium presentem cartam jamdictis religiosis munimine sigilli mei tradidi confirmatam. Actum anno Domini M° CC° septuagesimo secundo. Mense aprilis. (Arch. de l'Oise : *Ib.*, n° 564.)

CDLVIII. — An 1272. — *Affectation par Simon, dit Govion, de Saint-Arnoult, d'une pièce de terre sise au terroir dudit lieu, au service d'une rente de deux mines de blé, donnée à l'abbaye par Thomas de Saint-Arnoult, son père.*

Ego Simon Gouvyon de Sancto Arnulpho, armiger. Notum facio omnibus presentibus et futuris quod cum dominus Thomas de Sancto Arnulpho, miles, quondam pater meus, in ultima voluntate sua, dederit pro salute anime sue abbati et conventui de Briostel duas minas bladi, ad mensuram Gerborredi, in grangia sua de Sancto Arnulpho, percipiendas a dictis monachis, annis singulis ad festum Remigii sancti; ego dictus Symon Gouvyon, tanquam heres et primogenitus filius ejusdem dicti Thome militis, quondam patris mei, volens dictam elemosinam in posterum dictis monachis esse firmam et fructuosam, et quod dicti monachi de dicta elemosina fidelius, et securius gaudeant imperpetuum, assignavit dictos abbatem et conventum ad quandam petiam terre arabilis de meo feodo directe moventem, sitam in territorio Sancti Arnulphi, juxta terram, que vocatur terra Nicholaye, ex una parte et juxta terram Willermi, filii Euvrardi, ex altera, duas minas sementis vel circiter continentem, pro dictis duabus minis bladi, quondam a patre meo dictis monachis collatis in elemosinam et concessis; nichil omnino juris, proprietatis, sive dominii, michi vel heredibus meis in dicta petia terre retinens penitus aut reservans, sed eam promitto bona fide contra omnes ad usus et consuetudines patrie garandire, et, ad omnia premissa conservanda firmiter et tenenda, omnes heredes meos imperpetuum obligavi. In cujus rei testimonium presentes litteras sigillo meo confirmavi. Actum anno Domini millesimo ducentesimo septuagesimo secundo. Mense aprilis. (*Ib.*, n° 535.)

CDLIX. — An 1272. — *Vente par Garnier d'Iquelonde d'une mine et demie de terre à Monperthuis.*

Noverint universi presentes et futuri quod ego Warnerus Dykelent, wavasor, temporalium inopia impeditus, pro utilitate et inevitabili necessitate mea, vendidi et perpetue venditionis nomine concessi religiosis abbati et conventui beate Marie de Briostel, quandam peciam terre arabilis, minam et dimidiam sementis vel circiter capientem, sitam in territorio de Malpertuis, inter terras eorumdem religiosorum et terram Rogeri Pennier, et Asset sororis ipsius Rogeri, pro certa pecunie summa, michi plenarie persoluta. Quam terre peciam absque camparto et omni laicali consuetudine libere penitus et quiete dicti religiosi de cetero possidentes, tanquam de sua propria, suam omnino absque contradictione poterunt facere voluntatem. Insuper nichil michi aut heredibus meis ratione proprietatis, dominii, seu alicujus juris in eadem reservans et retinens; ne aliquorum malignitate super hac venditione dicta ecclesia perturbetur, ad perpetuam garandiam, me et heredes meos non in aliquo coactus, spontaneus obligavi. In cujus rei testimonium presentem cartam sigillo meo confirmavi. Actum anno Domini M° cc° septuagesimo secundo. Mense martio. (Arch. de l'Oise : *Abb. de Lannoy*, n° 308.)

CDLX. — An 1273. — *Donation par Jean de Reculez d'une rente de deux mines d'avoine, deux chapons, deux pains et 4 deniers que les religieux de Lannoy lui devaient pour un courtil sis à* **Roy**.

Ego Johannes de Recule, miles, notum facio universis Christi fidelibus tam presentibus quam futuris presentes litteras inspecturis, quod ego, pro salute et remedio anime mee et omnium antecessorum meorum, de voluntate et assensu Johannis filii mei primogeniti et heredum meorum, dedi in perpetuam, puram atque irrevocabilem elemosinam, ecclesie beate Marie de Briostel, et monachis in eadem ecclesia Domino Deo servientibus, duas minas avene, duos capones, duos panes qui vocantur eulies et quatuor denarios de sex denariis, in quibus omnibus abbas et conventus predicte ecclesie tenebantur michi singulis annis super curticulum, qui fuit quondam Petri filii Gaufridi episcopi, situm in territorio de Roy, inter terram Johannis majoris et terram Mathei de Atrio, retentis michi et heredibus meis duobus denariis de predictis sex denariis tantummodo, quos quidem duos denarios dicti abbas et conventus michi et heredibus meis reddent singulis annis super dictum curticulum infra villam de Roy, ad festum Sancti Remigii. Ita videlicet quod si contingat ad dictum terminum aliquo tempore dictos abbatem et conventum, per oblivionem vel alio modo aliquo, deficere in solutione dictorum duorum denariorum annui redditus, ego, heredes mei emendam ab ipsis propter defectum solutionis predicte exigere non poterimus nec levare, heredes meos ad hoc obligans in futurum, promittens bona fide quod contra premissa non veniam in futurum. In cujus rei testimonium et munimen presentes litteras tradidi dictis abbati et conventui sigilli mei munimine roboratas. Actum anno Domini millesimo ducentesimo septuagesimo tertio. Mense mayo.

(Arch. de l'Oise : *Abb. de Lannoy*, n° 517.)

CDLXI. — An 1273. — *Donation par Drogon d'Hannaches du champart sur neuf mines de terre sises entre Epluques et Boisaubert.*

Ego Drogo de Hanaches, armiger, notum facio universis presentibus et futuris quod ego dedi et concessi in perpetuum viris religiosis abbati et conventui beate Marie de Briostel, omnem campipartem et omne donum quam et quod habebam in quadam pecia terre novem minas sementis vel circiter continente, sita inter villam de Espelukes et Boscum Osberti, juxta terram abbatisse Sancti Pauli ex una parte, et terram Martine de Bosco Osberti ex altera, pro duabus minis et dimidia bladi, et duabus minis et dimidia avene, ad mensuram Gerborredensem, solvendis michi et heredibus meis a dictis abbate et conventu, singulis annis, in grangia sua Ursimontis, die sabbati post festum Sancti Martini hyemalis. Si autem dicti abbas et conventus, in solutione dictarum quinque minarum tam bladi quam avene, ad diem prefixam, michi et heredibus solvendarum, defecerint, ego dictus Drogo et heredes mei dictam peciam terre poterimus saisire et in manu nostra tenere, donec de dictis quinque minis tam bladi quam avene nobis fuerit plenarie satisfactum. Pro qua modiatione quinque minarum tam bladi quam avene supradictarum, ego dictus Drogo, omnem campipartem et omne donum de dicta petia terre superius memorata teneor dictis abbati et conventui de me et heredibus meis fideliter imperpetuum garandire. In cujus rei testimonium presentem cartam sigilli mei munimine dictis abbati et conventui tradidi roboratam. Actum anno Domini millesimo ducentesimo septuagesimo tertio. Mense julio.

(Arch. de l'Oise : *Abb. de Lannoy*, n° 93.)

CDLXII. — An 1271. — *Donation par Ruescie, veuve de Louis Milon, boucher, à l'abbaye, de quatre chambres sises à Beauvais, paroisse de la Madeleine.*

Omnibus presentes litteras inspecturis officialis Belvacensis, salutem in Domino. Noverint universi quod constituta coram nobis Ruescia, relicta Ludovici Milon, carnificis, considerans et attendens devotionem et benevolentiam quas ipsa habet ecclesie beate Marie de Briostel, et beneficia ab eadem ecclesia sibi impensa et adhuc Deo dante impendenda, dedit et contulit eidem ecclesie in puram, perpetuam et irrevocabilem elemosinam, donatione inter vivos et titulo donationis hujusmodi, quatuor cameras quas habebat, ut dicebat, in parrochia beate Marie Magdalene, sitas ante portam domus dicte ecclesie in civitate Belvaci, inter cameram Johannis Anglici portatoris, et curticulum qui fuit Wameri de Luchi, clerici, promittens fide data coram nobis dicta Ruescia, sponte et expresse quod contra donationem et collationem predictas per se vel per alium ratione cujuscumque juris non veniret in futurum. Has autem donationem et collationem voluerunt et concesserunt coram nobis Maria, Felicia, Odelina et Isabella, filie dicte Ruescie, de auctoritate et assensu Johannis Capet mariti dicte Marie, Jacobi Mariti dicte Odeline et Petri Totet mariti dicte Isabelle coram nobis cum eis presentium et quicquid juris et actionis habebant vel habere poterunt in quatuor cameris predictis, predicte ecclesie, in perpetuum quittaverunt, expresse et sponte fide ab ipsis sororibus et earum maritis in manu nostra prestita corporali de non contraveniendo et de non reclamando in futurum. In cujus rei testimonium presentes litteras sigillo curie Belvacensis fecimus communiri. Datum anno Domini M° CC° LXX° primo. Mense martio.

(Arch. de l'Oise : *Abb. de Lannoy*, n° 32.)

CDLXIII. — An 1274. — *Confirmation par Renaud de Nanteuil, évêque de Beauvais, des biens de l'abbaye situés dans l'étendue de son diocèse.*

Reginaldus, Dei gratia Belvacensis episcopus, universis presentes littteras inspecturis eternam in Domino salutem. Quia tenemur ex injuncto nobis officio elemosinas fidelium garantire, ad noticiam tam presentium quam futurorum volumus pervenire, quod ecclesie beate Marie de Briostel, et monachis ibi Deo servientibus penitus et expresse, absque aliquo impedimento, concedimus et confirmamus imperpetuum quicquid habent et possident, scilicet quicquid acquisierunt in toto vicedominatu Gerboredi, et in civitate Belvacensi et in quibuscumque locis in nostro posse constitutis, tempore nostro et temporibus antecessorum nostrorum episcoporum Belvacensium ex dono, vel elemosina sive etiam venditione, nec non omnes cartas et libertates a predecessoribus nostris episcopis et hominibus nostris concessas predictis religiosis, tanquam ad petitionem et instantiam nostram factas et indultas predicte ecclesie de Briostel et monachis ibi Deo servientibus, absque aliqua de cetero reclamatione seu contradictione, imperpetuum approbamus et confirmamus. In hujus rei testimonium et protectionem presentem paginam sigillo nostro confirmamus. Datum anno Domini millesimo ducentesimo septuagesimo quarto. Mense augusti.

(Arch. de l'Oise : *Abb. de Lannoy*, n° 33.)

CDLXIV. — An 1277. — *Lettres d'amortissement de divers biens de l'abbaye, données par le roi Philippe Le Hardi.*

Philippus, Dei gratia Francorum rex. Notum fecimus universis tam presentibus quam futuris, quod cum abbas et conventus monasterii, beate Marie de Alneto, cisterciensis ordinis, Belvacensis dyocesis, finaverint cum ballivo nostro Silvanectensi' finationem hujusmodi recipiente pro nobis super acquisitis per ipsos religiosos in feodis et retrofeodis nostris, post tempus triginta annorum nostra ordinatione prefinitum, perpetuo retinendis sibi et monasterio predicto, que acquisita sunt hec videlicet : tercia pars cujusdam arpenti nemoris siti apud Mosterolium, tam ex dono Richeri de Vivario, quam ex emptione quam habuerunt cum eodem Richero. Item tercia pars unius arpenti nemoris, tam ex dono Durandi de Mosterolio, quam ex venditione eis facta a Durando predicto. Item unum quarterium nemoris, tam ex dono Garini dicti Grimete, quam ex venditione facta ab eodem Garino. Item dimidium arpentum nemoris, tam ex dono Petri dicti Juvenis, quam ex venditione ejusdem. Item unum arpentum et dimidium vel circiter nemoris quod dicitur nemus de Larderia, ex venditione Johannis filio Richeri majoris de Mosterolio, Rogeri de Frocourt et Petri Gascoigne. Item dimidium arpentum nemoris ex dono Odonis Boistel de Mosterolio, videlicet quinta pars et quatuor partes ex venditione ejusdem Odonis. Item unum quarterium nemoris vel circiter quod dicitur nemus de Larderia, ex dono Eremburgis matris Petri Gascoigne. Item duo arpenta vinee sito in territorio de Mosteroliis et de Mellemont. Et tria quarteria vinee sita in territorio quod vocatur le Caillo, ex elemosina Bartholomei le Lingé et Eremburgis ejus uxoris. Item apud Anetum unum quarterium vinee, dimidium quarterium terre situm supra prata de Hales ; et tria quarteria terre sita in territorio dou Gripet de Estoy, de elemosina Garneri Paillart. Item quinque quarteria terre sementis sita in territorio de Aneto., ex dono Galteri Houlier. Item duo modii bladi annui redditus, ex dono defuncti Johannis de Ronqueroliis militis, in molendino dicti defuncti de Ronqueroliis. Item duo modii vini redditus ex dono Nevelonis de Ronquerolis militis, apud Moigneville. Item unus modii *(sic)* vini, ex dono Galteri majoris de Ronquerolis, quod recipiunt per manum Guillelmi Boivin apud Clarummontem. Item tres mine terre sementis, ex dono Roberti de Plancha. Item unum arpentum vinee situm apud Sailleville, ex dono Petri dicti Peloque. Item ultra premissa, decem octo solidi redditus, ex dono Marie uxoris Regnaudi de Roy militis, super omnes proventus et exitus terre sue de Kanetecourt. Item tria quarteria vinee sita in loco qui dicitur Hecart, ex venditione Petri Renardi de Chambliaco. Item unum quarterium vinee, ex venditione Gilardi filii Christiani. Item unum arpentum vince quod est in connitatu Bellimontis, ex dono Garneri de Calloio. Item nemus Bordelli cum fundo ejusdem nemoris, in comitatu Bellimontis, de elemosina defuncti Morelli de Hodanc militis. Nos predictam finationem ratam et gratam habentes, concedimus quantum in nobis est predictis abbati et conventui que predicta acquisita tenere possint in perpetuum et pacifice possidere sine coactione vendendi vel extra manum suam ponendi, salvo in aliis jure nostro et jure in omnibus alieno. Quod ut ratum et stabile permaneat in futurum presentibus litteris nostrum fecimus apponi sigillum. Actum Parisiis anno Domini millesimo ducentesimo septuagesimo septimo. Mense augusto.

(Arch. de l'Oise : *Abb. de Lannoy*, n° 208.)

CDLXV. — An 1280. — *Accord entre l'abbaye de Saint-Lucien et celle de Lannoy au sujet de diverses dîmes et champarts, au territoire d'Ecorchecache.*

Universis presentes litteras inspecturis fratres Odo monasterii Sancti Luciani Belvacensis, ordinis Sancti Benedicti, et Guillermus monasterii de Briostel, cysterciensis ordi. is , ejusdem dyocesis, Dei permissione abbates, eternam in Domino salutem. Quum sacra testante scriptura, qui pacis ineunt consilia, fructu gaudii perfruuntur, idcirco nostre professionis attendentes edificium super basem pacis, que est caritas, veluti supra firmam petram erigi et fundari, scintillam discordie inter nos procurante pacis emulo suscitatam extinguere, priusquam transiret ad incendium, satagentes, pacis inire consilia voluimus et tractavimus. Nobis quoque lucis divine radio lucescente perduximus ad effectum, sub forma que sequitur infra scripta, venerabili patre de Prato, cysterciensis ordinis, abbate partes suas ad hoc efficaciter interponente et tanquam mediatore rectissimo laborante. Orta siquidem erat contentio inter nos abbatem et conventum monasterii nostri Sancti Luciani ex una parte, et nos abbatem et conventum nostri monasterii de Briostel ex altera, super articulis infra scriptis, videlicet super decima et campiparte septem modiorum terre sementis vel circiter site inter boscum d'Espeleus et Godeschart le Petit, cujus totalis terre decimam et campipartis medietatem, nos abbas et conventus Sancti Luciani predicti dicebamus ad nos pertinere. Econtrario autem nos abbas et conventus de Briostel predicti dicebamus decimam et campipartem ad nos non ad ipsos pertinere. Nostro igitur et conventuum nostrorum consensu unanimi accedente, per predictum abbatem de Prato et dominum Guillermum de Nourcymont prepositum monasterii Sancti Luciani predicti in hunc modum extitit ordinatum : videlicet quod nos abbas et conventus Sancti Luciani predicti totam decimam et campipartem ad nos in terris subnotatis, videlicet in septem modiatis terre predictis et in duobus modiatis sitis juxta Godeschart le Petit ex una parte, et inter septem predictos modiatos terre ex altera, et uno modiato in duobus curticulis adherentibus terris de Gondeschart, et in quatuor minatis terre vel circiter, que vocantur Campus Sancti Johannis, et etiam in novem minatis terre sitis in tribus curticulis juxta antedictas terras, et omnes iste jam dicte terre site sunt in territorio d'Escorchevake. Item in tribus minatis terre et dimidia sitis in finibus territorii Teguleti, juxta terram Radulphi de Ryphayn et etiam in quadam petia terre site in cultura de Godeschart. Preterea in altari de Briostel et in decima ad ipsum pertinente et in tertia parte decime de campis et in tota decima de curticulis cum illa que minuta vocatur decima pertinentes, memoratis abbati et conventui de Briostel damus et concedimus jure perpetuo possidendas. Nos autem sepedicti abbas et conventus de Briostel supradictis abbati et conventui monasterii Sancti Luciani pro predictis decima et campiparte damus et concedimus tresdecim modios et quinque minas medietatem bladi sani, legalis et mediastrii, et medietatem avene, ad mensuram Gerborredi, annuatim inter festum Sancti Martini hyemalis et festum beati Andree apostoli, in grangia nostra d'Escorchevake, a dictis abbate et conventu Sancti Luciani vel eorum nunciis recipiendos et plenarie persolvendos, retenta nobis abbati et conventui Sancti Luciani predicta in eisdem terris alta justicia, quam habemus in eisdem, pretor corpora et bona dictorum religiosorum de Briostel. Eo etiam acto inter nos ex utraque parte, et retento nobis dictis abbati et conventui Sancti Luciani quoque nos abbas et conventus Sancti Luciani sepedicti absque ullo forefacto poterimus capere in terris prenominatis equos dictorum religiosorum de Briostel et homines cultores sive laborantes et alia quecumque bona mobilia et ducere ac etiam detinere, donec pensio sive modiatio predicta nobis integre persolvatur absque emenda. Quod ut predicta omnia rata et inconcussa maneant in futurum, presentes litteras sigillorum nostrorum munimine fecimus roborari. Actum anno Domini millesimo ducentesimo octogesimo. Mense julio, in octavis Sancti Johannis Baptiste.

(Arch. de l'Oise : *Abb. de Lannoy*, n° 116.)

CDLXVI. — An 1280. — *Confirmation par Drogon de Milly de la donation par Thibault de Thieuloy de tous les droits qu'il avait dans la terre qui fut jadis à Gautier de Fontaine, sise à Thieuloy.*

Universis presentes litteras inspecturis Drogo, dominus de Milly, miles, salutem in Domino sempiternam. Noverint universi quod cum Theobaldus de Tilloy, miles jam diu est, dedisset et concessisset in puram et perpetuam elemosinam, pro salute anime sue et omnium antecessorum suorum, ecclesie et conventui beate Marie de Briostel quicquid camparti et alterius cujuscumque juris habebat, seu quocumque modo in posterum habere poterat in terra, que fuit quondam Galteri de Fontibus, militis, que immediate conjuncta est culture de Teguleto, quam fratres Teguleti colunt, ad terciam mensuram pacto sempiterno. Hanc etiam elemosinam fecit dictis ecclesie et conventui, voluntate et assensu M. (Mathildis) uxoris sue et omnium heredum suorum; ita quod nichil camparti, proprietatis, dominii, sive juris in eadem terra sibi et heredibus suis retinuit penitus in perpetuum aut reservavit. Et insuper M. uxor sua quicquid dotis in predicta terra habere poterat, quittavit eisdem spontanee penitus et remisit, facta sibi sufficienti recompensatione dotis in alia terra sua. Que omnia premissa dictus miles et heredes sui tenebantur et tenentur ubique et contra omnes dictis ecclesie et conventui fideliter garandire. Ego Drogo dominus de Milly predictus, a quo premissa in elemosinam concessa tenentur et tenebantur, dictis ecclesie et conventui confirmo, pro centum libris Turonensium, quas de caritate dictorum ecclesie et conventus accepi in pecunia bona et legitima et bene computata, volens omnia premissa, penes dictos ecclesiam et conventum perpetuo remanere, et ad jus et proprietatem monasterii de Briostel predicti, perpetua libertate et stabilitate spectare et ea omnia et singula dictis ecclesie et conventui, ut dictum est, concessa mortificavi et mortifico, volens et concedens quod dicti ecclesia et conventus ea omnia habeant, teneant et possideant,

et de hiis gaudeant plene et integre et perpetue in mortua manu, absque contradictione mei vel heredum meorum. Insuper Maria uxor mea quicquid dotis in predicta terra habere poterat, quittavit dictis ecclesie et conventui spontanee penitus et remisit, facta sibi sufficienti recompensatione dotis in alia terra mea. Et ad faciendum et portandum dictis ecclesie et conventui de omnibus premissis et singulis ubique et in perpetuum perpetuam garandiam contra omnes, secundum consuetudines patrie, me et heredes meos obligo. In cujus rei testimonium presentem cartam dictis ecclesie et conventui sigilli mei munimine tradidi roboratam. Actum anno Domini M° CC° octogesimo. Mense junii, die mercurii post festum beati Barnabe apostoli.
(Arch. de l'Oise : *Abb. de Lannoy*, n° 581.)

CDLXVII. — An 1281. — *Confirmation par Jacques de Saint-Arnoult de toutes les propriétés de l'abbaye situées dans l'étendue de son fief de Saint-Arnoult.*

Ego Jacobus de Sancto Arnulpho, armiger. Notum facio universis presentes litteras inspecturis, quod ego pro, salute animo mee et omnium antecessorum meorum, concessi et confirmavi viris religiosis abbati et conventui beate Marie de Briostel, omnes possessiones quas habent et possident in feodo et dominio meo, in terris, modiationibus et redditibus bladi et avene, ratione empti, doni et elemosine, volens et concedens ut dicti religiosi omnia supradicta libere et quiete, absque ulla contradictione mei vel heredum meorum, imperpetuum teneant et possideant; nichil juris, dominii vel proprietatis michi vel heredibus meis retinens in premissis aut reservans, sed omnia supradicta teneor dictis religiosis, ad usus et consuetudines patrie, contra omnes garandire. Et ad hec omnia supradicta firmiter tenenda et inviolabiliter observanda, me et heredes meos imperpetuum obligavi. In cujus rei testimonium presentes litteras sigilli mei proprii munimine confirmavi. Actum anno Domini M° CC° octogesimo primo. Mense decembris.
(Arch. de l'Oise : *Abb. de Lannoy*, n° 536.)

CDLXVIII. — An 1281. — *Confirmation par Nivelon de Ronquerolles de la donation par ses ancêtres d'une masure à Trois-Étots.*

Jeu Nevelon de Ronqueroles, chevaliers et sires de la vile de Trois Estos, fais asavoir a tous chaus qui ches presentes letres verront ou orront que jai otroié e confermé, pour le salut de mame, e de tous mes anchiseurs, a hommes religieux labé e le couvent de Nostre Dame Sainte Marie de Briostel, une masure le quele il ont en le vile de Trois Estos, du don e de laumosne de mes anchisseurs, si comme les bornes qui i sunt mises, e fikiées le démonstrent. Le quele masure est assise en le partiee devant empres le voiee, qui maine de Sarnoy à Prumeroy, e empres le terre Denise le fil Symon de Lemecourt, e emprés le voiee, qui maine de le vile de Trois Estos à Saint Just. Le quele masure devant dite jeu wuel e otroie que eus le tiengnent franquement e quittement e empé a tous jors sans auque contredit de moi ou de mes oirs. E wuell e otroie que li dit religieus puissent le dite masure par les bornes qui i sunt mises et fikiées clore e edifier de tele closture comme il worront, quant il pourront, e il leur plaira. Nule chose retenant ou regardant du tout en tout a tous jors en le dite masure ou es édifiemens qui isunt fet, ou qui iseront fet, a moi ou a mes oirs, fors seulement le haute justice sil est, a savoir le sanc, le larron, le murdre e le rapt, mes leur sui tenus le devant dite masure agarantir contre tous, aus usages, e aus coutumes du pais. E a cheu tenir bien e loiaument a tous jors, ai jeu obligié moi e mes oirs. En tesmoig de le quele chose jai confirmé ches letres de mon propre seel. Cheu fu fait en l'an de lincarnation Nostre Segneur mil deus chens e quatre vins e un, e mois de décembre.

(Arch. de l'Oise : *Abb. de Lannoy*, n° 588.)

www.ingramcontent.com/pod-product-compliance
Lightning Source LLC
Chambersburg PA
CBHW070546230426
43665CB00014B/1825